한 번에 합격, 자격증은 이기적

이렇게 기막힌 적중률

 함께 공부하고 특별한 혜택까지!
이기적 스터디 카페

 구독자 약 15만 명, 전강 무료!
이기적 유튜브

오직 스터디 카페 멤버에게만
주어지는 특별 혜택!

이기적 스터디 카페

이기적 스터디 카페

합격을 위한 기적 같은 선물
또기적 합격자료집

혼자 공부하기 외롭다면?
온라인 스터디 참여

모든 궁금증 바로 해결!
전문가와 1:1 질문답변

1년 내내 진행되는
이기적 365 이벤트

도서 증정 & 상품까지!
우수 서평단 도전

간편하게 한눈에
시험 일정 확인

합격까지 모든 순간 이기적과 함께!
이기적 365 EVENT

QR코드를 찍어 이벤트에 참여하고 푸짐한 선물 받아가세요!

1. 기출문제 복원하기
이기적 책으로 공부하고 시험을 봤다면 7일 내로 문제를 제보해 주세요!

2. 합격 후기 작성하기
당신만의 특별한 합격 스토리와 노하우를 전해 주세요!

3. 온라인 서점 리뷰 남기기
온라인 서점에서 책을 구매하고 평점과 리뷰를 남겨 주세요!

4. 정오표 이벤트 참여하기
더 완벽한 이기적이 될 수 있게 수험서의 오류를 제보해 주세요!

※ 이벤트별 혜택은 변경될 수 있으므로 자세한 내용은 해당 QR을 참고해 주세요.

도서 인증하면 고퀄리티 강의가 따라온다!
100% 무료 강의

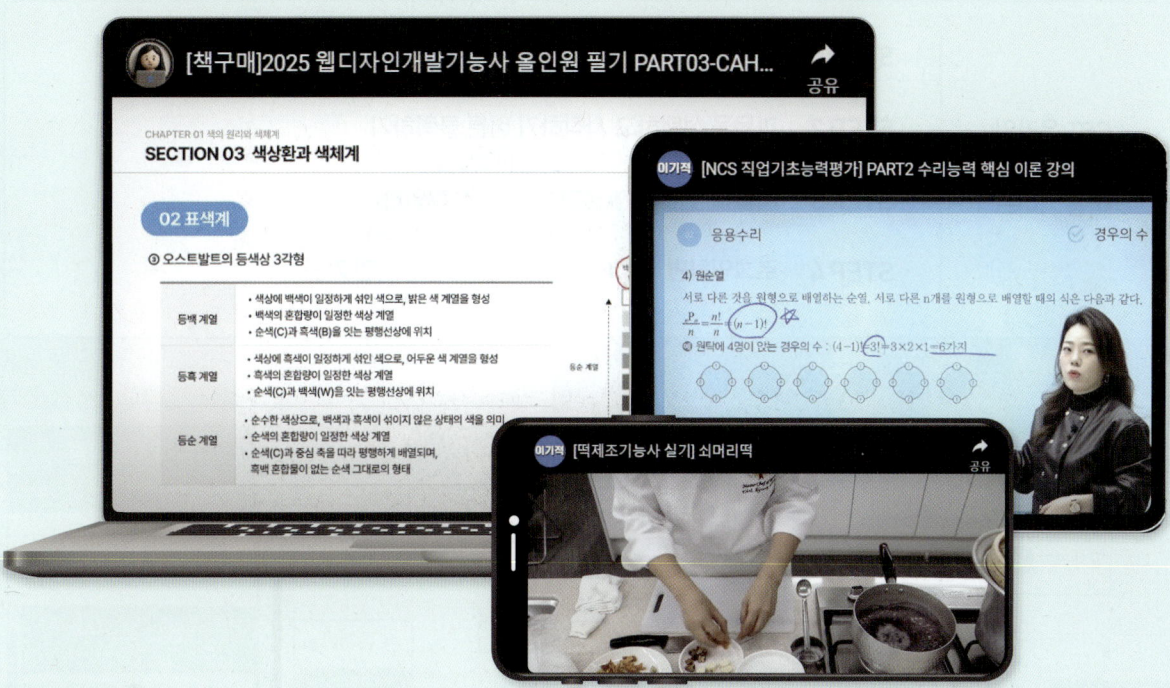

이용방법

STEP 1

이기적 홈페이지
(https://license.
youngjin.com/) 접속

STEP 2

무료 동영상
게시판에서 도서와
동일한 메뉴 선택

STEP 3
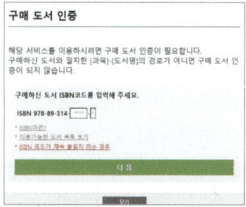

책 바코드 아래의
ISBN 코드와
도서 인증 정답 입력

STEP 4

이기적 수험서와
동영상 강의로
학습 효율 UP!

※ 도서별 동영상 제공 범위는 상이하며, 도서 내 차례에서 확인할 수 있습니다.

◀ 이기적 홈페이지 바로가기

영진닷컴 이기적

CBT 온라인 문제집

문제 풀이로 실력 업그레이드

CBT 온라인 문제집 이용 가이드

- **STEP 1** CBT 사이트 (cbt.youngjin.com) 접속하기
- **STEP 2** 과목을 선택하고 시작하기 버튼 클릭하기
- **STEP 3** 시간에 맞춰 문제 풀고 합격 여부 확인하기
- **STEP 4** 로그인하면 MY 페이지에서 응시 결과 확인 가능

이기적 CBT

합격을 위해 모두 드려요.
이기적 합격 솔루션!
이기적이 여러분을 위해 준비했어요

저자가 직접 알려주는, 무료 동영상 강의

자격증 독학 어렵지 않아요. 혼자 공부하지 마세요.
어려운 문제 풀이는 선생님과 함께 해요.

시험 주요 내용을 한눈에, 또기적 합격자료집

CPPG 시험과 관련한 주요 내용을 모아 정리하였습니다.
또기적 PDF로 합격생들의 수기를 확인하고 스터디 플랜도 작성해보세요.

무엇이든 물어보세요, 1:1 질문답변

공부하다 궁금한 게 생기셨나요? 무엇이든 물어보세요.
금방 답해 드릴게요.

문풀의 중요성 알고 있어요, 기출 모의고사

더 많은 문제를 풀고 싶으신가요?
이기적이 준비한 모의고사로 문풀 연습하고 최종 합격까지!

※ 〈2026 이기적 CPPG 개인정보관리사 기본서〉을 구매하고 인증한 회원에게만 드리는 자료입니다.

◀ 모든 혜택 한 번에 보기

정오표 바로가기 ▶

또, 드릴게요! 이기적이 준비한 선물
또기적 합격자료집

1 **시험에 관한 A to Z 합격 비법서**
책에 다 담지 못한 혜택은 또기적 합격자료집에서 확인

2 **편리하고 똑똑한 디지털 자료**
PC · 태블릿 · 스마트폰으로 언제든 열람하고 필요한 부분만 출력 가능

3 **초보자, 독학러 필수 신청**
혼자서도 충분한 학습 플랜과 수험생 맞춤 구성으로 한 번에 합격

※ 도서 구매 시 추가로 증정되는 PDF용 자료이며 실제 도서가 아닙니다.

◀ 또기적 합격자료집 받으러 가기

이렇게
기막힌
적중률

CPPG
개인정보관리사 기본서

"이" 한 권으로 합격의 "기적"을 경험하세요!

차례

출제빈도에 따라 분류하였습니다.
- 상 : 반드시 보고 가야 하는 이론
- 중 : 보편적으로 다루어지는 이론
- 하 : 알고 가면 좋은 이론

▶ 합격 강의
동영상 강의가 제공되는 부분을 표시했습니다.
이기적 수험서 사이트(license.youngjin.com)에 접속하여 시청하세요.
▶ 본 도서에서 제공하는 동영상은 1판 1쇄 기준 2년간 유효합니다. 단, 출제기준안에 따라 내용은 변경될 수 있습니다.

PART 01 개인정보 보호의 이해

CHAPTER 01 개인정보 개요
- 중 SECTION 01 개인정보의 정의 20
- 중 SECTION 02 프라이버시와 개인정보 23
- 중 SECTION 03 개인정보의 유형 및 종류 25
- 중 SECTION 04 개인정보의 특성 27
- 중 SECTION 05 개인정보 가치산정 28
- 중 SECTION 06 해외 개인정보보호 제도 소개 29

CHAPTER 02 개인정보보호의 중요성
- 하 SECTION 01 데이터 중심 사회에서 개인정보의 중요성 ... 40
- 하 SECTION 02 개인정보 침해유형 42

CHAPTER 03 기업의 사회적 책임
- 중 SECTION 01 기업 관점 개인정보보호의 중요성 50
- 중 SECTION 02 개인정보보호 조직 구성 · 운영 54
- 중 SECTION 03 개인정보보호 조직의 역할 58

PART 02 개인정보보호 제도

CHAPTER 01 개인정보보호 관련 법령체계
- 중 SECTION 01 개인정보 보호법 체계 64
- 중 SECTION 02 개인정보보호 관련 법률 68

CHAPTER 02 개인정보보호 원칙과 의무
- 상 SECTION 01 개인정보보호 원칙 74

- 상 SECTION 02 개인정보의 수집 제한   77
- 상 SECTION 03 목적 외 개인정보 활용 금지   80
- 상 SECTION 04 민감정보의 처리 제한   83
- 상 SECTION 05 고유식별정보의 처리 제한   86
- 상 SECTION 06 주민등록번호 처리의 제한   89
- 상 SECTION 07 고정형 영상정보처리기기의 설치·운영 제한   93
- 상 SECTION 08 이동형 영상정보처리기기의 설치·운영 제한   104
- 상 SECTION 09 가명정보의 처리   109
- 상 SECTION 10 안전조치 의무   121
- 상 SECTION 11 개인정보 처리방침의 수립 및 공개   123
- 상 SECTION 12 개인정보보호 책임자의 지정   130
- 상 SECTION 13 국내대리인의 지정   135
- 상 SECTION 14 개인정보 파일의 등록 및 공개   137
- 상 SECTION 15 개인정보 유출 등의 통지·신고   140

CHAPTER 03 정보주체의 권리

- 중 SECTION 01 정보주체의 권리   156
- 중 SECTION 02 개인정보 처리에 관한 정보를 제공받을 권리   157
- 중 SECTION 03 개인정보 처리에 관한 동의 권리   161
- 상 SECTION 04 개인정보 열람 권리   164
- 중 SECTION 05 개인정보 정정·삭제 권리   167
- 중 SECTION 06 개인정보 처리정지의 권리   169
- 중 SECTION 07 자동화된 결정에 대한 정보주체의 권리   171
- 중 SECTION 08 권리행사의 방법 및 절차   176
- 중 SECTION 09 손해배상책임   178

CHAPTER 04 분쟁해결 절차

- 중 SECTION 01 개인정보 분쟁조정   186
- 중 SECTION 02 단체소송   196

PART 03 개인정보 라이프사이클 관리

CHAPTER 01 개인정보 수집·이용

- 중 SECTION 01 개인정보 오너십의 이해   200
- 중 SECTION 02 개인정보 수집·이용 원칙   201

- SECTION 03 수집 출처 및 이용·제공 내역 통지　　　　　　　206
- SECTION 04 개인정보 수집·이용 시 유의사항　　　　　　　210
- SECTION 05 동의받는 방법　　　　　　　213
- SECTION 06 영리 목적의 광고성 정보 전송 제한　　　　　　　219

CHAPTER 02　개인정보 저장·관리

- SECTION 01 개인정보 저장·관리의 이해　　　　　　　228
- SECTION 02 개인정보 파기의 원칙　　　　　　　229
- SECTION 03 개인정보 관리 시 유의사항　　　　　　　235

CHAPTER 03　개인정보 제공

- SECTION 01 개인정보 제공의 이해　　　　　　　240
- SECTION 02 개인정보 제3자 제공, 위탁 원칙　　　　　　　243
- SECTION 03 개인정보 제3자 제공과 위탁의 구분　　　　　　　250
- SECTION 04 개인정보의 국외이전　　　　　　　252

PART 04　개인정보 보호조치

CHAPTER 01　개인정보 보호조치 개요

- SECTION 01 개인정보의 안정성 확보조치 제·개정의 배경　　　　　　　264
- SECTION 02 안전성 확보조치 기준의 법적 성격　　　　　　　266

CHAPTER 02　개인정보의 기술적·관리적 보호조치 기준

- SECTION 01 내부관리계획의 수립 및 시행　　　　　　　278
- SECTION 02 접근 권한의 관리　　　　　　　281
- SECTION 03 접근 통제　　　　　　　284
- SECTION 04 접속기록의 위·변조 방지　　　　　　　289
- SECTION 05 개인정보의 암호화　　　　　　　293
- SECTION 06 악성 프로그램 방지　　　　　　　297
- SECTION 07 물리적 안전조치　　　　　　　299
- SECTION 08 재해·재난 대비 안전조치　　　　　　　302
- SECTION 09 출력·복사 시 보호조치　　　　　　　305
- SECTION 10 개인정보의 파기　　　　　　　306
- SECTION 11 영상정보처리(CCTV) 영상·운영　　　　　　　309
- SECTION 12 공공시스템 운영기관 등에 대한 특례　　　　　　　320

CHAPTER 03 기타 기술적 보호조치

- SECTION 01 PEC(Privacy-Enhancing Computation) 기술 … 340
- SECTION 02 접근 통제 기술 … 342
- SECTION 03 개인정보 암호화 기술 … 347
- SECTION 04 인터넷망 차단조치 기술 … 351
- SECTION 05 PbD(Privacy by Design) … 356

PART 05 개인정보 관리체계

CHAPTER 01 개인정보 관리체계

- SECTION 01 개인정보 관리체계 … 360
- SECTION 02 국내외 개인정보보호 관리체계의 유형 및 현황 … 362
- SECTION 03 정보보호 및 개인정보보호관리체계(ISMS-P) 인증 … 365
- SECTION 04 위치정보의 보호 및 이용 등에 관한 법률 … 372
- SECTION 05 인공지능(AI) 개발·서비스를 위한 공개된 개인정보 처리 안내서 … 382
- SECTION 06 정보보호 최고책임자 지정·신고 제도 안내서 … 386

CHAPTER 02 공공기관 개인정보보호 평가제도

- SECTION 01 개인정보 영향평가(PIA: Privacy Impact Assessment) … 396
- SECTION 02 개인정보보호 수준 평가 … 399

PART 06 최신 기출문제

- 최신 기출문제 01회 … 406
- 최신 기출문제 02회 … 439
- 최신 기출문제 정답 & 해설 … 468

부록 BONUS 또기적 합격자료집

- 시험장 스케치
- 스터디 플래너
- 실전 모의고사

※ 참여 방법 : '이기적 스터디 카페' 검색 → 이기적 스터디 카페(cafe.naver.com/yjbooks) 접속 → '구매 인증 PDF 증정' 게시판 → 구매 인증 → 메일로 자료 받기

이 책의 구성

STEP 1 핵심이 정리된 기초이론

전문가가 알기 쉽게 정리한
완벽 이론

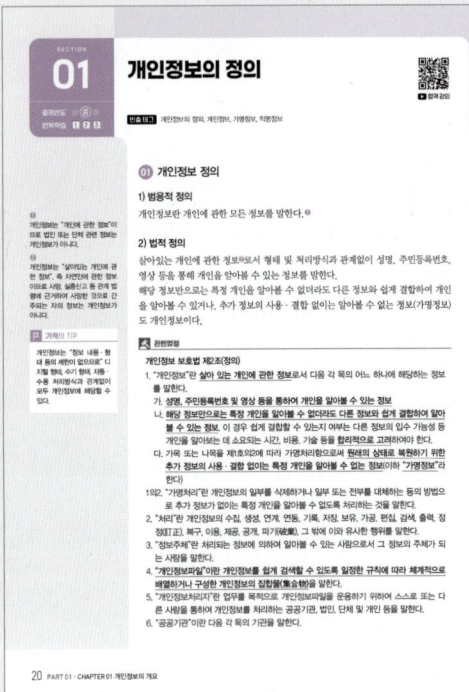

- 출제빈도와 빈출태그 확인
- 홈페이지 동영상 강의 시청
- 기적의 팁으로 학습 지원

STEP 2 이론 복습 & 유형 파악

더 알기 TIP과 관련법령 &
이론을 확인하는 기출문제

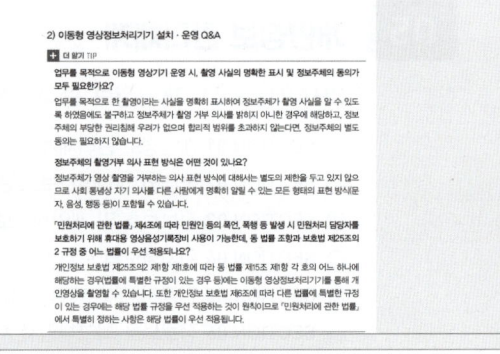

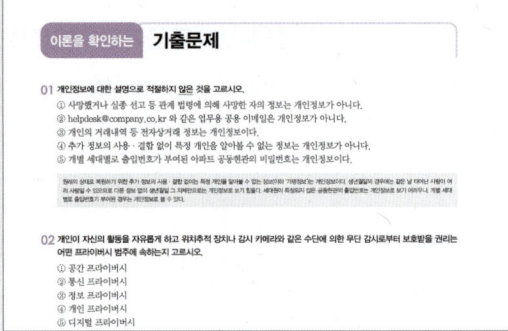

- 더 알기 팁으로 궁금증 해결
- 시험을 위한 관련법령 정리
- 출제문제로 빈출 유형 확인

STEP 3 최신 기출문제

BONUS 또기적 합격자료집

최신 기출문제 2회 수록 &
고득점을 돕는 친절한 해설

도서 구매자 특별 제공
스터디 플래너 + 실전 모의고사

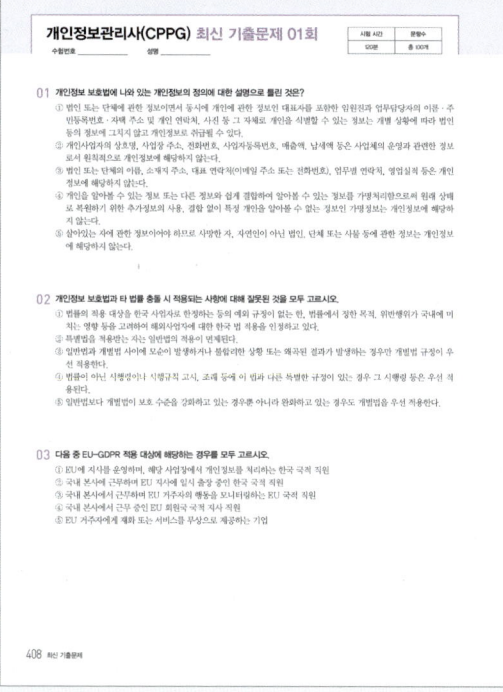

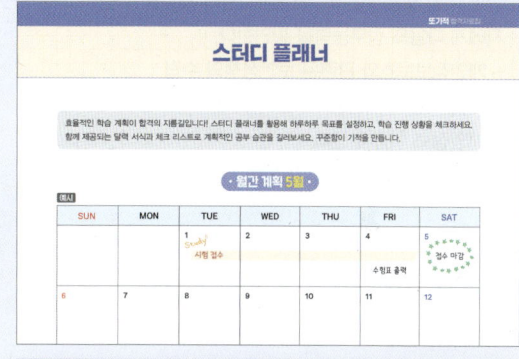

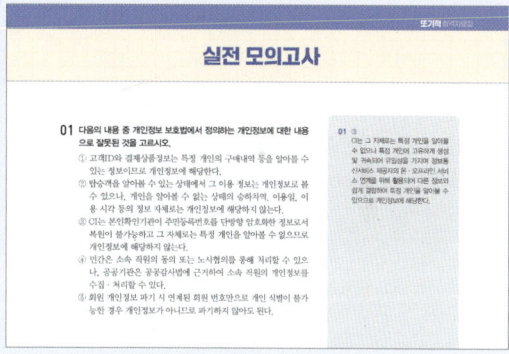

- 복원된 기출문제로 실력 체크
- 오답 정리로 실전 대비

- 스터디 카페 인증으로 PDF 받기
- 실전 모의고사로 마무리 학습
- 직접 작성하는 플래너로 스케줄 관리

시험의 모든 것

시험 알아보기

● CPPG 개인정보관리사 소개

CPPG(Certified Privacy Protection General)는 한국CPO포럼이 시행하는 국내 민간자격으로서, 개인정보보호 정책 및 대처 방법론에 대한 지식 및 능력을 갖춘 전문가를 검정한다.
향후 기업 또는 기관의 개인정보 관리 업무를 수행하고자 하는 자에게 다음의 업무능력을 확인한다.
- 개인정보보호와 관련된 보안정책의 수립
- 기업/기관과 개인정보보호의 이해
- 개인정보 취급자 관리
- 관련법규에 대한 지식 및 적용

● 응시 자격

자격 제한 없음

● 시험 형식

- 시험 시간 120분, 총 100문항, 객관식 5지선다
- PBT(Paper Based Test) 형식으로 진행

출제 기준

● 필기 검정 5과목

1. 개인정보보호의 이해 (10%)
   - 개인정보의 개요
   - 개인정보보호의 중요성
   - 기업의 사회적 책임

2. 개인정보보호 제도 (20%)
   - 개인정보보호 관련 법률 체계
   - 개인정보보호 원칙과 의무
   - 정보주체의 권리
   - 분쟁해결절차

3. 개인정보 라이프사이클 관리 (25%)
   - 개인정보 수집, 이용
   - 개인정보 저장, 관리
   - 개인정보 제공

4. 개인정보의 보호조치 (30%)
   - 개요
   - 개인정보의 기술적·관리적 보호조치 기준

5. 개인정보 관리체계 (15%)
   - 개인정보 관리체계 개요
   - 주요 개인정보 관리체계

시험 접수 및 응시

● **접수 기간**

시험일 10일 정도 전까지 약 한 달간 진행

● **시험 회차**

연 3회 시행

● **시험 접수**

시행처 홈페이지(https://cpptest.or.kr)에서 접수

● **합격 기준**

과목당 40% 이상, 총점 60% 이상

● **시험 과락**

한 과목이라도 40% 미만 득점한 경우 불합격 처리

● **준비물**

신분증, 컴퓨터용 사인펜, 수험표 지참

합격 발표

● **합격 발표**

시행처 홈페이지에서 검정종료 후 30일 이내에 발표

● **자격증 발급**

- 최종합격자 발표 후 6주 이내에 발급
- 자격증 수령은 타인에게 위임할 수 있으나, 합격자의 신분증 및 도장 지참 필요
- 자격증발급 이전에 자격확인서 발부 가능

● **자격증 유효기간**

- 최종합격자를 공고한 날(합격자발표일)이 해당 종목의 자격 취득일
- 자격 취득 후 2년마다 소정의 보수교육을 받고 갱신하여야 하며 유효기간이 만료되면 자격이 정지
- 자격이 정지된 자가 자격을 유지하고자 하는 경우에는 보수교육을 이수하여야 하며, 보수교육을 이수한 날부터 2년간 유효

고사장 및 시험 관련 문의

- 시행처 : 한국CPO포럼
- https://cpptest.or.kr

📞 02-544-1820

시험 출제 경향

PART 01 개인정보보호의 이해

개인정보보호의 이해는 개인정보의 정의, 개인정보의 유형 및 종류, 개인정보보호의 중요성, 기업의 사회적 책임 등을 학습하는 파트입니다. 개인정보에 대한 명확한 이해와 글로벌 개인정보보호 규정을 학습하여 전반적인 개인정보보호 분야의 특성을 파악해야 합니다.

01 개인정보의 개요 — 중
빈출 태그: 개인정보, 개인정보 유형, 가명정보, 익명정보, EU-GDPR, 컨트롤러, 프로세서

02 개인정보보호의 중요성 — 하
빈출 태그: 프라이버시, 개인정보 유출 등, 개인정보 침해신고센터

03 기업의 사회적 책임 — 중
빈출 태그: 고객 관계 관리(CRM), 기업의 사회적 책임(CSR), ESG, 기업지속가능성

PART 02 개인정보보호 제도

개인정보보호 제도는 개인정보보호와 관련된 법령, 기본 원칙, 정보주체의 권리, 분쟁해결절차 등을 학습하는 파트입니다. 개인정보 보호의 법령체계를 숙지하여 법적 준거성을 확보하고 개인정보보호의 기본 원칙을 실무에 적용할 수 있도록 하는 것을 목표로 합니다.

01 개인정보보호 관련 법령체계 — 중
빈출 태그: Excel 옵션, 워크시트, 통합 문서

02 개인정보보호 원칙과 의무 — 상
빈출 태그: OECD 프라이버시 8원칙, 민감정보, 고유식별정보, 주민등록번호, 가명정보, 익명정보, 국내대리인, 유출 등 신고

03 정보주체의 권리 — 중
빈출 태그: 전송요구권, 동의, 자동화된 결정, 완전자동화, 손해배상

04 분쟁해결 절차 — 중
빈출 태그: 분쟁조정, 소송제도 대안, 확정판결과 동일 효력, 분쟁조정위원회, 단체소송

PART 03 개인정보 라이프사이클 관리

개인정보 라이프사이클 관리는 개인정보의 수집 및 이용 → 제공 → 관리(보관) → 파기 단계에서 준수해야 할 원칙과 주의사항을 학습하는 파트입니다. 이를 통해 개인정보가 처음 수집될 때부터 최종 파기될 때까지 모든 과정에서 적절하게 보호될 수 있도록 관리 방법 숙지를 목표로 합니다.

01 개인정보 수집 · 이용 — 중
빈출 태그 개인정보 수집 · 이용, 수집 제한, 정보주체 동의, 광고성 정보 전송 제한

02 개인정보 저장 · 관리 — 중
빈출 태그 개인정보 파기, 목적 달성 후 지체없이(5일 이내), 파기절차, 개인정보 보존 의무

03 개인정보 제공 — 중
빈출 태그 제3자 제공, 개인정보 처리업무 위탁, 개인정보 국외이전, 국외이전전문위원회

PART 04 개인정보 보호조치

개인정보 보호조치는 개인정보의 안정성 확보조치를 위한 내부관리 계획, 접근 권한 등에 대해 학습하는 파트입니다. 개인정보를 처리함에 있어 개인정보의 분실 · 도난 · 유출 · 위조 · 변조 또는 훼손을 방지하고 개인정보의 안전성 확보를 위한 활동을 숙지합니다.

01 개인정보 보호조치 개요 — 하
빈출 태그 안전성 확보조치, 일원화, 처벌 규정, 유형 삭제

02 개인정보의 기술적 · 관리적 보호조치 기준 — 상
빈출 태그 내부관리계획, 접근 권한, 접근 통제, 암호화, 접속기록 보관, 유출사고 대응

PART 05 개인정보 관리체계

개인정보 관리체계에서는 개인정보처리자가 정보주체의 개인정보를 보호할 수 있는 보호 대책들을 구현하고 이를 지속적으로 관리 · 운영하는 체계에 대한 활동은 어떤 것들이 있는지 알아보도록 하겠습니다.

01 개인정보 관리체계 — 하
빈출 태그 ePRIVACY(한국), BBBOnline(미국), Privacy Mark(일본), ISMS-P, ISO27001

02 공공기관 개인정보보호 평가제도 — 상
빈출 태그 개인정보 영향평가, 영향평가 대상, 개인정보 침해요인 분석, 개인정보 흐름표 작성, 개인정보보호 보호수준 평가

Q&A

Q 개인정보 분야를 처음 접하는 사람도 CPPG 자격증을 취득할 수 있나요?

A 가능합니다. CPPG는 실무·법령의 기본 개념 체계를 잡는 데 최적화되어 있어, 초심자도 정리된 교재 + 반복 회독 + 기출풀이만으로 합격할 수 있습니다. 개인정보 업무 경험이나 보안 기초가 있으면 유리하지만, CPPG는 범위가 넓고 법령·용어 중심의 암기 요소가 커서 전략도 중요합니다. 보통 다음과 같은 시간을 투자하면 합격권에 도달하는 편입니다.
- **완전 초심자**: 6–8주(주 5일, 1일 1.5–2시간)
- **관련 실무/전공자**: 3–5주(주 5일, 1일 1–1.5시간)

핵심은 처음부터 완벽 이해보다 고빈출 파트 → 회독수 확대 → 문제풀이의 순서로 진도를 나가는 것입니다. 기출문제를 충분히 풀면 빠르게 감이 올라오니 걱정하지 마세요.

Q CPPG 자격증 취득 후 어떻게 활용할 수 있나요?

A 먼저 CPPG는 기관·기업에서 개인정보보호 담당자 채용 시 우대되는 경우가 많고, ISMS-P 심사원 준비에도 토대가 됩니다. 더 나아가 정보보안기사, PIA, 정보관리기술사 등의 상위 자격 학습 시 공통 기반 지식으로 활용하기 좋아 학습 효율을 높여줍니다.

업무적으로는 내부 개인정보보호 체계 수립·점검, 수탁사 관리, 교육기획, 영향평가 보조 등 실무 전반에 바로 적용 가능합니다. 이력서에는 "개인정보 라이프사이클 기반 관리 체계 이해", "개인정보 안전성 확보조치 실무 적용 역량" 같은 구체 역량 문구로 정리해두면 좋습니다. 팀 내 교육 자료 작성, 내부 점검 체크리스트 개선, 신규 서비스 기획 시 개인정보 설계 점검(Privacy by Design) 등에서도 강점이 드러납니다.

Q 처음 공부할 때 어떤 방법으로 보는 게 좋나요?

A 초반엔 모든 세부조항을 외우려 하기보다, 큰 지도부터 그리는 것이 도움됩니다.
① 개인정보 보호법(정의·원칙·처리기준)
② 시행령·시행규칙에서 절차와 역할
③ 안전성 확보조치 고시(관리·기술·물리 보안) 순으로 반복해서 읽어보세요.

이때 교재의 도식·표 정리를 적극 활용하면 2~3회독 시 암기 부담이 크게 줄어듭니다.

Q 법령·고시가 너무 외워지지 않아요. 암기 팁이 있을까요?

A 다음과 같은 방법들을 정리해드립니다. 공부하면서 적용해보세요.
숫자·기한은 묶음 암기: 보유기간, 통지·보고 기한 등은 "기한/행위/주체" 3요소를 한 세트로 카드화
유사 조항 비교표: 예 파기 vs 분리보관, 익명처리 vs 가명처리, 기술적·관리적 보호조치 항목 비교
오답노트는 틀린 이유 중심: 용어 혼동/기한 착각/예외 미확인/주체 착오 등 태깅해 반복 방지
말로 설명해보기: 학습 파트의 핵심을 30초 스피치로 요약해서 직접 설명할 수 있는지 점검

Q 기출문제는 어떻게 활용해야 하나요?

A 기출문제는 출제 패턴·표현 습관을 익히는 데 최적의 자료입니다. 3회 이상 풀어보면 점수 편차가 줄어듭니다. 매 회차 오답 원인을 직접 분류하면 실수를 줄이는 데 큰 도움이 됩니다.
• **분류 예시**: 1) 개념 미정립, 2) 숫자·기한 오류, 3) 예외 누락, 4) 선지 함정(이중부정/범위확대)
원인별로 처방을 다르게 하고 최신 경향을 반영한 모의고사로 마무리 적응 훈련까지 하면 합격 안정권에 쉽게 들어갑니다.

Q 책과 강의를 어떻게 병행하면 효과가 좋나요?

A 선(책) – 후(강의) – 재(문제) 3단 구조가 효율적입니다. 먼저 챕터를 빠르게 훑고 용어를 눈에 익힌 뒤, 강의로 논점·예외·암기 포인트를 체크하세요. 이후 바로 해당 파트 문제를 풀며 이해→정착을 한 사이클로 묶으면 체감 난이도가 내려갑니다. 이기적 스터디 카페(cafe.naver.com/yjbooks)에 질문/답변 게시판도 운영 중이니 공부하면서 적극 활용해보세요.

PART 01

개인정보보호의 이해

파트 소개

개인정보보호의 이해는 개인정보의 정의, 개인정보의 유형 및 종류, 개인정보보호의 중요성, 기업의 사회적 책임 등을 학습하는 파트입니다. 개인정보에 대한 명확한 이해와 글로벌 개인정보보호 규정을 학습하여 전반적인 개인정보보호 분야의 특성을 확인해 보도록 하겠습니다.

CHAPTER 01

개인정보의 개요

학습 방향

개인정보의 개요에서는 개인정보, 개인정보 유형, 가명정보, 익명정보, EU-GDPR, 컨트롤러, 프로세서 등을 중심으로 학습하시기 바랍니다.

SECTION 01 개인정보의 정의

빈출 태그 개인정보의 정의, 개인정보, 가명정보, 익명정보

01 개인정보 정의

1) 범용적 정의
개인정보란 개인에 관한 모든 정보를 말한다.❶

2) 법적 정의
살아있는 개인에 관한 정보❷로서 형태 및 처리방식과 관계없이 성명, 주민등록번호, 영상 등을 통해 개인을 알아볼 수 있는 정보를 말한다.

해당 정보만으로는 특정 개인을 알아볼 수 없더라도 다른 정보와 쉽게 결합하여 개인을 알아볼 수 있거나, 추가 정보의 사용·결합 없이는 알아볼 수 없는 정보(가명정보)도 개인정보이다.

> **관련법령**
>
> **개인정보 보호법 제2조(정의)**
> 1. "개인정보"란 살아 있는 개인에 관한 정보로서 다음 각 목의 어느 하나에 해당하는 정보를 말한다.
>   가. 성명, 주민등록번호 및 영상 등을 통하여 개인을 알아볼 수 있는 정보
>   나. 해당 정보만으로는 특정 개인을 알아볼 수 없더라도 다른 정보와 쉽게 결합하여 알아볼 수 있는 정보. 이 경우 쉽게 결합할 수 있는지 여부는 다른 정보의 입수 가능성 등 개인을 알아보는 데 소요되는 시간, 비용, 기술 등을 합리적으로 고려하여야 한다.
>   다. 가목 또는 나목을 제1호의2에 따라 가명처리함으로써 원래의 상태로 복원하기 위한 추가 정보의 사용·결합 없이는 특정 개인을 알아볼 수 없는 정보(이하 "가명정보"라 한다)
> 1의2. "가명처리"란 개인정보의 일부를 삭제하거나 일부 또는 전부를 대체하는 등의 방법으로 추가 정보가 없이는 특정 개인을 알아볼 수 없도록 처리하는 것을 말한다.
> 2. "처리"란 개인정보의 수집, 생성, 연계, 연동, 기록, 저장, 보유, 가공, 편집, 검색, 출력, 정정(訂正), 복구, 이용, 제공, 공개, 파기(破棄), 그 밖에 이와 유사한 행위를 말한다.
> 3. "정보주체"란 처리되는 정보에 의하여 알아볼 수 있는 사람으로서 그 정보의 주체가 되는 사람을 말한다.
> 4. "개인정보파일"이란 개인정보를 쉽게 검색할 수 있도록 일정한 규칙에 따라 체계적으로 배열하거나 구성한 개인정보의 집합물(集合物)을 말한다.
> 5. "개인정보처리자"란 업무를 목적으로 개인정보파일을 운용하기 위하여 스스로 또는 다른 사람을 통하여 개인정보를 처리하는 공공기관, 법인, 단체 및 개인 등을 말한다.
> 6. "공공기관"이란 다음 각 목의 기관을 말한다.

---

❶ 개인정보는 "개인에 관한 정보"이므로 법인 또는 단체 관련 정보는 개인정보가 아니다.

❷ 개인정보는 "살아있는 개인에 관한 정보", 즉 자연인에 관한 정보이므로 사망, 실종신고 등 관계 법령에 근거하여 사망한 것으로 간주되는 자의 정보는 개인정보가 아니다.

기적의 TIP
개인정보는 "정보 내용·형태 등의 제한이 없으므로" 디지털 형태, 수기 형태, 자동·수동 처리방식과 관계없이 모두 개인정보에 해당할 수 있다.

가. 국회, 법원, 헌법재판소, 중앙선거관리위원회의 행정사무를 처리하는 기관, 중앙행정기관(대통령 소속 기관과 국무총리 소속 기관을 포함한다) 및 그 소속 기관, 지방자치단체
나. 그 밖의 국가기관 및 공공단체 중 대통령령으로 정하는 기관
7. "고정형 영상정보처리기기"란 일정한 공간에 설치되어 지속적 또는 주기적으로 사람 또는 사물의 영상 등을 촬영하거나 이를 유·무선망을 통하여 전송하는 장치로서 대통령령으로 정하는 장치를 말한다.
7의2. "이동형 영상정보처리기기"란 사람이 신체에 착용 또는 휴대하거나 이동 가능한 물체에 부착 또는 거치(据置)하여 사람 또는 사물의 영상 등을 촬영하거나 이를 유·무선망을 통하여 전송하는 장치로서 대통령령으로 정하는 장치를 말한다.
8. "과학적 연구"란 기술의 개발과 실증, 기초연구, 응용연구 및 민간 투자 연구 등 과학적 방법을 적용하는 연구를 말한다.

> **더 알기 TIP**
>
> **ID와 결제상품정보가 개인정보에 해당하나요?**
> 고객 ID, 결제상품정보를 이미 보유하고 있는 다른 정보와 결합하여 특정 개인을 식별 할 수 있는 경우 고객 ID와 결제상품정보는 개인정보에 해당할 수 있습니다.
>
> **외국인의 개인정보도 보호법에 따른 보호대상에 포함되나요?**
> '정보주체'란 처리되는 정보에 의하여 알아볼 수 있는 사람으로서 그 정보의 주체가 되는 사람을 말하므로(보호법 제2조 제3호), 살아 있는 사람인 한 국적에 관계없이 누구나 정보주체가 될 수 있습니다.

---

02 개인정보 vs 가명정보 vs 익명정보

1) 가명처리
개인정보의 일부를 삭제하거나 일부 또는 전부를 대체하는 등의 방법으로 추가 정보 없이는 특정 개인을 알아볼 수 없도록 처리하는 것이다.

2) 추가정보
개인정보의 전부 또는 일부를 대체하는 가명처리 과정에서 생성 또는 사용된 정보로서 특정 개인을 알아보기 위하여 사용·결합될 수 있는 정보(알고리즘, 매핑 테이블 정보, 가명처리에 사용된 개인정보 등)이다.

3) 다른정보
추가정보에 포함되지 않으면서 가명정보취급자가 가명정보의 처리 시점에 활용할 수 있거나 재식별에 이용될 가능성이 있는 정보이다.(가명정보처리자, 가명정보취급자가 보유하고 있거나 합리적으로 입수 가능한 정보)

> **기적의 TIP**
> '추가정보'는 가명처리 과정에서 생성 사용된 정보에 한정된다는 점에서 '다른정보'와 구분된다.

4) 익명정보
시간 비용 기술 등을 합리적으로 고려할 때 다른정보를 사용하여도 더 이상 개인을 알아볼 수 없는 정보이다.

> **➕ 더 알기 TIP**
>
> **가상자산 지갑주소가 개인정보인가요?**
>
> 가상자산 지갑주소는 가상자산 거래자를 표시하는 수단으로, 그 주소를 사용하는 사람의 인적사항을 알 수 없고(대법원 2021.12.16. 선고 2020도9789 판결), 불가역적인 공개키 암호화 기술로 생성되고 관리되므로 그 자체만으로는 특정 개인을 식별하는 것이 어려울 수 있습니다.
>
> 그러나, 당해 거래소가 이행한 실명확인 결과와 결합하거나 연계된 은행의 실명확인 입출금계정의 명의자 정보와 결합하여 그 지갑의 주인이 누구인지 알아볼 수 있다면 가상자산 지갑주소는 다른 정보와 결합하여 특정 개인을 알아볼 수 있는 개인정보에 해당할 수 있습니다.(개인정보보호위원회 결정 제2022-110-023호)
>
> **외[판례] 서울고등법원(2017나2074963), 대법원 확정(2024.7.11.선고, 2019다242045)**
>
> "개인정보는 해당 정보를 처리하는 자의 입장에서 합리적으로 활용될 가능성이 있는 수단을 고려하여 특정 개인을 식별할 수 있는(identifiable) 정보이므로, 개인정보에 암호화 등 적절한 비식별화(de-identification) 조치를 취함으로써 특정 개인을 식별할 수 없는 상태에 이른다면 이는 식별성을 요건으로 하는 개인정보에 해당한다고 볼 수 없고 (후략)"
>
> "비식별화 조치가 이루어졌다고 하더라도 재식별 가능성이 합리적으로 존재한다면 적절한 비식별화 조치가 이루어지지 않은 것이므로 여전히 개인정보에 해당한다."

SECTION 02 프라이버시와 개인정보

출제빈도 상 중 하
반복학습 1 2 3

빈출 태그 프라이버시의 정의 및 범위, 개인정보 자기결정권

01 프라이버시(Privacy) 정의

프라이버시는 타인에게 방해받지 않고 개인의 사생활, 공간, 개인적인 선택을 존중받을 권리이다.

02 프라이버시의 범주

사생활의 비밀과 자유를 존중받을 권리를 '프라이버시권'이라고 하며 프라이버시의 범주는 공간, 개인, 정보로 구분한다.

▼ 프라이버시 범주

범주	개념	위반 예시
공간 프라이버시 (Territorial Privacy)	개인의 활동 영역 및 공간에 대한 접근을 통제할 수 있는 권리	• 주거침입 • 합법적 근거 없이 자동차 내부 검색
개인 프라이버시 (Personal Privacy)	개인의 사생활과 관련된 정보에 대한 접근 권한을 통제할 수 있는 권리	• 건강검진 결과, 유전자 정보 유출 • 의사소통 내용(전화 대화, 이메일 등) 유출
정보 프라이버시 (Information Privacy)	개인 본인에 관한 정보의 수집, 사용, 공유를 통제할 수 있는 권리	• 정보주체 동의 없는 개인정보 수집 • 목적과 다른 개인정보 공유

> **기적의 TIP**
> 프라이버시는 개인이나 집단이 자기 자신이나 자신에 대한 정보를 외부와 격리하여, 선택적으로 자신을 표현할 수 있는 권리이다.

03 개인정보 자기결정권

1) 개인정보 자기결정권(Self Determination) 개념

개인정보 자기결정권이란 자신에 관한 정보가 언제, 어떻게, 어떤 방식으로 알려지고 이용되도록 할 것인지를 정보주체가 스스로 결정할 수 있는 권리이다.

2) 프라이버시와 개인정보 자기결정권 비교

프라이버시와 개인정보 자기결정권은 개인의 자유와 정보의 통제권을 보호하기 위해 중요한 권리들이지만 성격과 보호 대상 등에 있어 차이를 가지고 있다.

▼ 프라이버시와 개인정보 자기결정권 비교

구분	프라이버시	개인정보 자기결정권
성격	소극적 권리	적극적 권리
법적 근거	• 헌법 제10조 일반적 인격권 • 헌법 제17조 사생활의 비밀과 자유	개인정보 보호법
보호 대상	• 개인의 사생활 • 개인 삶의 자유	• 개인정보 • 데이터 처리
권리의 실현	타인의 간섭으로부터 방어적 입장	개인의 정보에 대한 적극적 결정 및 행동
사례	• 사진 촬영 금지 • 통신의 비밀	• 동의 없는 개인정보 수집 거부 • 데이터 삭제 요구

➕ 더 알기 TIP

[헌법재판소 판례] 개인정보자기결정권 (헌법재판소 2005.5.26. 99헌마513 결정)

개인정보자기결정권은 자신에 관한 정보가 언제 누구에게 어느 범위까지 알려지고 또 이용되도록 할 것인지를 그 정보주체가 스스로 결정할 수 있는 권리이다. 즉 정보주체가 개인정보의 공개와 이용에 관하여 스스로 결정할 권리를 말한다.

개인정보자기결정권의 보호대상이 되는 개인정보는 개인의 신체, 신념, 사회적 지위, 신분 등과 같이 개인의 인격주체성을 특징짓는 사항으로서 그 개인의 동일성을 식별할 수 있게 하는 일체의 정보라고 할 수 있고, 반드시 개인의 내밀한 영역이나 사사(私事)의 영역에 속하는 정보에 국한되지 않고 공적 생활에서 형성되었거나 이미 공개된 개인정보까지 포함한다. 또한 그러한 개인정보를 대상으로 한 조사·수집·보관·처리·이용 등의 행위는 모두 원칙적으로 개인정보자기결정권에 대한 제한에 해당한다.

SECTION 03 개인정보의 유형 및 종류

출제빈도 상 **중** 하
반복학습 1 2 3

빈출 태그 정보 특성에 따른 개인정보의 유형, 정보 수집 방식에 따른 개인정보의 유형

▶ 합격 강의

01 정보의 특성에 따른 개인정보 유형

개인정보는 성명, 주민등록번호, 주소 등과 같은 인적 사항에서부터 사회적 정보, 재산적 정보 및 정치적 성향과 같은 내면의 비밀정보까지 그 종류가 매우 다양하다. 또한, 서비스 이용 과정에서 생성되는 통화내역, 로그기록, 구매내역 등도 개인정보에 포함된다.

> **기적의 TIP**
>
> 과학적 연구 등 목적으로 가명정보를 처리하면서 그 대가를 받는 것은 가능하다.
> 단, 해당 목적 범위를 벗어나 판매할 목적으로 가명정보를 처리하는 것은 허용되지 않는다.

▼ 정보 특성에 따른 개인정보 유형

개인정보 유형		개인정보 종류
인적사항	일반정보	성명, 주민등록번호, 주소, 연락처, 생년월일, 출생지, 성별 등
	가족정보	가족관계 및 가족구성원 정보 등
신체적 정보	신체정보	얼굴, 홍채, 음성, 유전자 정보, 지문, 키, 몸무게 등
	의료 · 건강정보	건강상태, 진료기록, 신체장애, 장애등급, 병력, 혈액형, IQ, 약물테스트 등의 신체검사 정보 등
정신적 정보	기호 · 성향정보	도서 · 비디오 등 대여기록, 잡지 구독정보, 물품 구매내역, 웹사이트 검색내역 등
	내면의 비밀정보	사상, 신조, 종교, 가치관, 정당 · 노조 가입여부 및 활동내역 등
사회적 정보	교육정보	학력, 성적, 출석 상황, 기술 자격증 및 전문 면허증 보유내역, 상벌기록, 생활기록부, 건강기록부 등
	병역정보	병역여부, 군번 및 계급, 제대유형, 근무부대, 주특기 등
	근로정보	직장, 고용주, 근무처, 근로경력, 상벌기록, 직무평가기록 등
	법적정보	전과 · 범죄 기록, 재판 기록, 과태료 납부내역 등
재산적 정보	소득정보	봉급액, 보너스 및 수수료, 이자소득, 사업소득 등
	신용정보	대출 및 담보설정 내역, 신용카드번호, 통장계좌번호, 신용평가 정보 등
	부동산 정보	소유주택, 토지, 자동차, 기타 소유차량, 상점 및 건물 등
	기타 수익 정보	보험(건강, 생명 등) 가입현황, 휴가, 병가 등
기타정보	통신정보	E-mail 주소, 전화통화내역, 로그파일, 쿠키 등
	위치정보	GPS 및 휴대폰에 의한 개인의 위치정보
	습관 및 취미정보	흡연여부, 음주량, 선호하는 스포츠 및 오락, 여가활동, 도박성향 등

02 정보 수집 방식에 따른 개인정보 유형

개인정보는 정보 수집 방식에 따라 사용자가 직접 제공하는 '제공정보'와 사용자의 활동으로부터 생성되는 '생성정보'로도 나눌 수 있다.

▼ 정보 수집 방식에 따른 개인정보 유형

구분	제공정보	생성정보
개념	이용자가 서비스 제공자에게 직접 제공하는 정보	개인이 서비스를 이용하는 과정에서 생성되는 이용자에 관한 정보
수집 방식	이용자의 명시적인 입력을 통해 수집	시스템에 의해 자동으로 수집·기록
주요 목적	회원 가입, 고객 관리 등의 서비스 운영	사용자 경험 개선, 맞춤형 광고 등
예시	회원가입, 설문조사 참여, 금융거래, 의료기관 진료, 온라인 쇼핑 등	웹사이트 접속기록, 온라인 활동정보, 쿠키 등

➕ 더 알기 TIP

개인정보는 절대적인 개념이 아니라 환경, 상황, 식별가능성 등을 종합하여 개인정보 해당 여부를 구별해야 하는 상대적인 개념이다.
예를 들어 사망자의 정보는 개인정보가 아니나, 사망자의 정보로 유족과의 관계를 알 수 있는 정보라면 해당 사망자의 정보도 개인정보가 될 수 있다.

SECTION 04 개인정보의 특성

빈출 태그 연결 가능성, 추론 가능성, 선별 가능성

01 개인정보의 식별성

개인정보는 식별이 가능한 정보(직접 식별정보) 또는 다른 정보와 쉽게 결합하여 알아볼 수 있는 정보(간접 식별정보)이다. 따라서 식별성이 개인정보의 중요한 특성이다.

> **기적의 TIP**
> 식별성을 평가하는 식별성 평가 기준 또한 개인정보의 중요 특성이다.

02 개인정보 식별 평가기준

1) 연결 가능성(Linkability)
서로 다른 정보 소스(source), 데이터 세트(data set), 데이터베이스(database) 내에서 동일한 개인 또는 개인 그룹에 대한 정보를 연결할 수 있는 정도이다.

2) 추론 가능성(Inference)
한 데이터 속성의 값을 기반으로 다른 속성의 값을 유의미한 확률로 유추할 수 있는 정도이다.

3) 선별 가능성(Single-out)
데이터 세트 내에서 개인을 명확하게 식별할 수 있는 정도이다.

> **더 알기 TIP**
>
> [판례] 해킹 등으로 유출된 정보의 개인정보 여부의 판단
> - 기업·기관 등이 해킹을 당해 해커에게 회원관리번호, 휴대전화번호 등 개인을 알아볼 수 있는 개인 식별정보가 유출되었다면 유출된 해당 정보는 그 자체로서 개인정보에 해당한다.
> - 그 자체로서 개인을 알아볼 수 있는 개인정보 DB를 운용하고 있는 기업이 해킹 등으로 개인과 관련된 일부 정보가 유출된 경우, 가목에 따른 개인정보가 포함되어 있지 않더라도 해당 기업 입장에서는 개인정보 DB 중 일부가 유출된 것이므로 해당 기업 입장에서 해당 정보는 개인정보에 해당한다.
> - 기업·기관 등의 입장에서 개인정보 여부를 판단할 때에는 해커의 입장이 아니라 자사의 입장에서 해당 정보가 개인을 '알아볼 수 있는 정보인지'를 기준으로 판단해야 함. 해커는 해당 기업의 개인정보를 불법적으로 절취한 것일 뿐이므로, 해당 기업·기관 등의 입장에서 개인을 알아볼 수 있는지 여부를 판단하는 고려사항이 되지 않는다.

SECTION 05 개인정보 가치산정

빈출 태그 가상가치 평가법, 델파이 기법

01 개인정보 가치산정의 필요성

개인정보는 통상적으로 시장에서 직접 거래되지 않아 가치를 정확하게 측정하기 어렵다. 또한 개인정보 유출로 인한 피해는 금전적 손실뿐만 아니라 범죄이용, 명예훼손, 정신적 피해 등 다양한 형태로 나타날 수 있어 객관적인 평가가 힘들다.
그럼에도 불구하고 조직은 데이터 보호 및 개인정보 관리 전략을 수립, 정부는 개인정보 유출 시 과태료 부과, 형사처벌 등 기업의 개인정보보호 법적 책임을 강화하기 위해 개인정보의 가치를 다각도로 평가하고 관련 위험을 관리하여야 한다.

02 개인정보 가치산정 접근방식 및 기법

접근방식	가치산정 기법	설명
가치 및 비용	가상가치 평가법 (CVM, Contingent Valuation Method)	• 설문조사를 통한 개인정보 가치산정 방식 • 개인정보 유출 피해라는 경제적 손실을 회피하기 위한 설문 응답자의 평균적 지불의사금액(WTP, Willingness to Pay) 산출
전문가	델파이 기법 (Delphi Method)❶	다양한 전문가의 의견 또는 전문가 모임에서 얻은 합의 결과에 따른 개인정보 가치 예측
피해 정도	손해배상액 기반	개인정보 유출 시 예측되는 손해배상액을 개인정보 가치로 산출
	소송가액 기반	소송가액 기초 개인정보 가치 역산정 ⑩ [배상신청인 수 X 배상 판결액 / 전체 배상신청인 수 = 평균 배상판결액(개인정보의 가치)

❶ 델파이 기법
전문가 집단에게 여러 차례(라운드)에 걸쳐 설문을 실시하고, 각 라운드마다 응답 결과를 요약·피드백하여 의견 차이를 줄여가는 합의 도출 기법

SECTION 06 해외 개인정보보호 제도 소개

빈출 태그 EU-GDPR

01 해외 개인정보보호 제도 다양성

해외 개인정보보호 제도는 해당 국가의 법률 체계, 경제 상황, 문화에 따라 다양하게 구성되어 있다. 세계 주요 국가에서 시행되는 개인정보 관련 법·제도에서의 개인정보보호는 개인의 기본권과 자유를 보장하는 것을 목적으로 한다.

02 세계 주요 국가 개인정보보호 제도

국가	개인정보보호 관련 규정	주요 동향
미국	• 주 단위 관련 법 제정 및 시행 • 연방 차원 데이터 프라이버시 및 보호법(ADPPA) 마련 중	• 연방 차원의 개인정보 보호법이 마련되지 않아 주(州) 단위로 법을 제정 중 • 미국 여당·야당이 Google, Meta 및 TikTok 등 빅테크를 겨냥한 포괄적인 개인정보보호권리법(안)(American Privacy Rights Act, APRA)에 합의('24.4.7.)
유럽연합	EU-GDPR (European Union-General Data Protection Regulation)	유럽연합 일반정보보호 규정으로 세계 각 국의 개인정보보호 또는 개인정보를 기반으로 하는 국가 간 정보서비스에 많은 영향을 미치고 있음
영국	• UK GDPR • 데이터 보호법(Data Protection Laws)	• 영국의 EU 탈퇴로 자국의 UK GDPR 준수 요구 • 정부 서비스 제공, 사업의 개인 데이터 보관 및 생체인식 데이터 등 다양한 데이터 형식의 개인정보 보호
일본	개인정보의 보호에 관한 법률	일본 개인정보보호위원회(PPC, Personal Information Protection Commission)에서 개인정보 관련 사항 심의·의결
인도	DPDPA 제정 (Digital Personal Data Protection Bill Act)	인도 최초의 포괄적인 개인정보 보호법(DPDPA) 제정('23.8) 연방

03 EU-GDPR

1) EU-GDPR 개요
유럽연합 일반정보보호규정(General Data Protection Regulation, 이하 EU-GDPR)은 자연인(natural person)에 관한 기본권과 자유를 보호하기 위해 제정된 개인정보보호 관련 규정이다.

지침(directive)이 아닌 규정(regulation)이기 때문에 각국 정부에 의한 별도의 이행 입법이 불필요하고 모든 EU 회원국 내 직접 적용된다.

> **기적의 TIP**
> Directive는 각 회원국에 대한 입법 지침(가이드라인) 역할을 할 뿐이므로, 회원국 내 적용을 위해서는 지침을 반영한 각국의 개별 입법이 필요하다.

2) EU-GDPR 구성 및 법적 효력

① EU-GDPR 제정 목적
- 개인정보 처리와 관련된 자연인의 보호 및 EU 역내에서 개인정보의 자유로운 이동에 관하여 보장하는 것을 목적으로 한다.

② EU-GDPR 구성
- 전문(Recital) 총 173개 항, 본문(Chapter) 11장, 조항(Article) 99개로 이루어져 있으며, EU 공식 홈페이지에서 원문을 확인할 수 있다.

▼ EU-GDPR 구성 체계

GDPR 구성 체계(전문 173항, 본문 11장, 조항 99개)	
장	제목
제1장	일반 규정(General Provisions)
제2장	원칙(Principles)
제3장	정보주체의 권리(Rights of the Data Subject)
제4장	컨트롤러와 프로세서(Controller and Processor)
제5장	제3국 및 국제기구로의 개인정보 이전(Transfer of Personal Data to Third Countries or International Organizations)
제6장	독립적인 감독기구(Independent Supervisory Authorities)
제7장	협력과 일관성(Cooperation and Consistency)
제8장	구제, 책임, 벌칙(Remedies, Liability and Penalties)
제9장	특정 정보 처리 상황에 관한 규정(Provisions Relating to Specific Data Processing Situations)
제10장	위임 입법 및 이행 입법(Delegated Acts and Implementing Acts)
제11장	최종규정(Final Provisions)

③ EU-GDPR 법적 효력
- 정부나 민간 활동 규제가 가능한 법(regulation)으로 제정되어 회원국 내 직접적으로 적용할 수 있고, 위반 시 과징금 등 행정처분이 가능한 법적 구속력을 가지고 있다.

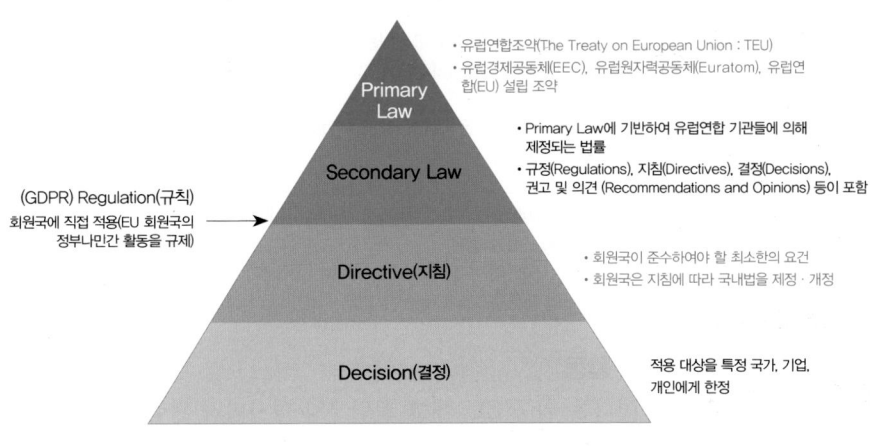

▲ 유럽연합 법체계

3) EU-GDPR 적용 대상정보 및 범위

① EU-GDPR 적용 대상정보

- 유럽연합은 개인정보를 '식별 되었거나 또는 식별 가능한 자연인(정보주체)과 관련된 모든 정보'로 정의하면서 적용대상을 판례, 유권해석 차원에서 인정된 개념을 포함하여 폭넓게 적용하고 있다.

▼ EU-GDPR 적용 대상정보

적용 대상	설명	비고
일반적인 개인정보 (Personal Data)	자연인(정보주체)과 관련하여 이미 식별되었거나 식별 가능한 모든 정보	살아있는 자연인만 해당하나 개별 회원국의 사망자의 개인정보처리에 관한 별도 규정 미제한
개인정보 처리에 적용되는 개인정보	추가정보를 이용하여 개인을 식별할 수 있는 개인정보	IP주소, 위치정보, 유전정보, 쿠키 등

더 알기 TIP

암호화된 정보도 GDPR 적용범위인가요?

암호화된 정보라 하더라도 추가적인 암호키를 이용하면 특정 정보주체에게 귀속될 수 있으므로, 암호화된 정보는 가명처리된 정보에 해당하고, 따라서 이는 개인정보에 해당합니다.

② EU-GDPR 적용 범위

- EU-GDPR은 전 세계기업과 조직에 영향을 미치는 광범위한 법률이다.
- 주의해야 할 사항은 EU 외 사업장이 있더라도 EU 내 정보주체에게 재화나 서비스를 제공하는 경우와 EU 내 정보주체에 대하여 EU 내에서 행동을 모니터링하는 경우에도 EU-GDPR의 적용 대상이 된다.

▼ EU-GDPR 적용 대상정보

구분	적용범위		비고
물적 범위 (Material Scope)	자동화	전체 또는 부분적으로 자동화된 수단에 의한 개인정보 처리	전자적 데이터베이스 및 파일링 시스템 등

	비자동화	파일링시스템 일부를 구성하는 비자동화 수단에 의한 개인정보처리	수기 처리 (Manual Processing)
장소적 범위 (Territorial Scope)	EU 역내	EU에 사업장을 운영하며, 해당 사업장이 개인정보 처리	• 사업자 설립 형태 무관 • 지사(Branch), 자회사(Subsidiary) 모두 적용
	EU 역외	• EU 내에 있는 정보주체에게 재화나 서비스를 제공하는 경우 • EU 내에 있는 정보주체에 대하여 EU 내에서의 행동을 모니터링하는 경우	정보주체의 재화 또는 서비스 비용 지불 여부는 무관

③ EU-GDPR 적용 예외 활동

- EU 법률 범위를 벗어나는 활동(EU 개별 회원국의 형사법과 관련하여 수행되는 활동)
- 개별 회원국에서 수행하는 EU의 공동 외교 안보 정책과 관련된 활동
- 자연인이 순수하게 수행하는 개인 또는 가사 활동
- 공공 안전의 위협에 대한 보호 및 예방을 포함하여, 관할 감독기구(Competent Authorities)의 범죄 예방, 수사, 탐지, 기소 및 형사처벌 집행 관련 활동

4) EU-GDPR 주요 용어

> **기적의 TIP**
> EU-GDPR에서 제시된 주요 용어의 개념을 명확히 이해해야 한다.

용어	설명	비고
개인정보 (Personal data)	식별 되었거나 또는 식별 가능한 자연인(정보주체)과 관련된 모든 정보	• 문자에 한정하지 않고 음성, 숫자, 그림, 사진 등의 형태 포함 • 이름, 전화번호, 위치정보, 유전정보, 온라인 식별자(IP주소, MAC 주소, 온라인 쿠키 ID, RFID) 등 포함
컨트롤러 (Controller)	개인정보 처리의 목적과 수단을 결정하는 주체	결정하는 주체는 컨트롤러 단독으로 하거나 제3자와 공동으로 결정 가능 ❶
프로세서 (Processor)	컨트롤러를 대신하여 개인정보를 처리하는 자연인, 법인, 정부부처 및 관련 기관, 에이전시, 기타 단체 등을 의미	프로세서는 컨트롤러의 지시에 따라 개인정보 처리
수령인 (Recipient)	개인정보를 공개·제공받는 자연인이나 법인, 정부부처 및 관련 기관, 기타 단체 등	예외적으로 EU 또는 회원국 법률에 따라 특정한 문의·회신·조회 업무를 수행하는 상황에서 개인정보를 제공받는 정부부처 및 관련 기관은 수령인에 해당하지 않음
프로파일링 (Profiling)	• 해당 자연인의 특성을 평가하기 위해 행해지는 모든 형태의 자동화된 개인정보 처리 • 완전 자동화 의사결정(Solely Automated Decision-making)으로 인적 개입이 있으면 프로파일링 미해당	분석 및 예측을 위한 모든 형태의 자동화 처리 의미 - 직장 내 업무 수행, 경제적 상황, 건강, 개인적 취향, 신뢰성, 태도, 위치 또는 이동경로, 관심
가명처리 (Pseudonymisation)	추가적 정보의 사용 없이 더 이상 특정 정보주체를 식별할 수 없도록 처리된 개인정보	GDPR에서 가명처리된 정보는 추가 정보 사용으로 개인식별이 가능하므로 개인정보로 취급

❶ 법인, 정부부처 및 관련 기관, 기타 단체 등

DPO (Data Protection Officer)	컨트롤러·프로세서의 개인정보 처리 활동 전반에 관해 자문 역할을 하는 전문가	• 컨트롤러·프로세서가 DPO를 필수로 지정하여야 하는 경우 – 기업의 핵심 활동이 대규모 민감정보 처리를 포함하는 경우 – 기업의 핵심 활동이 개인에 대한 대규모의 정기적이고 체계적인 모니터링을 포함 하는 경우 – 정부부처 및 관련 기관의 경우(법원 제외)

➕ 더 알기 TIP

DPO 지정 후 감독당국에게 통보하거나 신고해야 하나요?

GDPR 제37조제7항은 "컨트롤러 또는 프로세서는 DPO의 연락처를 공개하고 감독당국에 통지하여야 한다."고 규정하고 있으므로, DPO를 지정한 후에는 그 연락처를 감독당국에 통지하여야 합니다.

EU 내 법인이나 지사가 여러 곳이라면, 공동 DPO를 임명해도 되나요?

GDPR 제37조제2항에 따라 사업체 집단은 각 사업장에서 "쉽게 접근이 가능 경우(easily accessible)", 복수 사업자가 단일 DPO를 지정할 수 있습니다.
단, '사업체 집단(a group of undertakings)'에 해당하는 경우에만 가능하며, 사업적 관계가 없는 여러 독립 법인이 단일 DPO를 지정할 수는 없습니다.

5) 국내 개인정보 보호법과 EU-GDPR 주요 용어 비교

EU-GDPR 용어는 국내 개인정보 보호법에서 사용하는 용어들과 범위 및 역할 등에서 차이가 존재한다. 국내 개인정보 보호법과 주요 용어 및 규정의 차이를 이해하고 글로벌 규제 적용이 필요한 업무에 대해서는 혼선이 없도록 주의해야 한다.

▼ 개인정보 보호법과 EU-GDPR 주요 용어 차이

구분	한국(개인정보 보호법)	유럽연합(GDPR)
	관련 규정	관련 규정
특수한 범주의 개인정보	민감정보 처리 미구분	특수한 범주의 개인정보(민감정보)와 범죄경력 및 범죄행위 구분
	제23조(민감정보의 처리 제한) ① 개인정보처리자는 사상·신념, 노동조합·정당의 가입·탈퇴, 정치적 견해, 건강, 성생활 등에 관한 정보, 그 밖에 정보주체의 사생활을 현저히 침해할 우려가 있는 개인정보로서 대통령령으로 정하는 정보(이하 "민감정보"라 한다)를 처리하여서는 아니 된다.	• [제9조] 컨트롤러는 인종·민족, 정치적 견해, 종교적·철학적 신념, 노동조합의 가입 여부를 나타내는 개인정보의 처리와 유전자 정보, 개인을 고유하게 식별할 수 있는 생체정보, 건강정보, 성생활·성적 취향에 관한 정보를 처리해서는 안 된다. • [제10조] 범죄경력 및 범죄행위에 관련된 개인정보의 처리 또는 제6조제1항에 근거한 관련 보안조치는 공적 권한의 통제하에서 또는 그 처리가 정보주체의 권리 및 자유를 위한 적절한 안전장치를 규정하는 EU 또는 회원국 법이 허가하는 경우에만 수행되어야 한다.

정보처리 위탁	위탁자는 업무처리를 위해 통상 직접 수집한 개인정보를 수탁자에게 제공한다.	컨트롤러는 정보처리의 목적과 수단을 결정하는 주체이며 반드시 정보를 처리하거나 프로세서에게 제공할 필요는 없다.
	제26조(업무위탁에 따른 개인정보의 처리 제한)	[제7조] 컨트롤러는 개인정보 처리의 목적과 수단을 결정하는 주체를 의미한다.
책임자	개인정보 보호책임자(CPO)의 자격요건을 공무원, 대표자, 임원 등 일정 지위로 구분한다.	• 데이터 보호책임자(DPO)는 전문적 자질, 개인정보보호 실무에 대한 전문적 지식 및 제39조에 언급된 직무를 완수할 능력에 근거하여 지정한다. • 즉, 완수 능력을 충족한다면 내부직원 및 외부인이 가능하다.
	• 제32조(개인정보 보호책임자의 업무 및 지정요건 등) ③ 개인정보처리자는 법 제31조 제1항에 따라 개인정보 보호책임자를 지정하려는 경우에는 다음 각 호의 구분에 따라 지정한다. 1. 공공기관: 다음 각 목의 구분에 따른 기준에 해당하는 공무원 등 …중략… 2. 공공기관 외의 개인정보처리자: 다음 각 목의 어느 하나에 해당하는 사람 가. 사업주 또는 대표자 나. 임원(임원이 없는 경우에는 개인정보 처리 관련 업무를 담당하는 부서의 장)	• [제37조 제5항] DPO는 전문적 자질, 특히 개인정보 보호법과 실무에 대한 전문적 지식 및 제39조에 언급된 직무를 완수할 능력에 근거하여 지정되어야 한다. • [제39조 제항] DPO는 최소한 다음의 직무를 가져야 한다.
수령인 (Recipient) 및 제3자 (Third Party)	(제3자) 통상적으로 개인정보처리자로부터 개인정보를 받은 자를 의미한다.	• (수령인) 제3자인지 여부와 관계없이 개인정보를 공개·제공받는 자연인이나 법인, 정부 부처 및 관련기관, 기타 단체 등을 의미한다. 국내법상으로 개인정보를 제공받은 제3자와 개인정보취급자 등이 모두 수령인에 해당함 • (제3자) ① 정보주체, ② 컨트롤러, ③ 프로세서, ④ 컨트롤러·프로세서의 직접적 권한에 따라 개인정보를 처리할 수 있는 사람을 제외한 모든 자연인이나 법인, 정부부처 및 관련기관, 기타 단체 등을 의미한다
	제26조(업무위탁에 따른 개인정보의 처리 제한) ① 개인정보처리자가 제3자에게 개인정보의 처리 업무를 위탁하는 경우에는 다음 각 호의 내용이 포함된 문서로 하여야 한다.	• [제4조 제9항] 수령인은 제3자 포함 여부에 관계없이 개인정보가 제공되는 자연인 또는 법인, 공공기관, 기관, 기타 기구를 가리킨다. 그러나 유럽연합 또는 회원국 법률에 따라 특정 조회업무를 수행하는 체제에서 개인정보를 수령할 수 있는 공공당국은 수령인으로 간주하지 않는다. 그러한 공공당국의 그 같은 개인정보의 처리는 처리 목적에 따라 적용 가능한 개인정보 보호 규칙을 준수하여야 한다. • [제4조 제10항] 제3자는 정보주체, 컨트롤러, 프로세서, 컨트롤러나 프로세서의 직권에 따라 개인정보를 처리할 수 있는 자를 제외한 자연인이나 법인, 공공기관, 기관 또는 기구를 가리킨다.

➕ 더 알기 TIP

컨트롤러와 프로세서가 DPO를 따로 지정해야 하나요?

GDPR 제37조는 DPO의 지정 의무는 컨트롤러 혹은 프로세서 해당 여부와 무관하게 적용됩니다.

즉 DPO 의무 지정사유에 누가 해당하느냐에 따라 어떤 경우에는 컨트롤러만, 어떤 경우에는 프로세서만, 혹은 양측 모두가 DPO를 지정해야 하는 경우가 발생할 수 있습니다.

이론을 확인하는 기출문제

01 개인정보에 대한 설명으로 적절하지 않은 것을 고르시오.
① 사망했거나 실종 선고 등 관계 법령에 의해 사망한 자의 정보는 개인정보가 아니다.
② helpdesk@company.co.kr 와 같은 업무용 공용 이메일은 개인정보가 아니다.
③ 개인의 거래내역 등 전자상거래 정보는 개인정보이다.
④ 추가 정보의 사용·결합 없이 특정 개인을 알아볼 수 없는 정보는 개인정보가 아니다.
⑤ 개별 세대별로 출입번호가 부여된 아파트 공동현관의 비밀번호는 개인정보이다.

> 원래의 상태로 복원하기 위한 추가 정보의 사용·결합 없이는 특정 개인을 알아볼 수 없는 정보(이하 '가명정보')는 개인정보이다. 생년월일의 경우에는 같은 날 태어난 사람이 여러 사람일 수 있으므로 다른 정보 없이 생년월일 그 자체만으로는 개인정보로 보기 힘들다. 세대원이 특정되지 않은 공동현관의 출입번호는 개인정보로 보기 어려우나, 개별 세대별로 출입번호가 부여된 경우는 개인정보로 볼 수 있다.

02 개인이 자신의 활동을 자유롭게 하고 위치추적 장치나 감시 카메라와 같은 수단에 의한 무단 감시로부터 보호받을 권리는 어떤 프라이버시 범주에 속하는지 고르시오.
① 공간 프라이버시
② 통신 프라이버시
③ 정보 프라이버시
④ 개인 프라이버시
⑤ 디지털 프라이버시

> 공간 프라이버시(Territorial Privacy)는 개인이 자신의 물리적 공간에 대한 통제를 유지하고, 무단 침입으로부터 보호받을 권리이다. 공간 프라이버시는 주거침입의 방지, 개인 공간의 보호, 감시 및 추적으로부터의 보호 등의 권리를 포함한다.

03 가명정보와 익명정보에 대한 설명으로 적절하지 않은 것을 고르시오.
① 가명정보는 추가정보의 사용·결합 없이는 특정 개인을 알아볼 수 없는 정보를 말한다.
② 가명정보를 원래의 상태로 복원하기 위해 가명정보와 결합하여 개인정보를 복원할 수 있는 정보를 결합정보라고 한다.
③ 익명정보는 다른 정보를 사용하여도 특정 개인을 알아볼 수 없는 정보이다.
④ 가명정보는 개인정보 범주에 포함되나 익명정보는 개인정보 범주에 포함되지 않는다.
⑤ 암호화된 정보는 추가적인 암호키를 이용하면 특정 정보주체에게 귀속될 수 있으므로 개인정보에 해당한다.

> '추가정보'란 개인정보의 전부 또는 일부를 대체하는 데 이용된 수단이나 방식, 가명정보와의 비교·대조 등을 통해 삭제 또는 대체된 개인정보를 복원할 수 있는 정보이다.
> '결합정보'란 합법적으로 접근하여 그 지배력을 확보할 수 있는 두 개 이상의 정보를 쉽게 결합하여 특정 개인을 알아볼 수 있는 정보이다.

정답 01 ④ 02 ① 03 ②

04 아래 EU-GDPR 용어 설명 중 적절한 보기를 고르시오.

> ㄱ. 컨트롤러(Controller)란 단독 또는 타인과 공동으로 개인정보 처리의 목적 및 방법을 결정하는 자연인이나 법인, 공공당국, 기관 또는 기타 단체이다.
> ㄴ. 프로세서(Processor)란 컨트롤러를 대신하여 개인정보를 처리하는 자연인이나 법인, 공공당국, 기관 또는 기타 단체이다.
> ㄷ. 수령인(Recipient)이란 제3자인지 여부로 판단되는 개인정보가 공개되는 자연인이나 법인, 공공당국, 기관 또는 단체이다.
> ㄹ. 프로파일링(Profiling)이란 자연인의 사적인 측면을 분석, 예측하기 위한 자동화된 처리로 정확한 프로파일링을 위해 업무 담당자의 스크리닝 작업이 필수이다.

① ㄱ, ㄴ
② ㄱ, ㄴ, ㄷ
③ ㄱ, ㄴ, ㄷ, ㄹ
④ ㄴ, ㄷ
⑤ ㄴ, ㄷ, ㄹ

수령인은 제3자인지 여부와 관계없이 개인정보가 공개되는 자연인이나 법인, 공공당국, 기관 또는 단체이며 프로파일링은 인적개입(Human Intervention), 개인적인 특성 평가 목적시에는 프로파일링에 해당하지 않는다.

05 우리나라 교육 스타트업 회사인 'Alpha'에서 'Alpha-Online'이라는 전 세계의 학생들에게 다양한 강좌를 제공하는 온라인 교육 플랫폼을 출시하였다. 내년부터는 유럽연합(EU) 국가 학생들에게도 교육 서비스를 무료로 시범 제공하기 위해 인프라와 시스템을 개선 중이며, 별도의 EU지사는 두지 않고 모든 데이터를 한국에 있는 서버에서 처리할 것이다. 'Alpha-Online'이 개인화된 강의 추천 시스템을 위해 학생들의 데이터(수강 강좌, 학습 시간, 퀴즈 점수 등)를 수집한다고 할 때 'Alpha' 회사의 EU-GDPR 적용 여부에 대해 가장 적절한 보기를 고르시오.

① 본사가 한국에 있기 때문에 EU-GDPR 준수가 불필요하다.
② 학습데이터는 민감정보가 아니며 데이터 저장 장소도 한국이기 때문에 EU-GDPR 준수가 불필요하다.
③ EU 외에서 EU 내 정보주체의 정보를 처리하더라도 비용을 받지 않고 무료로 서비스를 제공하기 때문에 EU-GDPR 준수가 불필요하다.
④ EU 외에서 EU 내 정보주체의 행동을 모니터링하기 때문에 EU-GDPR이 적용된다.
⑤ 모든 데이터는 EU 외에 저장되기 때문에 데이터 보호 담당자 지정 및 정보주체 권리 행사 절차를 제외한 EU-GDPR이 적용된다.

EU-GDPR은 EU 외부에 위치한 조직이 EU 내 정보주체의 데이터를 처리하는 경우 적용되며, 특히 정보주체의 행동을 모니터링하는 활동에 대해서는 명확하게 적용된다.

오답 피하기

①②③ EU-GDPR은 본사 위치, 데이터 위치, 데이터의 민감성, 서비스의 유·무료 여부와 관계없이 EU 내 거주자의 개인 데이터를 처리하는 경우 적용되므로 부적절하다.
⑤ EU-GDPR 적용에 대해선 적절하지만 데이터의 저장 위치나 회사의 위치와 상관없이, EU 내 정보주체의 데이터를 처리하는 경우 GDPR의 전반적인 요구 사항을 준수해야 하므로 DPO 지정 및 정보주체 권리 행사 절차 등을 마련하여야 한다.

정답 04 ① 05 ④

SECTION 01 데이터 중심 사회에서 개인정보의 중요성

▶ 합격 강의

출제빈도 상 중 (하)
반복학습 1 2 3

빈출 태그 데이터 중심 사회의 특징

01 데이터 중심 사회

1) 데이터 중심 사회 개념
데이터가 사회 전반의 운영, 의사결정, 가치 창출의 중심적인 역할을 하는 사회를 의미한다. 데이터 중심 사회에서 데이터는 사회·경제적 혁신을 견인하는 핵심 원동력이다.

2) 데이터 중심 사회 특징

① 빅데이터와 인공지능(AI)의 활용
- 데이터를 수집·저장·분석하는 기술의 활용은 새로운 사회적 혁신과 패러다임이 발생하더라도 지속적으로 그것들을 구성하는 중요 요소였다.
- 데이터 중심 사회 또한 데이터가 주요 연료이며 패턴을 인식하고 자동화된 의사결정을 지원하는 인공지능(AI) 기술이 결합하여 사회 전반에 걸친 혁신을 가져오고 있다.

② 데이터 경제의 성장
- 데이터가 경제 활동의 중요한 생산요소로 활용되고 글로벌 국가들이 데이터의 정당한 가치를 평가·보호할 수 있는 법·규정들을 마련함으로써 데이터로부터 경제적 가치를 창출하는 데이터 경제가 성장하고 있다.

③ 프라이버시와 보안
- 개인정보는 데이터의 주요 유형 중 하나로 개인의 온라인 활동, 소비 패턴, 심지어 건강 정보까지 포함하기도 한다. 또한, 생성되고 분석되는 데이터의 양이 증가할수록 개인의 프라이버시 침해와 위협의 가능성도 함께 증가시킨다.

> **기적의 TIP**
> 데이터 중심 사회의 신뢰성을 유지하고 지속 가능한 성장을 위해 프라이버시와 보안은 사전에 고려해야 할 필수적인 요소이다.

02 데이터 중심 사회에서의 개인정보

① 전략적 자원
- 개인정보는 다른 데이터 대비 가치가 높은 전략적 자원❶이다.

② 빛과 그림자
- 개인정보를 수집·이용·분석하는 개인정보처리자 입장에서는 많은 데이터를 확보하고 분석하여 새로운 인사이트를 도출하고 싶어 한다. 하지만 정보주체인 개인은 본인의 정보는 최소한으로 노출하면서 높은 품질의 서비스를 받고 싶어 한다. 이처럼 개인정보는 데이터 중심 사회에서 빛과 그림자같이 양면적인 존재면서도 서로 뗄 수 없는 관계이다.

③ 광범위한 보호범위
- 데이터는 필요한 데이터의 종류, 관리 방법을 기획하는 계획 단계부터, 수집, 관리, 분석, 보관, 파기 등의 생애주기(life cycle)를 가지고 있다. 데이터 주체의 권리를 보호하고 정보 유출을 방지하기 위해서는 데이터 생애주기 전반에 걸쳐 개인정보보호가 이루어져야 한다.

---

❶ 예를 들어 기업은 개인정보 분석을 통해 고객을 이해하고, 맞춤형 서비스를 제공하여 새로운 사업 창출하는 데 활용할 수 있다.

SECTION 02 개인정보 침해유형

빈출 태그 개인정보 침해 및 신고, 개인정보 유출 및 대응

01 개인정보 침해

1) 개인정보 침해 개념

법적 근거 없는 개인정보의 수집·이용·제공, 개인정보 유출, 오남용, 불법유통 등 개인정보 처리 전 과정에서 발생하는 개인의 권리 침해 행위를 의미한다.

2) 개인정보 침해유형

침해유형	유형 설명
개인정보 유출	법령이나 처리자의 자유로운 의사에 의하지 않고, 정보주체의 개인정보에 대하여 처리자가 통제를 상실하거나 또한, 권한 없는 자의 접근을 허용한 경우
홈페이지 노출	관리 부주의로 인하여 개인정보가 웹페이지의 게시물, 파일, 소스코드 및 링크(URL)에 포함되어 노출되는 경우
개인정보 오남용	다양한 경로를 통해 수집한 개인정보가 이용 또는 관리 과정에서 관리 부주의 및 실수, 악의적인 유출, 해킹 등으로 인해 유출된 후 불법 스팸, 마케팅, 보이스 피싱 등에 악용되어 개인정보 침해가 발생하는 경우
허술한 관리 및 방치	개인정보처리자는 개인정보를 처리하면서 개인정보가 분실, 도난, 유출, 위조, 변조 또는 훼손되지 아니하도록 안전성 확보에 필요한 기술적, 관리적 및 물리적 안전조치를 취하여야 하나 안전조치가 미비한 경우
개인정보 불법유통	다양한 경로를 통해 수집한 개인정보가 이용 및 관리 과정에서 관리 부주의 및 실수, 악의적인 유출, 해킹 등으로 인해 유출된 후 금전적 이익 수취를 위해 불법적인 방법을 통해 거래되는 경우

3) 개인정보 침해 신고 제도

개인정보에 관한 권리 또는 이익을 개인정보처리자에 의해 침해당했을 경우, 개인정보보호위원회가 개인정보 보호법 등 관련 법령에 따라 신고 접수 전문기관으로 지정한 한국인터넷진흥원(KISA)의 개인정보 침해 신고센터❶에 피해 내용을 신고할 수 있다.

❶
개인정보 침해 신고센터에 신고 접수된 사항은 법규 위반 여부를 검토하여 신속한 고충 해결과 침해행위 시정 등 행정지도를 실시하고 결과를 신고자에게 통보한다.

▼ 개인정보·정보보호 사고 유형별 신고 방법

구분	개인정보 유출신고		침해사고 신고	개인정보 침해 신고
신고 대상	개인정보처리자 (공공기관 및 민간기업)	상거래 기업 및 법인 (금융위원회 감독을 받는 곳은 제외)	• 정보통신서비스 제공자 • 집적정보통신시설 사업자	일반이용자 (정보주체)
근거 법령	개인정보보호법 제34조	신용정보의 이용 및 보호에 관한 법률 제39조의4	정보통신망법 제48조의3	개인정보보호법 제62조
신고 기관	개인정보보호위원회 또는 한국인터넷진흥원		과기정통부 및 KISA	KISA 개인정보침해신고센터
신고 기한	72시간 이내	72시간 이내	24시간 이내	–
신고 기준	• 1천 명 이상의 정보주체에 관한 개인정보가 유출 등이 된 경우 • 민감정보 또는 고유식별정보가 유출 등이 된 경우 • 개인정보처리시스템 또는 개인정보취급자가 개인정보 처리에 이용하는 정보기기에 대한 외부로부터의 불법적인 접근에 의해 개인정보가 유출 등이 된 경우	1만 명 이상 신용정보주체의 개인신용정보가 유출(누설)된 경우	–	개인정보에 대한 권리 또는 이익 침해 시
과태료	3천만 원 이하	3천만 원 이하	3천만 원 이하	

🔖 **기적의 TIP**

정보통신서비스 제공자는 해킹 등 침해사고로 개인정보 유출이 발생한 경우, 개인정보 유출 신고와 침해사고 신고를 각각 접수하여야 한다.

➕ **더 알기 TIP**

개인정보처리자가 개인정보를 유출 등을 한 경우에는 「개인정보 보호법」 제34조가 적용된다. 단, 신용정보회사등(상거래기업 및 법인)은 「신용정보법」 제39조의4가 우선 적용된다.

- 신용정보회사등(상거래기업 및 법인) : "개인정보보호위원회등"에 신고
- 신용정보회사등(상거래기업 및 법인을 제외한 전체) : "금융위원회등"에 신고

02 개인정보 유·노출

1) 개인정보 유출

① 개인정보 유출 개념

- 법령이나 개인정보처리자의 자유로운 의사에 의하지 않고, 개인정보가 해당 개인정보처리자의 관리·통제권을 벗어나 제3자가 그 내용을 알 수 있는 상태에 이르게 된 것을 말한다.

② 개인정보 유출 유형 및 주요 사례

유출 유형	주요 사례
해킹	• 웹쉘 업로드 • 파라미터 변조 • SQL 인젝션 등 해킹 공격
고의유출	• 퇴사 시 휴대용 저장매체로 자료 및 개인정보 다운로드 • 다크웹, 흥신소를 통한 개인정보 파일 구매 • 개인정보 처리 관련 업무 담당자가 지인에게 무단 제공
업무과실	• 개인정보가 포함된 내용의 전자메일 오발송 • 개인정보처리시스템 접근통제 미흡

③ 개인정보 유출 유형별 대응방안

유출 유형	대응방안
해킹	• 시스템 분리/차단 조치 • 로그 등 증거자료 확보 • 유출 원인 분석 및 이용자 및 개인정보취급자 비밀번호 변경
고의유출	• 직원 퇴사 시 정해진 절차에 따라 휴대용 저장매체 사용을 제한하고 다운로드 로그 관리 • 불법 행위에 대한 법적 처벌 사례를 공유하여 내부 직원 경각심 제고 • 내부 감사 기능을 강화하여 무단 제공 행위 사전 차단
업무과실	• 발송 이메일 즉시 회수 • 수신자에게 오발송 메일 삭제 요청 • 파일 전송 시 암호화, 접근통제 솔루션 구축 등

2) 개인정보 노출

① 개인정보 노출 개념

- 개인정보 노출이란, 홈페이지상에서 개인정보를 누구든지 알아볼 수 있어 언제든지 유출로 이어질 수 있는 상태이다.

② 개인정보 노출 유형 및 주요 사례

노출 유형	주요 사례
홈페이지 설계 및 개발오류	• 관리자페이지 접근제어 미흡 • 웹페이지 전송방식으로 GET 방식 사용 • 소스코드, 보안설정 미흡 등 홈페이지 설계/개발상의 다양한 오류로 개인정보가 노출
관리자 부주의	• 홈페이지 관리자가 이벤트 당첨자 명단, 입주자 명단, 학생 인적사항 등이 기재된 첨부파일 혹은 게시글을 등록
이용자 부주의	이용자가 홈페이지에 본인의 개인정보가 포함된 첨부파일 혹은 게시글을 비공개 처리하지 않고 공개로 등록

③ 개인정보 노출 유형별 대응방안

노출 유형	대응방안
홈페이지 설계 및 개발오류	• 관리자 계정 로그인 인증 절차 구현 • 추측하기 쉬운 관리자페이지 주소(URL)로 설정 지양 • 이용하지 않는 서버는 종료하여 외부 접근 방지 • 페이지 전송방식으로 GET 방식이 아닌 POST 방식 사용
관리자 부주의	• 개인정보보호 정책이 포함된 홈페이지 게시물 관리 정책 수립 • 자동화된 개인정보 탐지 도구 도입
이용자 부주의	• 게시판 이용 시 개인정보 노출 예방에 대한 안내를 받을 수 있도록 해당 페이지에 안내 문구 및 알림창 제공 • 게시물 및 댓글에 개인정보 포함 시 비공개 설정

이론을 확인하는 기출문제

01 개인정보를 보호해야 하는 이유로 가장 거리가 먼 보기를 고르시오.
① 개인의 프라이버시를 보호
② 정보주체의 기본적인 권리를 보장
③ 타인에게 경제적 손해를 입히기 위해
④ 다른 데이터 대비 가치가 높은 전략적 자원
⑤ 데이터 경제 활동의 중요한 생산요소

개인정보보호는 개인의 경제적 이익을 보호하기 위해 수행되어야 한다.

02 개인정보보호법에 근거하여 개인정보 유출에 대한 설명으로 적절하지 않은 보기를 고르시오.
① 개인정보 유출은 개인정보처리자가 통제를 상실하여 개인정보가 공개된 것을 의미한다.
② 권한이 없는 자의 접근을 허용하여 개인정보가 공개된 것은 개인정보 유출이 아니다.
③ 정보통신서비스 제공자의 관리·통제권을 벗어나 제3자가 그 내용을 알 수 있는 상태에 이르게 된 것은 개인정보 유출이다.
④ 개인정보처리자의 고의/과실로 인해 파일, 문서, 기타 저장매체가 권한 없는 자에게 잘못 전달된 경우도 개인정보 유출의 한 유형이다.
⑤ 유출사고 발생 시 개인정보처리자는 정보주체의 피해구제를 위해 최선을 다해야 한다.

법령 또는 개인정보처리자의 자유로운 의사에 의하지 않고, 개인정보에 대하여 개인정보처리자가 통제를 상실하거나 권한이 없는 자의 접근을 허용한 것을 개인정보 유출이라고 한다.

03 개인정보 유출 및 침해신고에 대한 설명으로 적절하지 않은 보기를 고르시오.
① 개인정보처리자는 개인정보 유출 사고가 발생 시, 사고 발생 시점으로부터 72시간 이내 개인정보보호위원회 또는 한국인터넷진흥원으로 신고하여야 한다.
② 개인정보 유출 관련 법령 미준수 시, 최대 3천 만원의 과태료 부과가 가능하다.
③ 개인정보 침해로 피해를 입은 정보주체는 개인정보 침해신고센터를 통해 인터넷 신고가 가능하다.
④ 민감정보 또는 고유식별정보가 1건이라도 유출된 경우는 유출 신고 대상이다.
⑤ 정보통신서비스 제공자가 해킹 등 침해사고로 개인정보 유출이 발생한 경우, 개인정보보호위원회가 아닌 과기정통부로 침해사고 신고를 하여야 한다.

정보통신서비스 제공자는 해킹 등 침해사고로 개인정보 유출이 발생한 경우, 개인정보 유출 신고와 침해사고 신고를 각각 접수해야 한다.

정답 01 ③ 02 ② 03 ⑤

04 개인정보 유출 사고 발생 시 피해를 최소화하기 위한 단계로 가장 먼저 수행해야 할 단계를 보기에서 고르시오.

① 유출된 정보를 다시 암호화하여 보관한다.
② 유출된 개인정보를 변경한다.
③ 유출 사고 원인을 파악하고 유출경로를 신속히 차단한다.
④ 정보주체에게 지급할 배상금을 계산한다.
⑤ 유출된 정보를 언론에 공지한다.

개인정보 유출 사고 발생 시, 원인을 파악하여 유출경로를 신속히 차단하는 초동 조치가 필요하다.

05 개인정보 유출방지를 위한 사전조치로 가장 적절하지 <u>않은</u> 보기를 고르시오.

① 모든 직원에게 정기적으로 개인정보 보호 교육을 실시한다.
② 외부로부터 침입을 방지하기 위한 보안장비 및 소프트웨어를 설치한다.
③ 개인정보가 포함된 문서는 파쇄하거나 안전하게 보관한다.
④ 고객의 동의 없이 개인정보를 제3자에게 제공한다.
⑤ 이용하지 않는 서버는 종료하여 외부 접근을 사전에 방지한다.

개인정보를 제3자에게 제공할 때는 법령을 준수하거나 정보주체의 동의가 필요하다.

MEMO

CHAPTER 03

기업의 사회적 책임

학습 방향

기업의 사회적 책임에서는 고객 관계 관리(CRM), 기업의 사회적 책임(CSR), ESG, 기업지속가능성 등을 중심으로 학습하시기 바랍니다.

SECTION 01 기업 관점 개인정보보호의 중요성

빈출 태그 CSR의 개념, CSR 5대 책임, ESG의 개념

01 기업이 바라보는 개인정보보호의 중요성

개인정보보호는 법적 요구사항을 넘어 기업의 신뢰 구축, 평판 관리, 비즈니스 연속성 확보, 경쟁 우위 확보, 투자 유치, 직원 보호, 글로벌 비즈니스 확장, 그리고 기술 혁신에 이르기까지 다양한 측면에서 중요한 요소이다.

▼ 기업에서 개인정보보호가 필요한 이유

구분	이유	설명
규제준수 및 위험관리	법적 요구사항 준수	GDPR, 국내 개인정보보호법 등 개인정보보호 관련 법적 요구사항을 준수하여 벌금 및 법적 제재 회피
	법적 리스크 최소화	고객 또는 기업 간 법정 분쟁을 예방하여 기업의 재무적 안정성 기여
고객 신뢰와 기업평판	고객과의 신뢰 구축	고객의 개인정보를 안전하게 보호하여 고객충성도 및 재구매 기여(고객 관계 관리(Customer Relationship Management, CRM))
	기업평판 관리	개인정보 침해 및 유출사고는 기업평판 하락 원인
투자 유치 및 파트너십	투자자 신뢰	법적 리스크 완화를 통한 투자자 신뢰 확보 및 투자 유치
	파트너십 강화	기업 간 비즈니스(B2B)에서 공동 브랜드 이미지 보호
직원 보호	직원 데이터 보호	직원들의 신뢰와 근무 만족도 향상 기여
	내부 관리	내부 데이터 관리체계 강화 및 효율적인 업무환경 구축 가능
글로벌 비즈니스 확장	국제적 신뢰 확보	국내·외 개인정보보호 규정 준수를 통한 국제적 신뢰 확보 및 글로벌 비즈니스 확장 기여
	글로벌 법적 규제준수	다양한 국가의 개인정보보호 관련 규정 준수를 통한 글로벌 비즈니스 확장 기여

02 CSR과 개인정보보호

1) CSR(Corporate Social Responsibility, 기업의 사회적 책임) 개념

CSR이란 기업활동에 의해 영향을 받거나 영향을 주는 직·간접적 이해관계자들에 대하여 발생할 수 있는 제반 이슈들에 대한 법적, 경제적, 윤리적 책임을 감당할 뿐 아니라, 기업의 리스크를 줄이고 기회를 포착하여 중장기적 기업가치를 제고할 수 있도록 추진하는 일련의 '이해관계자 기반 경영활동'이다.

> **기적의 TIP**
> CSR에 대한 정의는 국가, 기관, 학자마다 다르게 정의하고 있으나 공통점은 CSR은 기업의 이익을 창출하는데 책임감을 가지고 있던 범위를 넘어 이해관계자를 포함한 사회와 환경 등에 대한 책임감을 가지고 그것을 실천하는 행위라는 것이다.

2) CSR 5대 책임

책임	책임 설명	예시
경제적 책임	기업은 이윤을 창출하고 경제적 성과를 냄으로써 사회와 환경에 긍정적인 영향을 미치기 위해 책임을 다함	• 이윤 창출 • 주주 이익 실현 • 고용보장 및 일자리 창출
법적·윤리적 책임	기업은 운영되는 국가나 지역의 법률과 규정을 준수하여 공정하고 합법적으로 운영할 책임을 다함	• 윤리경영 • 성실납세, 계약 준수
이해관계자 책임	기업은 기업의 활동이 영향을 미치는 모든 이해관계자에게 공정하고 책임 있게 행동할 책임을 다함	• 소액주주 의사 반영 • 노동자 권익
환경적 책임	환경 보호를 위해 자원을 절약하고, 폐기물 감소, 재활용 등을 통해 환경 보호를 위한 책임을 다함	• 폐기물 생성과 처리 • 친환경제품 생산과 판매
사회적 책임	사회의 복지와 발전을 위해 교육, 의료, 빈곤 퇴치 등 사회 문제 해결에 기여할 책임을 다함	• 사회공헌 활동 • 비영리 재단 운영 또는 지원

3) CSR과 개인정보보호 관계

CSR과 개인정보보호는 매우 밀접하게 연관되어 있다. CSR은 기업이 경제적, 법적, 윤리적, 환경적, 사회적 책임을 다하여 사회 전체에 긍정적인 영향을 미치는 것이 목표이다. 개인정보보호는 직·간접적으로 모든 책임에 영향을 끼친다.

▼ CSR과 개인정보보호의 관계 설명

CSR	관계 설명	개인정보보호 영향
경제적 책임	• 개인정보보호 활동을 통해 얻은 고객 신뢰는 새로운 고객을 유치하여 경제적 성과를 향상 가능 • 법적 분쟁 비용 또는 벌금 회피를 통한 비용 절감 효과 가능	• 고객 신뢰 확보 • 비용 절감
법적·윤리적 책임	• 개인정보보호 관련 법률 준수 • 고객과 직원의 개인정보는 기업의 도덕적 기준 향상	• 법률 준수 • 프라이버시 보호
이해관계자 책임	• 고객의 개인정보를 안전하게 관리함으로써 고객의 권리를 보호하고 신뢰를 유지 • 직원의 개인정보를 보호하여 직원 프라이버시 존중 및 직원 만족도 향상 도모	• 고객 보호 • 직원 보호
환경적 책임	데이터를 효율적으로 관리하고 불필요한 데이터를 안전하게 삭제하여 자원절약 및 지속가능경영 실현	• 디지털 환경 보호 • 지속가능성
사회적 책임	개인정보보호를 통해 사회 전체의 보안 수준을 높이고 개인정보 유출로 인한 사회적 불안과 피해 감소	사회 안전

03 ESG(Environmental, Social, Governance)

> **기적의 TIP**
> ESG는 '지속가능성(Sustainability)', '비재무적(Non-financial) 정보'라고도 불린다.

1) ESG 개념

ESG란 환경, 사회, 지배구조의 영문 첫 글자를 조합한 약자로, 기업경영에서 지속가능성을 달성하기 위한 3가지 비재무적인 요소를 의미한다.

ESG의 개념은 다양하게 정의되고 있으나, 일반적으로 기업의 전략을 실행하고 기업의 가치를 높이기 위한 능력에 영향을 미칠 수 있는 환경, 사회 및 지배구조에 관한 요소들을 포괄하는 개념으로 이해되고 있다.

2) ESG 구성요소

ESG는 기업이 환경 보호에 대한 노력을 평가하는 환경(Environmental), 사회에 미치는 영향을 평가하는 사회(Social), 경영 투명성과 윤리적 경영 관행을 평가하는 지배구조(Governance)로 구성되어 있다.

▼ ESG 구성요소 및 설명

구성요소	설명	예시
환경 (Environmental)	기업이 자연환경에 미치는 영향을 평가하는 요소	• 기후변화 • 자원고갈 • 물 • 공해 • 삼림파괴
사회 (Social)	기업이 직원, 고객, 지역 사회 등 다양한 이해관계자와의 관계를 어떻게 형성하고 의사소통하는지 평가하는 요소	• 인권 • 현대 노예 • 아동 근로 • 근로조건 • 근로자 관계
지배구조 (Governance)	기업의 의사결정 구조, 윤리적 경영, 리스크 관리 등을 평가하는 요소	• 뇌물 및 부패 • 경영진 보상 • 이사회 다양성 및 구조 • 정치적 로비 및 기부 • 조세 전략

> **더 알기 TIP**
>
> **개인정보보호 관련 ESG 진단 항목 예시**
> - 개인정보보호를 위한 자율적 노력 및 활동
>   개인정보 자기결정권 보장을 위해서 법적 준수사항 외 자율적으로 개인정보 보호를 위해 수행하는 활동 및 노력을 확인
> - 개인정보 침해 및 구제
>   조직이 관리하는 고객, 협력사 등 다양한 이해관계자의 개인정보 침해에 대한 법/규제 요건을 명확하게 인식하고, 개인정보 침해 사건이 발생하였을 경우 이에 대한 구제 활동을 추진하는지 확인

3) ESG와 개인정보보호의 관계 설명

전세계적으로 ESG에 관한 관심과 기대가 높아짐에 따라 'ESG 정보공시 의무화'가 ESG 경영의 핵심 이슈로 떠오르고 있다. 기업의 자율적 판단에 맡겼던 ESG 정보공개를 의무 공시로 전환하고 보고하는 기업에 법적 책임을 부여한다는 것은 기업이 전사적 차원의 투자 규모 및 방향을 재설정해야 한다는 것을 의미한다.

또한 '글로벌 3대 ESG 공시 기준'이라고 불리는 국제회계기준재단(IFRS)의 지속가능성공시기준(ISSB), 유럽 지속가능성보고표준(ESRS), 미국 증권거래위원회(SEC)의 기후 공시 기준이 확정됨에 따라, 우리나라 기업이 글로벌 투자를 성공적으로 유치하고 지속 가능한 기업임을 증명하기 위해서는 ESG 정보공개를 준비해야 할 것으로 예상된다.

ESG의 요소 중 사회(Social) 측면에서는 노동관리, 안전보건, 제품안전 및 품질, 금융상품 안전, 임직원 관리, 인재육성, 공급망 관리, 개인정보 및 정보보안 등의 이슈를 다룰 것으로 예상되기에 기업은 개인정보보호를 위해 안전성 확보 조치를 수행하고 지속적으로 보안 활동을 추진하여야 한다.

SECTION 02 개인정보보호 조직 구성·운영

빈출 태그 개인정보보호 조직의 필요성, 책임자, 개인정보보호 조직

01 개인정보보호 조직의 필요성

개인정보보호 업무는 데이터의 생성, 수집, 저장, 관리, 폐기 등 데이터 생애주기(lifecycle) 전반에 걸쳐 수행되어야 하므로 업무범위가 매우 넓다. 또한 글로벌 규제, 법, ICT 등 다양한 분야의 전문지식을 필요로 하고, 관련 업무를 위한 조직과 적절한 인력을 구성하는 것이 매우 중요하다.

02 개인정보보호 책임자 역할 및 업무

1) 개인정보보호 책임자 역할
- 개인정보의 처리에 관한 업무를 총괄하는 최고책임자
- 경영 리스크 관리 및 지속가능한 경영 관점에서 개인정보보호 업무를 총괄하는 책임자
- 개인정보보호 및 활용 관련 조직 내 다양한 요구를 조정하고 설득할 수 있는 조정자
- 개인정보보호 관련 내·외부 고객의 이슈 및 문제해결을 지원하는 지원자

2) 개인정보보호 책임자 업무
- 개인정보보호 계획의 수립 및 시행
- 개인정보처리 실태 및 관행의 정기적인 조사 및 개선
- 개인정보처리와 관련한 불만의 처리 및 피해 구제
- 개인정보 유출 및 오용·남용 방지를 위한 내부통제시스템의 구축
- 개인정보보호 교육 계획의 수립 및 시행
- 개인정보 파일의 보호 및 관리·감독

03 개인정보보호 조직 구성·운영 시 고려사항

1) 개인정보보호 업무 전담조직·인력
조직의 특성, 규모, 고객 성향, 글로벌 규제 등에 따라 개인정보보호에 대한 위험관리가 적극적으로 필요한 조직은 정보화, 정보보안 업무를 겸임하지 않는 개인정보보호 전담 조직 및 인력 구성을 고려하여야 한다.

> **기적의 TIP**
> CPO는 경영진의 지원을 기반으로 전사적인 개인정보보호 활동의 효율적 추진을 위해 조직 구성, 협업 및 보고 체계 마련 등 개인정보 거버넌스❶를 구축하여야 한다.

❶ **개인정보 거버넌스 (Governance)**
조직 전반의 개인정보 보호 및 활용 관련 전략과 정책을 수립하고 이행함에 있어 요구되는 의사결정 체계, 인적·물적 자원의 통제 수단과 방식 또는 관리 체계

2) 개인정보보호 및 정보보호 업무 통합

조직의 인력, 예산, 규모 등을 사유로 개인정보보호 전담조직 구성이 힘든 조직은 정보보호 업무와 개인정보보호 업무를 통합하여 관리하는 부서의 구성을 고려할 수 있다.

3) 전문성 및 실무역량

해킹 및 개인정보 침해 관련 기술이 계속해서 고도화되고 있어, 최신 보안 기술 및 사이버 위협 분석 능력이 함양된 전문인력을 지속적으로 채용하고 육성하여야 한다.

04 개인정보보호 조직 구성 · 운영 예시

1) 개인정보보호 전담조직

개인정보 관련 업무만 전담으로 수행하는 조직으로 높은 전문성을 보유하고 책임 구분이 명확하지만 예산과 인력 확보의 노력이 필요하다.

글로벌 법적 규제를 준수해야 하는 글로벌 전자상거래 회사, 고객의 민감한 정보를 다루는 은행, 보험사, 금융사 등이 전담조직을 구성하여 개인정보보호 활동을 수행하고 있다.

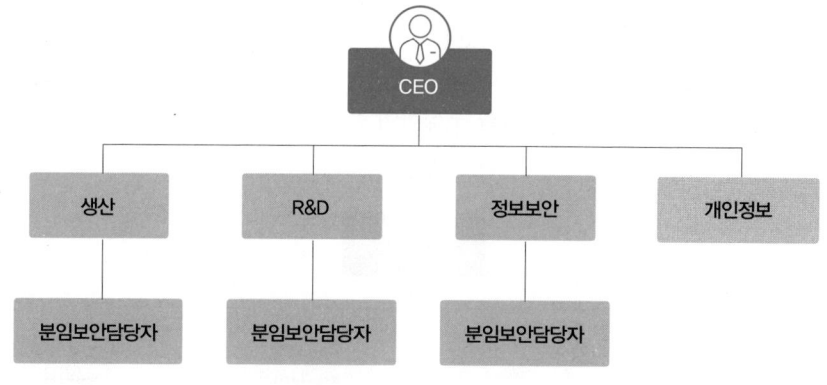

▲ 개인정보보호 전담조직 조직도 예시

➕ 더 알기 TIP

개인정보관리 전문기관

개인정보관리 전문기관은 정보전송자가 보유한 개인정보를 다른 기관이나 기업으로 전송할 수 있도록 중계를 지원하거나, 전송받은 정보를 관리·분석하는 업무를 수행하는 개인정보처리자이다. (개인정보 보호법 제35조의3)

개인정보관리 전문기관은 일반전문기관, 특수전문기관, 중계전문기관으로 구분되는데, 그중 중계전문기관은 개인정보 전송 중계에 필요한 기능을 제공하고 관련 시스템을 운영하는 업무 및 정보전송자의 전송을 지원하는 업무를 수행하는 자로 중계전문기관으로 지정되려면 안정적 운영을 위한 "전담조직 및 담당인력 지정"의 세부기준을 평가받게 된다.

2) 정보보안 및 개인정보보호 겸임 조직

정보보안 업무와 개인정보보호 업무를 함께 수행하는 조직 구성은 ICT 분야의 기술적 이해가 높고 통합 관제가 효율적으로 이루어질 수 있으나 기술 관점의 접근 방식으로 관련 법률 또는 정책적 고려가 미흡할 수 있다.

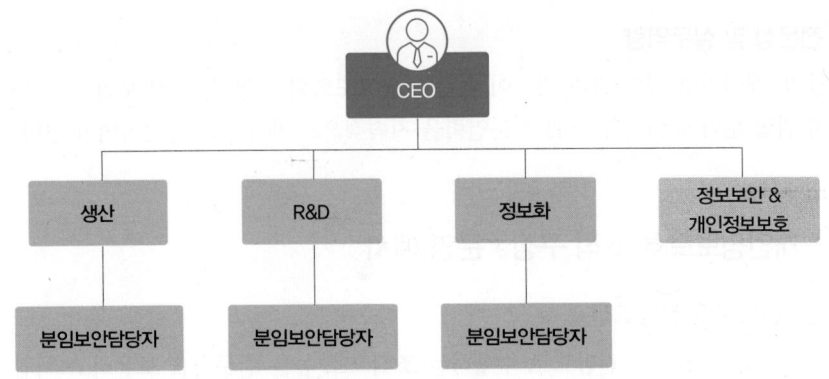

▲ 정보보안 및 개인정보보호 겸임 조직 조직도 예시

3) 법무팀 내 개인정보보호 업무 수행 조직

거버넌스 또는 법률 관련 팀에서 개인정보보호 업무를 담당하는 조직 형태로 법률 전문가 지원으로 법적 요구사항 준수 정도는 높으나 컴플라이언스 중심 업무처리로 ICT 기술 반영이 유연하지 못할 수 있다.

글로벌 규제나 법적 제재 조치로 기업의 지속가능성에 대한 피해가 상당할 것으로 예상되는 기업에서 해당 형태로 조직을 구성하여 운영한다.

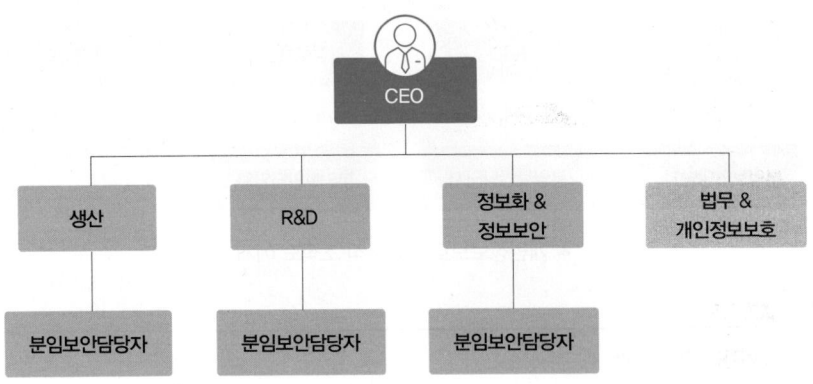

▲ 법무팀 내 개인정보보호 업무 수행 조직 조직도 예시

더 알기 TIP

책임 할당 차트(RACI)
업무 절차 상의 부서/개인 간 업무에 대한 역할 및 책임 그리고 권한을 설명하는 차트
Responsible : 업무에 대해 실제 수행 책임을 지는 주체
Accountable : 업무에 대해 최종 책임을 지는 주체
Consulted : 수행과 관련하여 협업 · 협의가 필요한 주체
Informed : 업무 수행 결과를 보고 받는 주체

▼ RACI 차트 예시

업무 또는 활동	개념	개념	개념	예시
개인정보 보호 조직 체계 구성	I	A/R	C	C
개인정보 보호 계획 평가 및 승인	I	A/R	C	C
정보보안 체계 구축 및 운영	I	C	A/R	
개인정보 관리 체계 구축 및 운영	I	A/R	C	
수탁사 관리		A/R	C	
...	...	...	...	...
임직원 개인정보 인식 제고	I	A/R	C	
IT 도입 개발 유지보수 보안		C	C	A/R
보안 사고 대응	I	C	A/R	
개인정보 유출 사고 대응	I	A/R	C	
...	...	...	...	...

> **기적의 TIP**
> 다양한 이해관계자와의 원활한 협업을 위해 책임 할당 차트(RACI)를 구성하여 CPO 및 이해관계자의 역할과 책임을 명확화해야 한다.

SECTION 03 개인정보보호 조직의 역할

빈출 태그 개인정보보호 조직의 역할

1) 조직 전반의 협업을 이끌어내는 커뮤니케이터

개인정보보호 업무는 대상이 다양하고 보호 범위가 광범위하여 전사적 협업이 필요한 업무이다. 그러므로 개인정보보호 조직은 회사 내 모든 부서와의 원활한 소통을 통해 협업을 이끌어내야하는 커뮤니케이터 역할을 수행한다.
각 부서가 개인정보보호 정책을 정확히 이해하고 준수할 수 있도록 관련 정보를 전달하고 끊임없이 변화하는 관련 규제와 정책들을 모니터링·안내·교육하여야 한다.

2) 개인정보보호 관련 전문 컨설턴트

개인정보보호 조직은 최신 법규와 기술 동향을 파악하여 조직 내 반영하는 전문 컨설턴트 역할을 수행한다. 이들은 각 부서가 직면한 개인정보보호 이슈에 대해 전문적인 조언을 제공하고, 실질적인 해결책을 제시한다.

3) 개인정보보호 관리·감독자

개인정보보호 조직은 회사 내 개인정보보호 정책과 절차가 올바르게 시행되고 있는지 지속적으로 모니터링하고 감독하는 역할을 수행한다. 정기적인 개인정보보호 관련 내부 감사와 평가를 통해 정책 준수 여부를 확인하고, 발견된 문제점을 신속히 해결할 수 있도록 감독한다.
또한, 법적 요구사항과 내부 규정을 기반으로 개인정보보호 통제 체계를 구축하고, 이를 지속적으로 업데이트하여 회사의 모든 활동이 법적 및 규제적 요구사항을 충족하도록 지원한다.

> **기적의 TIP**
> 개인정보 보호 조직은 사업 부서의 개인정보 보호 활동을 점검하는 역할을 수행하고 사업 부서는 소관 업무와 관련된 개인정보 보호 활동을 수행하는 것이 바람직하다.

이론을 확인하는 기출문제

01 기업 관점에서 개인정보를 중요한 자산으로 보호해야 하는 이유로 가장 적절하지 않은 보기를 고르시오.
① 고객 관리 및 마케팅 활동의 기초가 된다.
② 국내·외 법적 규제준수를 통한 글로벌 비즈니스 확장 기반을 마련할 수 있다.
③ 개인정보를 활용하여 직접적인 이익을 창출하기 어려워 위험관리 활동의 일환이다.
④ 법적 리스크 완화를 통한 투자자 신뢰 확보가 가능하다.
⑤ 개인정보 유출 사고는 기업의 이미지에 부정적인 영향을 미친다.

> 개인정보는 맞춤형 서비스가 가능하도록 하는 고부가가치 자원이다.

02 기업의 사회적 책임(CSR)과 개인정보보호에 대한 설명으로 가장 적절하지 않은 보기를 고르시오.
① CSR은 기업이 법적, 경제적, 윤리적 책임을 감당하는 이해관계자 기반 경영활동이다.
② 경제적 책임, 법적·윤리적 책임, 이해관계자 책임 등이 CSR의 주요 책임이다.
③ 리스크를 줄이고 기회를 포착하기 위한 기업활동이다.
④ 기업의 이익이 최우선으로 되므로 기업의 이익만을 위해 개인정보를 보호해야 한다.
⑤ 개인정보보호로 법률을 준수하고 고객 프라이버시를 보호하여 CSR을 준수한다.

> CSR은 기업의 이익만을 추구하는 활동이 아니다.

03 ESG(Environmental, Social, Governance)와 개인정보보호에 대한 설명으로 가장 적절하지 않은 보기를 고르시오.
① ESG는 기업경영에서 지속가능성을 달성하기 위한 3가지 비재무적인 요소를 의미한다.
② 개인정보 유출 사고에 따른 기업 이미지 하락, 법적 책임 등의 사유로 개인정보보호는 ESG 활동의 일환이다.
③ 기업이 ESG 경영을 실천하면서 개인정보보호를 강화하면 장기적으로 기업가치를 높일 수 있다.
④ 개인정보보호 활동은 ESG 관련 법적 규제와 벌금에서 완전히 자유로워질 수 있다.
⑤ 고객의 신뢰와 기업 이미지를 높일 수 있다.

> 개인정보보호를 강화하더라도 법적 규제와 벌금에서 완전히 자유로워질 수는 없으며, 법적 요구를 준수하여 리스크를 줄일 수 있다.

정답 01 ③ 02 ④ 03 ④

04 개인정보보호 조직의 효과적인 운영을 위한 요소로 가장 적절하지 <u>않은</u> 보기를 고르시오.
① 개인정보보호 책임자(CPO) 지정
② 조직의 특성, 규모, 고객 성향에 맞는 조직 및 인력 구성
③ 개인정보보호 정책과 규정 마련
④ 최신 보안 기술 및 사이버 위협 분석 능력 함양을 위한 인재 육성
⑤ 정보화, 정보보안, 개인정보보호 통합 부서 운영을 통한 효율적 조직 운영

조직의 구성 및 운영은 조직의 특성, 규모, 고객 성향을 분석하여 해당 조직의 적절한 개인정보보호 조직 형태를 구성하여야 한다.

05 개인정보보호 조직의 역할로 가장 거리가 <u>먼</u> 보기를 고르시오.
① 개인정보 관련 비즈니스의 의사결정 기준을 마련한다.
② 개인정보보호 정책과 규정을 제시한다.
③ 개인정보를 통한 영업전략을 수립하고 매출 목표를 설정한다.
④ 개인정보 관련 법률 및 규정 준수 여부를 점검하고 확인한다.
⑤ 개인정보보호 교육 및 훈련 프로그램을 운영한다.

개인정보보호 조직은 개인정보보호와 관리 활동이 주 임무이므로, 영업전략 및 매출 목표 설정은 업무로 적절하지 않다.

정답 04 ⑤ 05 ③

이기적과 함께 또, 기적
또, 합격

이기적 강의는
무조건 0원!

이기적 영진닷컴

공부하다가
궁금한 사항은?

이기적 스터디 카페

PART

02

개인정보보호 제도

파트 소개

개인정보보호 제도는 개인정보보호와 관련된 법령, 기본 원칙, 정보주체의 권리, 분쟁해결 절차 등을 학습하는 파트입니다. 개인정보 보호의 법령체계를 숙지하여 법적 준거성을 확보하고 개인정보보호의 기본 원칙을 실무에 적용할 수 있도록 하는 것을 목표로 합니다.

CHAPTER 01

개인정보보호 관련 법령체계

학습 방향

개인정보보호 관련 법령체계에서는 개인정보보호법, 일반법, 특별법, 정보통신망법, 신용정보법 등을 중심으로 학습하시기 바랍니다.

SECTION 01 개인정보 보호법 체계

빈출 태그 개인정보 보호법 체계도 및 주요 내용

01 대한민국 법령체계

1) 대한민국 법령체계 개요
대한민국의 법령체계는 최고 규범인 헌법과 헌법 이념을 구현하기 위한 법률 및 법률의 효과적인 시행을 위한 대통령령, 총리령, 부령 등의 행정입법으로 체계화되어 있다.

> **기적의 TIP**
> 대한민국 법령은 일정한 위계를 형성하기 때문에, 상위법령의 위임 또는 상위법령의 집행을 위하여 제정되는 하위법령은 상위법령에 저촉되는 내용을 담을 수 없다.

2) 법령의 종류

① 헌법
- 최상위의 법 규범으로 모든 하위법령의 제정과 개정의 기준과 근거가 된다.

② 법률
- 국회에서 제정되는 성문법으로 통상적으로 언급하는 법은 법률을 가리킨다.
- 법률은 헌법에 비해 보다 구체적으로 국민의 권리·의무에 관한 사항을 규율하며, 행정의 근거로 작용한다.

③ 조약
- 국가 간의 문서에 의한 합의를 말하고, 일반적으로 승인된 국제법규란 국제사회에서 일반적으로 규범력이 인정된 국제관습을 말한다.

④ 명령(대통령령, 총리령, 부령)
- 명령이란 행정권에 의하여 정립되는 법 규범을 총칭한다.
- 대통령령은 행정권의 수반인 대통령이 발하는 위임명령과 집행명령으로서, 그 업무 소관은 행정작용 전반에 걸쳐 있다.
- 총리령은 행정부의 부처 중에서 국무총리 직속기관인 인사혁신처, 법제처, 국가보훈처 등의 소관 사항에 관하여 제정되고, 일반적으로 부령과 같은 위계이다.

⑤ 행정규칙(훈령, 예규, 고시, 지침)
- 행정규칙은 행정기관 내부에서 직무수행이나 업무 처리 기준을 제시할 목적으로 제정한다.

⑥ 자치법규(조례, 규칙)
- 지방자치단체의 자치와 관련 있는 법으로서, 지방자치단체가 제정한다.

3) 법률의 적용 원칙

법질서의 안정성과 통일성을 유지하기 위해 법률에도 적용 원칙이 존재한다. 공정하고 일관된 법적 결정을 내리는 데 중요한 역할을 한다.

① **상위법 우선의 원칙**
- 법률의 체계에서 더 높은 법적 지위에 있는 법이 더 낮은 지위에 있는 법에 우선한다.

② **별법 우선의 원칙**
- 특별법과 일반법이 충돌할 경우, 특별법이 우선한다.
  예) 신용정보의 이용 및 보호에 관한 법률(신용정보법) 〉 개인정보 보호법

③ **신법 우선의 원칙**
- 새로운 법이 기존의 법에 우선한다.
- 형식적 효력이 동등한 법형식 사이에 법령 내용이 상호 모순·저촉하는 경우에는 시간상으로 나중에 제정된 것이 먼저 제정된 것보다 우선한다.

> **기적의 TIP**
> 헌법 〉 법률 〉 명령 〉 규칙 등

+ 더 알기 TIP

[판례] 특별법 우선 원칙이 적용되는 경우 법률이 상호 모순 저촉되는지 판단하는 기준(대법원 2016. 11. 25. 선고 2014도14166 판결)

일반적으로 특별법이 일반법에 우선하고 신법이 구법에 우선한다는 원칙은 동일한 형식의 성문법규인 법률이 상호 모순·저촉되는 경우에 적용된다. 이때 법률이 상호 모순·저촉되는지는 법률의 입법목적, 규정사항 및 적용범위 등을 종합적으로 검토하여 판단하여야 한다.

[개인정보보호위원회 결정례] 법 제6조 "특별한 규정" 판단기준(개인정보보호위원회 결정 제2018-02-006호)

판례 등의 의견을 종합하면 정보통신망법(2020. 2. 4. 법률 제16955호로 개정되기 전의 것)의 규정을 보호법 제6조의 '특별한 규정'으로 판단할 수 있는 기준은 ① 상호 모순·저촉되는 규정의 존재 여부 ② 보호법 관련 조항을 배제하고자 하는 내용의 포함 여부라고 판단된다.

02 개인정보 보호법 체계

1) 개인정보 보호법 개요

개인정보 보호법은 개인정보 보호에 관해 규정한 일반법으로, 개인정보의 유출, 오용, 남용으로부터 사생활의 비밀 등을 보호함으로써 국민의 권리와 이익을 증진하고 개인의 존엄과 가치를 구현하기 위하여 개인정보의 처리에 관한 사항을 규정하고 있다.

2) 개인정보 보호법 체계

① **개인정보 보호법 체계도**
- 법률 제19234호로 개인정보 보호법 시행령, 개인정보보호위원회 직제, 개인정보 단체 소송 규칙 등 다양한 시행령과 규칙이 시행되고 있다.

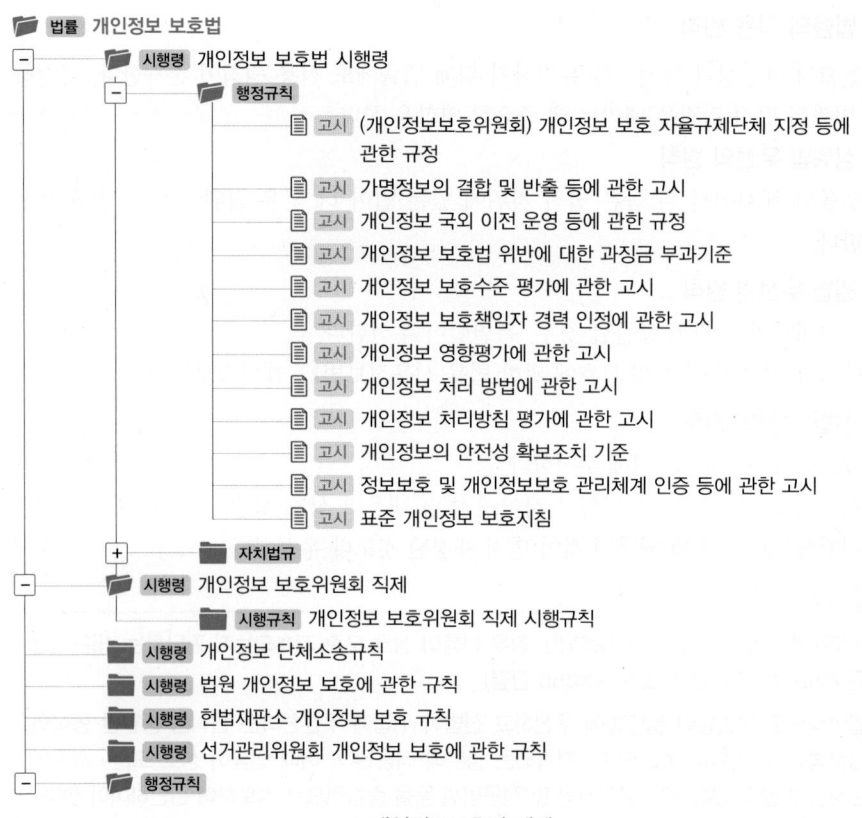

▲ 개인정보보호법 체계

② 대한민국 법령체계와 개인정보 보호법 법령체계

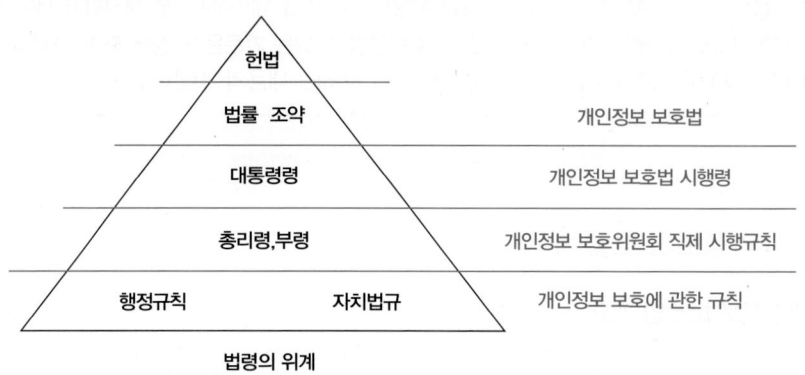

▲ 대한민국 법령체계와 개인정보 보호법 법령체계

3) 개인정보 보호법 주요 내용

공공 및 민간 부문의 모든 개인정보처리자가 개인정보 보호 의무에 적용된다.

▼ 개인정보 보호법 주요 내용

목차		주요 내용
제1장 총칙		목적, 정의, 개인정보 보호원칙, 정보주체의 권리, 국가등의 책무, 다른 법률과의 관계
제2장 개인정보 보호정책의 수립 등		개인정보보호위원회 구성 등, 국제협력
제3장 개인정보의 처리	제1절 개인정보의 수집, 이용, 제공 등	개인정보의 수집 · 이용, 수집 제한, 제공, 수집 출처 통지, 이용 · 제공 내역 통지, 파기, 동의를 받는 방법, 아동의 개인정보보호
	제2절 개인정보의 처리 제한	민감정보 · 고유식별정보 · 주민등록번호 처리 제한, 고정형 · 이동형 영상처리기기 설치 · 운영 제한, 개인정보 처리 위탁
	제3절 가명정보의 처리에 관한 특례	가명정보 처리, 결합, 안전조치, 적용 제외
	제4절 개인정보의 국외 이전	개인정보 국외 이전 요건, 국외 이전 중지
제4장 개인정보의 안전한 관리		안전조치, 개인정보 처리 방침, CPO/국내대리인, ISMS-P, 영향평가, 유출통지 · 신고, 노출삭제
제5장 정보주체의 권리 보장		열람권, 정정 · 삭제권, 처리정지권, 동의철회권, 전송요구권, AI결정 대응권, 손해배상
제7장 개인정보 분쟁조정위원회		개인정보 분쟁조정위원회 구성, 업무, 조정신청, 사실조사, 분쟁조정
제8장 개인정보 단체소송		단체소송의 대상, 요건, 진행
제9장 보칙		적용 제외, 금지 행위, 사전 실태점검, 과징금, 고발 및 징계 권고, 개선 권고
제10장 벌칙		형사처벌, 과태료

SECTION 02 개인정보보호 관련 법률

합격 강의

빈출 태그 데이터 3법, 개인정보 보호법, 전자정부법, 주민등록법, 신용정보법, 금융실명거래법, 전자상거래법, 정보통신망법, 전기통신사업법, 통신비밀보호법, 초·중등교육법, 의료법

01 데이터 3법 개요

1) 데이터 3법 개념

"데이터 3법"이란 개인정보 보호법, 정보통신망 이용촉진 및 정보보호 등에 관한 법률(약칭: 정보통신망법), 신용정보의 이용 및 보호에 관한 법률(약칭: 신용정보법)을 통칭하는 용어이다.

▼ 데이터 3법 비교

구분	개인정보 보호법	정보통신망법	신용정보법
수범자	개인정보처리자	정보통신서비스 제공자와 정보통신서비스 이용자	신용정보사업자와 신용정보주체
중점사항	개인정보 보호 및 안전한 데이터 활용 촉진	정보통신서비스 이용자 권익 보호	신용정보주체 권익 보호
식별정보	개인정보	온라인 서비스 이용 시 수집하는 정보통신서비스 이용자 정보	일반 신용정보
법적 규제부처	개인정보보호위원회	방송통신위원회, 과학기술정보통신부	금융위원회

> **기적의 TIP**
>
> **신용정보회사**
> 개인CB, 개인사업자 CB, 기업 CB, 신용조사 회사
>
> **신용정보업**
> 개인신용평가업, 개인사업자신용 평가업, 기업신용조회업, 신용조사업

2) 데이터 3법 등장 배경

4차 산업혁명 도래에 맞춰 데이터 이용에 관한 규제 혁신과 개인정보 보호 거버넌스 체계 정비를 위해, 분산되어 있던 개인정보보호 기능을 개인정보보호 소관 부처 하나로 모아 중복 규정을 규제하고자 데이터 3법 개정이 2022년 8월 5일부터 시행되었다.

3) 데이터 3법 주요 내용

① 개인정보 보호법 개정
- 가명정보 개념 도입, 개인정보 관리·감독 부처를 개인정보보호위원회로 일원화 등

② 신용정보법 개정
- 가명정보 금융 분야 빅데이터 분석 이용 가능 근거 마련, 가명정보 정보주체 동의 없이 활용 가능 허용

③ 정보통신망법 개정
- 온라인 개인정보 감독 기능 개인정보보호위원회로 일원화

02 분야별 개인정보보호 관련 법률

분야	관련 법률	설명
일반	개인정보 보호법	개인의 사생활을 보호하고 개인정보의 수집, 이용, 제공, 관리 등을 규제하여 개인정보의 자기결정권을 보장하는 법률
	전자정부법	전자정부의 효율적 운영을 지원하고 국민의 편의성을 증진시키는 법률
	주민등록법	대한민국 국민의 거주지와 신원 정보를 체계적으로 관리하여 행정의 효율성을 높이고 주민의 권익을 보호하는 법률
금융/신용	신용정보법	신용정보의 수집, 이용, 제공 및 보호에 관한 규정을 통해 신용정보의 적절한 관리와 신용 질서 확립을 목적으로 하는 법률
	금융실명거래법	금융 거래의 실명제를 확립하여 금융 거래의 투명성을 높이고 금융질서를 확립하기 위한 법률
	전자상거래법	전자상거래에서 발생하는 소비자 보호와 공정한 거래 질서를 확립하기 위해 전자상거래의 법적 기반을 규정한 법률
정보/통신	정보통신망법	정보통신망의 이용 촉진과 정보 보호를 통해 정보통신망의 건전한 발전과 이용자의 권익 보호를 도모하는 법률
	전기통신사업법	전기통신사업의 공공성과 경쟁력을 확보하고 이용자의 권익을 보호하기 위해 전기통신사업의 규제와 진흥을 규정한 법률
	통신비밀보호법	통신의 비밀과 자유를 보호하고 불법적인 통신 감청 등을 방지하기 위한 법률
교육	초·중등교육법	초등학교와 중학교 교육의 기본적인 사항을 규정하여 초·중등 교육의 발전과 학생의 권익을 보호하는 법률
의료	의료법	국민의 건강 증진과 의료 서비스의 질을 보장하는 법률

이론을 확인하는 기출문제

01 개인정보 보호법에 대한 설명으로 적절하지 않은 보기를 고르시오.
① 개인정보 보호법은 개인정보 보호에 관해 규정한 특별법이다.
② 개인정보 보호 관련 법령체계로는 개인정보 보호법, 개인정보 보호법 시행령, 개인정보 처리 방법에 관한 고시 등이 있다.
③ 공공 및 민간 부분 모든 개인정보처리자가 개인정보 보호 의무에 적용된다.
④ 개인정보보호법은 사회 전반의 개인정보 보호를 규율한다.
⑤ 개인정보 보호법과 신용정보법이 충돌할 경우 신용정보법을 우선 한다.

개인정보 보호법은 일반법이다.

02 형식적 효력이 동등한 법형식 사이에 법령 내용이 상호 모순·저촉하는 경우에는 시간상으로 나중에 제정된 것이 먼저 제정된 것보다 우선시하는 법률의 원칙을 아래 보기에서 고르시오.
① 상위법 우선의 원칙
② 특별법 우선의 원칙
③ 신법 우선의 원칙
④ 헌법 우선의 원칙
⑤ 일반법 우선의 원칙

법률은 신법 우선의 원칙으로 형식적 효력이 동등한 법형식 사이에 법령 내용이 상호 모순·저촉하는 경우에는 시간상으로 나중에 제정된 것이 먼저 제정된 것보다 우선한다.

03 개인정보 보호법을 구성하는 내용으로 거리가 먼 보기를 고르시오.
① 개인정보의 처리
② 개인정보의 안전한 관리
③ 정보주체의 권리 보장
④ 개인정보 단체소송
⑤ 개인정보 자유권

개인정보 보호법은 총칙, 개인정보 보호정책의 수립 등, 개인정보의 처리, 개인정보의 안전한 관리, 정보주체의 권리 보장, 개인정보 분쟁조정위원회, 개인정보 단체소송, 보칙, 벌칙 등으로 구성되어 있다.

정답 01 ⑤ 02 ③ 03 ⑤

04 개인정보 보호 관련 법률에 관한 설명으로 적절한 보기를 고르시오.

① 데이터 3법이란 개인정보보호법, 신용정보의 이용 및 보호에 관한 법률, 위치정보의 보호 및 이용 등에 관한 법률을 통칭하는 용어이다.
② 신용정보의 이용 및 보호에 관한 법률은 정보통신서비스 이용자의 권익 보호를 우선하는 법률로 법적 규제부처로는 방송통신위원회, 과학기술정보통신부가 있다.
③ 개인정보보호법의 관리·감독 부처는 개인정보보호위원회이다.
④ 개인정보보호법과 정보통신망 이용촉진 및 정보보호 등에 관한 법률이 충돌하면 개인정보보호법을 우선 한다.
⑤ 개인정보보호법 이외에는 개인정보에 관한 사항을 다루는 법률은 없다.

> 개인정보 관리·감독 부처는 개인정보보호위원회이다.

05 개인정보보호에 관련된 법률의 설명으로 적절한 보기의 묶음을 고르시오.

ㄱ. 개인정보 보호법	A. 전자정부의 효율적 운영을 지원하고 국민의 편의성을 증진시키는 법률
ㄴ. 전자정부법	B. 개인의 사생활을 보호하고 개인정보의 수집, 이용, 제공, 관리 등을 규제하여 개인정보의 자기결정권을 보장하는 법률
ㄷ. 정보통신망법	C. 정보통신망의 이용 촉진과 정보 보호를 통해 정보통신망의 건전한 발전과 이용자의 권익 보호를 도모하는 법률
ㄹ. 신용정보법	D. 신용정보의 수집, 이용, 제공 및 보호에 관한 규정을 통해 신용정보의 적절한 관리와 신용 질서 확립을 목적으로 하는 법률
ㅁ. 금융실명거래법	E. 금융 거래의 실명제를 확립하여 금융 거래의 투명성을 높이고 금융질서를 확립하기 위한 법률

① ㄱ - A
② ㄹ - E
③ ㅁ - B
④ ㄴ - D
⑤ ㄷ - C

> 정보통신망법은 정보통신망의 이용 촉진과 정보 보호를 통해 정보통신망의 건전한 발전과 이용자의 권익 보호를 도모하는 법률이다.
>
> **오답 피하기**
> • 개인정보보호법은 개인의 사생활을 보호하고 개인정보의 수집, 이용, 제공, 관리 등을 규제하여 개인정보의 자기결정권을 보장하는 법률이다.
> • 전자정부법은 전자정부의 효율적 운영을 지원하고 국민의 편의성을 증진시키는 법률이다.
> • 신용정보법은 신용정보의 수집, 이용, 제공 및 보호에 관한 규정을 통해 신용정보의 적절한 관리와 신용질서 확립을 목적으로 하는 법률이다.
> • 금융실명거래법은 금융 거래의 실명제를 확립하여 금융 거래의 투명성을 높이고 금융질서를 확립하기 위한 법률이다.

정답 04 ③ 05 ⑤

MEMO

CHAPTER 02

개인정보보호 원칙과 의무

학습 방향

개인정보보호 원칙과 의무에서는 OECD 프라이버시 8원칙, 민감정보, 고유식별정보, 주민등록번호, 가명정보, 익명정보, 국내대리인, 유출 등 신고를 중심으로 학습하시기 바랍니다.

SECTION 01 개인정보보호 원칙

출제빈도 상 중 하
반복학습 1 2 3

빈출 태그 개인정보보호 원칙, OECD 프라이버시 8원칙

01 개인정보보호 원칙 개요

개인정보보호 원칙이란 개인정보의 처리 및 보호를 위해 지켜야 할 가장 기본적인 기준을 의미한다. 이 원칙들은 정보화 사회에서 개인의 프라이버시를 지키고 개인정보의 유출 및 오남용을 방지하기 위한 가장 기본적인 규칙이기도 하다.

우리나라에서는 개인정보 처리와 관련하여 국제적으로 통용되고 있는 원칙들(OECD 8원칙, EU-GDPR, APEC 사생활 원칙❶ 등)을 참고하여 개인정보 보호법 제3조 및 표준 개인정보 보호지침 제4조에서 법령으로 규정하고 있다.

❶ **APEC 사생활 원칙**
APEC(아시아·태평양 경제협력체) 회원국 간 개인정보의 안전한 이전과 보호를 위해 마련된 기본 지침

관련법령

개인정보 보호법 제3조(개인정보 보호 원칙)
① 개인정보처리자는 개인정보의 **처리 목적을 명확**하게 하여야 하고 그 목적에 필요한 범위에서 **최소**한의 개인정보만을 **적법**하고 **정당**하게 수집하여야 한다.
② 개인정보처리자는 개인정보의 처리 목적에 필요한 범위에서 적합하게 개인정보를 처리하여야 하며, 그 목적 외의 용도로 활용하여서는 아니 된다.
③ 개인정보처리자는 개인정보의 처리 목적에 필요한 범위에서 개인정보의 정확성, 완전성 및 최신성이 보장되도록 하여야 한다.
④ 개인정보처리자는 개인정보의 처리 방법 및 종류 등에 따라 정보주체의 권리가 침해받을 가능성과 그 위험 정도를 고려하여 개인정보를 안전하게 관리하여야 한다.
⑤ 개인정보처리자는 제30조에 따른 개인정보 처리방침 등 개인정보의 처리에 관한 사항을 공개하여야 하며, 열람청구권 등 정보주체의 권리를 보장하여야 한다.
⑥ 개인정보처리자는 정보주체의 사생활 침해를 최소화하는 방법으로 개인정보를 처리하여야 한다.
⑦ 개인정보처리자는 개인정보를 익명 또는 가명으로 처리하여도 개인정보 수집목적을 달성할 수 있는 경우 익명처리가 가능한 경우에는 익명에 의하여, 익명처리로 목적을 달성할 수 없는 경우에는 가명에 의하여 처리될 수 있도록 하여야 한다.
⑧ 개인정보처리자는 이 법 및 관계 법령에서 규정하고 있는 책임과 의무를 준수하고 실천함으로써 정보주체의 신뢰를 얻기 위하여 노력하여야 한다.

➕ 더 알기 TIP

[대법원판례] 대법원 2017. 4. 7. 선고 2016도13263 판결
경품행사에서 응모자의 성별, 자녀 수, 동거 여부, 주민등록번호 등 경품추첨과 직접 관련 없는 과도한 개인정보를 수집하고, 이에 동의하지 않으면 응모 자체를 제한하는 행위는, 필요 최소한의 개인정보만을 수집해야 하며, 동의 거부를 이유로 서비스 제공을 제한해서는 안 된다는 개인정보 보호 원칙(개인정보 보호법 제3조 제1항)에 위반된다.

> **관련법령**
>
> **표준 개인정보 보호지침 제4조(개인정보 보호 원칙)**
> ① 개인정보처리자는 개인정보 처리 목적을 명확하게 하여야 하고 그 목적에 필요한 범위에서 최소한의 개인정보만을 적법하고 정당하게 수집하여야 한다.
> ② 개인정보처리자는 개인정보의 처리 목적에 필요한 범위에서 적합하게 개인정보를 처리하여야 하며, 그 목적 외의 용도로 활용하여서는 아니 된다.
> ③ 개인정보처리자는 개인정보의 처리 목적에 필요한 범위에서 개인정보의 정확성과 최신성을 유지하도록 하여야 하고, 개인정보를 처리하는 과정에서 고의 또는 과실로 부당하게 변경 또는 훼손되지 않도록 하여야 한다.
> ④ 개인정보처리자는 개인정보의 처리 방법 및 종류 등에 따라 정보주체의 권리가 침해받을 가능성과 그 위험 정도를 고려하여 그에 상응하는 적절한 기술적·관리적 및 물리적 보호조치를 통하여 개인정보를 안전하게 관리하여야 한다.
> ⑤ 개인정보처리자는 개인정보 처리방침 등 개인정보의 처리에 관한 사항을 공개하여야 하며, 열람청구권 등 정보주체의 권리가 보장될 수 있도록 합리적인 절차와 방법 등을 마련하여야 한다.
> ⑥ 개인정보처리자는 개인정보의 처리 목적에 필요한 범위에서 적법하게 개인정보를 처리하는 경우에도 정보주체의 사생활 침해를 최소화하는 방법으로 개인정보를 처리하여야 한다.
> ⑦ 개인정보처리자는 개인정보를 적법하게 수집한 경우에도 개인정보를 익명 또는 가명으로 처리하여도 개인정보 수집목적을 달성할 수 있는 경우 익명처리가 가능한 경우에는 익명에 의하여, 익명처리로 목적을 달성할 수 없는 경우에는 가명에 의하여 처리될 수 있도록 하여야 한다.
> ⑧ 개인정보처리자는 관계 법령에서 규정하고 있는 책임과 의무를 준수하고 실천함으로써 정보주체의 신뢰를 얻기 위하여 노력하여야 한다.

02 OECD 프라이버시 8원칙

1) OECD 프라이버시 8원칙 개요

OECD 프라이버시 8원칙은 1980년 9월 경제협력개발기구(이하 'OECD')가 채택한 개인정보의 보호 및 국제적 유통에 관한 지침인 「OECD 사생활 가이드라인」 상의 개인정보보호 원칙이다. 당시 국가별로 제정·논의되고 있는 프라이버시 보호법을 조화하여 국가 간 정보의 자유로운 이동을 활성화하고 개인의 사생활 침해를 방지하고자 제정되었다.

> **기적의 TIP**
>
> OECD 가이드라인은 회원국에 강제적으로 적용되는 규범이 아니라 기준을 제공하는 역할을 한다.

2) OECD 프라이버시 8원칙 항목

원칙	설명
1. 수집 제한의 원칙 (Collection Limitation Principle)	개인정보의 수집은 합법적이고 공정한 절차에 따라 이루어져야 하며, 가능한 한 정보주체에게 알리거나 동의를 얻어야 한다.
2. 정보 정확성의 원칙 (Data Quality Principle)	개인정보는 이용 목적에 부합해야 하고, 목적에 필요한 범위 내에서 정확하고 완전하며 최신 상태로 유지되어야 한다.

3. 목적 명확화의 원칙 (Purpose Specification Principle)	개인정보는 수집 시 목적이 명확해야 하며, 이후 이용 시에도 그 목적이 실현되거나 수집 목적과 양립되어야 하며, 목적이 변경될 때마다 명확하게 해야 한다.
4. 이용 제한의 원칙 (Use Limitation Principle)	개인정보는 정보주체의 동의가 있거나 법률에 규정된 경우를 제외하고는 명확화된 목적 외의 용도로 공개되거나 이용되어서는 안 된다.
5. 안전성 확보의 원칙 (Security Safeguards Principle)	개인정보의 분실, 불법적 접근, 훼손, 사용, 변조, 공개 등의 위험에 대비하여 합리적인 안전 보호 장치를 마련해야 한다.
6. 처리 방침 공개의 원칙 (Openness Principle)	개인정보의 처리와 정보처리장치의 설치, 활용 및 관련 정책은 일반에게 공개되어야 한다.
7. 정보주체 참여의 원칙 (Individual Participation Principle)	정보주체인 개인은 자신이 관련된 정보의 존재 확인, 열람 요구, 이의 제기 및 정정, 삭제, 보완 청구권을 가진다.
8. 책임의 원칙 (Accountability Principle)	개인정보 관리자는 위에서 제시한 원칙들이 지켜지도록 필요한 제반 조치를 취해야 한다.

SECTION 02 개인정보의 수집 제한

출제빈도 상 중 하
반복학습 1 2 3

빈출 태그 개인정보 수집 제한, 최소한의 개인정보

▶ 합격 강의

01 개인정보의 수집 제한 개요

개인정보처리자는 정보주체에게 개인정보를 수집하는 경우 수행하려는 업무 목적 등을 고려하여 합리적인 범위 내에서 필요한 최소한의 개인정보를 수집해야 하며 개인정보 수집에 동의하지 아니할 수 있다는 사실을 알려야 한다.

> **기적의 TIP**
> 여기서 최소한의 개인정보 수집이라는 입증책임은 개인정보 처리자에게 있다.

02 개인정보의 수집 제한 사례

1) 고객의 연락처가 필요한 경우, 휴대전화번호, 자택전화번호, 회사전화번호, 전자우편 주소 등의 연락처 중 각각의 용도를 정보주체에게 알리고, 정보주체의 선택에 따라 필요한 최소한의 개인정보를 수집하여야 한다.

▶ 개인정보 수집 · 이용 안내
1. 개인정보 수집 목적 및 항목
   - 멤버십 마일리지 관리 : 성명, ID, 비밀번호
   - 여행상품 안내 등 마케팅 : 휴대전화번호, 자택전화번호, 회사전화번호, 주소, 이메일
2. 보유 및 이용기간 : 회원 탈퇴 시
   *귀하는 개인정보 수집에 동의를 거부할 권리가 있으며, 동의를 거부할 경우에는 마일리지 적립 및 여행 상품 안내를 받을 수 없습니다.

위 개인정보를 수집 · 이용하는 것에 동의합니다.(선택)   동의함☐   동의하지 않음☐

↓
수집 목적별로 개인정보 수집항목 등을 명확히 알리고 동의를 받아야 함

수집 목적	이용 내역	수집 항목	보유기간	동의여부 (선택)
관심분야 상품 맞춤형 정보 제공	웹 매거진 발송 (월1회)	이메일	회원탈퇴 시까지	☑
이벤트	SMS를 통한 이벤트 참여 기회 제공	휴대전화번호	OO년 OO월 OO일까지	☑
맞춤형 광고	관심 상품 관련 쿠폰 배송	주소	수집일로부터 6개월	☐

▲ 동시에 여러 개의 연락처 정보를 수집한 잘못된 사례

2) 채용계약의 경우, 채용계약의 체결·이행과 관련 있는 정보만 수집하고 가족사항 등 직접 관련 없는 개인정보는 수집하지 않아야 한다.

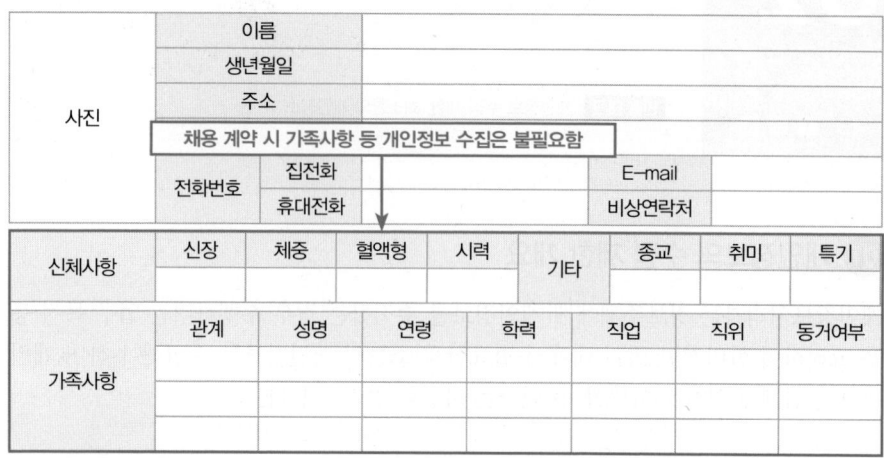

▲ 채용 계약과 관련없는 구직자의 과도한 개인정보를 수집한 잘못된 사례

3) 개인정보의 이용 여부가 불확실함에도 미리 수집하는 것은 불필요한 개인정보 수집에 해당할 수 있어 개인정보의 이용이 필요한 시점에 수집하여야 한다.

▶개인정보 수집·이용 안내
1. 수집·이용 목적 : 회원가입, 민원처리, 결제서비스, 배송서비스
2. 수집하는 개인정보의 항목 : 이름, 아이디, 비밀번호, 이메일 주소, 생년월일, 휴대전화번호, 자택주소, 카드번호
3. 보유 및 이용기간 : ○○○○년 ○○월 ○○일까지
4. 동의 거부권 및 불이익 : 정보주체는 개인정보 수집·이용에 동의하지 않을 권리가 있으며, 동의를 거부할 경우 ○○서비스를 제한받을 수 있습니다

위 개인정보를 수집·이용하는 것에 동의합니다.(선택)   동의함☐ 동의하지 않음☐

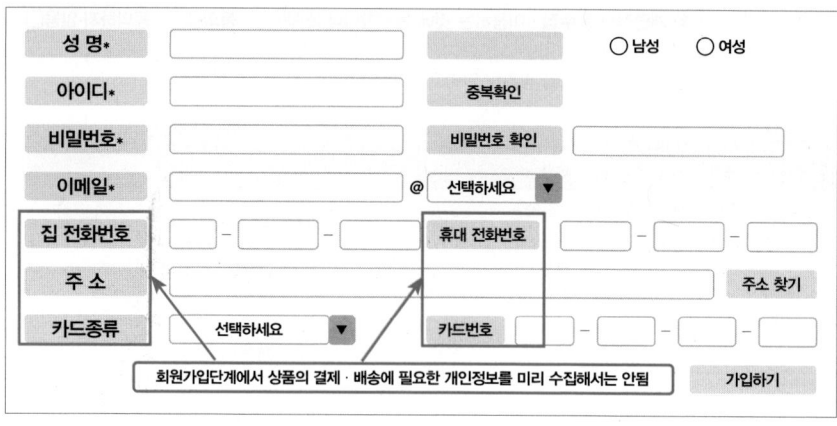

▲ 백화점 회원가입 시 결제 및 배송 정보까지 수집한 잘못된 사례

> **기적의 TIP**
> 온라인 결제 및 배송 서비스를 반복적으로 이용하고자 하는 정보주체를 위하여 정보주체의 자율적인 선택으로 온라인 결제·배송과 관련된 정보를 미리 수집하는 것은 가능하다.

▼ 채용 단계별 필요한 최소한의 개인정보 예시 ❶

전형단계	수집정보
전단계 공통	이름, 전화번호, 주소 등
서류전형	학점, 외국어 성적, 자격증 보유 여부, 연구 실적, 경력 등
필기시험	필기시험 과목별 성적 등
면접	인성, 기타 경험, 경력 및 학업 내용, 포부 등
신체검사	직무 수행 가능 여부 판단에 필요한 최소한의 건강정보 등

❶ 채용 이후에 필요한 개인정보로서 직무의 수행에 필요하지 아니한 정보(가족수당 지급에 필요한 가족관계 정보 등)를 입사 지원 시에 수집하는 것은 최소 수집 원칙에 위배 소지가 있다.

더 알기 TIP

필요 최소한의 개인정보 예시

- 온라인 쇼핑몰이 고객에게 상품을 배송하기 위해 수집한 이름, 주소, 전화번호(자택 및 휴대전화번호) 등은 필요 최소한의 개인정보라고 할 수 있으나, 직업, 생년월일, 결혼 여부 등 배송과 관련 없는 개인정보를 요구하는 것은 최소정보의 범위를 벗어난 것임
- 경품 행사에 응모한 고객에게 경품추첨 사실을 알리는 데 필요한 개인정보 외에 응모자의 성별, 자녀수, 동거 여부 등 사생활의 비밀에 관한 정보, 주민등록번호 등 고유식별정보를 요구하는 것은 최소정보의 범위를 벗어난 것임
- 아파트 입주민의 차량관리 업무의 경우, 동 호수와 같이 입주민을 확인할 수 있는 정보, 차량번호 등 등록할 차량에 관한 정보, 주차관리 시 필요한 긴급 연락처는 차량관리 업무를 위한 최소한의 정보라고 할 수 있으나, 아파트 관리를 위해 통상적으로 필요한 범위를 벗어난 개인정보를 요구할 경우 필요 최소한의 개인정보 수집·이용의 범위를 벗어난 것임
- 병원에서 온라인 진료예약을 받는 과정에서 임상실험 등 목적으로 관련 개인정보를 수집하는 것은 최소정보의 범위를 벗어난 것임
- 매장 입장을 위해 대기하는 대기고객의 성명, 전화번호, 동행인 수는 필요 최소한의 개인정보라고 할 수 있으나, 생년월일, 거주지역, 동행인의 개인정보를 요구하는 것은 최소정보의 범위를 벗어난 것임
- 유치원 입학을 위한 원서를 접수하는 과정에서 유치원의 입학 요건과 관계없는 보호자의 고유식별정보, 직업, 학력 및 종교 등 개인정보를 요구하는 것은 최소정보의 범위를 벗어난 것임

관련법령

개인정보 보호법 제16조(개인정보의 수집 제한)

① **개인정보처리자**는 제15조 제1항 각 호의 어느 하나에 해당하여 개인정보를 수집하는 경우에는 그 **목적에 필요한 최소한의 개인정보를 수집**하여야 한다. 이 경우 최소한의 개인정보 수집이라는 **입증책임은 개인정보처리자가 부담**한다.
② 개인정보처리자는 정보주체의 동의를 받아 개인정보를 수집하는 경우 필요한 최소한의 정보 외의 **개인정보 수집에는 동의하지 아니할 수 있다는 사실**을 구체적으로 알리고 개인정보를 수집하여야 한다.
③ 개인정보처리자는 정보주체가 필요한 최소한의 정보 외의 개인정보 수집에 동의하지 아니한다는 이유로 **정보주체에게 재화 또는 서비스의 제공을 거부하여서는 아니 된다.**❷

❷ 필수정보 이외의 선택정보 수집에 동의하지 않는다는 이유로 재화 또는 서비스의 제공을 거부한 자는 3천만 원 이하의 과태료 부과 가능(제16조 제3항 위반, 제75조 제2항 제1호 근거)

SECTION 03 목적 외 개인정보 활용 금지

빈출 태그 목적 외 용도로 이용·제공이 가능한 경우

01 목적 외 개인정보 활용 금지 개요

개인정보처리자는 수집한 목적 범위를 초과하여 개인정보를 이용하거나 제3자에게 제공할 수 없다.

02 수집 목적 외로 개인정보를 이용하거나 제3자에게 제공 가능한 예외 경우

원칙적으로 개인정보처리자는 수집한 목적 범위를 초과하여 개인정보를 이용하거나 제3자에게 제공할 수 없다.
하지만 정보주체 또는 제3자의 이익을 부당하게 침해할 우려가 없는 경우로서 아래의 어느 하나에 해당하는 경우 개인정보를 목적 외의 용도로 이용·제공이 가능하다.

1) 개인정보를 목적 외의 용도로 이용·제공이 가능한 경우

① 정보주체로부터 별도의 동의를 받은 경우
② 다른 법률에 특별한 규정이 있는 경우
③ 명백히 정보주체 또는 제3자의 급박한 생명, 신체, 재산의 이익을 위하여 필요하다고 인정되는 경우
④ (공공기관 한정) 개인정보를 목적 외의 용도로 이용하거나 이를 제3자에게 제공하지 아니하면 다른 법률에서 정하는 소관 업무를 수행할 수 없는 경우로서 개인정보보호위원회의 심의·의결을 거친 경우
⑤ (공공기관 한정) 조약, 그 밖의 국제협정의 이행을 위하여 외국 정부 또는 국제기구에 제공하기 위하여 필요한 경우
⑥ (공공기관 한정) 범죄의 수사와 공소의 제기 및 유지를 위하여 필요한 경우
⑦ (공공기관 한정) 법원의 재판업무 수행을 위하여 필요한 경우
⑧ (공공기관 한정) 형(刑) 및 감호, 보호처분의 집행을 위하여 필요한 경우
⑨ 공중위생 등 공공의 안전과 안녕을 위하여 긴급히 필요한 경우

> **기적의 TIP**
> 이용·제공이 가능한 경우를 사례와 함께 알아두도록 한다.

더 알기 TIP

개인정보를 목적 외 용도로 이용·제공이 가능한 '특별한 규정' 사례

- 소득세법 제170조에 따른 세무공무원의 조사, 질문
- 감사원법 제27조에 따른 감사원의 자료 요구
- 국가유공자 등 예우 및 지원에 관한 법률 제77조에 따른 국가보훈처장의 자료제공 요구
- 병역법 제81조 제2항에 따른 병무청장의 자료제공 요구
- 부패방지 및 국민권익위원회 설치와 운영에 관한 법률 제42조 제1항 및 제3항에 따른 국민권익위원회의 자료제출 요청 등
- 질서행위위반규제법 제22조 제1항에 따른 관계인에 대한 자료제출 요구 및 참고인 진술 청취
- 국회법 제128조 제1항, 국정감사 및 조사에 관한 법률 제10조 제1항의 보고 또는 서류제출 요구
- 공공기관의 정보공개에 관한 법률 제5조 제1항에 의한 정보공개청구의 대상이 되는 정보(공공기관이보유·관리하는 정보)로서 동법 제9조 제1항 제6호 단서 각 목에 정한 비공개 대상정보 제외 사유에 해당하는 경우
- 민사소송법 제344조 제2항은 각 호에서 규정하고 있는 문서제출거부사유에 해당하지 아니하는 경우 문서소지인의 문서제출의무 (대법원 2016. 7. 1.자 2014마2239 결정)
- 공공감사에 관한 법률 제20조 제1항에 따른 감사기구 장의 자료제출 요구
- 주민등록법 제30조는 전산자료를 이용·활용하는 절차, 이용·활용하려는 자의 범위, 제공형태 등을 구체적으로 규정하고 있으므로 '다른 법률의 특별한 규정'에 해당 (개인정보보호위원회 결정 제2023-018-233호)

관련법령

개인정보 보호법 제18조(개인정보의 목적 외 이용·제공 제한)

① 개인정보처리자는 개인정보를 제15조제1항에 따른 **범위를 초과하여 이용**하거나 제17조 제1항 및 제28조의8제1항에 따른 **범위를 초과하여 제3자에게 제공하여서는 아니** 된다.

② 제1항에도 불구하고 개인정보처리자는 다음 각 호의 어느 하나에 해당하는 경우에는 **정보주체 또는 제3자의 이익을 부당하게 침해할 우려가 있을 때를 제외**하고는 개인정보를 **목적 외의 용도로 이용하거나 이를 제3자에게 제공할 수 있다.** 다만, **제5호부터 제9호까지**에 따른 경우는 **공공기관의 경우로 한정**한다.

1. 정보주체로부터 **별도의 동의**를 받은 경우
2. **다른 법률**에 특별한 규정이 있는 경우
3. **명백히** 정보주체 또는 제3자의 **급박한 생명, 신체, 재산의 이익**을 위하여 필요하다고 인정되는 경우
4. 삭제 〈2020. 2. 4.〉
5. 개인정보를 목적 외의 용도로 이용하거나 이를 제3자에게 제공하지 아니하면 다른 법률에서 정하는 **소관 업무를 수행할 수 없는 경우**로서 보호위원회의 심의·의결을 거친 경우
6. **조약, 그 밖의 국제협정**의 이행을 위하여 외국정부 또는 국제기구에 제공하기 위하여 필요한 경우
7. **범죄**의 수사와 공소의 제기 및 유지를 위하여 필요한 경우
8. **법원**의 재판업무 수행을 위하여 필요한 경우
9. **형(刑) 및 감호, 보호처분**의 집행을 위하여 필요한 경우
10. 공중위생 등 **공공의 안전과 안녕**을 위하여 긴급히 필요한 경우

③ 개인정보처리자는 제2항제1호에 따른 **동의**를 받을 때에는 다음 각 호의 사항을 정보주체에게 알려야 한다. 다음 각 호의 어느 하나의 사항을 변경하는 경우에도 이를 알리고 동의를 받아야 한다.
  1. 개인정보를 **제공받는 자**
  2. 개인정보의 이용 **목적**(제공 시에는 제공받는 자의 이용 목적을 말한다)
  3. 이용 또는 제공하는 개인정보의 **항목**
  4. 개인정보의 **보유 및 이용 기간**(제공 시에는 제공받는 자의 보유 및 이용 기간을 말한다)
  5. **동의를 거부할 권리**가 있다는 사실 및 동의 거부에 따른 불이익이 있는 경우에는 그 **불이익의 내용**
④ **공공기관**은 제2항제2호부터 제6호까지, 제8호부터 제10호까지에 따라 개인정보를 목적 외의 용도로 이용하거나 이를 제3자에게 제공하는 경우에는 그 이용 또는 제공의 법적 근거, 목적 및 범위 등에 관하여 필요한 사항을 보호위원회가 고시로 정하는 바에 따라 **관보 또는 인터넷 홈페이지 등에 게재**하여야 한다.
⑤ 개인정보처리자는 제2항 각 호의 어느 하나의 경우에 해당하여 개인정보를 목적 외의 용도로 제3자에게 제공하는 경우에는 개인정보를 제공받는 자에게 이용 목적, 이용 방법, 그 밖에 필요한 사항에 대하여 제한을 하거나, 개인정보의 **안전성 확보**를 위하여 필요한 조치를 마련하도록 요청하여야 한다. 이 경우 요청을 받은 자는 개인정보의 안전성 확보를 위하여 필요한 조치를 하여야 한다.

SECTION 04 민감정보의 처리 제한

출제빈도 상 중 하
반복학습 1 2 3

빈출 태그 민간정보의 개념과 범위, 민감정보의 처리

합격 강의

01 민감정보의 처리제한 개요

1) 민감정보 개념
사상·신념, 노동조합·정당의 가입·탈퇴, 정치적 견해, 건강, 성생활 등에 관한 정보, 그 밖에 정보주체의 사생활을 현저히 침해할 우려가 있는 개인의 신체적, 생리적, 행동적 특징에 관한 정보로서 특정 개인을 알아볼 목적으로 일정한 기술적 수단을 통해 생성한 정보 등을 의미한다.

2) 민감정보의 범위
- 사상·신념, 노동조합·정당의 가입·탈퇴, 정치적 견해, 건강, 성생활 등에 관한 정보
- 유전자 검사 등의 결과로 얻어진 유전정보
- 범죄경력자료에 해당하는 정보
  - 벌금 이상의 형의 선고, 면제 및 선고유예
  - 보호감호, 치료감호, 보호관찰
  - 선고유예의 실효
  - 집행유예의 취소
  - 벌금 이상의 형과 함께 부과된 몰수, 추징(追徵), 사회봉사명령, 수강명령(受講命令) 등의 선고 또는 처분
- 개인의 신체적, 생리적, 행동적 특징에 관한 정보로서 특정 개인을 알아볼 목적으로 일정한 기술적 수단을 통해 생성한 정보
- 인종이나 민족에 관한 정보

> ➕ 더 알기 TIP
>
> **민감정보에서 건강, 성생활 등에 관한 정보 예시**
> - 발달장애인 성명, 주소 (개인정보보호위원회 결정 제2019-18-293호)
> - 중증장애인의 성명, 주소, 전화번호 (개인정보보호위원회 결정 제2019-13-211호)
> - 노인장기요양 등급을 받은 사람(치매질환자)의 성명, 등급, 등급판정일, 유효기간 기산일 및 만료일 (개인정보보호위원회 결정 제2019-21-334호)
> - 2~3년 간 건강보험 요양급여내역 (헌법재판소 2018. 8. 30. 선고2014헌마368결정)
> - 성매매피해자 자활지원사업 대상자의 성명, 생년월일, 연령, 주소가 포함된 지원사업 관련 자료 (개인정보보호위원회 결정 제2019-22-353호)
> - 등록장애인 코로나19 감염 등 관련 정보 (개인정보보호위원회 결정 제2023-107-015호)

> **관련법령**
>
> **개인정보 보호법 시행령 제18조(민감정보의 범위)**
> 법 제23조 제1항 각 호 외의 부분 본문에서 "대통령령으로 정하는 정보"란 다음 각 호의 어느 하나에 해당하는 정보를 말한다. 다만, 공공기관이 법 제18조제2항제5호부터 제9호까지의 규정에 따라 다음 각 호의 어느 하나에 해당하는 정보를 처리하는 경우의 해당 정보는 제외한다.
> 1. 유전자검사 등의 결과로 얻어진 **유전정보**
> 2. 「형의 실효 등에 관한 법률」 제2조제5호에 따른 **범죄경력자료**에 해당하는 정보
> 3. 개인의 **신체적, 생리적, 행동적 특징에 관한 정보**로서 특정 개인을 알아볼 목적으로 일정한 기술적 수단을 통해 생성한 정보
> 4. **인종이나 민족**에 관한 정보

02 민감정보 처리 가능한 경우

원칙적으로 민감정보를 처리하여서는 안 된다. 하지만 정보주체에게 별도로 동의를 받은 경우, 법령에서 민감정보의 처리를 요구하거나 허용하는 경우에 한해 예외적으로 민감정보를 처리할 수 있다.

1) 민감정보 처리가 가능한 경우

- 정보주체에게 개인정보의 수집·이용에 관한 고지사항(개인정보의 수집·이용 목적, 수집하려는 개인정보의 항목, 개인정보의 보유 및 이용 기간, 동의를 거부할 권리가 있다는 사실 및 동의 거부에 따른 불이익이 있는 경우에는 그 불이익의 내용) 및 개인정보의 제공에 관한 고지사항(개인정보를 제공 받는 자, 개인정보를 제공 받는 자의 개인정보 이용 목적, 제공하는 개인정보의 항목, 개인정보를 제공 받는 자의 개인정보 보유 및 이용 기간, 동의를 거부할 권리가 있다는 사실 및 동의 거부에 따른 불이익이 있는 경우에는 그 불이익의 내용)을 고지하고 별도의 동의를 받은 경우
- 법령에서 민감정보의 처리를 요구하거나 허용하는 경우

2) 공공기관이 업무수행을 위하여 민감정보 처리가 필요한 경우

공공기관이 업무수행을 위해 민감정보를 처리해야하는 경우에는 민감정보 중 유전정보, 범죄경력자료, 개인의 신체적, 생리적, 행동적 특징에 관한 정보로서 특정 개인을 알아볼 목적으로 일정한 기술적 수단을 통해 생성한 정보, 인종이나 민족에 관한 정보는 처리할 수 있다.

03 민감정보의 공개 가능성 및 비공개를 선택하는 방법

개인정보처리자는 재화 또는 서비스를 제공하는 과정에서 공개되는 정보 중 민감정보가 포함되어 있는 경우 '민감정보가 공개될 수 있다는 사실'과 '비공개를 선택하는 방법'을 기재해야 한다.

단, 공개 게시판, 소셜네트워크서비스(SNS) 등 서비스 자체가 공개를 기본으로 하여 상호 의사소통을 목적으로 하고 있어 정보주체가 공개 게시판 등에 스스로 입력하는 정보가 공개된다는 사실을 이미 알고 있고, 개인정보처리자가 민감정보가 공개될 것을 예측하기 어려운 상태에서는 공개 가능성 및 비공개를 선택하는 방법 제공을 제외할 수 있다.

▼ 민감정보의 공개 가능성 및 비공개를 선택하는 방법 예시

재화 또는 서비스명	민감정보	공개 가능성	비공개 선택 방법
온라인 지도 앱 서비스 (방문 장소 저장 서비스)	방문한 장소로 유추 가능한 성생활, 건강정보	이용자가 스스로 정보를 입력하여 저장한 폴더에 민감정보가 저장된 경우 해당 폴더가 공개로 설정되어 있다면 공개 가능함 (폴더 '공개'로 기본 설정됨)	☑ 민감정보가 공개될 가능성이 있는 경우 경고창을 띄워 해당 경고창에서 민감정보 공개 가능성을 안내하고, 비공개 여부를 선택할 수 있도록 링크 제공 ☑ 나의 정보 → 폴더설정 → 민감정보 공개 여부 설정
〈개인정보처리자의 개인정보 처리업무〉	〈민감정보〉	〈민감정보 공개 가능성〉	〈비공개 선택 방법〉

〈개인정보처리자명〉은(는) 위와 같은 재화 또는 서비스를 제공하는 과정에서 공개되는 정보에 정보주체의 민감정보가 포함될 수 있다.

> **기적의 TIP**
> 서비스 제공 과정에서 공개되는 정보에 정보주체 스스로가 입력한 민감정보가 포함되어 사생활 침해 위험이 있다고 판단하는 때에는 서비스 제공 전에 '민감정보가 공개될 수 있다는 사실'과 원하지 않을 경우 '비공개로 선택하는 방법'을 정보주체가 알아보기 쉽게 알려야 한다.

관련법령

개인정보 보호법 제23조(민감정보의 처리 제한)❶

① **개인정보처리자**는 <u>사상·신념, 노동조합·정당의 가입·탈퇴, 정치적 견해, 건강, 성생활</u> 등에 관한 정보, 그 밖에 **정보주체의 사생활**을 현저히 침해할 우려가 있는 개인정보로서 대통령령으로 정하는 정보(이하 "**민감정보**"라 한다)를 <u>처리하여서는 아니 된다</u>. 다만, 다음 각 호의 어느 하나에 해당하는 경우에는 그러하지 아니하다.
  1. 정보주체에게 제15조제2항 각 호 또는 제17조제2항 각 호의 사항을 알리고 다른 개인정보의 처리에 대한 동의와 **별도로 동의**를 받은 경우
  2. **법령에서 민감정보의 처리를 요구하거나 허용**하는 경우
② 개인정보처리자가 제1항 각 호에 따라 민감정보를 처리하는 경우에는 그 민감정보가 분실·도난·유출·위조·변조 또는 훼손되지 아니하도록 제29조에 따른 안전성 확보에 필요한 조치를 하여야 한다.
③ 개인정보처리자는 재화 또는 서비스를 제공하는 과정에서 공개되는 정보에 정보주체의 민감정보가 포함됨으로써 **사생활 침해의 위험성**이 있다고 판단하는 때에는 **재화 또는 서비스의 제공 전에 민감정보의 공개 가능성 및 비공개를 선택하는 방법**을 정보주체가 알아보기 쉽게 알려야 한다.

❶ 법 제23조는 민감정보에 대한 정의를 두는 대신에 민감정보의 종류를 열거하고 있으며, 민감정보에 해당하는 정보는 원칙적으로 처리를 제한하고 있다.

SECTION 05 고유식별정보의 처리 제한

출제빈도 상 중 하
반복학습 1 2 3

빈출 태그 고유식별정보의 개념과 처리

01 고유식별정보의 처리 제한 개요

1) 고유식별정보 개념
- 개인을 고유하게 구별하기 위하여 부여된 식별정보이다.
- 개인정보보호법 시행령에서는 주민등록번호, 여권번호, 운전면허번호, 외국인등록번호를 고유식별정보로 규정하고 있다. ❶

❶ 기업, 학교 등이 소속 구성원에게 부여하는 사번, 학번, 법인이나 사업자에게 부여되는 법인등록번호, 사업자등록번호 등은 고유식별정보가 아니다.

📌 관련법령

개인정보 보호법 시행령 제19조(고유식별정보의 범위)

법 제24조 제1항 각 호 외의 부분에서 "대통령령으로 정하는 정보"란 다음 각 호의 어느 하나에 해당하는 정보를 말한다. 다만, 공공기관이 법 제18조 제2항 제5호부터 제9호까지의 규정에 따라 다음 각 호의 어느 하나에 해당하는 정보를 처리하는 경우의 해당 정보는 제외한다.
1. 「주민등록법」 제7조의2 제1항에 따른 **주민등록번호**
2. 「여권법」 제7조제1항 제1호에 따른 **여권번호**
3. 「도로교통법」 제80조에 따른 **운전면허의 면허번호**
4. 「출입국관리법」 제31조 제5항에 따른 **외국인등록번호**

2) 고유식별정보의 처리

원칙적으로 고유식별정보를 처리하여서는 안 된다. 하지만 정보주체에게 별도로 동의를 받은 경우, 법령에서 고유식별정보의 처리를 요구하거나 허용하는 경우에 한해 예외적으로 고유식별정보를 처리할 수 있다.

3) 고유식별정보 처리가 가능한 경우
- 정보주체에게 개인정보의 수집ㆍ이용에 관한 고지사항(개인정보의 수집ㆍ이용 목적, 수집하려는 개인정보의 항목, 개인정보의 보유 및 이용 기간, 동의를 거부할 권리가 있다는 사실 및 동의 거부에 따른 불이익이 있는 경우에는 그 불이익의 내용) 및 개인정보의 제공에 관한 고지사항(개인정보를 제공받는 자, 개인정보를 제공받는 자의 개인정보 이용 목적, 제공하는 개인정보의 항목, 개인정보를 제공받는 자의 개인정보 보유 및 이용 기간, 동의를 거부할 권리가 있다는 사실 및 동의 거부에 따른 불이익이 있는 경우에는 그 불이익의 내용)을 고지하고 별도의 동의를 받은 경우
- 법령에서 고유식별정보의 처리를 요구하거나 허용하는 경우

• 공공기관이 업무수행을 위하여 고유식별정보 처리가 필요한 경우

> **더 알기 TIP**
>
> **민감정보, 고유식별정보, 주민등록번호 처리 업무를 위탁할 수 있나요?**
>
> 개인정보의 처리 업무를 위탁하는 위탁자가 보호법 제23조 제1항, 제24조 제1항, 제24조의2 제1항에 따라 민감정보·고유식별정보·주민등록번호를 처리할 수 있는 개인정보처리자라면, 제26조 제1항에 따라 위탁 계약을 체결하여 개인정보 처리 업무를 위탁받아 처리하는 수탁자 또한 위탁받은 범위 내에서 민감정보·고유식별정보·주민등록번호를 처리할 수 있습니다.
>
> **출생연도는 고유식별정보인가요?**
>
> 출생연도가 사실상 고유식별정보로 기능한다고는 볼 수 없고, 출생연도에 관하여 고유식별정보와 같은 수준의 법률상 보호를 받아야 할 이익이 없다고 판시한 바 있습니다.(대법원 2016. 8. 17., 선고, 2014다 235080,판결 참조)

02 고유식별정보처리자 안전성 확보조치 관리실태 조사

1) 고유식별정보처리자에 대한 안전조치 이행 여부 정기조사 의무화

개인정보보호위원회는 1만 명 이상의 정보주체에 관하여 고유식별정보를 처리하는 공공기관 또는 5만 명 이상 정보주체의 고유식별정보를 처리하는 개인정보처리자를 대상으로 고유식별정보의 안전성 확보조치 이행 여부에 대한 조사를 실시하고 있다.

2) 고유식별정보처리자 안전성 확보조치 관리실태 조사 내용

범주	공공기관	공공기관 외 개인정보처리자
조사 대상	• 1만 명 이상 정보주체의 고유식별정보를 처리하는 자 • 보호위원회가 법 위반 이력 및 내용·정도, 고유식별정보 처리의 위험성 등을 고려하여 조사가 필요하다고 인정하는 공공기관	5만 명 이상 정보주체의 고유식별정보를 처리하는 자
조사 항목	• 고유식별정보 보유 현황(주민등록번호, 운전면허번호, 여권번호, 외국인등록번호) • 고유식별정보에 대한 안전성 확보조치 이행여부	
조사 주기	매 3년마다 조사	
조사 방법	① 대상기관 현황, 담당자 정보, 고유식별정보 보유 현황 등록 ② 고유식별정보 안전조치 이행현황 자체점검 결과 등록 ③ 점검항목 증빙자료 제출	
조사 기관	• 개인정보보호위원회 • 한국인터넷진흥원	
조사 예외	• 「개인정보 보호법」 제11조의2에 따라 개인정보 보호수준 평가를 받은 경우 • 「개인정보 보호법」 제32조의2에 따라 개인정보 보호 인증을 받은 경우 • 「신용정보의 이용 및 보호에 관한 법률」 제45조의5에 따른 개인신용정보 활용·관리 실태에 대한 상시평가 등 다른 법률에 따라 고유식별정보의 안정성 확보 조치 이행 여부에 대한 정기적인 점검이 이루어지는 경우로서 관계 중앙행정기관의 장의 요청에 따라 해당 점검이 제3항에 따른 조사에 준하는 것으로 보호위원회가 인정하는 경우	

> **기적의 TIP**
>
> 공공기관의 경우에는 1만명 미만의 정보주체에 관하여 고유식별정보를 처리하는 경우라고 하더라도, 보호위원회가 법 위반 이력 및 내용·정도, 고유식별정보 처리의 위험성 등을 고려해 법 제24조 제4항에 따른 조사가 필요하다고 인정하는 경우에는 정기조사의 대상이 될 수 있다.

> **관련법령**

개인정보 보호법 제24조(고유식별정보의 처리 제한)

① 개인정보처리자는 다음 각 호의 경우를 제외하고는 법령에 따라 개인을 고유하게 구별하기 위하여 부여된 식별정보로서 대통령령으로 정하는 정보(이하 "고유식별정보"라 한다)를 처리할 수 없다.
  1. 정보주체에게 제15조 제2항 각 호 또는 제17조 제2항 각 호의 사항을 알리고 다른 개인정보의 처리에 대한 동의와 **별도로 동의**를 받은 경우
  2. **법령에서 구체적으로 고유식별정보의 처리를 요구하거나 허용**하는 경우
② 삭제 〈2013. 8. 6.〉
③ 개인정보처리자가 제1항 각 호에 따라 고유식별정보를 처리하는 경우에는 그 고유식별정보가 분실·도난·유출·위조·변조 또는 훼손되지 아니하도록 대통령령으로 정하는 바에 따라 암호화 등 안전성 확보에 필요한 조치를 하여야 한다.
④ 보호위원회는 처리하는 개인정보의 종류·규모, 종업원 수 및 매출액 규모 등을 고려하여 대통령령으로 정하는 기준에 해당하는 개인정보처리자가 제3항에 따라 안전성 확보에 필요한 조치를 하였는지에 관하여 대통령령으로 정하는 바에 따라 정기적으로 조사하여야 한다.
⑤ 보호위원회는 대통령령으로 정하는 전문기관으로 하여금 제4항에 따른 조사를 수행하게 할 수 있다.

SECTION 06 주민등록번호 처리의 제한

출제빈도 상 중 하
반복학습 1 2 3

빈출 태그 주민등록번호의 구성, 주민등록번호 수집 및 처리

01 주민등록번호 처리의 제한 개요

1) 주민등록번호 개념
주민등록번호는 국가가 주민에게 개인별로 부여하는 고유한 등록번호이다. 주민의 거주 관계를 파악하고 상시로 인구의 동태를 명확히 하여 주민 생활의 편익을 증진하고 행정사무의 적정한 처리를 위해 사용된다.

2) 주민등록번호의 구성
주민등록번호 앞자리의 생년월일 6자리 및 뒤 첫째 숫자(출생연대와 성별)는 주민등록번호 고유체계에 따라 생성되는 것으로, 출생신고 시 국민이 국가에 신고한 날짜를 토대로 정의되는 숫자 열이다.

> **기적의 TIP**
> 주민등록번호 앞 6자리는 '주민등록상의 생년월일'이며, 주민등록번호 뒤 첫째 자리 숫자는 '주민등록상의 성별'이라고 할 수 있다.

1968년 최초 도입 당시											
1	2	3	4	5	6	–	7	8	9	10	11	12
특별시/도		시군구		읍면동		–	성별		등록순서			

2020년 10월 이전 신규												
1	2	3	4	5	6	–	7	8	9	10	11	12	13
Y	Y	M	M	D	D	–	G	H	I	J	K	L	X
생년		월		일		–	성별	지역고유번호			등록순서		검증번호

2020년 10월 이후 신규												
1	2	3	4	5	6	–	7	8	9	10	11	12	13
Y	Y	M	M	D	D	–	G	H	I	J	K	L	X
생년		월		일		–	성별	무작위 숫자					검증번호

▲ 주민등록번호의 구성

3) 주민등록번호 처리의 제한
주민등록번호는 원칙적으로 수집·처리를 할 수 없다. 이에 아이핀, 공인인증서, 신용카드, 생년월일, 회원번호 등의 본인확인 대체 수단을 써야 한다.

> **기적의 TIP**
>
> 고유식별정보 중 주민등록번호는 원칙적으로 처리가 금지되고, 법 제24조의2 제1항 각 호의 사유에 해당하는 예외적인 경우에만 허용된다. 이는 주민등록번호를 다른 고유식별정보보다 더욱 강하게 보호하기 위함이므로, 주민등록번호의 처리에 대하여는 법 제24조제1항이 적용되지 않고 법 제24조의2제1항에 따른다.

관련법령

개인정보 보호법 제24조2(주민등록번호 처리의 제한)

① 제24조 제1항에도 불구하고 개인정보처리자는 <u>다음 각 호의 어느 하나에 해당</u>하는 경우를 제외하고는 <u>주민등록번호를 처리할 수 없다.</u>
  1. <u>법률·대통령령·국회규칙·대법원규칙·헌법재판소규칙·중앙선거관리위원회규칙</u> 및 감사원규칙에서 구체적으로 <u>주민등록번호의 처리를 요구하거나 허용</u>한 경우
  2. 정보주체 또는 제3자의 급박한 <u>생명, 신체, 재산의 이익</u>을 위하여 <u>명백히 필요</u>하다고 인정되는 경우
  3. 제1호 및 제2호에 준하여 주민등록번호 처리가 불가피한 경우로서 보호위원회가 고시로 정하는 경우

② 개인정보처리자는 제24조 제3항에도 불구하고 주민등록번호가 분실·도난·유출·위조·변조 또는 훼손되지 아니하도록 <u>암호화 조치</u>를 통하여 안전하게 보관하여야 한다. 이 경우 암호화 적용 대상 및 대상별 적용 시기 등에 관하여 필요한 사항은 개인정보의 처리 규모와 유출 시 영향 등을 고려하여 대통령령으로 정한다.

③ 개인정보처리자는 제1항 각 호에 따라 주민등록번호를 처리하는 경우에도 정보주체가 인터넷 홈페이지를 통하여 회원으로 가입하는 단계에서는 <u>주민등록번호를 사용하지 아니하고도 회원으로 가입할 수 있는 방법</u>을 제공하여야 한다. 〈개정 2014. 3. 24.〉

④ 보호위원회는 개인정보처리자가 제3항에 따른 방법을 제공할 수 있도록 관계 법령의 정비, 계획의 수립, 필요한 시설 및 시스템의 구축 등 제반 조치를 마련·지원할 수 있다.

02 주민등록번호 수집·처리가 가능한 경우

원칙적으로 주민등록번호를 수집·처리하여서는 안된다. 하지만 법률·대통령령·국회규칙·대법원규칙·헌법재판소규칙·중앙선거관리위원회규칙 및 감사원규칙에서 구체적으로 주민등록번호의 처리를 요구하거나 허용한 경우나 정보주체 또는 제3자의 급박한 생명, 신체, 재산의 이익을 위하여 명백히 필요하다고 인정되는 경우, 주민등록번호 처리가 불가피한 경우로서 보호위원회가 고시로 정하는 경우에는 주민등록번호 수집·처리가 가능하다.

1) 개인정보보호법에 따른 주민등록번호 처리 가능 사유

- 법률·대통령령·국회규칙·대법원규칙·헌법재판소규칙·중앙선거관리위원회규칙 및 감사원규칙에서 구체적으로 주민등록번호의 처리를 요구하거나 허용한 경우
- 정보주체 또는 제3자의 급박한 생명, 신체, 재산의 이익을 위하여 명백히 필요하다고 인정되는 경우
- 주민등록번호 처리가 불가피한 경우로서 보호위원회가 고시로 정하는 경우

2) 정보통신망법에 따른 주민등록번호 처리 가능 사유

- 안전하고 신뢰성 있게 본인확인 업무를 수행할 능력이 있다고 인정되어 본인확인기관으로 지정받는 경우

- 이동통신서비스 등을 제공받아 재판매하는 전기통신사업자가 본인확인기관으로 지정받은 이동통신사업자의 본인확인 업무 수행과 관련하여 이용자의 주민등록번호를 수집·이용하는 경우

관련법령

정보통신망 이용촉진 및 정보보호 등에 관한 법률 제23조2(주민등록번호의 사용 제한)

① 정보통신서비스 제공자는 다음 각 호의 어느 하나에 해당하는 경우를 제외하고는 이용자의 주민등록번호를 수집·이용할 수 없다.
  1. 제23조의3에 따라 본인확인기관으로 지정받은 경우
  2. 삭제 〈2020. 2. 4.〉
  3. 「전기통신사업법」 제38조 제1항에 따라 기간통신사업자로부터 이동통신서비스 등을 제공받아 재판매하는 전기통신사업자가 제23조의3에 따라 본인확인기관으로 지정받은 이동통신사업자의 본인확인업무 수행과 관련하여 이용자의 주민등록번호를 수집·이용하는 경우

② 제1항 제3호에 따라 주민등록번호를 수집·이용할 수 있는 경우에도 이용자의 주민등록번호를 사용하지 아니하고 본인을 확인하는 방법(이하 "대체수단"이라 한다)을 제공하여야 한다.

더 알기 TIP

주민등록번호 처리 관련 해석 사례(개인정보보호위원회)

- 전자금융거래법 제6조, 같은 법 시행령 제31조에 따라 '접근매체 발급을 위한 실명확인'에 신분증 진위확인이 포함되는 것으로 해석하여 주민등록번호 처리 근거로 인정
- 법률·시행령에 '나이 및 본인여부' 확인의무만 있고 신분증 진위확인까지 요구하지 않는 경우에는 구체적으로 주민등록번호의 처리를 요구하거나 허용한 경우로 보기 어려움
- 고용노동부는 중증장애인 출퇴근비용 지원 사업을 위하여 보건복지부로부터 장애의 정도가 심한 장애인에 속하는 자의 주민등록번호를 장애인고용법 시행령 제82조의2에 따라 제공받을 수 있음
- 병원이 감염병 전파 차단을 위하여 출입구에 설치된 키오스크로 병원 방문자의 주민등록번호를 처리하는 것은 명백하게 정보주체 또는 제3자의 생명, 신체, 재산의 이익을 위한 것이라고 볼 수 없음
- 정보주체가 직접 자신의 단말기를 통해 경찰청에 신분증 정보를 종단간 암호화하여 전송 시, 이동통신사가 중간 개입이 없는 구조인 경우에는 주민등록번호 '처리'에 해당하지 않음
- 한시적 비대면 진료 중개 플랫폼이 비대면 진료 접수·처방전 교부 등 병원으로부터 위탁받은 업무 범위 내에서 환자의 주민등록번호를 위탁자인 병원(주민등록번호 처리근거 보유)에 전송하는 것은 주민등록번호의 처리 위탁에 해당하고, 개인정보보호법은 주민등록번호의 처리 위탁을 제한하고 있지 않음
- 정보주체의 명시적 위임을 받은 대리인이 정보주체를 대신하여 주민등록번호 처리근거를 보유한 공공기관에 주민등록번호가 포함된 자료를 제출한 후 개인정보파일 형태로 운용하지 않고 즉시 파기하는 경우에는 주민등록번호를 처리하는 개인정보처리자에 해당하지 않음

03 주민등록번호 수집 · 처리 주의사항

1) 주민등록번호의 뒤 7자리만 수집 · 이용하는 것은 주민등록번호의 부여 체계를 활용하여 주민등록번호의 고유한 특성, 즉 유일성과 식별성을 이용하는 행위이므로, 이는 주민등록번호 전체를 수집 · 이용하는 경우로 볼 수 있다.
2) 본인확인기관이 주민등록번호를 변환한 연계정보(CI)는 개인정보에 해당한다.(개인정보보호위원회, 결정례: 제2020-103-007호)
3) 출생연도가 사실상 고유식별정보로 기능한다고는 볼 수 없고, 출생연도에 관하여 고유식별정보와 같은 수준의 법률상 보호를 받아야 할 이익이 없다.(대법원 2016. 8. 17., 선고, 2014다 235080,판결 참조)

➕ 더 알기 TIP

정보주체의 동의를 받아 주민등록번호를 처리할 수 있나요?

법 제24조의2 제1항 각 호에서 정하는 예외사유에 해당하지 않는 한 정보주체의 동의 여부와 상관 없이 주민등록번호를 처리하는 것은 금지됩니다. 주민등록번호 처리 적법 요건으로 동의는 요구되지 않으므로 예외사유에 해당하여 주민등록번호를 처리할 때에 정보주체로부터 별도의 동의를 받을 필요는 없습니다.

민감정보, 고유식별정보, 주민등록번호 처리 업무를 위탁할 수 있나요?

개인정보보호법 제26조 제1항에 따라 개인정보 처리 업무 위탁 계약을 맺은 경우 민감정보 및 고유식별정보 처리 업무를 위탁할 수 있습니다. 단, 개인정보처리자의 안전성 확보 조치, 암호화 조치 등의 의무사항을 준수해야 합니다.

경찰이 습득물 신고를 접수받을 때, 습득자의 주민등록번호도 수집할 수 있는 건가요?

경찰은 습득자의 주민등록번호를 수집할 수 있습니다. 타인이 유실한 물건을 습득한 자는 이를 신속하게 유실자 또는 소유자, 그 밖에 물건회복의 청구권을 가진 자에게 반환하거나, 경찰서에 제출해야 하며(「유실물법」 제1조 제1항), 특히 경찰서에 습득물을 제출할 때는, 습득물 신고서를 작성한 후 이를 함께 제출해야 합니다. 습득물 신고서 양식에는 습득자의 주민등록번호 작성란이 포함되어 있습니다. 이는 대통령령에서 구체적으로 주민등록번호의 처리를 허용한 경우에 해당하므로 경찰은 유실물 습득자의 주민등록번호도 수집할 수 있습니다.

주민등록번호가 기재된 신분증을 단순히 육안으로 확인한 후 돌려주는 행위도 주민등록번호 처리금지 원칙에 위배되나요?

신분 확인 목적으로 주민등록번호가 기재된 신분증을 육안으로 확인하고 돌려주는 행위는 주민등록번호를 수집하는 행위가 아니므로 주민등록번호 처리금지 원칙에 위배되지 않습니다.

내부망에 저장하는 주민등록번호는 영향평가나 위험도 분석을 통해 암호화하지 않고 보유할 수 있나요?

주민등록번호는 개인정보보호법 제24조의2, 동법 시행령 제21조의2에 따라 "개인정보 영향평가"나 "암호화 미적용 시 위험도 분석"의 결과에 관계없이 암호화하여야 합니다.

SECTION 07 고정형 영상정보처리기기의 설치·운영 제한

빈출 태그 고정형 영상정보처리기기의 개념, 설치 및 운영 제한

01 고정형 영상정보처리기기의 설치·운영 제한 개요

1) 고정형 영상정보처리기기 개념

'고정형 영상정보처리기기'란 일정한 공간에 설치되어 지속적 또는 주기적으로 사람 또는 사물의 영상 등을 촬영하거나 이를 유·무선망을 통하여 전송하는 장치로서 폐쇄회로 텔레비전 및 네트워크 카메라 등이 해당한다.

① 폐쇄회로 텔레비전
- 일정한 공간에 설치된 카메라를 통하여 지속적 또는 주기적으로 영상 등을 촬영하거나 촬영한 영상정보를 유무선 폐쇄회로 등의 전송로를 통하여 특정 장소에 전송하는 장치이다.

② 네트워크 카메라
- 일정한 공간에 설치된 기기를 통하여 지속적 또는 주기적으로 촬영한 영상정보를 그 기기를 설치·관리하는 자가 유무선 인터넷을 통하여 어느 곳에서나 수집·저장 등의 처리를 할 수 있도록 하는 장치이다.

> **기적의 TIP**
>
> 차량에 설치되어 차량 내부를 촬영하는 CCTV는 차량 내부라는 일정한 공간을 지속적으로 촬영하는 것으로 「개인정보 보호법」상 고정형 영상정보처리기기에 해당한다. 그러나 차량 외부를 촬영하는 블랙박스는 「개인정보 보호법」상 '이동형 영상정보처리기기'에 해당한다.

2) 주요 용어 설명

용어	용어 설명	예시
공개된 장소	공원, 도로, 지하철, 상가 내부, 주차장 등 불특정 다수가 접근하거나 통행하는 데에 제한받지 아니하는 장소	• 도로, 공원, 공항, 항만, 주차장, 놀이터, 지하철역 등의 공공장소 • 백화점, 대형마트, 상가, 놀이공원, 극장 등 시설 • 버스, 택시 등 누구나 탑승할 수 있는 대중교통 • 병원 대기실, 접수대, 휴게실 • 구청·시청·주민센터의 민원실 등 국가 또는 지방자치단체가 운영하는 시설로 민원인 또는 주민의 출입에 제한이 없는 공공기관 내부
비공개된 장소	특정인만 이용 가능하거나 출입이 가능한 장소	• 입주자만 이용 가능한 시설, 직원만 출입이 가능한 사무실, 권한이 있는 자만 접근 가능한 통제구역 • 학생, 교사 등 학교 관계자만 출입이 가능한 학교시설 (교실, 실험실 등) • 진료실, 입원실, 수술실, 지하철 내 수유실 등 사생활 침해 위험이 큰 공간

3) 고정형 영상정보처리기기의 설치·운영 제한

누구든지 공개된 장소에 고정형 영상정보처리기기를 설치·운영하는 것은 원칙적으로 금지된다.

02 고정형 영상정보처리기기 설치 · 운영 주요 원칙

1) 고정형 영상정보처리기기 설치 · 운영 가능한 경우
- 법령에서 구체적으로 허용하고 있는 경우
- 범죄의 예방 및 수사를 위하여 필요한 경우
- 시설의 안전 및 관리, 화재 예방을 위하여 정당한 권한을 가진 자가 설치 · 운영하는 경우
- 교통단속을 위하여 정당한 권한을 가진 자가 설치 · 운영하는 경우
- 교통정보의 수집 · 분석 및 제공을 위하여 정당한 권한을 가진 자가 설치 · 운영하는 경우
- 촬영된 영상정보를 저장하지 아니하는 경우로서 출입자 수, 성별, 연령대 등 통곗값 또는 통계적 특성값 산출을 위해 촬영된 영상정보를 일시적으로 처리하는 경우나 앞선 설명의 유사한 경우로 개인정보보호위원회 심의 · 의결을 거친 경우
- 교도소, 정신보건 시설 등 법령에 근거한 교정시설, 정신의료기관, 정신요양시설 및 정신재활시설

> **더 알기 TIP**
>
> 기상특보 발령 시 지방자치단체가 재난관리 업무를 수행하기 위하여 다목적 CCTV 영상정보를 이용할 수 있나요?
>
> 「재난 및 안전관리 기본법」에 따른 재난관리책임기관인 지방자치단체가 기상 특보 발령 시 위험 · 취약 요소를 발견하여 해당 지역에 대한 출입통제, 주민대피 등을 통해 인명피해를 사전에 예방하고, 재난 피해 발생 시 긴급대응 · 복구 등 신속하게 재난관리 업무를 수행하는 것은 '공공의 안전과 안녕을 위하여 긴급히 필요한 경우'로서 지방자치단체는 보호법 제18조 제2항에 따라 다목적 CCTV 영상정보를 이용할 수 있습니다.

> **관련법령**
>
> 개인정보 보호법 제25조(고정형 영상정보처리기기의 설치 · 운영 제한)
> ① 누구든지 다음 각 호의 경우를 제외하고는 **공개된 장소**에 **고정형 영상정보처리기기를 설치 · 운영하여서는 아니 된다.**
>   1. **법령**에서 구체적으로 허용하고 있는 경우
>   2. **범죄**의 예방 및 수사를 위하여 필요한 경우
>   3. 시설의 **안전 및 관리, 화재 예방**을 위하여 **정당한 권한**을 가진 자가 설치 · 운영하는 경우
>   4. **교통단속**을 위하여 **정당한 권한**을 가진 자가 설치 · 운영하는 경우
>   5. **교통정보**의 수집 · 분석 및 제공을 위하여 **정당한 권한**을 가진 자가 설치 · 운영하는 경우
>   6. 촬영된 영상정보를 저장하지 아니하는 경우로서 대통령령으로 정하는 경우
> ② 누구든지 불특정 다수가 이용하는 **목욕실, 화장실, 발한실(發汗室), 탈의실** 등 개인의 사생활을 현저히 침해할 우려가 있는 장소의 내부를 볼 수 있도록 고정형 영상정보처리기기를 설치 · 운영하여서는 **아니 된다.** 다만, **교도소, 정신보건 시설 등 법령에 근거하여 사람을 구금하거나 보호하는 시설**로서 대통령령으로 정하는 시설에 대하여는 그러하지 아니하다.

③ 제1항 각 호에 따라 고정형 영상정보처리기기를 설치·운영하려는 공공기관의 장과 제2항 단서에 따라 고정형 영상정보처리기기를 설치·운영하려는 자는 공청회·설명회의 개최 등 대통령령으로 정하는 절차를 거쳐 관계 전문가 및 이해관계인의 의견을 수렴하여야 한다.

④ 제1항 각 호에 따라 고정형 영상정보처리기기를 설치·운영하는 자(이하 "고정형영상정보처리기기운영자"라 한다)는 정보주체가 쉽게 인식할 수 있도록 다음 각 호의 사항이 포함된 **안내판을 설치**하는 등 필요한 조치를 하여야 한다. 다만, 「군사기지 및 군사시설 보호법」 제2조 제2호에 따른 군사시설, 「통합방위법」 제2조 제13호에 따른 국가중요시설, 그 밖에 대통령령으로 정하는 시설의 경우에는 그러하지 아니하다.
  1. 설치 **목적** 및 **장소**
  2. 촬영 **범위** 및 **시간**
  3. 관리책임자의 **연락처**
  4. 그 밖에 대통령령으로 정하는 사항

⑤ 고정형영상정보처리기기운영자는 고정형 영상정보처리기기의 설치 목적과 다른 목적으로 고정형 영상정보처리기기를 **임의로 조작**하거나 다른 곳을 비춰서는 아니 되며, **녹음 기능은 사용할 수 없다.**

⑥ 고정형영상정보처리기기운영자는 개인정보가 분실·도난·유출·위조·변조 또는 훼손되지 아니하도록 제29조에 따라 안전성 확보에 필요한 조치를 하여야 한다.

⑦ 고정형영상정보처리기기운영자는 대통령령으로 정하는 바에 따라 고정형 영상정보처리기기 운영·관리 방침을 마련하여야 한다. 다만, 제30조에 따른 개인정보 처리방침을 정할 때 고정형 영상정보처리기기 운영·관리에 관한 사항을 포함시킨 경우에는 고정형 영상정보처리기기 운영·관리 방침을 마련하지 아니할 수 있다.

⑧ 고정형영상정보처리기기운영자는 고정형 영상정보처리기기의 설치·운영에 관한 사무를 위탁할 수 있다. 다만, 공공기관이 고정형 영상정보처리기기 설치·운영에 관한 사무를 위탁하는 경우에는 대통령령으로 정하는 절차 및 요건에 따라야 한다.

개인정보 보호법 시행령 제22조(고정형 영상정보처리기기 설치·운영 제한의 예외)
① 법 제25조 제1항 제6호에서 "대통령령으로 정하는 경우"란 다음 각 호의 어느 하나에 해당하는 경우를 말한다.
  1. 출입자 수, 성별, 연령대 등 **통곗값 또는 통계적 특성값 산출**을 위해 촬영된 영상정보를 일시적으로 처리하는 경우
  2. 그 밖에 제1호에 준하는 경우로서 **보호위원회의 심의·의결**을 거친 경우
② 법 제25조 제2항 단서에서 "대통령령으로 정하는 시설"이란 다음 각 호의 시설을 말한다.
  1. 「형의 집행 및 수용자의 처우에 관한 법률」 제2조 제1호에 따른 **교정시설**
  2. 「정신건강증진 및 정신질환자 복지서비스 지원에 관한 법률」 제3조 제5호부터 제7호까지의 규정에 따른 정신의료기관(수용시설을 갖추고 있는 것만 해당한다), **정신요양시설 및 정신재활시설**
③ 중앙행정기관의 장은 소관 분야의 개인정보처리자가 법 제25조 제2항 단서에 따라 제2항 각 호의 시설에 고정형 영상정보처리기기를 설치·운영하는 경우 정보주체의 사생활 침해를 최소화하기 위하여 필요한 세부 사항을 개인정보 보호지침으로 정하여 그 준수를 권장할 수 있다.

03 고정형 영상정보처리기기 설치·운영 시 유의사항

1) 고정형 영상정보처리기기 운영자 유의사항

① **고정형 영상정보처리기기 설치·운영 제한 및 필요 최소한 촬영**
- 누구든지 공개된 장소에 고정형 영상정보처리기기를 설치·운영하는 것은 원칙적으로 금지되며 다른 법익의 보호를 위하여 필요한 경우 예외적으로 설치·운영이 허용된다.
- 개인정보의 최소 수집원칙에 따라 고정형 영상정보처리기기의 설치 목적을 달성할 수 있는 최소한의 범위(촬영장소, 촬영각도 및 시간) 내에서 개인정보를 수집해야 한다.

② **고정형 영상정보처리기기 임의조작·녹음 금지**
- 고정형 영상정보처리기기 운영자는 고정형 영상정보처리기기의 설치 목적과 다른 목적으로 고정형 영상정보처리기기를 임의로 조작하거나 다른 곳을 비춰서는 안 된다.
- 공개된 장소에 설치된 고정형 영상정보처리기기는 녹음 기능을 사용할 수 없다.

③ **설치 시 의견수렴 및 안내판 설치를 통한 설치 사실 공지**
- 공공기관은 고정형 영상정보처리기기 설치·운영 시 「행정절차법」에 따른 행정예고의 실시 또는 의견청취(공청회 등), 해당 고정형 영상정보처리기기의 설치로 직접 영향을 받는 지역 주민 등을 대상으로 하는 설명회·설문조사 또는 여론조사 등의 절차를 거쳐 관계인의 의견을 수렴하여 반영해야 한다.
- 설치 목적 변경 및 추가 설치 등의 경우에도 목적 변경에 따른 관계 전문가 및 이해관계인 의견 수렴, 새로 추가된 목적을 포함하여 안내판에 기재된 내용 현행화 등의 관계 전문가 및 이해 관계인의 의견을 수렴하여 반영해야 한다.

④ **안내판 설치**
- 안내판은 촬영범위 내에서 정보주체가 알아보기 쉬운 장소에 설치하며 안내판의 크기나 위치는 자율적으로 정하되, 정보주체가 손쉽게 인식할 수 있도록 설치해야 한다.

구분	설명
안내판 설치장소	안내판은 정보주체가 쉽게 알아볼 수 있는 출입구, 정문 등 눈에 잘 띄는 장소에 설치 • 안내판 설치 장소의 예시 　- 건물 : 건물 1층 출입구 또는 정문, 기타 사람들의 이동이 빈번한 각 층의 출입구, 안내데스크 등 눈에 잘 띄는 곳 　- 건물 외의 장소(공원 등) : 각 출입구, 기둥 또는 시설물 등 눈에 잘 띄는 곳 　- 상가 : 주(主) 출입문, 계산대 등 눈에 잘 띄는 곳 　- 버스 등 대중교통 : 승하차 출입문, 버스 내 노선도 옆 등 승객의 눈에 잘 띄는 곳 　- 택시 : 보조석 앞, 좌석 머리 받침 뒤편 등 승객의 눈에 잘 띄는 곳 　- 주차장 : 입구, 정산소, 주차장 내 기둥 등 눈에 잘 띄는 곳
안내판 기재항목	• 설치 목적 및 장소 • 촬영 범위 및 시간 • 관리책임자의 연락처 • 고정형 영상정보처리기기 설치·운영에 관한 사무를 위탁하는 경우, 수탁자의 명칭 및 연락처

안내판 설치 갈음 가능 경우	• 안내판 설치를 갈음하여 인터넷 홈페이지에 게재가 가능한 경우 – 공공기관이 원거리 촬영, 과속·신호위반 단속 또는 교통흐름 조사 등의 목적으로 고정형 영상정보처리기기를 설치하는 경우로서 개인정보 침해의 우려가 적은 경우 – 산불감시용 고정형 영상정보처리기기를 설치하는 경우 등 장소적 특성으로 인하여 안내판 설치가 불가능하거나 설치하더라도 정보주체가 쉽게 알아볼 수 없는 경우 • 인터넷 홈페이지에 게재가 불가능한 경우 게시방법 – 고정형영상정보처리기기운영자의 사업장·영업소·사무소·점포 등(이하 '사업장등'이라 한다)의 보기 쉬운 장소에 게시하는 방법 – 관보(고정형영상정보처리기기운영자가 공공기관인 경우만 해당한다)나 고정형영상정보처리기기운영자의 사업장등이 있는 특별시·광역시·도 또는 특별자치도(이하 '시·도'라 한다) 이상의 지역을 주된 보급 지역으로 하는 「신문 등의 진흥에 관한 법률」 제2조 제1호 가목·다목 및 같은 조 제2호에 따른 일반일간신문, 일반주간신문 또는 인터넷신문에 싣는 방법
안내판 미설치 가능 시설	• 「군사기지 및 군사시설 보호법」 제2조 제2호에 따른 군사시설 • 「통합방위법」 제2조 제13호에 따른 국가중요시설 • 「보안업무규정」 제32조에 따른 국가보안시설
안내판 예시	 **고정형 영상정보처리기기(CCTV) 설치 안내** ○ 설치목적: 범죄 예방 및 시설 안전·관리 ○ 설치장소: 출입구의 벽면/천장, 엘리베이터/각 층의 천장 ○ 촬영범위: 출입구, 엘리베이터 및 각 층 복도(360° 회전) ○ 촬영시간: 24시간 연속 촬영 ○ 관리책임자: 총무팀 홍길동 02-123-4567

⑤ **고정형 영상정보처리기기 운영·관리 방침 수립·공개 및 책임자 지정**

- 고정형영상정보처리기기운영자는 고정형 영상정보처리기기 운영·관리 방침을 마련하거나 변경하는 경우 이를 해당 기관의 인터넷 홈페이지에 게재하여 정보주체에게 공개하여야 한다.
- 고정형 영상정보처리기기 운영·관리 방침은 아래 사항을 포함하여야 한다.
  - 고정형 영상정보처리기기의 설치 근거 및 설치 목적
  - 고정형 영상정보처리기기의 설치 대수, 설치 위치 및 촬영 범위
  - 관리책임자, 담당 부서 및 영상정보에 대한 접근 권한이 있는 사람
  - 영상정보의 촬영시간, 보관기간, 보관장소 및 처리방법
  - 영상정보 확인 방법 및 장소
  - 정보주체의 영상정보 열람 등 요구에 대한 조치
  - 영상정보 보호를 위한 기술적·관리적 및 물리적 조치
  - 그 밖에 고정형 영상정보처리기기의 설치·운영 및 관리에 필요한 사항
- 인터넷 홈페이지에 게재할 수 없는 경우 아래 하나 이상의 방법으로 운영·관리 방침을 공개할 수 있다.
  - 고정형영상정보처리기기운영자의 사업장·영업소·사무소·점포 등(이하 '사업장등'이라 한다)의 보기 쉬운 장소에 게시하는 방법
  - 관보 또는 고정형영상정보처리기기운영자의 사업장등이 있는 시·도 이상의 지역을 주된 보급지역으로 하는 「신문 등의 진흥에 관한 법률」 제2조 제1호 가목·다목 또는 같은 조 제2호에 따른 일반일간신문·일반주간신문 또는 인터넷신문에 싣는 방법

- 같은 제목으로 연 2회 이상 발행하여 정보주체에게 배포하는 간행물 · 소식지 · 홍보지 또는 청구서 등에 지속적으로 게재
- 고정형영상정보처리기기운영자와 정보주체가 작성한 계약서 등에 실어 정보주체에게 발급
• 개인정보 처리방침을 정할 때 고정형 영상정보처리기기 운영 · 관리에 관한 사항을 포함시킨 경우에는 고정형 영상정보처리기기 운영 · 관리 방침을 마련하지 아니할 수 있다(법 제25조 제7항, 표준지침 제36조 제2항).
• 개인영상정보의 처리에 관한 업무를 총괄하여 책임질 개인영상정보 관리책임자를 지정하여야 하며, 이미 개인정보 보호책임자가 지정되어 있는 경우에는 그 개인정보 보호책임자가 개인영상정보 관리책임자의 업무를 수행할 수 있다(표준지침 제37조 제3항).
• 개인영상정보 관리책임자의 업무는 아래와 같다.
  - 개인영상정보 보호 계획의 수립 및 시행
  - 개인영상정보 처리 실태 및 관행의 정기적인 조사 및 개선
  - 개인영상정보 처리와 관련한 불만의 처리 및 피해구제
  - 개인영상정보 유출 및 오용 · 남용 방지를 위한 내부통제시스템의 구축
  - 개인영상정보 보호 교육 계획 수립 및 시행
  - 개인영상정보 파일의 보호 및 파기에 대한 관리 · 감독
  - 그 밖에 개인영상정보의 보호를 위하여 필요한 업무

⑥ 개인영상정보의 목적 외 이용 및 제3자 제공

• 원칙적으로 수집 목적을 넘어서 개인영상정보를 이용하거나 제3자에게 제공할 수 없다.
• 다만 다음의 예외 사유에 해당하는 경우에는 정보주체 또는 제3자의 이익을 부당하게 침해할 우려가 있을 때를 제외하고는 목적 외 이용 · 제공이 가능하다.
• 개인영상정보 목적 외 이용 · 제3자 제공 제한의 예외
  - 정보주체에게 동의를 얻은 경우
  - 다른 법률에 특별한 규정이 있는 경우
  - 명백히 정보주체 또는 제3자의 급박한 생명, 신체, 재산의 이익을 위하여 필요하다고 인정되는 경우
  - 통계작성, 과학적 연구, 공익적 기록보존 등을 위하여 필요한 경우로서 법 제28조의2 또는 제28조의3에 따라 가명처리한 경우
  - (공공기관 한정) 개인영상정보를 목적 외의 용도로 이용하거나 이를 제3자에게 제공하지 아니하면 다른 법률에서 정하는 소관 업무를 수행할 수 없는 경우로서 보호위원회의 심의 · 의결을 거친 경우
  - (공공기관 한정) 조약, 그 밖의 국제협정의 이행을 위하여 외국정부 또는 국제기구에 제공하기 위하여 필요한 경우
  - (공공기관 한정) 범죄의 수사와 공소의 제기 및 유지를 위하여 필요한 경우
  - (공공기관 한정) 법원의 재판업무 수행을 위하여 필요한 경우
  - (공공기관 한정) 형(刑) 및 감호, 보호처분의 집행을 위하여 필요한 경우
  - 공중위생 등 공공의 안전과 안녕을 위하여 긴급히 필요한 경우

> **관련법령**

표준 개인정보 보호지침 제40조(개인영상정보 이용·제3자 제공 등 제한 등)
고정형영상정보처리기기운영자 또는 이동형영상정보처리기기운영자는 다음 각 호의 경우를 제외하고는 개인영상정보를 수집 목적 이외로 이용하거나 제3자에게 제공하여서는 아니 된다. 다만 **제5호부터 제9호**까지의 경우는 **공공기관의 경우로 한정**한다.
1. 정보주체에게 **동의**를 얻은 경우
2. 다른 **법률**에 특별한 규정이 있는 경우
3. **명백히** 정보주체 또는 제3자의 급박한 생명, 신체, 재산의 이익을 위하여 필요하다고 인정되는 경우
4. 통계작성, 과학적 연구, 공익적 기록보존 등을 위하여 필요한 경우로서 법 제28조의2 또는 제28조의3에 따라 **가명처리**한 경우
5. 개인영상정보를 목적 외의 용도로 이용하거나 이를 제3자에게 제공하지 아니하면 다른 **법률에서 정하는 소관 업무**를 수행할 수 없는 경우로서 보호위원회의 심의·의결을 거친 경우
6. **조약**, 그 밖의 국제협정의 이행을 위하여 외국정부 또는 국제기구에 제공하기 위하여 필요한 경우
7. **범죄**의 수사와 공소의 제기 및 유지를 위하여 필요한 경우
8. 법원의 **재판업무 수행**을 위하여 필요한 경우
9. **형(刑) 및 감호, 보호처분의 집행**을 위하여 필요한 경우
10. 공중위생 등 **공공의 안전과 안녕**을 위하여 긴급히 필요한 경우

- 개인영상정보를 수집 목적 외로 이용하거나 제3자에게 제공하는 경우에는 아래 사항을 기록하고 관리하여야 한다.
  - 이용하거나 제공하는 개인정보 또는 개인영상정보 파일의 명칭 및 개인정보의 항목
  - 이용하거나 제공받은 자(공공기관 또는 개인)의 명칭
  - 이용 또는 제공의 목적
  - 법령상 이용 또는 제공 근거가 있는 경우 그 근거
  - 이용 또는 제공의 기간이 정해져 있는 경우에는 그 기간
  - 이용 또는 제공의 형태
  - 이용 또는 제공한 개인영상정보의 업무처리 담당자
  - 제공한 이후 파기 여부 등 그 결과와 처리 일자
  - 안전성 확보를 위하여 필요한 조치를 요청한 경우 그 내용 및 결과

더 알기 TIP

개인영상정보 목적 외 이용·제3자 제공 시 표준 개인정보보호 지침 별지 서식 제3호 개인영상정보 관리대장을 활용하여 기록 및 관리가 가능하다.

▼ 표준 개인정보보호 지침 별지 제3호서식 개인영상정보 관리대장

번호	구분	일시	파일명/형태	담당자	목적/사유	이용·제공받는 제3자/열람등 요구자	이용·제공 근거	이용·제공 형태	기간
1	☐ 이용 ☐ 제공 ☐ 열람 ☐ 파기								
2	☐ 이용 ☐ 제공 ☐ 열람 ☐ 파기								
3	☐ 이용 ☐ 제공 ☐ 열람 ☐ 파기								

⑦ **고정형 영상정보처리기기의 설치·운영 위탁 시 관리·감독 철저**
- 고정형영상정보처리기기운영자는 고정형 영상정보처리기기 설치·운영에 관한 사무를 위탁할 수 있다. 특히 공공기관은 고정형 영상정보처리기기 설치·운영에 관한 사무를 위탁하는 경우에는 아래 내용이 포함된 문서로 하여야 한다.
- 고정형 영상정보처리기기 설치·운영 사무 위탁 시 문서에 포함해야 할 사항
  - 위탁업무 수행 목적 외 개인정보의 처리 금지에 관한 사항
  - 개인정보의 기술적·관리적 보호조치에 관한 사항
  - 위탁하는 사무의 목적 및 범위
  - 재위탁 제한에 관한 사항
  - 영상정보에 대한 접근 제한 등 안전성 확보조치에 관한 사항
  - 영상정보의 관리 현황 점검 등 감독에 관한 사항
  - 위탁받는 자가 준수하여야 할 의무를 위반한 경우의 손해배상 등 책임에 관한 사항

관련법령

개인정보 보호법 시행령 제26조(공공기관의 고정형 영상정보처리기기 설치·운영 사무의 위탁)
① 법 제25조제8항 단서에 따라 공공기관이 고정형 영상정보처리기기의 설치·운영에 관한 사무를 위탁하는 경우에는 다음 각 호의 내용이 포함된 문서로 하여야 한다.
  1. 위탁하는 사무의 목적 및 범위
  2. 재위탁 제한에 관한 사항

3. 영상정보에 대한 접근 제한 등 안전성 확보 조치에 관한 사항
  4. 영상정보의 관리 현황 점검에 관한 사항
  5. 위탁받는 자가 준수하여야 할 의무를 위반한 경우의 손해배상 등 책임에 관한 사항
 ② 제1항에 따라 사무를 위탁한 경우에는 제24조제1항부터 제3항까지의 규정에 따른 안내판 등에 위탁받는 자의 명칭 및 연락처를 포함시켜야 한다.

⑧ 정보주체의 개인영상정보 열람권 보장
- 정보주체는 고정형영상정보처리기기운영자가 처리하는 자신의 개인영상정보에 대한 열람 또는 존재 확인을 해당 고정형영상정보처리기기운영자에게 요구할 수 있다.
- 정보주체가 열람 등을 요구할 수 있는 개인영상정보는 정보주체 자신이 촬영된 개인영상정보에 한한다.
- 고정형영상정보처리기기운영자는 개인영상정보의 열람 또는 존재 확인을 요청받았을 때, 요구를 한 자가 본인이거나 정당한 대리인인지를 주민등록증·운전면허증·여권 등의 신분증명서를 제출받아 확인 후 지체 없이 필요한 조치를 취하여야 한다.
- 단, 정보주체의 개인영상정보 열람등 요구가 아래 사항에 해당하는 경우 요구를 제한하거나 거절할 수 있으며, 그 사유를 10일 이내에 서면 등으로 정보주체에게 통지하여야 한다.
- 개인영상정보 열람 등의 청구를 제한하거나 거절할 수 있는 사유
  - 법률에 따라 열람이 금지되거나 제한되는 경우
  - 다른 사람의 생명·신체를 해할 우려가 있거나 다른 사람의 재산과 그 밖의 이익을 부당하게
- 침해할 우려가 있는 경우
  - 공공기관이 아래 어느 하나에 해당하는 업무를 수행할 때 중대한 지장을 초래하는 경우
  - (조세의 부과·징수 또는 환급에 관한 업무, 「초·중등교육법」 및 「고등교육법」에 따른 각급 학교, 「평생교육법」에 따른 평생교육시설, 그 밖의 다른 법률에 따라 설치된 고등교육기관에서의 성적 평가 또는 입학자 선발에 관한 업무, 학력·기능 및 채용에 관한 시험, 자격 심사에 관한 업무, 보상금·급부금 산정 등에 대하여 진행 중인 평가 또는 판단에 관한 업무, 다른 법률에 따라 진행 중인 감사 및 조사에 관한 업무)

⑨ 개인영상정보의 안전성 확보조치 및 자체점검 현황 등록
- 고정형영상정보처리기기운영자는 개인영상정보가 분실·도난·유출·위조·변조 또는 훼손되지 아니하도록 안전성 확보에 필요한 조치를 해야 한다. 특히 고정형영상정보처리기기에 의하여 수집·처리되는 개인영상정보의 접근권한을 관리책임자 등 지정된 최소한의 인원으로 제한하여야 한다.

> **기적의 TIP**
>
> **자체점검 시 고려사항**
> - 고정형 영상정보처리기기의 운영·관리 방침에 열거된 사항
> - 관리책임자의 업무수행 현황
> - 고정형 영상정보처리기기의 설치 및 운영 현황
> - 개인영상정보 수집 및 이용·제공·파기 현황
> - 위탁 및 수탁자에 대한 관리·감독 현황
> - 정보주체의 권리행사에 대한 조치 현황
> - 기술적·관리적·물리적 조치 현황
> - 고정형 영상정보처리기기 설치·운영의 필요성 지속 여부 등

▼ 개인영상정보에 대한 안전성 확보조치

안전성 확보조치	설명
개인영상정보의 안전한 처리를 위한 내부 관리계획의 수립·시행	내부 관리계획 내 포함 내용 • 개인영상정보 관리책임자 지정 • 개인영상정보 관리책임자 및 취급자의 역할 및 책임에 관한 사항 • 안전성 확보조치에 관한 사항 • 개인영상정보 취급자 교육 • 그 밖에 개인영상정보의 안전성 확보에 필요한 조치에 관한 사항
개인영상정보에 대한 접근 통제 및 접근 권한의 제한 조치	최소 권한 부여 조치
개인영상정보를 안전하게 저장·전송할 수 있는 기술의 적용	• 네트워크 카메라의 경우 안전한 전송을 위한 암호화 조치 • 개인영상정보파일에 대한 비밀번호 설정 등 ※ 위 내용은 안전한 저장 전송 방법의 예시를 든 것이며, 상황에 맞는 적절한 안전조치 기술 적용
처리기록의 보관 및 위조·변조 방지를 위한 조치	개인영상정보의 생성 일시 및 열람할 경우에 열람 목적·열람자·열람 일시 등 기록·관리 조치 등
개인영상정보의 안전한 물리적 보관을 위한 보관시설 마련 또는 잠금장치 설치	보관시설 출입통제 시스템 마련

• 고정형영상정보처리기기운영자는 「표준 개인정보 보호지침」의 준수 여부에 대한 자체점검을 실시하여야 한다.

2) 고정형 영상정보처리기기 설치·운영 Q&A

➕ 더 알기 TIP

사무실은 공개된 장소인가요?

출입이 통제되어 해당 사무실에 직원 등 특정한 사람만 들어갈 수 있다면 공개된 장소로 볼 수 없습니다. 다만, 사무실이라고 하더라도 출입이 통제되지 않아 민원인이나 불특정 다수인이 아무런 제약 없이 출입이 가능하다면 공개된 장소에 해당합니다.

출입이 통제되는 사무실에 CCTV를 설치하는 경우에도 개인정보보호법 제25조(고정형 영상정보처리기기의 설치·운영 제한)이 적용되나요?

비공개된 장소에 설치된 고정형 영상정보처리기기는 법 제25조가 적용되지 않으나 이를 통해 수집되는 개인영상정보는 개인정보에 해당하므로 법 제15조가 적용됩니다. 따라서, 특정인만 출입할 수 있는 사무실 등 비공개된 장소에 고정형 영상정보처리기기를 설치하고자 하는 경우에는 촬영범위에 포함된 모든 정보주체의 동의를 받는 것이 바람직하며, 안내판 설치나 보호조치 등은 공개된 장소에 설치된 고정형 영상정보처리기기 규정을 준용하는 것을 권장합니다.

방문객 수 집계를 목적으로 CCTV 설치·운영이 가능한가요?

불특정 다수가 출입이 가능한 공개된 장소에서, 촬영된 영상을 저장하지 아니하면서 방문객 수 집계 등 통곗값 산출을 목적으로 일시적으로 사용하는 경우라면, 보호법 제25조제1항 제6호에 해당할 수 있으므로 CCTV 설치·운영이 가능합니다.

교통단속 위반행위 처분 관련 부서에서, 민원인의 폭언·폭행 방지를 위해 CCTV 설치 및 녹음이 가능한가요?

공공기관의 사무실이라도 민원인이 자유롭게 출입하는 공간은 공개된 장소에 해당하며, 이 경우 법 제25조에 따라 CCTV를 설치할 수 있으나, 해당 CCTV를 통한 녹음은 금지됩니다.

국가보안시설인 공공기관의 민원실에 CCTV 안내판을 설치해야 하나요?

국가보안시설인 경우에는 안내판을 부착하지 않을 수도 있습니다. 하지만, 민원인들이 출입하는 민원실의 경우 공개된 장소로 민원인의 개인정보자기결정권 보장 등을 위해 안내판을 부착하는 것이 바람직합니다.

쓰레기 무단투기자의 신원 등을 확인하기 위한 목적으로 CCTV 영상을 공개하는 것이 가능한가요?

지방자치단체는 「폐기물관리법」 제8조 및 제68조에 따라 쓰레기 무단투기를 단속할 의무가 있습니다.

다만, 불특정 다수에게 무단투기자의 CCTV 영상을 공개하는 것은 개인정보보호법 제15조 제1항 제2호 및 제17조 제1항 제2호에 따른 법령상 의무를 준수하기 위한 '불가피한' 경우에 해당한다고 볼 수 없습니다.

다만, 법 제17조 제1항 제2호에 따라 공공기관이 법령 등에서 정하는 소관업무 수행을 위하여 불가피하게 수집한 개인정보는 당초 수집 목적 내에서 제3자에게 제공할 수 있으므로, 무단투기자의 CCTV 영상을 공개하여서는 아니되나, 신원 확인을 위해 인근 주민 등 제한된 범위 내의 자에게 영상의 일부를 확인시키고 인적 사항을 묻는 것은 가능합니다.

경찰 등에서 수사목적으로 CCTV 자료 요구 시, 본인 동의 없이 제공 가능한가요?

범죄 수사와 공소제기 유지를 위해 수사기관에서 요청하는 경우, 개인정보보호법 제18조 제2항 제7호 및 표준지침 제40조 제1항 제7호에 따라 본인 동의 없이 제공할 수 있습니다.

이 경우 본인 동의 없이 CCTV를 제공한다고 하더라도 수사에 필요한 최소한의 범위에서 제한적으로 제공하여야 하며, 요청기관에서도 관련 법령 및 요청 목적 등을 명확히 하고 최소한의 범위 내에서 자료제공을 요청하여야 합니다.

재난이 발생한 경우 피해자 구조를 위해 CCTV 영상을 제공할 수 있나요?

자연재난(태풍, 홍수, 낙뢰 등) 또는 사회재난(화재, 붕괴, 폭발 등)으로 인하여 생명·신체·재산에 대한 피해를 입은 사람 또는 피해 발생이 우려되는 사람의 이동경로를 파악하거나 수색·구조를 위한 경우에는 해당 재난 대응 업무를 담당하는 관계 행정기관 (지방자치단체, 소방서, 119 구조대 등)의 요청에 따라 CCTV 영상을 제공할 수 있습니다.

* 「개인정보 보호법」 제18조 제2항 제3호, 「재난 및 안전관리 기본법」 제74조의3 관련

SECTION 08 이동형 영상정보처리기기의 설치·운영 제한

빈출 태그 이동형 영상정보처리기기의 개념, 설치 및 운영 제한

01 이동형 영상정보처리기기의 설치·운영 제한 개요

1) 이동형 영상정보처리기기의 개념
'이동형 영상정보처리기기'란 사람이 신체에 착용 또는 휴대하거나 이동 가능한 물체에 부착 또는 거치(据置)하여 사람 또는 사물의 영상 등을 촬영하거나 이를 유·무선망을 통하여 전송하는 장치이다.

2) 이동형 영상정보처리기기 범위

① **착용형 장치**
- 안경 또는 시계 등 사람의 신체 또는 의복에 착용하여 영상 등을 촬영하거나 촬영한 영상정보를 수집·저장 또는 전송하는 장치

② **휴대형 장치**
- 이동통신단말장치 또는 디지털 카메라 등 사람이 휴대하면서 영상 등을 촬영하거나 촬영한 영상정보를 수집·저장 또는 전송하는 장치

③ **부착·거치형 장치**
- 차량이나 드론 등 이동 가능한 물체에 부착 또는 거치(据置)하여 영상 등을 촬영하거나 촬영한 영상정보를 수집·저장 또는 전송하는 장치

3) 이동형 영상정보처리기기의 설치·운영 제한
공개된 장소 등에서 업무 목적으로 이동형 영상정보처리기기로 사람 또는 그 사람과 관련된 사물의 영상(개인정보에 해당하는 경우로 한정)을 촬영해서는 안 된다.

> **더 알기 TIP**
>
> **해양경찰이 수색·구조 등 직무수행을 위해 드론을 활용할 수 있나요?**
>
> 업무를 목적으로 이동형 영상정보처리기기를 운영하려는 자는 일반적 개인정보의 수집·이용 요건(보호법 제15조 제1항 각 호*)에 해당하거나, 정보주체가 촬영 사실을 알 수 있도록 하였음에도 거부의사를 밝히지 않은 경우에 공개된 장소에서 이동형 영상정보처리기기를 이용하여 개인영상정보를 촬영할 수 있습니다.(보호법 제25조의2 제1항)
> 또한 공공기관은 법령 등에서 정하는 소관 업무의 수행을 위해 불가피한 경우 개인정보를 수집·이용할 수 있으므로(보호법 제15조 제1항 제3호), 해양경찰이 「해양경찰법」 등에 규정된 해양에서의 수색·구조·연안안전관리 및 선박 교통관제 등의 소관 업무 수행을 위해 불가피한 경우라면 이동형 영상정보처리기기인 드론을 활용하여 개인영상정보를 수집·이용할 수 있습니다.

02 이동형 영상정보처리기기 설치·운영 주요 원칙

1) 이동형 영상정보처리기기 설치·운영 가능한 경우
- 공개된 장소 등에서 업무 목적으로 이동형 영상정보처리기기를 이용하여 개인영상정보를 촬영하는 행위는 원칙적으로 제한되나, 개인정보수집·이용 사유에 해당하거나, 정보주체가 촬영 사실을 알 수 있었으나 거부의사를 밝히지 않은 경우는 촬영이 가능하다.
- 범죄, 화재, 재난 또는 이에 준하는 상황에서 인명의 구조·구급 등을 위하여 사람 또는 그 사람과 관련된 사물의 영상(개인정보에 해당하는 경우로 한정)의 촬영이 필요한 경우는 촬영이 가능하다.

2) 이동형 영상정보처리기기 촬영 사실 표시 방법
- 불빛, 소리, 안내판, 안내서면, 안내방송 또는 그 밖에 이에 준하는 수단이나 방법으로 정보주체가 촬영 사실을 쉽게 알 수 있도록 표시하고 알려야 한다.
- 불빛, 소리, 안내판 등 법령에 규정된 방법 외 해당 영상기기의 고유한 특성과 촬영을 하는 상황에 따라 가용한 방법 및 수단 등을 종합적으로 고려하여 하나 이상의 방법(Multi-channel)을 통해 정보주체가 촬영 사실을 알 수 있도록 표시하여야 한다. ❶
- 드론을 이용한 항공촬영 등 촬영 방법의 특성으로 인해 정보주체에게 촬영 사실을 알리기 어려운 경우에는 개인정보보호위원회가 구축한 인터넷 사이트에 공지하는 방법으로 알릴 수 있다.

❶ 예시로는 영상 촬영에 관한 표지판이나 안내지(입장권, 포스터 등)에 게재, 영상기기 표면에 안내 문구가 기재된 스티커 부착, LED 또는 섬광 등 불빛 표시, 영상기기 조작자를 쉽게 알 수 있는 옷차림(형광색 옷 등), 피촬영자 직접 고지, 무선 신호, QR코드, SNS 또는 홈페이지를 통한 공지 등이 있다.

➕ **더 알기 TIP**

개인정보보호위원회 드론 촬영사실 신청 사이트
- 개인정보 포털(www.privacy.go.kr → 기업·공공서비스 → 드론 촬영사실 공지)

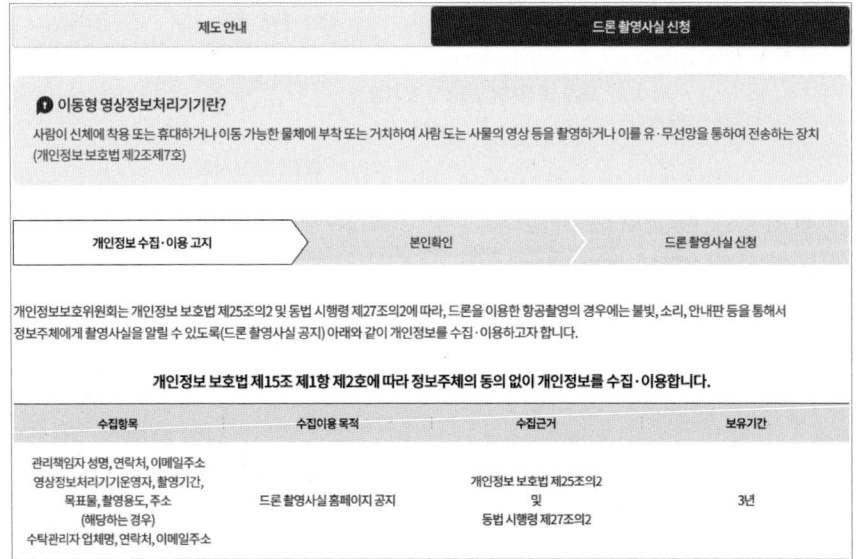

03 이동형 영상정보처리기기 설치 · 운영 시 유의사항

1) 이동형 영상정보처리기기 설치 · 운영자 유의사항

- 원칙적으로 업무 목적이 아닌 사적인 용도(자동차 블랙박스, 취미활동 등)로 이동형 영상정보처리기기를 통해 영상을 촬영하는 경우에는 적용되지 않는다.
- 자율주행차, 배달로봇, 드론 등의 유·무인 이동체가 촬영 사실을 명확히 표시하여 정보주체가 알 수 있도록 한 경우에는 주행 경로상의 영상을 촬영하여 장애물 파악 및 회피 등을 위해 활용할 수 있다. 단, 정보주체가 촬영 거부의사를 명확히 밝힌 경우에는 촬영을 할 수 없다.
- 이동형 영상정보처리기기를 통해 업무상 목적으로 촬영한 개인 영상의 안전성 확보 조치, 운영·관리 방침 마련, 공공기관 업무위탁 절차 및 요건 등에 관해서는 법 제25조의2 제4항에 따라 고정형 영상정보처리기기와 동일하게 준용된다.
- 공개된 장소에서 촬영된 불특정 다수의 영상을 별도로 저장하여 AI 학습 등 업무상 목적으로 활용하는 것은 피촬영자가 그 내용을 예측할 수 없다는 측면에서 부당한 권리침해 우려가 있으므로 특정 개인을 알아볼 수 없도록 익명·가명처리가 필요하다.

▼ 개인정보보호위원회에서 권고하는 이동형 영상정보처리기기별 촬영 사실 표시방법

구분	촬영사실 표시 방법	필수 표시내용
자율주행차	• 기기 외관에 문자 표시 부착(스티커 또는 전사지) • QR코드, LED 불빛 등 병행 가능	• 촬영된다는 사실 • 촬영 주체 • 관리책임자 연락처, 촬영 목적 및 범위 등 (처리방침에 포함하여 인터넷 홈페이지 공지 가능)
로봇	• 기기 외관에 문자 표시 부착 및 주요 거점 안내판 부착(X배너 등) • 운영상황에 따라 LED 불빛이나 안내 소리 등 추가	
드론	• 개인정보보호위원회 홈페이지 공지 및 주요 거점 안내판 부착(X배너 등) • 야간 촬영 시 LED 불빛 추가 • 운영상황에 따라 행사장 입장권 또는 포스터 표기, 드론 조작자의 형광색 옷차림 등 추가	촬영 주체, 목적, 지역, 기간, 관리책임자 연락처(서면, 안내판, 개인정보보호위원회 홈페이지를 통한 공지 가능)
바디캠	• 피촬영자에게 직접 고지하거나 촬영 사실을 알 수 있는 옷차림 착용 • 촬영 시 LED 불빛 표시 병행	• 촬영된다는 사실 • 촬영 주체 • 관리책임자 연락처, 촬영 목적 및 범위 등 (처리방침에 포함하여 인터넷 홈페이지 공지 가능)

2) 이동형 영상정보처리기기 설치 · 운영 Q&A

➕ 더 알기 TIP

업무를 목적으로 이동형 영상기기 운영 시, 촬영 사실의 명확한 표시 및 정보주체의 동의가 모두 필요한가요?

업무를 목적으로 한 촬영이라는 사실을 명확히 표시하여 정보주체가 촬영 사실을 알 수 있도록 하였음에도 불구하고 정보주체가 촬영 거부 의사를 밝히지 아니한 경우에 해당하고, 정보주체의 부당한 권리침해 우려가 없으며 합리적 범위를 초과하지 않는다면, 정보주체의 별도 동의는 필요하지 않습니다.

정보주체의 촬영거부 의사 표현 방식은 어떤 것이 있나요?

정보주체가 영상 촬영을 거부하는 의사 표현 방식에 대해서는 별도의 제한을 두고 있지 않으므로 사회 통념상 자기 의사를 다른 사람에게 명확히 알릴 수 있는 모든 형태의 표현 방식(문자, 음성, 행동 등)이 포함될 수 있습니다.

「민원처리에 관한 법률」 제4조에 따라 민원인 등의 폭언, 폭행 등 발생 시 민원처리 담당자를 보호하기 위해 휴대용 영상음성기록장비 사용이 가능한데, 동 법률 조항과 보호법 제25조의2 규정 중 어느 법률이 우선 적용되나요?

개인정보 보호법 제25조의2 제1항 제1호에 따라 동 법률 제15조 제1항 각 호의 어느 하나에 해당하는 경우(법률에 특별한 규정이 있는 경우 등)에는 이동형 영상정보처리기기를 통해 개인영상을 촬영할 수 있습니다. 또한 개인정보 보호법 제6조에 따라 다른 법률에 특별한 규정이 있는 경우에는 해당 법률 규정을 우선 적용하는 것이 원칙이므로 「민원처리에 관한 법률」에서 특별히 정하는 사항은 해당 법률이 우선 적용됩니다.

⚖️ 관련법령

개인정보 보호법 제25조의2(이동형 영상정보처리기기의 운영 제한)

① **업무를 목적**으로 이동형 영상정보처리기기를 운영하려는 자는 다음 각 호의 경우를 제외하고는 공개된 장소에서 이동형 영상정보처리기기로 사람 또는 그 사람과 관련된 사물의 영상(개인정보에 해당하는 경우로 한정한다. 이하 같다)을 **촬영하여서는 아니 된다**.
  1. 제15조 제1항 각 호의 어느 하나에 해당하는 경우
  2. 촬영 사실을 명확히 표시하여 정보주체가 촬영 사실을 알 수 있도록 하였음에도 불구하고 **촬영 거부 의사를 밝히지 아니한 경우**. 이 경우 정보주체의 권리를 부당하게 침해할 우려가 없고 합리적인 범위를 초과하지 아니하는 경우로 한정한다.
  3. 그 밖에 제1호 및 제2호에 준하는 경우로서 대통령령으로 정하는 경우
② 누구든지 불특정 다수가 이용하는 **목욕실, 화장실, 발한실, 탈의실 등** 개인의 사생활을 현저히 침해할 우려가 있는 장소의 내부를 볼 수 있는 곳에서 이동형 영상정보처리기기로 사람 또는 그 사람과 관련된 사물의 **영상을 촬영하여서는 아니 된다**. 다만, **인명의 구조 · 구급 등을 위하여 필요한 경우**로서 대통령령으로 정하는 경우에는 **그러하지 아니하다**.
③ 제1항 각 호에 해당하여 이동형 영상정보처리기기로 사람 또는 그 사람과 관련된 사물의 영상을 촬영하는 경우에는 **불빛, 소리, 안내판 등** 대통령령으로 정하는 바에 따라 **촬영 사실을 표시하고 알려야 한다**.
④ 제1항부터 제3항까지에서 규정한 사항 외에 이동형 영상정보처리기기의 운영에 관하여는 제25조 제6항부터 제8항까지의 규정을 준용한다.

개인정보 보호법 시행령 제27조(이동형 영상정보처리기기 운영 제한의 예외)
법 제25조의2 제2항 단서에서 "대통령령으로 정하는 경우"란 **범죄, 화재, 재난 또는 이에 준하는 상황에서 인명의 구조 · 구급 등**을 위하여 사람 또는 그 사람과 관련된 사물의 영상(개인정보에 해당하는 경우로 한정한다. 이하 같다)의 촬영이 필요한 경우를 말한다.

개인정보 보호법 시행령 제27조의2(이동형 영상정보처리기기 촬영 사실 표시 등)
법 제25조의2제1항 각 호에 해당하여 이동형 영상정보처리기기로 사람 또는 그 사람과 관련된 사물의 영상을 촬영하는 경우에는 **불빛, 소리, 안내판, 안내서면, 안내방송 또는 그 밖에 이에 준하는 수단**이나 방법으로 정보주체가 촬영 사실을 쉽게 알 수 있도록 표시하고 알려야 한다. 다만, 드론을 이용한 항공촬영 등 촬영 방법의 특성으로 인해 정보주체에게 **촬영 사실을 알리기 어려운 경우**에는 보호위원회가 구축하는 **인터넷 사이트에 공지**하는 방법으로 알릴 수 있다.

개인정보 보호법 시행령 제27조의3(영상정보처리기기 설치 · 운영 지침)
보호위원회는 법 및 이 영에서 규정한 사항 외에 고정형 영상정보처리기기의 설치 · 운영 및 이동형 영상정보처리기기의 운영에 관한 기준, 설치 · 운영 사무의 위탁 등에 관하여 법 제12조 제1항에 따른 표준 개인정보 보호지침을 정하여 고정형영상정보처리기기운영자와 이동형 영상정보처리기기를 운영하는 자에게 그 준수를 권장할 수 있다.

SECTION 09 가명정보의 처리

출제빈도 상 중 하
반복학습 1 2 3

빈출 태그 가명정보의 개념, 개명정보의 처리

▶ 합격 강의

01 가명정보의 처리 개요

1) 가명정보 개념
개인정보의 일부 또는 전부를 삭제·대체하는 등 가명처리를 통해 추가 정보 없이는 특정 개인을 알아볼 수 없는 정보이다.

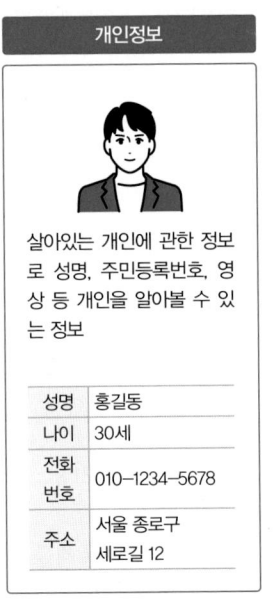
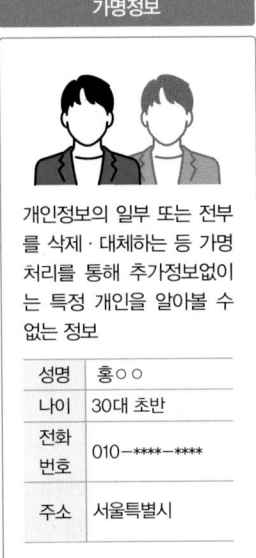
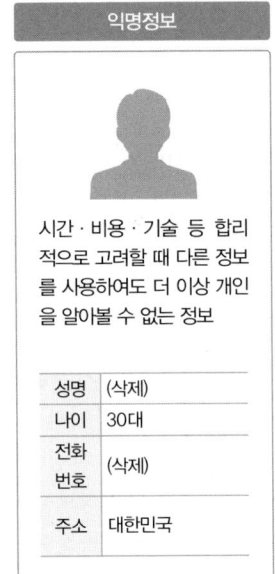

▲ 개인정보, 가명정보, 익명정보 비교

> **기적의 TIP**
> 가명정보와 익명정보의 차이에 대해 알아두도록 한다.

2) 가명정보의 처리 관련 주요 용어

용어	용어 설명
가명처리	개인정보의 일부를 삭제하거나 일부 또는 전부를 대체하는 등의 방법으로 추가 정보(이하 '추가 정보'라 함)가 없이는 특정 개인을 알아볼 수 없도록 처리하는 것
가명정보 처리	가명처리를 통해 생성된 가명정보를 이용·제공 등 활용하는 행위
추가정보	• 개인정보의 전부 또는 일부를 대체하는 가명처리 과정에서 생성 또는 사용된 정보로서 특정 개인을 알아보기 위하여 사용·결합할 수 있는 정보(알고리즘, 매핑테이블 정보, 가명처리에 사용된 개인정보 등) • 처리 과정에서 생성·사용된 정보에 한정된다는 점에서 다른 정보와 구분됨
재식별	특정 개인을 알아볼 수 없도록 처리한 가명정보에서 특정 개인을 알아보는 것

결합키	결합 대상 가명정보의 일부로서 해당 정보만으로는 특정 개인을 알아볼 수 없으나 다른 결합대상정보와 구별될 수 있도록 조치한 정보로서, 서로 다른 가명정보를 결합할 때 매개체로 이용되는 값
결합정보	결합전문기관을 통해 결합대상정보를 결합하여 생성된 정보
반출정보	결합전문기관에서 결합된 결합정보 중 결합전문기관의 심사를 통해 반출된 정보
결합 신청자	가명정보의 결합을 신청하는 개인정보처리자 등
결합 전문기관	보호법 제28조의3 제1항에 따라 서로 다른 개인정보처리자 간의 가명정보 결합을 수행하기 위해 개인정보보호위원회 또는 관계 중앙행정기관의 장이 지정하는 전문기관
결합키 관리기관	보호법 시행령 제29조의3 제2항에 따라 특정 개인을 알아볼 수 없도록 가명정보의 안전한 결합을 지원(결합키연계정보를 생성하여 결합전문기관에 제공하는 등)하는 업무를 하는 한국인터넷진흥원 또는 개인정보보호위원회가 지정하여 고시하는 기관
적정성 검토	개인정보처리자가 개인정보를 가명처리한 뒤, 적정성 평가 위원회 등을 구성하여 처리 목적의 적합성, 위험성 검토 결과의 적정성, 가명처리 결과의 적정성, 목적 달성 가능성 등을 검토하여 적절히 가명처리가 되었는지 확인하는 절차
반출 심사	결합된 가명정보에 대해 결합 목적, 반출 정보의 관련성, 특정 개인식별가능성, 반출정보에 대한 안전조치 계획 등을 검토하여 가명정보를 활용하고자 하는 자에게 반출하여도 문제가 없는지에 대하여 심사하는 절차

02 가명정보의 처리

1) 정보주체 동의 없이 가명정보 처리 가능한 경우

개인정보처리자는 통계작성, 과학적 연구, 공익적 기록보존 등을 위하여 정보주체의 동의 없이 가명정보를 이용, 제공, 결합 등 처리할 수 있다.

① 통계작성을 위한 가명정보 처리

- '통계'란 특정 집단이나 대상 등에 관한 수량적인 정보를 의미한다.
- '통계작성을 위한 가명정보 처리'란 통계를 작성하기 위해 가명정보를 이용, 분석, 제공하는 등 가명정보를 처리하는 것을 의미한다.
- 가명정보의 처리 목적이 시장조사를 위한 통계 등 상업적 성격을 가진 통계를 작성하기 위한 경우에도 가명정보를 처리하는 것이 가능하다.
- 통계작성을 위한 가명정보 처리 예시
  - 지방자치단체가 연령에 따른 편의시설 확대를 위해 편의시설(문화센터, 도서관, 체육시설 등)의 이용 통계(위치, 방문자수, 체류시간, 연령, 성별 등)를 작성하고자 하려는 경우
  - 인터넷으로 상품을 판매하는 쇼핑몰 등에서 주간, 월간 단위로 판매상품의 재고를 관리하기 위해 판매상품에 대한 지역별 통계(제품번호, 품명, 재고, 판매수량, 금액)를 작성하고자 하려는 경우
  - A 공사가 도로 구조 개선 및 휴게공간 추가 설치 등 고객서비스 개선을 위하여 월별 시간대별 차량 평균속도, 상습 정체 구간, 사고 구간 및 원인 등에 대한 통계를 작성하고자 하려는 경우

> **기적의 TIP**
> 대학이 학생들의 취업 활동 지원(직업군 및 교육과정 추천)을 위하여 가명 처리된 졸업생들의 학습이력 분석과 취업기관 및 유형들에 대한 매칭 통계를 작성하는 경우와 같이 **직접(1:1) 마케팅 등을 위하여 특정 개인을 식별할 수 있는 형태의 통계는 해당하지 않는다.**

② **과학적 연구를 위한 가명정보 처리**
- '과학적 연구'란 과학적 방법을 적용하는 연구로서 자연과학, 사회과학 등 다양한 분야에서 이루어질 수 있고, 기초연구, 응용연구뿐만 아니라 새로운 기술·제품·서비스 개발 및 실증을 위한 산업적 연구도 해당한다.
- '과학적 연구를 위한 가명정보의 처리'란 과학적 연구를 위해 가명정보를 이용, 분석, 제공하는 등 가명정보를 처리하는 것을 의미하며, 과학적 연구와 관련하여 공적 자금으로 수행하는 연구뿐만 아니라 민간으로부터 투자를 받아 수행하는 연구에서도 가명정보 처리가 가능하다.
- 과학적 연구를 위한 가명정보 처리 예시
  - 코로나19 위험 경고를 위해 생활방식과 코로나19 감염률의 상관성에 대한 가설을 세우고 건강관리용 모바일앱을 통해 수집한 생활습관, 위치정보, 감염증상, 성별, 나이, 감염원 등을 가명처리하고 감염자의 데이터와 비교·분석하여 가설을 검증하려는 경우
  - A 지자체에서 특정 관광지의 활성화를 위해 국내의 유사 관광지 주변의 상권과 유동인구 분석을 통한 관광지 주변 상권에 대한 지원 및 전환 대책 수립을 위한 연구를 수행하려는 경우

③ **공익적 기록보존을 위한 가명정보 처리**
- '공익적 기록보존'이란 공공의 이익을 위하여 지속적으로 열람할 가치가 있는 정보를 기록하여 보존하는 것을 의미한다.
- '공익적 기록보존을 위한 가명정보 처리'란 공익적 기록보존을 위해 가명정보를 이용, 분석, 제공하는 등 가명정보를 처리하는 것을 의미하며, 공익적 기록보존은 공공기관이 처리하는 경우에만 공익적 목적이 인정되는 것은 아니며, 기업, 단체 등이 일반적인 공익을 위하여 기록을 보존하는 경우에도 공익적 기록보존 목적이 인정된다.
- 공익적 기록보존을 위한 가명처리 예시
  - 학내 연구소가 현대사 연구 과정에서 수집한 개인정보 중에서 사료 가치가 있는 인물에 관한 정보를 기록하여 보관하는 경우

더 알기 TIP

가명정보 제공 원칙
개인정보처리자는 보유한 개인정보를 가명처리하여 특정 제3자에게 제공하는 경우,
① 제3자의 개인정보 보호수준 및 신뢰도를 고려하여 제공하는 가명정보로 발생할 수 있는 재식별 위험을 최소화하기 위해 노력해야 하며,
② 가명정보를 제3자에게 제공하는 경우 추가정보 등 특정 개인을 알아보기 위하여 사용될 수 있는 정보를 제공하여서는 안된다.
③ 개인정보처리자는 제3자가 사전에 보유하고 있는(접근 가능한) 정보, 처리 시점을 기준으로 제공받는 다른(개인)정보 등을 고려하여야 하고, 이를 파악하기 위해 관련 정보를 요청할 수 있다. 여기서 정보는 제3자가 관리하고 있는 개인정보 중 제공받는 가명정보와 연계 또는 조합 가능성이 있는 개인정보 목록 등이다.
④ 사전 준비 단계의 계약서에 데이터의 이용환경에 대한 제한 등에 대해 명시한 사항이 있다면 이를 고려할 수 있다.

가명정보 제공하는 경우 법적 책임 범위

개인정보를 보호법에서 정한 처리 목적에 따라 가명처리하고 관련 안전조치 등 법률에서 정한 사항을 모두 준수하여 가명정보를 제공한 경우 가명정보를 제공받은 자가 가명정보 이용 과정에서 의도치 않게 특정 개인을 알아볼 수 있는 정보가 생성되었다는 사실만으로는 가명정보를 제공한 자에 대해 개인정보 보호법상 행정처분을 하지 않는다.
※ 단, 제공받은 자는 위 생성된 정보의 처리를 즉시 중지하고, 지체없이 회수·파기
가명정보를 제공받은 자가 안전조치 미이행 등으로 가명정보를 유출하였거나 고의로 재식별 행위를 하는 경우, 해당 행위자만 제재한다. 즉, 제공한 자가 아닌 제공받은 자 중에서 불법 행위자가 처벌 대상이다.

2) 가명처리 절차

개인정보의 가명처리는 가명처리 목적 설정 등 사전준비, 위험성 검토 가명처리 수행, 적정성 검토 및 추가 가명처리, 가명정보의 안전한 관리 단계로 이루어진다.

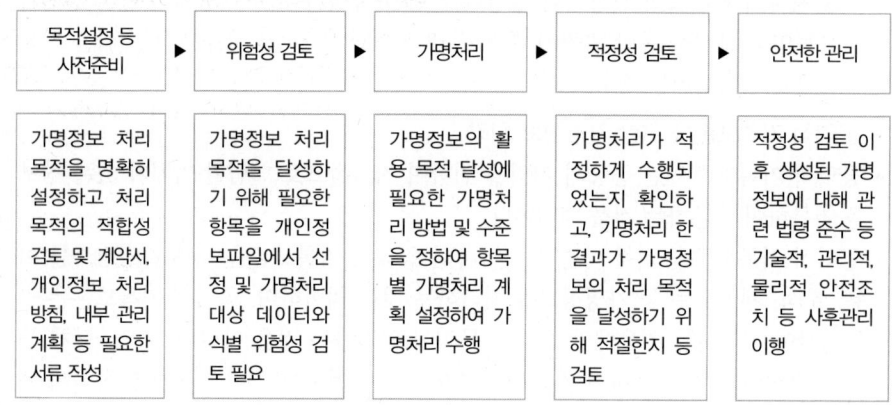

3) 개인정보보호법상 가명정보에 적용되지 않는 항목

개인정보보호법 제28조의2(가명정보의 처리 등) 또는 제28조의3(가명정보의 결합 제한)에 다라 처리된 가명정보는 제20조(정보주체 이외로부터 수집한 개인정보의 수집 출처 등 통지), 제20조의2(개인정보 이용·제공 내역의 통지), 제27조(영업양도 등에 따른 개인정보의 이전 제한), 제34조(개인정보 유출 등의 통지·신고) 제1항, 제35조(개인정보의 열람), 제35조의2(개인정보의 전송 요구), 제36조(개인정보의 정정·삭제), 제37조(개인정보의 처리정지 등)을 적용하지 않는다.

4) 개인정보의 가명처리 기술 종류
① 정형데이터 가명처리 기술 유형

분류	기술	세부기술	설명
개인정보 삭제	삭제기술	삭제 (Suppression)	원본정보에서 개인정보를 단순 삭제
		부분삭제 (Partial Suppression)	개인정보 전체를 삭제하는 방식이 아니라 일부를 삭제

		행 항목 삭제 (Record Suppression)	다른 정보와 뚜렷하게 구별되는 행 항목을 삭제
		로컬 삭제 (Local Suppression)	특이정보를 해당 행 항목에서 삭제
		마스킹 (Masking)	특정 항목의 일부 또는 전부를 공백 또는 문자(' * ', ' _ ' 등이나 전각 기호)로 대체
통계도구		총계처리 (Aggregation)	평균값, 최댓값, 최솟값, 최빈값, 중간값 등으로 처리
		부분총계 (Micro Aggregation)	정보집합물 내 하나 또는 그 이상의 행 항목에 해당하는 특정 열 항목을 총계처리. 즉, 다른 정보에 비하여 오차 범위가 큰 항목을 평균값 등으로 대체
일반화 (범주화) 기술		일반 라운딩 (Rounding)	올림, 내림, 반올림 등의 기준을 적용하여 집계 처리하는 방법으로, 일반적으로 세세한 정보보다는 전체 통계정보가 필요한 경우 많이 사용
		랜덤 라운딩 (Random Rounding)	수치 데이터를 임의의 수인 자릿수, 실제 수 기준으로 올림(round up) 또는 내림(round down)하는 기법
		제어 라운딩 (Controlled Rounding)	라운딩 적용 시 값의 변경에 따라 행이나 열의 합이 원본의 행이나 열의 합과 일치하지 않는 단점을 해결하기 위해 원본과 결과가 동일하도록 라운딩을 적용하는 기법
		상하단코딩 (Top and Bottom Coding)	• 정규분포의 특성을 가진 데이터에서 양쪽 끝에 치우친 정보는 적은 수의 분포를 가지게 되어 식별성을 가질 수 있음 • 이를 해결하기 위해 적은 수의 분포를 가진 양 끝단의 정보를 범주화 등의 기법을 적용하여 식별성을 낮추는 기법
		로컬 일반화 (Local Generalization)	전체 정보집합물 중 특정 열 항목(들)에서 특이한 값을 가지거나 분포상의 특이성으로 인해 식별성이 높아지는 경우 해당 부분만 일반화를 적용하여 식별성을 낮추는 기법
		범위 방법 (Data Range)	수치 데이터를 임의의 수 기준의 범위(range)로 설정하는 기법으로, 해당 값의 범위 또는 구간(interval)으로 표현
		문자데이터 범주화 (Categorization of character data)	문자로 저장된 정보에 대해 보다 상위의 개념으로 범주화하는 기법
암호화		양방향 암호화 (Two-way Encryption)	• 특정 정보에 대해 암호화와 암호화된 정보에 대한 복호화가 가능한 암호화 기법 • 암호화 및 복호화에 동일 비밀키로 암호화하는 대칭키(Symmetric Key) 방식과 공개키와 개인키를 이용하는 비대칭키(Asymmetric Key) 방식으로 구분
		일방향 암호화- 암호학적 해시함수 (One-way Encryption Cryptographic Hash Function)	• 원문에 대한 암호화의 적용만 가능하고 암호문에 대한 복호화 적용이 불가능한 암호화 기법 • 키가 없는 해시함수(MDC, Message Digest Code), 솔트(Salt)가 있는 해시함수, 키가 있는 해시함수(MAC, Message Authentication Code)로 구분 • 암호화(해시처리)된 값에 대한 복호화가 불가능하고, 동일한 해시 값과 매핑(mapping)되는 2개의 고유한 서로 다른 입력 값을 찾는 것이 계산상 불가능하여 충돌 가능성이 매우 적음

		순서보존 암호화 (Order-preserving Encryption)	• 원본정보의 순서와 암호 값의 순서가 동일하게 유지되는 암호화 방식 • 암호화된 상태에서도 원본정보의 순서가 유지되어 값들 간의 크기에 대한 비교 분석이 필요한 경우 안전한 분석이 가능
		형태보존 암호화 (Format-preserving Encryption)	• 원본정보의 형태와 암호화된 값의 형태가 동일하게 유지되는 암호화 방식 • 원본정보와 동일한 크기와 구성 형태를 가지기 때문에 일반적인 암호화가 가지고 있는 저장 공간의 스키마 변경 이슈가 없어 저장 공간의 비용 증가를 해결할 수 있음 • 암호화로 인해 발생하는 시스템의 수정이 거의 발생하지 않아 토큰화, 신용카드 번호의 암호화 등에서 기존 시스템의 변경 없이 암호화를 적용할 때 사용
		동형 암호화 (Homomorphic Encryption)	• 암호화된 상태에서의 연산이 가능한 암호화 방식으로 원래의 값을 암호화한 상태로 연산 처리를 하여 다양한 분석에 이용 가능 • 암호화된 상태의 연산 값을 복호화하면 원래의 값을 연산한 것과 동일한 결과를 얻을 수 있는 4세대 암호화 기법
		다형성 암호화 (Polymorphic Encryption)	• 가명정보의 부정한 결합을 차단하기 위해 각 도메인별로 서로 다른 가명처리 방법을 사용하여 정보를 제공하는 방법 • 정보 제공 시 서로 다른 방식의 암호화된 가명처리를 적용함에 따라 도메인별로 다른 가명정보를 가지게 됨
	무작위화 기술	순열(치환) (Permutation)	• 분석 시 가치가 적고 식별성이 높은 열 항목에 대해 대상 열 항목의 모든 값을 열 항목 내에서 무작위로 순서를 변경하여 식별성을 낮추는 기법 • 개인정보를 다른 행 항목의 정보와 무작위로 순서를 변경하여 전체정보에 대한 변경 없이 특정 정보가 해당 개인과 연결되지 않도록 하는 방법
		토큰화 (Tokenisation)	• 개인을 식별할 수 있는 정보를 토큰으로 변환 후 대체함으로써 개인정보를 직접 사용하여 발생하는 식별 위험을 제거하여 개인정보를 보호하는 기술 • 토큰 생성 시 적용하는 기술은 의사난수생성 기법이나 양방향 암호화, 형태보존 암호화 기법을 주로 사용
		(의사)난수생성기 [(P)RNG, (Pseudo) Random Number Generator]	주어진 입력값에 대해 예측이 불가능하고 패턴이 없는 값을 생성하는 메커니즘으로 임의의 숫자를 개인정보와 대체
가명·익명처리를 위한 기타 기술		표본추출 (Sampling)	데이터 주체별로 전체 모집단이 아닌 표본에 대해 무작위 레코드 추출 등의 기법을 통해 모집단의 일부를 분석하여 전체에 대한 분석을 대신하는 기법
		해부화 (Anatomization)	기존 하나의 데이터셋(테이블)을 식별성이 있는 정보집합물과 식별성이 없는 정보집합물로 구성된 2개의 데이터셋으로 분리하는 기술
		재현데이터 (Synthetic Data)	원본과 최대한 유사한 통계적 성질을 보이는 가상의 데이터를 생성하기 위해 개인정보의 특성을 분석하여 새로운 데이터를 생성하는 기법

	동형비밀분산 (Homomorphic Secret Sharing)	식별정보 또는 기타 식별가능정보를 메시지 공유 알고리즘에 의해 생성된 두 개 이상의 쉐어(share, 기밀사항을 재구성하는데 사용할 수 있는 하위 집합)로 대체
	차분 프라이버시 (Differential Privacy)	• 특정 개인에 대한 사전지식이 있는 상태에서 데이터베이스 질의(Query)에 대한 응답 값으로 개인을 알 수 없도록 응답 값에 임의의 숫자 잡음(Noise)을 추가하여 특정 개인의 존재 여부를 알 수 없도록 하는 기법 • 1개 항목이 차이 나는 두 데이터베이스간의 차이(확률분포)를 기준으로 하는 프라이버시 보호 모델

② 비정형데이터 가명처리 기술

분류	기술	세부기술	설명
영상 정보	이미지 필터링	이미지 블러링	• 이미지를 흐리게 만들어 개인 식별이 어려워지게 하는 기술 • 일반적으로 Gaussian 블러링이 사용되며, 이미지의 디테일을 감소시켜 얼굴이나 개인 식별 요소를 흐리게 함
		이미지 픽셀화	• 이미지를 여러 개의 큰 픽셀로 분할하여 세부 사항을 숨기는 기술 • 이미지 블러링의 평균 필터와 유사하나 계산한 평균값을 해당 픽셀뿐만 아니라 적용한 주변 모든 픽셀(예를 들어 3×3 범위의)에 대체한다는 점이 다름
		이미지 마스킹	• 이미지의 특정 부분을 가려(블랙박스 등) 식별을 불가능하게 만드는 기술 원본 이미지 ❶ 블러링 ❷ 픽셀화 ❸ 마스킹
	이미지 암호화	이산코사인변환 기반 암호화 (DCT)	DCT(Discrete Cosine Transform) 기반 암호화는 이미지를 주파수 영역으로 변환한 후, 특정 주파수 성분을 변조하여 특정 부분만 암호화
		픽셀 위치 기반 암호화 (PixeLocation)	픽셀의 위치를 일정한 규칙에 따라 바꾸는 방식으로 구현하는 암호화
	얼굴 합성	K-same 기법	• K-익명성 프라이버시보호 모델을 확장하여 K명의 얼굴을 합성한 기술 original k=2 k=3 k=5 k=10 k=20
	인페인팅	패치 기반 인페인팅 기술	영상 내 개인 식별 영역을 제거한 후 영상 프레임 내 공백과 가장 비슷한 영역을 찾아 채워 신원을 보호하는 기술
		객체 기반 인페인팅 기술	영상을 배경과 객체로 구분해 객체를 제거 후 남은 부분은 배경으로 채우는 기술

❶ 출처: Tao Li and Lei Lin, Natural Face De-identification with Measurable Privacy(CV-COPS, 2019)

❷ 출처: R. Gross 외 2인, Integrating utility into face de-identification(2005)

음성 정보	음성정보 자체에 대한 가명처리	음성 변형 (VT, Voice Transformation)	원본 정보 소스, 필터, 소스와 필터의 조합 등을 통하여 음성을 변형하는 기술
		음성 변환 (VC, Voice Conversion)	음성 변형(VT)의 특별한 형태로 발화자의 음성 특성을 특정(대상) 화자의 음성 특성으로 매핑하는 것으로 원래의 목소리를 다른 사람의 목소리로 변환하는 기법
		GMM 매핑기반의 음성 변환 방식	영상정보에서의 K-same 방식과 유사한 텍스트 독립적인 GMM(Gaussian Mixture Model) 매핑기반의 음성 변환 기법
	음성을 텍스트로 변환 (STT, Speech to Text) 후 가명처리		개인식별정보가 포함된 음성을 텍스트로 변환 후 변환한 텍스트에서 개인식별정보를 가명처리하고 다시 음성으로 변환하는 방식
텍스트 정보	규칙기반 개인정보 단순 삭제 혹은 마스킹		사전에 텍스트 내 개인식별(가능)정보들을 정의하고 정의된 형태(포맷)에 기반하여 해당 정보를 삭제하거나 마스킹, 대체 처리 등의 방법으로 제거
	스크러빙(Scrubbing)		원 텍스트의 내용과 구조를 보존하면서 즉석해서 파싱을 통하여 혹은 파싱 이후 개인식별(가능)정보만을 제거(마스킹 혹은 대체)하는 기술
	정규표현식 (Regular Expression)		• 문자나 혹은 문자열의 일정한 패턴을 표현하는 일종의 형식 언어 • 사용 시 오타나 혹은 문자 숫자 혼합 등에 따라 누락되는 경우가 존재하므로 추가 검수가 필요
	주석 달기 (Annotation)		주어진 텍스트를 논리적으로 분할한 후 분할된 단어(들)에 주석을 첨가하는 기법

③ 가명처리 예시
- 식별 위험성 요소에 대한 주요 항목에 대하여 위험성을 낮출 수 있는 가명처리 방법 및 수준을 선택한다.

▼ 항목별 가명처리 예시

항목명	개인정보유형	설명	
		처리방법	처리수준
고객ID	개인식별정보	대체	일련번호 대체
나이	개인식별가능정보	범주화	10살 단위 범주화
주소	개인식별가능정보	부분삭제	동단위 이하 삭제
2023년 고객등급	개인식별가능정보	범주화	VIP, S, A → 1등급, B, C → 2등급, D, E, F → 3등급

🔨 **관련법령**

개인정보 보호법 제28조의2(가명정보의 처리 등)
① 개인정보처리자는 **통계작성, 과학적 연구, 공익적 기록보존 등**을 위하여 **정보주체의 동의 없이 가명정보를 처리할 수 있다.**
② 개인정보처리자는 제1항에 따라 가명정보를 제3자에게 제공하는 경우에는 특정 개인을 알아보기 위하여 사용될 수 있는 정보를 포함해서는 아니 된다.

03 가명정보의 결합 제한

1) 가명정보의 결합 제한 개요
- 가명정보를 결합하여 활용하려는 개인정보처리자는 결합전문기관을 통해 통계작성, 과학적 연구, 공익적 기록보존 등의 목적으로 가명정보 결합이 가능하다.
- 단, 서로 다른 개인정보처리자가 보유한 가명정보의 결합은 개인정보보호위원회 또는 관계 중앙행정기관의 장이 지정한 결합전문기관이 수행해야 한다.
- 결합을 수행한 기관 외부로 결합된 정보를 반출하려는 개인정보처리자는 가명정보 또는 익명정보로 처리한 뒤 전문기관의 장의 승인을 받아야 한다.

2) 결합전문기관 지정 기준
- 고시에 따라 조직을 구성하고 관련 자격이나 경력을 갖춘 사람을 3명 이상 상시 고용
- 고시에 따라 가명정보의 안전한 결합을 위한 공간, 시설 및 장비 구축하고 관련 정책 및 절차 등을 마련
- 고시에 따라 재정 능력(자본금 50억 원 이상, 비영리법인의 경우 기본재산 또는 자본총계 50억 원 이상)을 갖춘 기관
- 최근 3년 이내에 법 제66조에 따른 공표 내용(과태료 부과내용 및 결과 공표)에 포함된 없는 기관

3) 가명정보 결합 및 반출 절차
가명정보 결합은 ① 결합신청자의 결합신청, ② 결합키관리기관의 결합키연계정보 생성, ③ 결합전문기관의 가명정보 결합 및 반출, ④ 결합신청자의 반출정보 활용 및 관리 등으로 진행한다.

▼ 가명정보 결합 및 반출 절차

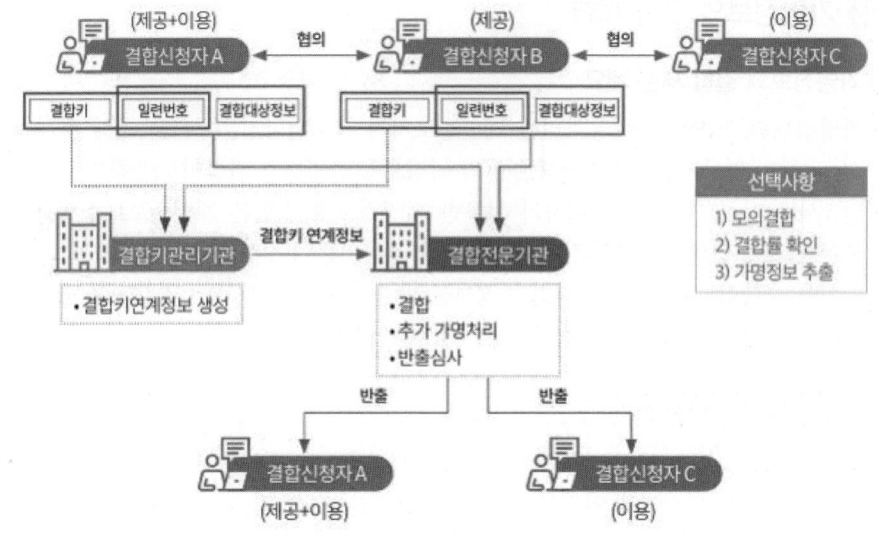

▲ 가명정보 결합·반출 업무 흐름도

관련법령

개인정보 보호법 제28조의3(가명정보의 결합 제한)
① 제28조의2에도 불구하고 통계작성, 과학적 연구, 공익적 기록보존 등을 위한 서로 다른 개인정보처리자 간의 가명정보의 결합은 보호위원회 또는 관계 중앙행정기관의 장이 지정하는 전문기관이 수행한다.
② 결합을 수행한 기관 외부로 결합된 정보를 반출하려는 개인정보처리자는 가명정보 또는 제58조의2에 해당하는 정보로 처리한 뒤 전문기관의 장의 승인을 받아야 한다.
③ 제1항에 따른 결합 절차와 방법, 전문기관의 지정과 지정 취소 기준·절차, 관리·감독, 제2항에 따른 반출 및 승인 기준·절차 등 필요한 사항은 대통령령으로 정한다.

개인정보 보호법 시행령 제29조의2(결합전문기관의 지정 및 지정 취소)
① 법 제28조의3제1항에 따른 전문기관(이하 "결합전문기관"이라 한다)의 지정 기준은 다음 각 호와 같다.
  1. 보호위원회가 정하여 고시하는 바에 따라 가명정보의 결합·반출 업무를 담당하는 조직을 구성하고, 개인정보 보호와 관련된 자격이나 경력을 갖춘 사람을 3명 이상 상시 고용할 것
  2. 보호위원회가 정하여 고시하는 바에 따라 가명정보를 안전하게 결합하기 위하여 필요한 공간, 시설 및 장비를 구축하고 가명정보의 결합·반출 관련 정책 및 절차 등을 마련할 것
  3. 보호위원회가 정하여 고시하는 기준에 따른 재정 능력을 갖출 것
  4. 최근 3년 이내에 법 제66조에 따른 공표 내용에 포함된 적이 없을 것
② 법인, 단체 또는 기관이 법 제28조의3제1항에 따라 결합전문기관으로 지정을 받으려는 경우에는 보호위원회가 정하여 고시하는 결합전문기관 지정신청서에 다음 각 호의 서류(전자문서를 포함한다. 이하 같다)를 첨부하여 보호위원회 또는 관계 중앙행정기관의 장에게 제출해야 한다.
  1. 정관 또는 규약
  2. 제1항에 따른 지정 기준을 갖추었음을 증명할 수 있는 서류로서 보호위원회가 정하여 고시하는 서류

③ 보호위원회 또는 관계 중앙행정기관의 장은 제2항에 따라 지정신청서를 제출한 법인, 단체 또는 기관이 제1항에 따른 지정 기준에 적합한 경우에는 결합전문기관으로 지정할 수 있다.
④ 결합전문기관 지정의 유효기간은 지정을 받은 날부터 3년으로 하며, 보호위원회 또는 관계 중앙행정기관의 장은 결합전문기관이 유효기간의 연장을 신청하면 제1항에 따른 지정 기준에 적합한 경우에는 결합전문기관으로 재지정할 수 있다.
⑤ 보호위원회 또는 관계 중앙행정기관의 장은 결합전문기관이 다음 각 호의 어느 하나에 해당하는 경우에는 결합전문기관의 지정을 취소할 수 있다. 다만, 제1호 또는 제2호에 해당하는 경우에는 지정을 취소해야 한다.
  1. 거짓이나 부정한 방법으로 결합전문기관으로 지정을 받은 경우
  2. 결합전문기관 스스로 지정 취소를 요청하거나 폐업한 경우
  3. 제1항에 따른 결합전문기관의 지정 기준을 충족하지 못하게 된 경우
  4. 결합 및 반출 등과 관련된 정보의 유출 등 개인정보 침해사고가 발생한 경우
  5. 그 밖에 법 또는 이 영에 따른 의무를 위반한 경우
⑥ 보호위원회 또는 관계 중앙행정기관의 장은 제5항에 따라 결합전문기관의 지정을 취소하려는 경우에는 청문을 해야 한다.
⑦ 보호위원회 또는 관계 중앙행정기관의 장은 결합전문기관을 지정, 재지정 또는 지정 취소한 경우에는 이를 관보에 공고하거나 보호위원회 또는 해당 관계 중앙행정기관의 홈페이지에 게시해야 한다. 이 경우 관계 중앙행정기관의 장이 결합전문기관을 지정, 재지정, 또는 지정 취소한 경우에는 보호위원회에 통보해야 한다.
⑧ 제1항부터 제7항까지에서 규정한 사항 외에 결합전문기관의 지정, 재지정 및 지정 취소 등에 필요한 사항은 보호위원회가 정하여 고시한다.

개인정보 보호법 시행령 제29조의3(개인정보처리자 간 가명정보의 결합 및 반출 등)
① 결합전문기관에 가명정보의 결합을 신청하려는 개인정보처리자(이하 "결합신청자"라 한다)는 보호위원회가 정하여 고시하는 결합신청서에 다음 각 호의 서류를 첨부하여 결합전문기관에 제출해야 한다.
  1. 사업자등록증, 법인등기부등본 등 결합신청자 관련 서류
  2. 결합 대상 가명정보에 관한 서류
  3. 결합 목적을 증명할 수 있는 서류
  4. 그 밖에 가명정보의 결합 및 반출에 필요하다고 보호위원회가 정하여 고시하는 서류
② 결합전문기관은 법 제28조의3제1항에 따라 가명정보를 결합하는 경우에는 특정 개인을 알아볼 수 없도록 해야 한다. 이 경우 보호위원회는 필요하면 한국인터넷진흥원 또는 보호위원회가 지정하여 고시하는 기관으로 하여금 특정 개인을 알아볼 수 없도록 하는 데에 필요한 업무를 지원하도록 할 수 있다.
③ 결합신청자는 법 제28조의3제2항에 따라 결합전문기관이 결합한 정보를 결합전문기관 외부로 반출하려는 경우에는 결합전문기관에 설치된 안전성 확보에 필요한 기술적·관리적·물리적 조치가 된 공간에서 제2항에 따라 결합된 정보를 가명정보 또는 법 제58조의2에 해당하는 정보로 처리한 뒤 결합전문기관의 승인을 받아야 한다.
④ 결합전문기관은 다음 각 호의 기준을 충족하는 경우에는 법 제28조의3제2항에 따른 반출을 승인해야 한다. 이 경우 결합전문기관은 결합된 정보의 반출을 승인하기 위하여 반출심사위원회를 구성해야 한다.
  1. 결합 목적과 반출 정보가 관련성이 있을 것
  2. 특정 개인을 알아볼 가능성이 없을 것
  3. 반출 정보에 대한 안전조치 계획이 있을 것

⑤ 결합전문기관은 결합 및 반출 등에 필요한 비용을 결합신청자에게 청구할 수 있다.
⑥ 제1항부터 제5항까지에서 규정한 사항 외에 가명정보의 결합 절차와 방법, 반출 및 승인 등에 필요한 사항은 보호위원회가 정하여 고시한다.

개인정보 보호법 시행령 제29조의4(결합전문기관의 관리 · 감독 등)
① 보호위원회 또는 관계 중앙행정기관의 장은 결합전문기관을 지정한 경우에는 해당 결합전문기관의 업무 수행능력 및 기술 · 시설 유지 여부 등을 관리 · 감독해야 한다.
② 결합전문기관은 제1항에 따른 관리 · 감독을 위하여 다음 각 호의 서류를 매년 보호위원회 또는 관계 중앙행정기관의 장에게 제출해야 한다.
  1. 가명정보의 결합 · 반출 실적보고서
  2. 결합전문기관의 지정 기준을 유지하고 있음을 증명할 수 있는 서류
  3. 가명정보의 안전성 확보에 필요한 조치를 하고 있음을 증명할 수 있는 서류로서 보호위원회가 정하여 고시하는 서류
③ 보호위원회는 다음 각 호의 사항을 관리 · 감독해야 한다.
  1. 결합전문기관의 가명정보의 결합 및 반출 승인 과정에서의 법 위반 여부
  2. 결합신청자의 가명정보 처리 실태
  3. 그 밖에 가명정보의 안전한 처리를 위하여 필요한 사항으로서 보호위원회가 정하여 고시하는 사항

SECTION 10 안전조치 의무

빈출 태그 안전조치 의무, 개인정보 보호 교육

01 안전조치 의무 관련 법령

개인정보 보호법 및 동법 시행령에서는 개인정보가 분실·도난·유출·위조·변조 또는 훼손되지 아니하도록 내부 관리계획 수립, 접속기록 보관 등 대통령령으로 정하는 바에 따라 안전성 확보에 필요한 기술적·관리적 및 물리적 조치를 규정하고 있다.

> **기적의 TIP**
> 본 SECTION에서는 안전조치 의무 관련 조항을 알아보고 PART04에서 관련 상세 내용을 학습한다.

02 개인정보 보호 교육

개인정보 보호 교육은 모든 개인정보처리자는 개인정보취급자를 대상으로 정기적으로 실시하여야 하는 법정의무교육이다.
「개인정보 보호법」은 개인정보 보호를 위한 일반법이므로 개인정보 보호 교육 의무는 개인정보를 처리(수집, 이용, 제공 등)하는 모든 개인정보처리자에게 적용된다.

> **기적의 TIP**
> 개인정보를 취급하는 사업장이면 직원 수에 관계없이 개인정보를 처리(수집, 저장, 기록, 보유, 검색, 제공 등)하는 개인정보취급자를 교육하여야 한다.
> 주식회사와 같은 영리기업은 물론 협회, 동창회, 동호회와 같은 비영리 법인·단체도 의무교육 대상에 포함한다.

관련법령

개인정보 보호법 제29조(안전조치의무)
개인정보처리자는 개인정보가 분실·도난·유출·위조·변조 또는 훼손되지 아니하도록 내부 관리계획 수립, 접속기록 보관 등 대통령령으로 정하는 바에 따라 **안전성 확보에 필요한 기술적·관리적 및 물리적 조치**를 하여야 한다.

개인정보 보호법 시행령 제30조(개인정보의 안전성 확보 조치)
① 개인정보처리자는 법 제29조에 따라 다음 각 호의 안전성 확보 조치를 해야 한다.
  1. 개인정보의 안전한 처리를 위한 다음 각 목의 내용을 포함하는 내부 관리계획의 수립·시행 및 점검
     가. 법 제28조제1항에 따른 개인정보취급자(이하 "개인정보취급자"라 한다)에 대한 관리·감독 및 교육에 관한 사항
     나. 법 제31조에 따른 개인정보 보호책임자의 지정 등 개인정보 보호 조직의 구성·운영에 관한 사항
     다. 제2호부터 제8호까지의 규정에 따른 조치를 이행하기 위하여 필요한 세부 사항
  2. 개인정보에 대한 접근 권한을 제한하기 위한 다음 각 목의 조치
     가. 데이터베이스시스템 등 개인정보를 처리할 수 있도록 체계적으로 구성한 시스템(이하 "개인정보처리시스템"이라 한다)에 대한 접근 권한의 부여·변경·말소 등에 관한 기준의 수립·시행
     나. 정당한 권한을 가진 자에 의한 접근인지를 확인하기 위해 필요한 인증수단 적용 기준의 설정 및 운영

다. 그 밖에 개인정보에 대한 접근 권한을 제한하기 위하여 필요한 조치
3. 개인정보에 대한 접근을 통제하기 위한 다음 각 목의 조치
   가. 개인정보처리시스템에 대한 침입을 탐지하고 차단하기 위하여 필요한 조치
   나. 개인정보처리시스템에 접속하는 개인정보취급자의 컴퓨터 등으로서 보호위원회가 정하여 고시하는 기준에 해당하는 컴퓨터 등에 대한 인터넷망의 차단. 다만, 전년도 말 기준 직전 3개월 간 그 개인정보가 저장·관리되고 있는 「정보통신망 이용촉진 및 정보보호 등에 관한 법률」 제2조제1항제4호에 따른 이용자 수가 일일평균 100만명 이상인 개인정보처리자만 해당한다.
   다. 그 밖에 개인정보에 대한 접근을 통제하기 위하여 필요한 조치
4. 개인정보를 안전하게 저장·전송하는데 필요한 다음 각 목의 조치
   가. 비밀번호의 일방향 암호화 저장 등 인증정보의 암호화 저장 또는 이에 상응하는 조치
   나. 주민등록번호 등 보호위원회가 정하여 고시하는 정보의 암호화 저장 또는 이에 상응하는 조치
   다. 「정보통신망 이용촉진 및 정보보호 등에 관한 법률」 제2조제1항제1호에 따른 정보통신망을 통하여 정보주체의 개인정보 또는 인증정보를 송신·수신하는 경우 해당 정보의 암호화 또는 이에 상응하는 조치
   라. 그 밖에 암호화 또는 이에 상응하는 기술을 이용한 보안조치
5. 개인정보 침해사고 발생에 대응하기 위한 접속기록의 보관 및 위조·변조 방지를 위한 다음 각 목의 조치
   가. 개인정보처리시스템에 접속한 자의 접속일시, 처리내역 등 접속기록의 저장·점검 및 이의 확인·감독
   나. 개인정보처리시스템에 대한 접속기록의 안전한 보관
   다. 그 밖에 접속기록 보관 및 위조·변조 방지를 위하여 필요한 조치
6. 개인정보처리시스템 및 개인정보취급자가 개인정보 처리에 이용하는 정보기기에 대해 컴퓨터바이러스, 스파이웨어, 랜섬웨어 등 악성프로그램의 침투 여부를 항시 점검·치료할 수 있도록 하는 등의 기능이 포함된 프로그램의 설치·운영과 주기적 갱신·점검 조치
7. 개인정보의 안전한 보관을 위한 보관시설의 마련 또는 잠금장치의 설치 등 물리적 조치
8. 그 밖에 개인정보의 안전성 확보를 위하여 필요한 조치
② 보호위원회는 개인정보처리자가 제1항에 따른 안전성 확보 조치를 하도록 시스템을 구축하는 등 필요한 지원을 할 수 있다.
③ 제1항에 따른 안전성 확보 조치에 관한 세부 기준은 보호위원회가 정하여 고시한다.

SECTION 11 개인정보 처리방침의 수립 및 공개

출제빈도 상 중 하
반복학습 1 2 3

빈출 태그 개인정보 처리방침의 필요성, 작성원칙, 평가제도

01 개인정보 처리방침 개요

1) 개인정보 처리방침 개념
개인정보 수집·이용, 제공, 위탁 등 개인정보 처리와 관련된 기준과 안전조치에 관한 사항에 대해 개인정보처리자가 스스로 정한 문서이다.

2) 개인정보 처리방침 필요성
- 개인정보처리자는 개인정보 처리에 관해 투명하게 공개함으로서 투명성을 제고할 수 있다.
- 정보주체는 개인정보 처리방침을 통해 개인정보처리자가 자신의 개인정보를 어떻게 처리하고 있는지 비교·확인이 가능하다.

> **기적의 TIP**
> 개인정보 처리방침을 정하지 않거나 공개하지 않는 개인정보 처리자에게는 1천만 원 이하 과태료가 부과된다.(개인정보 보호법 제30조 제1항 또는 제2항 위반)

02 개인정보 처리방침 작성 기본원칙

1) 기본 원칙

① 법령 부합성
- 개인정보처리자는 법 제30조 제1항 각 호 및 영 제31조 제1항 각 호의 사항 중 해당하는 내용을 모두 작성하여야 하며, 작성된 내용은 개인정보보호 법령에 부합하여야 한다.

② 투명성 및 정확성
- 개인정보처리자는 정보주체의 알 권리 보장을 위해 자신의 개인정보 처리 현황을 정확하게 반영하여 개인정보 처리방침을 작성하고, 이를 투명하게 공개하여야 한다.
- 개인정보처리자는 개인정보 처리방침에 공개한 내용이 실제 개인정보 처리 현황과 일치할 수 있도록 하는 등의 정확성과 투명성, 최신성을 유지할 수 있도록 수립 및 관리하여야 한다.

③ 명확성 및 가독성
- 개인정보처리자는 법 제30조 제1항 각 호 및 영 제31조 제1항 각 호의 사항을 정보주체가 쉽게 알 수 있도록 구분하여 작성해야 하며, 가급적 각각 별도의 항목으로 명시적으로 구분하여 작성할 것을 권고한다.
- 개인정보처리자는 개인정보 처리방침에 개인정보 처리 현황을 구체적으로 작성하여야 하며, 모호하고 불명확한 표현을 사용하는 것은 지양한다.

- 개인정보 처리방침은 알기 쉬운 용어로 구체적이고 명확하게 표현되어야 하며(표준지침 제18조 제1항), 정보주체가 쉽게 이해할 수 있도록 가급적 평어체를 사용하고, 전문용어(법률용어 등)는 쉬운 표현으로 부연 설명을 제공하는 것을 권장한다.
- 특히 개인정보 보호법의 적용을 받는 해외사업자의 경우 국내 이용자가 이해할 수 있도록 쉽고 명확한 한글로 정보를 제공하여야 한다.

④ 접근성
- 개인정보 처리방침은 정보 주체 누구나 쉽게 확인할 수 있는 방법으로 공개되어야 한다.
- 개인정보 처리방침 상 정보주체 권리행사 방법은 개인정보를 수집하는 방법과 동일한 수준이거나 보다 쉬운 절차로 설계하고 구체적이고 상세하게 안내하여야 한다.

2) 기재 사항

- 개인정보 보호법 제30조 및 동법 시행령 등에서는 개인정보 처리방침에 반드시 수립 및 공개하여야 하는 사항을 정의하고 있다.
- 법령에서 정의하는 항목 이외에 개인정보처리자의 개인정보 처리 현황과 관련하여 필요한 사항은 각 개인정보처리자가 판단하여 자율적으로 작성 및 공개할 수 있다.

▼ 개인정보 처리방침 기재사항

구분	기재사항	필수	해당 시
1	제목	O	
2	개인정보의 처리 목적	O	
3	처리하는 개인정보의 항목	O	
4	14세 미만 아동의 개인정보 처리에 관한 사항		O
5	개인정보의 처리 및 보유기간	O	
6	개인정보의 파기 절차 및 방법에 관한 사항	O	
7	개인정보의 제3자 제공에 관한 사항		O
8	추가적인 이용·제공이 지속적으로 발생 시 판단 기준		O
9	개인정보 처리업무의 위탁에 관한 사항		O
10	개인정보의 국외 수집 및 이전에 관한 사항		O
11	개인정보의 안전성 확보조치에 관한 사항	O	
12	민감정보의 공개 가능성 및 비공개를 선택하는 방법		O
13	가명정보 처리에 관한 사항		O
14	개인정보 자동 수집 장치의 설치·운영 및 그 거부에 관한 사항		O
15	개인정보 자동 수집 장치를 통해 제3자가 행태정보를 수집하도록 허용하는 경우 그 수집·이용 및 거부에 관한 사항		O
16	정보주체와 법정대리인의 권리·의무 및 행사방법에 관한 사항	O	
17	개인정보 보호책임자의 성명 또는 개인정보 업무 담당부서 및 고충사항을 처리하는 부서에 관한 사항	O	
18	국내대리인 지정에 관한 사항		O
19	정보주체의 권익침해에 대한 구제방법		O

20	고정형 영상정보처리기기 운영·관리에 관한 사항		O
21	이동형 영상정보처리기기 운영·관리에 관한 사항		O
22	개인정보처리자가 개인정보 처리 기준 및 보호조치 등에 관하여 자율적으로 개인정보 처리방침에 포함하여 정한 사항		O
23	**개인정보 처리방침의 변경에 관한 사항**	O	

3) 처리방침의 구성

- 개인정보 처리방침은 권장 표기 부분인 주요 개인정보 처리 표시(라벨링)와 필수 표기 부분인 개인정보 처리방침 전문을 구분하여 구성한다.
- 주요 개인정보 처리 표시(라벨링)는 중요한 처리 사항을 정보주체가 직관적으로 파악할 수 있도록 기호 등을 활용하여 표시하여야 하며, 전문 내용은 법령에서 요구하는 사항 등을 기재하여야 한다.

▲ 주요 개인정보 처리 표시(라벨링) 예시

➕ 더 알기 TIP

주요 개인정보 처리 표시는 개인정보의 유형, 처리단계, 권리 의무사항 등으로 분류하고 도형을 활용해 각 표시를 구분한다.

개인정보의 유형	개인정보의 처리 단계	개인정보보호 관련 권리 의무사항
○	⬡	□

4) 처리방침의 공개

① 개인정보 처리방침은 정보주체가 쉽게 확인할 수 있도록 개인정보처리자의 인터넷 홈페이지에 지속적으로 게재하는 방법으로 공개하여야 한다.

> **기적의 TIP**
>
> 인터넷 홈페이지 게재 시 반드시 '개인정보 처리방침'이라는 표준화된 명칭을 사용하여 상단에 기재하여야 하며, 글자 크기를 달리하거나, 색상 또는 굵기(Bold) 등을 활용하여 다른 고지사항(이용약관, 저작권 안내 등)과 구분하는 등 다양한 방법을 통해 정보주체가 쉽게 확인할 수 있도록 해야 한다.

② 개인정보 처리방침을 웹 또는 모바일 앱에 공개하는 경우, 정보주체가 쉽게 확인할 수 있도록 웹 또는 앱 첫 화면에 위치하거나 메뉴에서 바로 찾을 수 있도록 공개한다.
③ 개인정보처리자가 인터넷 홈페이지를 운영하지 않는 등 인터넷에 게시할 수 없는 경우에는 아래 항목 중 하나 이상의 방법으로 게시하여야 한다.
- 개인정보처리자의 사업장 등의 보기 쉬운 장소에 게시하는 방법
- 관보(개인정보처리자가 공공기관인 경우만 해당한다)나 개인정보처리자의 사업장 등이 있는 시·도 이상의 지역을 주된 보급지역으로 하는 「신문 등의 진흥에 관한 법률」 제2조 제1호 가목·다목 및 같은 조 제2호에 따른 일반일간신문, 일반주간신문 또는 인터넷신문에 싣는 방법
- 같은 제목으로 연 2회 이상 발행하여 정보주체에게 배포하는 간행물·소식지·홍보지 또는 청구서 등에 지속적으로 싣는 방법
- 재화나 서비스를 제공하기 위하여 개인정보처리자와 정보주체가 작성한 계약서 등에 실어 정보주체에게 발급하는 방법

03 개인정보 처리방침 평가제도

1) 개인정보 처리방침 평가 목적
- 개인정보 처리자가 수립하여 공개하고 있는 개인정보 처리방침에 대한 평가 및 환류 체계를 통해 개인정보 처리의 투명성, 책임성을 강화한다.
- 개인정보 처리방침 문언상 개인정보 처리의 적정성, 정보주체 권리보장 기여 정도 등을 평가하여 개인정보보호 수준 개선을 유도한다.

2) 개인정보 처리방침 평가제도 주요 내용

구분	설명
평가기준	• (적정성) 처리방침에 포함하여야 할 사항을 적정하게 정하고 있는가? • (가독성) 처리방침을 알기 쉽게 작성하였는가? • (접근성) 처리방침을 정보주체가 쉽게 확인할 수 있는 방법으로 공개하고 있는가?
평가대상 선정 시 고려사항	• 개인정보처리자의 유형 및 매출액 규모 • 민감정보 및 고유식별정보 등 처리하는 개인정보의 유형 및 규모 • 개인정보 처리의 법적 근거 및 방식 • 법 위반행위 발생 여부 • 아동·청소년 등 정보주체의 특성
평가절차	평가계획 수립·공개 → 기초 평가(평가위원회) / 이용자 평가(이용자 평가단) → 심층 평가(평가위원회) → 평가결과 통보 및 이의신청 → 평가 결과 확정·개선 권고
2024년 개인정보 처리방침 평가 주요 내용	• (평가 분야) 언론보도 또는 국회 지적 등을 통해 개인정보처리방침 상 문제가 부각되었거나, 국민 생활 밀접 분야 중 개인정보처리가 복잡하거나 정책적으로 집중 점검이 필요한 7개 분야 49개 회사 평가

❶ 빅테크, ❷ 온라인 쇼핑(종합 쇼핑몰, 온·오프라인 병행, 홈쇼핑, 중고거래), ❸ 온라인 플랫폼(주문·배달, 숙박·여행), ❹ 병·의료원, ❺ 온라인 동영상 서비스(OTT), ❻ 엔터테인먼트(게임·웹툰), ❼ 인공지능(AI) 채용
- (평가 기준) 개인정보 보호법 제30조의2 제1항 각 호 기준에 따라 처리방침의 적정성, 가독성, 접근성 평가, 적정성은 3개 분야(적합성, 권리보장, 안전성)로 구분
- (평가 지표) 26개 항목, 42개 지표, 63개 세부 지표
  - 정량 28개, 정성 35개

관련법령

개인정보 보호법 제30조(개인정보 처리방침의 수립 및 공개)

① 개인정보처리자는 다음 각 호의 사항이 포함된 개인정보의 처리 방침(이하 "개인정보 처리방침"이라 한다)을 정하여야 한다. 이 경우 공공기관은 제32조에 따라 등록 대상이 되는 개인정보 파일에 대하여 개인정보 처리방침을 정한다.
  1. 개인정보의 처리 **목적**
  2. 개인정보의 **처리 및 보유 기간**
  3. 개인정보의 **제3자 제공**에 관한 사항(**해당되는 경우**에만 정한다)
  3의2. 개인정보의 **파기절차 및 파기방법**(제21조 제1항 단서에 따라 개인정보를 보존하여야 하는 경우에는 그 보존 근거와 보존하는 개인정보 항목을 포함한다)
  3의3. 제23조 제3항에 따른 **민감정보의 공개 가능성 및 비공개를 선택하는 방법**(해당되는 경우에만 정한다)
  4. 개인정보 처리의 **위탁**에 관한 사항(해당되는 경우에만 정한다)
  4의2. 제28조의2 및 제28조의3에 따른 **가명정보**의 처리 등에 관한 사항(해당되는 경우에만 정한다)
  5. **정보주체와 법정대리인의 권리·의무 및 그 행사방법에 관한 사항**
  6. 제31조에 따른 **개인정보 보호책임자의 성명** 또는 개인정보 보호업무 및 관련 **고충사항을 처리하는 부서**의 명칭과 전화번호 등 **연락처**
  7. 인터넷 접속정보파일 등 개인정보를 **자동으로 수집하는 장치의 설치·운영 및 그 거부에 관한 사항**(해당하는 경우에만 정한다)
  8. 그 밖에 개인정보의 처리에 관하여 대통령령으로 정한 사항
② 개인정보처리자가 개인정보 처리방침을 수립하거나 변경하는 경우에는 **정보주체가 쉽게 확인할 수 있도록 대통령령으로 정하는 방법에 따라 공개**하여야 한다.
③ 개인정보 처리방침의 내용과 개인정보처리자와 정보주체 간에 체결한 계약의 내용이 다른 경우에는 **정보주체에게 유리한 것을 적용**한다.
④ 보호위원회는 개인정보 처리방침의 작성지침을 정하여 개인정보 처리자에게 그 준수를 권장할 수 있다.

개인정보 보호법 제30조의2(개인정보 처리방침의 평가 및 개선권고)

① 보호위원회는 개인정보 처리방침에 관하여 다음 각 호의 사항을 평가하고, 평가 결과 개선이 필요하다고 인정하는 경우에는 개인정보 처리자에게 제61조 제2항에 따라 개선을 권고할 수 있다.
  1. 이 법에 따라 **개인정보 처리방침**에 포함하여야 할 사항을 **적정하게 정하고 있는지** 여부
  2. 개인정보 처리방침을 **알기 쉽게 작성**하였는지 여부
  3. 개인정보 처리방침을 정보주체가 **쉽게 확인할 수 있는 방법으로 공개**하고 있는지 여부
② 개인정보 처리방침의 평가 대상, 기준 및 절차 등에 필요한 사항은 대통령령으로 정한다.

개인정보 보호법 시행령 제31조(개인정보 처리방침의 내용 및 공개방법 등)
① 법 제30조 제1항 제8호에서 "대통령령으로 정한 사항"이란 다음 각 호의 사항을 말한다.
  1. 처리하는 개인정보의 항목
  2. 법 제28조의8 제1항 각 호에 따라 개인정보를 국외로 이전하는 경우 국외 이전의 근거와 같은 조 제2항 각 호의 사항
  3. 제30조에 따른 개인정보의 안전성 확보 조치에 관한 사항
  4. 국외에서 국내 정보주체의 개인정보를 직접 수집하여 처리하는 경우 개인정보를 처리하는 국가명
② 개인정보처리자는 법 제30조 제2항에 따라 수립하거나 변경한 개인정보 처리방침을 개인정보처리자의 인터넷 홈페이지에 지속적으로 게재하여야 한다.
③ 제2항에 따라 인터넷 홈페이지에 게재할 수 없는 경우에는 다음 각 호의 어느 하나 이상의 방법으로 수립하거나 변경한 개인정보 처리방침을 공개하여야 한다.
  1. 개인정보처리자의 사업장 등의 보기 쉬운 장소에 게시하는 방법
  2. 관보(개인정보처리자가 공공기관인 경우만 해당한다)나 개인정보처리자의 사업장 등이 있는 시·도 이상의 지역을 주된 보급지역으로 하는 「신문 등의 진흥에 관한 법률」 제2조 제1호 가목·다목 및 같은 조 제2호에 따른 일반일간신문, 일반주간신문 또는 인터넷신문에 싣는 방법
  3. 같은 제목으로 연 2회 이상 발행하여 정보주체에게 배포하는 간행물·소식지·홍보지 또는 청구서 등에 지속적으로 싣는 방법
  4. 재화나 서비스를 제공하기 위하여 개인정보처리자와 정보주체가 작성한 계약서 등에 실어 정보주체에게 발급하는 방법

개인정보 보호법 시행령 제31조의2(개인정보 처리방침의 평가 대상 및 절차)
① 보호위원회는 법 제30조의2 제1항에 따라 개인정보 처리방침을 평가하는 경우 다음 각 호의 사항을 종합적으로 고려하여 평가 대상을 선정한다.
  1. 개인정보처리자의 **유형 및 매출액**(매출액을 산정하지 않는 경우에는 「법인세법」 제4조 제3항 제1호에 따른 수익사업에서 생기는 소득을 말하며, 이하 제32조 및 제48조의7에서 "매출액등"이라 한다) 규모
  2. **민감정보** 및 **고유식별정보** 등 처리하는 **개인정보의 유형 및 규모**
  3. 개인정보 처리의 **법적 근거 및 방식**
  4. **법 위반행위** 발생 여부
  5. **아동·청소년 등 정보주체의 특성**
② 보호위원회는 제1항에 따라 평가 대상 개인정보 처리방침을 선정한 경우에는 **평가 개시 10일 전까지** 해당 개인정보 처리자에게 평가 내용·일정 및 절차 등이 포함된 **평가계획을 통보**해야 한다.
③ 보호위원회는 법 제30조의2에 따른 개인정보 처리방침의 평가에 필요한 경우에는 해당 개인정보 처리자에게 의견을 제출하도록 요청할 수 있다.
④ 보호위원회는 법 제30조의2에 따라 개인정보 처리방침을 평가한 후 그 결과를 **지체없이 해당 개인정보 처리자에게 통보**해야 한다.
⑤ 제1항부터 제4항까지에서 규정한 사항 외에 개인정보 처리방침 평가를 위한 세부적인 대상 선정 기준과 절차는 보호위원회가 정하여 고시한다.

개인정보 처리방침 평가에 관한 고시 제4조(평가 대상)

① 영 제31조의2제1항에 따른 개인정보 처리방침의 평가 대상은 다음 각 호의 사항을 종합적으로 고려하여 처리방침 평가가 필요하다고 보호위원회가 심의·의결한 자로 한다.
  1. 전년도(법인의 경우에는 전 사업연도를 말하며, 이하 이 조에서 같다)의 매출액이 1,500억원 이상이면서 전년도 말 기준 직전 3개월간 그 개인정보가 저장·관리되고 있는 정보주체의 수가 일일평균 100만명 이상일 것
  2. 전년도 말 기준 직전 3개월간 법 제23조제1항에 따른 민감정보(이하 "민감정보"라 한다) 또는 법 제24조제1항에 따른 고유식별정보(이하 "고유식별정보"라 한다)가 저장·관리되고 있는 정보주체의 수가 일일평균 5만명(업무수행을 위해 처리되는 그에 소속된 임직원의 민감정보나 고유식별정보는 제외한다) 이상일 것
  3. 개인정보 처리방침에 법 제22조제3항에 따라 정보주체의 동의 없이 처리할 수 있는 개인정보의 항목과 처리의 법적 근거를 정보주체의 동의를 받아 처리하는 개인정보와 구분하고 있지 않을 것
  4. 법 제37조의2에 따라 완전히 자동화된 시스템(인공지능 기술을 적용한 시스템을 포함한다)으로 개인정보를 처리하거나, 그 밖에 새로운 기술을 이용한 개인정보 처리 방식으로 인하여 개인정보 침해 발생 우려가 있을 것
  5. 최근 3년 간 다음 각 목의 어느 하나에 해당할 것
      가. 2회 이상 법 제34조에 따른 개인정보 유출등이 되었을 것
      나. 법 제62조의2에 따른 과징금을 부과 받았을 것
      다. 법 제75조에 따른 과태료를 부과 받았을 것
  6. 19세 미만 아동 또는 청소년을 주된 이용자로 하는 「정보통신망 이용촉진 및 정보보호 등에 관한 법률」 제2조제2호에 따른 정보통신서비스를 운영할 것

② 보호위원회는 필요한 경우 평가 대상을 선정하기 전에 개인정보처리자에게 제1항 각 호의 평가 대상에 해당하는지 여부에 대한 확인을 요청할 수 있다.

SECTION 12 개인정보보호 책임자의 지정

출제빈도 상 중 하
반복학습 1 2 3

빈출 태그 개인정보보호 책임자의 개념, 자격요건, 업무 및 지정

▶ 합격 강의

01 개인정보보호 책임자 개요

1) 개인정보보호 책임자 개념
조직 내 개인정보 처리에 관한 업무를 총괄해서 책임지는 사람으로 개인정보보호 관련 정책 개발, 실행, 감독을 총괄하는 개인정보보호의 최종 책임자이다.

2) 개인정보보호 책임자의 자격요건

▼ 조직 유형별 개인정보보호 책임자 자격요건

구분	설명
민간기업 및 단체	• 사업주 또는 대표자 • 임원(임원이 없는 경우에는 개인정보 처리업무 담당 부서장) ※「소상공인 기본법」제2조 제1항에 따른 상시 근로자 수가 10명 미만이거나 업종별 상시 근로자 수 등이 대통령령으로 정하는 기준(광업·제조업·건설업 및 운수업은 10명 미만, 그 외 업종 5명 미만)에 해당하는 소상공인일 경우 개인정보보호 책임자 미지정 가능. 이 경우 사업주 또는 대표자가 책임자가 됨
공공기관	• 국회, 법원, 헌법재판소, 중앙선거관리위원회의 행정사무를 처리하는 기관 및 중앙행정기관 : 고위공무원단에 속하는 공무원(이하 '고위공무'라 한다) 또는 그에 상당하는 공무원 • 정무직공무원을 장(長)으로 하는 국가기관 : 3급 이상 공무원(고위공무원을 포함한다) 또는 그에 상당하는 공무원 • 고위공무원, 3급 공무원 또는 그에 상당하는 공무원 이상의 공무원을 장으로 하는 국가기관 : 4급 이상 공무원 또는 그에 상당하는 공무원 • 국가기관 외의 국가기관(소속 기관을 포함한다) : 해당 기관의 개인정보 처리 관련 업무를 담당하는 부서의 장 • 시·도 및 시·도 교육청 : 3급 이상 공무원 또는 그에 상당하는 공무원 • 시·군 및 자치구 : 4급 이상 공무원 또는 그에 상당하는 공무원 • 각급 학교 : 해당 학교의 행정사무를 총괄하는 사람 • 기타 공공기관 : 해당 기관의 개인정보 처리 관련 업무를 담당하는 부서의 장

> **기적의 TIP**
> 임원이 없는 경우는 "개인정보 처리 관련 업무를 담당하는 임원이 없는 경우" 또는 "자격요건을 충족하는 임원이 없는 경우"가 아니다.
> 전체 조직 내에 임원 직급을 가진 자가 없는 경우를 의미한다.

3) 개인정보보호 책임자 업무
- 개인정보보호 계획의 수립 및 시행
- 개인정보 처리 실태 및 관행의 정기적인 조사 및 개선
- 개인정보 처리와 관련한 불만의 처리 및 피해구제
- 개인정보 유출 및 오용·남용 방지를 위한 내부통제시스템의 구축
- 개인정보보호 교육 계획의 수립 및 시행
- 개인정보 파일의 보호 및 관리·감독

- 개인정보 처리방침의 수립 · 변경 및 시행
- 개인정보 처리와 관련된 인적 · 물적 자원 및 정보의 관리
- 처리 목적이 달성되거나 보유 기간이 지난 개인정보의 파기

4) 개인정보보호 책임자의 지정

개인정보처리자는 개인정보의 처리에 관한 업무를 총괄해서 책임질 개인정보 보호책임자를 지정하고 개인정보보호 책임자의 지정 및 변경 사실, 성명과 부서의 명칭, 전화번호 등 연락처를 공개하여야 한다.

02 전문 개인정보보호책임자(이하 '전문 CPO') 지정 적용 대상 개인정보처리자

1) 전문 CPO 등장 배경

개인정보보호 책임자는 조직 내 개인정보 처리에 관한 업무를 총괄해서 책임질 핵심적인 역할이 요구되나 전문성 및 독립성 요건이 미비하여 개인정보보호 전담인력으로서 실질적 역할 수행에 한계가 존재하였다.
이에 개인정보보호위원회는 일정 기준 이상 개인정보처리자는 개인정보보호 관련 일정 경력(자격요건)을 갖춘 전문성이 있는 CPO를 지정하도록 의무화하였다.

2) 전문 CPO 지정 적용 대상

① 연 매출액 또는 수입이 1,500억 원 이상인 자로서, 100만 명 이상 개인정보 또는 5만 명 이상 민감 · 고유식별정보를 처리하는 자
② 재학생 수 2만 명 이상인 대학(대학원 재학생 수 포함)
③ 대규모 민감정보(건강정보)를 처리하는 상급종합병원
④ 개인정보보호위원회가 고시하는 기준을 충족하는 공공시스템운영기관

3) 전문 CPO 자격요건

개인정보보호 경력, 정보보호 경력, 정보기술 경력을 합하여 총 4년 이상 보유하고, 그중 개인정보보호 경력을 최소 2년 이상 보유해야 전문 CPO 자격을 충족한다.

▼ 전문 CPO 경력 인정 요건

구분		경력 인정 요건	인정 기간
영 별표1	개인정보 보호 경력	개인정보보호 관련 박사학위 취득자	2년
		개인정보보호 관련 석사학위 취득자	1년
		개인정보보호 관련 학사학위 취득자	6개월
	정보보호 경력	정보보호 관련 박사학위 취득자	2년
		정보보호 관련 석사학위 취득자	1년
		정보보호 관련 학사학위 취득자	6개월

	정보기술 경력	정보기술 관련 박사학위 취득자	2년
		정보보호 관련 석사학위 취득자	1년
		정보기술 관련 학사학위 취득자	6개월
고시별표	개인정보 보호 경력	• 정보보호 및 개인정보보호 관리체계 인증 등에 고시 제14조에 따른 정보보호 및 개인정보보호 관리체계 인증심사원 • 개인정보 영향평가에 관한 고시 제5조 제2항에 따른 개인정보 영향평가 전문인력 • 「변호사법」 제4조에 따른 변호사 자격 취득자	1년
	정보보호, 정보기술 경력	정보관리기술사, 컴퓨터시스템응용기술사	1년
		정보보안기사, 정보처리기사	6개월

🔨 관련법령

개인정보 보호법 제31조(개인정보보호 책임자의 지정 등)

① 개인정보처리자는 개인정보의 처리에 관한 업무를 **총괄해서 책임질 개인정보보호 책임자를 지정**하여야 한다. **다만, 종업원 수, 매출액 등이 대통령령으로 정하는 기준**에 해당하는 개인정보처리자의 경우에는 **지정하지 아니할 수 있다.**
② 제1항 단서에 따라 개인정보보호 책임자를 지정하지 아니하는 경우에는 개인정보처리자의 **사업주 또는 대표자가 개인정보보호 책임자가 된다.**
③ 개인정보보호 책임자는 다음 각 호의 업무를 수행한다.
  1. 개인정보보호 계획의 수립 및 시행
  2. 개인정보 처리 실태 및 관행의 정기적인 조사 및 개선
  3. 개인정보 처리와 관련한 불만의 처리 및 피해구제
  4. 개인정보 유출 및 오용·남용 방지를 위한 내부통제시스템의 구축
  5. 개인정보보호 교육 계획의 수립 및 시행
  6. 개인정보 파일의 보호 및 관리·감독
  7. 그 밖에 개인정보의 적절한 처리를 위하여 대통령령으로 정한 업무
④ 개인정보보호 책임자는 제3항 각 호의 업무를 수행함에 있어서 필요한 경우 개인정보의 처리 현황, 처리 체계 등에 대하여 수시로 조사하거나 관계 당사자로부터 보고를 받을 수 있다.
⑤ 개인정보 보호책임자는 개인정보보호와 관련하여 이 법 및 다른 관계 법령의 위반 사실을 알게 된 경우에는 즉시 개선조치를 하여야 하며, 필요하면 소속 기관 또는 단체의 장에게 개선조치를 보고하여야 한다.
⑥ 개인정보처리자는 개인정보보호 책임자가 제3항 각 호의 업무를 수행함에 있어서 정당한 이유 없이 불이익을 주거나 받게 하여서는 아니 되며, 개인정보보호 책임자가 업무를 독립적으로 수행할 수 있도록 보장하여야 한다.
⑦ 개인정보처리자는 개인정보의 안전한 처리 및 보호, 정보의 교류, 그 밖에 대통령령으로 정하는 공동의 사업을 수행하기 위하여 제1항에 따른 개인정보보호 책임자를 구성원으로 하는 개인정보보호 책임자 협의회를 구성·운영할 수 있다.
⑧ 보호위원회는 제7항에 따른 개인정보보호 책임자 협의회의 활동에 필요한 지원을 할 수 있다.
⑨ 제1항에 따른 개인정보보호 책임자의 자격요건, 제3항에 따른 업무 및 제6항에 따른 독립성 보장 등에 필요한 사항은 매출액, 개인정보의 보유 규모 등을 고려하여 대통령령으로 정한다.

개인정보 보호법 시행령 제32조(개인정보보호 책임자의 업무 및 지정요건 등)

① 법 제31조 제1항 단서에서 "종업원 수, 매출액 등이 대통령령으로 정하는 기준에 해당하는 개인정보처리자"란 「소상공인 기본법」 제2조 제1항에 따른 소상공인에 해당하는 개인정보처리자를 말한다.

② 법 제31조 제3항 제7호에서 "대통령령으로 정한 업무"란 다음 각 호와 같다.
  1. 법 제30조에 따른 개인정보 처리방침의 수립·변경 및 시행
  2. 개인정보 처리와 관련된 인적·물적 자원 및 정보의 관리
  3. 처리 목적이 달성되거나 보유 기간이 지난 개인정보의 파기

③ 개인정보처리자는 법 제31조 제1항에 따라 개인정보보호 책임자를 지정하려는 경우에는 다음 각 호의 구분에 따라 지정한다.
  1. 공공기관: 다음 각 목의 구분에 따른 기준에 해당하는 공무원 등
     가. 국회, 법원, 헌법재판소, 중앙선거관리위원회의 행정사무를 처리하는 기관 및 중앙행정기관: 고위공무원단에 속하는 공무원(이하 "고위공무원"이라 한다) 또는 그에 상당하는 공무원
     나. 가목 외에 정무직공무원을 장(長)으로 하는 국가기관: 3급 이상 공무원(고위공무원을 포함한다) 또는 그에 상당하는 공무원
     다. 가목 및 나목 외에 고위공무원, 3급 공무원 또는 그에 상당하는 공무원 이상의 공무원을 장으로 하는 국가기관: 4급 이상 공무원 또는 그에 상당하는 공무원
     라. 가목부터 다목까지의 규정에 따른 국가기관 외의 국가기관(소속 기관을 포함한다): 해당 기관의 개인정보 처리 관련 업무를 담당하는 부서의 장
     마. 시·도 및 시·도 교육청: 3급 이상 공무원 또는 그에 상당하는 공무원
     바. 시·군 및 자치구: 4급 이상 공무원 또는 그에 상당하는 공무원
     사. 제2조 제5호에 따른 각급 학교: 해당 학교의 행정사무를 총괄하는 사람. 다만, 제4항 제2호에 해당하는 경우에는 교직원을 말한다.
     아. 가목부터 사목까지의 규정에 따른 기관 외의 공공기관: 개인정보 처리 관련 업무를 담당하는 부서의 장. 다만, 개인정보 처리 관련 업무를 담당하는 부서의 장이 2명 이상인 경우에는 해당 공공기관의 장이 지명하는 부서의 장이 된다.
  2. 공공기관 외의 개인정보처리자: 다음 각 목의 어느 하나에 해당하는 사람
     가. 사업주 또는 대표자
     나. 임원(임원이 없는 경우에는 개인정보 처리 관련 업무를 담당하는 부서의 장)

④ 다음 각 호의 어느 하나에 해당하는 개인정보처리자(공공기관의 경우에는 제2조 제2호부터 제5호까지에 해당하는 경우로 한정한다)는 제3항 각 호의 구분에 따른 사람 중 별표 1에서 정하는 **요건을 갖춘 사람을 개인정보보호 책임자로 지정**해야 한다.
  1. **연간 매출액등이 1,500억 원 이상인 자**로서 다음 각 목의 어느 하나에 해당하는 자(제2조제5호에 따른 각급 학교 및 「의료법」 제3조에 따른 의료기관은 제외한다)
     가. **5만 명 이상**의 정보주체에 관하여 **민감정보 또는 고유식별정보**를 처리하는 자
     나. **100만 명 이상**의 정보주체에 관하여 개인정보를 처리하는 자
  2. 직전 연도 12월 31일 기준으로 재학생 수(대학원 재학생 수를 포함한다)가 **2만 명 이상인 「고등교육법」 제2조에 따른 학교**
  3. 「의료법」 제3조의4에 따른 **상급종합병원**
  4. **공공시스템운영기관**

⑤ 보호위원회는 개인정보보호 책임자가 법 제31조 제3항의 업무를 원활히 수행할 수 있도록 개인정보보호 책임자에 대한 교육과정을 개설·운영하는 등 지원을 할 수 있다.

⑥ 개인정보처리자(법 제31조 제2항에 따라 사업주 또는 대표자가 개인정보보호 책임자가 되는 경우는 제외한다)는 법 제31조 제6항에 따른 개인정보보호 책임자의 독립성 보장을 위해 다음 각 호의 사항을 준수해야 한다.
  1. 개인정보 처리와 관련된 정보에 대한 개인정보보호 책임자의 접근 보장
  2. 개인정보보호 책임자가 개인정보보호 계획의 수립·시행 및 그 결과에 관하여 정기적으로 대표자 또는 이사회에 직접 보고할 수 있는 체계의 구축
  3. 개인정보보호 책임자의 업무수행에 적합한 조직체계의 마련 및 인적·물적 자원의 제공

SECTION 13 국내대리인의 지정

출제빈도 상 중 하
반복학습 1 2 3

빈출 태그 국내대리인의 개념 및 지정 대상 요건

▶ 합격 강의

01 국내대리인의 지정 개요

1) 국내대리인 개념
국내에 주소 또는 영업소가 있는 자연인 또는 법인을 말한다.

2) 국내대리인의 지정
한국에 주소 또는 영업소가 없는 경우로서 매출액이나 개인정보 보유 규모가 일정 규모 이상이거나, 자료제출 요구를 받은 자로서 국내 대리인을 지정할 필요가 있다고 보호위원회가 심의·의결한 해외사업자는 국내대리인을 지정하여야 한다.

02 국내대리인의 지정 주요내용

1) 국내대리인의 대리 사항
- 개인정보 책임자의 업무
- 개인정보 유출 등의 통지 및 신고
- 물품 및 서류 등 자료의 제출

2) 국내대리인 지정 대상 요건
- 전년도 전체 매출액이 1조 원 이상인 자(전체 매출액은 전년도 평균환율을 적용하여 원화로 환산한 금액 적용)
- 전년도 말 기준 직전 3개월간 저장·관리되는 개인정보의 수가 일일 평균 100만명 이상
- 법 제63조 제1항에 따라 관계 물품·서류 등 자료의 제출을 요구받은 자로서 지정 필요가 있다고 보호위원회가 심의·의결한 자

3) 국내대리인의 지정 시 주의사항
- 국내에 별개의 법인을 설립했다고 하더라도 해당 법인이 서비스를 제공하지 않는다면 국내에 주소 또는 영업소가 없는 경우에 해당한다.
- 글로벌 사업자는 국내대리인 지정을 문서로 하여야 한다.
- 국내대리인의 성명, 주소, 전화번호 및 전자우편 주소를 개인정보 처리방침에 포함하여야 한다.

> **기적의 TIP**
>
> 국내대리인은 국적이 한국일 필요는 없다. 단, 국내 이용자의 개인정보 관련 고충을 처리하고 규제기관에 정확한 자료를 제출할 수 있어야 하므로 한국어로 원활한 의사소통이 가능해야 한다.
> 개인정보 처리와 관련한 한국 정보주체의 불만 처리 및 피해구제 업무는 실질적으로 운영하여야 하므로, 직원이 응대하지 않고 녹음된 음성으로 전자우편 또는 온라인 양식을 이용하도록 안내하거나, 직원이 정보주체의 불만 처리 및 피해구제와 관련하여 아무런 조치를 할 수 없는 경우에는 개인정보보호 책임자의 업무를 대리하는 국내대리인을 지정하였다고 보기 어렵다.

> **관련법령**

개인정보 보호법 제31조의2(국내대리인의 지정)
① 국내에 **주소 또는 영업소가 없는 개인정보처리자**로서 매출액, 개인정보의 보유 규모 등을 고려하여 대통령령으로 정하는 자는 다음 각 호의 사항을 대리하는 자(이하 "국내대리인"이라 한다)를 지정하여야 한다. 이 경우 **국내대리인의 지정은 문서**로 하여야 한다.
  1. 제31조 제3항에 따른 개인정보보호 책임자의 업무
  2. 제34조 제1항 및 제3항에 따른 개인정보 유출 등의 통지 및 신고
  3. 제63조 제1항에 따른 물품·서류 등 자료의 제출
② 국내대리인은 **국내에 주소 또는 영업소**가 있어야 한다.
③ 개인정보처리자는 제1항에 따라 국내대리인을 지정하는 경우에는 다음 각 호의 사항을 개인정보 처리방침에 포함하여야 한다.
  1. 국내대리인의 성명(법인의 경우에는 그 명칭 및 대표자의 성명을 말한다)
  2. 국내대리인의 주소(법인의 경우에는 영업소의 소재지를 말한다), 전화번호 및 전자우편 주소
④ 국내대리인이 제1항 각 호와 관련하여 이 법을 위반한 경우에는 개인정보처리자가 그 행위를 한 것으로 본다.

개인정보 보호법 시행령 제32조의3(국내대리인 지정 대상자의 범위)
① 법 제31조의2 제1항 각 호 외의 부분 전단에서 "대통령령으로 정하는 자"란 다음 각 호의 어느 하나에 해당하는 자를 말한다.
  1. **전년도(법인인 경우에는 전 사업연도를 말한다) 전체 매출액이 1조 원 이상**인 자
  2. **전년도 말 기준 직전 3개월간** 그 개인정보가 저장·관리되고 있는 국내 정보주체의 수가 **일일 평균 100만 명 이상인 자**
  3. 법 제63조 제1항에 따라 관계 물품·서류 등 자료의 제출을 요구받은 자로서 국내대리인을 지정할 필요가 있다고 **보호위원회가 심의·의결한 자**
② 제1항 제1호에 따른 전체 매출액은 전년도 평균환율을 적용하여 원화로 환산한 금액을 기준으로 한다.

SECTION 14 개인정보 파일의 등록 및 공개

빈출 태그 개인정보 파일 등록 항목

01 개인정보 파일의 등록 및 공개 개요

1) 개인정보 파일 개념
개인정보를 쉽게 검색할 수 있도록 일정한 규칙에 따라 체계적으로 배열하거나 구성한 개인정보의 집합물(集合物)을 말한다.

2) 개인정보 파일의 등록 및 공개
공공기관이 개인정보 파일을 운용하는 경우 개인정보 파일에 관한 내용을 개인정보 보호위원회가 지정한 사이트에 등록하여야 한다.

02 개인정보 파일의 등록 및 공개 주요 내용

1) 개인정보 파일 등록 항목
- 개인정보 파일의 명칭
- 개인정보 파일의 운영 근거 및 목적
- 개인정보 파일에 기록되는 개인정보의 항목
- 개인정보의 처리방법
- 개인정보의 보유 기간
- 개인정보를 통상적 또는 반복적으로 제공하는 경우에는 그 제공받는 자
- 개인정보 파일을 운용하는 공공기관의 명칭
- 개인정보 파일로 보유하고 있는 개인정보의 정보주체 수
- 해당 공공기관에서 개인정보 처리 관련 업무를 담당하는 부서
- 개인정보의 열람 요구를 접수 · 처리하는 부서
- 개인정보 파일의 개인정보 중 열람을 제한하거나 거절할 수 있는 개인정보의 범위 및 제한 또는 거절 사유
- 개인정보 영향평가를 받은 개인정보 파일의 경우에는 그 영향평가 결과

> **기적의 TIP**
> 공공기관이 처리하는 인사기록 파일, 비상연락망 등 공공기관의 내부적 업무처리만을 위하여 사용되는 개인정보 파일도 등록 대상이다.
> 개인정보 파일의 명칭은 공공기관에서 실제로 사용하는 업무 단위를 근거로 작성하므로, 기관마다 등록하는 개인정보 파일의 명칭이 달라도 상관없다.

2) 등록 제외 개인정보 파일 유형
① 국가 안전, 외교상 비밀, 그 밖에 국가의 중대한 이익에 관한 사항을 기록한 개인정보 파일

② 범죄의 수사, 공소의 제기 및 유지, 형 및 감호의 집행, 교정처분, 보호처분, 보안관찰처분과 출입국관리에 관한 사항을 기록한 개인정보 파일
③ 조세 관련 범칙행위 조사, 관세 관련 범칙행위 조사에 관한 사항을 기록한 개인정보 파일
④ 일회적으로 운영되는 파일 등 지속적으로 관리할 필요성이 낮다고 인정되는 개인정보 파일
- 회의 참석 수당 지급, 자료·물품의 송부, 금전의 정산 등 단순 업무수행을 위해 운영되는 개인정보 파일(공공요금 정산, 회의참석자 수당 지급 파일 등)
- 공중위생 등 공공의 안전과 안녕을 위해 긴급히 필요한 경우로서 일시적으로 처리되는 개인정보 파일(코로나19 확진 환자 관리 명단 등)
⑤ 그 밖에 일회적 업무처리만을 위해 수집된 개인정보 파일로서 저장되거나 기록되지 않는 개인정보 파일(공공기관이 개최하는 일회성 행사에 등록하는 참가자 명단 등)

관련법령

개인정보 보호법 제32조(개인정보파일의 등록 및 공개)

① **공공기관**의 장이 **개인정보 파일을 운용**하는 경우에는 다음 각 호의 사항을 **보호위원회에 등록**하여야 한다. 등록한 사항이 변경된 경우에도 또한 같다.
  1. 개인정보 파일의 **명칭**
  2. 개인정보 파일의 **운영 근거 및 목적**
  3. 개인정보 파일에 기록되는 **개인정보의 항목**
  4. 개인정보의 **처리방법**
  5. 개인정보의 **보유 기간**
  6. 개인정보를 **통상적 또는 반복적**으로 제공하는 경우에는 **그 제공받는 자**
  7. 그 밖에 대통령령으로 정하는 사항
② 다음 각 호의 어느 하나에 해당하는 개인정보 파일에 대하여는 제1항을 적용하지 아니한다.
  1. **국가 안전, 외교상 비밀, 그 밖에 국가의 중대한 이익**에 관한 사항을 기록한 개인정보 파일
  2. **범죄의 수사, 공소의 제기 및 유지, 형 및 감호의 집행, 교정처분, 보호처분, 보안관찰처분과 출입국관리에 관한 사항**을 기록한 개인정보 파일
  3. 「조세범 처벌법」에 따른 범칙행위 조사 및 「관세법」에 따른 범칙행위 조사에 관한 사항을 기록한 개인정보 파일
  4. 일회적으로 운영되는 파일 등 **지속적으로 관리할 필요성이 낮다고 인정**되어 대통령령으로 정하는 개인정보 파일
  5. **다른 법령**에 따라 **비밀로 분류**된 개인정보 파일
③ 보호위원회는 필요하면 제1항에 따른 개인정보 파일의 등록 여부와 그 내용을 검토하여 해당 공공기관의 장에게 개선을 권고할 수 있다.
④ 보호위원회는 정보주체의 권리 보장 등을 위하여 필요한 경우 제1항에 따른 개인정보 파일의 등록 현황을 누구든지 쉽게 열람할 수 있도록 공개할 수 있다.
⑤ 제1항에 따른 등록과 제4항에 따른 공개의 방법, 범위 및 절차에 관하여 필요한 사항은 대통령령으로 정한다.
⑥ 국회, 법원, 헌법재판소, 중앙선거관리위원회(그 소속 기관을 포함한다)의 개인정보 파일 등록 및 공개에 관하여는 국회규칙, 대법원규칙, 헌법재판소규칙 및 중앙선거관리위원회규칙으로 정한다.

개인정보 보호법 시행령 제33조(개인정보파일의 등록사항 등)

① 법 제32조 제1항 제7호에서 "대통령령으로 정하는 사항"이란 다음 각 호의 사항을 말한다.
  1. 개인정보 파일을 운용하는 **공공기관의 명칭**
  2. 개인정보 파일로 보유하고 있는 **개인정보의 정보주체 수**
  3. 해당 공공기관에서 **개인정보 처리 관련 업무를 담당하는 부서**
  4. 제41조에 따른 개인정보의 **열람 요구를 접수 · 처리하는 부서**
  5. 개인정보 파일의 개인정보 중 법 제35조 제4항에 따라 열람을 **제한하거나 거절할 수 있는 개인정보의 범위 및 제한 또는 거절 사유**

② 법 제32조 제2항 제4호에서 "대통령령으로 정하는 개인정보 파일"이란 다음 각 호의 어느 하나에 해당하는 개인정보 파일을 말한다.
  1. 회의 참석 수당 지급, 자료 · 물품의 송부, 금전의 정산 등 단순 업무 수행을 위해 운영되는 **개인정보 파일로서 지속적 관리 필요성이 낮은 개인정보 파일**
  2. **공중위생 등 공공의 안전과 안녕을 위하여 긴급히 필요한 경우**로서 일시적으로 처리되는 개인정보 파일
  3. 그 밖에 **일회적 업무처리만을 위해 수집된 개인정보 파일**로서 저장되거나 기록되지 않는 개인정보 파일

개인정보 보호법 시행령 제34조(개인정보 파일의 등록 및 공개 등)

① 개인정보파일(법 제32조제2항 및 이 영 제33조 제2항에 따른 개인정보 파일은 제외한다. 이하 이 조에서 같다)을 운용하는 공공기관의 장은 그 운용을 시작한 날부터 60일 이내에 보호위원회가 정하여 고시하는 바에 따라 보호위원회에 법 제32조제1항 및 이 영 제33조 제1항에 따른 등록사항(이하 "등록사항"이라 한다)의 등록을 신청하여야 한다. 등록 후 등록한 사항이 변경된 경우에도 또한 같다.
② 보호위원회는 법 제32조 제4항에 따라 개인정보 파일의 등록 현황을 공개하는 경우 이를 보호위원회가 구축하는 인터넷 사이트에 게재해야 한다.
③ 보호위원회는 제1항에 따른 개인정보 파일의 등록사항을 등록하거나 변경하는 업무를 전자적으로 처리할 수 있도록 시스템을 구축 · 운영할 수 있다.

SECTION 15 개인정보 유출 등의 통지·신고

빈출 태그 유출 등 통지 · 신고 시간

01 개인정보 유출 등의 통지·신고 개요

1) 개인정보 유출 개념

개인정보의 분실·도난·유출(이하 '유출 등'이라 한다)은 법령이나 개인정보처리자의 자유로운 의사에 의하지 않고 개인정보가 해당 개인정보처리자의 관리·통제권을 벗어나 제3자가 그 내용을 알 수 있는 상태에 이르게 된 것을 말한다.

개인정보가 포함된 서면, 이동식 저장장치, 휴대용 컴퓨터 등을 분실하거나 도난당하여 외부에 공개된 경우, 개인정보처리시스템 또는 업무용 컴퓨터 등에 정상적인 권한이 없는 자가 접근하여 개인정보를 열람하거나 외부로 전송한 경우, 개인정보가 포함된 파일 또는 종이 문서, 기타 저장 매체가 권한 없는 제3자에게 잘못 전달된 경우 유출에 해당한다.

2) 개인정보 유출 등의 통지·신고

개인정보처리자는 개인정보 유출 등이 되었음을 알게 되었을 때는 서면 등의 방법으로 72시간 이내에 해당 정보주체에게 그 사실을 알려야 한다.

02 개인정보 유출 등의 통지·신고 주요 내용

개인정보 유출이 발생한 사실을 알게 되었다면❶ 72시간 이내에 정보주체에게 알려야 하며, 1천명 이상의 정보주체에 관한 개인정보가 유출된 경우, 민감정보 또는 고유식별정보가 유출된 경우, 외부로부터의 불법적인 접근에 의해 개인정보가 유출된 경우에 해당한다면, 72시간 이내에 개인정보보호위원회 또는 한국인터넷진흥원에 신고하여야 한다.

---

❶ '유출 사실을 알게 되었을 때'는 권한 없는 제3자가 개인정보를 알 수 있는 상태에 이르렀다는 사실을 인지하게 된 것만으로도 충족한다.

▼ 개인정보 유출 등의 통지·신고 상세

구분	설명
신고 대상	• 1천 명 이상의 정보주체에 관한 개인정보가 유출 등 • 민감정보 또는 고유식별정보가 1건 이상 유출 등 • 외부로부터의 불법적인 접근(해킹)에 의해 1건 이상 유출
신고 기한	유출되었음을 알게 되었을 때로부터 72시간 이내에 신고
신고 기한 지연 가능 사유	아래 사유 발생 시 72시간 이내에 정보주체에게 통지하지 않을 수 있으나 해당 사유가 해소된 후 지체없이 통지 필요 • 유출 등이 된 개인정보의 확산 및 추가 유출 등을 방지하기 위해 접속경로의 차단, 취약점 점검·보완 • 유출 등이 된 개인정보의 회수·삭제 등 긴급한 조치가 필요한 경우 • 천재지변이나 그 밖에 부득이한 사유로 72시간 이내에 통지하기 곤란한 경우
신고 기관	개인정보보호위원회, 한국인터넷진흥원(KISA)
신고 방법	• 서면, 우편 등 • 이메일(개인정보 유출신고서를 작성 후 118@kisa.or.kr 송부) • 한국인터넷진흥원 인터넷 사이트(https://www.privacy.go.kr)
정보주체 통지 방법	• 서면, 전자메일 등 • 정보주체의 연락처를 알 수 없는 경우 등 정당한 사유가 있는 경우 유출 통지 포함 내용에 대해 홈페이지에 30일 이상 게시 • 인터넷 홈페이지를 운영하지 아니하는 경우 사업장 등의 보기 쉬운 장소에 30일 이상 게시하는 것으로 통지 갈음
정보주체 통지 내용	• 유출 등이 된 개인정보의 항목 • 유출 등이 된 시점과 그 경위 • 유출 등으로 인하여 발생할 수 있는 피해를 최소화하기 위하여 정보주체가 할 수 있는 방법 등에 관한 정보 • 개인정보처리자의 대응조치 및 피해 구제절차 • 정보주체에게 피해가 발생한 경우 신고 등을 접수할 수 있는 담당 부서 및 연락처

➕ 더 알기 TIP

개인정보처리자는 개인정보가 유출 등 되었음을 알게 되었을 때는 72시간 이내에 통지하여야 하는데, 통지 기한 산정 시 공휴일 등 근무일 외의 날은 제외해도 되나요?

개인정보의 유출 등 통지는 정보주체의 권익 침해 가능성 등을 최소화하기 위한 조치입니다. 따라서 개인정보처리자는 개인정보 유출 등을 알게 된 이상, 그 사이에 공휴일 등 근무일 외의 날이 포함되어 있다 하더라도 이를 별도로 고려하지 않고 그 시점으로부터 72시간 이내에 통지하여야 합니다.

개인정보유출신고		
신고기관			
신고기관 유형	☐ 기관 / ☐ 일반사업자 / ☐ 기타	
정보주체 통지여부	☐ 통지 / ☐ 미통지	
신고기준	☐ 1천명 이상의 정보주체에 관한 개인정보가 유출 등이 된 경우 ☐ 민감정보가 유출 등이 된 경우 ☐ 고유식별정보가 유출 등이 된 경우 ☐ 개인정보처리시스템 또는 개인정보취급자가 개인정보 처리에 이용하는 정보기기에 대한 외부로부터의 불법적인 접근에 의해 개인정보가 유출 등이 된 경우 ☐ 기타(신고기준에 대한 구체적인 내용을 확인하지 못하여 우선 신고하는 경우)	
신고인	성명	
	연락처	
	이메일	
법인번호		
사업자번호		
사업자주소 (사업자등록기준)		
웹사이트 주소		
유출된 개인정보의 항목 및 규모		
유출된 시점과 그 경위		
유출피해 최소화 대책, 조치 및 결과		
정보주체가 할 수 있는 피해 최소화 방법 및 구제 절차		
담당부서 · 담당자 및 연락처				
개인정보 보호책임자	성 명		부 서	
	직 위		연락처	
	이메일			
개인정보 취급자	성 명		부 서	
	직 위		연락처	
	이메일			

▲ 개인정보 유출신고서 양식

관련법령

개인정보 보호법 제34조(개인정보 유출 등의 통지 · 신고)

① 개인정보처리자는 개인정보가 분실 · 도난 · 유출(이하 이 조에서 "유출 등"이라 한다)되었음을 알게 되었을 때에는 지체없이 해당 정보주체에게 다음 각 호의 사항을 알려야 한다. 다만, 정보주체의 연락처를 알 수 없는 경우 등 정당한 사유가 있는 경우에는 대통령령으로 정하는 바에 따라 통지를 갈음하는 조치를 취할 수 있다.

1. 유출 등이 된 개인정보의 **항목**
2. 유출 등이 된 시점과 그 **경위**
3. 유출 등으로 인하여 발생할 수 있는 피해를 최소화하기 위하여 **정보주체가 할 수 있는 방법 등에 관한 정보**
4. 개인정보처리자의 **대응조치 및 피해 구제절차**
5. 정보주체에게 피해가 발생한 경우 **신고 등을 접수할 수 있는 담당 부서 및 연락처**

② 개인정보처리자는 개인정보가 유출 등이 된 경우 그 피해를 최소화하기 위한 대책을 마련하고 필요한 조치를 하여야 한다.
③ 개인정보처리자는 개인정보의 유출 등이 있음을 알게 되었을 때에는 개인정보의 유형, 유출 등의 경로 및 규모 등을 고려하여 대통령령으로 정하는 바에 따라 제1항 각 호의 사항을 지체없이 보호위원회 또는 대통령령으로 정하는 전문기관에 신고하여야 한다. 이 경우 보호위원회 또는 대통령령으로 정하는 전문기관은 피해 확산방지, 피해 복구 등을 위한 기술을 지원할 수 있다.
④ 제1항에 따른 유출 등의 통지 및 제3항에 따른 유출 등의 신고의 시기, 방법, 절차 등에 필요한 사항은 대통령령으로 정한다.

개인정보 보호법 제34조의2(노출된 개인정보의 삭제 · 차단)
① 개인정보처리자는 고유식별정보, 계좌정보, 신용카드 정보 등 개인정보가 정보통신망을 통하여 공중(公衆)에 노출되지 아니하도록 하여야 한다.
② 개인정보처리자는 공중에 노출된 개인정보에 대하여 보호위원회 또는 대통령령으로 지정한 전문기관의 요청이 있는 경우에는 해당 정보를 삭제하거나 차단하는 등 필요한 조치를 하여야 한다.

개인정보 보호법 시행령 제39조(개인정보 유출 등의 통지)
① 개인정보처리자는 개인정보가 분실 · 도난 · 유출(이하 이 조 및 제40조에서 "유출 등"이라 한다)되었음을 알게 되었을 때에는 서면 등의 방법으로 **72시간 이내에** 법 제34조 제1항 각 호의 사항을 정보주체에게 알려야 한다. 다만, 다음 각 호의 어느 하나에 해당하는 경우에는 **해당 사유가 해소된 후 지체없이 정보주체에게 알릴 수 있다.**
  1. 유출 등이 된 개인정보의 확산 및 추가 유출 등을 방지하기 위하여 접속경로의 차단, 취약점 점검 · 보완, 유출 등이 된 개인정보의 회수 · 삭제 등 **긴급한 조치가 필요한 경우**
  2. **천재지변이나 그 밖에 부득이한 사유**로 인하여 72시간 이내에 통지하기 곤란한 경우
② 제1항에도 불구하고 개인정보처리자는 같은 항에 따른 통지를 하려는 경우로서 법 제34조 제1항 제1호 또는 제2호의 사항에 관한 구체적인 내용을 확인하지 못한 경우에는 개인정보가 유출 등이 된 사실, 그때까지 확인된 내용 및 같은 항 제3호부터 제5호까지의 사항을 서면 등의 방법으로 우선 통지해야 하며, 추가로 확인되는 내용에 대해서는 확인되는 즉시 통지해야 한다.
③ 제1항 및 제2항에도 불구하고 개인정보처리자는 정보주체의 연락처를 알 수 없는 경우 등 정당한 사유가 있는 경우에는 법 제34조 제1항 각 호 외의 부분 단서에 따라 같은 항 각 호의 사항을 정보주체가 쉽게 알 수 있도록 자신의 인터넷 홈페이지에 30일 이상 게시하는 것으로 제1항 및 제2항의 통지를 갈음할 수 있다. 다만, 인터넷 홈페이지를 운영하지 아니하는 개인정보처리자의 경우에는 사업장 등의 보기 쉬운 장소에 법 제34조 제1항 각 호의 사항을 30일 이상 게시하는 것으로 제1항 및 제2항의 통지를 갈음할 수 있다.

개인정보 보호법 시행령 제40조(개인정보 유출 등의 신고)

① 개인정보처리자는 다음 각 호의 어느 하나에 해당하는 경우로서 개인정보가 유출 등이 되었음을 알게 되었을 때에는 **72시간 이내에 법 제34조 제1항 각 호의 사항을 서면 등의 방법**으로 보호위원회 또는 같은 조 제3항 전단에 따른 전문기관에 신고해야 한다. 다만, 천재지변이나 그 밖에 부득이한 사유로 인하여 72시간 이내에 신고하기 곤란한 경우에는 해당 사유가 해소된 후 지체없이 신고할 수 있으며, 개인정보 유출등의 경로가 확인되어 해당 개인정보를 회수·삭제하는 등의 조치를 통해 **정보주체의 권익 침해 가능성이 현저히 낮아진 경우에는 신고하지 않을 수 있다.**
  1. **1천 명 이상의 정보주체에 관한 개인정보가 유출 등**이 된 경우
  2. **민감정보 또는 고유식별정보가 유출 등**이 된 경우
  3. 개인정보처리시스템 또는 개인정보 취급자가 개인정보 처리에 이용하는 정보기기에 대한 외부로부터의 **불법적인 접근에 의해 개인정보가 유출 등**이 된 경우

② 제1항에도 불구하고 개인정보처리자는 제1항에 따른 신고를 하려는 경우로서 법 제34조 제1항 제1호 또는 제2호의 사항에 관한 구체적인 내용을 확인하지 못한 경우에는 개인정보가 유출 등이 된 사실, 그때까지 확인된 내용 및 같은 항 제3호부터 제5호까지의 사항을 서면 등의 방법으로 우선 신고해야 하며, 추가로 확인되는 내용에 대해서는 확인되는 즉시 신고해야 한다.

③ 법 제34조 제3항 전단 및 후단에서 "대통령령으로 정하는 전문기관"이란 각각 한국인터넷진흥원을 말한다.

이론을 확인하는 기출문제

01 개인정보처리자가 지켜야 할 개인정보보호 원칙에 대한 설명으로 적절하지 <u>않은</u> 보기를 고르시오.
① 개인정보의 처리목적을 명확하게 하고 최소한의 개인정보만을 적법하게 수집하여야 한다.
② 개인정보의 처리 목적에 필요한 범위에서 개인정보의 정확성, 완전성 및 최신성이 보장되도록 하여야 한다.
③ 개인정보를 익명 또는 가명으로 처리하여도 수집목적을 달성할 수 있는 경우에도 익명으로 처리해서는 안 된다.
④ 정보주체의 사생활 침해를 최소화하는 방법으로 개인정보를 처리하여야 한다.
⑤ 정보주체의 권리가 침해받을 가능성과 그 위험 정도를 고려하여 개인정보를 안전하게 관리하여야 한다.

> 개인정보처리자는 개인정보를 익명 또는 가명으로 처리하여도 개인정보 수집목적을 달성할 수 있는 경우 익명처리가 가능한 경우에는 익명에 의하여, 익명처리로 목적을 달성할 수 없는 경우에는 가명에 의하여 처리될 수 있도록 하여야 한다.

02 OECD 프라이버시 8원칙에서 "개인정보는 이용 목적에 부합해야 하고, 목적에 필요한 범위 내에서 정확하고 완전하며 최신 상태로 유지되어야 한다."에 해당하는 원칙을 고르시오.
① 정보 정확성의 원칙
② 수집 제한의 원칙
③ 목적 명확화의 원칙
④ 이용 제한의 원칙
⑤ 안전성 확보의 원칙

> 해당 설명은 정보 정확성의 원칙에 대한 설명이다.

03 개인정보 보호법에 따른 개인정보 수집에 대한 설명으로 가장 적절하지 <u>않은</u> 보기를 고르시오.
① 개인정보처리자는 개인정보 수집에 동의하지 아니할 수 있다는 사실을 정보주체에게 구체적으로 알려야 한다.
② 최소한의 개인정보 수집이라는 입증 책임은 개인정보 처리자에게 있다.
③ 서비스의 품질향상을 위해 고객의 연락처는 휴대전화번호, 자택번호, 회사전화번호, 이메일 주소를 모두 수집한다.
④ 채용계약의 경우 채용계약의 체결·이행과 관련 있는 정보만 수집한다.
⑤ 개인정보의 이용 여부가 불확실하면 이용이 필요한 시점에 수집하는 것이 바람직하다.

> 고객의 연락처가 필요한 경우, 연락처 각각의 용도를 정보주체에게 알리고 정보주체 선택에 따라 필요한 최소한의 연락처로 수집하여야 한다.

정답 01 ③ 02 ① 03 ③

04 개인정보처리자가 개인정보를 목적 외의 용도로 이용하거나 제3자에게 제공할 수 있는 경우로 가장 거리가 먼 보기를 고르시오.

① 정보주체로부터 별도의 동의를 받은 경우
② 다른 법률에 목적 외의 용도로 이용 가능하다는 규정이 있는 경우
③ 명백히 정보주체 또는 제3자의 급박한 생명을 위하여 필요하다고 인정되는 경우
④ 국제협정의 이행을 위하여 국제기구에 제공하기 위하여 필요한 경우
⑤ 기업 법무팀에서 범죄의 수사와 공소의 제기 및 유지를 위해 필요한 경우

> 범죄의 수사와 공소의 제기 및 유지를 위하여 개인정보를 목적 외의 용도로 이용·제공이 가능한 개인정보처리자는 공공기관의 경우로 한정된다.

05 개인정보의 목적 외 이용·제공을 위해 정보주체의 동의를 받을 때 고지해야 할 항목으로 적절한 보기의 묶음을 고르시오.

> ㄱ. 개인정보를 제공받는 자
> ㄴ. 개인정보의 이용 목적
> ㄷ. 이용 또는 제공하는 개인정보의 항목
> ㄹ. 개인정보 보유 및 이용 기간
> ㅁ. 동의를 거부할 권리가 있다는 사실 및 불이익 내용

① ㄱ, ㄴ
② ㄱ, ㄴ, ㄷ
③ ㄱ, ㄴ, ㄷ, ㄹ
④ ㄱ, ㄴ, ㄷ, ㅁ
⑤ ㄱ, ㄴ, ㄷ, ㄹ, ㅁ

> 개인정보의 목적 외 이용·제공을 위해 정보주체에게 동의를 받을 때 고지해야 할 항목은 개인정보를 제공받는 자, 이용 목적, 항목, 보유 및 이용 기간, 거부할 권리가 있다는 사실이 있다.

06 민감정보에 대한 설명으로 적절하지 않은 보기를 고르시오.

① 민감정보란 사생활을 현저히 침해할 우려가 있는 개인의 신체적, 생리적, 행동적 특징에 관한 정보이다.
② 민감정보의 유형으로는 사상, 신념, 정치적 견해 등이 있다.
③ 민감정보는 유출 시 개인의 프라이버시 침해가 매우 심하여 별도의 정보주체 동의를 받더라도 처리를 할 수 없다.
④ 유전정보, 범죄 경력정보는 공공기관이 업무수행을 위해서는 처리할 수 있다.
⑤ 개인정보처리자는 민감정보의 공개 가능성 및 비공개를 선택하는 방법을 정보주체가 알아보기 쉽게 알려야 한다.

> 민감정보는 별도의 정보주체 동의를 받으면 처리할 수 있다.

07 개인정보 보호법에 근거하여 고유식별정보에 해당하는 보기의 묶음을 고르시오.

ㄱ. 주민등록번호	ㄹ. 운전면허번호
ㄴ. 여권번호	ㅁ. 대학생 학번
ㄷ. 외국인등록번호	ㅂ. 사업자등록번호

① ㄱ, ㄴ, ㄷ
② ㄱ, ㄴ, ㄷ, ㄹ
③ ㄱ, ㄴ, ㄷ, ㅂ
④ ㄱ, ㄴ, ㄷ, ㄹ, ㅂ
⑤ ㄱ, ㄴ, ㄷ, ㄹ, ㅁ, ㅂ

고유식별번호는 주민등록번호, 여권번호, 운전면허번호, 외국인등록번호이다.

오답 피하기
기업, 학교 등이 소속 구성원에게 부여하는 사번, 학번, 법인이나 사업자에게 부여되는 법인등록번호, 사업자등록번호 등은 고유식별정보가 아니다.

08 고유식별정보처리자 안전성 확보조치 관리실태 조사에 대한 설명으로 적절하지 않은 보기의 묶음을 고르시오.

ㄱ. 개인정보보호위원회는 공공기관 또는 5만 명 이상 정보주체 고유식별정보 처리하는 개인정보처리자를 대상으로 조사를 실시하고 있다.
ㄴ. 공공기관은 3만명 이상의 정보주체 고유식별정보를 처리하는 기관이 조사 대상이다.
ㄷ. 조사항목으로는 고유식별정보 보유 현황과 안전성 확보조치 이행 여부가 있다.
ㄹ. 매 2년마다 실시된다.
ㅁ. 조사기관은 개인정보보호위원회와 한국인터넷진흥원이다.

① ㄱ, ㄴ   ② ㄱ, ㄷ   ③ ㄴ, ㄹ
④ ㄴ, ㄷ, ㄹ   ⑤ ㄴ, ㄷ, ㅁ

공공기관은 1만 명 이상 정보주체의 고유식별정보를 처리하는 기관이 고유식별정보처리자 안전성 확보조치 관리실태 조사 대상이며 조사주기는 3년이다.

정답 07 ② 08 ③

09 개인정보 보호법에 근거한 주민등록번호 처리에 대해 적절하지 <u>않은</u> 보기를 고르시오.
① 주민등록번호는 고유식별정보에 속하며, 정보주체의 별도 동의로 수집하여 처리할 수 있다.
② 정보주체 또는 제3자의 급박한 생명, 신체, 재산의 이익을 위하여 명백히 필요하다고 인정되는 경우 주민등록번호 처리가 가능하다.
③ 주민등록번호의 뒤 7자리만 수집·이용하는 것은 주민등록번호 전체를 수집·이용하는 경우로 볼 수 있다.
④ 경찰이 습득물 신고를 접수받을 때 타 법령에 근거하여 습득자의 주민등록번호를 수집할 수도 있다.
⑤ 주민등록번호 처리가 불가피한 경우로서 개인정보보호위원회가 고시로 정하는 경우에는 주민등록번호를 처리할 수 있다.

주민등록번호는 고유식별정보 중 하나지만 정보주체의 동의에 의하여 수집할 수 없다.

10 개인정보 보호법에 근거하여 고정형 영상정보처리기기 설치·운영 가능한 보기를 모두 고르시오.

> ㄱ. 법령에서 구체적으로 허용하고 있는 경우
> ㄴ. 범죄의 예방 및 수사를 위해 필요한 경우
> ㄷ. 시설의 안전 및 관리, 화재 예방을 위하여 정당한 권한을 가진 자가 설치·운영하는 경우
> ㄹ. 교통단속을 위하여 정당한 권한을 가진 자가 설치·운영하는 경우
> ㅁ. 불특정 다수가 이용하는 백화점 탈의실 내 도난 방지를 위해 설치·운영하는 경우
> ㅂ. 촬영된 영상을 저장하지 않으면서 통계적 특성값을 산출하기 위해 일시적으로 처리하는 경우
> ㅅ. 교도소, 정신보건 시설 등 법령에 근거하여 사람을 구금하거나 보호하는 시설에서 설치·운영하는 경우

① ㄱ, ㄴ, ㄷ, ㄹ
② ㄱ, ㄴ, ㄷ, ㄹ, ㅁ
③ ㄱ, ㄴ, ㄷ, ㄹ, ㅁ, ㅂ
④ ㄱ, ㄴ, ㄷ, ㄹ, ㅂ, ㅅ
⑤ ㄱ, ㄴ, ㄷ, ㄹ, ㅁ, ㅂ, ㅅ

누구든지 불특정 다수가 이용하는 목욕실, 화장실, 발한실(發汗室), 탈의실 등 개인의 사생활을 현저히 침해할 우려가 있는 장소의 내부를 볼 수 있도록 고정형 영상정보처리기기를 설치·운영하여서는 안 된다.

11 공공기관에서는 고정형 영상정보처리기기 설치 시 정보주체가 쉽게 알아볼 수 있도록 안내판을 설치하여야 한다. 고정형 영상정보처리기기 안내판에 대한 설명으로 적절하지 <u>않은</u> 보기를 고르시오.

① 안내판은 정보주체가 쉽게 알아볼 수 있는 출입구, 정문 등 눈에 잘 띄는 장소에 설치해야 한다.
② 외국인이 자주 이용하는 장소인 경우, 안내판은 한국어와 외국어로 함께 적는 것이 바람직하다.
③ 보안업무규정에 따른 국가보안시설에는 안내판을 설치하지 않아도 된다.
④ 안내판 내용에는 설치 목적 및 장소, 촬영 범위 및 시간을 안내하고 상세 내용은 홈페이지를 통해 상세 게재하여 알린다.
⑤ 산불감시용 고정형 영상정보처리기기를 설치하는 경우 안내판 설치를 갈음하여 인터넷 홈페이지에 게재 가능하다.

> 고정형 영상정보처리기기의 안내판에 기재하여야 할 사항은 설치 목적 및 장소, 촬영 범위 및 시간, 관리책임자의 연락처, 고정형 영상정보처리기기 설치·운영에 관한 사무를 위탁하는 경우, 수탁자의 명칭 및 연락처를 기재하여야 한다.
>
> **오답 피하기**
> 안내판 설치를 갈음하여 인터넷 홈페이지에 게재가 가능한 경우는 공공기관이 원거리 촬영, 과속·신호위반 단속 또는 교통흐름 조사 등의 목적으로 고정형 영상정보처리기기를 설치하는 경우로서 개인정보 침해의 우려가 적은 경우와 산불감시용 고정형 영상정보처리기기를 설치하는 경우 등 장소적 특성으로 인하여 안내판 설치가 불가능하거나 설치하더라도 정보주체가 쉽게 알아볼 수 없는 경우 등이 있다.

12 개인정보 보호법에 근거하여, 이동형 영상정보처리기기 설치·운영에 대한 설명으로 적절하지 <u>않은</u> 보기를 고르시오.

① '이동형 영상정보처리기기'란 사람이 신체에 착용 또는 휴대하거나 이동 가능한 물체에 부착 또는 거치하여 사람 또는 사물의 영상 등을 촬영할 수 있는 장치이다.
② 공개된 장소 등에서 업무 목적으로 이동형 영상정보처리기기를 이용하여 개인 영상 정보를 촬영하는 행위는 원칙적으로 제한된다.
③ 이동형 영상정보처리기기를 통해 업무상 목적으로 촬영한 개인 영상의 안전성 확보 조치, 운영·관리 방침 마련, 공공기관 업무위탁 절차 및 요건 등은 개인정보 보호법 제25조의2 제4항에 근거하여 고정형 영상정보처리기기와 별도로 다르게 적용된다.
④ 범죄, 화재, 재난 또는 이에 준하는 상황에서 인명의 구조·구급 등을 위하여 사람 또는 그 사람과 관련된 사물의 영상 촬영이 필요한 경우에는 촬영 가능하다.
⑤ 불빛, 소리, 안내판, 안내서면, 안내방송 또는 그 밖에 이에 준하는 수단이나 방법으로 정보주체가 촬영 사실을 쉽게 알 수 있도록 표시하고 알려야 한다.

> 이동형 영상정보처리기기를 통해 업무상 목적으로 촬영한 개인 영상의 안전성 확보 조치, 운영·관리 방침 마련, 공공기관 업무위탁 절차 및 요건 등에 관하여는 법 제25조의2 제4항에 따라 고정형 영상정보처리기기와 동일하게 준용된다.

13 개인정보 보호법에 근거하여 가명정보 처리에 대한 설명으로 적절하지 <u>않은</u> 보기를 고르시오.
① 가명정보는 시간·비용·기술 등을 합리적으로 고려할 때 다른 정보를 사용하더라도 더 이상 개인을 알아볼 수 없는 정보이다.
② 가명정보를 결합하여 활용하려는 개인정보처리자는 결합전문기관을 통해 통계작성, 과학적 연구, 공익적 기록보존 등의 목적으로 가명정보 결합이 가능하다.
③ 개인정보 중 고유식별정보와 민감정보도 가명처리하여 활용할 수 있다.
④ 연구소가 현대사 연구 과정에서 수집한 정보 중 사료가치가 있는 생존 인물에 관한 정보를 가명처리하여 기록·보존하고자 하려는 경우에는 공익적 기록보존의 목적이므로 가명정보 처리가 가능하다.
⑤ 개인정보처리자는 통계를 작성하기 위한 가명정보 이용, 분석, 제공 등의 가명정보 처리는 정보주체의 동의 없이 처리가 가능하다.

> 시간·비용·기술 등을 합리적으로 고려할 때 다른 정보를 사용하더라도 더 이상 개인을 알아볼 수 없는 정보는 익명정보이다.

14 개인정보 보호법에 근거하여 개인정보 처리방침에 대한 설명으로 적절하지 <u>않은</u> 보기를 고르시오.
① 개인정보처리자는 개인정보 처리방침을 공개함으로서 개인정보 처리의 투명성을 제고 할 수 있다.
② 정보주체가 직관적으로 파악할 수 있도록 주요 개인정보 처리 표시인 라벨링으로 중요한 처리 사항을 보여줄 수 있다.
③ 정보주체가 쉽게 확인할 수 있도록 개인정보처리자의 인터넷 홈페이지에 지속적으로 게재하거나 연 1회 메일로 송부하여 알릴 수 있다.
④ 개인정보 처리방침을 웹 또는 모바일 앱에 공개하는 경우, 정보주체가 쉽게 확인할 수 있도록 웹 또는 앱 첫 화면에 위치하거나 메뉴에서 바로 찾을 수 있도록 공개하여야 한다.
⑤ 개인정보보호위원회에서는 일정 규모에 해당하는 개인정보처리자에 대하여 개인정보 처리방침을 평가할 수 있다.

> 개인정보처리자는 개인정보처리방침을 인터넷 홈페이지에 지속적으로 게재하여야 하고, 인터넷 홈페이지에 운영하지 않으면 관보, 연 2회 이상 간행물·소식지·청구서 등에 지속적으로 개재하여야 한다.

15 개인정보 보호법에 근거하여 개인정보 보호책임자에 대한 설명으로 적절하지 <u>않은</u> 보기를 고르시오.
① 조직 내 임원이 없는 경우에는 개인정보 처리업무 담당 부서장을 개인정보보호 책임자로 지정이 가능하다.
② 소상공인 기본법에 근거한 소상공인일 경우 개인정보보호 책임자는 사업주 또는 대표자이다.
③ 일정기준 이상 개인정보처리자는 개인정보보호 관련 일정 경력을 갖춘 전문성이 있는 개인정보보호 책임자를 의무적으로 지정하여야 한다.
④ 중앙행정기관의 개인정보보호 책임자는 행정사무를 총괄하는 공무원으로 지정하여야 한다.
⑤ 기타 공공기관에서는 해당 기관의 개인정보 처리 관련 업무를 담당하는 부서의 장을 개인정보보호 책임자로 지정 가능하다.

> 국회, 법원, 헌법재판소, 중앙선거관리위원회의 행정사무를 처리하는 기관 및 중앙행정기관의 개인정보보호 책임자는 고위공무원단에 속하는 공무원 또는 그에 상당하는 공무원으로 지정하여야 한다.

16 자격요건을 갖춘 전문 개인정보보호 책임자를 의무적으로 지정해야 하는 개인정보처리자 조건으로 적절하지 <u>않은</u> 보기를 고르시오.
① 전년도 말 기준으로 재학생 수 2만 명 이상인 대학
② 서비스를 제공하는 고객의 고유식별정보가 2만 명 이상인 정보통신사업자
③ 대규모 민감정보(건강정보)를 처리하는 상급종합병원
④ 보호위원회가 고시하는 기준을 충족하는 공공시스템운영기관
⑤ 연 매출액 또는 수입이 1,500억 원 이상인 자로서, 100만 명 이상 개인정보 또는 5만명 이상 민감·고유식별정보를 처리하는 개인정보처리자

> 자격요건을 갖춘 CPO 지정 의무대상으로 고유식별정보가 2만 명 이상인 정보통신사업자 조건은 없다.

17 개인정보 보호법에 근거한 국내 대리인에 대한 설명으로 적절하지 <u>않은</u> 보기를 고르시오.
① 국내 대리인은 개인정보 책임자의 업무를 수행한다.
② 국내 대리인은 국적이 한국이어야 한다.
③ 한국에 주소 또는 영업소가 없고 전년도 전체 매출액이 1조 원 이상인 개인정보처리자는 국내 대리인을 지정하여야 한다.
④ 국내 대리인의 지정은 문서로 하여야 한다.
⑤ 국내 대리인 지정 시 국내 대리인의 성명, 주소 등을 개인정보 처리방침에 포함하여야 한다.

> 국내 대리인은 국적이 한국일 필요는 없다. 단, 국내 이용자의 개인정보 관련 고충을 처리하고 규제기관에 정확한 자료를 제출할 수 있어야 하므로 한국어로 원활한 의사소통이 가능해야 한다.

18 개인정보 보호법에 근거하여 개인정보 파일의 등록 및 공개에 대한 설명으로 적절하지 <u>않은</u> 보기를 고르시오.
① 공공기관이 개인정보 파일을 운영하는 경우 개인정보 파일에 관한 내용을 개인정보보호위원회가 지정한 사이트에 등록하여야 한다.
② 공공기관이 처리하는 인사기록 파일 등 내부적 업무처리만을 위한 개인정보 파일은 등록 대상에서 제외된다.
③ 개인정보 파일의 명칭은 공공기관에서 실제로 사용하는 업무 단위를 근거로 작성하므로, 기관마다 등록하는 개인정보 파일의 명칭이 달라도 무관하다.
④ 국가 안전, 외교상 비밀, 그 밖에 국가의 중대한 이익에 관한 사항을 기록한 개인정보 파일은 등록 대상에서 제외 가능하다.
⑤ 일회성으로 운영되는 파일 등 지속적으로 관리할 필요성이 낮다고 인정되는 개인정보 파일은 등록 대상에서 제외 가능하다.

> 공공기관이 처리하는 인사기록 파일, 비상연락망 등 공공기관의 내부적 업무처리만을 위하여 사용되는 개인정보 파일도 개인정보보호위원회가 지정한 사이트에 등록하여야 한다.

19 개인정보 보호법에 근거하여 개인정보 유출 등의 통지 및 신고에 대한 내용으로 적절하지 <u>않은</u> 보기를 고르시오.
① 개인정보처리자는 개인정보 유출 등이 되었음을 알게 되었을 때는 서면 등의 방법으로 72시간 이내에 해당 정보주체에게 그 사실을 알려야 한다.
② 1천 명 이상의 정보주체에 관한 개인정보가 유출되었다면 개인정보보호위원회 또는 한국인터넷진흥원으로 유출 사실을 신고하여야 한다.
③ 유출된 개인정보의 확산을 막기 위해 긴급한 조치가 필요한 경우에는 선 조치 후 정보주체에게 유출 사실에 대한 통지를 수행할 수 있다.
④ 개인정보 유출 사고 신고는 서면, 우편, 이메일 등으로 가능하다.
⑤ 개인정보처리자는 정보주체의 연락처를 알 수 없는 경우에는 별도의 조치 없이 유출 통지를 제외할 수 있다.

> 개인정보처리자는 정보주체의 연락처를 알 수 없는 경우, 유출 사실에 대하여 자신의 인터넷 홈페이지에 30일 이상 게시하여야 한다.

20 개인정보 유출 사고 발생 시 정보주체에게 통지해야 할 내용으로 적절한 보기의 묶음을 고르시오.

> ㄱ. 유출된 개인정보의 항목
> ㄴ. 유출된 시점과 그 경위
> ㄷ. 개인정보처리자의 대응조치 및 정보주체 피해 구제절차
> ㄹ. 피해 발생에 대한 대응 및 조치 부서의 명 및 연락처
> ㅁ. 피해를 최소화하기 위한 정보주체가 할 수 있는 방법

① ㄱ, ㄴ, ㄷ
② ㄱ, ㄴ, ㄷ, ㄹ
③ ㄱ, ㄴ, ㄷ, ㅁ
④ ㄱ, ㄴ, ㄹ, ㅁ
⑤ ㄱ, ㄴ, ㄷ, ㄹ, ㅁ

유출 사고 발생 시 보기의 모든 항목을 정보주체에게 통지하여야 한다.

21 개인정보 보호법에서 의미하는 민감정보에 해당하지 않는 것을 고르시오.
① 각종 이데올로기 또는 사상적 경향, 종교적 신념 등
② 정치적 사안에 대한 입장이나 특정 정당의 지지여부에 관한 정보
③ 노동조합 또는 정당에의 가입·탈퇴에 관한 정보
④ 혈액형 및 유전자 검사 등의 정보
⑤ 인종이나 민족에 관한 정보

혈액형은 개인정보에 해당하며, 민감정보는 해당하지 않는다.

22 개인정보 보호법에서 허용하는 주민등록번호 수집에 관한 내용으로 적절하지 <u>않은</u> 것을 고르시오.

① 주민등록번호의 뒤 7자리만 수집·이용하는 것은 주민등록번호의 부여 체계를 활용하여 주민등록번호의 고유한 특성, 즉 유일성과 식별성을 이용하는 행위이므로, 이는 주민등록번호 전체를 수집·이용하는 경우로 볼 수 있다
② 법령에서 단순히 신원확인 또는 연령확인 등의 의무만을 규정하고 있다면 이는 주민등록번호에 대한 처리근거를 구체적으로 규정한 것에 해당하지 않는다.
③ 정보주체가 인터넷 홈페이지를 통하여 회원으로 가입하는 단계에서는 주민등록번호를 사용하지 아니 하고도 회원으로 가입할 수 있는 대체수단을 제공하여야 한다.
④ 주민등록번호 대체수단으로 아이핀, 공인인증서, 휴대전화, 신용카드 등이 있다.
⑤ 각 행정기관은 훈령·예규·고시를 근거로 주민등록번호 수집이 가능하다.

> 주민등록번호 수집 법정주의 따라 법령상 주민등록번호를 사용하는 행위에 대한 구체적인 내용이 없으면 절대 사용할 수 없다. 법령상 근거 없는 행정규칙(훈령, 예규, 고시 지침)으로는 수집이 불가능하다.

23 주민등록번호 처리의 제한에 대한 내용으로 적절하지 <u>않은</u> 것을 고르시오.

① 법률·대통령령·국회규칙·대법원규칙·헌법재판소규칙·중앙선거관리위원회규칙 및 감사원규칙에서 구체적으로 주민등록번호의 처리를 요구하거나 허용한 경우 수집이 가능하다.
② 정보주체 또는 제3자의 급박한 생명, 신체, 재산의 이익을 위하여 명백히 필요하다고 인정되는 경우 수집이 가능하다.
③ 주민등록번호가 분실·도난·유출·위조·변조 또는 훼손되지 아니하도록 안전성 확보조치를 통해 안전하게 보관하여야 한다.
④ 주민등록번호 대체수단으로 아이핀, 공인인증서, 휴대전화, 신용카드 등이 있다.
⑤ 개인정보처리자는 법적으로 주민등록번호 처리가 가능하더라도 정보주체가 인터넷 홈페이지를 통하여 회원으로 가입하는 단계에서는 주민등록번호를 사용하지 않고 회원으로 가입할 수 있는 방법을 제공하여야 한다.

> 주민등록번호는 안정성 확보조치가 아닌 암호화 조치를 통해 안전하게 보관하여야 한다.

CHAPTER 03

정보주체의 권리

학습 방향

정보주체의 권리에서는 전송요구권, 동의, 자동화된 결정, 완전자동화, 손해배상 등을 중심으로 학습하시기 바랍니다.

SECTION 01 정보주체의 권리

빈출태그 정보주체의 권리 유형

1) 정보주체의 권리 개념
개인정보주체가 자신의 개인정보에 대해 행사할 수 있는 법적 권리를 말한다.

2) 정보주체 권리 유형
- 개인정보 처리에 관한 정보를 제공받을 권리
- 동의 여부, 동의 범위 등을 선택하고 결정할 권리
- 개인정보의 처리 여부를 확인하고 개인정보 열람(사본 발급 포함) 및 전송을 요구할 권리
- 개인정보의 처리 정지, 정정, 삭제, 파기를 요구할 권리
- 개인정보 처리로 인한 피해를 신속하고 공정한 절차에 따라 구제받을 권리
- 완전히 자동화된 개인정보 처리에 따른 결정을 거부하거나 그에 대한 설명 등을 요구할 권리

> **관련법령**
>
> **개인정보 보호법 제4조(정보주체의 권리)**
> 1. 개인정보의 처리에 관한 **정보를 제공받을 권리**
> 2. 개인정보의 처리에 관한 동의 여부, 동의 범위 등을 **선택하고 결정할 권리**
> 3. 개인정보의 처리 여부를 확인하고 개인정보에 대한 열람(사본의 발급을 포함한다. 이하 같다) 및 **전송을 요구할 권리**
> 4. 개인정보의 처리 **정지, 정정·삭제 및 파기를 요구할 권리**
> 5. 개인정보의 처리로 인하여 발생한 피해를 신속하고 공정한 절차에 따라 **구제받을 권리**
> 6. 완전히 **자동화된 개인정보 처리**에 따른 결정을 거부하거나 그에 대한 설명 등을 **요구할 권리**

SECTION 02 개인정보 처리에 관한 정보를 제공받을 권리

빈출 태그 개인정보 전송 요구권

1) 권리 설명

'개인정보의 처리에 관한 정보를 제공받을 권리'는 개인정보의 처리와 관련하여 정보주체가 자신의 개인정보가 어떻게 수집, 저장, 이용되는지 명확하게 알 권리를 보장한다. 개인정보처리자는 개인정보 처리방침 등을 통해 개인정보 처리에 관한 사항을 공개하여야 하고, 정보주체의 요구가 있을 때 처리 목적, 처리하는 개인정보 항목, 개인정보의 보유 및 이용 기간 등을 정보주체에게 제공해야 한다.

2) 개인정보의 전송 요구

정보주체는 개인정보 처리 능력 등을 고려하여 정하는 기준에 해당하는 개인정보처리자에 대해 아래 요건을 모두 충족하는 개인정보를 자신에게 전송할 것을 요구할 수 있다.

① 개인정보 전송 요구 가능 요건

- 정보주체가 전송을 요구하는 개인정보가 정보주체 본인에 관한 개인정보
  - 개인정보 수집·이용 동의, 민감정보 수집·이용 동의, 고유식별정보 수집·이용 동의에 따라 처리되는 개인정보
  - 체결한 계약을 이행하거나 계약을 체결하는 과정에서 정보주체 요청에 따른 조치 이행에 처리되는 개인정보
  - 정보주체의 이익이나 공익적 목적을 위해 관계 중앙행정기관의 장의 요청에 따라 개인정보보호위원회 심의·의결된 개인정보
- 전송을 요구하는 개인정보가 개인정보처리자가 수집한 개인정보를 기초로 분석·가공하여 별도로 생성한 정보가 아닌 정보
- 전송을 요구하는 개인정보가 컴퓨터 등 정보처리장치로 처리되는 개인정보

② 주의사항

- 개인정보 전송을 요구받은 개인정보처리자는 일부 법률의 규정❶에도 불구하고 정보 주체에 관한 개인정보를 전송해야 한다.
- 정보주체는 전송 요구를 철회할 수 있다.
- 정보주체의 본인 여부가 확인되지 아니하는 경우 등에는 전송 요구를 거절하거나 전송을 중단 가능하다.
- 정보주체는 전송 요구로 인하여 타인의 권리나 정당한 이익을 침해해서는 안 된다.

❶ 국세기본법 제81조의13 및 지방세기본법 제86조 및 그 밖의 유사 대통령령으로 정하는 법률의 규정

➕ 더 알기 TIP

개인정보 열람권과 본인전송요구권 간의 차이점은 무엇인가요?

개인정보 보호법 제35조의 '개인정보 열람권'이 정보주체가 개인정보의 처리현황 등에 대한 확인을 요구할 수 있는 권리라면, 보호법 제35조의2제1항의 '본인전송요구권'은 열람권에서 더 나아가 '컴퓨터 등 정보처리장치로 처리 가능한 형태'로 개인정보를 전송받아 정보주체가 원하는 시기·방식으로 활용하는 등 정보주체의 개인정보 자기결정권을 보다 강화한 권리입니다.

제3자 제공과 제3자전송요구권 간의 차이점은 무엇인가요?

개인정보 보호법 제17조의 '제3자 제공'은 개인정보를 보유한 개인정보처리자인 기업·기관이 중심이 되어 개인정보처리자의 필요에 따라 제공받는 자, 제공하는 정보의 범위 등을 정하고 정보주체는 동의 여부만을 결정할 수 있는 반면, 보호법 제35조의2제2항의 '제3자전송요구권'은 정보주체가 중심이 되어 자신이 원하는 바에 따라 자신의 개인정보를 전송 및 활용하는 제도로서 정보주체가 보다 적극적·중심적으로 자신의 정보에 대한 관리·통제가 가능합니다.

보호법상 개인정보 전송요구권 조항이 해외사업자에도 적용되나요?

개인정보 보호법은 내국인을 대상으로 서비스를 제공하는 해외사업자에게도 보호법에 따른 의무를 이행하도록 적용하고 있습니다. 따라서 개인정보 전송요구권 관련 규정도 해외사업자에게 원칙적으로 적용됩니다.

3) 개인정보 전송요구 체계

구분		설명
유형	본인전송요구	정보주체가 개인정보처리자에게 본인의 개인정보를 자신에게 전송할 것을 요구할 수 있는 권리
	제3자전송요구	정보주체가 개인정보처리자에게 본인의 개인정보를 제3자(개인정보관리 전문기관, 일반수신자)에게 전송할 것을 요구할 수 있는 권리
정보주체		개인정보처리자가 보유한 개인정보의 주체가 되는 자로, 기업·기관의 플랫폼·앱(APP)을 통해 자신의 개인정보에 대해 전송요구권을 행사하는 주체
정보전송자		정보주체의 전송 요구에 따라 보유하고 있는 개인정보를 정보주체 본인 또는 제3자(개인정보관리 전문기관, 일반수신자)에게 전송하는 개인정보처리자
정보수신자		제3자전송요구에 따라 개인정보를 안전하게 전송받는 자로, ①개인정보관리 전문기관(일반·특수전문기관)과 ②일반수신자로 구성
중계전문기관		개인정보 전송 중계에 필요한 기능을 제공하고 관련 시스템을 운영하는 업무 및 정보전송자의 전송을 지원하는 업무를 수행하는 자
개인정보 전송지원 플랫폼		전송이력 확인·전송 관리 등 정보주체의 개인정보 전송요구권의 전 이행 과정을 기술적으로 지원하는 온라인 채널

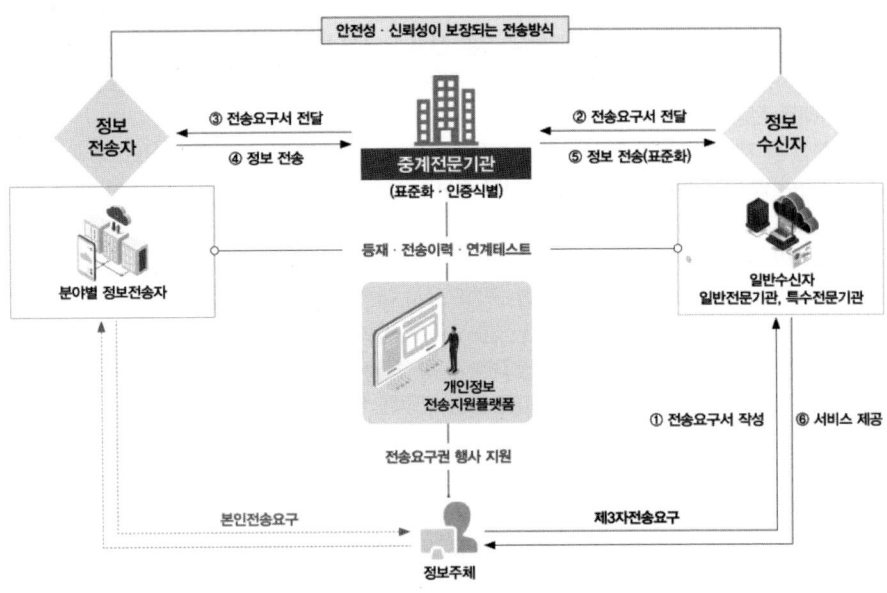

▲ 개인정보 전송요구권 체계(출처: 개인정보 포털)

관련법령

개인정보 보호법 제35조의2(개인정보의 전송 요구)

① 정보주체는 개인정보 처리 능력 등을 고려하여 대통령령으로 정하는 기준에 해당하는 개인정보처리자에 대하여 다음 각 호의 요건을 모두 충족하는 **개인정보를 자신에게로 전송할 것을 요구할 수 있다.**
  1. 정보주체가 전송을 요구하는 개인정보가 정보주체 **본인에 관한 개인정보**로서 다음 각 목의 어느 하나에 해당하는 정보일 것
     가. 제15조 제1항 제1호, 제23조 제1항 제1호 또는 제24조 제1항 제1호에 따른 동의를 받아 처리되는 개인정보
     나. 제15조 제1항 제4호에 따라 체결한 계약을 이행하거나 계약을 체결하는 과정에서 정보주체의 요청에 따른 조치를 이행하기 위하여 처리되는 개인정보
     다. 제15조 제1항 제2호·제3호, 제23조 제1항 제2호 또는 제24조 제1항 제2호에 따라 처리되는 개인정보 중 정보주체의 이익이나 공익적 목적을 위하여 관계 중앙행정기관의 장의 요청에 따라 보호위원회가 심의·의결하여 전송 요구의 대상으로 지정한 개인정보
  2. 전송을 요구하는 개인정보가 개인정보처리자가 수집한 개인정보를 기초로 분석·가공하여 별도로 생성한 정보가 아닐 것
  3. 전송을 요구하는 개인정보가 컴퓨터 등 정보처리장치로 처리되는 개인정보일 것
② 정보주체는 매출액, 개인정보의 보유 규모, 개인정보 처리 능력, 산업별 특성 등을 고려하여 대통령령으로 정하는 기준에 해당하는 개인정보처리자에 대하여 제1항에 따른 전송 요구 대상인 개인정보를 기술적으로 허용되는 합리적인 범위에서 다음 각 호의 자에게 전송할 것을 요구할 수 있다.
  1. 제35조의3 제1항에 따른 개인정보 관리 전문기관
  2. 제29조에 따른 안전조치의무를 이행하고 대통령령으로 정하는 시설 및 기술 기준을 충족하는 자

③ 개인정보처리자는 제1항 및 제2항에 따른 전송 요구를 받은 경우에는 시간, 비용, 기술적으로 허용되는 합리적인 범위에서 해당 정보를 컴퓨터 등 정보처리장치로 처리 가능한 형태로 전송하여야 한다.
④ 제1항 및 제2항에 따른 **전송 요구를 받은 개인정보처리자**는 다음 각 호의 어느 하나에 해당하는 **법률의 관련 규정에도 불구하고 정보주체에 관한 개인정보를 전송**하여야 한다.
  1. 「국세기본법」 제81조의13
  2. 「지방세기본법」 제86조
  3. 그 밖에 제1호 및 제2호와 유사한 규정으로서 대통령령으로 정하는 **법률의 규정**
⑤ 정보주체는 제1항 및 제2항에 따른 전송 요구를 철회할 수 있다.
⑥ 개인정보처리자는 정보주체의 본인 여부가 확인되지 아니하는 경우 등 대통령령으로 정하는 경우에는 제1항 및 제2항에 따른 전송 요구를 거절하거나 전송을 중단할 수 있다.
⑦ 정보주체는 제1항 및 제2항에 따른 전송 요구로 인하여 타인의 권리나 정당한 이익을 침해하여서는 아니 된다.
⑧ 제1항부터 제7항까지에서 규정한 사항 외에 전송 요구의 대상이 되는 정보의 범위, 전송 요구의 방법, 전송의 기한 및 방법, 전송 요구 철회의 방법, 전송 요구의 거절 및 전송 중단의 방법 등 필요한 사항은 대통령령으로 정한다.

SECTION 03 개인정보 처리에 관한 동의 권리

출제빈도 상 중 하
반복학습 1 2 3

빈출 태그 동의 받는 방법, 동의 받을 때 중요한 내용 표시방법

1) 권리 설명

개인정보처리자가 개인정보를 처리하기 위해서는 정보주체의 명시적 동의가 필요하다. 이는 개인정보를 수집할 해당 정보가 왜 필요한지, 어떻게 사용될지 등을 포함하여 명확하고 구체적으로 설명해야 하고 정보주체는 이러한 개인정보 처리에 관해 자유롭게 동의하거나 거부할 권리가 있다.

2) 동의, 통지, 안내의 구분

구분	동의	통지	안내(공개 · 게시)
정의	정보주체가 개인정보 처리에 관해 승낙하겠다는 의사표시	법이 정하는 일정 사항을 정보주체 개개인에게 도달되도록 알리는 행위	법이 정하는 일정 사항을 정보주체 누구나 열람 · 확인 가능한 상태로 두는 행위
개별적 연락	○	○	X
정보주체 회신	○	X	X

3) 정보주체의 동의가 적법하기 위한 조건

정보주체의 동의를 받을 때는 아래 항목을 모두 충족해야 한다.
- 정보주체가 자유로운 의사에 따라 동의 여부를 결정할 수 있어야 한다.
- 동의 내용이 구체적이고 명확해야 한다.
- 평이하고 이해하기 쉬운 문구를 사용해야 한다.
- 정보주체에게 동의 여부에 대한 의사를 명확하게 표시할 수 있는 방법을 제공해야 한다.

4) 정보주체의 동의를 받는 방법

- 동의 내용이 적힌 서면을 정보주체에게 직접 발급하거나 우편 또는 팩스 등의 방법으로 전달하고, 정보주체가 서명하거나 날인한 동의서를 받는 방법
- 전화를 통하여 동의 내용을 정보주체에게 알리고 동의의 의사표시를 확인하는 방법
- 전화를 통하여 동의 내용을 정보주체에게 알리고 정보주체에게 인터넷주소 등을 통하여 동의 사항을 확인하도록 한 후 다시 전화를 통하여 그 동의 사항에 대한 동의의 의사표시를 확인하는 방법
- 인터넷 홈페이지 등에 동의 내용을 게재하고 정보주체가 동의 여부를 표시하도록 하는 방법

> **기적의 TIP**
>
> 서면 동의 시 중요한 내용의 표시방법(개인정보 처리 방법에 관한 고시 제4조)
> - 글씨의 크기, 색깔, 굵기 또는 밑줄 등을 통하여 그 내용이 명확히 표시
> - 동의 사항이 많아 중요한 내용이 명확히 구분되기 어려운 경우에는 중요한 내용이 쉽게 확인될 수 있도록 그 밖의 내용과 별도로 구분하여 표시

- 동의 내용이 적힌 전자우편을 발송하여 정보주체로부터 동의의 의사표시가 적힌 전자우편을 받는 방법
- 그 밖에 제1호부터 제5호까지의 규정에 따른 방법에 준하는 방법으로 동의 내용을 알리고 동의의 의사표시를 확인하는 방법

5) 정보주체에게 동의를 받을 때 구분해서 동의를 받아야 하는 경우

- 개인정보 수집·이용(제15조 제1항 제1호)
- 개인정보 제공(제17조 제1항 제1호)
- 개인정보의 목적 외 이용·제공 및 제3자 제공(제18조 제2항 제1호)
- 개인정보를 제공받은 자의 이용·제공 제한(제19조 제1호)
- 민감정보의 처리 제한(제23조 제1항 제1호)
- 고유식별정보의 처리 제한(24조 제1항 제1호)
- 재화나 서비스를 홍보하거나 판매를 권유하기 위한 개인정보 처리

> **관련법령**
>
> **개인정보 보호법 제22조(동의를 받는 방법)**
>
> ① 개인정보처리자는 이 법에 따른 개인정보의 처리에 대하여 정보주체(제22조의2 제1항에 따른 법정대리인을 포함한다. 이하 이 조에서 같다)의 **동의를 받을 때에는 각각의 동의 사항을 구분하여 정보주체가 이를 명확하게 인지할 수 있도록 알리고 동의를 받아야 한다.** 이 경우 다음 각 호의 경우에는 동의 사항을 구분하여 각각 동의를 받아야 한다.
> 1. 제15조 제1항 제1호에 따라 동의를 받는 경우
> 2. 제17조 제1항 제1호에 따라 동의를 받는 경우
> 3. 제18조 제2항 제1호에 따라 동의를 받는 경우
> 4. 제19조 제1호에 따라 동의를 받는 경우
> 5. 제23조 제1항제1호에 따라 동의를 받는 경우
> 6. 제24조 제1항 제1호에 따라 동의를 받는 경우
> 7. 재화나 서비스를 <u>홍보하거나 판매를 권유</u>하기 위하여 개인정보의 처리에 대한 동의를 받으려는 경우
> 8. 그 밖에 정보주체를 보호하기 위하여 동의 사항을 구분하여 동의를 받아야 할 필요가 있는 경우로서 대통령령으로 정하는 경우
>
> ② 개인정보처리자는 <u>제1항의 동의를 서면</u>(「전자문서 및 전자거래 기본법」 제2조 제1호에 따른 전자문서를 포함한다)으로 받을 때에는 <u>개인정보의 수집·이용 목적, 수집·이용하려는 개인정보의 항목 등 대통령령으로 정하는 중요한 내용</u>을 보호위원회가 고시로 정하는 방법에 따라 <u>명확히 표시하여 알아보기 쉽게 하여야 한다.</u>
>
> ③ 개인정보처리자는 <u>정보주체의 동의 없이 처리할 수 있는 개인정보</u>에 대해서는 <u>그 항목과 처리의 법적 근거를 정보주체의 동의를 받아 처리하는 개인정보와 구분</u>하여 제30조 제2항에 따라 <u>공개하거나 전자우편 등 대통령령으로 정하는 방법에 따라 정보주체에게 알려야 한다.</u> 이 경우 동의 없이 처리할 수 있는 개인정보라는 입증 책임은 개인정보처리자가 부담한다.
>
> ⑤ 개인정보처리자는 정보주체가 선택적으로 동의할 수 있는 사항을 동의하지 아니하거나 제1항 제3호 및 제7호에 따른 동의를 하지 아니한다는 이유로 정보주체에게 재화 또는 서비스의 제공을 거부하여서는 아니 된다.

⑦ 제1항부터 제5항까지에서 규정한 사항 외에 정보주체의 동의를 받는 세부적인 방법에 관하여 필요한 사항은 개인정보의 수집 매체 등을 고려하여 대통령령으로 정한다.

개인정보 보호법 시행령 제17조(동의를 받는 방법)
① 개인정보처리자는 법 제22조에 따라 개인정보의 처리에 대하여 **정보주체의 동의**를 받을 때에는 **다음 각 호의 조건을 모두 충족**해야 한다.
  1. 정보주체가 자유로운 의사에 따라 동의 여부를 결정할 수 있을 것
  2. 동의를 받으려는 내용이 구체적이고 명확할 것
  3. 그 내용을 쉽게 읽고 이해할 수 있는 문구를 사용할 것
  4. 동의 여부를 명확하게 표시할 수 있는 방법을 정보주체에게 제공할 것
② 개인정보처리자는 법 제22조에 따라 개인정보의 처리에 대하여 다음 각 호의 어느 하나에 해당하는 방법으로 정보주체의 동의를 받아야 한다.
  1. **동의 내용이 적힌 서면을 정보주체에게 직접 발급**하거나 **우편 또는 팩스 등**의 방법으로 전달하고, **정보주체가 서명하거나 날인한 동의서를 받는 방법**
  2. **전화**를 통하여 동의 내용을 정보주체에게 알리고 **동의의 의사표시를 확인**하는 방법
  3. **전화**를 통하여 동의 내용을 정보주체에게 알리고 정보주체에게 **인터넷주소 등을 통하여 동의 사항을 확인**하도록 한 후 다시 전화를 통하여 그 동의 사항에 대한 동의의 의사표시를 확인하는 방법
  4. 인터넷 홈페이지 등에 동의 내용을 게재하고 정보주체가 **동의 여부를 표시**하도록 하는 방법
  5. **동의 내용이 적힌 전자우편**을 발송하여 정보주체로부터 **동의의 의사표시가 적힌 전자우편을 받는 방법**
  6. 그 밖에 제1호부터 제5호까지의 규정에 따른 방법에 준하는 방법으로 동의 내용을 알리고 동의의 의사표시를 확인하는 방법
③ 법 제22조 제2항에서 "대통령령으로 정하는 중요한 내용"이란 다음 각 호의 사항을 말한다.
  1. 개인정보의 수집·이용 목적 중 재화나 서비스의 홍보 또는 판매 권유 등을 위하여 해당 개인정보를 이용하여 정보주체에게 연락할 수 있다는 사실
  2. 처리하려는 개인정보의 항목 중 다음 각 목의 사항
    가. 민감정보
    나. 제19조제2호부터 제4호까지의 규정에 따른 여권번호, 운전면허의 면허번호 및 외국인등록번호
  3. 개인정보의 보유 및 이용 기간(제공 시에는 제공받는 자의 보유 및 이용 기간을 말한다)
  4. 개인정보를 제공받는 자 및 개인정보를 제공받는 자의 개인정보 이용 목적
④ 개인정보처리자는 정보주체로부터 법 제22조제1항 각 호에 따른 동의를 받으려는 때에는 정보주체가 동의 여부를 선택할 수 있다는 사실을 명확하게 알 수 있도록 표시해야 한다.
⑤ 법 제22조제3항 전단에서 "**대통령령으로 정하는 방법**"이란 **서면, 전자우편, 팩스, 전화, 문자전송 또는 이에 상당하는 방법**(이하 "**서면등의 방법**"이라 한다)을 말한다.
⑥ 중앙행정기관의 장은 제2항에 따른 동의방법 중 소관 분야의 개인정보처리자별 업무, 업종의 특성 및 정보주체의 수 등을 고려하여 적절한 동의방법에 관한 기준을 법 제12조제2항에 따른 개인정보 보호지침(이하 "개인정보 보호지침"이라 한다)으로 정하여 그 기준에 따라 동의를 받도록 개인정보 처리자에게 권장할 수 있다.

SECTION 04 개인정보 열람 권리

빈출 태그 10일 이내 열람 요구 응답

1) 열람 요청

① 정보주체는 개인정보처리자가 처리하는 자신의 개인정보에 대한 열람을 해당 개인정보 처리자에게 요구할 수 있다. 정보주체가 공공기관에 열람을 요구할 때는 직접 열람을 요구하거나 개인정보보호위원회에 열람요구서를 제출하여 열람 요구가 가능하다.

② 정보주체가 열람 및 제공을 요구할 수 있는 정보는 아래와 같다.
- 개인정보의 항목 및 내용
- 개인정보의 수집·이용의 목적
- 개인정보 보유 및 이용 기간
- 개인정보의 제3자 제공 현황
- 개인정보 처리에 동의한 사실 및 내용

2) 열람 요구 응답 기간

개인정보처리자는 대통령령으로 정하는 기간 내 열람 요구에 응해야 하며, 열람 요구를 받았을 때는 10일 이내에 정보주체가 해당 개인정보를 열람할 수 있도록 해야 한다.

3) 열람 요구 제한 및 거절 사유

- 법률에 따라 열람이 금지되거나 제한되는 경우
- 다른 사람의 생명·신체를 해할 우려가 있거나 다른 사람의 재산과 그 밖의 이익을 부당하게 침해할 우려가 있는 경우
- 공공기관이 조세의 부과·징수 또는 환급에 관한 업무를 수행할 때 중대한 지장을 초래하는 경우
- 「초·중등교육법」 및 「고등교육법」에 따른 각급 학교, 「평생교육법」에 따른 평생교육시설, 그 밖의 다른 법률에 따라 설치된 고등교육기관에서의 성적 평가 또는 입학자 선발에 관한 업무를 수행할 때 중대한 지장을 초래하는 경우
- 학력·기능 및 채용에 관한 시험, 자격 심사에 관한 업무를 수행할 때 중대한 지장을 초래하는 경우
- 보상금·급부금 산정 등에 대하여 진행 중인 평가 또는 판단에 관한 업무를 수행할 때 중대한 지장을 초래하는 경우
- 다른 법률에 따라 진행 중인 감사 및 조사에 관한 업무를 수행할 때 중대한 지장을 초래하는 경우

> **기적의 TIP**
> 가명정보는 이름, 주소, 연락처 등 특정 개인을 알아볼 수 있는 정보가 포함되어 있지 않아 열람권(제35조), 정정·삭제권(제36조), 처리정지권(제37조) 적용이 배제된다. 다만 가명처리 시에는 열람권을 행사할 수 있다.

> **기적의 TIP**
> CCTV 열람 신청 시 모자이크 처리 비용 관련하여 열람에 드는 비용은 열람요구자가 부담한다. (표준 해석례 67)
> 단, 사유가 개인정보 처리자에게 있으면 정보주체는 열람에 드는 비용을 개인정보처리자에게 요구할 수 있다.

관련법령

개인정보 보호법 제35조(개인정보의 열람)

① 정보주체는 개인정보처리자가 처리하는 자신의 개인정보에 대한 열람을 해당 개인정보처리자에게 요구할 수 있다.
② 제1항에도 불구하고 정보주체가 자신의 개인정보에 대한 열람을 공공기관에 요구하고자 할 때에는 **공공기관에 직접 열람을 요구**하거나 대통령령으로 정하는 바에 따라 **보호위원회를 통하여 열람을 요구할 수 있다.**
③ 개인정보처리자는 제1항 및 제2항에 따른 열람을 요구받았을 때에는 대통령령으로 정하는 기간 내에 정보주체가 해당 개인정보를 열람할 수 있도록 하여야 한다. 이 경우 해당 기간 내에 열람할 수 없는 정당한 사유가 있을 때에는 정보주체에게 그 사유를 알리고 열람을 연기할 수 있으며, 그 사유가 소멸하면 지체없이 열람하게 하여야 한다.
④ 개인정보처리자는 다음 각 호의 어느 하나에 해당하는 경우에는 **정보주체에게 그 사유를 알리고 열람을 제한하거나 거절할 수 있다.**
  1. **법률**에 따라 열람이 금지되거나 제한되는 경우
  2. 다른 사람의 **생명·신체를 해할 우려**가 있거나 다른 사람의 **재산과 그 밖의 이익을 부당하게 침해**할 우려가 있는 경우
  3. 공공기관이 다음 각 목의 어느 하나에 해당하는 업무를 수행할 때 중대한 지장을 초래하는 경우
     가. **조세**의 부과·징수 또는 환급에 관한 업무
     나. 「초·중등교육법」 및 「고등교육법」에 따른 각급 학교, 「평생교육법」에 따른 평생교육시설, 그 밖의 다른 법률에 따라 설치된 고등교육기관에서의 **성적 평가 또는 입학자 선발에 관한 업무**
     다. **학력·기능 및 채용에 관한 시험, 자격 심사**에 관한 업무
     라. **보상금·급부금 산정** 등에 대하여 진행 중인 평가 또는 판단에 관한 업무
     마. 다른 법률에 따라 진행 중인 **감사 및 조사**에 관한 업무
⑤ 제1항부터 제4항까지의 규정에 따른 열람 요구, 열람 제한, 통지 등의 방법 및 절차에 관하여 필요한 사항은 대통령령으로 정한다.

개인정보 보호법 시행령 제41조(개인정보의 열람절차 등)

① 정보주체는 법 제35조 제1항에 따라 자신의 개인정보에 대한 열람을 요구하려면 다음 각 호의 사항 중 열람하려는 사항을 개인정보처리자가 마련한 방법과 절차에 따라 요구하여야 한다.
  1. 개인정보의 **항목 및 내용**
  2. 개인정보의 수집·이용의 **목적**
  3. 개인정보 보유 및 이용 **기간**
  4. 개인정보의 **제3자 제공 현황**
  5. 개인정보 **처리에 동의한 사실 및 내용**
② 개인정보처리자는 제1항에 따른 **열람 요구 방법과 절차**를 마련하는 경우 해당 개인정보의 수집 방법과 절차에 비하여 어렵지 아니하도록 다음 각 호의 사항을 준수하여야 한다.
  1. 서면, 전화, 전자우편, 인터넷 등 정보주체가 쉽게 활용할 수 있는 방법으로 제공할 것
  2. 개인정보를 수집한 창구의 지속적 운영이 곤란한 경우 등 정당한 사유가 있는 경우를 제외하고는 최소한 개인정보를 수집한 창구 또는 방법과 동일하게 개인정보의 열람을 요구할 수 있도록 할 것
  3. 인터넷 홈페이지를 운영하는 개인정보처리자는 홈페이지에 열람 요구 방법과 절차를 공개할 것

③ 정보주체가 법 제35조 제2항에 따라 보호위원회를 통하여 자신의 개인정보에 대한 열람을 요구하려는 경우에는 보호위원회가 정하여 고시하는 바에 따라 제1항 각 호의 사항 중 열람하려는 사항을 표시한 개인정보 열람요구서를 보호위원회에 제출해야 한다. 이 경우 보호위원회는 지체없이 그 개인정보 열람요구서를 해당 공공기관에 이송해야 한다.
④ 법 제35조 제3항 전단에서 **"대통령령으로 정하는 기간"이란 10일을 말한다.**
⑤ 개인정보처리자는 제1항 및 제3항에 따른 **개인정보 열람 요구를 받은 날부터 10일 이내**에 정보주체에게 해당 개인정보를 열람할 수 있도록 하는 경우와 제42조 제1항에 따라 열람 요구사항 중 일부를 열람하게 하는 경우에는 열람할 개인정보와 열람이 가능한 날짜·시간 및 장소 등(제42조 제1항에 따라 열람 요구사항 중 일부만을 열람하게 하는 경우에는 그 사유와 이의제기 방법을 포함한다)을 보호위원회가 정하여 고시하는 열람통지서로 해당 정보주체에게 알려야 한다. 다만, 즉시 열람하게 하는 경우에는 열람통지서 발급을 생략할 수 있다.

SECTION 05 개인정보 정정·삭제 권리

출제빈도 상 중 하
반복학습 1 2 3

빈출 태그 삭제 요구 시 10일 이내 필요조치 후 통지 · 잊힐 권리

▶ 합격 강의

1) 개인정보 정정 · 삭제 요청

자신의 개인정보를 열람한 정보주체는 개인정보 처리자에게 그 개인정보의 정정 또는 삭제를 요구할 수 있다. 단, 다른 법령에서 개인정보가 수집 대상으로 명시 시 삭제 요구 불가하다.

개인정보처리자는 삭제를 요구받았을 경우, 복구 또는 재생되지 않도록 조치하여야 하며, 다른 법령에서 수집 대상으로 명시되어 삭제 불가 시 그 내용을 정보주체에게 통지하여야 한다.

2) 정정 · 삭제 처리 기한

개인정보처리자는 정보주체의 정정 · 삭제를 요구 시, 10일 이내에 개인정보를 조사하여 요구에 따른 필요 조치를 한 후 그 결과를 정보주체에게 통지하여야 한다.

그 정보가 다른 법령에서 수집 대상 명시 등의 사유로 삭제가 불가할 때 해당 사실, 이유, 이의제기 방법을 통지서로 해당 정보주체에게 10일 이내에 알려야 한다.

3) 정정 · 삭제 관련 제도

① 개인정보보호위원회 잊힐 권리(지우개) 서비스
- 아동 · 청소년 시기에 작성한 게시물 중 개인정보가 포함되어 있는 게시물에 대해 삭제되도록 하거나 다른 사람이 검색하지 못하도록 처리해 주는 서비스

② 개인정보보호위원회 웹사이트 회원탈퇴 서비스
- 명의도용이 의심되거나 더이상 이용을 원하지 않는 불필요한 웹사이트에 대한 회원 탈퇴 처리 대행해 주는 서비스

> **관련법령**
>
> **개인정보 보호법 제36조(개인정보의 정정 · 삭제)**
> ① 제35조에 따라 자신의 개인정보를 열람한 정보주체는 개인정보 처리자에게 그 개인정보의 정정 또는 삭제를 요구할 수 있다. 다만, **다른 법령에서 그 개인정보가 수집 대상으로 명시되어 있는 경우에는 그 삭제를 요구할 수 없다.**
> ② 개인정보처리자는 제1항에 따른 정보주체의 요구를 받았을 때에는 개인정보의 정정 또는 삭제에 관하여 다른 법령에 특별한 절차가 규정되어 있는 경우를 제외하고는 **지체없이** 그 개인정보를 조사하여 정보주체의 요구에 따라 **정정 · 삭제 등 필요한 조치**를 한 후 **그 결과를 정보주체에게 알려야 한다.**
> ③ 개인정보처리자가 제2항에 따라 개인정보를 삭제할 때에는 **복구 또는 재생되지 아니하도록 조치**하여야 한다.

④ 개인정보처리자는 정보주체의 요구가 제1항 단서에 해당될 때에는 지체없이 그 내용을 정보주체에게 알려야 한다.
⑤ 개인정보처리자는 제2항에 따른 조사를 할 때 필요하면 해당 정보주체에게 정정·삭제 요구사항의 확인에 필요한 증거자료를 제출하게 할 수 있다.
⑥ 제1항·제2항 및 제4항에 따른 정정 또는 삭제 요구, 통지 방법 및 절차 등에 필요한 사항은 대통령령으로 정한다.

개인정보 보호법 시행령 제43조(개인정보의 정정·삭제 등)
① 정보주체는 법 제36조 제1항에 따라 개인정보 처리자에게 그 개인정보의 정정 또는 삭제를 요구하려면 **개인정보처리자가 마련한 방법과 절차에 따라 요구**하여야 한다. 이 경우 개인정보처리자가 개인정보의 정정 또는 삭제 요구 방법과 절차를 마련할 때에는 제41조 제2항을 준용하되, "열람"은 "정정 또는 삭제"로 본다.
② 다른 개인정보처리자로부터 개인정보를 제공받아 개인정보 파일을 처리하는 개인정보처리자는 법 제36조 1항에 따른 개인정보의 정정 또는 삭제 요구를 받으면 그 요구에 따라 해당 개인정보를 정정·삭제하거나 그 개인정보 정정·삭제에 관한 요구사항을 해당 개인정보를 제공한 기관의 장에게 지체없이 알리고 그 처리 결과에 따라 필요한 조치를 하여야 한다.
③ 개인정보처리자는 제1항과 제2항에 따른 **개인정보 정정·삭제 요구를 받은 날부터 10일 이내**에 법 제36조 제2항에 따라 해당 개인정보의 정정·삭제 등의 조치를 한 경우에는 그 조치를 한 사실을, 법 제36조 제1항 단서에 해당하여 삭제 요구에 따르지 아니한 경우에는 그 사실 및 이유와 이의제기 방법을 보호위원회가 정하여 고시하는 개인정보 정정·삭제 결과 통지서로 해당 정보주체에게 알려야 한다.

SECTION 06 개인정보 처리정지의 권리

빈출 태그 처리정지 요구 시 10일 이내 정지 후 결과 통보

1) 처리정지 요청

정보주체는 개인정보처리자에 대하여 자신의 개인정보 처리의 정지를 요구하거나 개인정보 처리에 대한 동의를 철회할 수 있다. 개인정보처리자가 공공기관인 경우, 등록 대상이 되는 개인정보 파일 중 자신의 개인정보에 대한 처리의 정지를 요구하거나 개인정보 처리에 대한 동의를 철회할 수 있다.

2) 처리정지 기한

개인정보처리자는 처리정지 요구를 받았을 때는 지체없이 정보주체 요구에 따라 10일 이내에 개인정보 처리의 전부를 정지하거나 일부를 정지 후 결과를 통지하여야 한다. 처리정지 요구 거절 또는 동의 철회에 따른 조치 미이행 시 정보주체에게 10일 이내에 그 사유를 알려야 한다.

3) 처리정지 제한 및 거절 사유

- 법률에 특별한 규정이 있거나 법령상 의무를 준수하기 위하여 불가피한 경우
- 다른 사람의 생명·신체를 해할 우려가 있거나 다른 사람의 재산과 그 밖의 이익을 부당하게 침해할 우려가 있는 경우
- 공공기관이 개인정보를 처리하지 아니하면 다른 법률에서 정하는 소관 업무를 수행할 수 없는 경우
- 개인정보를 처리하지 아니하면 정보주체와 약정한 서비스를 제공하지 못하는 등 계약의 이행이 곤란한 경우로서 정보주체가 그 계약의 해지 의사를 명확하게 밝히지 아니한 경우

➕ 더 알기 TIP

개인정보 수집·이용에 한번 동의하면 취소하지 못하나요?

정보주체는 개인정보처리자에 대하여 자신의 개인정보 처리에 대한 동의를 철회할 수 있습니다.
다만, 법률에 특별한 규정이 있는 등 예외적인 경우라면 동의 철회에 따른 조치가 이루어지지 않을 수 있습니다.

관련법령

개인정보 보호법 제37조(개인정보의 처리정지 등)

① 정보주체는 개인정보처리자에 대하여 자신의 개인정보 **처리의 정지를 요구**하거나 개인정보 처리에 대한 **동의를 철회**할 수 있다. 이 경우 **공공기관**에 대해서는 제32조에 따라 **등록 대상이 되는 개인정보 파일 중 자신의 개인정보**에 대한 처리의 정지를 요구하거나 개인정보 처리에 대한 동의를 철회할 수 있다.

② 개인정보처리자는 제1항에 따른 처리정지 요구를 받았을 때에는 **지체없이 정보주체의 요구에 따라 개인정보 처리의 전부를 정지하거나 일부를 정지**하여야 한다. 다만, 다음 각 호의 어느 하나에 해당하는 경우에는 정보주체의 **처리정지 요구를 거절**할 수 있다.

　1. **법률**에 특별한 규정이 있거나 법령상 의무를 준수하기 위하여 불가피한 경우
　2. 다른 사람의 **생명·신체를 해할 우려**가 있거나 다른 사람의 재산과 그 밖의 **이익을 부당하게 침해**할 우려가 있는 경우
　3. **공공기관**이 개인정보를 처리하지 아니하면 다른 법률에서 정하는 **소관 업무를 수행할 수 없는 경우**
　4. 개인정보를 처리하지 아니하면 정보주체와 약정한 서비스를 제공하지 못하는 등 **계약의 이행이 곤란한 경우**로서 정보주체가 그 계약의 해지 의사를 명확하게 밝히지 아니한 경우

③ 개인정보처리자는 정보주체가 제1항에 따라 **동의를 철회한 때에는 지체없이 수집된 개인정보를 복구·재생할 수 없도록 파기하는 등 필요한 조치**를 하여야 한다. 다만, 제2항 각 호의 어느 하나에 해당하는 경우에는 동의철회에 따른 조치를 하지 아니할 수 있다.

④ 개인정보처리자는 제2항 단서에 따라 처리정지 요구를 거절하거나 제3항 단서에 따라 동의철회에 따른 조치를 하지 아니하였을 때에는 정보주체에게 지체없이 그 사유를 알려야 한다.

⑤ 개인정보처리자는 정보주체의 요구에 따라 처리가 정지된 개인정보에 대하여 지체없이 해당 개인정보의 파기 등 필요한 조치를 하여야 한다.

⑥ 제1항부터 제5항까지의 규정에 따른 처리정지의 요구, 동의철회, 처리정지의 거절, 통지 등의 방법 및 절차에 필요한 사항은 대통령령으로 정한다.

개인정보 보호법 시행령 제44조(개인정보의 처리정지 등)

① 정보주체는 법 제37조 제1항에 따라 개인정보 처리자에게 자신의 개인정보 처리의 정지를 요구하려면 개인정보처리자가 마련한 방법과 절차에 따라 요구하여야 한다. 이 경우 개인정보처리자가 개인정보의 처리정지 요구 방법과 절차를 마련할 때에는 제41조 제2항을 준용하되, "열람"은 "처리정지"로 본다.

② 개인정보처리자는 제1항에 따른 개인정보 **처리정지 요구를 받은 날부터 10일 이내에** 법 제37조 제2항 본문에 따라 해당 개인정보의 처리정지 조치를 한 경우에는 그 조치를 한 사실을, 같은 항 단서에 해당하여 처리정지 요구에 따르지 않은 경우에는 그 사실 및 이유와 이의제기 방법을 보호위원회가 정하여 고시하는 개인정보 처리정지 요구에 대한 결과 통지서로 해당 정보주체에게 알려야 한다.

자동화된 결정에 대한 정보주체의 권리

SECTION 07

출제빈도 상 중 하
반복학습 1 2 3

빈출 태그 완전 자동화된 시스템, 개인정보 처리, 정보주체 권리 또는 의무에 영향을 미치는 결정

▶ 합격 강의

1) 자동화된 결정 개념

- 사람의 개입 없이 완전히 자동화된 시스템으로, 개인정보를 분석하는 등 처리하는 과정을 거쳐, 개인정보처리자가 정보주체의 권리 또는 의무에 영향을 미치는 최종적인 결정을 한 경우를 말한다.
- 결정이 이루어지는 과정에서 정당한 권한을 가진 사람에 의한 실질적인 개입이 없거나, 단순 결재 등 형식적인 절차만을 운영하고 있다면 사실상 사람의 개입 없이 이루어진 결정이므로 완전히 자동화된 결정에 해당할 수 있다.
- 정보주체인 사람의 개인정보 자기결정권을 보호하고자 하는 취지이므로 해당 정보주체의 개인정보를 처리하여 이루어지는 결정이어야 한다.
- 정보주체인 국민의 권리 또는 의무에 영향을 미치는 최종적인 결정인 경우에는 자동화된 결정의 범위에 포함된다. 다만, 개인정보처리자가 추천하고 정보주체가 선택·결정하는 맞춤형 광고·뉴스 추천, 본인확인 등 사실의 확인과 같은 경우는 자동화된 결정에 해당하지 않는다.

> **기적의 TIP**
>
> 개인정보 처리와 무관한 사업자 정보, 상품 정보 등을 처리하는 경우, 개인정보를 단순 난수 처리하거나 무작위 추출하는 경우 등은 자동화된 결정으로 해당하지 않는다.

2) 자동화된 결정에 대한 정보주체의 권리 등

① 정보주체의 권리가 인정되는 대상

- 정보주체의 권리가 인정되는 경우는 실질적이고 의미 있는 인적 개입이 없는 완전히 자동화된 결정일 때 정보주체의 권리가 인정된다.

② 자동화된 결정에 대한 정보주체의 권리

- 정보주체는 자동화된 결정이 자신의 권리 또는 의무에 영향을 미치는 경우에는 개인정보 처리자에게 해당 결정에 대한 설명 또는 검토해 줄 것을 요구할 수 있다.

```
사람의 개입이 없는 '완전히 자동화된 결정'이 내려지는 영역
    ├── 개인정보 처리의 투명성 확보
    │   [사전 공개] 자동화된 결정의 기준 및 절차, 처리되는 방식 등을 홈페이지 등에 공개
    └── 정보의 제공 등 대응권 보장
        [설명·검토 요구] 간결하고 의미있는 설명 또는 의견 반영 여부 및 결과 통보
        [거부] 권리·의무에 중대한 영향의 경우, 결정의 적용 배제 또는 인적 개입에 의한 재처리 조치 후 통보
```

▲ 자동화된 결정에 대한 정보주체 권리

③ 정보주체의 설명 요구 시 조치 및 제공설명 내용
- 해당 자동화된 결정의 기준 및 처리 과정 등에 대한 설명
- 정보주체가 개인정보 추가 등의 의견을 제출하여 개인정보처리자가 해당 의견을 자동화된 결정에 반영할 수 있는지에 대한 검토
- 해당 자동화된 결정의 결과
- 해당 자동화된 결정에 사용된 주요 개인정보의 유형
- 제2호에 따른 개인정보의 유형이 자동화된 결정에 미친 영향 등 자동화된 결정의 주요 기준
- 해당 자동화된 결정에 사용된 주요 개인정보의 처리 과정 등 자동화된 결정이 이루어지는 절차

④ 정보주체가 자동화된 결정 거부 시 개인정보처리자 조치항목
- 해당 자동화된 결정을 적용하지 않는 조치
- 정보주체가 인적 개입에 의한 재처리 조치

⑤ 자동화된 결정의 기준과 절차 등의 공개 방법
- 개인정보처리자는 자동화된 결정의 기준과 절차 등을 정보주체가 쉽게 확인할 수 있도록 인터넷 홈페이지 등을 통해 공개해야 한다. 단, 인터넷 홈페이지 등을 운영하지 않거나 지속적으로 알려야 할 필요가 없는 경우에는 미리 서면 등의 방법으로 정보주체에게 알릴 수 있다.
- 개인정보처리자는 공개 내용을 쉽게 알 수 있도록 표준화·체계화된 용어를 사용해야 하며, 정보주체가 쉽게 이해할 수 있도록 동영상·그림·도표 등 시각적인 방법 등을 활용할 수 있다.

⑥ 자동화된 결정의 기준과 절차 등의 공개 내용
- 자동화된 결정이 이루어진다는 사실과 그 목적 및 대상이 되는 정보주체의 범위
- 자동화된 결정에 사용되는 주요 개인정보의 유형과 자동화된 결정의 관계
- 자동화된 결정 과정에서의 고려사항 및 주요 개인정보가 처리되는 절차
- 자동화된 결정 과정에서 민감정보 또는 14세 미만 아동의 개인정보를 처리하는 경우 그 목적 및 처리하는 개인정보의 구체적인 항목
- 자동화된 결정에 대하여 정보주체가 거부·설명 등 요구를 할 수 있다는 사실과 그 방법 및 절차

⑦ 개인정보처리자의 거절 가능한 경우
- 다른 사람의 생명·신체·재산과 그 밖의 이익을 부당하게 침해할 우려가 있는 등 정당한 사유가 있는 경우에는 거절이 가능하다.
- 정당한 사유가 있는지 여부는 아래 사항을 종합적으로 고려하여 이익형량 과정을 거쳐 판단해야 한다.
    - 자동화된 결정에 대한 정보주체의 권리 성립요건 충족 여부
    - 법률에 특별한 규정이 있거나 법령상 의무준수를 위해 불가피한 상황인지 여부
    - 다른 사람의 생명·신체·재산과 그 밖의 이익을 부당하게 침해할 우려 여부
    - 개인정보처리자 또는 제3자의 재산상 권리를 부당하게 침해할 우려 여부

3) 자동화된 결정 사례

요소	자동화된 결정 경우	자동화된 결정 사례로 보기 힘든 경우
완전 자동화	인공지능(AI) 면접만을 통해서 응시자의 개인 정보를 분석하여 불합격 결정을 하는 경우	권한이 있는 인사위원회를 통해 실질적으로 채용 여부를 결정하는 절차를 운영하고, 인공지능(AI) 등 자동화된 시스템에 의해 산출된 자료를 참고하는 경우
개인정보 처리	AI 배차 플랫폼을 운영하면서 플랫폼 이용사업자의 이용기록 및 패턴(행태정보)을 분석하여 이용계정 중지 여부를 결정하는 경우	쇼핑 플랫폼에서 이용사업자의 상품 노출 순서를 자동으로 결정하는 경우에 이용사업자의 개인정보가 아닌 사업자정보 및 상품 정보만을 활용하는 경우
최종적 결정 여부	개인정보처리자가 AI 배차 등 분야에서 부정거래탐지시스템을 통한 개인정보 분석 등 처리 과정을 거쳐 계약 해지 등 불이익을 주는 최종적 결정을 한 경우	맞춤형 광고, 뉴스 추천 등과 같이 개인정보처리자가 추천하고 이용 여부에 대한 결정은 정보주체가 하는 경우로서 권리 또는 의무에 영향을 미치지 않는 경우

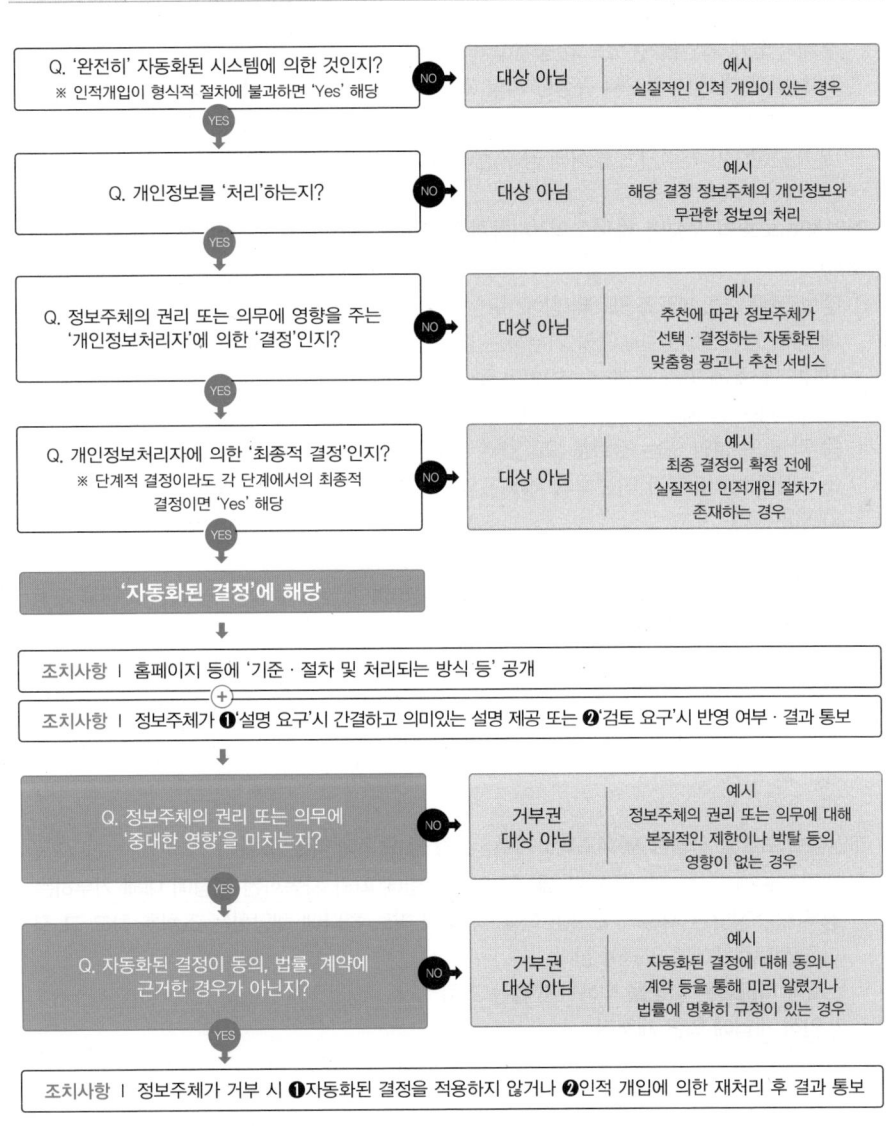

▲ 개인정보처리자를 위한 자동화된 결정 자율진단표

> **관련법령**

개인정보 보호법 제37조의2(자동화된 결정에 대한 정보주체의 권리 등)
① 정보주체는 완전히 자동화된 시스템(인공지능 기술을 적용한 시스템을 포함한다)으로 개인정보를 처리하여 이루어지는 결정(「행정 기본법」 제20조에 따른 행정청의 자동적 처분은 제외하며, 이하 이 조에서 **"자동화된 결정"**이라 한다)이 자신의 권리 또는 의무에 중대한 영향을 미치는 경우에는 해당 개인정보처리자에 대하여 **해당 결정을 거부할 수 있는 권리**를 가진다. 다만, 자동화된 결정이 제15조 제1항 제1호·제2호 및 제4호에 따라 이루어지는 경우에는 그러하지 아니하다.
② 정보주체는 개인정보처리자가 자동화된 결정을 한 경우에는 그 결정에 대하여 **설명 등을 요구**할 수 있다.
③ 개인정보처리자는 제1항 또는 제2항에 따라 정보주체가 자동화된 결정을 거부하거나 이에 대한 설명 등을 요구한 경우에는 정당한 사유가 없는 한 자동화된 결정을 적용하지 아니하거나 인적 개입에 의한 재처리·설명 등 필요한 조치를 하여야 한다.
④ 개인정보처리자는 자동화된 결정의 기준과 절차, 개인정보가 처리되는 방식 등을 정보주체가 쉽게 확인할 수 있도록 공개하여야 한다.
⑤ 제1항부터 제4항까지에서 규정한 사항 외에 자동화된 결정의 거부·설명 등을 요구하는 절차 및 방법, 거부·설명 등의 요구에 따른 필요한 조치, 자동화된 결정의 기준·절차 및 개인정보가 처리되는 방식의 공개 등에 필요한 사항은 대통령령으로 정한다.

개인정보 보호법 시행령 제44조의2(자동화된 결정에 대한 거부 및 설명 등 요구의 방법 및 절차)
① 정보주체는 법 제37조의2 제1항에 따른 자동화된 결정(이하 "자동화된 결정"이라 한다)에 대해 같은 항 본문에 따라 거부하는 경우에는 개인정보처리자가 마련하여 제44조의4 제1항 제5호에 따라 공개하는 방법과 절차에 따라야 한다.
② 정보주체는 법 제37조의2 제2항에 따라 자동화된 결정에 대해 개인정보처리자에게 다음 각 호의 설명 또는 검토를 요구할 수 있다. 이 경우 정보주체의 설명 또는 검토 요구는 개인정보처리자가 마련하여 제44조의4 제1항제5호에 따라 공개하는 방법과 절차에 따라야 한다.
  1. 해당 자동화된 결정의 기준 및 처리 과정 등에 대한 설명
  2. 정보주체가 개인정보 추가 등의 의견을 제출하여 개인정보처리자가 해당 의견을 자동화된 결정에 반영할 수 있는지에 대한 검토
③ 제1항 및 제2항에 따른 정보주체의 자동화된 결정에 대한 거부, 설명 및 검토 요구(이하 "거부·설명 등 요구"라 한다)의 방법과 절차를 개인정보처리자가 마련하는 경우 준수해야 할 사항에 관하여는 제41조 제2항을 준용한다. 이 경우 "열람 요구"는 "거부·설명 등 요구"로 본다.

개인정보 보호법 시행령 제44조의3(거부·설명 등 요구에 따른 조치)
① 개인정보처리자는 정보주체가 제44조의2 제1항에 따라 **자동화된 결정에 대해 거부**하는 경우에는 정당한 사유가 없으면 다음 각 호의 어느 하나에 해당하는 조치를 하고 그 결과를 정보주체에게 알려야 한다.
  1. **해당 자동화된 결정을 적용하지 않는 조치**
  2. **인적 개입에 의한 재처리**

② 개인정보처리자는 정보주체가 제44조의2 제2항에 따라 자동화된 결정에 대해 같은 항 제1호에 따른 설명을 요구하는 경우 정당한 사유가 없으면 다음 각 호의 사항을 포함한 **간결하고 의미 있는 설명을 정보주체에게 제공**해야 한다. 다만, 개인정보처리자는 해당 자동화된 결정이 정보주체의 권리 또는 의무에 중대한 영향을 미치지 않는 경우에는 정보주체에게 제44조의4 제1항 제2호 및 제3호의 사항을 알릴 수 있다.
  1. 해당 자동화된 결정의 **결과**
  2. 해당 자동화된 결정에 사용된 주요 개인정보의 **유형**
  3. 제2호에 따른 개인정보의 유형이 자동화된 결정에 미친 영향 등 **자동화된 결정의 주요 기준**
  4. 해당 자동화된 결정에 사용된 주요 개인정보의 처리 과정 등 **자동화된 결정이 이루어지는 절차**
③ 개인정보처리자는 정보주체가 제44조의2 제2항에 따라 같은 항 제2호에 따른 검토를 요구하는 경우에는 정당한 사유가 없으면 정보주체가 제출한 의견의 반영 여부를 검토하고 정보주체에게 반영 여부 및 반영 결과를 알려야 한다.
④ 개인정보처리자는 다른 사람의 생명·신체·재산과 그 밖의 이익을 부당하게 침해할 우려가 있는 등 정당한 사유가 있어 법 제38조 제5항에 따라 거부·설명 등 요구를 거절하는 경우에는 그 사유를 정보주체에게 지체없이 서면 등의 방법으로 알려야 한다.
⑤ 개인정보처리자는 제1항부터 제3항까지의 규정에 따라 정보주체의 거부·설명 등 요구에 따른 조치를 하는 경우에는 정보주체의 거부·설명 등 요구를 받은 날부터 30일 이내에 서면 등의 방법으로 해야 한다. 다만, 30일 이내에 처리하기 어려운 정당한 사유가 있는 경우에는 정보주체에게 그 사유를 알리고 2회에 한정하여 각각 30일의 범위에서 그 기간을 연장할 수 있다.
⑥ 제1항부터 제5항까지의 규정에 따른 정보주체의 거부·설명 등 요구에 따른 조치에 관한 세부 사항은 보호위원회가 정하여 고시한다.

개인정보 보호법 시행령 제44조의4(자동화된 결정의 기준과 절차 등의 공개)
① 개인정보처리자는 법 제37조의2 제4항에 따라 다음 각 호의 사항을 정보주체가 쉽게 확인할 수 있도록 **인터넷 홈페이지 등을 통해 공개**해야 한다. 다만, 인터넷 홈페이지 등을 운영하지 않거나 지속적으로 알려야 할 필요가 없는 경우에는 **미리 서면 등의 방법**으로 정보주체에게 알릴 수 있다.
  1. **자동화된 결정이 이루어진다는** 사실과 그 목적 및 대상이 되는 **정보주체의 범위**
  2. 자동화된 결정에 사용되는 주요 **개인정보의 유형**과 자동화된 결정의 관계
  3. 자동화된 결정 과정에서의 고려사항 및 주요 개인정보가 처리되는 **절차**
  4. 자동화된 결정 과정에서 **민감정보** 또는 **14세 미만 아동**의 개인정보를 처리하는 경우 그 목적 및 처리하는 **개인정보의 구체적인 항목**
  5. 자동화된 결정에 대하여 정보주체가 **거부·설명 등 요구**를 할 수 있다는 사실과 **그 방법 및 절차**
② 개인정보처리자는 제1항 각 호의 사항을 공개할 때에는 정보주체가 해당 내용을 쉽게 알 수 있도록 표준화·체계화된 용어를 사용해야 하며, 정보주체가 쉽게 이해할 수 있도록 동영상·그림·도표 등 시각적인 방법 등을 활용할 수 있다.

SECTION 08 권리행사의 방법 및 절차

빈출 태그 정보주체의 권리 행사 방법 및 절차 · 열람 등 요구

1) 정보주체는 아래의 요구들(이하 '열람 등 요구')을 법정대리인 또는 위임받은 자에게 위임장을 제출하여 대신 처리하게 할 수 있다.
   - 개인정보 열람
   - 개인정보의 전송 요구
   - 개인정보의 정정 · 삭제
   - 개인정보의 처리 정치 및 동의 철회
   - 자동화된 결정에 대한 거부 · 설명 등 요구
2) 만 14세 미만 아동의 법정대리인은 개인정보 처리자에게 그 아동의 개인정보 열람 등 요구를 할 수 있다.
3) 개인정보처리자는 열람 등 요구를 하는 자에게 수수료와 우송료(사본의 우송을 청구하는 경우에 한한다)를 청구할 수 있다.
   수수료와 우송료의 금액은 열람 등 요구에 필요한 실비의 범위에서 해당 개인정보 처리자가 정하는 바에 따른다. 단, 열람 등 요구를 하게 된 사유가 개인정보 처리자에게 있는 경우 청구가 불가하다.

관련법령

개인정보 보호법 제38조(권리행사의 방법 및 절차)
① 정보주체는 제35조에 따른 **열람**, 제35조의2에 따른 **전송**, 제36조에 따른 **정정 · 삭제**, 제37조에 따른 **처리정지 및 동의철회**, 제37조의2에 따른 **거부 · 설명 등의 요구**(이하 "열람 등 요구"라 한다)를 문서 등 대통령령으로 정하는 **방법 · 절차에 따라 대리인에게 하게 할 수 있다.**
② 만 14세 미만 아동의 법정대리인은 개인정보 처리자에게 그 아동의 개인정보 열람 등 요구를 할 수 있다.
③ 개인정보처리자는 열람 등 요구를 하는 자에게 대통령령으로 정하는 바에 따라 **수수료와 우송료(사본의 우송을 청구하는 경우에 한한다)를 청구할 수 있다.** 다만, 제35조의2 제2항에 따른 전송 요구의 경우에는 전송을 위해 추가로 필요한 설비 등을 함께 고려하여 수수료를 산정할 수 있다.
④ 개인정보처리자는 정보주체가 열람 등 요구를 할 수 있는 구체적인 **방법과 절차를 마련**하고, 이를 **정보주체가 알 수 있도록 공개하여야** 한다. 이 경우 **열람 등 요구의 방법과 절차**는 해당 **개인정보의 수집 방법과 절차보다 어렵지 아니하도록** 하여야 한다.
⑤ 개인정보처리자는 **정보주체가 열람 등 요구에 대한 거절 등 조치에 대하여 불복**이 있는 경우 이의를 제기할 수 있도록 **필요한 절차를 마련하고 안내**하여야 한다.

개인정보 보호법 시행령 제45조(대리인의 범위 등)
① 법 제38조에 따라 **정보주체를 대리할 수 있는 자**는 다음 각 호와 같다.
  1. **정보주체의 법정대리인**
  2. **정보주체로부터 위임을 받은 자**
② 제1항에 따른 대리인이 법 제38조에 따라 정보주체를 대리할 때에는 개인정보 처리자에게 보호위원회가 정하여 고시하는 정보주체의 위임장을 제출하여야 한다.

개인정보 보호법 시행령 제47조(수수료 등의 금액 등)
① 법 제38조 제3항에 따른 **수수료와 우송료의 금액은 열람 등 요구에 필요한 실비의 범위에서 해당 개인정보처리자가 정하는 바**에 따른다. 다만, 개인정보처리자가 지방자치단체인 경우에는 그 지방자치단체의 조례로 정하는 바에 따른다.
② 개인정보처리자는 **열람 등 요구를 하게 된 사유가 그 개인정보 처리자에게 있는 경우**에는 **수수료와 우송료를 청구해서는 아니 된다.**
③ 법 제38조 제3항에 따른 수수료 또는 우송료는 다음 각 호의 구분에 따른 방법으로 낸다. 다만, 국회, 법원, 헌법재판소, 중앙선거관리위원회, 중앙행정기관 및 그 소속 기관(이하 이 조에서 "국가기관"이라 한다) 또는 지방자치단체인 개인정보처리자는 「전자금융거래법」 제2조 제11호에 따른 전자지급수단 또는 「정보통신망 이용촉진 및 정보보호 등에 관한 법률」 제2조 제1항 제10호에 따른 통신과금 서비스를 이용하여 수수료 또는 우송료를 내게 할 수 있다.
  1. 국가기관인 개인정보 처리자에게 내는 경우: 수입인지
  2. 지방자치단체인 개인정보 처리자에게 내는 경우: 수입증지
  3. 국가기관 및 지방자치단체 외의 개인정보 처리자에게 내는 경우: 해당 개인정보처리자가 정하는 방법

표준 개인정보 보호지침 제34조(권리행사의 방법 및 절차)
① 개인정보처리자는 정보주체가 법 제38조 제1항에 따른 **열람 등 요구를 하는 경우**에는 개인정보를 **수집하는 방법과 동일하거나 보다 쉽게 정보주체가 열람 요구 등 권리를 행사**할 수 있도록 간편한 방법을 제공하여야 하며, 개인정보의 수집 시에 요구되지 않았던 증빙서류 등을 요구하거나 추가적인 절차를 요구할 수 없다.
② 제1항의 규정은 영 제46조에 따라 본인 또는 정당한 대리인임을 확인하고자 하는 경우와 영 제47조에 따른 수수료와 우송료의 정산에도 준용한다.

SECTION 09 손해배상책임

빈출 태그 개인정보 처리자의 손해배상책임 · 보험 · 의무대상자 범위

1) 개인정보처리자의 손해배상책임의 성립요건
- 위법한 침해행위의 존재
- 위법한 침해행위로 인하여 손해의 발생
- 위법한 침해행위와 손해 사이의 인과관계
- 고의 · 과실 및 책임능력의 존재

2) 손해배상청구와 법정손해배상청구

구분	손해배상책임 (개인정보 보호법 제39조)	법정손해배상의 청구 (개인정보 보호법 제39조2)
설명	개인정보처리자가 개인정보 보호법 위반행위를 한 경우 위반행위의 재발을 방지하기 위하여 정보주체에게 입증된 재산상 손해보다 훨씬 많은 금액의 배상하는 책임	정보주체가 개인정보의 분실 등으로 인한 구체적 손해액을 증명하지 않고, 법률에 규정된 손해액의 규정에 근거하여 손해를 배상
관련 법 내용	개인정보처리자가 개인정보 보호법을 위반한 행위로 손해를 입으면 개인정보 처리자에게 손해배상을 청구할 수 있다.	정보주체는 개인정보처리자의 고의 또는 과실로 인하여 개인정보가 분실 · 도난 · 유출 · 위조 · 변조 또는 훼손된 경우에는 300만 원 이하의 범위에서 상당한 금액을 손해액으로 하여 배상을 청구할 수 있다.
입증 책임	정보주체가 개인정보처리자의 과실, 손해 발생, 실손해액을 증명해야 한다.	개인정보처리자가 고의 또는 과실이 없다는 부분을 입증해야 한다.
면제 가능 여부	개인정보처리자가 자신에게 고의 또는 중대한 과실이 없음을 증명한 경우에는 징벌적 손해배상책임으로부터 벗어날 수 있도록 허용한다.	개인정보처리자는 고의 또는 과실이 없음을 입증하지 않으면 법정 손해배상책임을 면할 수 없다.
손해배상액 범위	손해액의 5배 이내	300만 원 이하의 범위에서 상당한 금액

3) 손해배상청구권 등의 소멸

개인정보 보호법에서는 손해배상청구권의 소멸시효에 대해 특별한 규정은 없으나 민법상 일반규정이 적용되어 손해배상책임, 징벌적 손해배상책임 또는 법정 손해배상책임 모두에 대하여 정보주체 또는 그 법정대리인이 개인정보 보호법을 위반한 위법행위로 인하여 손해가 발생한 사실과 가해 개인정보처리자를 안 날로부터 3년(시효기간) 또는 불법행위를 한 날로부터 10년(제척기간) 이내에 손해배상을 청구하여야 한다.

4) 손해배상책임 보장 의무대상자 범위

- 전년도 매출액 등이 10억 원 이상과 전년도 말 기준 직전 3개월간 저장·관리되고 있는 정보주체 수가 일일 평균 1만 명 이상 조건을 모두 충족하는 개인정보처리자는 손해배상책임 보장 의무대상자이다.
- 또한 CPO 지정 시 자격요건 의무대상인 공공기관은 손해배상책임 보장 의무적용 대상이다.

➕ 더 알기 TIP

손해배상책임 보장제도에서의 정보주체 수

- (온·오프라인 사업 병행 시 정보주체 수) 오프라인 사업(매장)과 온라인 서비스를 운영하는 경우의 '정보주체 수' 산정은 개인정보를 수집한 경로가 온·오프라인 여부와는 무관하며, 사업자가 저장하고 있는 정보주체 수 전부가 포함
- (회원·비회원·탈퇴회원·휴면회원) '정보주체 수'와 '회원 수'는 일치하는 개념은 아니며, 회원·비회원·탈퇴회원·휴면회원 여부와는 관계없이 개인정보처리자가 업무처리를 목적으로 저장·관리하고 있는 개인정보에 해당한다면 '정보주체 수'에 포함
- (임직원) 임직원의 경우 '정보주체 수' 산정 대상에서 제외됨. 다만, 임직원이 개인정보처리자가 제공하는 서비스를 이용하는 고객일 경우, 고객정보에 포함된 임직원정보는 산정 대상에 포함

CPO 지정 시 자격요건 의무대상 공공기관(시행령 제32조 제4항 각 호)

1. 연간 매출액 등이 1,500억 원 이상인 자로서 다음 각 목의 어느 하나에 해당하는 자(제2조 제5호에 따른 각급 학교 및 「의료법」 제3조에 따른 의료기관은 제외한다)
   가. 5만 명 이상의 정보주체에 관하여 민감정보 또는 고유식별정보를 처리하는 자
   나. 100만 명 이상의 정보주체에 관하여 개인정보를 처리하는 자
2. 직전 연도 12월 31일 기준으로 재학생 수(대학원 재학생 수를 포함한다)가 2만 명 이상인 「고등교육법」 제2조에 따른 학교
3. 「의료법」 제3조의4에 따른 상급종합병원
4. 공공시스템운영기관

5) 손해배상책임 보장 의무면제

- 공공기관, 비영리법인 및 단체
- 아래 요건을 모두 갖춘 자에게 개인정보 처리를 위탁한 소상공인
  - 「소상공인 기본법」 제2조 제1항에 따른 소상공인으로부터 개인정보가 분실·도난·유출·위조·변조 또는 훼손되지 않도록 개인정보의 저장·관리 업무를 위탁받은 자
  - 위탁받은 업무에 대하여 보험 또는 공제에 가입하거나 준비금을 적립하는 등 필요한 조치를 한 자
- 다른 법률에 따라 제39조 및 제39조의2에 따른 손해배상책임의 이행을 보장하는 보험 또는 공제에 가입하거나 준비금을 적립한 개인정보처리자
  - 손해배상책임의 이행을 위한 최저가입금액(최소적립금액)의 기준은 아래와 같다. 단, 가입 대상 개인정보처리자가 보험 또는 공제 가입과 준비금 적립을 병행하는 경우에는 보험 또는 공제 가입금액과 준비금 적립금액을 합산한 금액이 아래 표의 최소적립금액 기준 이상이어야 한다.

▼ 손해배상책임의 이행을 위한 최저가입금액(최소적립금액)의 기준

가입대상개인정보처리자의 가입금액 산정요소		최저가입금액 (최소적립금액)
정보주체 수	매출액등	
1만 명 이상 10만 명 미만	800억 원 초과	2억 원
	50억 원 초과 800억 원 이하	1억 원
	10억 원 이상 50억 원 이하	5천만 원
10만 명 이상 100만 명 미만	800억 원 초과	5억 원
	50억 원 초과 800억 원 이하	2억 원
	10억 원 이상 50억 원 이하	1억 원
100만 명 이상	800억 원 초과	10억 원
	50억 원 초과 800억 원 이하	5억 원
	10억 원 이상 50억 원 이하	2억 원

관련법령

개인정보 보호법 제39조(손해배상책임)

① 정보주체는 개인정보처리자가 이 법을 위반한 행위로 손해를 입으면 **개인정보 처리자에게 손해배상을 청구할 수 있다. 이 경우 그 개인정보 처리자는 고의 또는 과실이 없음을 입증하지 아니하면 책임을 면할 수 없다.**

② 삭제 〈2015. 7. 24.〉

③ 개인정보처리자의 고의 또는 중대한 과실로 인하여 개인정보가 분실·도난·유출·위조·변조 또는 훼손된 경우로서 **정보주체에게 손해가 발생한 때에는 법원은 그 손해액의 5배를 넘지 아니하는 범위에서 손해배상액을 정할 수 있다. 다만, 개인정보처리자가 고의 또는 중대한 과실이 없음을 증명한 경우에는 그러하지 아니하다.**

④ 법원은 제3항의 배상액을 정할 때에는 다음 각 호의 사항을 고려하여야 한다.
  1. 고의 또는 손해 발생의 우려를 인식한 정도
  2. 위반행위로 인하여 입은 피해 규모
  3. 위법행위로 인하여 개인정보처리자가 취득한 경제적 이익
  4. 위반행위에 따른 벌금 및 과징금
  5. 위반행위의 기간·횟수 등
  6. 개인정보처리자의 재산상태
  7. 개인정보처리자가 정보주체의 개인정보 분실·도난·유출 후 해당 개인정보를 회수하기 위하여 노력한 정도
  8. 개인정보처리자가 정보주체의 피해구제를 위하여 노력한 정도

개인정보 보호법 제39조의2(법정손해배상의 청구)

① 제39조 제1항에도 불구하고 정보주체는 **개인정보처리자의 고의 또는 과실로 인하여 개인정보가 분실·도난·유출·위조·변조 또는 훼손된 경우에는 300만 원 이하의 범위에서 상당한 금액을 손해액으로 하여 배상을 청구할 수 있다.** 이 경우 해당 개인정보처리자는 고의 또는 과실이 없음을 입증하지 아니하면 책임을 면할 수 없다.

② 법원은 제1항에 따른 청구가 있는 경우에 변론 전체의 취지와 증거조사의 결과를 고려하여 제1항의 범위에서 상당한 손해액을 인정할 수 있다.

③ 제39조에 따라 손해배상을 청구한 정보주체는 사실심(事實審)의 변론이 종결되기 전까지 그 청구를 제1항에 따른 청구로 변경할 수 있다.

개인정보 보호법 제39조의7(손해배상의 보장)

① 개인정보처리자로서 매출액, 개인정보의 보유 규모 등을 고려하여 대통령령으로 정하는 기준에 해당하는 자는 제39조 및 제39조의2에 따른 **손해배상책임의 이행을 위하여 보험 또는 공제에 가입하거나 준비금을 적립하는 등 필요한 조치**를 하여야 한다.

② 제1항에도 불구하고 다음 각 호의 어느 하나에 해당하는 자는 **제1항에 따른 조치를 하지 아니할 수 있다.**
  1. 대통령령으로 정하는 **공공기관, 비영리법인 및 단체**
  2. 「소상공인 기본법」 제2조 제1항에 따른 **소상공인**으로서 대통령령으로 정하는 자에게 개인정보 처리를 위탁한 자
  3. 다른 법률에 따라 제39조 및 제39조의2에 따른 손해배상책임의 이행을 보장하는 **보험 또는 공제에 가입하거나 준비금을 적립**한 개인정보처리자

③ 제1항 및 제2항에 따른 개인정보처리자의 손해배상책임 이행 기준 등에 필요한 사항은 대통령령으로 정한다.

개인정보 보호법 시행령 제48조의7(손해배상책임의 이행을 위한 보험 등 가입 대상자의 범위 및 기준 등)

① 법 제39조의7 제1항에서 "대통령령으로 정하는 기준에 해당하는 자"란 다음 각 호의 요건을 모두 갖춘 자(이하 "가입대상 개인정보 처리자"라 한다)를 말한다.
  1. **전년도(법인의 경우에는 직전 사업연도를 말한다)의 매출액 등이 10억 원 이상일 것**
  2. 전년도 말 기준 직전 3개월간 그 개인정보가 저장·관리되고 있는 정보주체(제15조의3 제2항 제2호에 해당하는 정보주체는 제외한다. 이하 이 조에서 같다)의 수가 **일일 평균 1만 명 이상**일 것. 다만, 해당 연도에 영업의 전부 또는 일부의 양수, 분할·합병 등으로 개인정보를 이전받은 경우에는 이전받은 시점을 기준으로 정보주체의 수가 1만 명 이상일 것

② 법 제39조의7 제2항 제1호에서 "대통령령으로 정하는 공공기관, 비영리법인 및 단체"란 다음 각 호의 기관을 말한다.
  1. 공공기관. 다만, 제2조 제2호부터 제5호까지에 해당하는 공공기관으로서 제32조 제4항 각 호에 해당하는 공공기관은 제외한다.
  2. 「공익법인의 설립·운영에 관한 법률」 제2조에 따른 공익법인
  3. 「비영리민간단체 지원법」 제4조에 따라 등록한 단체

③ 법 제39조의7 제2항 제2호에서 "대통령령으로 정하는 자"란 다음 각 호의 요건을 모두 갖춘 자를 말한다.
  1. 「소상공인 기본법」 제2조 제1항에 따른 소상공인으로부터 개인정보가 분실·도난·유출·위조·변조 또는 훼손되지 않도록 개인정보의 저장·관리 업무를 위탁받은 자
  2. 제1호에 따라 위탁받은 업무에 대하여 법 제39조 및 제39조의2에 따른 손해배상책임의 이행을 보장하는 보험 또는 공제에 가입하거나 준비금을 적립하는 등 필요한 조치를 한 자

④ 가입대상 개인정보 처리자가 보험 또는 공제에 가입하거나 준비금을 적립할 경우 최저가입금액(준비금을 적립하는 경우 최소적립금액을 말한다. 이하 이 조에서 같다)의 기준은 별표 1의4와 같다. 다만, 가입대상 개인정보 처리자가 보험 또는 공제 가입과 준비금 적립을 병행하는 경우에는 보험 또는 공제 가입금액과 준비금 적립금액을 합산한 금액이 별표 1의4에서 정한 최저가입금액의 기준 이상이어야 한다.

이론을 확인하는 기출문제

01 개인정보 보호법 내 정보주체의 권리에 근거하여 정보주체가 가지는 권리에 대한 설명으로 가장 거리가 먼 보기를 고르시오.
① 개인정보 처리에 관한 정보를 제공받을 권리
② 개인정보 처리에 관한 동의 여부, 동의 범위 등을 선택하고 결정할 권리
③ 개인정보 열람 및 전송을 요구할 권리
④ 의미 있는 인적 개입이 있는 자동화된 개인정보 처리에 따른 설명 등을 요구할 권리
⑤ 개인정보 처리로 인한 피해를 신속하고 공정한 절차에 따라 구제받을 권리

자동화된 결정에 대한 정보주체의 권리는 사람의 개입이 없는 완전히 자동화된 결정이 내려지는 영역에서의 권리이다.

02 정보주체의 동의가 적법하기 위한 조건으로 가장 거리가 먼 보기를 고르시오.
① 정보주체가 자유로운 의사에 따라 동의 여부를 결정할 수 있어야 한다.
② 동의 내용이 구체적이고 명확해야 한다.
③ 평이하고 이해하기 쉬운 문구를 사용해야 한다.
④ 정보주체가 동의 내용을 쉽게 이해할 수 있게 수집·이용, 제3자 제공, 목적 외 이용·제공 항목 등은 같이 동의를 받는다.
⑤ 정보주체에게 동의 여부에 대한 의사를 명확하게 표시할 수 있는 방법을 제공해야 한다.

개인정보처리자는 정보주체가 동의 여부를 선택할 수 있다는 사실을 명확하게 알 수 있도록 동의가 필요한 사항을 구분하여 명시적으로 표시해야 한다.

03 개인정보처리자가 정보주체의 동의를 받는 방법으로 가장 적절하지 않은 보기를 고르시오.
① 동의 내용이 적힌 서면을 정보주체에게 직접 발급하여 서명이 포함된 동의서를 수령한다.
② 전화를 통해 동의 내용을 정보주체에게 알리고 동의의 의사표시를 확인한다.
③ 동의 내용이 적힌 이메일을 발송하여 정보주체로부터 동의 의사가 포함된 이메일을 수령한다.
④ 전화를 통하여 동의 내용을 정보주체에게 알리고 정보주체에게 인터넷주소 등을 통하여 동의 사항을 확인하도록 한 후 다시 전화를 통하여 그 동의 사항에 대한 동의의 의사표시를 확인한다.
⑤ 인터넷 홈페이지 등에 동의 내용을 게재하고 정보주체가 동의 내용을 읽게 한다.

인터넷 홈페이지 등에 동의 내용을 게재하고 정보주체가 동의 여부를 표시하도록 해야 한다.

정답 01 ④ 02 ④ 03 ⑤

04 정보주체가 자신의 개인정보에 대한 열람을 요구할 수 있는 권리에 대해 가장 적절하지 <u>않은</u> 보기를 고르시오.

① 정보주체는 개인정보 처리자에게 자신의 개인정보 항목 및 내용, 수집·이용 목적, 보유 및 이용 기간, 제3자 제공 현황, 개인정보 처리에 동의한 사실 및 내용 등의 열람을 요구할 수 있다.
② 개인정보처리자는 정보주체에게 열람 요구를 요청받은 날짜부터 30일 이내에 정보주체가 해당 개인정보를 열람할 수 있게 하여야 한다.
③ 개인정보처리자는 정당한 사유가 있을 때는 정보주체에게 그 사유를 알리고 열람을 연기할 수 있다.
④ 개인정보처리자는 열람 요구 절차를 서면, 전화, 전자우편, 인터넷 등 정보주체가 쉽게 활용할 수 있는 방법으로 제공하여야 한다.
⑤ 개인정보처리자는 정보주체의 열람을 연기하거나 거절하려는 경우 열람 요구일로부터 10일 이내에 통보하여야 한다.

> 개인정보처리자는 열람 요구를 받은 날로부터 10일 이내에 정보주체가 해당 개인정보를 열람할 수 있게 해야 한다.

05 자동화된 결정에 대한 정보주체의 권리에 대한 설명으로 가장 적절하지 <u>않은</u> 보기를 고르시오.

① 정보주체의 권리가 인정되는 경우는 실질적이고 의미 있는 인적 개입이 없는 완전히 자동화된 결정일 때 정보주체의 권리가 인정된다.
② 정보주체는 자동화된 결정이 자신의 권리 또는 의무에 영향을 미치는 경우에는 개인정보 처리자에게 해당 결정에 대한 설명 또는 검토해 줄 것을 요구할 수 있다.
③ 개인정보 처리와 무관한 사업자 정보, 상품 정보 등을 처리하는 경우, 개인정보를 단순 난수 처리하거나 무작위 추출하는 경우 등은 자동화된 결정으로 해당하지 않는다.
④ 권한이 있는 인사위원회를 통해 실질적으로 채용 여부를 결정하는 절차를 운영하고, 인공지능(AI) 등 자동화된 시스템에 의해 산출된 자료를 참고하는 경우 자동화된 결정 사례는 자동화된 결정의 올바른 사례이다.
⑤ 개인정보처리자는 자동화된 결정의 기준과 절차 등을 정보주체가 쉽게 확인할 수 있도록 인터넷 홈페이지 등을 통해 공개해야 한다.

> 인사위원회를 통하는 단계는 인적 개입이 없는 완전자동화에 해당할 수 없으므로 자동화된 결정 사례로 적절하지 않다.

MEMO

CHAPTER 04

분쟁해결 절차

학습 방향

분쟁해결 절차에서는 분쟁조정, 소송제도 대안, 확정판결과 동일 효력, 분쟁조정위원회, 단체소송법 등을 중심으로 학습하시기 바랍니다.

SECTION 01 개인정보 분쟁조정

출제빈도 상 (중) 하
반복학습 1 2 3

빈출 태그 재판상 화해 효력 · 개인정보 분쟁조정 절차, 개인정보 집단분쟁조정 절차

01 개인정보 분쟁조정 제도

1) 개인정보 분쟁조정 제도 개요

개인정보에 관한 분쟁이 발생하였을 때 비용이 많이 들고 시간이 오래 걸리는 소송제도의 대안으로서 비용 없이 신속하게 분쟁을 해결할 수 있는 조정을 통해 개인정보 침해를 당한 국민의 피해를 신속하고 원만하게 구제하기 위해 마련된 제도이다.

개인정보 처리와 관련된 분쟁이 있을 때, 누구든지 분쟁조정을 신청할 수 있으며, 신청 내용에는 법령 위반 행위 중지, 손해배상 청구 외에도 개인정보 열람, 정정, 삭제 요구 등 적극적인 권리 행사가 포함된다.

2) 개인정보 분쟁조정 제도 유형

① **개인정보 분쟁조정**
- 개인정보 처리와 관련하여 당사자 사이에 분쟁이 있을 때 분쟁의 조정을 원하는 자는 누구든지 신청할 수 있다.

② **집단분쟁조정**
- 피해 또는 권리침해를 입은 정보주체의 수가 50명 이상이고 사건의 중요한 쟁점이 사실상 또는 법률상 공통될 때 개별적으로 소송을 제기하는 대신에 집단으로 분쟁을 해결할 수 있도록 하는 제도이다.

3) 조정의 효력

개인정보 보호법 제47조 제5항 규정에 따라 "재판상 화해"의 효력이 부여된다. 재판상 화해의 효력은 민사소송법상 확정판결과 동일한 효력이다.

> **기적의 TIP**
>
> 집단분쟁조정 대상 요건 중 정보주체의 수를 산정할 때 아래 항목에 해당하는 정보주체 수는 제외하고 50명 이상이어야 한다.
> - 개인정보처리자와 분쟁 해결이나 피해보상에 관한 합의가 이루어진 정보주체
> - 같은 사안으로 다른 법령에 따라 설치된 분쟁조정기구에서 분쟁조정 절차가 진행 중인 정보주체
> - 해당 개인정보 침해로 인한 피해에 대하여 법원에 소(訴)를 제기한 정보주체

➕ 더 알기 TIP

조정의 효력

양 당사자가 수락한 조정 내용은 재판상 화해와 동일한 효력을 가지며, 재판상 화해는 당사자가 수소법원(受訴法院)의 수탁판사 앞에서 서로 양보하여 소송을 종료시키는 행위로서 확정판결과 동일한 기판력(旣判力) 및 집행력이 생긴다.

기판력으로 인해 당해 사건에 대해서는 당사자, 당해 수소법원, 상급법원 등 누구도 조정결정의 효력에 모순 · 저촉되는 주장이나 판단을 하지 못하고, 집행력으로 인해 조정성립 후 당사자가 결정내용을 이행하지 않을 때는 법원으로부터 집행문을 부여받아 강제집행을 할 수 있다.

4) 개인정보 분쟁조정위원회

개인정보보호위원회는 개인정보에 관한 분쟁조정을 위하여 개인정보 분쟁조정위원회를 준 사법적인 기구로 두고 있다.

구분	설명
설립근거	개인정보 보호법 제40조
위원회 및 조정부 구성	• 위원장 1명을 포함한 30명 이내의 위원으로 구성 • 위원은 당연직 위원과 위촉위원으로 구성 • 조정업무의 효율적 처리를 위하여 조정부 설치 가능하며 조정부는 조정사건의 분야별로 위원장이 지명하는 5명 이내의 위원으로 구성하되 그중 1명은 변호사 자격이 있는 위원으로 구성
기능 및 권한	• 조정절차 진행 전 당사자에게 합의 권고 • 분쟁조정을 위해 필요한 자료의 제공을 분쟁당사자에게 요청 • 분쟁당사자 또는 참고인 위원회 출석 요청
분쟁조정범위	• 개인정보 보호법에서 규율하고 있는 개인정보와 관련한 분쟁(공공기관을 대상으로 한 분쟁조정 사건 포함) • 정보통신망 이용촉진 및 정보보호 등에 관한 법률, 신용정보의 이용 및 보호에 관한 법률, 의료법 및 민법 등 관련 법률에서 규정하고 있는 개인정보 침해사항 등 • 단, 타 기관에서 처리함이 타당하다고 판단되는 사건에 대하여는 개인정보 분쟁조정위원회 결정으로 그 사건을 대상에서 제외 가능

02 개인정보 분쟁조정의 절차

1) 개인정보 분쟁조정 절차

개인정보 분쟁조정위원회 운영 및 분쟁조정 절차에 관하여 개인정보 보호법에서 규정하지 않는 내용은 민사조정법을 준용한다.

▼ 개인정보 분쟁조정 절차 및 절차 설명

절차	절차 설명
① 신청사건의 접수 및 통보	• 웹사이트(개인정보 포털) 및 우편 등을 통해 신청인이 직접 또는 대리로 분쟁조정 사건 신청 • 분쟁조정 사건이 접수되면 신청자와 상대방에게 접수 사실 통보
② 사실확인 및 당사자 의견청취	• 사건담당자가 전화, 우편, 전자우편 등 다양한 수단을 이용한 자료 수집을 통해 분쟁조정 사건 사실조사 실시 • 사실조사 완료 시 이를 토대로 사실조사 보고서를 작성하여 본 사건을 위원회에 회부
③ 조정 전 합의 권고	• 조정에 들어가기에 앞서 당사자 간의 자율적인 노력에 의해 원만히 분쟁이 해결될 수 있도록 합의를 권고 • 합의 권고에 의해 당사자 간의 합의가 성립하면 사건이 종결
④ 위원회의 조정절차 개시	• 조정 전 합의가 이루어지지 않으면 위원회를 통해 조정절차 진행 • 당사자의 의견 청취, 증거수집, 전문가의 자문 등 필요한 절차를 거쳐 쌍방에게 합당한 조정안을 제시하고 이를 받아들일 것을 권고 • 사건의 신청자나 상대방은 위원회의 회의에 참석하여 자신의 의견 개진 가능

⑤ 조정의 성립	• 조정을 통해 내려진 결정에 대하여 조정안을 제시받은 날부터 15일 이내에 신청인과 상대방이 이를 수락한 경우에는 조정이 성립됨 • 조정안에 대한 수락 여부를 알리지 않으면 조정안을 수락한 것으로 처리 • 당사자가 위원회의 조정안을 수락하고자 하는 경우, 위원회가 송부한 조정서에 기명날인하여 위원회에 제출 • 당사자 중 일방이 조정안을 수락하지 않을 경우, 민사소송을 제기하는 등 다른 구제절차 진행 가능
⑥ 효력의 발생	조정 결정에 대해 신청인과 상대방이 이를 수락하여 조정이 성립된 경우 양 당사자 간의 조정서는 재판상 화해와 같은 효력 가짐

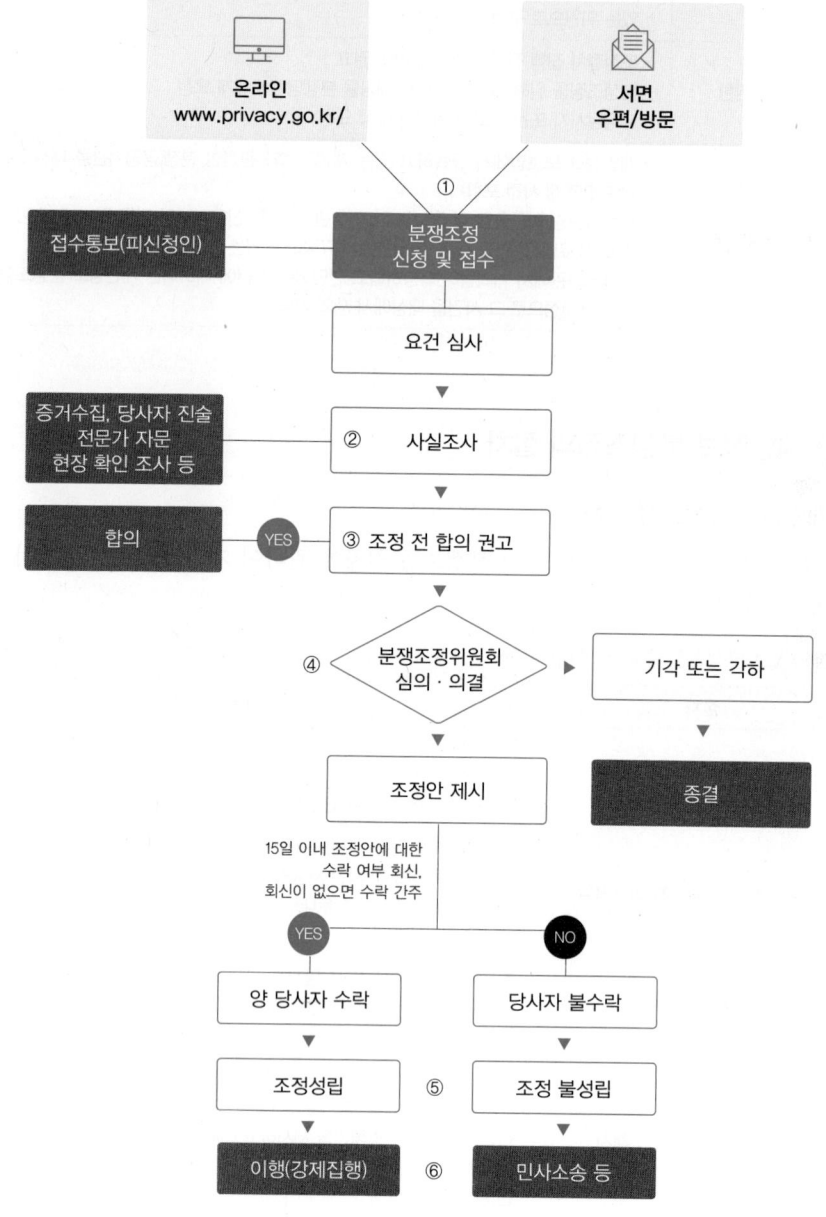

▲ 개인정보 분쟁절차 흐름도

2) 개인정보 집단분쟁조정 절차

절차	절차 설명
① 집단 분쟁조정 신청	• 국가, 지방자치단체, 한국소비자원 또는 소비자단체, 사업자가 개인정보분쟁조정위원회에 서면(집단분쟁조정의뢰·신청서)으로 의뢰 또는 신청 • 피해 또는 권리침해를 입은 정보주체의 수가 50명 이상이고, 사건의 중요한 쟁점(피해의 원인이나 결과)이 사실상 또는 법률상 공통이 되어야 신청 가능
② 집단분쟁조정 절차의 개시 및 공고	• 집단분쟁조정을 의뢰 또는 신청을 받은 개인정보분쟁조정위원회는 위원회의 의결로 집단분쟁조정의 절차 개시 • 개인정보분쟁조정위원회는 인터넷 홈페이지 또는 일간지에 14일 이상 그 절차의 개시를 공고
③ 참가신청	집단분쟁조정의 당사자가 아닌 정보주체 또는 개인정보처리자가 추가로 집단분쟁조정의 당사자로 참가하려면 해당 사건의 집단분쟁조정 절차에 대한 공고에서 정하는 기간 내에 문서로 신청 가능
④ 조정 결정	• 개인정보분쟁조정위원회는 집단분쟁조정의 당사자 중에서 공동의 이익을 대표하기에 적합한 1인 또는 수인을 대표당사자로 선임 가능 • 조정위원회는 집단분쟁조정절차 개시 공고가 종료된 날의 다음 날부터 60일 이내에 그 분쟁조정을 마쳐야 함 • 조정안은 당사자에게 제시되고, 당사자가 제시받은 날부터 15일 이내에 조정안에 대한 수락 여부를 위원회에 알려야 함 ❶
⑤ 조정의 효력	조정 결정에 대해 신청인과 상대방이 이를 수락하여 조정이 성립된 경우 양 당사자 간의 조정서는 재판상 화해와 같은 효력 가짐
⑥ 보상 권고	• 개인정보분쟁조정위원회는 피신청인이 분쟁조정위원회의 집단분쟁조정의 내용을 수락한 경우, 집단분쟁조정의 당사자가 아닌 자로서 피해를 입은 정보주체에 대한 보상계획서를 작성하여 조정위원회에 제출하도록 권고 가능 • 보상계획서 제출을 권고받은 개인정보처리자는 그 권고를 받은 날부터 15일 이내에 권고의 수락 여부를 위원회에 알려야 함 • 분쟁조정위원장은 집단분쟁조정 절차에 참가하지 못한 정보주체가 보상계획서에 따라 피해보상을 받을 수 있도록 사업자가 제출한 보상계획서를 일정한 기간 동안 인터넷 홈페이지 등을 통해 알릴 수 있음

❶ 15일 이내에 수락 여부를 알리지 않으면 조정안을 수락한 것으로 처리

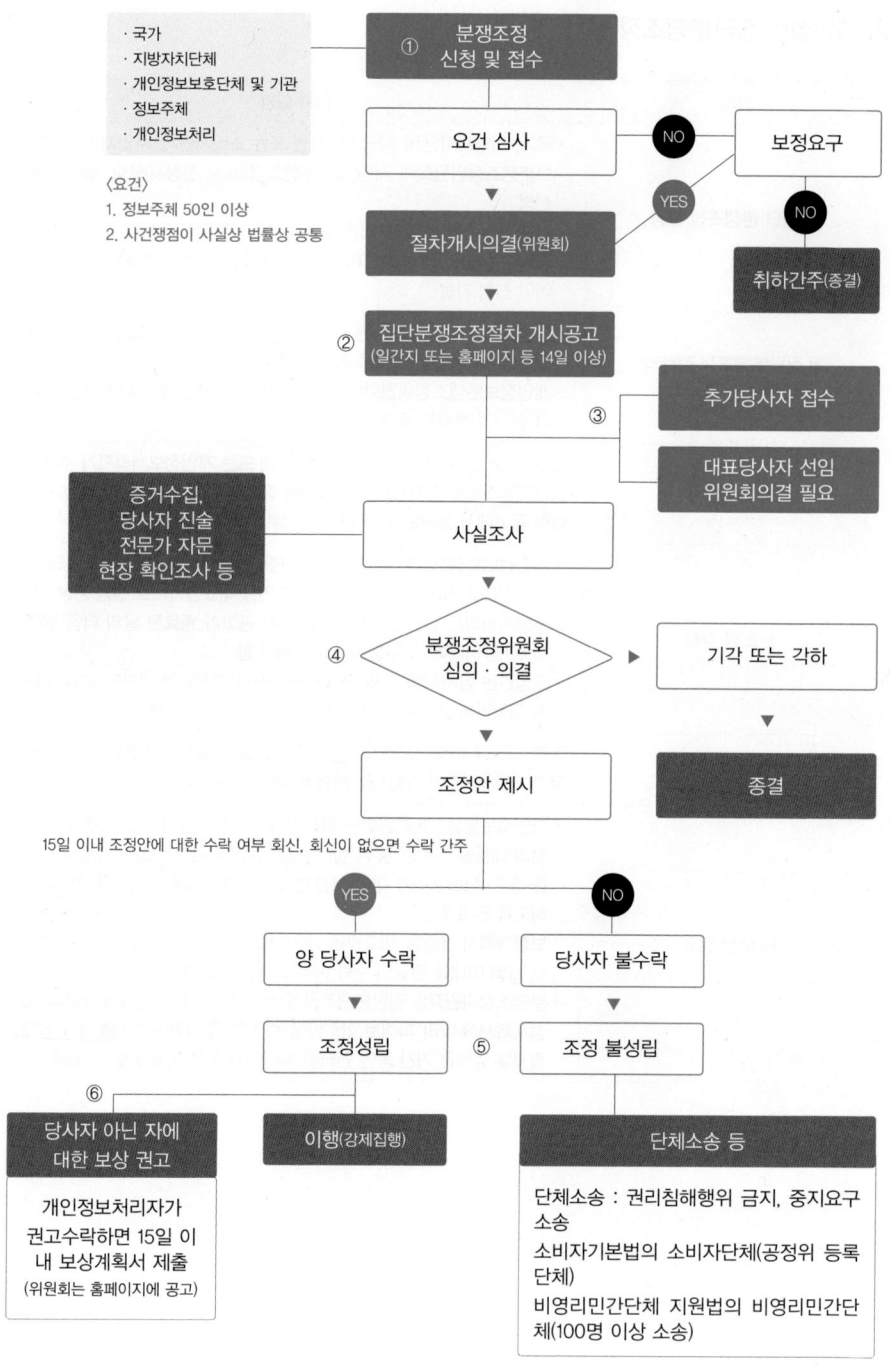

▲ 개인정보 집단분쟁절차 흐름도

관련법령

개인정보 보호법 제43조(조정의 신청 등)
① 개인정보와 관련한 분쟁의 조정을 원하는 자는 **분쟁조정위원회에 분쟁조정을 신청**할 수 있다.
② 분쟁조정위원회는 당사자 일방으로부터 분쟁조정 신청을 받았을 때에는 그 신청 내용을 상대방에게 알려야 한다.
③ 개인정보처리자가 제2항에 따른 분쟁조정의 통지를 받은 경우에는 특별한 사유가 없으면 분쟁조정에 응하여야 한다.

개인정보 보호법 제44조(처리기간)
① 분쟁조정위원회는 제43조 제1항에 따른 **분쟁조정 신청을 받은 날부터 60일 이내**에 이를 **심사하여 조정안을 작성**하여야 한다. 다만, 부득이한 사정이 있는 경우에는 분쟁조정위원회의 의결로 처리기간을 연장할 수 있다.
② 분쟁조정위원회는 제1항 단서에 따라 처리기간을 연장한 경우에는 기간연장의 사유와 그 밖의 기간연장에 관한 사항을 신청인에게 알려야 한다.

개인정보 보호법 제47조(분쟁의 조정)
① 분쟁조정위원회는 다음 각 호의 어느 하나의 사항을 포함하여 조정안을 작성할 수 있다.
  1. 조사 대상 침해행위의 중지
  2. 원상회복, 손해배상, 그 밖에 필요한 구제조치
  3. 같거나 비슷한 침해의 재발을 방지하기 위하여 필요한 조치
② 분쟁조정위원회는 제1항에 따라 조정안을 작성하면 지체없이 각 당사자에게 제시하여야 한다.
③ 제2항에 따라 조정안을 제시받은 당사자가 **제시받은 날부터 15일 이내에 수락 여부를 알리지 아니하면 조정을 수락한 것으로** 본다.
④ 당사자가 조정내용을 수락한 경우(제3항에 따라 수락한 것으로 보는 경우를 포함한다) 분쟁조정위원회는 조정서를 작성하고, 분쟁조정위원회의 위원장과 각 당사자가 기명날인 또는 서명을 한 후 조정서 정본을 지체없이 각 당사자 또는 그 대리인에게 송달하여야 한다. 다만, 제3항에 따라 수락한 것으로 보는 경우에는 각 당사자의 기명날인 및 서명을 생략할 수 있다.
⑤ 제4항에 따른 **조정의 내용은 재판상 화해와 동일한 효력**을 갖는다.

제51조의4(조정안에 대한 거부 의사 통지 등)
① 분쟁조정위원회는 법 제47조 제2항에 따라 당사자에게 조정안을 제시할 때에는 같은 조 제3항에 따라 조정안을 제시받은 날부터 15일 이내에 수락 여부를 알리지 않으면 **조정을 수락한 것으로 본다는 사실을 알려야 한다**.
② 법 제47조 제2항에 따라 조정안을 제시받은 당사자는 **조정안을 거부하려는 경우에는 조정안을 제시받은 날부터 15일 이내에** 인편, 등기우편 또는 전자우편의 방법으로 그 의사를 분쟁조정위원회에 알려야 한다.

개인정보 보호법 제49조(집단분쟁조정)
① 국가 및 지방자치단체, 개인정보 보호단체 및 기관, 정보주체, 개인정보처리자는 정보주체의 피해 또는 권리침해가 **다수의 정보주체에게 같거나 비슷한 유형**으로 발생하는 경우로서 대통령령으로 정하는 사건에 대하여는 분쟁조정위원회에 **일괄적인 분쟁조정(이하 "집단분쟁조정"이라 한다)**을 의뢰 또는 신청할 수 있다.

② 제1항에 따라 집단분쟁조정을 의뢰받거나 신청받은 분쟁조정위원회는 그 의결로써 제3항부터 제7항까지의 규정에 따른 집단분쟁조정의 절차를 개시할 수 있다. 이 경우 분쟁조정위원회는 대통령령으로 정하는 기간 동안 그 절차의 개시를 공고하여야 한다.
③ 분쟁조정위원회는 집단분쟁조정의 당사자가 아닌 정보주체 또는 개인정보처리자로부터 그 분쟁조정의 당사자에 추가로 포함될 수 있도록 하는 신청을 받을 수 있다.
④ 분쟁조정위원회는 그 의결로써 제1항 및 제3항에 따른 **집단분쟁조정의 당사자 중에서 공동의 이익을 대표하기에 가장 적합한 1인 또는 수인을 대표당사자로 선임**할 수 있다.
⑤ 분쟁조정위원회는 개인정보처리자가 분쟁조정위원회의 집단분쟁조정의 내용을 수락한 경우에는 집단분쟁조정의 당사자가 아닌 자로서 피해를 입은 정보주체에 대한 보상계획서를 작성하여 분쟁조정위원회에 제출하도록 권고할 수 있다.
⑥ 제48조 제2항에도 불구하고 분쟁조정위원회는 집단분쟁조정의 당사자인 다수의 정보주체 중 일부의 정보주체가 법원에 소를 제기한 경우에는 그 절차를 중지하지 아니하고, 소를 제기한 일부의 정보주체를 그 절차에서 제외한다.
⑦ **집단분쟁조정의 기간**은 제2항에 따른 **공고가 종료된 날의 다음 날부터 60일 이내로** 한다. 다만, 부득이한 사정이 있는 경우에는 분쟁조정위원회의 의결로 처리기간을 연장할 수 있다.
⑧ 집단분쟁조정의 절차 등에 관하여 필요한 사항은 대통령령으로 정한다.

SECTION 02 단체소송

빈출 태그 위법행위 금지 및 중지 · 소송대리인 선임 · 집단소송과의 차이점

01 단체소송 개요

개인정보처리자가 집단분쟁조정을 거부하거나 그 결과를 수락하지 않을 경우, 법으로 정한 단체가 전체 피해자들의 이익을 위해 권리침해 행위의 금지 및 중지를 요구하는 소송이다.

단체소송은 개인정보처리자가 분쟁조정위원회의 조정을 거부하거나 조정결과를 수락하지 아니하고 소송허가신청서의 기재사항에 흠결이 없어야 단체소송이 가능하다.

1) 단체소송 목적
단체소송은 위법행위의 금지 및 중지가 목적이다.

2) 개인정보 단체소송 가능 단체

① 공정거래위원회에 등록한 소비자단체로서 아래 항목의 요건을 모두 갖춘 단체
- 정관에 따라 상시로 정보주체의 권익증진을 주된 목적으로 하는 단체일 것
- 단체의 정회원 수가 1천 명 이상일 것
- 소비자 기본법 제29조에 따른 등록 후 3년이 경과하였을 것

② 비영리민간단체로서 아래 항목의 요건을 모두 갖춘 단체
- 법률상 또는 사실상 동일한 침해를 입은 100명 이상의 정보주체로부터 단체소송의 제기를 요청받을 것
- 정관에 개인정보보호를 단체의 목적으로 명시한 후 최근 3년 이상 이를 위한 활동실적이 있을 것
- 단체의 상시 구성원 수가 5천 명 이상일 것
- 중앙행정기관에 등록되어 있을 것

3) 단체소송의 전속관할
- 단체소송의 소는 피고(소송을 당하는 사람)의 주된 사무소 또는 영업소가 있는 곳의 지방법원 본원 합의부의 관할에 전속한다.
- 주된 사무소나 영업소가 없는 경우에는 주된 업무담당자의 주소가 있는 곳의 지방법원 본원 합의부의 관할에 전속한다.
- 외국사업자에 적용하는 경우 대한민국에 있는 이들의 주된 사무소·영업소 또는 업무담당자의 주소에 따라 정한다.

> **기적의 TIP**
>
> 분쟁조정에서는 공동의 이익을 대표하기에 적합한 1인 또는 여러 명을 대표당사자로 지정할 수 있고 단체소송에서는 변호사를 소송대리인으로 선임하여야 한다.

4) 소송대리인의 선임

단체소송의 원고는 변호사를 소송대리인으로 선임하여야 한다.

02 단체소송과 집단소송 비교

단체소송과 집단소송은 정보주체의 집단적 피해를 해결하기 위해 유사하게 활용되지만, 다음과 같은 차이점을 가진 서로 다른 유형의 소송이다.

구분	단체소송	집단소송
개념	법에 근거한 일정 자격을 갖춘 단체가 피해자를 대신하여 제기하는 소송	다수의 피해자가 공동으로 제기하는 소송
목적	개인정보처리자의 위법행위 금지·중지	피해구제(손해배상)
청구권자	피해자를 대표하는 특정 단체	다수의 개별 피해자들
대표성	단체가 피해자를 대표	집단 대표자가 구성원 전체 대표
소송대리인	변호사 선임 필요	변호사 선임 필요

관련법령

개인정보 보호법 제51조(단체소송의 대상 등)

다음 각 호의 어느 하나에 해당하는 단체는 개인정보처리자가 제49조에 따른 **집단분쟁조정을 거부하거나 집단분쟁조정의 결과를 수락하지 아니한 경우**에는 법원에 권리침해 행위의 금지·중지를 구하는 소송(이하 "단체소송"이라 한다)을 제기할 수 있다.

1. 「소비자기본법」 제29조에 따라 **공정거래위원회에 등록한 소비자단체**로서 다음 각 목의 **요건을 모두 갖춘 단체**
   가. 정관에 따라 상시적으로 **정보주체의 권익증진을 주된 목적으로 하는 단체**일 것
   나. 단체의 **정회원수가 1천명 이상**일 것
   다. 「소비자기본법」 제29조에 따른 **등록 후 3년이 경과**하였을 것
2. 「비영리민간단체 지원법」 제2조에 따른 **비영리민간단체로서 다음 각 목의 요건을 모두 갖춘 단체**
   가. 법률상 또는 사실상 동일한 침해를 입은 **100명 이상의 정보주체로부터 단체소송의 제기를 요청**받을 것
   나. 정관에 개인정보 보호를 단체의 목적으로 명시한 후 **최근 3년 이상 이를 위한 활동실적**이 있을 것
   다. 단체의 **상시 구성원수가 5천명 이상**일 것
   라. **중앙행정기관에 등록**되어 있을 것

개인정보 보호법 제52조(전속관할)

① 단체소송의 소는 **피고의 주된 사무소 또는 영업소가 있는 곳**, 주된 사무소나 영업소가 없는 경우에는 **주된 업무담당자의 주소가 있는 곳의 지방법원 본원 합의부의 관할**에 전속한다.
② 제1항을 외국사업자에 적용하는 경우 **대한민국에 있는 이들의 주된 사무소·영업소 또는 업무담당자의 주소**에 따라 정한다.

개인정보 보호법 제53조(소송대리인의 선임)
단체소송의 원고는 **변호사를 소송대리인으로 선임**하여야 한다.

개인정보 보호법 제54조(소송허가신청)
① 단체소송을 제기하는 단체는 소장과 함께 다음 각 호의 사항을 기재한 소송허가신청서를 법원에 제출하여야 한다.
  1. 원고 및 그 소송대리인
  2. 피고
  3. 정보주체의 침해된 권리의 내용
② 제1항에 따른 소송허가신청서에는 다음 각 호의 자료를 첨부하여야 한다.
  1. 소제기단체가 제51조 각 호의 어느 하나에 해당하는 요건을 갖추고 있음을 소명하는 자료
  2. 개인정보처리자가 조정을 거부하였거나 조정결과를 수락하지 아니하였음을 증명하는 서류

개인정보 보호법 제55조(소송허가요건 등)
① 법원은 다음 각 호의 요건을 모두 갖춘 경우에 한하여 결정으로 단체소송을 허가한다.
  1. **개인정보처리자가 분쟁조정위원회의 조정을 거부하거나 조정결과를 수락하지 아니**하였을 것
  2. 제54조에 따른 **소송허가신청서의 기재사항에 흠결이 없을 것**
② 단체소송을 허가하거나 불허가하는 결정에 대하여는 즉시항고할 수 있다.

개인정보 보호법 제56조(확정판결의 효력)
원고의 청구를 기각하는 판결이 확정된 경우 이와 동일한 사안에 관하여는 제51조에 따른 다른 단체는 단체소송을 제기할 수 없다. 다만, 다음 각 호의 어느 하나에 해당하는 경우에는 그러하지 아니하다.
1. 판결이 확정된 후 그 사안과 관련하여 국가·지방자치단체 또는 국가·지방자치단체가 설립한 기관에 의하여 새로운 증거가 나타난 경우
2. 기각판결이 원고의 고의로 인한 것임이 밝혀진 경우

이론을 확인하는 기출문제

01 개인정보 분쟁조정 제도에 대한 설명으로 적절하지 않은 것을 고르시오.
① 개인정보에 대한 분쟁을 신속하게 해결할 수 있는 제도이다.
② 개인정보 처리와 관련하여 분쟁의 조정을 원하는 누구든지 신청할 수 있다.
③ 개인정보 분쟁조정 제도는 신속하게 분쟁을 해결할 수 있지만 비용이 많이 들기 때문에 분쟁조정 제도의 대안으로 먼저 소송을 권고한다.
④ 개인정보보호위원회는 개인정보 분쟁조정과 집단분쟁조정으로 조정절차를 달리 운영하고 있다.
⑤ 법령 위반 행위 중지, 손해배상 청구 외에도 개인정보 열람, 정정, 삭제 등의 적극적인 권리행사 내용도 포함된다.

> 개인정보 분쟁조정 제도는 개인정보에 관한 분쟁이 발생하였을 때 비용이 많이 들고 시간이 오래 걸리는 소송제도의 대안으로 비용 없이 신속하게 분쟁을 해결할 수 있는 조정제도이다.

02 개인정보 분쟁조정위원회의 조정 결정에 대해 가장 올바른 설명을 고르시오.
① 조정 결정은 당사자 중 한쪽이 거부할 수 없다.
② 조정 결정은 개인 간의 일반적인 화해가 이루어지는 민법상 화해이다.
③ 조정 결정은 항상 법원의 승인을 필요로 한다.
④ 조정성립 후 당사자가 결정내용을 이행하지 않을 경우라도 법적 구속력은 없다.
⑤ 조정 결정은 민사소송법상 확정판결과 동일한 효력을 가진다.

> 개인정보 분쟁조정위원회의 조정 결정은 '재판상 화해' 효력이 부여된다. 재판상 화해의 효력은 민사소송법상 확정판결과 동일한 효력이다.

정답 01 ③ 02 ⑤

03 개인정보 분쟁조정 절차로 적절한 보기를 고르시오.

> ㄱ. 조정 전 합의 권고
> ㄴ. 조정의 성립
> ㄷ. 분쟁조정사건 신청
> ㄹ. 효력의 발생
> ㅁ. 사실확인 및 당사자 의견 청취
> ㅂ. 위원회의 조정절차 개시

① ㄷ-ㅁ-ㄱ-ㅂ-ㄹ-ㄴ
② ㄷ-ㅁ-ㄱ-ㅂ-ㄴ-ㄹ
③ ㅁ-ㄷ-ㄱ-ㅂ-ㄹ-ㄴ
④ ㅁ-ㄷ-ㄱ-ㅂ-ㄴ-ㄹ
⑤ ㄷ-ㅁ-ㅂ-ㄱ-ㄹ-ㄴ

개인정보 분쟁조정 절차는 신청사건의 접수 및 통보, 사실확인 및 당사자 의견청취, 조정 전 합의권고, 위원회의 조정절차 개시, 조정의 성립, 효력의 발생 순으로 진행된다.

04 개인정보 집단분쟁조정에 대한 설명으로 가장 적절한 보기를 고르시오.
① 피해 또는 권리를 입은 정보주체의 수가 50명 이상이어야 한다.
② 사건의 중요한 쟁점이 서로 다를 경우에 신청할 수 있다.
③ 집단분쟁조정 결정은 한국소비자원에서 결정한다.
④ 조정안이 당사자에게 제시되면, 당사자는 제시받은 날로부터 60일 이내에 조정안에 대한 수락 여부를 한국인터넷진흥원에 알려야 한다.
⑤ 집단분쟁조정은 분쟁조정의 효력과 다른 민법상 화해의 효력을 가진다.

개인정보 집단분쟁조정은 피해 또는 권리침해를 입은 정보주체의 수가 50명 이상이고, 사건의 중요한 쟁점(피해의 원인이나 결과)이 사실상 또는 법률상 공통이 되어야 신청 가능하다.

05 단체소송에 대한 설명으로 적절하지 않은 보기를 고르시오.
① 단체소송은 다수의 피해자가 공동으로 제기하는 소송이다.
② 단체소송의 주요 목적은 위법행위의 금지 및 중지이다.
③ 단체소송의 원고는 변호사를 소송대리인으로 선임하여야 한다.
④ 단체소송의 소는 피고의 주된 사무소 또는 영업소가 있는 곳의 지방법원 본원 합의부의 관할에 전속한다.
⑤ 외국사업자의 경우 국내의 주된 사무소 및 영업소 주소에 따라 소송의 전속관할이 결정된다.

단체소송은 법에 근거한 일정 자격을 갖춘 단체가 피해자를 대신하여 제기하는 소송이다.
오답 피하기
다수의 피해자가 공동으로 제기하는 소송은 집단소송이다.

PART 03

개인정보 라이프사이클 관리

파트 소개

개인정보 라이프사이클 관리는 개인정보의 수집 및 이용→제공→관리(보관)→파기 단계에서 준수해야 할 원칙과 주의사항을 학습하는 파트입니다. 이를 통해 개인정보가 처음 수집될 때부터 최종 파기될 때까지 모든 과정에서 적절하게 보호될 수 있도록 관리 방법 숙지를 목표로 합니다.

CHAPTER

01

개인정보 수집·이용

학습 방향

개인정보 수집·이용에서는 개인정보 수집·이용, 수집 제한, 정보주체 동의, 광고성 정보 전송 제한 등을 중심으로 학습하시기 바랍니다.

SECTION 01 개인정보 오너십의 이해

빈출 태그 관점별 개인정보 오너십

> **기적의 TIP**
> **개인정보 오너십**
> 개인정보를 단순히 '보호'의 대상이 아니라 개인이 소유하고 관리하는 자산으로 보고 소유자로서 권리와 책임을 가지는 것

1) 개인정보 오너십(Ownership) 개요

개인이 자신의 개인정보에 대해 소유하고 통제할 권리를 의미한다. 개인은 자신의 개인정보가 어떻게 수집, 저장, 사용, 공유되는지 결정할 수 있는 권한을 가지고 있다.

2) 관점별 개인정보 오너십

관점	설명
정보주체	• 정보주체는 본인의 개인정보를 능동적으로 관리 및 통제할 수 있는 권리를 보유하고 있음을 인지 • 삭제권(잊힐 권리), 처리제한권, 개인정보 이동권, 프로파일링을 포함한 자동화된 의사결정 권리도 오너십에 포함
개인정보 처리자	개인정보처리자는 정보주체의 개인정보를 관리하고 사용하는 주체로 개인정보의 수집 → 사용 → 저장 → 파기까지 모든 과정에서 명확한 책임과 투명성 요구

> **더 알기 TIP**
>
> **개인정보 열람권과 본인전송요구권**
>
> 개인정보 열람권은 이 정보주체가 개인정보의 처리현황 등에 대한 확인을 요구할 수 있는 권리이고 본인전송요구권은 열람권에서 더 나아가 '컴퓨터 등 정보처리장치로 처리 가능한 형태'로 개인정보를 전송받아 정보주체가 원하는 시기·방식으로 활용하는 등 정보주체의 개인정보 자기결정권을 보다 강화한 권리이다.

SECTION 02 개인정보 수집·이용 원칙

빈출 태그 개인정보 수집과 이용의 주요 원칙, 개인정보 수집 시 고지사항

01 개인정보 수집 · 이용 개요

개인정보 '수집'이란 정보주체로부터 직접 또는 제3자(간접)로부터 개인정보를 제공받거나 취득하는 일체의 행위를 말한다.

개인정보는 정보주체로부터 직접 수집하는 것이 원칙이나 필요한 경우에는 국가기관, 신용평가기관 등 제3자로부터 수집하거나 인터넷, 신문·잡지, 전화번호부, 인명록 등과 같은 공개된 자료원으로부터 수집할 수도 있다. 또한, 개인정보처리자가 직접 수집하지 않아도 업무처리 과정에서 개인정보가 생산되거나 생성되는 경우도 포함된다.

개인정보처리자는 개인정보 처리 목적에 필요한 범위에서 최소한의 개인정보만을 적법하고 정당하게 수집하여야 하며 수집한 개인정보는 목적 범위 내에서 이용할 수 있다.

더 알기 TIP

개인정보 수집 · 이용 예시
- 명함을 받음으로써 부수적으로 개인정보를 취득하는 행위
- 본인 이외 제3자로부터 정보주체의 개인정보를 취득하는 행위
- 인터넷 검색이나 인명부, 전화번호부, 잡지, 신문기사 등 공개된 정보에서 개인정보를 취득하는 행위
- 정보주체 본인이나 제3자 또는 그 밖의 출처로부터 취득한 개인정보 이외에 개인정보처리자가 직접 정보를 생성하는 경우

02 개인정보 수집 · 이용 주요 원칙

1) 개인정보 수집 · 이용이 가능한 경우

개인정보처리자는 아래의 경우에 정보주체의 개인정보를 수집 · 이용이 가능하다.
- 정보주체의 동의를 받은 경우
- 법률에 특별한 규정이 있거나 법령상 의무를 준수하기 위하여 불가피한 경우
- 공공기관이 법령 등에서 정하는 소관 업무의 수행을 위하여 불가피한 경우
- 정보주체와 체결한 계약을 이행하거나 계약을 체결하는 과정에서 정보주체의 요청에 따른 조치를 이행하기 위하여 필요한 경우
- 명백히 정보주체 또는 제3자의 급박한 생명, 신체, 재산의 이익을 위하여 필요하다고 인정되는 경우

- 개인정보처리자의 정당한 이익을 달성하기 위하여 필요한 경우로서 명백하게 정보주체의 권리보다 우선하는 경우❶
- 공중위생 등 공공의 안전과 안녕을 위하여 긴급히 필요한 경우

❶ 단, 개인정보처리자의 정당한 이익과 상당한 관련이 있고 합리적인 범위를 초과하지 아니할 때 한함

➕ 더 알기 TIP

개인정보 수집·이용 시 법령상 의무 준수 예시

- 소비자기본법 제48조에 따른 결함상품 리콜의무 이행
※ 제48조(물품등의 자진수거 등) 사업자는 소비자에게 제공한 물품등의 결함으로 인하여 소비자의 생명·신체 또는 재산에 위해를 끼치거나 끼칠 우려가 있는 경우에는 대통령령이 정하는 바에 따라 당해 물품등의 수거·파기·수리·교환·환급 또는 제조·수입·판매·제공의 금지 그 밖의 필요한 조치를 취하여야 한다.
- 학원의 설립·운영 및 과외교습에 관한 법률 제13조 제2항에 따른 강사의 인적사항 게시 등
※ 제13조(강사 등) ② 학원설립·운영자는 강사의 연령·학력·전공과목 및 경력 등에 관한 인적 사항을 교육부령으로 정하는 바에 따라 게시하여야 한다.
- 국세기본법 제85조의3에 따라 모든 거래에 관한 장부 및 증빙서류를 비치·기록하고 보존하는 행위
※ 제85조의3(장부 등의 비치와 보존) ① 납세자는 각 세법에서 규정하는 바에 따라 모든 거래에 관한 장부 및 증거서류를 성실하게 작성하여 갖춰 두어야 한다. 이 경우 장부 및 증거서류 중 「국제조세조정에 관한 법률」 제16조제4항에 따라 과세당국이 납세의무자에게 제출하도록 요구할 수 있는 자료의 경우에는 「소득세법」 제6조 또는 「법인세법」 제9조에 따른 납세지(「소득세법」 제9조 또는 「법인세법」 제10조에 따라 국세청장이나 관할지방국세청장이 지정하는 납세지를 포함한다)에 갖춰 두어야 한다.
- 전자상거래 등에서의 소비자보호에 관한 법률 제6조에 따라 전자상거래 및 통신판매에서의 표시·광고, 계약내용 및 그 이행 등 거래에 관한 기록을 보존하는 행위
※ 제6조(거래기록의 보존 등) ① 사업자는 전자상거래 및 통신판매에서의 표시·광고, 계약내용 및 그 이행 등 거래에 관한 기록을 상당한 기간 보존하여야 한다. 이 경우 소비자가 쉽게 거래기록을 열람·보존할 수 있는 방법을 제공하여야 한다.
② 제1항에 따라 사업자가 보존하여야 할 거래기록 및 그와 관련된 개인정보(성명·주소·전자우편주소 등 거래의 주체를 식별할 수 있는 정보로 한정한다)는 소비자가 개인정보의 이용에 관한 동의를 철회하는 경우에도 「정보통신망 이용촉진 및 정보보호 등에 관한 법률」 등 대통령령으로 정하는 개인정보보호와 관련된 법률의 규정에도 불구하고 이를 보존할 수 있다.
- 정보통신망법 제44조의5에 따른 게시판 이용자의 본인확인 의무 이행
※ 제44조의5(게시판 이용자의 본인 확인) ① 다음 각 호의 어느 하나에 해당하는 자가 게시판을 설치·운영하려면 그 게시판 이용자의 본인 확인을 위한 방법 및 절차의 마련 등 대통령령으로 정하는 필요한 조치(이하 "본인확인조치"라 한다)를 하여야 한다.
1. 국가기관, 지방자치단체, 「공공기관의 운영에 관한 법률」 제5조제3항에 따른 공기업·준정부기관 및 「지방공기업법」에 따른 지방공사·지방공단(이하 "공공기관등"이라 한다)
- 금융실명거래 및 비밀보장에 관한 법률 제3조에 따라 금융실명거래를 위해 실명을 확인하는 행위
※ 제3조(금융실명거래) ① 금융회사등은 거래자의 실지명의(이하 "실명"이라 한다)로 금융거래를 하여야 한다.

▼ 개인정보처리자 이익이 정보주체 권리에 우선함이 명백한 경우 및 관련 의결 사례

구분	설명
사례	• 금융사기 탐지·방지 등 정보주체 또는 제3자의 급박한 생명, 재산 등 이익을 위해 필수적인 경우 • 전자통신망에의 무단 접근 예방 정보통신망 및 정보보안 목적을 위해 반드시 필요한 경우 • 범죄행위 또는 공공 안보에 대한 위협으로부터의 보호·예방을 위해 필요한 경우
명백성 관련 개인정보보호위원회 심의·의결 사례	제2015-12-22호("철도차량 운전실 CCTV로 운전제어대와 기관사 양손 촬영") • (사실관계) 한국철도공사가 철도차량 운전실에 CCTV를 설치하여 각종 계기판과 안전운행장치 등으로 구성된 운전제어대와 그 위에 위치한 기관사의 두 손을 촬영하고, 촬영된 영상정보를 최장 7일간 각 운전실 저장장치에 저장하고 철도사고 시에만 사고원인 규명을 위해 열람·이용 • (이익형량 대상) 한국철도공사의 '철도사고 원인 규명'과 '승객의 안전 확보' 對 기관사의 양손이 의사에 반하여 촬영되지 아니할 개인정보 자기결정권 • (위원회 판단) 철도사고 원인 규명과 승객의 안전 확보는 한국철도공사의 정당한 이익에 해당, 본건 영상정보의 수집이 철도사고 시 기관사가 안전운행장치를 정상 작동하였는지를 확인하는 데 필요하며(상당한 관련성), 본건 영상정보 수집에 있어 개인정보의 노출은 운전제어대 위에 위치한 기관사 양손에 한정되고, 수집된 영상정보는 사고원인 규명에 열람·이용되며 일정 기간 경과 후 삭제된다는 점 등을 감안하면 합리적 범위를 초과한다고 보기 어려움(합리성) • (종합 의견) 승객의 안전 확보를 통한 국민의 생명과 신체 보호라는 공익은 큰 반면, 기관사에 대한 사생활 침해는 미미하여 개인정보처리자의 정당한 이익이 명백히 우선함
명백성 관련 개인정보 분쟁조정 사례	야간 휴식공간 겸용 관리사무소 사무실 내 CCTV 상시운영(2015) • (사실관계) 시설물 안전 및 범죄 예방 등을 위하여 CCTV 1대가 상시 작동 중인 관리사무소 사무실에서 경비원으로 근무하던 신청인은 24시간 감시당하는 것 같아 심적으로 괴롭고 불안정하며 일상생활에 지장이 있는 등 인권이 침해당했음을 주장하며 분쟁조정 신청 • (이익형량 대상) 관리사무소의 시설안전 및 범죄 예방 이익 對 경비원의 사생활의 비밀과 자유 • (위원회 판단) 주·야간의 사업장 내 시설안전과 범죄 예방의 정당한 이익 인정, 목적 달성을 위해 CCTV 설치 필요성 인정, 시설안전을 위해 필요한 경우에도 타인의 사생활이 침해되지 않도록 필요 최소한의 범위에서 CCTV 운영 필요 • (최종의견) 야간에는 근무공간과 취침공간이 공존하므로 야간 근무자의 취침공간까지 지속적으로 촬영할 필요까지 인정하기 어렵고, 사생활 보호를 위한 최소한의 조치* 없이 사무실 전체를 모두 촬영하는 데 따른 관리사무소의 이익이 경비원의 권리보다 명백하게 우선하는 것으로 단정하기 곤란 • 야간근무 시 CCTV 녹화 중단, 카메라가 취침공간을 비추지 않도록 가림막 설치, 카메라 각도 조절 등

2) 개인정보 수집 시 고지사항

개인정보처리자는 개인정보 수집·이용 시 정보주체에게 아래 네 가지 사항을 고지하여야 한다.
- 개인정보의 수집·이용 목적
- 수집하려는 개인정보의 항목
- 개인정보 보유 및 이용 기간
- 동의 거부 권리 및 거부에 따른 불이익이 있는 경우 그 불이익 내용

3) 정보주체 동의 없는 개인정보 추가 이용

① 개인정보처리자는 당초 수집 목적과 합리적으로 관련된 범위 내에서 정보주체의 동의 없이 개인정보를 이용할 수 있다. 단 아래 사항과 같이 정보주체에게 불이익이 발생하는지, 안전성 확보에 필요한 조치를 하였는지 등을 고려해야 한다.
- 당초 수집 목적과 관련성이 있는지 검토
- 개인정보를 수집한 정황 또는 처리 관행에 비추어 볼 때 개인정보의 추가적인 이용 또는 제공에 대한 예측 가능성이 있는지 검토
- 정보주체의 이익을 부당하게 침해하는지 여부 검토
- 가명처리 또는 암호화 등 안전성 확보에 필요한 조치를 하였는지 여부 검토

② 정보주체의 동의 없이 처리 가능한 개인정보와 정보주체의 동의가 필요한 개인정보를 구분하여 개인정보 처리방침에 공개하거나 서면, 전자우편, 팩스, 전화, 문자전송 등의 방법으로 알려야 한다. 동의 없이 처리할 수 있는 개인정보라는 입증책임은 개인정보처리자가 부담하며, 동의 없이 수집 시 수집할 수 있는 법적 근거 등을 정보주체에게 알리기 위해 노력해야 한다.

> **더 알기 TIP**
>
> 친목 단체(동호회 등)❷ 운영을 위해 개인정보 수집 시 정보주체의 동의 없이 수집·이용이 가능하다.
>
> 예) 친목 단체 가입을 위한 성명 및 연락처, 회비 납부 현황, 상호 간 친교와 화합을 위해 다른 구성원에게 알리기 원하는 생일, 취향 등에 관한 사항 등

❷ **친목 단체**
학교, 지역, 기업, 인터넷 커뮤니티 등을 단위로 구성되는 것으로서 자원봉사, 취미, 정치, 종교 등 공통의 관심사나 목표를 가진 사람 간의 친목도모를 위한 각종 동창회, 동호회, 향우회, 반상회 및 동아리 등의 모임

> **관련법령**
>
> **개인정보 보호법 제15조(개인정보의 수집·이용)**
> ① 개인정보처리자는 다음 각 호의 어느 하나에 해당하는 경우에는 개인정보를 수집할 수 있으며 그 수집 목적의 범위에서 이용할 수 있다.
>   1. **정보주체의 동의**를 받은 경우
>   2. **법률**에 특별한 규정이 있거나 **법령상 의무를 준수하기 위하여 불가피한 경우**
>   3. **공공기관**이 법령 등에서 정하는 **소관 업무의 수행을 위하여 불가피한 경우**
>   4. 정보주체와 **체결한 계약**을 이행하거나 계약을 체결하는 과정에서 정보주체의 요청에 따른 조치를 이행하기 위하여 필요한 경우
>   5. **명백히 정보주체 또는 제3자의 급박한 생명, 신체, 재산의 이익**을 위하여 필요하다고 인정되는 경우
>   6. 개인정보처리자의 **정당한 이익을 달성하기 위하여 필요한 경우로서 명백하게 정보주체의 권리보다 우선하는 경우**. 이 경우 개인정보처리자의 정당한 이익과 상당한 관련이 있고 합리적인 범위를 초과하지 아니하는 경우에 한한다.
>   7. **공중위생 등 공공의 안전과 안녕**을 위하여 **긴급히** 필요한 경우
> ② 개인정보처리자는 제1항 제1호에 따른 **동의를 받을 때**에는 다음 각 호의 사항을 정보주체에게 알려야 한다. 다음 각 호의 어느 하나의 사항을 변경하는 경우에도 이를 알리고 동의를 받아야 한다.
>   1. **개인정보의 수집·이용 목적**
>   2. **수집하려는 개인정보의 항목**
>   3. **개인정보의 보유 및 이용 기간**

4. 동의를 거부할 권리가 있다는 사실 및 동의 거부에 따른 불이익이 있는 경우에는 그 불이익의 내용

③ 개인정보처리자는 **당초 수집 목적과 합리적으로 관련된 범위**에서 정보주체에게 불이익이 발생하는지 여부, 암호화 등 안전성 확보에 필요한 조치를 하였는지 여부 등을 고려하여 대통령령으로 정하는 바에 따라 **정보주체의 동의 없이 개인정보를 이용할 수 있다.**

> **더 알기 TIP**
>
> **정보주체의 권리와 이익형량 시 고려사항**
>
> ① 처리되는 개인정보의 민감한 정도
> - 개인정보의 민감도가 높아질수록 정보주체의 권리가 더 우선할 수 있음
> - 아동 등 특별한 보호를 필요로 하는 자의 개인정보라면 정보주체의 권리가 우선할 가능성이 높아짐
>
> ② 정보주체의 예측가능성
> - 정보주체가 합리적으로 기대 및 예측할 수 있는 방식으로 개인정보를 처리 할수록 개인정보 처리자의 정당한 이익이 우선할 가능성이 높아짐
> - 이 때 예측가능성은 각 정보주체마다 달리 판단되는 주관적 요건이 아니라 보편적인 통상의 정보주체를 기준으로 하며, 개인정보 처리방침 등 외부 공개용 문서에 이러한 합리적 기대에 대한 사항이 고지되어 있다면 정보주체의 예측가능성이 높아질 수 있음
>
> ③ 개인정보의 처리 방식
> - 개인정보의 처리 방식이 정보주체의 권리를 명확하게 침해하는 것이라면 정보주체의 권리가 우선할 가능성이 높음
>
> ④ 정보주체의 권리 보호
> - 정보주체의 권리(열람청구 등) 행사 보호를 위한 다른 수단을 잘 이행할수록 개인정보처리자의 정당한 이익이 우선할 가능성이 높아짐
>
> ⑤ 개인정보처리자와 정보주체의 관계
> - 개인정보처리자가 사기업이 아닌 공공기관이거나, 고용관계에서 정보주체에 대한 감시나 통제의 우려가 있는 개인정보처리자의 경우에는 우월적 지위로 인해 보다 엄격한 이익형량 기준이 적용

SECTION 03 수집 출처 및 이용·제공 내역 통지

빈출 태그 　정보주체 이외로부터 수집한 개인정보 처리시 출처, 목적, 권리 보유 사실 통지

01 수집 출처 및 이용 · 제공 내역 통지 개요

개인정보처리자는 수집한 개인정보의 이용 · 제공 내역이나 해당 내역을 확인할 수 있는 방법을 정보주체에게 연 1회 이상 통지하여야 한다.
개인정보처리자는 정보주체 이외로부터 수집한 개인정보를 처리할 때는 정보주체의 요구가 있으면 수집 출처 및 이용 · 제공 내역에 대해 알려야 한다. 여기서 정보주체 이외로부터 수집한 개인정보는 제3자로부터 제공받은 정보, 공개 자료❶에서 수집한 정보 등이 해당한다. 단, 자체적으로 생산된 정보는 해당하지 않는다.

❶ 인터넷, SNS, 신문, 잡지 등

02 정보주체 이외로부터 수집한 개인정보의 수집 출처 등 통지

1) 정보주체 이외로부터 수집한 개인정보 통지사항
- 개인정보의 수집 출처
- 개인정보의 처리 목적
- 개인정보 처리의 정지를 요구하거나 동의를 철회할 권리가 있다는 사실

2) 정보주체 이외로부터 수집한 개인정보 통지 기한
정당한 사유가 없는 한 정보주체의 요구가 있은 날로부터 즉시(3일 이내) 수집 출처, 처리 목적, 동의철회 권리를 알려야 한다.

3) 정보주체 이외로부터 수집한 개인정보 통지 제외 및 예외 가능 사례
① 연락처 등 정보주체에게 알릴 수 있는 개인정보가 없을 경우
② 통지를 요구하는 대상이 되는 개인정보가 법령에서 등록 예외 대상인 개인정보 파일에 포함되어 있는 경우
- 국가 안전, 외교상 비밀, 그 밖에 국가의 중대한 이익에 관한 사항을 기록한 개인정보 파일
- 범죄의 수사, 공소의 제기 및 유지, 형 및 감호의 집행, 교정처분, 보호처분, 보안관찰처분과 출입국관리에 관한 사항을 기록한 개인정보 파일
- 「조세범 처벌법」에 따른 범칙행위 조사 및 「관세법」에 따른 범칙행위 조사에 관한 사항을 기록한 개인정보 파일
- 일회적으로 운영되는 파일 등 지속적으로 관리할 필요성이 낮다고 인정되어 대통령령으로 정하는 개인정보 파일

> 기적의 TIP
>
> 수집 출처 통지는 위탁자인 개인정보처리자의 의무사항이므로 개인정보 처리 업무를 위탁받은 수탁자는 해당 업무에 대한 수집 출처 통지 의무를 부담하지 않는다.

- 다른 법령에 따라 비밀로 분류된 개인정보 파일
③ 통지로 인하여 다른 사람의 생명·신체를 해할 우려가 있거나 다른 사람의 재산과 그 밖의 이익을 부당하게 침해할 우려가 있는 경우

4) 정보주체 이외로부터 수집한 개인정보 통지 의무 개인정보처리자 요건

정보주체가 정보주체 이외로부터 수집한 개인정보에 대해 통지를 요구하지 않더라도 개인정보 처리자가 통지를 해야 하는 경우가 있다.

▼ 정보주체 이외로부터 수집한 개인정보 통지의무 개인정보 처리자 요건

구분	설명
통지의무 부과 개인정보 처리자	• 5만 명 이상 정보주체에 관한 민감정보 또는 고유식별정보를 처리하는 자 • 100만 명 이상의 정보주체에 관한 개인정보를 처리하는 자
통지사항	• 개인정보의 수집 출처 • 개인정보의 처리 목적 • 개인정보 처리의 정지를 요구하거나 동의를 철회할 권리가 있다는 사실
통지 시기	• 개인정보를 제공받은 날로부터 3개월 이내 • 단 동의를 받은 범위에서 연 2회 이상 주기적으로 개인정보를 받아 처리하는 경우 제공받은 날로부터 3개월 이내 통지하거나 동의를 받은 날로부터 가산하여 연 1회 이상 통지
통지 방법	• 서면, 전자우편, 전화, 문자전송 등 정보주체가 쉽게 알 수 있는 방법 • 재화 및 서비스 제공 과정에서 쉽게 알 수 있도록 알림창 등
통지 내역 보관	통지 대상 개인정보를 파기할 때까지 고지한 내역(알린 사실, 알린 시기, 알린 방법)을 보관·관리

관련법령

개인정보 보호법 제20조(정보주체 이외로부터 수집한 개인정보의 수집 출처 등 통지)
① 개인정보처리자가 **정보주체 이외로부터 수집한 개인정보를 처리**하는 때에는 정보주체의 요구가 있으면 즉시 다음 각 호의 모든 사항을 정보주체에게 알려야 한다.
  1. 개인정보의 수집 **출처**
  2. 개인정보의 처리 **목적**
  3. 제37조에 따른 개인정보 처리의 **정지를 요구하거나 동의를 철회할 권리**가 있다는 사실
② 제1항에도 불구하고 처리하는 개인정보의 종류·규모, 종업원 수 및 매출액 규모 등을 **고려하여 대통령령으로 정하는 기준**에 해당하는 개인정보처리자가 제17조 제1항 제1호에 따라 **정보주체 이외로부터 개인정보를 수집**하여 처리하는 때에는 제1항 각 호의 모든 사항을 **정보주체에게 알려야 한다.** 다만, **개인정보처리자가 수집한 정보에 연락처 등 정보주체에게 알릴 수 있는 개인정보가 포함되지 아니한 경우에는 그러하지 아니하다.**
③ 제2항 본문에 따라 알리는 경우 정보주체에게 알리는 시기·방법 및 절차 등 필요한 사항은 대통령령으로 정한다.
④ 제1항과 제2항 본문은 다음 각 호의 어느 하나에 해당하는 경우에는 적용하지 아니한다. 다만, 이 법에 따른 **정보주체의 권리보다 명백히 우선하는 경우에 한한다.**
  1. 통지를 요구하는 대상이 되는 개인정보가 제32조 제2항 각 호의 어느 하나에 해당하는 개인정보 파일에 포함되어 있는 경우
  2. 통지로 인하여 다른 사람의 생명·신체를 해할 우려가 있거나 다른 사람의 재산과 그 밖의 이익을 부당하게 침해할 우려가 있는 경우

개인정보 보호법 시행령 제15조의2(개인정보 수집 출처 등 통지 대상·방법·절차)

① 법 제20조 제2항 본문에서 "대통령령으로 정하는 기준에 해당하는 개인정보처리자"란 다음 각 호의 어느 하나에 해당하는 개인정보처리자를 말한다. 이 경우 다음 각 호에 규정된 정보주체의 수는 전년도 말 기준 직전 3개월간 일일 평균을 기준으로 산정한다.
  1. **5만 명 이상**의 정보주체에 관하여 법 제23조에 따른 **민감정보**(이하 "민감정보"라 한다) 또는 법 제24조 제1항에 따른 **고유식별정보**(이하 "고유식별정보"라 한다)를 처리하는 자
  2. **100만 명 이상**의 정보주체에 관하여 개인정보를 처리하는 자

② 제1항 각 호의 어느 하나에 해당하는 개인정보처리자는 법 제20조 제1항 각 호의 사항을 다음 각 호의 어느 하나에 해당하는 방법으로 **개인정보를 제공받은 날부터 3개월 이내**에 정보주체에게 알려야 한다. 다만, 법 제17조 제2항 제1호부터 제4호까지의 사항에 대하여 같은 조 제1항 제1호에 따라 정보주체의 동의를 받은 범위에서 **연 2회 이상 주기적으로 개인정보를 제공받아 처리하는 경우**에는 개인정보를 제공받은 날부터 3개월 이내에 정보주체에게 알리거나 **그 동의를 받은 날부터 기산하여 연 1회 이상** 정보주체에게 알려야 한다.
  1. 서·전자우편·전화·문자전송 등 정보주체가 통지 내용을 쉽게 확인할 수 있는 방법
  2. **재화 및 서비스를 제공하는 과정에서 정보주체가 쉽게 알 수 있도록 알림창을 통해 알리는 방법**

③ 개인정보처리자는 법 제20조 제2항에 따라 개인정보의 수집 출처 등에 관한 사항을 알리는 것과 법 제20조의2 제1항에 따른 **이용·제공 내역의 통지를 함께 할 수 있다.**

④ 제1항 각 호의 어느 하나에 해당하는 개인정보처리자는 제2항에 따라 알린 경우 다음 각 호의 사항을 법 제21조 또는 제37조 제5항에 따라 해당 **개인정보를 파기할 때까지 보관·관리**하여야 한다.
  1. 정보주체에게 알린 **사실**
  2. 알린 **시기**
  3. 알린 **방법**

표준 개인정보 보호지침 제9조(개인정보 수집 출처 등 고지)

① 개인정보처리자가 **정보주체 이외로부터 수집한 개인정보를 처리하는 때**에는 정당한 사유가 없는 한 정보주체의 요구가 있는 날로부터 **3일 이내에 법 제20조 제1항 각 호의 모든 사항**을 정보주체에게 알려야 한다. 다만, 다음 각 호의 어느 하나에 해당하는 경우에는 그러하지 아니 하다.
  1. 고지를 요구하는 대상이 되는 개인정보가 법 제32조 제2항 각 호의 어느 하나에 해당하는 개인정보 파일에 포함되어 있는 경우
  2. 고지로 인하여 다른 사람의 생명·신체를 해할 우려가 있거나 다른 사람의 재산과 그 밖의 이익을 부당하게 침해할 우려가 있는 경우

② 개인정보처리자는 제1항 단서에 따라 제1항 전문에 따른 정보주체의 요구를 거부하는 경우에는 정당한 사유가 없는 한 정보주체의 요구가 있은 날로부터 3일 이내에 그 거부의 근거와 사유를 정보주체에게 알려야 한다.

개인정보 보호법 제20조의2(개인정보 이용·제공 내역의 통지)

① 대통령령으로 정하는 기준에 해당하는 개인정보처리자는 이 법에 따라 수집한 개인정보의 이용·제공 내역이나 이용·제공 내역을 확인할 수 있는 정보시스템에 접속하는 방법을 주기적으로 정보주체에게 통지하여야 한다. 다만, 연락처 등 정보주체에게 통지할 수 있는 개인정보를 수집·보유하지 아니한 경우에는 통지하지 아니할 수 있다.

② 제1항에 따른 통지의 대상이 되는 정보주체의 범위, 통지 대상 정보, 통지 주기 및 방법 등에 필요한 사항은 대통령령으로 정한다.

개인정보 보호법 시행령 제15조의3(개인정보 이용·제공 내역의 통지)

① 법 제20조의2 제1항 본문에서 "대통령령으로 정하는 기준에 해당하는 개인정보처리자"란 다음 각 호의 어느 하나에 해당하는 개인정보처리자를 말한다. 이 경우 다음 각 호에 규정된 정보주체의 수는 전년도 말 기준 직전 3개월간 일일 평균을 기준으로 산정한다.
  1. 5만 명 이상의 정보주체에 관하여 민감정보 또는 고유식별정보를 처리하는 자
  2. 100만 명 이상의 정보주체에 관하여 개인정보를 처리하는 자

② 법 제20조의2 제1항에 따른 통지의 대상이 되는 정보주체는 다음 각 호의 정보주체를 제외한 정보주체로 한다.
  1. 통지에 대한 거부 의사를 표시한 정보주체
  2. 개인정보처리자가 업무수행을 위해 그에 소속된 임직원의 개인정보를 처리한 경우 해당 정보주체
  3. 개인정보처리자가 업무수행을 위해 다른 공공기관, 법인, 단체의 임직원 또는 개인의 연락처 등의 개인정보를 처리한 경우 해당 정보주체
  4. 법률에 특별한 규정이 있거나 법령상 의무를 준수하기 위하여 이용·제공한 개인정보의 정보주체
  5. 공공기관이 법령 등에서 정하는 소관 업무의 수행을 위하여 이용·제공한 개인정보의 정보주체

③ 법 제20조의2 제1항에 따라 정보주체에게 통지해야 하는 정보는 다음 각 호와 같다.
  1. 개인정보의 수집·이용 목적 및 수집한 개인정보의 항목
  2. 개인정보를 제공받은 제3자와 그 제공 목적 및 제공한 개인정보의 항목. 다만, 「통신비밀 보호법」 제13조, 제13조의2, 제13조의4 및 「전기통신사업법」 제83조 제3항에 따라 제공한 정보는 제외한다.

④ 법 제20조의2 제1항에 따른 통지는 다음 각 호의 어느 하나에 해당하는 방법으로 연 1회 이상 해야 한다.
  1. 서면·전자우편·전화·문자전송 등 정보주체가 통지 내용을 쉽게 확인할 수 있는 방법
  2. 재화 및 서비스를 제공하는 과정에서 정보주체가 쉽게 알 수 있도록 알림창을 통해 알리는 방법(법 제20조의2 제1항에 따른 개인정보의 이용·제공 내역을 확인할 수 있는 정보시스템에 접속하는 방법을 통지하는 경우로 한정한다)

SECTION 04 개인정보 수집·이용 시 유의사항

출제빈도 상 **중** 하
반복학습 1 2 3

빈출 태그 법률에 특정한 규정이 있는 경우, 법률에 의한 의무 준수를 위한 경우, 공공기관이 법령 등에서 정하는 소관 업무의 수행을 위한 경우, 정보주체와 계약하는 경우

▶ 합격 강의

01 개인정보 수집 제한

개인정보처리자는 그 목적에 필요한 최소한의 개인정보를 수집하여야 하며, 최소한의 개인정보 수집이라는 입증 책임은 개인정보처리자가 부담한다.

개인정보처리자는 정보주체의 동의를 받아 개인정보를 수집하는 경우 필요한 최소한의 정보 외의 개인정보 수집에는 동의하지 아니할 수 있다는 사실을 알리고 개인정보를 수집해야 한다.❶

> ❶ 개인정보처리자는 정보주체가 필요한 최소한의 정보 외의 개인정보 수집에 동의하지 아니한다는 이유로 정보주체에게 재화 또는 서비스의 제공을 거부해선 안 된다.

02 법률에 특별한 규정에 근거하여 개인정보 수집 · 이용 시 주의사항

법률에서 개인정보의 수집 · 이용을 명시적으로 요구하거나 허용하여야 수집 · 이용이 가능하다.

▼ 법률에 특별한 규정이 있거나 법률에 의한 의무 준수를 위한 개인정보 수집·이용 가능 사례

업무사례	근거 법률
수사	• 형사소송법 제196조(검사의 수사) • 경찰관 직무집행법 제8조(사실의 확인 등) 제1항 등
본인확인	• 정보통신망법 제44조의5 게시판 이용자의 본인확인 • 공직선거법 제82조의6 인터넷 언론사 게시판 실명 확인
연령확인	• 청소년 보호법 제29조 청소년 유해업소 종업원 고용 시 연령확인 • 청소년 보호법 제16조 청소년 유해 매체물 · 판매 · 배포
채권추심	신용정보법 제40조(신용정보회사등의 금지 사항)
병역판정검사	병역법 제11조의2(자료의제출 요구 등)

03 공공기관이 법령 등에서 정하는 소관 업무의 수행을 위해 개인정보 수집 · 이용 시 주의사항

공공기관이 개인정보 수집 · 이용 시에는 소관 업무 수행 목적으로만 최소한으로 수집하여야 하고, 외부로 유출되지 않도록 주의해야 한다.

▼ 공공기관이 법령 등에서 정하는 소관 업무의 수행을 위한 개인정보 수집·이용 가능 사례

구분	사례
행정조사	지자체의 화재·홍수 등 재해대책 수립·이행은 지방자치법 등에 따른 소관 업무에 해당하며, 이를 위해 불가피한 범위 내에서 개인정보를 수집할 수 있다.
감사	[개인정보보호위원회 결정 제2017-05-36호] 공공감사법 제20조(자료 제출 요구)를 근거로 민감정보가 포함된 자료를 수집하는 것에 대해 자체 감사는 모든 업무와 활동 등을 조사·점검·확인·분석·검증하고 결과를 처리하는 것을 말하므로(공공감사법 제2조 제1호), 노조회비 원천징수 업무의 적정성 감사, 장애인 수당 지급 업무의 적정성 감사 등 자체감사에 필요한 최소한의 민감정보를 공공감사법 제20조를 근거로 수집할 수 있다.
	[서울고등법원 2019. 1. 9. 선고 2018누37672 판결] 시흥경찰서 청문 감사 담당자가 근무 태만 첩보 확인을 위해 CCTV 영상을 열람한 것은 개인정보 수집 목적 외 사용에 해당하지만, 개인정보 보호법 제18조 제2항 제2호와 공공감사에 관한 법률 제20조 제1항 제2호에 따라 허용된다. 이는 감사에 필요한 최소한의 행위로 인정된다. 비록 CCTV 영상 제공 시 개인정보 보호법 시행령 제15조에 따른 기록·관리를 하지 않았지만, 이로 인해 CCTV 영상을 처분 근거자료로 사용한 것이 위법하다고 볼 수 없다.
	[개인정보보호위원회 결정 제2022-107-016호] 감사원의 타 기관 감사를 위한 대한항공 보유 개인정보 제공에 관련하여 대한항공은 감사원의 타 기관 감사를 위하여 「감사원법」 제50조 및 「감사원 감사사무 처리규칙」제63조를 근거로 주민등록번호를 포함한 개인정보를 감사원에 제공할 수 있다.

더 알기 TIP

공공기관의 소관 업무 인용 예시

- 인사혁신처가 「정부조직법」 제22조의3, 「인사혁신처와 그 소속기관 직제」 및 「인사혁신처와 그 소속기관 직제 시행규칙」에 따라 공무원의 인사·윤리·복무·연금 등 관리를 위해 공무원인사 관련파일을 수집·이용하거나 국가인재데이터베이스 시스템을 구축·운영하는 경우
- 국민건강보험공단이 「국민건강보험법」 제14조에 따라 보험급여관리 등을 위하여 진료내역 등을 수집·이용하는 경우
- 대학교 행정실이 「고등교육법」 제15조제3항에 따른 학교의 행정사무(학교 시설 유지·관리 업무)수행을 위하여 잘못된 주차 행위를 한 차주의 휴대전화번호를 교내 재학정보시스템에서 조회하여 교내 주차민원 해결에 이용하는 경우(2017년 개인정보 분쟁조정 사례 22면)

04 정보주체와 계약을 체결하거나 이행할 때 개인정보 수집·이용 시 주의사항

개인정보처리자와 정보주체 상호 간 체결한 계약을 이행하거나 계약 체결을 위한 준비 단계에서 정보주체의 요청에 따라 계약과 관련된 사실관계의 확인 등의 조치가 필요한 경우에는 정보주체로부터 별도의 동의 없이 개인정보를 수집하여 이용할 수 있다.

개인정보처리자와 정보주체가 계약과 관련하여 서로 예상할 수 있는 합리적인 범위 내에서는 상호 신뢰에 기반하여 별도의 동의 없이도 개인정보를 수집하여 이용할 수 있다.

> **기적의 TIP**
>
> 예전에는 정보주체와의 계약 체결·이행을 위해 "불가피하게" 필요한 경우로 한정하였으나, 2023년 법 개정을 통해 "불가피하게"를 삭제하여 개인정보처리자와 정보주체가 계약과 관련하여 서로 예상할 수 있는 합리적인 범위 내에서는 상호 신뢰에 기반하여 별도의 동의 없이도 개인정보를 수집하여 이용할 수 있도록 하였다

▼ 정보주체의 동의가 필요 없는 계약 관련 사례

구분	사례
정보주체와 체결한 계약 이행	• 인터넷 쇼핑몰이 고객으로부터 구매상품 주문을 받아 결제-배송-AS 등 계약 이행을 위해 주소, 연락처, 결제 정보 등을 수집하여 이용하는 경우 • 판매한 상품에 대한 AS 상담을 위해 전화한 고객의 성명, 연락처, 상품 정보 등을 수집하여 이용하는 경우 • 회의 참석 전문가 등에게 참석수당을 지급하기 위해 이름, 계좌정보, 연락처 등을 수집하여 수당 지급에 이용하는 경우 • 백화점에서 상품구매 및 배송 서비스를 위해 결제 정보(카드정보 등)와 배송 정보(주소, 연락처) 등 계약 이행을 위해 '불가피하게' 필요한 개인정보 외에 오배송 등 방지를 위해 이름, 이메일, 집 전화번호, 배송 희망시간 등의 개인정보를 수집하여 배송 목적으로 이용하는 경우 • 아파트 관리사무소가 아파트 입주자와 아파트 관리서비스 계약 체결 및 이행을 위해 세대주 이름, 연락처, 차량번호 등 불가피하게 필요한 개인정보 외에 아파트 관리서비스 제공을 위해 필요한 범위 안에서 거주자 수, 반려견 정보 등의 개인정보를 수집하여 이용하는 경우 • 맞춤형 추천이 계약의 본질적인 내용인 경우로서 서비스 이용계약에 따라 맞춤형 추천을 제공하기 위해 이용자의 검색 기록 등을 수집하여 이용하는 경우 • 디지털 서비스 이용자 보호를 목적으로 보안위험, 악용사례(스팸, 멀웨어, 불법 콘텐츠 등) 등 감지 및 예방을 위해 서비스 이용계약에 따라 이용자의 개인정보를 수집하여 이용하는 경우
정보주체와 계약 체결 과정에서 정보주체의 요청에 따른 조치를 이행	• 인터넷 서비스 이용을 위해 회원가입을 요청한 정보주체와의 이용계약 체결을 위해 이름, 연락처, 생성 아이디 등의 개인정보를 수집하는 경우 • 공인중개사가 부동산거래 중개 계약 체결을 위해 부동산 소유자, 권리 관계 등을 미리 조사·확인하기 위해 개인정보를 수집하는 경우 • 회사가 취업지원자와 근로계약 체결 전에 지원자의 이력서, 졸업증명서, 성적증명서 등 정보를 수집·이용하는 경우

SECTION 05 동의받는 방법

출제빈도 상 중 하
반복학습 1 2 3

빈출 태그 적법성의 조건, 정보주체에게 동의를 받는 수단, 법정대리인의 동의를 받는 수단

01 정보주체 동의의 적법성의 조건

정보주체의 동의가 적법하기 위해서는 아래의 동의 조건을 모두 충족하여야 한다.
- 정보주체가 자유로운 의사에 따라 동의 여부를 결정할 수 있어야 한다.
- 동의받으려는 내용이 구체적이고 명확해야 한다.
- 동의받으려는 내용이 쉽게 읽고 이해할 수 있는 문구를 사용해야 한다.
- 동의 여부를 명확하게 표시할 수 있는 방법을 정보주체에게 제공해야 한다.

➕ 더 알기 TIP

개인정보 수집, 제공에 관한 적법한 동의의 요건

[서울고등법원 행정소송 판례] 서울고등법원 2013누14476판결
동의가 명시적인 동의가 되기 위해서는, 단순히 정보통신서비스 제공자가 개인정보 수집 등에 관한 동의를 구하고 있는 사실 및 그 동의를 얻기 위하여 미리 고지하도록 정보통신망법이 규정한 고지사항(이하, '법정 고지사항'이라 한다)에 관하여 이용자에게 인식 가능성만을 부여한 것으로는 충분하지 않고, 이용자로 하여금 개인정보 수집 · 이용, 제3자 제공에 관한 동의를 구하고 있다는 사실 및 법정 고지사항을 명확히 인식 · 확인하게 한 상태에서 이용자의 자발적 의사에 따라 동의 여부를 판단 · 결정한 것이라고 볼 수 있어야 한다. 나아가, 그러한 이용자의 동의가 형식적이지 않고 실질적인 동의라고 보려면 '미리' 법정 고지사항에 관하여 일반적으로 예상되는 방법을 사용하여 이해하기 쉽고 '명확하게 표시'하여 이를 이용자에게 알린 상태에서 동의를 받은 것이라고 평가할 수 있어야 할 것이다.

[대법원 판례] 대법원 2016. 6. 28.선고 2014두2638판결 [행정소송]
개인정보 수집 · 제공에 관하여 적법한 동의를 받기 위해서는, 이용자가 개인정보 제공에 관한 결정권을 충분히 자유롭게 행사할 수 있도록, 미리 인터넷사이트에 통상의 이용자라면 용이하게 개인정보를 제공받는 자, 개인정보를 제공받는 자의 개인정보 이용 목적, 제공하는 개인정보의 항목, 개인정보를 제공받는 자의 개인정보 보유 및 이용 기간(이하 동의를 받을 때 이용자에게 알려야 할 사항을 통틀어 '법정 고지사항'이라 한다)의 구체적 내용을 알아볼 수 있을 정도로 법정 고지사항 전부를 명확하게 게재하여야 한다. 아울러, 법정 고지사항을 게재하는 부분과 이용자의 동의 여부를 표시할 수 있는 부분을 밀접하게 배치하여 이용자가 법정 고지사항을 인지하여 확인할 수 있는 상태에서 개인정보의 수집 · 제공에 대한 동의 여부를 판단할 수 있어야 하고, 그에 따른 동의의 표시는 이용자가 개인정보의 수집 · 제공에 동의를 한다는 명확한 인식하에 행하여질 수 있도록 실행 방법이 마련되어야 한다.

02 동의를 받을 수 있는 수단

개인정보처리자는 아래의 방법 중 한 가지 이상으로 정보주체에게 동의를 받아야 한다.

▼ 정보주체에게 동의를 받는 수단

수단	설명
서면	• 동의 내용이 적힌 서면을 정보주체에게 직접 발급 • 우편 또는 팩스 등의 방법으로 전달하고 정보주체의 서명 또는 날인이 포함된 동의서 수령
전화	• 전화로 동의 내용을 알리고 동의의 의사표시 확인 • 전화로 동의 내용을 알리고 인터넷 주소 등을 통해 정보주체가 내용을 확인하도록 한 후 다시 통화로 동의의 의사표시 확인
인터넷 홈페이지	인터넷 홈페이지 등에 동의 내용을 게재하고 정보주체가 동의 여부 표시
전자우편	동의 내용이 적힌 전자우편을 발송하여 정보주체로부터 동의의 의사표시가 적힌 전자우편을 수신
상기 규정에 준하는 방법	• 문자 메시지, 알림톡 등을 통한 동의 내용 알림 및 동의 의사표시 수신 • 명함을 주고받는 행위 등의 사회 통념상 동의 의사가 있다고 판단

> **기적의 TIP**
> 전화를 통해 동의내용을 정보주체에게 알리고 동의의 의사표시를 확인할 때 통화 내용을 녹취를 한다면 녹취 사실을 정보주체에게 알려야 한다.

> **기적의 TIP**
> 서면을 통해 동의를 받을 때는 종이 인쇄물, 컴퓨터 표시 화면 등 서면 동의를 요구하는 매체의 특성과 정보주체의 이용 환경을 고려하여 글씨의 크기, 색깔, 굵기 또는 밑줄 등을 통해 그 내용을 명확히 표시하여야 한다.

관련법령

개인정보 보호법 제22조(동의를 받는 방법)

① 개인정보처리자는 이 법에 따른 개인정보의 처리에 대하여 정보주체(제22조의2 제1항에 따른 법정대리인을 포함한다. 이하 이 조에서 같다)의 동의를 받을 때에는 **각각의 동의 사항을 구분하여 정보주체가 이를 명확하게 인지할 수 있도록 알리고 동의**를 받아야 한다. 이 경우 다음 각 호의 경우에는 동의 사항을 구분하여 **각각 동의를 받아야 한다.**
  1. 제15조 제1항 제1호에 따라 동의를 받는 경우
  2. 제17조 제1항 제1호에 따라 동의를 받는 경우
  3. 제18조 제2항 제1호에 따라 동의를 받는 경우
  4. 제19조 제1호에 따라 동의를 받는 경우
  5. 제23조 제1항 제1호에 따라 동의를 받는 경우
  6. 제24조 제1항 제1호에 따라 동의를 받는 경우
  7. 재화나 서비스를 홍보하거나 판매를 권유하기 위하여 개인정보의 처리에 대한 동의를 받으려는 경우
  8. 그 밖에 정보주체를 보호하기 위하여 동의 사항을 구분하여 동의를 받아야 할 필요가 있는 경우로서 대통령령으로 정하는 경우

② 개인정보처리자는 제1항의 동의를 **서면**(「전자문서 및 전자거래 기본법」 제2조 제1호에 따른 전자문서를 포함한다)으로 받을 때에는 개인정보의 수집·이용 목적, 수집·이용하려는 개인정보의 항목 등 대통령령으로 정하는 중요한 내용을 보호위원회가 고시로 정하는 방법에 따라 명확히 표시하여 알아보기 쉽게 하여야 한다.

③ 개인정보처리자는 정보주체의 동의 없이 처리할 수 있는 개인정보에 대해서는 그 항목과 처리의 법적 근거를 정보주체의 동의를 받아 처리하는 개인정보와 구분하여 제30조 제2항에 따라 공개하거나 전자우편 등 대통령령으로 정하는 방법에 따라 정보주체에게 알려야 한다. 이 경우 동의 없이 처리할 수 있는 개인정보라는 입증 책임은 개인정보처리자가 부담한다.

④ 삭제
⑤ 개인정보처리자는 정보주체가 선택적으로 동의할 수 있는 사항을 동의하지 아니하거나 제1항 제3호 및 제7호에 따른 동의를 하지 아니한다는 이유로 정보주체에게 재화 또는 서비스의 제공을 거부하여서는 아니 된다.
⑥ 삭제
⑦ 제1항부터 제5항까지에서 규정한 사항 외에 정보주체의 동의를 받는 세부적인 방법에 관하여 필요한 사항은 개인정보의 수집 매체 등을 고려하여 대통령령으로 정한다.

개인정보 보호법 시행령 제17조(동의를 받는 방법)
① 개인정보처리자는 법 제22조에 따라 개인정보의 처리에 대하여 **정보주체의 동의를 받을 때**에는 다음 각 호의 조건을 모두 충족해야 한다.
  1. 정보주체가 **자유로운 의사**에 따라 **동의 여부를 결정**할 수 있을 것
  2. 동의를 받으려는 **내용**이 **구체적이고 명확**할 것
  3. 그 내용을 **쉽게 읽고 이해**할 수 있는 문구를 사용할 것
  4. **동의 여부를 명확하게 표시**할 수 있는 방법을 정보주체에게 제공할 것
② 개인정보처리자는 법 제22조에 따라 개인정보의 처리에 대하여 다음 각 호의 어느 하나에 해당하는 **방법**으로 **정보주체의 동의**를 받아야 한다.
  1. 동의 내용이 적힌 **서면**을 정보주체에게 직접 발급하거나 우편 또는 팩스 등의 방법으로 전달하고, 정보주체가 **서명하거나 날인한 동의서**를 받는 방법
  2. **전화**를 통하여 동의 내용을 정보주체에게 알리고 **동의의 의사표시를 확인**하는 방법
  3. **전화**를 통하여 동의 내용을 정보주체에게 알리고 정보주체에게 **인터넷주소 등을 통하여 동의 사항을 확인**하도록 한 후 **다시 전화**를 통하여 그 동의 사항에 대한 동의의 의사표시를 확인하는 방법
  4. **인터넷 홈페이지 등에 동의 내용을 게재**하고 정보주체가 **동의 여부를 표시**하도록 하는 방법
  5. 동의 내용이 적힌 **전자우편**을 발송하여 정보주체로부터 **동의의 의사표시가 적힌 전자우편**을 받는 방법
  6. 그 밖에 제1호부터 제5호까지의 규정에 따른 방법에 준하는 방법으로 동의 내용을 알리고 동의의 의사표시를 확인하는 방법
③ 법 제22조 제2항에서 "대통령령으로 정하는 **중요한 내용**"이란 다음 각 호의 사항을 말한다.
  1. 개인정보의 수집·이용 목적 중 **재화나 서비스의 홍보 또는 판매 권유 등을 위하여 해당 개인정보를 이용하여 정보주체에게 연락할 수 있다는 사실**
  2. 처리하려는 개인정보의 항목 중 다음 각 목의 사항
    가. 민감정보
    나. 제19조 제2호부터 제4호까지의 규정에 따른 **여권번호, 운전면허의 면허번호 및 외국인등록번호**
  3. 개인정보의 **보유 및 이용 기간**(제공 시에는 제공받는 자의 보유 및 이용 기간을 말한다)
  4. 개인정보를 제공받는 자 및 개인정보를 제공받는 자의 개인정보 이용 **목적**
④ 개인정보처리자는 정보주체로부터 법 제22조 제1항 각 호에 따른 동의를 받으려는 때에는 정보주체가 동의 여부를 선택할 수 있다는 사실을 명확하게 알 수 있도록 표시해야 한다.
⑤ 법 제22조 제3항 전단에서 "대통령령으로 정하는 방법"이란 서면, 전자우편, 팩스, 전화, 문자전송 또는 이에 상당하는 방법(이하 "서면 등의 방법"이라 한다)을 말한다.

> **기적의 TIP**
> 중요내용이란 수집 목적, 항목(민감정보, 여권번호, 운전면허번호, 외국인등록번호), 기간, 제3자 제공 시 제공받는 자와 제공받는 자의 목적 등이 있다.
> 또한, 수집·이용 목적 중 재화나 서비스의 홍보 또는 판매 권유 등을 위하여 개인정보를 이용하여 정보주체에게 연락할 수 있다는 사실도 명확히 표시하여야 한다.

⑥ 중앙행정기관의 장은 제2항에 따른 동의방법 중 소관 분야의 개인정보처리자별 업무, 업종의 특성 및 정보주체의 수 등을 고려하여 적절한 동의방법에 관한 기준을 법 제12조 제2항에 따른 개인정보보호 지침(이하 "개인정보보호 지침"이라 한다)으로 정하여 그 기준에 따라 동의를 받도록 개인정보 처리자에게 권장할 수 있다.

> **더 알기 TIP**
>
> **민감정보 또는 고유식별정보의 경우 정보주체의 필수동의를 받아도 되나요?**
>
> 계약 이행이나 서비스 제공 특성 상 민감정보 또는 고유식별정보(주민등록번호 제외)의 처리가 필요한 경우, 정보주체에게 동의 내용을 충분히 설명한 후에 별도로 필수 동의를 받아 해당 정보를 처리할 수 있습니다. (법 제23조 및 제24조)
>
> 다만, 계약 이행이나 서비스 제공에 해당 정보가 반드시 필요하지 않은 경우에는 정보주체로부터 자유로운 의사에 따른 명시적인 동의를 별도로 받아 해당 정보를 처리할 수 있습니다.

03 법정대리인 동의를 받는 방법(아동의 개인정보 보호)

① 개인정보 처리자는 만 14세 미만 아동의 개인정보를 처리할 때는 보호자(이하 '법정대리인')의 동의를 받아야 하며 법정대리인이 동의하였는지 확인하여야 한다. 미성년자의 법정대리인은 1차적으로는 아동의 부모 등 친권자가 법정대리인에 해당하고, 미성년자에게 부모가 없거나 부모가 친권을 행사할 수 없는 때에는, 2차적으로 후견인이 법정대리인이 된다. 또한, 아동에게 동의 시 고지 등을 할 때는 이해하기 쉬운 양식과 명확하고 알기 쉬운 언어를 사용해야 한다.

② 개인정보처리자는 아래의 방법 중 한 가지 이상으로 법정대리인에게 동의를 받아야 한다.

> **기적의 TIP**
>
> 법정대리인 동의를 받기 위한 법정대리인의 최소한의 정보(성명, 연락처)는 아동으로부터 직접 수집이 가능하다.

▼ 법정대리인에게 동의를 받는 수단

수단	설명
문자 메시지	동의 내용 게재 인터넷 사이트에 법정대리인이 동의 여부를 표시하도록 하고 개인정보처리자가 그 동의 표시 확인 여부 휴대전화 문자 메시지 알림
신용카드 및 직불카드	동의 내용 게재 인터넷 사이트에 법정대리인이 동의 여부를 표시하도록 하고 법정대리인의 신용카드 및 직불카드 등의 카드 정보를 제공받음
휴대전화 본인인증	동의 내용을 게재한 인터넷 사이트에 법정대리인이 동의 여부를 표시하도록 하고 법정대리인의 휴대전화 본인인증 등을 통하여 본인 여부를 확인
서면	• 동의 내용이 적힌 서면을 법정대리인에게 직접 발급 • 우편 또는 팩스 등의 방법으로 전달하고 법정대리인의 서명 또는 날인이 포함된 동의서 수령
전자우편	동의 내용이 적힌 전자우편을 발송하여 법정대리인으로부터 동의의 의사표시가 적힌 전자우편을 수신
전화	• 전화로 동의 내용을 알리고 동의의 의사표시 확인 • 전화로 동의 내용을 알리고 인터넷 주소 등을 통해 법정대리인이 내용을 확인하도록 한 후 다시 통화로 동의의 의사표시 확인

관련법령

개인정보 보호법 제22조의2(아동의 개인정보 보호)
① 개인정보처리자는 **만 14세 미만 아동의 개인정보를 처리**하기 위하여 이 법에 따른 동의를 받아야 할 때에는 그 **법정대리인의 동의**를 받아야 하며, **법정대리인이 동의하였는지를 확인**하여야 한다.
② 제1항에도 불구하고 법정대리인의 동의를 받기 위하여 필요한 최소한의 정보로서 대통령령으로 정하는 정보는 **법정대리인의 동의 없이 해당 아동으로부터 직접 수집할 수 있다**.
③ 개인정보처리자는 만 14세 미만의 아동에게 개인정보 처리와 관련한 사항의 고지 등을 할 때에는 이해하기 쉬운 양식과 명확하고 알기 쉬운 언어를 사용하여야 한다.
④ 제1항부터 제3항까지에서 규정한 사항 외에 동의 및 동의 확인 방법 등에 필요한 사항은 대통령령으로 정한다.

개인정보 보호법 시행령 제17조의2(아동의 개인정보 보호)
① 개인정보처리자는 법 제22조의2 제1항에 따라 법정대리인이 동의했는지를 확인하는 경우에는 다음 각 호의 어느 하나에 해당하는 방법으로 해야 한다.
  1. 동의 내용을 게재한 **인터넷 사이트에 법정대리인이 동의 여부를 표시**하도록 하고 개인정보처리자가 그 동의 표시를 확인했음을 **법정대리인의 휴대전화 문자메시지**로 알리는 방법
  2. 동의 내용을 게재한 **인터넷 사이트에 법정대리인이 동의 여부를 표시**하도록 하고 법정대리인의 **신용카드·직불카드 등의 카드정보를 제공받는 방법**
  3. 동의 내용을 게재한 **인터넷 사이트에 법정대리인이 동의 여부를 표시**하도록 하고 법정대리인의 **휴대전화 본인인증 등을 통하여 본인 여부를 확인**하는 방법
  4. 동의 내용이 적힌 서면을 법정대리인에게 직접 발급하거나 **우편 또는 팩스**를 통하여 전달하고, 법정대리인이 동의 내용에 대하여 **서명날인 후 제출**하도록 하는 방법
  5. 동의 내용이 적힌 **전자우편을 발송**하고 법정대리인으로부터 **동의의 의사표시가 적힌 전자우편을 전송받는 방법**
  6. **전화**를 통하여 동의 내용을 법정대리인에게 알리고 동의를 받거나 **인터넷주소 등 동의 내용을 확인할 수 있는 방법을** 안내하고 **재차 전화 통화**를 통하여 동의를 받는 방법
  7. 그 밖에 제1호부터 제6호까지의 규정에 준하는 방법으로서 법정대리인에게 동의 내용을 알리고 동의의 의사표시를 확인하는 방법
② 법 제22조의2 제2항에서 "대통령령으로 정하는 정보"란 법정대리인의 성명 및 연락처에 관한 정보를 말한다.
③ 개인정보처리자는 개인정보 수집 매체의 특성상 동의 내용을 전부 표시하기 어려운 경우에는 인터넷주소 또는 사업장 전화번호 등 동의 내용을 확인할 수 있는 방법을 법정대리인에게 안내할 수 있다.

더 알기 TIP

회원 중에는 성인뿐만 아니라 아동도 포함되어 있는 서비스를 제공 중인데 서비스 홍보를 위한 메일을 전체 회원에게 발송하려는 경우 어떤 조치를 해야 하나요?

법 제22조 제1항 제7호에서는 재화나 서비스를 홍보하거나 판매를 권유하기 위하여 개인정보를 처리하려는 경우에는 구분하여 각각(별도) 동의를 받도록 규정하고 있고, 법 제22조의2 제1항에서는 만 14세 미만 아동의 개인정보를 처리하려면 그 법정대리인의 동의를 받도록 규정하고 있습니다.

즉, 회원 중 만 14세 미만 아동에게도 서비스 홍보 메일을 발송해야 하는 상황이라면 그 법정대리인의 동의를 받아야 하며, 시행령 제17조의2 제1항 각 호의 방법에 따라 법정대리인이 동의했는지를 확인해야 합니다.

04 동의받을 때 주의사항

> **기적의 TIP**
> 동의 시 고지 등을 할때에는 이해하기 쉬운 양식과 명확하고 알기쉬운 언어를 사용해야 한다.

① 개인정보처리자는 정보주체에게 개인정보 처리에 대하여 동의를 받을 때는 각각의 동의 사항을 구분하여 정보주체가 명확하게 인지할 수 있도록 알리고 동의를 받아야 한다.
- 개인정보 수집·이용 시 동의를 받는 경우
- 개인정보를 제3자에게 제공(공유 포함) 시 동의를 받는 경우
- 개인정보를 목적 외 이용·제공 시 동의를 받는 경우
- 개인정보를 제공받은 자가 별도로 동의를 받는 경우
- 정보주체의 민감정보 처리를 위한 정보주체의 동의를 받는 경우
- 정보주체의 고유식별정보 처리를 위한 정보주체의 동의를 받는 경우
- 재화나 서비스를 홍보하거나 판매를 권유하기 위해 동의를 받는 경우
- 만14세 미만 아동의 개인정보 처리를 위해 법정대리인의 동의를 받는 경우
- 개인정보 국외 이전 시 국외 이전 목적으로 동의를 받는 경우

② 법정대리인의 성명·연락처를 수집할 때는 아래 내용을 준수하여야 한다.
- 법정대리인의 성명, 연락처를 수집할 때는 해당 아동에게 자신의 신분과 연락처, 법정대리인 정보 수집 이유를 알려야 한다.
- 수집한 법정대리인의 개인정보는 법정대리인 동의를 얻기 위한 목적으로만 이용해야 한다.
- 법정대리인의 동의 거부 또는 동의 미확인 시 수집일로부터 5일 이내 파기해야 한다.

③ 개인정보처리자가 개인정보를 수집·이용·제공하는 과정에서 정보주체가 자유로운 의사에 따라 동의 여부를 결정할 수 없는 상태에서는 동의하도록 강제할 수 없다.

SECTION 06 영리 목적의 광고성 정보 전송 제한

출제빈도 상 중 하
반복학습 1 2 3

빈출 태그 전송 제한 원칙, 예외 사유, 명시 사항, 명시 방법

01 영리 목적의 광고성 정보 개념

① 영리 목적의 광고성 정보
- '영리 목적의 광고성 정보'란 전송자가 널리 경제적 이득을 취할 목적으로 전송하는 전송자 등에 관한 정보, 전송자 등이 제공할 재화나 서비스에 관한 정보를 말한다.

② 영리
- '영리'라 함은 법인의 성격으로서의 '영리' 여부가 아닌 그 행위 자체가 재산상의 이익을 얻기 위한 행위 전체로 보아야 한다.

③ 영리 목적의 광고성 정보 예시
- 영업사원이 고객관리 차원에서 보내는 안부인사, 사업자가 고객에게 보내는 무료 뉴스레터 등도 원칙적으로 광고성 정보에 해당한다.
- 사업자가 제공하는 재화 및 서비스에 대한 쿠폰, 마일리지 등의 경우 해당 재화 및 서비스 이용을 촉구하는 홍보 목적을 포함하고 있으므로 쿠폰, 마일리지 등에 대한 정보는 원칙적으로 광고성 정보에 해당한다.
- 수신자가 요청하거나 수신자와의 계약 관계나 거래조건에 포함되어 있지 않고 사업자가 일방적으로 제공(회원가입 기념 쿠폰, 생일 기념 쿠폰, 1주년 기념 쿠폰 등)한 쿠폰 및 마일리지의 소멸 안내는 원칙적으로 영리 목적 광고성 정보에 해당한다.
- 신용카드 거래내역(결제) 정보를 이메일로 전송하면서 하단에 광고성 정보를 포함하는 경우에는 그 이메일 전체를 영리 목적의 광고성 정보로 본다.

④ 영리 목적의 광고성 정보의 예외
- 전송자와 수신자 간 체결된 계약이행 등과 관련한 정보는 광고성 정보는 예외로 본다.
- 공익목적을 위한 광고성 정보는 예외로 본다.

> **기적의 TIP**
> 계약 관계 또는 거래조건에 따라 주된 상품 또는 서비스에 대한 부수적인 정보를 알려주는 것 이외에 새로운 경제적 이익이나 이해관계를 추구하려는 목적이 존재하는 경우라면 이는 영리성이 있다고 볼 수 있다.

02 영리 목적의 광고성 정보 전송 제한 원칙

누구든지 전자적 전송 매체를 이용하여 영리 목적의 광고성 정보를 전송하려면 그 수신자의 명시적인 사전 동의를 받아야 한다.

03 영리 목적의 광고성 정보 전송 사전 동의 예외 가능 사유

대가를 지불한 거래 관계를 통해 직접 연락처를 수집한 사업자가 거래 종료 후 6개월 이내에 자신이 처리하고 수신자와 거래한 것과 같은 종류의 재화 등에 대한 영리 목적의 광고성 정보를 전송하는 경우 사전 동의 의무 예외에 해당한다.
「방문판매 등에 관한 법률」에 따른 전화권유 판매자가 육성으로 수신자의 개인정보 수집 출처를 고지하고 전화권유 판매를 하는 경우 수신 동의 의무 예외에 해당한다.

04 영리 목적의 광고성 정보의 명시 사항 및 명시 방법

광고성 정보를 전송하려는 자는 전자우편, 팩시밀리, 휴대전화, 그 밖의 전자적 전송 매체별로 전송자의 명칭 및 연락처 수신 거부 또는 수신 동의의 철회 의사표시를 쉽게 할 수 있는 조치 및 방법에 관한 사항 등을 광고성 정보에 구체적으로 밝혀야 한다.

▼ 매체별 영리 목적의 광고성 정보의 명시 사항 및 명시 방법

구분	명시 사항 및 명시 방법
공통	• (광고)를 표시하는 경우에는 수신자의 수신 거부 또는 수신 동의의 철회를 회피하기 위한 목적으로 빈칸·부호·문자 등을 삽입하거나 표시방법을 조작하는 조치를 해서는 안 됨 • 수신자가 수신의 거부 또는 수신 동의의 철회를 하는 때에 전송에 이용된 수신자의 연락처 외의 정보를 전송자에게 제공하도록 요구하여 수신 거부 또는 수신 동의의 철회를 어렵게 해서는 안 됨

전자우편	• 제목이 시작되는 부분에 (광고)를 표시
	• 전자우편 본문에는 아래 사항을 표시
	  – 전송자의 명칭·전자우편 주소·전화번호 및 주소
	  – 수신자가 수신의 거부 또는 수신 동의의 철회 의사를 쉽게 표시할 수 있도록 하기 위한 안내문을 명시하고 수신의 거부 또는 수신 동의의 철회 여부를 간편하게 선택할 수 있도록 기술적 조치를 해야 한다. 이 경우 그 안내문과 기술적 조치는 한글과 영문으로 명시

팩스	• 광고성 정보가 시작되는 부분에 (광고), 전송자의 명칭, 전화번호 및 주소를 표시 • 수신의 거부 또는 수신 동의의 철회용 자동응답 전화번호 등의 전화번호 또는 전화를 갈음하여 쉽게 수신의 거부 또는 수신 동의의 철회를 할 수 있는 방식을 해당 광고에 표시된 최대 글자의 3분의 1 이상의 크기로 명시하고, 그 전화번호나 방식을 이용하여 수신의 거부 또는 수신 동의의 철회를 하는 때에 수신자가 비용을 부담하지 않는다는 것을 함께 명시
음성 형태로 전송되는 광고	• 광고성 정보가 시작되는 부분에 광고를 의미하는 음성, 전송자의 명칭, 전화번호 또는 주소, 수신의 거부 또는 수신 동의의 철회를 할 수 있는 방식 안내 • 수신의 거부 또는 수신 동의의 철회용 자동응답 전화번호 등의 전화번호 또는 전화를 갈음하여 쉽게 수신의 거부 또는 수신 동의의 철회를 할 수 있는 방식을 이용하여 수신의 거부 또는 수신 동의의 철회를 하는 때에 수신자가 비용을 부담하지 않는다는 것을 함께 안내
음성 외 형태로 전송되는 광고	• 광고성 정보가 시작되는 부분에 (광고), 전송자의 명칭과 전화번호 또는 주소 표시 • 수신의 거부 또는 수신 동의의 철회용 자동응답 전화번호 등의 전화번호 또는 전화를 갈음하여 쉽게 수신의 거부 또는 수신 동의의 철회를 할 수 있는 방식을 정보가 끝나는 부분에 명시하고, 그 전화번호나 방식을 이용하여 수신의 거부 또는 수신 동의의 철회를 하는 때에 수신자가 비용을 부담하지 않는다는 것을 함께 명시

> **기적의 TIP**
>
> **음성광고 시 명시사항 및 명시방법 예시**
>
> 안녕하세요. XX 아동용품점입니다. 본 음성메세지는 XX 아동용품점에서 안내하는 음성광고입니다. 본 광고의 수신을 원하지 않는 분은 무료전화 999-9999-0001로 연락주시기 바랍니다. [이후 광고 내용 안내]

05 영리 목적의 광고성 정보 전송 시 유의사항

① 오후 9시부터 그다음 날 오전 8시까지의 시간에 전자적 전송 매체를 이용하여 영리 목적의 광고성 정보를 전송하려는 자는 수신자로부터 별도의 사전 동의를 받아야 한다.
② 단, 전자우편을 통한 광고성 정보 전송은 수신자의 별도 동의 없이 오후 9시부터 그 다음 날 오전 8시까지 전송이 가능하다.
③ 전자적 전송 매체를 이용하여 영리 목적의 광고성 정보를 전송하는 자는 아래 조치를 하여서는 안 된다.

- 광고성 정보 수신자의 수신 거부 또는 수신 동의의 철회를 회피·방해하는 조치
- 숫자·부호 또는 문자를 조합하여 전화번호·전자우편 주소 등 수신자의 연락처를 자동으로 만들어 내는 조치
- 영리 목적의 광고성 정보를 전송할 목적으로 전화번호 또는 전자우편 주소를 자동으로 등록하는 조치
- 광고성 정보 전송자의 신원이나 광고 전송 출처를 감추기 위한 각종 조치
- 영리 목적의 광고성 정보를 전송할 목적으로 수신자를 기망하여 회신을 유도하는 각종 조치

관련법령

정보통신망 이용촉진 및 정보보호 등에 관한 법률 제50조(영리목적의 광고성 정보 전송 제한)

① 누구든지 전자적 전송 매체를 이용하여 **영리 목적의 광고성 정보를 전송**하려면 그 수신자의 **명시적인 사전 동의**를 받아야 한다. 다만, 다음 각 호의 어느 하나에 해당하는 경우에는 **사전 동의를 받지 아니한다.**
  1. 재화 등의 거래 관계를 통하여 **수신자로부터 직접 연락처를 수집**한 자가 대통령령으로 **정한 기간 이내**에 자신이 처리하고 수신자와 거래한 것과 **같은 종류의 재화 등에 대한 영리 목적의 광고성 정보를 전송**하려는 경우
  2. 「**방문판매 등에 관한 법률**」에 따른 **전화권유 판매자가 육성**으로 수신자에게 개인정보의 수집 출처를 고지하고 전화권유를 하는 경우
② 전자적 전송 매체를 이용하여 영리 목적의 광고성 정보를 전송하려는 자는 제1항에도 불구하고 **수신자가 수신 거부 의사를 표시하거나 사전 동의를 철회한 경우에는 영리 목적의 광고성 정보를 전송하여서는 아니 된다.**
③ **오후 9시부터 그다음 날 오전 8시까지의 시간에 전자적 전송 매체를 이용하여 영리 목적의 광고성 정보를 전송**하려는 자는 제1항에도 불구하고 그 수신자로부터 **별도의 사전 동의를 받아야 한다.** 다만, **대통령령으로 정하는 매체의 경우**에는 그러하지 아니하다.
④ 전자적 전송 매체를 이용하여 영리 목적의 광고성 정보를 전송하는 자는 대통령령으로 정하는 바에 따라 다음 각 호의 사항 등을 광고성 정보에 구체적으로 밝혀야 한다.
  1. 전송자의 **명칭 및 연락처**
  2. **수신의 거부 또는 수신 동의의 철회 의사표시를 쉽게 할 수 있는 조치 및 방법**에 관한 사항
⑤ 전자적 전송 매체를 이용하여 영리 목적의 광고성 정보를 전송하는 자는 다음 각 호의 어느 하나에 해당하는 **행위를 하여서는 아니 된다.**
  1. 광고성 정보 수신자의 **수신 거부 또는 수신 동의의 철회를 회피·방해하는 행위**

2. 숫자 · 부호 또는 문자를 조합하여 전화번호 · 전자우편 주소 등 **수신자의 연락처를 자동으로 만들어 내는 행위**
3. 영리 목적의 광고성 정보를 전송할 목적으로 **전화번호 또는 전자우편 주소를 자동으로 등록하는 행위**
4. 광고성 정보 **전송자의 신원이나 광고 전송 출처를 감추기 위한 각종 행위**
5. 영리 목적의 광고성 정보를 전송할 목적으로 수신자를 **기망하여 회신을 유도하는 각종 행위**

⑥ 전자적 전송 매체를 이용하여 영리 목적의 광고성 정보를 전송하는 자는 수신자가 수신거부나 수신 동의의 철회를 할 때 발생하는 전화 요금 등의 금전적 비용을 수신자가 부담하지 아니하도록 대통령령으로 정하는 바에 따라 필요한 조치를 하여야 한다.
⑦ 전자적 전송 매체를 이용하여 영리 목적의 광고성 정보를 전송하려는 자는 수신자가 제1항 및 제3항에 따른 수신 동의, 제2항에 따른 **수신 거부 또는 수신 동의철회에 관한 의사를 표시**할 때에는 해당 수신자에게 대통령령으로 정하는 바에 따라 **수신 동의, 수신 거부 또는 수신 동의철회에 대한 처리 결과를 알려야 한다.**
⑧ 제1항 또는 제3항에 따라 수신 동의를 받은 자는 대통령령으로 정하는 바에 따라 정기적으로 광고성 정보 수신자의 수신 동의 여부를 확인하여야 한다.

정보통신망 이용촉진 및 정보보호 등에 관한 법률 시행령 제61조(영리목적의 광고성 정보 전송기준)
① 법 제50조제1항제1호에서 "대통령령으로 정한 기간"이란 해당 재화등의 거래가 종료된 날부터 6개월을 말한다.
② 법 제50조제3항 단서에서 "대통령령으로 정하는 매체"란 전자우편을 말한다.
③ 법 제50조제4항에 따라 전자적 전송매체를 이용하여 영리목적의 광고성 정보를 전송하는 자가 해당 정보에 명시하여야 할 사항과 그 방법은 별표 6과 같다.

이론을 확인하는 기출문제

01 개인정보처리자가 개인정보 수집 시 정보주체에게 고지해야 할 사항으로 적절하지 <u>않은</u> 것을 고르시오.
① 개인정보의 수집 및 이용 목적
② 개인정보 보유 및 이용 기간
③ 수집하려는 개인정보의 항목
④ 개인정보 처리담당자 연락처
⑤ 거부에 따른 불이익이 있는 경우 그 불이익 내용

> 개인정보처리자는 개인정보 수집·이용 시 정보주체에게 개인정보의 수집 및 이용 목적, 수집하려는 개인정보의 항목, 개인정보 보유 및 이용 기간, 거부에 따른 불이익이 있는 경우 그 불이익 내용을 고지해야 한다.

02 개인정보의 수집·이용이 가능한 경우를 모두 고르시오.

> ㄱ. 정보주체의 동의를 받은 경우
> ㄴ. 법령상 의무를 준수하기 위하여 불가피한 경우
> ㄷ. 공공기관이 법령 등에서 정하는 법령상 의무를 준수하기 위하여 불가피한 경우
> ㄹ. 정보주체와 계약 체결을 준비하는 단계에서의 고객 정보 수집
> ㅁ. 공중위생 등 공공의 안전과 안녕을 위하여 긴급히 필요한 경우

① ㄱ, ㄴ
② ㄱ, ㄴ, ㄷ
③ ㄱ, ㄴ, ㄷ, ㅁ
④ ㄱ, ㄴ, ㄷ, ㄹ
⑤ ㄱ, ㄴ, ㄷ, ㄹ, ㅁ

> 보기 항목 모두 개인정보의 수집·이용이 가능하다.
> **오답 피하기**
> 계약 체결을 위한 준비 단계에서도 개인정보의 수집·이용이 가능하다.

정답 01 ④ 02 ⑤

03 다음 중 정보주체의 동의 없이 개인정보를 추가 이용할 수 없는 경우를 고르시오.
① 인터넷 쇼핑몰이 고객에게 상품을 배송하기 위해 고객의 주소, 연락처 등을 이용하는 경우
② 판매한 상품에 대한 AS 상담을 위해 전화한 고객의 성명, 연락처, 상품 정보 등을 수집하여 이용하는 경우
③ 경품 이벤트에 응모했던 고객 대상으로 신상품 출시를 안내하는 홍보 문자 및 메일을 송부하는 경우
④ 디지털 서비스 이용자 보호를 목적으로 보안위험, 악용사례 등 감지 및 예방을 위해 서비스 이용계약에 따라 이용자의 개인정보를 수집하여 이용하는 경우
⑤ 맞춤형 추천이 계약의 본질적인 내용인 경우로 맞춤형 추천을 제공하기 위해 이용자의 검색 기록 등을 수집하여 이용하는 경우

광고나 홍보 목적으로의 개인정보 수집·이용 시에는 정보주체에서 별도의 동의를 받아야 한다.

04 정보주체가 정보주체 이외로부터 수집(이하 '간접수집')한 개인정보 처리 관련하여 적절하지 않은 경우를 고르시오.
① 간접수집 개인정보로는 제3자로부터 제공받은 정보, 공개 자료(인터넷, SNS, 신문, 잡지 등)에서 수집한 정보, 자체적으로 생산된 정보 등이 있다.
② 정보주체에게 통지해야 할 항목으로는 수집 출처, 처리 목적, 처리정지 요구 및 동의철회 권리 보유 사실이다.
③ 개인정보처리자는 정보주체가 간접 수집한 본인의 개인정보에 대해 안내 요구가 있을 때는, 요구가 있는 날로부터 3일 이내에 정보주체의 권리를 알려야 한다.
④ 5만 명 이상 정보주체에 관한 민감정보 또는 고유식별정보를 처리하는 개인정보처리자는 정보주체의 간접수집 개인정보 통지 요구가 없더라도 정보주체에게 간접 수집한 개인정보에 대해 통지하여야 한다.
⑤ 간접 수집한 정보에 연락처 등 정보주체에게 알릴 수 있는 개인정보가 없을 때는 정보주체에게 수집 출처, 처리 목적, 처리정지 요구권 등을 통지 아니할 수 있다.

정보주체 이외로부터 수집한 개인정보는 제3자로부터 제공받은 정보, 공개 자료(인터넷, SNS, 신문, 잡지 등)에서 수집한 정보 등이 해당하며 자체적으로 생산된 정보는 해당하지 않는다.

05 철수는 초등학교 1학년 학생으로 여름방학이 끝나고 새 학기가 되어 학교에 등교했다. 방학이 끝나고 나니 친구 대부분이 스마트폰을 가지고 있는 것을 보고 철수도 스마트폰을 가지고 싶다고 생각했다. 철수는 귀갓길에 있는 스마트폰 판매 매장에 방문하였고 매장 직원에게 스마트폰 구매 및 개통을 요청했다. 아래 매장 직원의 개인정보 처리 활동 중 가장 <u>부적절한</u> 보기를 고르시오.
① 철수의 개인정보를 수집, 처리할 때 명확한 목적을 가지고 최소한으로 수집하여야 한다.
② 철수는 만 14세 미만의 아동이므로 스마트폰 개통을 위해서는 법정대리인의 동의가 필요하다.
③ 철수 어머니의 개인정보 수집 · 이용 동의를 받지 못했기 때문에 철수의 법정대리인인 철수 어머니의 동의를 받기 위한 목적일지라도 철수에게 철수 어머니의 연락처를 물어 볼 수 없다.
④ 철수가 스마트폰 개통에 필요한 서류(가족관계증명서, 철수 명의 기본증명서, 법정대리인 여권, 회원가입 신청서 등)를 모두 준비하여 매장에 방문하였으면 매장 직원은 법정대리인이 실제로 동의하였는지 확인할 수 있다.
⑤ 철수에게 개인정보 처리와 관련한 사항을 고지할때는 이해하기 쉬운 양식과 명확하고 알기 쉬운 언어로 설명해야 한다.

개인정보처리자가 법정대리인의 동의를 받기 위하여 필요한 최소한의 정보인 법정대리인의 성명 · 연락처에 관한 정보는 법정대리인의 동의 없이 정보주체인 아동으로부터 직접 수집할 수 있다.

06 영리 목적의 광고성 정보 전송을 위해서는 사전 동의가 필요하다. 사전 동의 없이 광고성 정보를 전송 가능한 사례를 고르시오.
① 대가를 지불한 거래관계를 통해 직접 연락처를 수집한 사업자가 거래 종료 후 1년 이내에 자신이 처리하고 수신자와 거래한 것과 같은 종류의 재화 등에 대한 영리 목적의 광고성 정보를 전송하는 경우
② 「방문판매 등에 관한 법률」에 따른 전화권유판매자가 육성으로 수신자의 개인정보 수집 출처를 고지하고 전화권유판매를 하는 경우
③ 영업사원이 고객관리 차원에서 보내는 안부인사, 사업자가 고객에게 보내는 무료 뉴스레터 등를 전송하는 경우
④ 신용카드 거래내역(결제)정보를 이메일로 전송하면서 하단에 광고성 정보를 포함하는 경우
⑤ 수신자가 요청하거나 수신자와의 계약 관계나 거래조건에 포함되어 있지 않고 사업자가 일방적으로 제공한 쿠폰 및 마일리지의 소멸 안내를 전송하는 경우

① 가능한 사례이나 1년 이내가 아닌 6개월 이내이다.

MEMO

CHAPTER 02

개인정보 저장·관리

학습 방향

개인정보 저장·관리에서는 개인정보 파기, 목적 달성 후 지체없이(5일 이내), 파기 절차, 개인정보 보존 의무 등을 중심으로 학습하시기 바랍니다.

SECTION 01 개인정보 저장·관리의 이해

빈출 태그 개인정보 저장 및 관리 시 침해사고

1) 개인정보 저장·관리의 중요성

개인정보처리자는 개인정보가 분실, 도난, 유출, 위조, 변조 또는 훼손되지 않도록 개인정보의 안전성 확보에 필요한 기술적, 관리적, 물리적 보안 조치를 수행하여야 한다. 개인정보의 안전한 관리는 개인정보를 안전한 곳에 저장하고, 조직 정책에 따라 허가받은 담당자만이 해당 개인정보에 접속할 수 있어야 하고, 침해사고 발생에 대응하기 위해 접속기록 등을 보관하는 등 광범위한 보안 활동이다.

2) 개인정보 저장·관리 단계 침해사고 사례

개인정보 저장·관리 단계에서의 침해사고는 다양한 요인으로 발생하기 때문에, 개인정보처리자는 개인정보보호를 위해 기술적, 관리적, 물리적 보호조치를 체계적으로 관리하여야 한다.

▼ 개인정보 저장·관리 단계 침해사고 사례

침해사고 원인	사례 설명
내부 직원에 의한 유출·변조	이용자의 동의 없이 개인정보가 노출되거나 권한 관리 또는 시스템/서비스 오류를 통해 노출되는 경우
관리자 부주의 및 실수	관리자가 실수로 이메일 첨부파일에 개인정보를 포함한 파일을 전송하거나 홈페이지상에 개인정보를 게재하는 경우
기술적 조치 미흡	외부 시스템 침입 등을 통해 개인정보가 불법적으로 유출되는 경우
접근통제 미흡으로 검색 엔진 노출	보안 설정의 미비로 인해 개인정보가 포털사이트 웹 검색으로 노출되는 경우
보유 기간 초과 보유 및 개인정보 미파기	법령에 따라 정해진 개인정보 보유 기간을 초과해서 개인정보를 보유하여 유출된 경우

> **기적의 TIP**
>
> 2025년 한국의 주요 통신사 한 곳에서 악성코드로 인해 대규모의 유심정보가 유출되었다.
> 저장·관리단계에서 안전한 보안 활동을 수행하였다면 피해가 적었을 것으로 추정된다.

SECTION 02 개인정보 파기의 원칙

빈출 태그 개인정보 파기 및 보존 의무, 파기 절차

01 개인정보 파기 개요

① 개인정보 파기 의무
- 개인정보처리자는 보유기간의 경과, 개인정보의 처리 목적 달성, 가명정보 처리 기간 경과 등 저장 및 관리하는 정보주체의 개인정보가 불필요하게 되었을 때는 지체 없이(5일 이내) 파기하여야 한다.

▼ 개인정보 파기 필요 사례

구분	파기 필요 사례
보유 기간 경과	• 고용 정보의 보유 기간 경과(퇴직자의 신상정보, 급여기록 등) • 계약 문서 보관 기간 종료 • 법적으로 요구되는 보관 기간 종료
처리 목적 달성	• 고객과의 계약 또는 고객 서비스 제공 완료 • 정보주체의 웹사이트(누리집) 탈퇴 • 개인정보 수집 이벤트가 종료되어 경품 발송이 완료
처리 기간 경과	연구 목적의 가명정보 사용 기간 종료
기타 파기 사유	• 개인정보처리자의 폐업 등 • 정보주체의 파기 요청[직접 요청, 웹사이트 탈퇴 처리 대행 서비스, 개인정보보호위원회 지우개(잊힐 권리) 등] • 개인정보보호 법률 및 정책 변화에 따른 보유 의무 변경

➕ 더 알기 TIP

법인의 소멸과 개인정보의 파기

민법, 부가가치세법 등 개별 법률에 따른 폐업, 파산, 법인 해산 등이 발생하더라도 개인정보 처리자로서의 법적 지위가 유지되는 한 개인정보보호법에 따른 개인정보 보호의무를 준수해야 한다.
- (기업회생) 기업회생 절차가 진행 중이라도 개인정보처리자로서의 지위에 변동이 없으므로 일부 폐업 등 특별한 파기사유가 없는 한 파기의무는 발생하지 않으나, 개인정보가 불필요하게 되었는지 여부에 대한 판단 후 그 범위 안에서 파기가 필요하다.
- (폐업) 일반적으로 폐업은 서비스 종료를 의미하므로 폐업한 범위 내에서 불필요하게 된 개인정보는 파기해야 하지만, 폐업 이외의 서비스 또는 다른 법률의 규정에 따라 보존 의무가 있는 개인정보는 파기의무 대상에서 제외된다.
- (법인 해산) 법인 해산으로 서비스가 종료되는 등 목적이 달성되어 개인정보가 더 이상 필요없게 된 경우에는 그 범위 내에서 파기의무가 발생하지만, 법인이 해산하더라도 청산의 목적을 달성하기 위해 필요한 범위 내에 있는 개인정보는 파기의무 대상에서 제외된다.

- **(청산)** 청산사무가 종료되어 법인격이 소멸된 경우에는 다른 법률에서 보존의무를 규정하고 있지 않는 한 파기하는 것이 원칙이나, 법인 해산 후 청산절차가 진행 중이더라도 청산의 목적에 필요한 범위 내에서는 개인정보를 보유할 수 있다.
- **(파산)** 법원의 파산선고가 있는 경우 해당 법인은 제한된 범위 내에서만 법인격이 유지되고 서비스는 종료될 것이므로 개인정보가 불필요하게 된 범위 내에서는 파기의무가 발생함. 다만, 법원의 파산선고가 있다고 하더라도 파산절차에 필요한 범위 내에서는 개인정보를 보유할 수 있다.

> **관련법령**
>
> **개인정보 보호법 제34조의2(노출된 개인정보의 삭제·차단)**
> ① 개인정보처리자는 고유식별정보, 계좌정보, 신용카드 정보 등 개인정보가 정보통신망을 통하여 공중(公衆)에 노출되지 아니하도록 하여야 한다.
> ② 개인정보처리자는 공중에 노출된 개인정보에 대하여 **보호위원회** 또는 **대통령령으로 지정한 전문기관❶의 요청**이 있는 경우에는 **해당 정보를 삭제하거나 차단**하는 등 필요한 조치를 하여야 한다.

❶ 한국인터넷진흥원을 말한다.

② 개인정보 보존의무를 명시한 다른 법령

- 개인정보처리자는 다른 법령에 근거하여 개인정보를 보관해야 하는 경우에는 파기하지 않고 보존할 수 있다. 고객 서비스 제공, 사업 운영, 정보주체의 권리 보호 등의 목적으로 보존이 필요한 개인정보는 여러 법령에서 개인정보 보존 의무를 명시하고 있다.

▼ 개인정보 보존의무 명시 법령 예시

법령	보존의무 설명
통신비밀 보호법 시행령	• 통신사실 확인자료 : 12개월 　(가입자의 전기통신일시, 전기통신 개시·종료시각, 발·착신 통신번호 등 상대방의 가입자 번호, 사용도수) • 위 자료 중 시외·시내전화 역무와 관련된 통신확인자료 : 6개월 • 컴퓨터 통신 또는 인터넷의 로그 기록자료, 정보통신기기 위치를 확인할 수 있는 접속지 추적자료 : 3개월
신용정보의 이용 및 보호에 관한 법률 시행령	• 신용정보의 활용 기간 및 보존 기간 : 3년 이상 5년 이내의 범위에서 금융위원회가 정하여 고시 • 다만, 금융위원회는 신용정보의 특성, 활용용도 및 활용빈도 등을 고려하여 그 활용 기간 및 보존 기간을 단축할 수 있다.
국세기본법	• 납세자의 일반적인 거래에 대한 장부와 증거서류 : 해당 과세기간의 법정 신고기한이 지난날로부터 5년간 보존 • 납세자의 역외거래에 대한 장부와 증거서류 : 해당 과세기간의 법정 신고기한이 지난날로부터 7년간 보존
상법	• 상업장부와 영업에 관한 중요서류 : 10년 • 전표 또는 이와 유사한 서류 : 5년
의료법 시행규칙	• 환자 명부 : 5년 • 진료기록부 : 10년 • 처방전 : 2년 • 수술기록 : 10년 • 검사내용 및 검사소견기록 : 5년 • 방사선 사진(영상물을 포함한다) 및 그 소견서 : 5년

	• 간호기록부 : 5년 • 조산기록부 : 5년 • 진단서 등의 부본(진단서·사망진단서 및 시체검안서 등을 따로 구분하여 보존할 것) : 3년
전자상거래 등에서의 소비자보호에 관한 법률	• 표시/광고에 관한 기록 : 6개월 • 계약 또는 청약철회에 관한 기록 : 5년 • 대금결제 및 재화 등의 공급에 관한 기록 : 5년 • 소비자의 불만 또는 분쟁처리에 관한 기록 : 3년
전자금융거래법 시행령	• 전자금융거래와 관련된 전자적 장치의 접속기록 : 5년 • 건당 거래금액이 1만 원을 초과하는 전자금융거래 기록 : 5년 • 건당 거래금액이 1만 원 이하인 전자금융거래 기록 : 1년 • 전자지급수단의 이용과 관련된 거래승인기록 : 1년

더 알기 TIP

개인정보처리자가 일정한 서비스를 중지하는 경우에도 개인정보 파기의무가 발생하나요?

서비스의 중지의 경우에는 개인정보의 처리 목적이 달성되었다고 보기는 어려운 측면이 존재하므로 즉각적으로 파기의무가 발생한다고 보기는 어렵습니다. 다만, 서비스의 중지 수준이 아니라, 사회통념상 향후 서비스가 재개될 가능성이 없어 서비스 종료에 해당하는 것으로 인정되는 경우에는 목적 달성에 이른 수준이라고 볼 수 있으므로 파기의무가 발생하는 것으로 볼 수 있습니다.

할인마트의 고객들을 대상으로 경품추첨 이벤트를 실시하였는데, 이벤트 종료 후 이벤트 응모신청서는 어떻게 처리하면 되나요?

경품추첨 이벤트가 종료되고 당첨자발표 및 경품배송까지 모두 종료되었다면, 그 이후에는 개인정보의 보유·이용기간에 대해 별도의 동의를 얻지 않은 한 5일 이내에 개인정보가 기재된 응모신청서를 파기해야 합니다.

학원에서 학생들의 개인정보 수집 동의서 징구 시, 개인정보 보유기간을 '학원을 폐쇄할 때까지'라고 정해도 되나요?

학원은 원칙적으로 학습자가 퇴원 후, 수강목적을 달성했으므로 지체 없이 해당 학습자의 개인정보를 모두 파기해야 합니다. 다만, 학원법에 따른 비치서류의 보관기간 준수와, 법인세 등의 증빙을 위하여 필요한 자료(전표, 영수증)는 별도로 분리하여 해당 법령에서 보관하도록 한 기간 동안(국세기본법 5년) 정보주체의 동의 없이 보관할 수 있습니다.

관련법령

개인정보 보호법 제21조(개인정보의 파기)

① 개인정보처리자는 보유 기간의 경과, 개인정보의 처리 목적 달성, 가명정보의 처리 기간 경과 등 그 개인정보가 불필요하게 되었을 때에는 지체없이 그 개인정보를 파기하여야 한다. 다만, 다른 법령에 따라 보존하여야 하는 경우에는 그러하지 아니하다.
② 개인정보처리자가 제1항에 따라 개인정보를 파기할 때에는 복구 또는 재생되지 아니하도록 조치하여야 한다.
③ 개인정보처리자가 제1항 단서에 따라 개인정보를 파기하지 아니하고 보존하여야 하는 경우에는 해당 개인정보 또는 개인정보 파일을 다른 개인정보와 분리하여서 저장·관리하여야 한다.
④ 개인정보의 파기방법 및 절차 등에 필요한 사항은 대통령령으로 정한다.

기적의 TIP

개인정보 유효기간제 폐지
개인정보 보호법이 개정(제39조의6, 개인정보의 파기에 대한 특례 규정 삭제)됨에 따라 정보통신서비스 제공자의 경우 이용자가 1년간 서비스 미이용 시 개인정보를 파기 또는 휴면 처리해야 하는 자동 휴면·법적 의무가 사라졌다.

02 개인정보 파기 절차

개인정보 및 개인정보 파일 파기는 아래와 같은 절차로 처리된다.

절차	절차설명
1. 파기 대상 개인정보 식별	• 파기 사유 발생에 따른 개인정보 유형, 위치, 목적 확인 • 법적 보관 기간 및 정보주체 삭제 요청 타당성 검토
2. 파기 방법 선택	• 개인정보 형태, 성격에 맞는 파기 방법 선택 • 소각, 분쇄, 천공, 덮어쓰기 등
3. 파기 결정 및 승인	• 파기할 개인정보 파일 또는 개인정보 목록 승인 • 개인정보보호 책임자가 검토 과정의 적절성 확인
4. 파기 실행	• 승인된 파기방법에 따라 실제 파기 수행 • 개인정보보호 책임자가 파기 결과 최종 확인
5. 파기 기록 작성 및 보관	• 파기 관리대장에 파기된 개인정보와 파기 활동 기록 • 파기된 데이터 종류, 파기 일시, 파기 방법, 파기 담당 직원 등
6. 파기 기록 점검	정기적 파기 기록 점검

> **기적의 TIP**
>
> 개인정보 처리 목적을 달성하여 개인정보를 파기하더라도 「개인정보의 안전성 확보 조치 기준」 제8조에 근거하여 개인정보 취급자의 접속 기록은 보관해야 한다.

▼ 개인정보 파일 파기 관리대장 예시

번호	개인정보 파일명	자료의 종류	생성일	폐기일	폐기 사유	처리담당자	처리부서장
1	고객 정보_2012	전산 데이터	2002.1.1	2024.1.1	보유 기간 만료	홍길동	이순신
2	설문_응답_2024	종이서류	2024.3.1	2024.9.1	업무 종료	김철수	박영희
3	주문 내역_2019	전산 데이터	2019.1.1	2024.1.1	보관기한 만료	오해원	김지수

03 개인정보 파기 방법

1) 개인정보 파기 대상

수집시점	수집방법	정보유형
회원가입 및 수정	직접 수집	이름, 생년월일, 전화번호, 주소 등
서비스 이용	직접 수집	결제정보, 배송정보, 설문조사, 이벤트 참여정보 등
	간접 수집	로그인기록, IP, 쿠키, 결제기록 등
백업, 연계	직·간접 수집	시스템 사용기록, 가명정보 등

2) 개인정보 파기 방법

구분		설명
파기 범위	전체파기	• 개인정보가 포함된 문서, 개인정보 파일 전체 파기 • 출력물, 개인정보 파일 저장 매체 소각, 파쇄, 천공 등
	부분파기	• 개인정보 일부를 삭제 후 복구 및 재생되지 않도록 조치 • 기록물, 인쇄물, 서면 등은 불필요 부분 마스킹
	파기에 준하는 조치	블록체인 등 기술적 특성으로 영구삭제가 힘든 경우 오프체인 방식으로 구현하거나 솔트를 추가하는 등의 기술적 처리
파기 수단	소각, 파쇄 등	• 약품을 통한 용해, 소각장 및 소각로를 통한 소각 • 패쇄기 또는 압축기를 통한 파기
	전용 소자장비	강력한 자기장을 이용해 데이터를 영구히 삭제하는 디가우저(Degaussers)
	초기화 및 덮어쓰기	• 완전 포맷(복원 가능성을 낮추기 위해 3회 이상 포맷 권고) • 저장 매체의 물리적 구조를 재설정하여 데이터를 삭제하는 로우레벨 포맷

> **기적의 TIP**
>
> 분리 보관하던 기존 휴면 회원의 개인정보를 파기하거나 복원하려는 경우에는 정보주체에게 바뀐 정책에 대해 알려주고 파기 또는 복원을 진행하는 것이 바람직하다.

> **기적의 TIP**
>
> **디가우저(Degausser)**
> 강력한 자기장을 발생시켜 자기 저장 매체 내 자성 배열을 무질서하게 만들어 데이터를 복구 불가능하게 만드는 장치

관련법령

개인정보 보호법 시행령 제16조(개인정보의 파기방법)

① 개인정보처리자는 법 제21조에 따라 개인정보를 파기할 때에는 다음 각 호의 구분에 따른 방법으로 해야 한다.
　1. 전자적 파일 형태인 경우: **복원이 불가능한 방법으로 영구 삭제**. 다만, 기술적 특성으로 영구 삭제가 현저히 곤란한 경우에는 법 제58조의2에 해당하는 정보로 처리하여 **복원이 불가능하도록 조치**해야 한다.
　2. 제1호 외의 기록물, 인쇄물, 서면, 그 밖의 기록 매체인 경우: **파쇄 또는 소각**
② 제1항에 따른 개인정보의 안전한 파기에 관한 세부 사항은 보호위원회가 정하여 고시한다.

표준 개인정보 보호지침 제10조(개인정보의 파기방법 및 절차)

① 개인정보처리자는 개인정보의 보유 기간이 경과하거나 개인정보의 처리 목적 달성, 해당 서비스의 폐지, 사업의 종료 등 그 개인정보가 불필요하게 되었을 때에는 정당한 사유가 없는 한 그로부터 **5일 이내에 그 개인정보를 파기**하여야 한다.
② 영 제16조 제1항 제1호의 '**복원이 불가능한 방법**'이란 **현재의 기술 수준에서 사회통념상 적정한 비용으로 파기한 개인정보의 복원이 불가능하도록 조치**하는 방법을 말한다.
③ 개인정보처리자는 개인정보의 **파기에 관한 사항을 기록 · 관리**하여야 한다.
④ 개인정보 보호책임자는 개인정보 파기 시행 후 파기 결과를 확인하여야 한다.
⑤ 개인정보처리자 중 공공기관의 개인정보 파일 파기에 관하여는 제55조 및 제56조를 적용한다.

개인정보의 안전성 확보조치 기준 제13조(개인정보의 파기방법 및 절차)

① 개인정보처리자는 **개인정보를 파기**할 경우 다음 각 호 중 어느 하나의 조치를 하여야 한다.
　1. **완전파괴(소각 · 파쇄 등)**
　2. **전용 소자 장비(자기장을 이용해 저장장치의 데이터를 삭제하는 장비)를 이용하여 삭제**
　3. 데이터가 **복원되지 않도록 초기화 또는 덮어쓰기 수행**

② 개인정보처리자가 개인정보의 일부만을 파기하는 경우, 제1항의 방법으로 파기하는 것이 어려울 때에는 다음 각 호의 조치를 하여야 한다.
  1. 전자적 파일 형태인 경우 : 개인정보를 삭제한 후 복구 및 재생되지 않도록 관리 및 감독
  2. 제1호 외의 기록물, 인쇄물, 서면, 그 밖의 기록 매체인 경우 : 해당 부분을 마스킹, 구멍 뚫기 등으로 삭제
③ 기술적 특성으로 제1항 및 제2항의 방법으로 파기하는 것이 현저히 곤란한 경우에는 법 제58조의2에 해당하는 정보로 처리하여 복원이 불가능하도록 조치를 하여야 한다.

SECTION 03 개인정보 관리 시 유의사항

빈출 태그 관리 시 유의사항 · 추가정보 가명정보 분리 · 접근권한 차등 부여

1) 개인정보 포함 첨부파일 관리 시 주의사항

개인정보가 포함된 첨부파일을 처리 시 아래 항목을 점검하여 안전성 확보조치를 수행하여야 한다.

▼ 첨부파일 유형별 점검항목

첨부파일 유형	점검항목
엑셀 (.xlsx 등)	• 숨겨진 시트 또는 행, 열 내 개인정보 포함 여부 • 메모 기능에 개인정보 포함 여부 • 배경색과 글자색이 같은 색으로 작성 여부 • 첨부파일 내 불필요한 개인정보는 마스킹 처리 또는 삭제 여부
문서 (.hwp, .ppt 등)	• 개인정보 마스킹 처리 여부 • 문서 암호 설정 여부
이미지 (.jpg, .png 등)	이미지 파일에 마스킹 처리 여부

> **기적의 TIP**
>
> 문서 파일로는 한컴오피스에서 사용하는 hwp, hwpx, MS오피스에서 사용하는 doc, docx 파일 등이 있다.

2) 웹페이지 게시글 또는 댓글 작성 시 주의사항

- 게시글 또는 댓글 작성 시 개인정보를 마스킹 등 비식별 처리
- 개인정보가 포함된 게시글 및 댓글 비공개 처리
- 비공개 글은 작성자만 열람할 수 있도록 처리
- 개인정보 노출 예방 안내문과 및 팝업창 제공

3) 가명정보 및 추가정보의 보안 조치

- 개인정보처리자는 추가정보를 가명정보와 분리하여 별도로 저장 · 관리하고, 추가정보가 가명정보와 불법적으로 결합되어 재식별에 악용되지 않도록 접근 권한을 최소화하고 접근통제를 강화하는 등 필요한 조치를 적용하여야 한다.
- 개인정보처리자는 가명정보 또는 추가정보에 접근할 수 있는 담당자를 가명정보 처리 업무 목적 달성에 필요한 최소한의 인원으로 엄격하게 통제하여야 하며, 접근권한도 업무에 따라 차등 부여하여야 한다.

이론을 확인하는 기출문제

01 다음 중 개인정보 저장·관리 단계에서 수행해야 할 보안 활동으로 적절하지 않은 것을 고르시오.

① 개인정보처리시스템에 대한 접근 권한은 업무수행에 필요한 최소한의 범위로 업무 담당자에 따라 권한을 차등 부여한다.
② 개인정보처리시스템 로그인 정책을 수립하고 비밀번호 횟수 제한 정책을 적용한다.
③ 침해사고 발생에 대응하기 위하여 개인정보처리시스템의 접속기록 등을 보관한다.
④ 개인정보 파일 유실 방지를 위해 담당자의 개인 네트워크 결합 스토리지(NAS)에 저장한다.
⑤ 법령에 따라 정해진 개인정보 보유 기간을 초과한 개인정보는 지체없이 파기한다.

> 개인의 네트워크 결합 스토리지(NAS)는 보안 수준이 낮고 소속 조직의 보안정책과 관리 범위 밖에 있을 수 있으므로 보안 활동으로 적절하지 않다.

02 개인정보 파기에 대한 설명으로 가장 적절하지 않은 보기를 고르시오.

① 개인정보 처리자의 서비스 폐지 및 사업종료 등의 사유로 개인정보가 불필요하게 되었을 때는 통상 5일 이내에 개인정보를 파기해야 한다.
② 다른 법령에 근거하여 개인정보를 보관해야 하는 경우에는 파기하지 않고 보존할 수 있다.
③ 정보통신서비스 제공자는 이용자가 1년간 서비스를 사용하지 않으면 의무적으로 이용자의 개인정보를 파기 또는 이용 계정을 휴면 처리해야 한다.
④ 개인정보처리자는 보유 기간이 지난 개인정보는 지체없이 파기한다.
⑤ 개인정보를 수집하는 이벤트가 종료된 경우에는 개인정보 수집·이용 목적이 달성한 경우로 개인정보를 파기하여야 한다.

> 개인정보 보호법이 개정(제39조의6, 개인정보의 파기에 대한 특례 규정 삭제)됨에 따라 개인정보 유효기간제가 폐지되어 정보통신서비스 제공자의 경우 이용자가 1년간 서비스 미이용 시 개인정보를 파기 또는 휴면 처리해야 하는 자동 휴면·법적 의무가 사라졌다.

정답 01 ④ 02 ③

03 아래 개인정보 파기 절차에 대한 순서로 올바른 보기를 고르시오.

> ㄱ. 파기 방법 선택
> ㄴ. 파기 실행
> ㄷ. 파기결정 및 승인
> ㄹ. 파기 기록 작성 및 보관
> ㅁ. 파기 대상 개인정보 식별
> ㅂ. 파기 기록 점검

① ㅁ-ㄱ-ㄷ-ㄴ-ㄹ-ㅂ
② ㅁ-ㄱ-ㄴ-ㄷ-ㄹ-ㅂ
③ ㄱ-ㅁ-ㄷ-ㄴ-ㄹ-ㅂ
④ ㄷ-ㅁ-ㄱ-ㄴ-ㅂ-ㄹ
⑤ ㄷ-ㅁ-ㄱ-ㄴ-ㄹ-ㅂ

> 개인정보 파기는 파기 대상 개인정보 식별, 파기 방법 선택, 파기 결정 및 승인, 파기 실행, 파기 기록 작성 및 보관, 파기 기록 점검 순으로 진행된다.

04 개인정보 파일 파기 방법 중 가장 적절하지 <u>않은</u> 보기를 고르시오.
① 지류 출력물은 소각, 파쇄 등 전체파기를 수행한다.
② 블록체인 등 기술적 특성으로 영구삭제가 힘든 경우에는 솔트(Salt)를 추가하는 등의 기술적인 처리로 진행한다.
③ 초기화 및 데이터 덮어쓰기 방식의 파기를 수행할 때는 데이터 영역에 무작위 값을 3회 이상 덮어쓰는 것을 권고한다.
④ 개인정보가 적힌 회원가입신청서 등의 종이 문서는 디가우저(Degausser)를 이용해 개인정보를 삭제한다.
⑤ 고객 서비스 이용 중인 DB 서버에 저장된 데이터는 임의의 값을 덮어쓰기 한 후 삭제하는 것이 바람직하다.

> 디가우저(Degausser)는 자기장으로 하드디스크를 물리적으로 복구 불가능하게 지우는 장비로 전자파일을 파기할 때 사용하는 보안 장비이다.

05 ○○ 회사 고객관리팀 오해원 대리는 개인정보가 포함된 첨부파일을 업무에 많이 활용한다. 이러한 파일들은 엑셀, 파워포인트(PPT), 이미지 등 다양한 형태로 존재한다. 오해원 대리가 이러한 파일들을 다룰 때 수행해야 할 보안 활동으로 가장 거리가 먼 보기를 고르시오.

① 엑셀 파일에서 숨겨진 시트에 개인정보가 있을 수 있으므로 숨기기 처리된 시트는 삭제한다.
② 엑셀 파일에서 메모 삽입 여부를 확인하고 메모 내 개인정보가 없는지 확인한다.
③ 이미지 파일 내 개인정보는 마스킹 처리하여 식별하지 못하도록 조치한다.
④ hwp, doc 파일은 응용프로그램에 '개인정보 찾아서 보호' 기능을 적극 활용한다.
⑤ 응용프로그램 자체 '문서 암호' 설정은 보안 활동으로 보기 힘들다.

> 응용프로그램 자체 '문서 암호'기능 또한 보안 활동의 하나로 개인정보 처리자가 수행하여야 할 중요 보안 활동이다.

06 의료기관 수술실 CCTV 설치·운영에 관한 내용으로 적절하지 않은 것을 모두 고르시오.

① 모든 의료기관의 수술실에 CCTV를 설치하여 환자의 권리를 보호하는 것이 의무화 되었다.
② 긴급을 요하는 경우 의료기관은 환자 또는 보호자의 요청 없이 수술 장면 촬영을 할 수 있다.
③ 촬영 요청을 받은 의료기관의 장이나 의료인은 정당한 사유가 없으면 이를 거부할 수 없으며, 촬영거부 사유에 해당하는 경우 촬영거부 사유를 촬영을 요청한 자에게 설명하여야 한다.
④ 의료기관의 장은 촬영한 영상정보를 촬영일로부터 30일 이상 보관하여야 한다.
⑤ 환자나 보호자도 수술에 참여한 의료인 등 정보주체 모두의 동의를 받은 경우에만 열람이 가능하다.

> ① '전신마취 등 환자의 의식이 없는 상태'에서 '수술'을 시행하는 의료기관의 개설자는 '수술실' 내부에 CCTV를 설치하여야 한다. 단, 국소마취 등으로 환자의 의식 여부에 영향이 없는 상태에서의 수술만을 시행하는 수술실은 CCTV 설치 의무 대상이 아니다.
> ② 수술 장면 촬영은 의료법 제38조의2제2항에 따라 수술을 받는 환자 또는 보호자가 요청하는 경우에만 이뤄진다. 때문에 환자·보호자의 요청 없이 의료기관이 임의로 수술 장면을 촬영할 수 없다.

CHAPTER 03

개인정보 제공

학습 방향

개인정보 제공에서는 제3자 제공, 개인정보 처리업무 위탁, 개인정보 국외이전, 국외이전전문위원회 등을 중심으로 학습하시기 바랍니다.

SECTION 01 개인정보 제공의 이해

빈출 태그 개인정보 제공, 제3자 유형

> **기적의 TIP**
> 개인정보 제공의 결과로 개인정보의 지배권과 관리권이 이전된다.

01 개인정보 제공 개요

개인정보 제공이란 개인정보를 다른 사람(제3자)에게 전달한다는 의미이다. 개인정보의 저장 매체나 개인정보가 담긴 출력물·책자 등을 물리적으로 이전하거나 네트워크를 통한 개인정보의 전송, 개인정보에 대한 제3자의 접근권한 부여, 개인정보처리자와 제3자의 개인정보 공유 등 개인정보의 이전 또는 공동 이용 상태를 초래하는 모든 행위를 말한다.

▼ 개인정보 수집·이용기준과 목적 내 제공기준 비교

기준	수집·이용 (제15조)	제공 (제17조)
정보주체의 동의를 받은 경우	가능	제공 가능
법률에 특별한 규정이 있거나 법령상 의무를 준수하기 위하여 불가피한 경우	가능	수집목적 범위 안에서 제공 가능
공공기관이 법령 등에서 정하는 소관 업무의 수행을 위하여 불가피한 경우	가능	수집목적 범위 안에서 제공 가능
정보주체와 체결한 계약을 이행하거나 계약을 체결하는 과정에서 정보주체의 요청에 따른 조치를 이행하기 위하여 필요한 경우	가능	제공 불가 (다른 적법처리근거 필요)
명백히 정보주체 또는 제3자의 급박한 생명, 신체, 재산의 이익을 위하여 필요하다고 인정되는 경우	가능	수집목적 범위 안에서 제공 가능
개인정보처리자의 정당한 이익을 달성하기 위하여 필요하고, 명백하게 정보주체의 권리보다 우선하는 경우로서 개인정보 처리자의 정당한 이익과 상당한 관련이 있고 합리적인 범위를 초과하지 아니하는 경우	가능	수집목적 범위 안에서 제공 가능
공중위생 등 공공의 안전과 안녕을 위하여 긴급히 필요한 경우	가능	수집목적 범위 안에서 제공 가능

관련법령

개인정보 보호법 제17조(개인정보의 제공)
① 개인정보처리자는 다음 각 호의 어느 하나에 해당되는 경우에는 정보주체의 개인정보를 **제3자에게 제공**(공유를 포함한다. 이하 같다)할 수 있다.
　1. **정보주체의 동의**를 받은 경우
　2. 제15조 제1항 제2호, 제3호 및 제5호부터 제7호까지에 따라 개인정보를 **수집한 목적 범위**에서 개인정보를 **제공**하는 경우

② 개인정보처리자는 제1항 제1호에 따른 **동의를 받을 때**에는 다음 각 호의 사항을 정보주체에게 알려야 한다. 다음 각 호의 어느 하나의 사항을 변경하는 경우에도 이를 알리고 동의를 받아야 한다.
1. 개인정보를 **제공받는 자**
2. 개인정보를 제공받는 자의 개인정보 이용 **목적**
3. 제공하는 개인정보의 **항목**
4. 개인정보를 제공받는 자의 개인정보 보유 및 이용 **기간**
5. 동의를 거부할 권리가 있다는 사실 및 동의 거부에 따른 불이익이 있는 경우에는 그 **불이익의 내용**

③ 삭제 〈2023. 3. 14.〉

④ 개인정보처리자는 **당초 수집 목적과 합리적으로 관련된 범위**에서 정보주체에게 **불이익**이 발생하는지 여부, **암호화 등 안전성 확보에 필요한 조치**를 하였는지 여부 등을 고려하여 대통령령으로 정하는 바에 따라 **정보주체의 동의 없이 개인정보를 제공**할 수 있다.

02 제3자 개요

1) 제3자 정의
개인정보 분야에서 제3자란 정보주체와 정보주체에 관한 개인정보를 처음 수집한 주체가 아닌 해당 정보를 제공받는 다른 주체를 의미한다.

2) 제3자 유형
정보주체와 정보주체에 관한 개인정보를 수집·저장·관리하고 있는 개인정보처리자를 제외한 모든 주체를 의미한다. 단, 대리인과 수탁자는 정보주체를 대신하여 개인정보 처리와 관련된 권한을 위임받아 개인정보 처리 업무를 수행하기 때문에 제3자로 포함되지 않는다.

▼ 제3자 유형 예시

구분	제3자 여부	설명
정보주체	X	자신의 정보를 직접 제공하는 당사자
개인정보처리자	X	정보주체를 통해 개인정보를 직접 수집·처리하는 주체
수탁자	X	개인정보처리자로부터 개인정보 처리에 관한 권한을 위임받은 주체
대리인	X	정보주체를 대신하여 권한을 행사하는 주체
영업양수자	O	새로운 법적 주체
외국의 개인정보처리자 (국외이전)	O	국외이전 받은 외국의 개인정보처리자는 다른 법적 관할권에 속하는 새로운 주체
수집 목적 외 개인정보 제공받은 자	O	처음 수집된 목적과 다른 목적으로 제공받은 독립적인 주체

> **기적의 TIP**
> 개인정보처리자로(위탁자)부터 개인정보의 처리업무를 위탁받은 수탁자에게 다시 위탁받은 수탁자도 수탁자의 범위에 포함된다. 수탁자는 위탁받은 개인정보의 처리 업무를 제3자에게 다시 위탁하려는 경우에는 위탁자의 동의를 받아야 한다.

3) 개인정보 제3자 제공과 구분해야 할 개념

- 개인정보의 이용은 개인정보처리자(기관·단체·법인 등) 내에서 개인정보의 지배·관리권 이전 없이 스스로의 목적으로 쓰는 것(예: 같은 개인정보처리자 내의 다른 부서가 이용)이다. 이는 제3자에게 개인정보가 이전되는 것이 아니므로 개인정보의 제공이 아니다.
- 업무위탁은 개인정보처리자의 업무를 처리할 목적으로 개인정보가 제3자(수탁자)에게 이전되지만, 제공은 제공받는 자의 업무를 처리할 목적 및 이익을 위해서 개인정보가 이전된다는 점이 차이점이 있다. 즉, 업무위탁의 경우 위탁자로부터 업무를 위탁받은 수탁자는 제3자에 해당하지 않으므로 개인정보의 제공이 아니다.

SECTION 02 개인정보 제3자 제공, 위탁 원칙

빈출 태그 개인정보 제3자 제공 원칙 및 고려사항, 개인정보 처리의 위탁

01 개인정보 제3자 제공 원칙

1) 정보주체의 개인정보를 제3자에게 제공(공유 포함)할 수 있는 경우
- 정보주체의 동의를 받은 경우
- 법률에 특별한 규정이 있거나 법령상 의무를 준수하기 위하여 불가피한 경우
- 공공기관이 법령 등에서 정하는 소관 업무의 수행을 위하여 불가피한 경우
- 명백히 정보주체 또는 제3자의 급박한 생명, 신체, 재산의 이익을 위하여 필요하다고 인정되는 경우
- 개인정보처리자의 정당한 이익을 달성하기 위하여 필요한 경우로서 명백하게 정보주체의 권리보다 우선하는 경우. 이 경우 개인정보처리자의 정당한 이익과 상당한 관련이 있고 합리적인 범위를 초과하지 아니하는 경우에 한함
- 공중위생 등 공공의 안전과 안녕을 위하여 긴급히 필요한 경우
- 당초 수집 목적과 합리적으로 관련된 범위에서 정보주체에게 불이익이 발생하는지 여부, 암호화 등 안전성 확보에 필요한 조치를 하였는지 여부 등을 고려한 경우

> **더 알기 TIP**
>
> **개인정보 제3자 제공 관련 위반 사례**
> - ○○서점은 영업의 특성상 제휴업체가 빈번히 변경된다는 이유만으로 회원가입신청서 상에 "개인정보를 제공받는 자(제휴업체명) 및 개인정보의 제공목적"을 고지하지 않고 개인정보를 여러 제휴업체와 제공·공유함
> - ※ 제휴업체가 빈번히 변경되는 사정이 있다고 하더라도 "개인정보를 제공받는 자(제휴업체명)를 사전에 알릴 수 없는 사정 및 제3자의 유형과 개인정보 제공 목적"을 알려 정보주체가 충분히 예측 가능하도록 안내해야 한다.
> - △△마트는 "개장 기념 경품이벤트"를 실시하면서, 경품행사에 응모한 고객의 정보가 제휴 생명 보험사에 제공되어「휴일 무료 상해보험」에 가입된다는 사실에 대한 동의를 받지 않고 제휴업체에 제공함
> - ☆☆통신사는 요금이 연체된 고객의 채권 추심을 위해 추심업체에 고객 정보를 제공하는 과정에서 해당 고객이 아닌 고객 가족 연락처를 동의를 받지 않고 함께 제공함

2) 개인정보처리자가 제3자 제공을 위해 정보주체의 동의를 받을 때 고지사항

- 개인정보를 제공받는 자
- 개인정보를 제공받는 자의 개인정보 이용 목적
- 제공하는 개인정보의 항목
- 개인정보를 제공받는 자의 개인정보 보유 및 이용 기간
- 동의를 거부할 권리가 있다는 사실 및 동의 거부에 따른 불이익이 있는 경우 그 불이익의 내용

3) 수집 목적과 합리적으로 관련된 범위일 때, 동의 없는 개인정보 제공을 위한 고려사항

- 당초 수집 목적과 관련성이 있는지 여부
- 개인정보를 수집한 정황 또는 처리 관행에 비추어 볼 때 개인정보의 추가적인 이용 또는 제공에 대한 예측 가능성이 있는지 여부
- 정보주체의 이익을 부당하게 침해하는지 여부
- 가명처리 또는 암호화 등 안전성 확보에 필요한 조치를 하였는지 여부
- 개인정보의 추가적인 이용 또는 제공이 지속적으로 발생하는 경우, ①~④ 고려사항에 대한 판단 기준을 개인정보 처리방침에 공개하고 개인정보보호 책임자가 관련 내용과 기준 준수 여부 점검

🔨 관련법령

개인정보 보호법 제17조 제2항

② 개인정보처리자는 제1항 제1호에 따른 동의를 받을 때에는 다음 각 호의 사항을 정보주체에게 알려야 한다. 다음 각 호의 **어느 하나의 사항을 변경하는 경우에도 이를 알리고 동의**를 받아야 한다.
  1. 개인정보를 **제공받는 자**
  2. 개인정보를 제공받는 자의 개인정보 이용 **목적**
  3. 제공하는 개인정보의 **항목**
  4. 개인정보를 제공받는 자의 개인정보 **보유 및 이용 기간**
  5. 동의를 거부할 권리가 있다는 사실 및 동의 거부에 따른 불이익이 있는 경우에는 그 <u>불이익의 내용</u>

③ 삭제 〈2023. 3. 14.〉

④ 개인정보처리자는 **당초 수집 목적과 합리적으로 관련된 범위**에서 정보주체에게 불이익이 발생하는지 여부, 암호화 등 안전성 확보에 필요한 조치를 하였는지 여부 등을 고려하여 대통령령으로 정하는 바에 따라 **정보주체의 동의 없이 개인정보를 제공할 수 있다**.

개인정보 보호법 시행령 제14조의2(개인정보의 추가적인 이용·제공의 기준 등)

① 개인정보처리자는 법 제15조 제3항 또는 제17조 제4항에 따라 **정보주체의 동의 없이 개인정보를 이용 또는 제공**(이하 "개인정보의 추가적인 이용 또는 제공"이라 한다)하려는 경우에는 다음 각 호의 사항을 고려해야 한다.
  1. 당초 수집 **목적**과 관련성이 있는지 여부
  2. 개인정보를 수집한 정황 또는 처리 관행에 비추어 볼 때 개인정보의 **추가적인 이용 또는 제공에 대한 예측 가능성**이 있는지 여부

3. **정보주체의 이익을 부당하게 침해**하는지 여부
4. 가명처리 또는 암호화 등 **안전성 확보에 필요한 조치**를 하였는지 여부

② 개인정보처리자는 개인정보의 추가적인 이용 또는 제공이 지속적으로 발생하는 경우에는 제1항 각 호의 고려사항에 대한 판단 기준을 법 제30조 제1항에 따른 **개인정보 처리방침에 공개**하고, 법 제31조 제1항에 따른 **개인정보 보호책임자**가 해당 기준에 따라 개인정보의 추가적인 이용 또는 제공을 하고 있는지 여부를 **점검**해야 한다.

02 개인정보의 처리업무 위탁 원칙

1) 개인정보의 처리업무 위탁 개요

① 개인정보의 처리업무 위탁 개념
- 개인정보의 처리업무 위탁이란 개인정보처리자(이하 '위탁자')가 개인정보 수집·이용 등의 처리를 제3자(수탁자)에게 위·수탁하거나, 개인정보의 이용·제공 등 처리가 수반되는 업무를 수탁자에게 맡기는 것을 의미한다.
- 개인정보의 처리업무에서 '업무'란 직업상 또는 사회생활상 지위에 근거하여 계속해서 종사하는 사무나 사업의 일체를 의미하는 것으로 단 1회의 행위라도 계속·반복의 의사가 있다면 업무로 볼 수 있다.
- 단, 순수한 개인적인 활동이나 가사 활동을 위해서 개인정보를 처리하는 자는 포함되지 않는다.

> **더 알기 TIP**
>
> [대법원 판례] 개인정보의 처리위탁(대법원 2017. 4. 7. 선고 2016도13263 판결)
> 개인정보의 '처리위탁'은 본래의 개인정보 수집, 이용 목적과 관련된 위탁자 본인의 업무처리와 이익을 위하여 개인정보가 이전되는 경우를 의미한다.

② 위탁업무의 유형
- 위탁업무의 유형을 구분하는 방법은 위탁업무 성격, 위탁 기간, 위탁업무의 복잡성, 위탁업무 목적 등 다양한 기준으로 구분이 가능하다. 위탁업무의 직접적인 목적으로 구분해 보자면, 개인정보 자체를 위탁하는 경우와 업무수행을 위한 부수적인 개인정보 제공하는 경우로 나눌 수 있다.
- 개인정보 위탁 : 개인정보 그 자체의 처리(저장, 분석, 관리 등)가 위탁의 주요 목적
- 업무수행을 위한 개인정보 제공 : 주 업무를 수행하기 위한 보조적 요소로 개인정보가 필요한 경우

③ 위탁자의 개인정보 처리업무 위탁 사유
- 개인정보보호 활동에 필요한 전문 지식이나 기술이 부족할 때, 전문성을 갖춘 외부 업체를 통해 전문성을 강화할 수 있다.
- 고객에게 더 나은 서비스를 제공하기 위해 외부 전문 업체의 도움을 받아 개인정보를 효율적으로 처리할 수 있다.

▼ 개인정보의 처리업무 위·수탁 업무 사례

위탁자	수탁자
홈페이지를 운영하며 개인정보를 수집하는 A 공공기관	A 공공기관의 홈페이지 운영 및 유지보수를 수행하는 ㉮ 회사
고객 대상 만족도 조사를 실시하려는 B 기업	B 기업과 업무계약을 맺고 고객리스트를 제공받은 ㉯ 컨설팅 회사
인사 관련 문서를 파기하려는 C 회사	C 회사의 인사 문서 파기를 위해 계약한 ㉰ 파쇄회사
공공기관 간 협약을 통해 업무 일부를 N공공기관에 위탁하는 D 공공기관	협약에 따라 D 공공기관으로부터 개인정보를 전송받아 처리하는 ㉱ 공공기관
채권추심업무를 외부로 위탁하려는 E 기업	E 기업으로부터 채무자 정보를 받아 추심업무를 하는 ㉲ 채권회수전문기관
전국에 약 천여개의 가맹점을 가지고 배달음식을 파는 F 본사	F 본사의 콜센터·홈페이지를 통해 접수된 배달주문을 처리하는 ㉳ 가맹점
회사 내 직원 복지의 일환으로 리조트와 계약을 맺은 G 기업	G 기업으로부터 직원의 성명, 전화번호 등을 받아 객실 예약을 하는 ㉴ 리조트
등록금을 은행을 통해 대리 수납하는 H 대학	H 대학으로부터 재학생 정보를 받아 등록금 납부 서비스를 운영하는 ㉵ 은행

➕ **더 알기 TIP**

개인정보 처리 업무의 위탁에 포함되지 않는 경우
- 이동통신사 등 기간통신사업자가 전송되는 개인정보를 확인할 수는 없고 단순히 전달 또는 전송하는 업무만 수행하는 경우 이때의 전송행위는 개인정보의 처리로 보지 않는다.
  ※ 전기통신사업법 상 "기간통신역무"란 전화·인터넷접속 등과 같이 음성·데이터·영상 등을 그 내용이나 형태의 변경 없이 송신 또는 수신하게 하는 전기통신역무 및 음성·데이터·영상 등의 송신 또는 수신이 가능하도록 전기통신회선 설비를 임대하는 전기통신역무를 의미한다.
- 전자처방전 서비스 플랫폼을 통하여 그 서비스 이용자인 병원이 전자처방전을 환자가 지정한 약국으로 직접 전송함에 있어서 해당 플랫폼이 중계를 위하여 처방 정보를 일시 보관하는 경우에는 개인정보의 처리로 보지 않음 (대법원 2024. 7. 11. 선고 2020도13960 판결, 서울고등법원 2020. 9. 24. 선고 2020노544 판결)

2) 개인정보의 처리업무 위탁 방법

① 위탁자는 개인정보의 처리업무를 위탁할 수탁사를 선정할 때는 수탁사의 업무 수행 인력, 물적 시설, 재정 부담 능력, 전문성, 책임능력 등 개인정보 처리 및 보호 역량을 종합적으로 고려하여 선정해야 한다.
② 위탁자는 개인정보의 처리업무를 위탁할 때, 아래 내용이 포함된 문서에 근거하여 위탁해야 한다.
- 위탁업무 수행 목적 외 개인정보의 처리 금지에 관한 사항
- 개인정보의 기술적·관리적 보호조치에 관한 사항
- 위탁업무의 목적 및 범위
- 재위탁 제한에 관한 사항
- 개인정보에 대한 접근 제한 등 안전성 확보 조치에 관한 사항

- 위탁업무와 관련하여 보유하고 있는 개인정보의 관리 현황 손해배상 등 책임점검 등 감독에 관한 사항
- 수탁자가 준수해야 할 의무를 위반한 경우에 관한 사항

③ 위탁자는 정보주체가 언제든지 개인정보의 처리 위탁내용을 쉽게 확인할 수 있도록 위탁자 인터넷 홈페이지에 위탁하는 업무의 내용과 수탁자를 지속적으로 게시하여야 한다.

④ 위탁내용을 인터넷 홈페이지에 게재하기 어려운 경우, 아래의 방법 중 하나 이상의 방법으로 위탁하는 업무의 내용과 수탁자를 공개하여야 한다.
- 위탁자의 사업장 등의 보기 쉬운 장소에 게시
- 관보(위탁자가 공공기관인 경우만 해당한다) 또는 시·도 이상의 지역을 주된 보급지역으로 하는 신문 또는 인터넷 신문에 게시
- 같은 제목으로 연 2회 이상 발행하여 정보주체에게 배포하는 간행물·소식지·홍보지 또는 청구서에 게시
- 재화나 서비스를 제공하기 위하여 위탁자와 정보주체가 작성한 계약서 등에 실어 정보주체에게 발급

⑤ 홍보, 판매 권유, 마케팅 등 업무 위탁 시 위탁업무 내용 등을 통지한다.
- 위탁자는 재화 또는 서비스를 홍보하거나 판매를 권유하는 업무를 위탁하는 경우에는 서면, 전자우편, 전화, 문자전송 또는 이에 상당하는 방법으로 정보주체에게 알려야 한다.
- 위탁업무 내용이나 수탁자가 변경된 경우에도 서면, 전자우편, 전화, 문자전송 또는 이에 상당하는 방법으로 정보주체에게 알려야 한다.
- 위탁자가 과실 없이 서면, 전자우편, 전화 등의 방법으로 위탁하는 업무의 내용과 수탁자를 정보주체에게 알릴 수 없는 경우에는 해당 사항을 인터넷 홈페이지에 30일 이상 게재하여야 한다. 다만, 인터넷 홈페이지를 운영하지 않는 위탁자의 경우에는 사업장 등의 보기 쉬운 장소에 30일 이상 게시하여야 한다.

3) 위탁자와 수탁자의 의무

① 위탁자의 의무
- 위탁에 관한 사항을 정보주체에게 알릴 의무
- 수탁자에 대한 감독 및 교육 의무
- 문서에 근거하여 업무 위탁
- 수탁자의 불법행위로 인한 손해배상책임

② 수탁자의 의무
- 수탁업무 목적 외 개인정보 이용·제공 금지
- 개인정보처리자의 일반적인 의무, 안전조치 의무 등 준수
- 위탁받은 개인정보의 처리업무를 제3자에게 다시 위탁하려는 경우에는 위탁자의 동의

> **기적의 TIP**
>
> 수탁자가 위탁받은 업무와 관련하여 위반해서 발생한 손해배상책임에 대해서는 수탁자를 개인정보처리자의 소속 직원으로 간주하여 법적 의무사항을 준수(사전 실태점검, 과징금 부과 포함)하게 한다.

4) 개인정보 처리 위·수탁 절차

개인정보 처리 위·수탁은 3가지 단계로 진행된다. 첫 번째는 위탁자가 수행하는 일련의 업무 중 위탁할 단위 업무를 구분하고 이를 수행할 수탁자를 선정한다. 두 번째는 수탁자에 의해서 개인정보가 처리되고 이를 위탁자가 감독하며, 마지막으로 개인정보 처리업무가 종료되고 수탁자가 개인정보를 파기하거나 위탁자에게 반환한다.

▼ 개인정보 처리 위·수탁 절차

구분	절차	절차설명
위·수탁 전	위탁할 업무 범위 구분	위탁자는 자신의 업무 중 위탁하여 수행할 업무를 선정하기 전, 개인정보 처리 위탁 시 발생할 수 있는 위험을 평가하여 업무위탁 여부 및 범위를 결정
	수탁사 선정	수탁자의 개인정보보호 역량을 종합적으로 검토하여 개인정보 위험을 최소화할 수 있는 자를 선정
	위·수탁 문서 작성	표준 개인정보 처리 위탁서 계약서 등을 참고하여 위·수탁 문서 작성
위·수탁 업무 진행 중	위탁에 관한 사항공개	위탁업무 내용과 수탁자를 인터넷 홈페이지 등에 공개
	수탁자 교육	수탁자의 개인정보보호 역량, 위·수탁 업무의 성격, 개인정보 위험, 위·수탁 기간 등을 고려하여 개인정보보호 교육 실시
	수탁자 안전조치 의무 점검	감독 계획을 미리 수립하고 업무의 위탁 기간, 성격, 개인정보의 유형 등을 고려하여 정기적으로 수탁자의 개인정보 관리 실태 점검
위·수탁 업무 종료	수탁자에게 제공한 개인정보 회수 및 파기	위탁자는 수탁자가 개인정보를 파기하였는지 확인하고 파기 증빙자료 보관

🔨 **관련법령**

개인정보 보호법 제26조(업무위탁에 따른 개인정보의 처리제한)

① 개인정보처리자가 제3자에게 개인정보의 <u>처리업무를 위탁하는 경우</u>에는 다음 각 호의 내용이 포함된 문서로 하여야 한다.
　1. 위탁업무 <u>수행 목적 외 개인정보의 처리 금지</u>에 관한 사항
　2. 개인정보의 <u>기술적·관리적 보호조치</u>에 관한 사항
　3. 그 밖에 개인정보의 안전한 관리를 위하여 대통령령으로 정한 사항

② 제1항에 따라 개인정보의 처리업무를 위탁하는 개인정보처리자(이하 "위탁자"라 한다)는 위탁하는 업무의 내용과 개인정보 처리업무를 위탁받아 처리하는 자(개인정보 처리 업무를 위탁받아 처리하는 자로부터 위탁받은 업무를 다시 위탁받은 제3자를 포함하며, 이하 "수탁자"라 한다)를 정보주체가 언제든지 쉽게 확인할 수 있도록 대통령령으로 정하는 방법에 따라 공개하여야 한다.

③ 위탁자가 <u>재화 또는 서비스를 홍보하거나 판매를 권유하는 업무</u>를 위탁하는 경우에는 대통령령으로 정하는 방법에 따라 위탁하는 <u>업무의 내용과 수탁자를 정보주체에게 알려야 한다</u>. 위탁하는 <u>업무의 내용</u>이나 <u>수탁자가 변경</u>된 경우에도 또한 같다.

④ <u>위탁자</u>는 업무 위탁으로 인하여 정보주체의 개인정보가 분실·도난·유출·위조·변조 또는 훼손되지 아니하도록 수탁자를 교육하고, 처리 현황 점검 등 대통령령으로 정하는 바에 따라 수탁자가 개인정보를 안전하게 처리하는지를 <u>감독</u>하여야 한다.

⑤ **수탁자**는 개인정보처리자로부터 위탁받은 해당 업무 범위를 초과하여 개인정보를 이용하거나 **제3자에게 제공하여서는 아니 된다.**
⑥ 수탁자는 위탁받은 개인정보의 처리업무를 **제3자에게 다시 위탁**하려는 경우에는 위탁자의 **동의**를 받아야 한다.
⑦ 수탁자가 위탁받은 업무와 관련하여 개인정보를 처리하는 과정에서 이 법을 위반하여 발생한 **손해배상책임**에 대하여는 **수탁자를 개인정보처리자의 소속 직원**으로 본다.
⑧ 수탁자에 관하여는 제15조부터 제18조까지, 제21조, 제22조, 제22조의2, 제23조, 제24조, 제24조의2, 제25조, 제25조의2, 제27조, 제28조, 제28조의2부터 제28조의5까지, 제28조의7부터 제28조의11까지, 제29조, 제30조, 제30조의2, 제31조, 제33조, 제34조, 제34조의2, 제35조, 제35조의2, 제36조, 제37조, 제37조의2, 제38조, 제59조, 제63조, 제63조의2 및 제64조의2를 준용한다. 이 경우 "개인정보처리자"는 "수탁자"로 본다.

개인정보 보호법 시행령 제28조(개인정보의 처리업무 위탁 시 조치)
① 법 제26조 제1항 제3호에서 "대통령령으로 정한 사항"이란 다음 각 호의 사항을 말한다.
  1. 위탁업무의 목적 및 범위
  2. 재위탁 제한에 관한 사항
  3. 개인정보에 대한 접근 제한 등 안전성 확보 조치에 관한 사항
  4. 위탁업무와 관련하여 보유하고 있는 개인정보의 관리 현황 점검 등 감독에 관한 사항
  5. 법 제26조 제2항에 따른 수탁자(이하 "수탁자"라 한다)가 준수하여야 할 의무를 위반한 경우의 손해배상 등 책임에 관한 사항
② 법 제26조 제2항에서 "대통령령으로 정하는 방법"이란 개인정보 처리업무를 위탁하는 개인정보처리자(이하 "위탁자"라 한다)가 위탁자의 인터넷 홈페이지에 위탁하는 업무의 내용과 수탁자를 지속적으로 게재하는 방법을 말한다.
③ 제2항에 따라 인터넷 홈페이지에 게재할 수 없는 경우에는 다음 각 호의 어느 하나 이상의 방법으로 위탁하는 업무의 내용과 수탁자를 공개하여야 한다. 〈개정 2023. 9. 12.〉
  1. 위탁자의 사업장 등의 보기 쉬운 장소에 게시하는 방법
  2. 관보(위탁자가 공공기관인 경우만 해당한다)나 위탁자의 사업장 등이 있는 시·도 이상의 지역을 주된 보급지역으로 하는 「신문 등의 진흥에 관한 법률」 제2조 제1호 가목·다목 및 같은 조 제2호에 따른 일반일간신문, 일반주간신문 또는 인터넷신문에 싣는 방법
  3. 같은 제목으로 연 2회 이상 발행하여 정보주체에게 배포하는 간행물·소식지·홍보지 또는 청구서 등에 지속적으로 싣는 방법
  4. 재화나 서비스를 제공하기 위하여 위탁자와 정보주체가 작성한 계약서 등에 실어 정보주체에게 발급하는 방법
④ 법 제26조 제3항 전단에서 "대통령령으로 정하는 방법"이란 서면 등의 방법을 말한다.
⑤ 위탁자가 과실 없이 제4항에 따른 방법으로 위탁하는 업무의 내용과 수탁자를 정보주체에게 알릴 수 없는 경우에는 해당 사항을 인터넷 홈페이지에 30일 이상 게재하여야 한다. 다만, 인터넷 홈페이지를 운영하지 아니하는 위탁자의 경우에는 사업장 등의 보기 쉬운 장소에 30일 이상 게시하여야 한다.
⑥ 위탁자는 수탁자가 개인정보 처리업무를 수행하는 경우에 법 또는 이 영에 따라 개인정보처리자가 준수하여야 할 사항과 법 제26조 제1항 각 호의 사항을 준수하는지를 같은 조 제4항에 따라 감독하여야 한다.

SECTION 03 개인정보 제3자 제공과 위탁의 구분

빈출 태그 업무위탁, 제3자 제공, 영업양도

1) 제3자 제공과 위탁 구분의 필요성

데이터가 중요한 자원으로 부상한 현대사회에서는 여러 조직 간의 데이터 공유와 결합을 통한 협업이 활발히 이루어지고 있다. 하지만, 이 과정에서 공유되는 데이터에 개인정보가 포함되어 있다면, 개인정보 보호법상의 의무를 철저히 준수해야 한다.

특히, 많은 사람들이 혼동하는 부분인 개인정보가 다른 개인정보 처리자에게 이전되거나 함께 이용되는 활동은 제3자 제공과 위탁으로 명확히 구분하여 각각 관련 법적 요건과 절차를 준수하여야 한다.

> **더 알기 TIP**
>
> **[대법원 판례] 개인정보의 제3자 제공과 처리위탁 (대법원 2017. 4. 7. 선고 2016도13263 판결)**
>
> 「개인정보 보호법」 제17조에서 말하는 개인정보의 '제3자 제공'은 본래의 개인정보 수집·이용 목적의 범위를 넘어 정보를 제공받는 자의 업무처리와 이익을 위하여 개인정보가 이전되는 경우인 반면, 개인정보 보호법 제26조와 정보통신망법 제25조에서 말하는 개인정보의 '처리위탁'은 본래의 개인정보 수집·이용 목적과 관련된 위탁자 본인의 업무 처리와 이익을 위하여 개인정보가 이전되는 경우를 의미한다.
>
> 개인정보 처리위탁에 있어 수탁자는 위탁자로부터 위탁사무 처리에 따른 대가를 지급받는 것 외에는 개인정보 처리에 관하여 독자적인 이익을 가지지 않고, 정보제공자의 관리·감독 아래 위탁받은 범위 내에서만 개인정보를 처리하게 되므로, 개인정보 보호법 제17조와 정보통신망법 제24조의2에 정한 '제3자'에 해당하지 않는다.
>
> 한편 어떠한 행위가 개인정보의 제공인지 아니면 처리위탁인지는 개인정보의 취득 목적과 방법, 대가 수수 여부, 수탁자에 대한 실질적인 관리·감독 여부, 정보주체 또는 이용자의 개인정보 보호 필요성에 미치는 영향 및 이러한 개인정보를 이용할 필요가 있는 자가 실질적으로 누구인지 등을 종합하여 판단하여야 한다.

2) 개인정보 제3자 제공과 위탁의 비교

개인정보 제3자 제공은 제3자의 이익을 위해 처리되며, 제3자가 관리·감독 책임을 진다.

반면, 위탁은 개인정보처리자의 업무 범위 내에서 이루어지며, 위탁자가 관리·감독 의무를 지닌다.

두 경우 모두 개인정보가 개인정보처리자의 직접적인 통제를 벗어난다는 공통점이 있지만, 그 목적에 따라 구분된다. 즉, 개인정보를 받는 자의 목적을 위한 것이라면 제3자 제공이고, 주는 자의 목적을 위한 것이라면 위탁으로 구분해야 한다. ❶

---

❶ 받는 자의 업무 목적이 주는 자의 업무 목적과 관련이 없으면 제3자 제공으로, 관련이 있으면 위탁으로 보아야 한다.

▼ 업무위탁, 제3자 제공, 영업양도 시 개인정보 이전 비교표

구분	업무위탁	제3자 제공	영업양도 시 개인정보 이전
관련 조항	개인정보 보호법 제26조	개인정보 보호법 제17조	개인정보 보호법 제27조
목적	위탁자의 이익을 위해 처리	제3자의 이익을 위해 처리	개인정보 보유 및 관리 주체 변경
예측 가능성	내용 정보주체가 사전 예측 가능 (정보주체의 신뢰 범위 내)	정보주체가 사전 예측 곤란 (정보주체의 신뢰 범위 밖)	정보주체가 사전 예측 가능 (정보주체의 신뢰 범위 내)
이전 방법	처리 위탁 사실 공개 (단, 홍보 및 마케팅 업무 위탁은 통지 필요)	제공 목적 등 고지 후 정보주체 동의	정보주체 통지
관리·감독 의무	위탁자	제공받는 자	양수자
손해배상 책임	위탁자	제공받는 자	양수자
예시	배송업무 위탁, TM 위탁 등	사업제휴, 개인정보 판매 등	기업 합병 등

> **기적의 TIP**
>
> 개인정보 처리 위탁 시 정보주체에 대한 손해배상책임이 발생하였을 때, 손해배상책임은 위탁자가 부담해야하나 수탁자에게 책임이 있는 경우 구상권 행사는 가능하다.

관련법령

대법원 2017. 4. 7. 선고 2016도13263 판결

개인정보 보호법 제17조 제1항 제1호, 제26조, 제71조 제1호, 정보통신망 이용촉진 및 정보보호 등에 관한 법률(이하 '정보통신망법'이라고 한다) 제24조의2 제1항, 제25조, 제71조 제3호의 문언 및 취지에 비추어 보면, 개인정보 보호법 제17조와 정보통신망법 제24조의2에서 말하는 **개인정보의 '제3자 제공'은 본래의 개인정보 수집·이용 목적의 범위를 넘어 정보를 제공받는 자의 업무처리와 이익을 위하여 개인정보가 이전되는 경우**인 반면, 개인정보 보호법 제26조와 정보통신망법 제25조에서 말하는 **개인정보의 '처리위탁'**은 본래의 개인정보 수집·이용 목적과 관련된 **위탁자 본인의 업무처리와 이익을 위하여 개인정보가 이전되는 경우**를 의미한다. 개인정보 처리위탁에 있어 수탁자는 위탁자로부터 위탁사무 처리에 따른 대가를 지급받는 것 외에는 개인정보 처리에 관하여 독자적인 이익을 가지지 않고, 정보제공자의 관리·감독 아래 위탁받은 범위 내에서만 개인정보를 처리하게 되므로, 개인정보 보호법 제17조와 정보통신망법 제24조의2에 정한 '제3자'에 해당하지 않는다.

개인정보의 국외이전

빈출 태그 국외 이전 별도 동의 고지사항 · 별도 동의없이 개인정보 국외이전 가능 경우 · CBPR

01 개인정보의 국외이전 개요

글로벌 온라인 서비스 보편화와 국가 간 전자상거래 확대 등으로 개인정보 국외이전은 그 중요도와 규모가 지속적으로 증가하고 있다. 해외사업자가 전 세계적으로 재화 또는 서비스를 제공하거나, 해외에서 한국인 또는 한국 정보주체의 개인정보를 처리하는 경우 또는 한국 영토 내에서 개인정보를 처리하는 경우에는 원칙적으로 개인정보 보호법이 적용될 수 있다.
이에 개인정보를 국외로 이전할 때 준수해야 할 법적 규제와 안전성 조치 방법을 사전에 인지하여야 한다.

> **더 알기 TIP**
>
> **한국법을 위반한 해외사업자에 대한 한국 정보의 행정처분 예시**
> - 해외 지도 서비스 관련 조사건(방통위 의결 2014-4-27, 2014.1.28.) : 방송통신위원회는 지도 서비스 제공을 위해 국내 지역을 촬영하는 과정에서 와이파이를 통해 암호화되지 않은 개인정보를 수집한 해외사업자에 대해 시정명령과 함께 과징금 총 2억 1,230만 원을 부과
> - 개인정보보호 법규 위반행위에 대한 시정조치 등에 관한 건(개인정보위 의결 2021-013-102, 2021.8.25.)
>   - 페이스북은 위법한 주민등록번호 수집, 개인정보 처리주체 변경 미고지, 개인정보 처리위탁 및 국외이전 관련 내용 미공개, 자료 미제출에 대해서는 총 2천6백만 원의 과태료를 부과
>   - 넷플릭스는 개인정보 국외이전 관련 내용을 공개하지 않은 행위에 대해서 320만 원의 과태료를 부과
> - 온라인 광고 플랫폼의 동의 위반 관련 조사건(개인정보위 의결 2022-014-104, 2022.8.31.) : 보호위원회는 이용자의 동의 없이 타사 행태정보를 수집하여 맞춤형 광고 등에 활용한 해외사업자에 대해 시정명령과 함께 약 1,000억 원의 과징금을 부과

02 개인정보의 국외이전 주요 내용

1) 개인정보 국외이전 가능한 경우

개인정보를 국외로 제공(조회되는 경우 포함) · 처리위탁 · 보관은 원칙적으로 금지되어 있지만 아래와 같은 경우에는 국외로 이전할 수 있다.
- 정보주체에게 별도의 동의를 받은 경우

- 법률, 대한민국을 당사자로 하는 조약 또는 그 밖의 국제협정에 개인정보의 국외이전에 관한 특별한 규정이 있는 경우
- 정보주체와의 계약의 체결 및 이행을 위하여 개인정보의 처리위탁·보관이 필요한 경우로 개인정보 처리방침 또는 정보주체에게 알린 경우
- 이전받는 자가 개인정보보호에 필요한 안전조치 및 정보주체 권리보장에 필요한 조치, 개인정보가 이전되는 국가에서 이행하기 위해 필요한 조치를 수행하여 개인정보보호 인증을 받은 경우
- 이전되는 국가 또는 국제기구의 보호 체계, 정보주체 권리보장 범위, 피해구제 절차 등이 이 법에 따른 보호 수준과 실질적으로 동등한 수준으로 갖추었다고 보호위원회가 인정하는 경우

2) 개인정보의 국외이전을 위해 정보주체에게 별도 동의를 받을 때 고지사항

- 이전되는 개인정보 항목
- 개인정보가 이전되는 국가, 시기 및 방법
- 개인정보를 이전받는 자의 성명(법인인 경우에는 그 명칭과 연락처를 말한다)
- 개인정보를 이전받는 자의 개인정보 이용 목적 및 보유·이용 기간
- 개인정보의 이전을 거부하는 방법, 절차 및 거부의 효과

3) 정보주체의 별도 동의 없이 개인정보의 국외이전이 가능한 경우

- 보호위원회가 고시하는 개인정보 국외이전 인증을 받은 경우
- 이전받는 국가·국제기구의 개인정보보호 수준이 우리 법에 따른 개인정보보호 수준과 같다고 인정하는 경우

> **기적의 TIP**
> - 개인정보의 국외이전 시 이전 유형(제공, 처리위탁, 보관)에 무관하게 국외이전의 법적 근거와 국외이전을 위해 정보주체에게 별도 동의받을 때 고지사항들을 개인정보 처리방침에 공개하여야 한다.
> - 해외에서 한국인의 공개된 개인정보를 수집하는 경우에는 개인정보처리자에 의한 '이전' 행위가 있다고 볼 수 없으므로 국외이전에 해당하지 않으며, 개인정보 보호법 제15조(개인정보의 수집·이용) 등이 적용된다.

> **더 알기 TIP**
>
> **정보주체의 별도 동의 없이 개인정보의 국외이전 가능 관련 사례**
> - 해외기업이 법 제32조의2에 따른 개인정보 보호 인증(ISMS-P)을 취득한 경우, 법 제28조의8제1항 제4호에 따라 국내기업에서 해당 해외기업으로 개인정보를 제공(조회되는 경우 포함)·처리위탁·보관할 때 개인정보의 국외 이전에 관한 정보주체의 별도 동의 획득이 불필요
> - 개인정보보호위원회는 개인정보 국외이전 대상국 후보로 A 국가를 선정하고 개인정보보호 수준을 검토한 결과 A국의 개인정보보호 수준이 국내법과 동등하다고 인정하였다. 이에 따라, 정보주체의 동의를 통해 국외로 개인정보를 이전하고 있던 기업은 향후 국외이전에 관한 정보주체의 별도 동의 없이도 A국가의 개인정보 처리자에게 개인정보 이전 가능

4) 개인정보 국외이전 인증 절차

① 개인정보 국외이전 인증 절차

개인정보보호위원회에서는 개인정보위 국외이전 분야 심의·의결 사항에 대하여 사전에 전문적으로 검토하기 위해 '국외이전 전문위원회'를 설치하여 운영하고 있다.

> **기적의 TIP**
>
> APEC(아시아-태평양 경제 협력체) 회원국이 공동으로 개발한 기업의 개인정보보호 체계를 평가하는 글로벌 인증제도인 CBPR(Cross Border Privacy Rules) 참여국 간에는 국외이전 절차가 간소화되어 있다.

▲ 개인정보 국외 이전 인증 절차

② 국가 등에 대한 개인정보보호 수준 인정 절차

▲ 국가 등에 대한 개인정보 보호 수준 인정 절차

03 개인정보의 국외이전 중지 명령

개인정보 국외이전 관련 규정을 위반하거나 개인정보보호 수준이 취약하여 국외이전 시 정보주체의 피해가 예상되는 경우, 보호위원회에서는 개인정보 국외이전 중지를 명령할 수 있다.

1) 개인정보 국외이전 중지 명령 대상
- 개인정보 국외이전 법률 위반(제28조의8 제1항, 제4항 또는 제5항)
- 개인정보를 이전하는 또는 이전받는 자가 적정하게 개인정보를 보호하지 아니하여 정보주체에게 피해가 발생하거나 발생할 우려가 현저한 경우

2) 국외이전 중지 이의신청 방법
- 국외이전 중지 명령을 받은 개인정보처리자가 이에 불복하는 경우, 명령을 받은 날로부터 7일 이내에 보호위원회가 정하는 이의신청서에 이의신청 사유를 증명할 수 있는 서류를 첨부하여 보호위원회에 제출한다.
- 보호위원회는 서류를 받은 날로부터 30일 이내에 그 처리 결과를 문서로 알려야 한다.

> **기적의 TIP**
>
> 국외이전 중지를 명하려는 경우 국외이전전문위원회의 평가를 거쳐야한다.

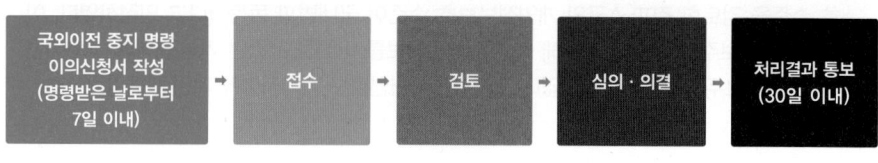

▲ 국외이전 중지 이의신청 절차

관련법령

개인정보 보호법 제28조의8(개인정보의 국외이전)
① 개인정보처리자는 **개인정보를 국외로 제공**(조회되는 경우를 포함한다)·**처리위탁·보관**(이하 이 절에서 "이전"이라 한다)하여서는 아니 된다. 다만, 다음 각 호의 어느 하나에 해당하는 경우에는 **개인정보를 국외로 이전할 수 있다.**

1. 정보주체로부터 국외이전에 관한 **별도의 동의**를 받은 경우
2. 법률, 대한민국을 당사자로 하는 **조약** 또는 그 밖의 **국제협정**에 개인정보의 국외이전에 관한 **특별한 규정**이 있는 경우
3. 정보주체와의 **계약의 체결 및 이행**을 위하여 개인정보의 처리위탁·보관이 필요한 경우로서 다음 각 목의 어느 하나에 해당하는 경우
   가. 제2항 각 호의 사항을 제30조에 따른 **개인정보 처리방침**에 공개한 경우
   나. 전자우편 등 대통령령으로 정하는 방법에 따라 제2항 각 호의 사항을 **정보주체에게 알린 경우**
4. 개인정보를 이전받는 자가 제32조의2에 따른 **개인정보보호 인증** 등 보호위원회가 정하여 고시하는 인증을 받은 경우로서 다음 각 목의 조치를 모두 한 경우
   가. 개인정보보호에 필요한 안전조치 및 정보주체 권리보장에 필요한 조치
   나. 인증받은 사항을 개인정보가 이전되는 국가에서 이행하기 위하여 필요한 조치
5. **개인정보가 이전되는 국가 또는 국제기구의** 개인정보 보호 체계, 정보주체 권리보장 범위, 피해구제 절차 등이 이 법에 따른 **개인정보보호 수준과 실질적으로 동등**한 수준을 갖추었다고 보호위원회가 인정하는 경우

② 개인정보처리자는 제1항 제1호에 따른 **동의**를 받을 때에는 미리 다음 각 호의 사항을 정보주체에게 알려야 한다.
1. 이전되는 개인정보 **항목**
2. 개인정보가 이전되는 **국가, 시기 및 방법**
3. 개인정보를 **이전받는 자**의 성명(법인인 경우에는 그 명칭과 연락처를 말한다)
4. 개인정보를 이전받는 자의 개인정보 이용 목적 및 보유·이용 기간
5. 개인정보의 **이전을 거부하는 방법**, 절차 및 거부의 효과

③ 개인정보처리자는 제2항 각 호의 어느 하나에 해당하는 사항을 **변경하는 경우에는 정보주체에게 알리고 동의**를 받아야 한다.
④ 개인정보처리자는 제1항 각 호 외의 부분 단서에 따라 개인정보를 국외로 이전하는 경우 국외이전과 관련한 이 법의 다른 규정, 제17조부터 제19조까지의 규정 및 제5장의 규정을 준수하여야 하고, 대통령령으로 정하는 보호조치를 하여야 한다.
⑤ 개인정보처리자는 이 **법을 위반하는 사항을 내용**으로 하는 **개인정보의 국외이전에 관한 계약을 체결하여서는 아니 된다.**
⑥ 제1항부터 제5항까지에서 규정한 사항 외에 개인정보 국외이전의 기준 및 절차 등에 필요한 사항은 대통령령으로 정한다.

개인정보 보호법 시행령 제29조의8(개인정보의 국외이전 인증)
① 보호위원회는 법 제28조의8 제1항 제4호 각 목 외의 부분에 따른 인증을 고시하려는 경우에는 다음 각 호의 순서에 따른 절차를 모두 거쳐야 한다.
1. 제34조의6에 따른 **개인정보보호 인증 전문기관의 평가**
2. 제5조 제1항 제1호에 따른 개인정보의 **국외이전 분야 전문위원회**(이하 "국외이전전문위원회"라 한다)의 **평가**
3. 정책협의회의 협의

② 보호위원회는 법 제28조의8 제1항 제4호 각 목 외의 부분에 따른 **인증을 고시할 때에는 5년의 범위에서 유효 기간**을 정하여 고시할 수 있다.
③ 제1항 및 제2항에서 규정한 사항 외에 인증의 고시 절차 등에 관하여 필요한 사항은 보호위원회가 정하여 고시한다.

개인정보 보호법 시행령 제29조의9(국가 등에 대한 개인정보보호 수준 인정)

① 보호위원회는 법 제28조의8 제1항 제5호에 따라 개인정보가 제공(조회되는 경우를 포함한다)·처리위탁·보관(이하 이 장에서 "이전"이라 한다)되는 국가 또는 국제기구(이하 "이전대상국 등"이라 한다)의 개인정보보호 체계, 정보주체 권리보장 범위, 피해구제 절차 등이 법에 따른 **개인정보보호 수준과 실질적으로 동등한 수준을 갖추었다고 인정**하려는 경우에는 다음 각 호의 사항을 **종합적으로 고려**해야 한다.

1. 이전대상국 등의 법령, 규정 또는 규칙 등 개인정보보호 체계가 법 제3조에서 정하는 개인정보보호 원칙에 부합하고, 법 제4조에서 정하는 **정보주체의 권리를 충분히 보장**하고 있는지 여부
2. 이전대상국 등에 개인정보보호 체계를 보장하고 집행할 책임이 있는 **독립적 감독기관**이 존재하는지 여부
3. 이전대상국 등의 **공공기관(이와 유사한 사무를 수행하는 기관을 포함**한다)이 법률에 따라 개인정보를 처리하는지 여부 및 이에 대한 피해구제 절차 등 **정보주체에 대한 보호 수단이 존재하고 실질적으로 보장**되는지 여부
4. 이전대상국 등에 정보주체가 쉽게 접근할 수 있는 **피해구제 절차**가 존재하는지 여부 및 피해구제 절차가 정보주체를 효과적으로 보호하고 있는지 여부
5. 이전대상국 등의 감독기관이 보호위원회와 정보주체의 권리 보호에 관하여 **원활한 상호 협력**이 가능한지 여부
6. 그 밖에 이전대상국 등의 개인정보보호 체계, 정보주체의 권리보장 범위, 피해구제 절차 등의 개인정보보호 수준을 인정하기 위해 필요한 사항으로서 보호위원회가 정하여 고시하는 사항

② 보호위원회는 제1항에 따른 인정을 하려는 경우에는 다음 각 호의 **절차**를 거쳐야 한다.
  1. **국외이전전문위원회의 평가**
  2. **정책협의회의 협의**

③ 보호위원회는 제1항에 따른 인정을 할 때에는 정보주체의 권리 보호 등을 위하여 필요한 경우 이전대상국 등으로 이전되는 개인정보의 범위, 이전받는 개인정보처리자의 범위, 인정 기간, 국외이전의 조건 등을 이전대상국 등별로 달리 정할 수 있다.

④ 보호위원회는 제1항에 따른 인정을 한 경우에는 인정 기간 동안 이전대상국 등의 개인정보보호 수준이 법에 따른 수준과 실질적으로 동등한 수준을 유지하고 있는지 점검해야 한다.

⑤ 보호위원회는 제1항에 따른 인정을 받은 이전대상국 등의 개인정보보호 체계, 정보주체의 권리보장 범위, 피해구제 절차 등의 수준이 변경된 경우에는 해당 이전대상국 등의 의견을 듣고 해당 이전대상국 등에 대한 인정을 취소하거나 그 내용을 변경할 수 있다.

⑥ 보호위원회가 제1항에 따른 **인정**을 하거나 제5항에 따라 **인정을 취소**하거나 그 내용을 변경하는 경우에는 그 사실을 **관보에 고시**하고 **보호위원회 인터넷 홈페이지에 게재**해야 한다.

⑦ 제1항부터 제6항까지에서 규정한 사항 외에 이전대상국 등에 대한 인정에 필요한 사항은 보호위원회가 정하여 고시한다.

개인정보 보호법 제28조의9(개인정보의 국외이전 중지 명령)

① 보호위원회는 개인정보의 국외이전이 계속되고 있거나 추가적인 국외이전이 예상되는 경우로서 다음 각 호의 어느 하나에 해당하는 경우에는 개인정보 처리자에게 개인정보의 국외**이전을 중지**할 것을 명할 수 있다.

1. 제28조의8 제1항, 제4항 또는 제5항을 위반한 경우
2. 개인정보를 이전받는 자나 개인정보가 이전되는 국가 또는 국제기구가 이 법에 따른 개인정보보호 수준에 비하여 개인정보를 적정하게 보호하지 아니하여 정보주체에게 피해가 발생하거나 발생할 우려가 현저한 경우

② 개인정보처리자는 제1항에 따른 국외이전 중지 명령을 받은 경우에는 명령을 받은 날부터 7일 이내에 보호위원회에 이의를 제기할 수 있다.
③ 제1항에 따른 개인정보 국외이전 중지 명령의 기준, 제2항에 따른 불복 절차 등에 필요한 사항은 대통령령으로 정한다.

개인정보 보호법 시행령 제29조의10(개인정보의 국외이전 시 보호조치 등)

① 개인정보처리자는 법 제28조의8 제1항 각 호 외의 부분 단서에 따라 **개인정보를 국외로 이전하는 경우**에는 같은 조 제4항에 따라 다음 각 호의 **보호조치**를 해야 한다.
  1. 제30조 제1항에 따른 개인정보보호를 위한 **안전성 확보조치**
  2. 개인정보 침해에 대한 **고충 처리 및 분쟁 해결에 관한 조치**
  3. 그 밖에 정보주체의 개인정보보호를 위하여 필요한 조치
② 개인정보처리자는 법 제28조의8 제1항 각 호 외의 부분 단서에 따라 개인정보를 국외로 이전하는 경우에는 제1항 각 호의 사항에 관하여 이전받는 자와 미리 협의하고 이를 계약 내용 등에 반영해야 한다.

개인정보 보호법 시행령 제29조의11(국외이전 중지 명령의 기준 등)

① 보호위원회는 법 제28조의9 제1항에 따라 개인정보의 국외이전을 중지할 것을 명하려는 경우에는 다음 각 호의 사항을 종합적으로 고려해야 한다.
  1. 국외로 이전되었거나 추가적인 국외이전이 예상되는 개인정보의 유형 및 규모
  2. 법 제28조의8 제1항, 제4항 또는 제5항 위반의 중대성
  3. 정보주체에게 발생하거나 발생할 우려가 있는 피해가 중대하거나 회복하기 어려운 피해인지 여부
  4. 국외이전의 중지를 명하는 것이 중지를 명하지 않는 것보다 명백히 정보주체에게 이익이 되는지 여부
  5. 법 제64조 제1항 각 호에 해당하는 조치를 통해 개인정보의 보호 및 침해 방지가 가능한지 여부
  6. 개인정보를 이전받는 자나 개인정보가 이전되는 이전대상국 등이 정보주체의 피해구제를 위한 실효적인 수단을 갖추고 있는지 여부
  7. 개인정보를 이전받는 자나 개인정보가 이전되는 이전대상국 등에서 중대한 개인정보 침해가 발생하는 등 개인정보를 적정하게 보호하기 어렵다고 인정할 만한 사유가 존재하는지 여부
② 보호위원회는 법 제28조의9 제1항에 따라 개인정보의 국외이전을 중지할 것을 명하려는 경우에는 국외이전전문위원회의 평가를 거쳐야 한다.
③ 보호위원회는 법 제28조의9 제1항에 따라 개인정보의 국외이전을 중지할 것을 명할 때에는 개인정보 처리자에게 중지 명령의 내용, 사유, 이의 제기 절차·방법 및 그 밖에 필요한 사항을 문서로 알려야 한다.
④ 제1항부터 제3항까지에서 규정한 사항 외에 개인정보의 국외이전 중지 명령의 기준 등에 관하여 필요한 사항은 보호위원회가 정하여 고시한다.

이론을 확인하는 기출문제

01 개인정보 보호법에 근거한 개인정보 제공에 대한 설명으로 적절하지 <u>않은</u> 보기를 고르시오.

① 개인정보의 제공은 개인정보의 저장 매체나 개인정보가 담긴 출력물·책자 등을 물리적으로 이전하거나 네트워크를 통한 개인정보의 전송하는 행위를 의미한다.
② 개인정보에 대한 제3자의 접근 권한을 부여하는 것은 개인정보 제공에 해당하지 않는다.
③ 개인정보를 제공받는 '제3자'란 정보주체와 개인정보 처리자를 제외한 모든 자를 의미한다.
④ 정보주체의 동의를 받은 경우 제3자에게 개인정보를 제공할 수 있다.
⑤ 개인정보 제공은 개인정보의 지배권과 관리권이 이전되는 행위이다.

> 개인정보에 대한 제3자의 접근 권한 부여 또한 개인정보 제공 행위에 속한다.

02 개인정보 보호법에 근거하여 개인정보 제공에서 제3자에 해당하는 보기를 모두 고르시오.

> ㄱ. 정보주체
> ㄴ. 개인정보처리자
> ㄷ. 수탁자
> ㄹ. 대리인
> ㅁ. 영업양수자
> ㅂ. 외국의 개인정보처리자
> ㅅ. 수집 목적 외 개인정보 제공받은 자

① ㄱ, ㄴ
② ㅁ, ㅂ, ㅅ
③ ㄷ, ㄹ, ㅁ, ㅂ
④ ㄹ, ㅁ, ㅂ, ㅅ
⑤ ㄷ, ㄹ, ㅁ, ㅂ, ㅅ

> 개인정보 보호법에서 제3자란 새로운 법적 주체인 영업양수자, 국외이전 받은 외국의 개인정보처리자인 외국의 개인정보처리자, 처음 수집된 목적과 다른 목적으로 제공받은 독립적인 주체인 수집 목적 외 개인정보를 제공받은 자이다.

03 개인정보 처리자가 제3자 제공을 위해 정보주체에게 동의를 받을 때 고지해야 할 항목에 해당하는 보기를 모두 고르시오.

> ㄱ. 개인정보를 제공받는 자
> ㄴ. 개인정보를 제공받는 자의 개인정보 이용 목적
> ㄷ. 제공하는 개인정보의 항목
> ㄹ. 개인정보를 제공받는 자의 개인정보 보유 및 이용 기간
> ㅁ. 동의를 거부할 권리가 있다는 사실 및 동의 거부에 따른 불이익이 있는 경우 그 불이익의 내용

① ㄱ, ㄴ
② ㄱ, ㄴ, ㄷ
③ ㄴ, ㄷ, ㄹ, ㅁ
④ ㄱ, ㄴ, ㄷ, ㄹ
⑤ ㄱ, ㄴ, ㄷ, ㄹ, ㅁ

> 개인정보 처리자가 제3자 제공을 위해 정보주체의 동의를 받을 때 정보주체에게 고지해야 할 사항으로는 개인정보를 제공받는 자, 개인정보를 제공받는 자의 개인정보 이용 목적, 제공하는 개인정보의 항목, 개인정보를 제공받는 자의 개인정보 보유 및 이용 기간, 동의를 거부할 권리가 있다는 사실 및 동의 거부에 따른 불이익이 있는 경우 그 불이익의 내용이다.

정답 01 ② 02 ② 03 ⑤

04 개인정보처리자는 당초 수집 목적과 합리적으로 관련된 범위에서 정보주체 동의 없이 개인정보를 이용 및 제공할 수 있다. 아래 보기 중 개인정보를 추가로 이용 및 제공할 수 있는 경우로 가장 거리가 먼 보기를 고르시오.
① 정보주체가 택시 중개 서비스 앱을 이용하기 위하여 이용계약을 체결하고 해당 택시 중개 서비스 앱 사업자가 정보주체의 요청에 따른 택시 호출을 위해 정보주체의 개인정보를 제3자인 택시 기사에게 제공하는 경우
② 인터넷 쇼핑몰(오픈마켓) 사업자가 상품 중개 서비스 계약이행을 위해 수집한 정보주체의 개인정보를 해당 인터넷 쇼핑몰에 입점하고 있는 제3자인 상품 판매자에게 배송 등 계약이행을 목적으로 제공하는 경우
③ 약국에서 다른 고객의 의약품을 잘못 가져간 경우, 약국이 고객에게 위 사실을 알리기 위하여 처방 병원으로부터 휴대전화번호를 제공받아 전화하는 경우
④ 화장품을 판매한 소매점이 소비자(정보주체)의 동의를 받아 수집한 연락처 정보를 화장품 제조회사가 실시하는 소비자 보호 목적의 리콜 실시를 위해 화장품 제조회사에 제공하는 경우
⑤ 자동차 판매 딜러가 고객과 차량 구매 계약·이행의 목적으로 정보주체의 동의 없이 수집한 개인정보를 금융사에 제공하여 할부 결제를 진행하는 경우

계약 체결·이행 등의 목적으로 정보주체의 동의 없이 수집한 개인정보를 제3자에게 제공하는 경우에는 정보주체의 동의를 받는 방법 외에는 비동의 적법 근거가 존재하지 않는다(법 제17조 제1항). 따라서, 개인정보처리자는 계약 체결·이행 등의 목적으로 제3자 제공에 대한 정보주체의 동의를 받지 않은 경우, 당초 수집 목적과 합리적으로 관련된 범위 내라 할지라도 정보주체의 동의 없이 법 제17조 제4항에 따른 추가적인 제공을 할 수 없다.

오답 피하기
약국에서 다른 고객의 의약품을 잘못 가져간 경우, 약국이 고객에게 위 사실을 알리기 위하여 속한다.

05 개인정보 보호법에 근거하여 업무위탁에 따른 개인정보 처리에 관하여 가장 적절하지 않은 보기를 고르시오.
① 개인정보의 처리업무 위탁은 개인정보의 이용·제공 등 처리가 수반되는 업무를 수탁자에게 맡기는 것을 의미한다.
② 개인정보 수집, 이용, 저장, 관리 등 개인정보 그 자체의 처리업무를 위탁하는 것이 아닌 주 업무를 수행하기 위한 보조적 요소로 개인정보가 필요한 상황은 개인정보 위탁업무가 아니다.
③ 개인정보처리자가 개인정보보호 활동에 필요한 전문 지식이나 기술이 부족할 때, 전문성을 갖춘 외부 업체에 개인정보 처리업무를 위탁할 수 있다.
④ 개인정보처리자는 제3자에게 개인정보 처리업무를 위탁할 때에는 위탁업무 수행 목적 외 개인정보의 처리 금지에 관한 사항과 기술적, 관리적 보호조치에 관한 사항 등을 문서에 근거하여 위탁하여야 한다.
⑤ 위탁자는 개인정보의 처리업무를 위탁할 수탁사를 선정할 때는 개인정보 처리 및 보호 역량을 종합적으로 고려하여 선정해야 한다.

주 업무를 수행하기 위한 보조적 요소로 개인정보가 필요한 경우도 개인정보 위탁업무에 속한다.

06 개인정보 보호법에 근거하여 아래 위탁업무 내용 공개 방법 중 적절하지 <u>않은</u> 보기를 고르시오.
① 위탁자는 정보주체가 언제든지 개인정보의 처리위탁 내용을 쉽게 확인할 수 있도록 위탁자 인터넷 홈페이지에 위탁하는 업무의 내용과 수탁자를 지속적으로 게시하여야 한다.
② 인터넷 홈페이지를 운영하지 않는 위탁자의 경우, 같은 제목으로 연 2회 이상 발행하여 정보주체에게 배포하는 간행물·소식지·홍보지 또는 청구서에 게시할 수 있다.
③ 인터넷 홈페이지를 운영하지 않는 위탁자의 경우, 위탁자 사업장 등의 보기 쉬운 장소에 게시하거나 관보에 게시할 수 있다.
④ 인터넷 홈페이지를 운영하지 않는 위탁자의 경우, 재화나 서비스를 제공하기 위하여 위탁자와 정보주체가 작성한 계약서 등에 실어 정보주체에게 발급할 수 있다.
⑤ 재화 또는 서비스를 홍보하거나 판매를 권유하는 업무를 위탁한 경우에는 홈페이지에서 20포인트 이상 굵은 글씨체로 명확하게 표시하여야 한다.

개인정보처리자는 홍보, 판매 권유, 마케팅 등 업무위탁 시에는 서면, 전자우편, 전화, 문자전송 또는 이에 상당하는 방법으로 정보주체에게 통지하여야 한다.

07 개인정보 보호법에 근거하여 아래 개인정보 처리업무 위탁과 제3자 제공에 대한 설명으로 적절한 보기의 묶음을 고르시오.

> ㄱ. 개인정보 처리업무 위탁 관리·감독 의무는 위탁자에게 있다.
> ㄴ. 제3자 제공 관리·감독 의무는 제공받는 자에 있다.
> ㄷ. 개인정보 위탁은 위탁자의 이익을 위해 수행되고 제3자 제공은 제3자의 이익을 위해 수행된다.
> ㄹ. 수탁자는 위탁받은 개인정보의 처리업무를 제3자에게 다시 위탁하려는 경우에는 위탁자의 동의를 받아야 한다.
> ㅁ. 처리업무를 위탁받은 수탁자에게 다시 위탁받은 수탁자는 개인정보 보호법 상 수탁사에 포함되지 않는다.

① ㄱ, ㄴ
② ㄱ, ㄴ, ㄷ
③ ㄱ, ㄴ, ㄷ, ㄹ
④ ㄱ, ㄴ, ㄷ, ㅁ
⑤ ㄱ, ㄴ, ㄷ, ㄹ, ㅁ

개인정보처리자(위탁자)로부터 개인정보의 처리업무를 위탁받은 수탁자의 범위에 다시 위탁받은 제3자도 포함된다.

08 개인정보 보호법에 근거하여 개인정보 국외이전에 대한 설명으로 적절한 보기를 고르시오.
① 국외로 제공·처리위탁·보관 등의 처리는 정보주체의 별도의 동의를 받더라도 불가능하다.
② 정보주체에게 개인정보 수집·이용 시 동의를 받았으면 국외이전에 대한 별도 동의는 생략 가능하다.
③ 국외이전 분야 심의·의결 사항에 대해 수행하는 자문기구인 한국지능정보사회진흥원의 인증을 받으면 국외이전이 가능하다.
④ 국외이전 시 이전 유형에 무관하게 국외이전의 법적 근거와 정보주체에게 동의받을 때의 고지사항들을 개인정보 처리방침에 공개해야 한다.
⑤ 개인정보를 이전받는 글로벌 기업이 개인정보 국외이전 인증이 완료되더라도 1년간의 유예 기간 동안 국외로 이전할 수 있다.

개인정보의 국외이전 시 이전 유형(제공, 처리위탁, 보관)에 무관하게 국외이전의 법적 근거와 국외이전을 위해 정보주체에게 별도 동의받을 때 고지사항들을 개인정보 처리방침에 공개하여야 한다.

09 개인정보처리자가 국외로 개인정보를 이전하기 위해 정보주체에게 동의를 받을 때 알려야 할 항목으로 적절한 보기의 묶음을 고르시오.

> ㄱ. 이전되는 개인정보 항목
> ㄴ. 개인정보가 이전되는 국가, 시기 및 방법
> ㄷ. 개인정보를 이전받는 자의 성명(법인인 경우에는 그 명칭과 연락처를 말한다)
> ㄹ. 이전되는 개인정보의 암호화 방법과 암호화 안전성
> ㅁ. 개인정보를 이전받는 자의 개인정보 이용 목적 및 보유·이용 기간

① ㄱ, ㄴ
② ㄱ, ㄴ, ㄷ
③ ㄱ, ㄴ, ㄷ, ㄹ
④ ㄱ, ㄴ, ㄷ, ㅁ
⑤ ㄱ, ㄴ, ㄷ, ㄹ, ㅁ

개인정보처리자는 국외이전을 위해 정보주체의 동의를 받을 때는 이전되는 개인정보 항목, 개인정보가 이전되는 국가, 시기 및 방법, 개인정보를 이전받는 자의 성명(법인인 경우에는 그 명칭과 연락처를 말한다), 개인정보의 이전을 거부하는 방법, 절차 및 거부의 효과, 개인정보를 이전받는 자의 개인정보 이용 목적 및 보유·이용 기간을 정보주체에게 알려야 한다.

10 개인정보보호위원회가 개인정보가 이전되는 국가 또는 국제기구의 개인정보보호 체계, 정보주체 권리보장 범위, 피해구제 절차 등이 한국의 개인정보 보호법에 따른 개인정보보호 수준과 실질적으로 동등한 수준을 갖추었다고 인정하면 개인정보를 국외이전 할 수 있다. 아래 보기 중 인정을 위한 종합적 고려사항으로 적절한 보기의 묶음을 고르시오.

> ㄱ. 정보주체의 권리보장 여부
> ㄴ. 개인정보보호 체계에 대한 국제적 인지도
> ㄷ. 피해구제 절차 등 정보주체에 대한 보호 수단 실제 존재 여부
> ㄹ. 이전 대상국 등의 감독기관이 개인정보보호위원회와 원활한 상호협력 가능 여부
> ㅁ. 개인정보보호 체계를 보장하고 집행할 책임이 있는 독립적 감독기관 존재 여부

① ㄱ, ㄴ
② ㄱ, ㄴ, ㄷ
③ ㄱ, ㄴ, ㄷ, ㄹ
④ ㄱ, ㄷ, ㄹ, ㅁ
⑤ ㄱ, ㄴ, ㄷ, ㄹ, ㅁ

개인정보보호위원회가 이전대상국 등의 개인정보보호 체계를 평가할 때 고려해야 할 사항은 정보주체의 권리보장 여부, 피해구제 절차 등 정보주체에 대한 보호 수단 실제 존재 여부, 이전대상국 등의 감독기관이 개인정보보호위원회와 원활한 상호협력 가능 여부, 개인정보보호 체계를 보장하고 집행할 책임이 있는 독립적 감독기관 존재 여부이다.

PART 04

개인정보 보호조치

파트 소개

이 파트는 개인정보를 안전하게 보호하기 위해 반드시 수행해야 하는 기술적·관리적 보호조치를 배우는 영역입니다.

내부관리계획 수립, 접근 권한 설정, 접속기록 관리 등 개인정보 처리 전 과정에서 발생할 수 있는 분실, 유출, 위·변조, 훼손 등의 위험을 예방하고, 개인정보의 안전성과 신뢰성을 확보하기 위한 구체적인 방법들에 대해 알아보겠습니다.

CHAPTER 01

개인정보 보호조치 개요

학습 방향

개인정보 보호조치 개요에서는 안전성 확보조치, 일원화, 처벌 규정, 개인정보 처리 수에 따른 안전조치 기준 등을 중심으로 학습하시기 바랍니다.

SECTION 01 개인정보의 안전성 확보조치 제·개정 배경

빈출 태그 개인정보 전송요구권, 이동형 영상정보 기준 마련, 이중규제 일원화, 자동화된 의사결정 권리 신설, 경제 제재

01 개인정보 보호법 주요 개정 내역

개인정보 보호법은 데이터 경제성장 견인, 개인정보 신뢰사회 구축, 글로벌 스탠다드 선도를 위해 8가지 세부적인 개정안을 발표하였다.

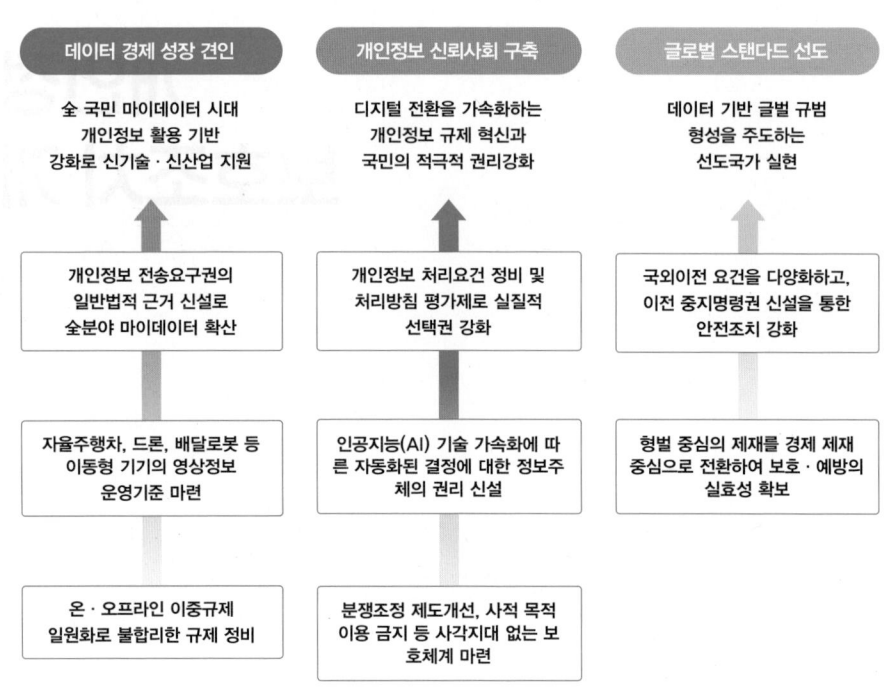

▲ 개인정보 보호법 주요 개정 개념도

▼ 개인정보 보호법 개정 주요 내용 설명

구분	주요 내용	설명
데이터 경제성장 견인	개인정보 전송요구권 신설	자신의 개인정보를 본인 또는 제3자에게 전송을 요구할 수 있는 일반적인 권리로서 전송요구권 신설
	이동형 영상정보처리기기 규정	이동형 기기의 특성을 반영한 수집 기준, 촬영 사실 표시 등 합리적인 운영기준 마련
	온·오프라인 규제 일원화	일반규정과 특례규정을 일원화하여 '동일행위-동일규제' 원칙 적용으로 불합리한 규제 정비

개인정보 신뢰사회 구축	개인정보 처리요건 정비	계약 체결·이행 요건을 정비하여 필수동의 관행을 개선하고, 공중위생 등 처리에 대한 안전조치를 강화	
	개인정보 처리방침 평가제 도입	처리방침의 적정성 여부, 알기 쉽게 작성했는지 여부 등을 평가하여 필요 시 개선 권고 할 수 있도록 개선	
	자동화된 결정❶ 대응권	자동화된 결정이 정보 주체의 권리·의무에 영향을 미치는 경우, 거부 및 설명 등 요구권 신설	
	개인정보 분쟁조정	분쟁조정 의무 참여 대상을 모든 개인정보처리자로 확대하고, 사실확인이 필요한 경우 사실 조사 근거 마련	
	사적 목적 이용 금지	금지행위 규정에 정당한 권한 없이 허용된 권한을 초과하여 타인의 개인정보를 '이용'하는 행위 추가	
글로벌 스탠다드 선도	국외이전 요건 다양화❷ 및 중지명령권 신설	해외 법제와의 상호 운용성을 위해 동의 이외의 국외이전 요건을 다양화하고 국외이전 중지명령권을 신설	
	과징금·벌칙 규정 정비	과도한 형벌 규정을 경제제재 중심으로 전환하는 대신, 과징금 상한 및 대상 확대❸등을 통해 실효성 확보	

❶ **자동화된 결정 예시**
- 이력서와 자기소개서를 분석하여 지원자의 서류 합격 여부를 자동으로 결정하는 시스템
- 대출 신청자의 재무 데이터를 분석하여 대출 승인 여부 또는 금리를 자동 결정
- 건강검진 결과 및 병력 이력을 바탕으로 보험 인수 여부를 시스템이 자동 판정

❷ **국외이전 요건**
- 법률·조약·국제협정에 따른 경우
- 계약의 체결·이행을 위한 필요 시
- 개인정보 보호위원회나 유사 인증 기관으로부터 인증을 받은 경우
- 이전되는 국가 또는 국제기구가 국내와 실질적으로 동등한 개인정보 보호 수준을 갖춘 경우

❸ **과징금 상한 및 대상 확대**
- 개인정보처리자 전원, 전체 매출의 3%
- 형사처벌 대상 행위(예: 안전조치 위반, 미파기 등) 포함

- 개인정보처리자와 정보통신서비스 제공자로 이원화되어 있는 안전조치 고시를 통합하여 정비하였으며, '개인정보의 안전성 확보조치 기준'으로 통합하고 특례 규정(영 제48조의 2)에 따른 '개인정보의 기술적 관리적 보호조치 기준'은 폐지하였다.

▼ 이원화되었던 과거 안전성 확보조치 기준

구분	개인정보의 안전성 확보조치 기준	개인정보의 기술적·관리적 보호조치 (폐지)
대상자	• 개인정보처리자	• 정보통신서비스 제공자 등
고시	• 개인정보보호법 – 민감정보의 처리 제한 – 고유식별정보의 처리 제한 – 안전조치의무	• 개인정보보호법 : 안전조치의무
	• 개인정보 보호법 시행령 – 고유식별정보의 안전성 확보조치 – 개인정보의 안전성 확보조치	• 개인정보 보호법 시행령 : 개인정보의 안전성 확보조치에 관한 특례

기적의 TIP

과거에 개인정보처리자는 개인정보의 안전성 확보조치 기준(일반규정)을 적용하였고, 정보통신서비스 제공자는 개인정보의 기술적·관리적 보호조치 기준(특례기준)을 적용하였으나, 개인정보의 안전성 확보조치 기준으로 통합되었다.
개인정보처리자 유형 및 개인정보 보유량에 따른 유형 분류 기준이 삭제되었다.

SECTION 02 안전성 확보조치 기준의 법적 성격

빈출 태그 관점별 최소한의 보호 기준, 스스로 환경에 맞는 활동, 내부 관리계획, 전체 매출액 3%, 공공시스템 운영기관 안전성 확보조치, 개인정보 처리 수·유형에 따른 안전조치 기준

01 개인정보 안전성 확보조치

개인정보 안전성 확보조치는 개인정보처리자가 개인정보를 처리함에 있어서 개인정보가 분실·도난·유출·위조·변조 또는 훼손되지 아니하도록 안전성 확보에 필요한 기술적·관리적 및 물리적 안전조치에 관한 최소한의 보호 기준을 정하기 위한 것이다.

02 개인정보 안전성 확보조치 법적 근거

1) 개인정보 보호법 제29조(안전조치의무)

> **관련법령**
>
> **개인정보 보호법 제29조(안전조치의무)**
> 개인정보처리자는 개인정보가 분실·도난·유출·위조·변조 또는 훼손되지 아니하도록 내부 관리계획 수립, 접속기록 보관 등 대통령령으로 정하는 바❶에 따라 안전성 확보에 필요한 기술적·관리적 및 물리적 조치를 하여야 한다.

2) 개인정보 보호법 시행령 제30조(개인정보의 안전성 확보 조치), 제30조의2(공공시스템 운영기관 등의 개인정보 안전성 확보 조치 등)

❶ 개인정보 보호법 시행령 제30조(개인정보의 안전성 확보조치), 제30조의2(공공시스템 운영기관 등의 개인정보 안전성 확보 조치 등)에 대한 내용이다.

> **관련법령**
>
> **개인정보 보호법 시행령 제30조(개인정보의 안전성 확보 조치)**
> ① 개인정보처리자는 법 제29조에 따라 다음 각 호의 안전성 확보 조치를 해야 한다.
>   1. 개인정보의 안전한 처리를 위한 다음 각 목의 내용을 포함하는 **내부 관리계획의 수립·시행 및 점검**
>   가. 법 제28조제1항에 따른 개인정보취급자(이하 "개인정보취급자"라 한다)에 대한 **관리·감독 및 교육**에 관한 사항
>   나. 법 제31조에 따른 개인정보 보호책임자의 지정 등 개인정보 보호 **조직의 구성·운영**에 관한 사항
>   다. 제2호부터 제8호까지의 규정에 따른 조치를 이행하기 위하여 필요한 세부 사항
>   2. 개인정보에 대한 접근 권한을 제한하기 위한 다음 각 목의 조치
>   가. 데이터베이스시스템 등 개인정보를 처리할 수 있도록 체계적으로 구성한 시스템(이하 "개인정보처리시스템"이라 한다)에 대한 **접근 권한의 부여·변경·말소 등에 관한 기준**의 수립·시행

나. 정당한 권한을 가진 자에 의한 접근인지를 확인하기 위해 필요한 **인증수단 적용** 기준의 설정 및 운영
　　다. 그 밖에 개인정보에 대한 접근 권한을 제한하기 위하여 필요한 조치
3. 개인정보에 대한 접근을 통제하기 위한 다음 각 목의 조치
　　가. 개인정보처리시스템에 대한 **침입을 탐지하고 차단**하기 위하여 필요한 조치
　　나. 개인정보처리시스템에 접속하는 개인정보취급자의 컴퓨터 등으로서 보호위원회가 정하여 고시하는 기준에 해당하는 컴퓨터 등에 대한 인터넷망의 차단. 다만, 전년도 말 기준 직전 3개월 간 그 개인정보가 저장·관리되고 있는 「정보통신망 이용촉진 및 정보보호 등에 관한 법률」 제2조제1항제4호에 따른 **이용자 수가 일일평균 100만명 이상인 개인정보처리자**만 해당한다.
　　다. 그 밖에 개인정보에 대한 접근을 통제하기 위하여 필요한 조치
4. 개인정보를 안전하게 저장·전송하는데 필요한 다음 각 목의 조치
　　가. **비밀번호의 일방향 암호화❷ 저장** 등 인증정보의 암호화 저장 또는 이에 상응하는 조치
　　나. 주민등록번호 등 보호위원회가 정하여 고시하는 정보의 **암호화 저장❸** 또는 이에 상응하다. 「정보통신망 이용촉진 및 정보보호 등에 관한 법률」 제2조제1항제1호에 따른 정보통신망을 통하여 **정보주체의 개인정보 또는 인증정보를 송신·수신하는 경우 해당 정보의 암호화** 또는 이에 상응하는 조치❹
　　라. 그 밖에 암호화 또는 이에 상응하는 기술을 이용한 보안조치
5. 개인정보 침해사고 발생에 대응하기 위한 접속기록의 보관 및 위조·변조 방지를 위한 다음 각 목의 조치
　　가. 개인정보처리시스템에 접속한 자의 접속일시, 처리내역 등 **접속기록의 저장·점검** 및 이의 확인·감독
　　나. 개인정보처리시스템에 대한 **접속기록의 안전한 보관**
　　다. 그 밖에 접속기록 보관 및 **위조·변조 방지**를 위하여 필요한 조치
6. 개인정보처리시스템 및 개인정보취급자가 개인정보 처리에 이용하는 정보기기에 대해 컴퓨터바이러스, 스파이웨어, 랜섬웨어 등 악성프로그램의 침투 여부를 항시 점검·치료할 수 있도록 하는 등의 기능이 포함된 프로그램의 설치·운영과 주기적 갱신·점검 조치
7. 개인정보의 안전한 보관을 위한 **보관시설의 마련 또는 잠금장치의 설치 등** 물리적 조치
8. 그 밖에 개인정보의 안전성 확보를 위하여 필요한 조치
② 보호위원회는 개인정보처리자가 제1항에 따른 안전성 확보 조치를 하도록 시스템을 구축하는 등 필요한 지원을 할 수 있다.
③ 제1항에 따른 안전성 확보 조치에 관한 세부 기준은 보호위원회가 정하여 고시한다.

제30조의2(공공시스템 운영기관 등의 개인정보 안전성 확보 조치 등)
① 개인정보의 처리 규모, 접근 권한을 부여받은 개인정보취급자의 수 등 보호위원회가 고시하는 기준에 해당하는 개인정보처리시스템(이하 "공공시스템"이라 한다)을 운영하는 공공기관(이하 "공공시스템운영기관"이라 한다)은 법 제29조에 따라 이 영 제30조의 안전성 확보 조치 외에 **다음 각 호의 조치를 추가**로 해야 한다.
1. 제30조제1항제1호에 따른 **내부 관리계획에 공공시스템별로 작성❺한 안전성 확보 조치를 포함**할 것
2. 공공시스템에 접속하여 개인정보를 처리하는 기관(이하 이 조에서 "공공시스템이용기관"이라 한다)이 정당한 권한을 가진 개인정보취급자에게 접근 권한을 부여·변경·말소 등을 할 수 있도록 하는 등 **접근 권한의 안전한 관리**를 위해 필요한 조치

---

❷
- 안전한 알고리즘
  - SHA-256, SHA-512
- 취약한 알고리즘
  - MD5, SHA1

❸
- 안전한 알고리즘
  - AES, ARIA
- 취약한 알고리즘
  - DES, SEED

❹
- SSL/TLS 암호화
- VPN 터널링 (IPSec, SSL VPN 등)
- API 통신 시 암호화

❺
기관 내부 관리계획 내에 공공시스템별 세부 보호조치를 반영해야 한다.

❻
「개인정보의 안전성 확보조치 기준」 제17조제1항에 따라 공공시스템 접속기록 등을 자동화된 방식으로 분석하여 불법적인 개인정보 유출 및 오용·남용 시도를 탐지하고 그 사유를 소명하도록 하는 등 필요한 조치를 하여야 한다.

3. 개인정보에 대한 불법적인 접근 및 침해사고 방지를 위한 공공시스템 **접속기록의 저장·분석·점검·관리**❻ 등의 조치

② 공공시스템운영기관 및 공공시스템이용기관은 정당한 권한 없이 또는 허용된 권한을 초과하여 개인정보에 접근한 사실이 확인되는 경우에는 지체 없이 정보주체에게 해당 사실과 피해 예방 등을 위해 필요한 사항을 통지해야 한다. 이 경우 다음 각 호의 어느 하나에 해당하는 경우에는 통지를 한 것으로 본다.

1. 법 제34조제1항에 따라 **정보주체에게 개인정보의 분실·도난·유출에 대하여 통지한 경우**
2. 다른 법령에 따라 **정보주체에게 개인정보에 접근한 사실과 피해 예방 등을 위해 필요한 사항을 통지한 경우**

③ 공공시스템운영기관(공공시스템을 개발하여 배포하는 공공기관이 따로 있는 경우에는 그 공공기관을 포함한다. 이하 이 조에서 같다)은 해당 공공시스템의 규모와 특성, 해당 공공시스템이용기관의 수 등을 고려하여 개인정보의 안전한 관리에 관련된 업무를 전담하는 부서를 지정하여 운영하거나 **전담인력을 배치**해야 한다.

④ 공공시스템운영기관은 공공시스템별로 해당 공공시스템을 총괄하여 관리하는 부서의 장을 관리책임자로 지정해야 한다. 다만, 해당 공공시스템을 총괄하여 관리하는 부서가 없을 때에는 업무 관련성 및 수행능력 등을 고려하여 해당 공공시스템운영기관의 관련 부서의 장 중에서 관리책임자를 지정해야 한다.

⑤ 공공시스템운영기관은 공공시스템의 안전성 확보 조치 이행상황 점검 및 개선에 관한 사항을 협의하기 위하여 다음 각 호의 기관으로 구성되는 **공공시스템운영협의회를 공공시스템별로 설치·운영**해야 한다. 다만, 하나의 공공기관이 2개 이상의 공공시스템을 운영하는 경우에는 공공시스템운영협의회를 통합하여 설치·운영할 수 있다.

1. 공공시스템운영기관
2. 공공시스템의 운영을 위탁하는 경우 해당 수탁자
3. 공공시스템운영기관이 필요하다고 인정하는 공공시스템이용기관

⑥ 보호위원회는 공공시스템운영기관이 개인정보의 안전성 확보 조치를 이행하는데 필요한 지원을 할 수 있다.

⑦ 제1항부터 제6항까지에서 규정한 사항 외에 공공시스템운영기관 등의 개인정보의 안전성 확보 조치에 필요한 사항은 보호위원회가 정하여 고시한다.

---

❼
• 공공시스템별로 작성한 안전성 확보 조치
• 접근 권한의 안전한 관리
• 접속기록의 저장·분석·점검·관리

• 모든 개인정보처리자는 개인정보 보호법 제29조(안전조치의무)에 따라 개인정보 안전조치에 필요한 관리적·기술적 조치를 수행해야 한다.
• 개인정보 보호법 시행령 제30조는 개인정보를 안전하게 보관하기 위해 수행해야 할 사항들을 구체적으로 규정하고 있다.
• 개인정보 보호법 시행령 제30조의2에 해당하는 공공기관은 제30조에서 정한 안전성 확보 조치 외에 추가적인 조치❼를 이행해야 한다.

> **기적의 TIP**
> 개인정보 보호법 시행령 제30조의 2에 해당하는 공공기관은 개인정보의 안전성 확보를 위해 어떤 추가적인 조치를 수행해야 하는지 반드시 학습해야 한다.
> • 해당 내용은 Part04 〉 Chapter02 〉 Section12에서 자세히 다룬다.

3) 개인정보의 안전성 확보조치 기준

📎 관련법령

개인정보의 안전성 확보조치 기준 제1조(목적)
개인이 기준은 「개인정보 보호법」(이하 "법"이라 한다) 제29조와 같은 법 시행령(이하 "영"이라 한다) 제16조제2항, 제30조 및 제30조의2에 따라 개인정보처리자가 개인정보를 처리함에 있어서 개인정보가 분실·도난·유출·위조·변조 또는 훼손되지 아니하도록 안전성 확보에 필요한 기술적·관리적 및 물리적 안전조치에 관한 최소한의 기준을 정하는 것을 목적으로 한다.

개인정보의 안전성 확보조치 기준 제2조(정의)
이 기준에서 사용하는 용어의 뜻은 다음과 같다.
1. "개인정보처리시스템"이란 **데이터베이스시스템 등 개인정보를 처리할 수 있도록 체계적으로 구성한 시스템**을 말한다.
2. "이용자"란 「정보통신망 이용촉진 및 정보보호 등에 관한 법률」 제2조 제1항 제4호에 따른 **정보통신서비스 제공자가 제공하는 정보통신서비스를 이용하는 자**를 말한다.
3. "접속기록"이란 개인정보처리시스템에 접속하는 자가 개인정보처리시스템에 접속하여 수행한 업무 내역에 대하여 **식별자, 접속일시, 접속지 정보, 처리한 정보 주체 정보, 수행 업무 등을 전자적으로 기록**한 것을 말한다. 이 경우 "접속"이란 개인정보처리시스템과 연결되어 데이터 송신 또는 수신이 가능한 상태를 말한다.
4. "정보통신망"이란 「정보통신망 이용촉진 및 정보보호 등에 관한 법률」 제2조 제1항 제1호의 「전기통신사업법」 제2조 제2호에 따른 전기통신설비를 이용하거나 전기통신설비와 컴퓨터 및 컴퓨터의 이용기술을 활용하여 **정보를 수집·가공·저장·검색·송신 또는 수신하는 정보통신체계**를 말한다.
5. "P2P(Peer to Peer)"란 정보통신망을 통해 서버의 도움 없이 **개인과 개인이 직접 연결되어 파일을 공유**하는 것을 말한다.
6. "공유설정"이란 컴퓨터 소유자의 파일을 **타인이 조회·변경·복사 등**을 할 수 있도록 설정하는 것을 말한다.
7. "모바일 기기"란 무선망을 이용할 수 있는 **스마트폰, 태블릿 컴퓨터 등** 개인정보 처리에 이용되는 휴대용 기기를 말한다.
8. "비밀번호"란 정보 주체 및 개인정보 취급자 등이 개인정보처리시스템 또는 정보통신망을 관리하는 시스템 등에 접속할 때 식별자와 함께 입력하여 **정당한 접속 권한을 가진 자**라는 것을 식별할 수 있도록 시스템에 전달해야 하는 고유의 문자열로서 타인에게 공개되지 않는 정보를 말한다.
9. "생체정보"란 **지문, 얼굴, 홍채, 정맥, 음성, 필적 등 개인의 신체적, 생리적, 행동적 특징에 관한 정보로서 특정 개인을 인증·식별하거나 개인에 관한 특징을 알아보기 위해 일정한 기술적 수단을 통해 처리되는 정보**를 말한다.
10. "생체인식정보"란 **생체정보 중 특정 개인을 인증 또는 식별할 목적으로 일정한 기술적 수단을 통해 처리되는 정보**를 말한다.
11. "인증정보"란 개인정보처리시스템 또는 정보통신망을 관리하는 시스템 등에 접속을 요청하는 자의 **신원을 검증하는데 사용되는 정보**를 말한다.
12. "내부망"이란 인터넷망 차단, 접근 통제시스템 등에 의해 **인터넷 구간에서의 접근이 통제 또는 차단되는 구간**을 말한다.

> **기적의 TIP**
> 이용자와 정보주체의 정의를 반드시 구분할 수 있어야 한다. 정보주체란 처리되는 정보에 의하여 알아볼 수 있는 사람으로서 그 정보의 주체가 되는 사람을 말한다.

> ❶ 접근권한은 전자적 또는 수기로 기록 가능하지만, 접속기록은 반드시 전자적으로 기록해야 한다.

식별
사용자가 누구인지 밝히는 행위
• ID, 사번, 이메일 등

인증
앞에서 주장한 신원이 맞는지를 검증하는 활동
• 비밀번호, OPT, 인증서 등

> ❷ 비밀번호는 일방향 암호화가 법적 강제이지만, 생체인식정보는 양방향 암호화가 가능하다.

13. "위험도 분석"이란 개인정보 유출에 영향을 미칠 수 있는 다양한 위험요소를 식별·평가하고 해당 위험요소를 적절하게 통제할 수 있는 방안 마련을 위한 종합적으로 분석하는 행위를 말한다.
14. "보조저장매체"란 이동형 **하드디스크(HDD), 유에스비(USB) 메모리 등** 자료를 저장할 수 있는 매체로서 개인정보처리시스템 또는 개인용 컴퓨터 등과 **쉽게 연결·분리할 수 있는 저장 매체**를 말한다.

- 개인정보처리자는 개인정보를 처리함에 있어 개인정보 보호법 및 동법 시행령에 따라 개인정보의 안전성 확보조치 기준에 따른 안전조치를 수행해야 한다.
- 이용자란 정보통신서비스 제공자가 제공하는 정보통신서비스를 이용하는 자를 말한다.
- 접속기록이란 개인정보처리시스템에 접속하여 수행한 업무 내역에 대하여 식별자, 접속일시, 접속지 정보, 처리한 정보 주체 정보, 수행업무 등을 전자적으로 기록한 것을 말한다.
- 생체정보와, 생체인식정보, 생채인식 원본정보, 생체인식 특징정보는 모두 개인정보에 포함되며 이중 생체인식 특징정보는 민감정보에 해당한다.

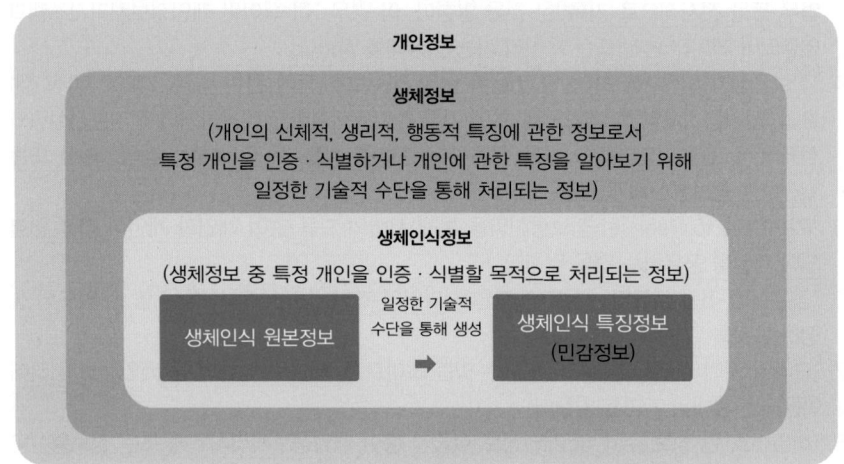

▲ 개인정보, 생체정보, 생체인식정보 간의 관계도

▼ 개인정보, 생체정보, 생채인식정보 상세 설명

구분		설명
개인정보		그 자체만으로 특정 개인을 알아볼 수 있거나 다른 정보와 쉽게 결합하여 알아볼 수 있는 정보
생체정보		개인의 신체적, 생리적, 행동적 특징에 관한 정보로서 특정 개인을 인증 식별하거나 개인에 관한 특징(연령, 성별, 감정 등)을 알아보기 위해 일정한 기술적 수단을 통해 처리되는 정보
생체인식정보		생체정보 중 특정 개인을 인증 식별할 목적으로 일정한 기술적 수단을 통해 처리되는 정보
	생체인식 원본정보	생체인식정보 중 입력장치 등을 통해 수집 입력된, 특징정보 생성에 이용되는 정보
	생체인식 특징정보	원본 정보로부터 특징점을 추출하는 등의 일정한 기술적 수단을 통해 생성되는 정보

03 개인정보의 안전성 확보조치 기준 주요 내용

구분	개인정보의 안전성 확보조치 기준
법적 근거	• 개인정보 보호법 제29조(안전조치의무) • 제30조(개인정보의 안전성 확보 조치) • 제30조의2(공공시스템 운영기관 등의 개인정보 안전성 확보 조치 등)
적용 대상	• 개인정보처리자 • 개인정보처리자로부터 개인정보를 제공받은 자 • 개인정보처리자로부터 개인정보 처리를 위탁받은 자(이하 '수탁자', 준용)
목적	• 개인정보처리자가 개인정보를 처리함에 있어서 개인정보가 분실·도난·유출·위조·변조 또는 훼손되지 아니하도록 안전성 확보에 필요한 기술적·관리적 및 물리적 안전조치에 관한 최소한의 기준을 정함
성격	• 반드시 준수해야 하는 최소한의 기준
주요 내용	• 내부 관리계획의 수립·시행 • 접근 권한의 관리 • 접근통제 • 개인정보의 암호화 • 접속기록의 보관 및 점검 • 악성프로그램 등 방지 • 물리적 안전조치 • 출력·복사시 안전조치 • 재해·재난 대비 안전조치 • 개인정보의 파기 • 공공시스템운영기관의 안전조치 기준 적용 • 공공시스템운영기관의 접근 권한의 관리 • 공공시스템운영기관의 접속기록의 보관 및 점검 등
과징금 및 과태료	• 개인정보가 분실·도난·유출·위조·변조·훼손된 경우 **전체 매출액의 100분의 3**을 초과하지 아니하는 범위에서 과징금(법 제64조의2제1항제9호) • 3천만원 이하의 과태료(법 제75조제2항제5호)

> **기적의 TIP**
>
> 해당 매출액의 3%가 아닌 전체 매출액의 3%라는 점을 기억하자.

04 개인정보의 안정성 확보조치 변경 사항

1) 개인정보처리자와 정보통신서비스 제공자로 이원화되어 있는 안전조치 고시를 통합[10]하여 정비함
2) '개인정보의 안전성 확보조치 기준'의 개인정보처리자 유형 및 개인정보 보유량에 따른 안전조치 기준 삭제
3) 비밀번호 작성에 대한 구체적인 규칙을 삭제하고, 인증 수단을 자율적으로 정할 수 있도록 개선
4) 클라우드 컴퓨팅 서비스를 이용하는 경우, 해당 서비스에 대한 접속 외에는 인터넷을 차단하는 조치 허용
5) 블록체인 등 기술적 특성으로 인해 영구 삭제가 현저히 곤란한 경우, 익명정보로 처리[11]하여 파기하는 방법 허용

[10] 개인정보의 안전성 확보조치 기준'으로 통합하고, 특례 규정(영 제48조의 2)에 따른 '개인정보의 기술적 관리적 보호조치 기준' 폐지

[11] 가명정보로 처리하는 것은 허용하지 않는다.

05 개인정보의 안정성 확보조치 위반 시 제재

1) 개인정보 보호법 제64조의2(과징금의 부과)에 따라 개인정보가 분실·도난·유출·위조·변조·훼손된 경우에는 전체 매출액의 100분의 3을 초과하지 않는 범위에서 과징금 부과 가능⑫
2) 개인정보 보호법 제72조(과태료)에 따라 제29조를 위반하여 안전성 확보에 필요한 조치를 하지 아니한 자에게는 3천만 원 이하의 과태료 부과
3) 개인정보 보호법 개정으로 인해 안정성 확보조치를 소홀히 한 경우에 대한 형사처벌 규정(2년 이하 징역 또는 2천만 원 이하 벌금) 삭제

> ⑫ 개인정보처리자가 제29조에 따른 안정성 확보에 필요한 조치를 다한 경우에는 그러하지 아니한다.

06 개인정보의 안전조치의 적용 원칙

관련법령

제3조(안전조치의 적용 원칙)
개인정보처리자는 처리하는 개인정보의 보유 수, 유형 및 정보 주체에게 미치는 영향 등을 고려하여 <u>스스로의 환경에 맞는</u> 개인정보의 안전성 확보에 필요한 조치를 적용하여야 한다.

▼ 개인정보 처리 수, 유형에 따른 안전조치 기준 적용 비교

구분	1만 명 미만 처리 소상공인·개인·단체	10만 명 이상 대·중견기업·공공기관, 100만 명 이상 중소기업·단체
제4조 (내부 관리계획의 수립 및 점검)	• 생략 가능	-
제7조 (개인정보의 암호화)	-	• 암호키 생성, 이용, 보관, 배포 및 파기 관련 절차 수립 시행
제11조 (재해·재난 대비 안전조치)	-	• 위기대응 매뉴얼 마련 및 정기점검 • 개인정보처리시스템 백업 및 복구계획 마련

- 1만명 미만의 개인정보를 처리하는 소상공인·개인·단체는 내부 관리계획의 수립 및 점검이 생략 가능하다.
- 10만 명 이상 개인정보를 처리하는 대·중소기업·공공기관과 100만 명 이상 개인정보를 처리하는 중소기업·단체는 암호키 생성·이용·보관·배포·파기 관련 절차를 수립 및 시행해야 하며, 위기대응 매뉴얼 마련 및 정기점검, 개인정보처리시스템 백업 및 복구계획을 마련해야 한다.

> **기적의 TIP**
> 개인정보처리자 유형 및 개인정보 보유량에 따른 유형 분류 기준이 삭제되었다.
> 개인정보의 보유 수, 유형에 따른 안전조치 기준은 시험 빈출 문제로 반드시 학습해야 한다.

이론을 확인하는 기출문제

01 개인정보의 안전성 확보조치 개정('23.9.22) 사항으로 적절하지 <u>않은</u> 것을 2개 고르시오.

① 적용 범위가 확대되는 조항은 '24.9.15부터 시행되도록 유예기간을 부여하였다.
② 정보통신서비스 제공자가 적용받는 개인정보의 기술적·관리적 보호조치 기준이 폐지되었다.
③ 개인정보 취급자의 비밀번호는 2종류 10자리 이상 또는 3종류 8자리 이상으로 구체적인 작성규칙을 마련하였다.
④ 개인정보처리자 유형 및 개인정보 보유량에 따른 유형 분류 기준이 삭제되었다.
⑤ 개인정보의 안전성 확보에 필요한 조치를 취하지 않은 경우 5천만 원 이하의 과태료가 부과된다.

> 개인정보의 안전성 확보조치 개정안에서는 기존의 개인정보 취급자의 비밀번호 작성규칙인 2종류 10자리 이상 또는 3종류 8자리 이상 길이의 규칙을 삭제하고, 안전한 인증수단을 적용·관리하는 등 자율적으로 정할 수 있도록 개선하였다.
> 개인정보의 안전성 확보 미조치 시 5천만 원 아닌 3천만 원 이하의 과태료가 부과된다.

02 다음 중 개인정보 보호법 개정안 내용에 대한 설명 중 <u>틀린</u> 것을 고르시오.

① 자신의 개인정보를 본인 또는 제3자에게 전송을 요구할 수 있는 일반적인 권리로서 전송요구권이 신설되었다.
② 완전히 자동화된 결정이 정보 주체의 권리 또는 의무에 중대한 영향을 미치는 경우 결정을 거부하거나 그에 대한 설명 등을 요구할 권리가 부여되었다.
③ 인공지능(AI)등 '완전히 자동화된 시스템'으로 개인정보를 처리하는 특수한 영역에서도 거부 또는 설명을 요구할 수 있는 권리 보장이 신설되었다.
④ 해외 법제와의 상호 운용성을 위해 동의 이외의 국외이전 요건을 다양화하고 국외이전 중지명령권을 신설하였다.
⑤ 과징금, 과태료 부과 경제제재 중심에서 개인정보처리자 등 담당자의 책임을 강화하기 위한 형벌제재 중심으로 전환하였다.

> 형벌 제제 중심에서 실효성 확보를 위한 경제제재(전체 매출액의 3% 까지) 중심으로 전환하였다.

정답 01 ③, ⑤ 02 ⑤

03 다음 중 개인정보의 안전성 확보조치 기준에 나오는 정의에 대한 설명 중 **틀린** 것을 고르시오.

① '개인정보처리시스템'이란 데이터베이스시스템 등 개인정보를 처리할 수 있도록 체계적으로 구성한 시스템을 말한다.
② '이용자'란 처리되는 정보에 의하여 알아볼 수 있는 사람으로서 그 정보의 주체가 되는 사람을 말한다.
③ '접속기록'이란 개인정보처리시스템에 접속하는 자가 개인정보처리시스템에 접속하여 수행한 업무 내역에 대하여 식별자, 접속일시, 접속지 정보, 처리한 정보 주체 정보, 수행업무 등을 전자적으로 기록한 것을 말한다.
④ '생체정보'란 지문, 얼굴, 홍채, 정맥, 음성, 필적 등 개인의 신체적, 생리적, 행동적 특징에 관한 정보로서 특정 개인을 인증·식별하거나 개인에 관한 특징을 알아보기 위해 일정한 기술적 수단을 통해 처리되는 정보를 말한다.
⑤ '생체인식정보'란 생체정보 중 특정 개인을 인증 또는 식별할 목적으로 일정한 기술적 수단을 통해 처리되는 정보를 말한다.

> 위 답안의 내용은 '정보 주체'에 대한 정의이다.
> '이용자'란 「정보통신망 이용촉진 및 정보보호 등에 관한 법률」 제2조 제1항 제4호에 따른 정보통신서비스 제공자가 제공하는 정보통신서비스를 이용하는 자를 말한다.

04 개인정보처리시스템의 접속기록에 반드시 포함되어야 할 항목으로 적절한 것을 고르시오.

```
ㄱ. 계정
ㄴ. 접속일시
ㄷ. 접속지 정보
ㄹ. 접속방법
ㅁ. 인증방법
ㅂ. 처리한 정보주체 정보
ㅅ. 수행업무
```

① ㄱ, ㄴ
② ㄱ, ㄴ, ㄷ, ㅁ
③ ㄱ, ㄷ, ㄷ, ㄹ, ㅁ
④ ㄱ, ㄴ, ㄷ, ㅂ, ㅅ
⑤ ㄱ, ㄴ, ㄷ, ㄹ, ㅂ, ㅅ

> 개인정보처리시스템의 접속기록에는 개인정보 취급자 등의 계정, 접속일시, 접속지 정보, 처리한 정보주체 정보, 수행업무 등을 필수적으로 포함될 수 있도록 기록, 관리하여야 하며 전자적으로 기록되어야 한다.

05 다음 중 생체정보와 관련된 내용에 대한 설명 중 <u>틀린</u> 것을 고르시오.

① 생체정보, 생체인식정보, 생체인식 특징정보는 모두 개인정보에 해당한다.
② '생체정보'란 개인의 신체적, 생리적, 행동적 특징에 관한 정보로서 특정 개인을 인증 · 식별하거나 개인에 관한 특징을 알아보기 위해 일정한 기술적 수단을 통해 처리되는 정보를 말한다.
③ '생체인식정보'란 생체정보 중 특정 개인을 인증 또는 식별할 목적으로 일정한 기술적 수단을 통해 처리되는 정보를 말한다.
④ '생체인식 원본정보'란 생체인식정보 중 입력장치 등을 통해 수집 · 입력된, 특징정보 생성에 이용되는 민감정보를 말한다.
⑤ '생체인식 특징정보'란 원본 정보로부터 특징점을 추출하는 등의 일정한 기술적 수단을 통해 생성되는 정보를 말한다.

생체인식 원본정보는 개인정보에 포함되며, 생체인식 특징정보만 민감정보에 해당한다.

06 아래 개인정보 보호법 설명 중 적절한 보기를 고르시오.

> ㄱ. 징벌적 손해배상의 경우 정보 주체 손해액의 5배를 넘지 아니하는 범위에서 손해배상액을 정할 수 있다.
> ㄴ. 개인정보처리자가 처리하는 개인정보가 분실 · 도난 · 유출 · 위조 · 변조 · 훼손된 경우 전체 매출액의 100분의 3 이하 과징금을 부과할 수 있다.
> ㄷ. 개인정보처리자의 고의 또는 과실로 인하여 개인정보가 분실 · 도난 · 유출 · 위조 · 변조 또는 훼손된 경우 300만 원 이하의 법정손해배상을 청구할 수 있다.
> ㄹ. 손해를 입은 정보 주체는 개인정보처리자가 안전성 확보에 필요한 조치를 취하지 않았음을 증명해야 한다.

① ㄱ, ㄴ   ② ㄱ, ㄴ, ㄷ   ③ ㄱ, ㄷ
④ ㄴ, ㄷ   ⑤ ㄴ, ㄷ, ㄹ

ㄹ. 정보 주체가 손해를 입은 경우 개인정보처리자는 고의 또는 과실이 없음을 직접 입증하지 아니하면 책임을 면할 수 없다.

07 개인정보의 안정성 확보조치 기준상 개인정보 처리 수, 유형에 따른 안전조치 기준 적용에 대한 설명 중 **틀린** 것을 고르시오.

① 개인정보처리자 유형 및 개인정보 보유량에 따른 안전조치 기준을 삭제하여 모든 개인정보처리자에게 동일한 규정이 적용된다.
② 1만 명 미만 처리 소상공인·개인·단체는 내부 관리계획 수립·점검 생략이 가능하다.
③ 10만 명 이상 대·중소기업·공공기관 또는 100만 명 이상 중소기업·단체는 암호키 생성, 이용, 보관, 배포 및 파기 관련 절차를 수립 시행하여야 한다.
④ 100만 명 이상 대·중소기업·공공기관 또는 100만 명 이상 중소기업·단체는 위기대응 매뉴얼 마련 및 정기점검을 시행하여야 한다.
⑤ 개인정보처리자는 처리하는 개인정보의 보유 수, 유형 및 정보 주체에게 미치는 영향 등을 고려하여 스스로의 환경에 맞는 개인정보의 안전성 확보에 필요한 조치를 적용하여야 한다.

10만 명 이상 대·중소기업·공공기관 또는 100만 명 이상 중소기업·단체는 위기대응 매뉴얼 마련 및 정기점검을 시행하여야 한다.

CHAPTER

02

개인정보의 기술적·관리적 보호조치 기준

학습 방향

개인정보 개인정보의 기술적·관리적 보호조치 기준에서는 내부 관리계획, 접근 권한, 접근 통제, 암호화, 접속기록 보관, 유출사고 대응 등을 중심으로 학습하시기 바랍니다.

SECTION 01 내부 관리계획의 수립 및 시행

출제빈도 상 중 하
반복학습 1 2 3

빈출 태그 내부 관리계획의 개요, 1만, 10만, 100만, 접근 권한, 접근 통제, 암호화, 접속기록, 악성 프로그램, 유출 사고 대응

01 내부 관리계획의 개요

내부 관리계획이란 개인정보처리자가 개인정보 보호법 제29조에 따라, 개인정보의 안전성을 확보하기 위해 수립·시행하는 종합적인 관리계획이다.
이 계획에는 접근 권한, 접근 통제, 암호화, 사고 대응 등 개인정보를 안전하게 처리하기 위한 내부 규정이 포함된다.

02 내부 관리계획의 수립·시행 및 점검 근거

관련법령

개인정보의 안전성 확보조치 기준 제4조(내부 관리계획의 수립·시행 및 점검) 〈시행 2023.09.22.〉

① 개인정보처리자는 개인정보의 분실·도난·유출·위조·변조 또는 훼손되지 아니하도록 내부 의사결정 절차를 통하여 다음 각 호의 사항을 포함하는 내부 관리계획을 수립·시행하여야 한다. 다만, **1만 명 미만의 정보 주체에 관하여 개인정보를 처리하는 소상공인·개인·단체의 경우에는 생략**할 수 있다.
1. 개인정보보호 조직의 구성 및 운영에 관한 사항
2. 개인정보보호 책임자의 자격요건 및 지정에 관한 사항
3. 개인정보보호 책임자와 개인정보 취급자의 역할 및 책임에 관한 사항
4. 개인정보 취급자에 대한 관리·감독 및 교육에 관한 사항
5. **접근 권한**의 관리에 관한 사항
6. **접근 통제**에 관한 사항
7. 개인정보의 **암호화 조치**에 관한 사항
8. **접속기록 보관 및 점검**에 관한 사항
9. **악성 프로그램 등 방지**에 관한 사항
10. 개인정보의 유출, 도난 방지 등을 위한 취약점 점검에 관한 사항
11. **물리적 안전조치**에 관한 사항
12. 개인정보 **유출 사고 대응** 계획 수립·시행에 관한 사항
13. 위험 분석 및 관리에 관한 사항
14. 개인정보 처리업무를 위탁하는 경우 수탁자에 대한 관리 및 감독에 관한 사항
15. 개인정보 내부 관리계획의 수립, 변경 및 승인에 관한 사항
16. 그 밖에 개인정보보호를 위하여 필요한 사항

② 개인정보처리자는 다음 각 호의 사항을 정하여 개인정보보호 책임자 및 개인정보 취급자를 대상으로 사업 규모, 개인정보 보유 수, 업무 성격 등에 따라 차등화하여 필요한 교육을 정기적으로 실시하여야 한다.

> **기적의 TIP**
> 내부 관리계획 수립·시행 및 점검 생략 가능한 조건에 대해 반드시 암기해야 한다.

> **기적의 TIP**
> 교육은 기업의 환경과 상황에 맞게 대상자에 따라 차등화하여 실시하여야 한다.

1. 교육목적 및 대상
2. 교육 내용
3. 교육 일정 및 방법

③ 개인정보처리자는 제1항 각 호의 사항에 중요한 변경이 있는 경우에는 이를 즉시 반영하여 내부 관리계획을 수정하여 시행하고, 그 수정 이력을 관리하여야 한다.

④ 개인정보보호 책임자는 접근 권한 관리, 접속기록 보관 및 점검, 암호화 조치 등 내부 관리계획의 이행 실태를 <u>연1회 이상 점검 · 관리</u>❶하여야 한다.

❶ 접근 권한에 관한 기록은 3년 이상 보관해야 하나, 점검 주기에 대해서는 법령에 명확히 규정되어 있지 않다.
하지만, 「개인정보 보호법」 제30조에 따른 내부관리계획에는 접근 권한 관리에 관한 사항이 포함되어 있으므로, 이를 근거로 연 1회 이상 점검 및 관리하는 것이 바람직하다.

1) 생략 가능의 경우

- 1만 명 미만의 정보 주체에 관하여 개인정보를 처리하는 소상공인, 개인, 단체의 경우에는 내부 관리계획의 수립 및 시행 생략이 가능하다.

▼ 개인정보 처리 수, 유형에 따른 안전조치 기준 적용 비교

구분	1만 명 미만 처리 소상공인 · 개인 · 단체	10만 명 이상 대 · 중견기업 · 공공기관, 100만 명 이상 중소기업 · 단체
제4조 (내부 관리계획의 수립 및 점검)	• 생략 가능	-
제7조 (개인정보의 암호화)	-	• 암호키 생성, 이용, 보관, 배포 및 파기 관련 절차 수립 시행
제11조 (재해 · 재난 대비 안전조치)	-	• 위기대응 매뉴얼 마련 및 정기점검 • 개인정보처리시스템 백업 및 복구계획 마련

2) 법 개정으로 내부 관리계획에 추가된 사항

- 개인정보보호 책임자의 자격요건
- 개인정보 취급자에 대한 관리 · 감독
- 개인정보의 유출, 도난 방지 등을 위한 취약점 점검
- 개인정보 내부 관리계획의 수립, 변경 및 승인

> **기적의 TIP**
>
> 개인정보보호법 개정으로 내부 관리계획에 추가된 사항은 빈출 문제이므로 기억해야 한다.

3) 개인정보보호 책임자 및 개인정보 취급자

- 개인정보보호 책임자 및 개인정보 취급자를 대상으로 차별화된 교육을 실시해야 한다.
- 개인정보보호 책임자는 연 1회 이상 내부 관리계획의 이행 실태를 점검해야 한다.

▼ 내부 관리계획 단계별 고려사항

구분	고려사항
수립 시	• 내부 관리계획은 조직(회사) 전체를 대상으로 마련한다. • 개인정보 안전성 확보조치에 관한 사항을 모두 포함해야 한다. • 법률 또는 이 기준에서 규정하는 내용만을 그대로 반영하는 것이 아니라, 스스로의 환경에 맞는 내부 관리계획을 구체적으로 수립해야 한다. • 내부 관리계획의 문서 제목은 가급적 '내부 관리계획'이라는 용어를 사용하는 것이 바람직하나, 내부 방침에 따른 다른 용어 사용이 가능하다.

승인 시	• 전사적인 계획 내에서 시행될 수 있도록 사업주 또는 대표자에게 내부결재 등의 승인을 득해야 한다. • 사내 게시판 게시, 교육 등의 방법으로 모든 임직원 및 관련자에게 전파한다.
변경 시	• 내부 관리계획의 수정·변경 시에도 내부 의사결정 절차를 통하여 내부 관리계획을 수정하여 시행한다. • 내부 관리계획을 수정·변경하는 경우에는 그 내용, 수정 및 시행 시기 등 이력을 관리한다. • 내부 관리계획의 수정·변경 사항을 개인정보 취급자 등에게 전파하여 이를 준수할 수 있도록 관리한다. • 개인정보보호 책임자는 내부 관리계획의 적정성과 실효성을 보장하기 위하여 연 1회 이상 내부 관리계획에 따른 안전조치의 이행 여부를 점검·관리한다.

▼ 내부 관리계획 결함 사례

구분	주요내용	사례
1	내부관리계획 미수립	중견기업 A사는 1만 명 이상의 정보 주체 개인정보를 처리함에도 불구하고, 「개인정보의 안전성 확보조치 기준」 제4조에 따른 내부관리계획을 수립하지 않음.
2	이행 실태 미점검	공공기관 B는 내부관리계획 이행 실태를 연1회 점검하게 되어 있으나, 점검 법적 의무를 이행하지 않음.
3	계정 공유 금지	보안팀의 C와 D가 하나의 계정을 공유하여 사용

SECTION 02 접근 권한의 관리

출제빈도 상 중 하
반복학습 1 2 3

빈출 태그: 최소한의 범위, 차등 부여, 3년 기록, 미공유, 접근 제한, 지체없이

합격 강의

01 접근 권한의 관리 개요

접근 권한이란, 개인정보처리자가 개인정보처리시스템이나 개인정보 파일 등에 접근할 수 있도록 부여하는 권한을 말한다.
접근 권한은 업무상 필요한 최소한의 범위에서만 부여해야 하며, 권한의 부여·변경·말소 이력은 반드시 기록·관리해야 한다.

02 접근 권한 관리의 근거

관련법령

개인정보의 안전성 확보조치 기준 제5조(접근 권한의 관리) 〈시행 2023.09.22.〉
① 개인정보처리자는 개인정보처리시스템에 대한 접근 권한을 개인정보 취급자에게만 업무 수행에 필요한 **최소한의 범위로 차등 부여**하여야 한다.
② 개인정보처리자는 개인정보 취급자 또는 개인정보 취급자의 업무가 변경되었을 경우 **지체없이** 개인정보처리시스템의 접근 권한을 변경 또는 말소하여야 한다.
③ 개인정보처리자는 제1항 및 제2항에 의한 권한 부여, 변경 또는 말소에 대한 내역을 기록하고, 그 기록을 최소 **3년간 보관**❶하여야 한다.
④ 개인정보처리자는 개인정보처리시스템에 접근할 수 있는 계정을 발급하는 경우 정당한 사유가 없는 한 개인정보 취급자 별로 계정을 발급하고 다른 개인정보 취급자와 **공유되지 않도록** 하여야 한다.
⑤ 개인정보처리자는 개인정보 취급자 또는 정보 주체의 인증수단을 안전하게 적용하고 관리하여야 한다.
⑥ 개인정보처리자는 정당한 권한을 가진 개인정보 취급자 또는 정보 주체만이 개인정보처리시스템에 접근할 수 있도록 **일정 횟수 이상 인증에 실패**한 경우 개인정보처리시스템에 대한 접근을 제한하는 등 필요한 조치를 하여야 한다.

❶ 전자/수기 상관없이 3년간 보관한다.

- 개인정보처리시스템에 대한 접근 권한은 개인정보 취급자에게만 업무 수행에 필요한 최소한의 범위로 차등 부여하여야 한다.
- 업무가 변경된 경우에는 지체없이 해당 취급자의 접근 권한을 변경하거나 말소하여야 한다.
- 개인정보처리시스템에 접근할 수 있는 계정을 발급할 때에는 특별한 사유가 없는 한 개인정보 취급자 별로 계정을 발급하고, 계정이 공유되지 않도록 관리하여야 한다.

- 개인정보 취급자 또는 정보 주체의 인증수단을 안전하게 적용·관리하여야 한다.
- 일정 횟수 이상 인증에 실패한 경우에는 시스템 접근을 제한하는 등의 조치를 취해야 한다.

▼ 접근 권한 관리 요약

구분	내용	비고
권한 부여	업무상 필요한 최소한의 범위로 차등 부여	최소 권한 원칙
권한 변경 및 말소	업무 변경 시 지체없이 수행	즉시 조치 의무
계정 관리	취급자별 개별 계정 부여, 공유 금지	1인 1계정 원칙
인증 수단	안전하게 적용 및 관리	이중 인증 등(MFA)
인증 실패 시 조치	일정 횟수 초과 시 접근 제한 등 조치	보통 5회 기준

03 접근 권한 관리 방안

1) 접근 권한 기준 수립

- 개인정보 취급자에게만 필요 최소한으로 차등 부여해야 한다.
- 가명정보를 처리하는 경우 가명정보에 접근할 수 있는 담당자와 추가 정보에 접근할 수 있는 담당자를 반드시 구분해야 한다.
  - 단, 가명정보와 추가 정보에 대한 접근 권한의 분리가 어려운 정당한 사유가 있는 경우, 업무 수행에 필요한 최소한 접근 권한 부여 및 접근 권한의 보유 현황을 기록하는 등 관리 및 통제하여야 한다.

> **기적의 TIP**
> 추가 정보와 결합 정보를 헷갈리지 않도록 한다.

2) 접근 권한 부여, 변경, 말소 이력 관리

- 개인정보처리자는 접근 권한 부여, 변경, 말소에 대한 내역을 기록하고 최소 3년간 보관하여야 한다.
- 사용자 계정 및 접근 권한에 대한 내역은 책임 추적성을 확보할 수 있도록 필요한 사항을 모두 포함하여 기록해야 한다.

▼ 접근 권한 이력에 포함되어야 하는 항목

구분	예시
신청정보	신청자 또는 대리신청자, 신청일시, 신청목적, 사용기간 등
승인정보	승인자, 승인 또는 거부 여부, 사유 및 일시 등
등록정보	등록자, 등록일, 등록방법(결재시스템 연동, 수작업 등록 등)
정보	대상 시스템명, 권한명, 권한 내역 등

> **더 알기 TIP**
>
> **비밀번호 작성규칙**
>
> 비밀번호 주기적 변경은 법적 준수사항은 아니므로 주기적인 변경 알림 기능은 제공하되 강제화할 필요는 없다.

▼ 접근 권한 관리 결함 사례

구분	주요내용	사례
1	접근권한 검토 기준 미비	검토 방법, 점검 주기, 오·남용 기준, 보고체계 등이 지침에 명시되지 않아 정기 검토가 수행되지 않음
2	장기 미사용 계정 활성화	내부 정책상 비활성화 또는 삭제 대상이었으나, 접근권한 검토 미흡으로 식별되지 않고 계정이 유지됨
3	과다 권한 및 오남용 미조치	권한 검토 중 이상 권한 발견되었지만, 상세조사나 내부보고 등 후속 조치가 이루어지지 않음
4	인증 실패 제한	운영팀 직원 E가 비밀번호 입력을 5회 이상 틀렸으나, 시스템에서 접속을 제한하는 등의 조치를 취하지 않음

SECTION 03 접근 통제

빈출태그 IP, 자동 차단, 안전한 인증 수단/접속 수단, 100만 명 이상, 인터넷 차단, 클라우드

01 접근 통제 개요

접근 통제는 개인정보처리시스템 및 개인정보가 저장된 시스템에 대한 접근을 제한하고 보호하는 활동을 의미한다. 이는 불필요한 접근을 차단하고, 허가된 사용자만 시스템에 접근할 수 있도록 하기 위한 조치이다.

02 접근 통제 근거

관련법령

개인정보의 안전성 확보조치 기준 제6조(접근통제) 〈시행 2023.09.22.〉

① 개인정보처리자는 정보통신망을 통한 불법적인 접근 및 침해사고 방지를 위해 다음 각 호의 안전조치를 하여야 한다.
  1. 개인정보처리시스템에 대한 접속 권한을 **인터넷 프로토콜(IP) 주소 등으로 제한**하여 인가받지 않은 접근을 제한
  2. 개인정보처리시스템에 접속한 인터넷 프로토콜(IP) 주소 등을 분석하여 개인정보 유출 시도 탐지 및 대응

② 개인정보처리자는 개인정보 취급자가 정보통신망을 통해 외부에서 개인정보처리시스템에 접속하려는 경우 인증서, 보안토큰, 일회용 비밀번호 등 **안전한 인증수단**을 적용하여야 한다. 다만, 이용자가 아닌 정보 주체의 개인정보를 처리하는 개인정보처리시스템의 경우 가상사설망 등 **안전한 접속수단 또는 안전한 인증수단**을 적용할 수 있다.

③ 개인정보처리자는 처리하는 개인정보가 인터넷 홈페이지, P2P, 공유설정 등을 통하여 권한이 없는 자에게 공개되거나 유출되지 않도록 개인정보처리시스템, 개인정보 취급자의 컴퓨터 및 모바일 기기 등에 조치를 하여야 한다.

④ 개인정보처리자는 개인정보처리시스템에 대한 불법적인 접근 및 침해사고 방지를 위하여 개인정보 취급자가 일정 시간 이상 업무처리를 하지 않는 경우에는 **자동으로 접속이 차단**되도록 하는 등 필요한 조치를 하여야 한다.

⑤ 개인정보처리자는 업무용 모바일 기기의 분실·도난 등으로 개인정보가 유출되지 않도록 해당 모바일 기기에 비밀번호 설정 등의 보호조치를 하여야 한다.

⑥ 전년도 말 기준 직전 3개월간 그 개인정보가 저장·관리되고 있는 이용자 수가 일일 평균 **100만 명 이상**인 개인정보처리자는 개인정보처리시스템에서 개인정보를 다운로드 또는 파기할 수 있거나 개인정보처리시스템에 대한 접근 권한을 설정할 수 있는 개인정보 취급자의 컴퓨터 등에 대한 **인터넷망 차단 조치**를 하여야 한다. 다만, 「클라우드컴퓨팅 발전 및 이용자 보호에 관한 법률」 제2조 제3호에 따른 클라우드컴퓨팅 서비스를 이용하여 개인정보처리시스템을 구성·운영하는 경우에는 **해당 서비스에 대한 접속 외에는 인터넷을 차단**하는 조치를 하여야 한다.

- 개인정보처리자는 정보통신망을 통한 불법적인 접근 및 침해사고를 방지하기 위해 인터넷 프로토콜(IP) 제한, 개인정보 유출 시도 탐지 및 대응 등의 조치를 하여야 한다.
- 정보통신망을 통해 외부에서 개인정보처리시스템에 접속하려는 경우 안전한 인증수단을 필수로 적용하도록 규정한다.
    - 단, 이용자가 아닌 정보 주체의 개인정보를 처리하는 경우에는 안전한 접속수단 또는 안전한 인증수단 중 하나를 적용할 수 있다.
- 취급 중인 개인정보가 열람 권한이 없는 자에게 공개되거나 유출되지 않도록 개인정보처리시스템, 개인정보 취급자의 컴퓨터, 모바일 기기 등에 필요한 조치를 하여야 한다.
- 개인정보 취급자가 일정 시간 이상 업무를 하지 않는 경우 자동으로 접속이 차단되는 등의 조치를 하여야 한다.
- 전년도 말 기준 직전 3개월간 그 개인정보가 저장·관리되고 있는 이용자 수가 일일 평균 100만 명 이상인 개인정보처리자는 개인정보처리시스템에서 개인정보를 다운로드 또는 파기할 수 있거나 개인정보처리시스템에 대한 접근 권한을 설정할 수 있는 개인정보 취급자의 컴퓨터 등에 대한 인터넷망 차단 조치를 하여야 한다.

> **기적의 TIP**
>
> 인터넷 망 차단 대상은 빈출 문제로 반드시 암기해야 한다.

▼ 접근 통제 요약

구분	내용	비고
권한 부여	접속 권한을 IP 등으로 제한, 유출 시도 탐지 및 대응 필요	접근 제한 및 로그 분석 조치
안전한 인증수단	외부 접속 시 인증서, 보안토큰, OTP 등 안전한 인증수단 적용 필요	안전한 접속수단과 차이 확인
유출 관리	홈페이지, 공유설정 등을 통한 개인정보 유출 방지 조치 필요	시스템·기기 단위 보호 조치
자동 로그아웃	일정 시간 이상 미사용 시 자동 로그아웃 등 접근 차단 조치	세션 타임아웃 설정 등
모바일 기기 관리	업무용 모바일 기기 분실·도난 방지를 위한 비밀번호 설정 등 필요	모바일 보안 강화 조치
인터넷망 차단	일일 평균 100만 명 이상 서비스 제공자는 인터넷망 차단 등 강화된 보호조치 적용	클라우드 서비스는 예외 조건 포함

03 접근 통제 정책 구현 및 관리

1) 제공되는 서비스의 특징, 이용 대상, 시스템별 접근 통제 구현 전략 등을 고려하여 네트워크 영역을 정의하고, 각 영역에 따라 시스템을 배치한 후 차등화된 접근 통제 정책을 적용하여야 한다.
2) 인가된 사용자만 네트워크에 접근할 수 있도록 접근 통제 리스트❶(IP 등)에 대한 관리 절차를 마련한다.
3) 업무에 불필요한 포트와 서비스❷는 제거 또는 차단한다.
4) 접근 통제를 구현하기 위해 침입차단시스템(FW), 침입탐지시스템(IDS), 침입방지시스템(IPS), 보안 운영체제(Secure OS), 웹 방화벽(WAF), 로그 분석 시스템, 접근 제어 리스트(ACL) 등을 적용한다.
5) 원칙적으로는 외부에서 내부 네트워크로의 접속을 차단하여야 하며, 불가피한 경우 안전한 접속수단이나 인증수단을 적용하여야 한다.

▼ 안전한 인증수단 및 접속수단

구분		설명
안전한 인증수단	인증서	전자상거래 등에서 상대방과의 신원확인, 위변조 여부 검증 등을 위해 사용하는 전자서명으로서 해당 전자서명을 생성한 자의 신원을 확인하는 수단
	보안토큰	인증서 등을 안전하게 보호할 수 있는 수단으로 스마트카드, 토큰 등이 해당
	OTP	무작위로 생성되는 난수를 일회용 비밀번호로 한 번 생성하고, 그 인증값이 한 번만 사용 가능하도록 하는 방식
안전한 접속수단	VPN	원격으로 접속할 때 암호 프로토콜을 사용한 터널링 기술을 통해 안전한 암호통신을 이행(IPsecVPN, SSLVPN 등)
	전용선	두 지점 간에 독점적으로 사용하는 회선으로 개인정보처리자와 개인정보 취급자 또는 본점과 직접 간 직통으로 연결하는 회선 등을 의미

6) 개인정보 취급자가 일정 시간 동안 업무를 처리하지 않는 경우 접속 차단 조치를 하여야 한다.
   • 시스템 접근 차단 시간은 최소한으로 설정하는 것이 권장되며, 일반적으로 10~30분 이내로 설정한다.
7) 전년도 말 기준 직전 3개월간 그 개인정보가 저장·관리되고 있는 이용자 수가 일일 평균 100만 명 이상인 개인정보처리자는 다음의 세 가지 유형에 해당하는 개인정보 취급자 컴퓨터 등에 인터넷망 차단 조치를 하여야 한다.
   • 개인정보를 다운로드할 수 있는 개인정보 취급자 컴퓨터 등
   • 개인정보를 파기할 수 있는 개인정보 취급자 컴퓨터 등
   • 접근 권한을 설정할 수 있는 개인정보 취급자 컴퓨터 등
8) 퍼블릭 클라우드를 이용하여 개인정보처리시스템을 운영하는 경우, 인터넷을 통해 해당 시스템에 접속하는 것은 가능하지만, 그 외의 인터넷 접속은 차단하여야 한다.

---

❶ **네트워크 보안 정책 수립 기준**
• 화이트 리스트는 사전에 승인된 IP 주소만 접근을 허용하는 방식이다.
• 블랙 리스트는 특정 IP 또는 범위를 차단하고 나머지는 모두 허용하는 방식이다.
실무에서는 보안 수준에 따라 화이트리스트와 블랙리스트를 병행 운영하거나, ABAC, RBAC 모델을 도입해 더 정교한 제어를 하기도 한다.

❷ **대표적인 불필요 포트 및 서비스**
1. Telnet (포트 23)
2. FTP (포트 21)
3. RDP (포트 3389)

기적의 TIP
업무용 컴퓨터의 화면잠금이나 화면보호기 설정은 접속 차단에 해당하지 않는다.

04 안전한 인증수단의 적용 및 관리

- 개인정보처리자는 개인정보취급자 또는 정보주체의 인증수단을 안전하게 적용하고 관리하여야 한다.
- 개인정보처리시스템에 권한 없는 자의 비정상적인 접근을 방지하기 위해, 개인정보 취급자 또는 정보 주체가 일정 횟수 이상 인증에 실패한 경우 개인정보 취급자 또는 정보 주체의 계정을 비활성화하는 등의 제한 조치를 마련하여야 한다.
- 장기 미접속에 따른 계정 잠금 적용이 필요한 기간은 최소한의 기간❸으로 설정하여야 한다.

❸ 일반적으로 30~90일 이내

▼ 접근통제 3요소

구분	구성요소	설명
접근통제 정책	• 임의적 접근통제(DAC)	• 주체-객체 권한 나열 • 권한자는 권한을 이양할 수 있음
	• 강제적 접근통제(MAC)	• 보안등급 기반 • 모든 주체, 객체에 대해 일정
	• 역할 기반 접근통제(RBAC)	• DAC와 MAC의 단점 보완 • 역할별로 권한 부여
	• 속성 기반 접근통제(ABAC)	• 객체, 주체의 속성에 따른 통제 • 접근 시간 등 접근 환경 고려
접근통제 메커니즘	• ACL(Access Control List)	• 주체-객체별 권한 나열
	• CL(Capability List)	• 주체를 기준으로 접근허가 목록
	• SL(Security Label)	• 객체에 부여된 보안 속성 집합
접근통제 모델	• 벨-라파둘라(BLP)	• 군사적 목적 충족, 최초 모델 • No read up / No write down
	• 비바(BIBA)	• BLP단점 보완 무결성 모델 • No write up / No read down
	• 클락-윌슨(Clark-Wilson)	• 무결성 중심의 상업용 모델 • 무결성 등급 격자 사용
	• 만리장성(Chinese Wall)	• 주체 동작에 따른 접근 통제 • 이해 충돌 방지

- 접근 통제의 3요소는 접근 통제 정책, 접근 통제 메커니즘, 접근 통제 모델로 구성된다.
- 접근 통제의 3요소는 시스템 자원에 대한 무단 접근을 방지하고, 허가된 사용자만 접근할 수 있도록 하는 역할을 수행한다.

더 알기 TIP

전년도 말 기준 직전 3개월간 그 개인정보가 저장·관리되고 있는 이용자 수가 일일 평균 100만 명 이상인 개인정보처리자는 다음의 세 가지 유형에 해당하는 개인정보 취급자 컴퓨터 등에 인터넷망 차단 조치를 하여야 한다.
- 개인정보를 다운로드할 수 있는 개인정보 취급자 컴퓨터 등
- 개인정보를 파기할 수 있는 개인정보 취급자 컴퓨터 등
- 접근 권한을 설정할 수 있는 개인정보 취급자 컴퓨터 등

기적의 TIP

- 키워드 암기(IP, 인증수단, 접속수단, 자동 차단, 100만 명 이상, 인터넷망 차단)

기존 고시에서는 개인정보 취급자가 정보통신망을 통해 외부에서 개인정보처리시스템에 접속하려는 경우 VPN 등 안전한 접속수단과 안전한 인증수단 중에 하나를 선택할 수 있었지만, 개정 고시에서는 안전한 인증수단을 필수로 적용하도록 규정한다. 즉, 외부 접속 시 SSL VPN 등 안전한 접속수단을 적용하였더라도 2 Factor 인증 등 안전한 인증수단을 반드시 적용하여야 한다.

기적의 TIP

인터넷망 차단조치 대상에 대한 조건 빈출 문제로 반드시 암기한다.

▼ 접근 통제 결함 사례

범주	주요내용	사례
1	외부자 네트워크 분리 미흡	외부 개발자·방문자 네트워크를 내부 업무망과 분리하지 않아 내부 시스템에 무단 접근 가능
2	사내망 접근 제한 부재	MAC 주소 인증, 보안 소프트웨어 설치 없이 단순 케이블 연결만으로 내부망 접근 가능
3	중요 서버 공인 IP 노출	내부망에 있는 DB서버에 공인 IP 설정되어 외부 접근 가능, 접근 차단 조치 미흡
4	서버팜 접근 제어 미비	내부망에서 서버팜으로의 접근이 과도하게 허용되어 네트워크 세분화 미흡
5	외부지점 통신 보호 미실시	외부지점과 IDC 서버 간 통신 시 VPN 또는 전용망이 아닌 일반 인터넷 회선 사용

SECTION 04 접속기록의 위·변조 방지

빈출 태그 1년 이상, 2년 이상 조건, 5만 명, 월 1회 점검, 다운로드 사유 확인

01 접속기록 개요

개인정보처리자는 개인정보처리시스템의 접속기록에 개인정보취급자의 계정, 접속 일시, 접속지 정보, 처리한 정보주체 정보, 수행한 업무 내용 등이 포함되도록 관리하여야 하며, 해당 기록은 전자적으로 기록되어야 한다.

02 접속기록의 보관 및 점검 근거

> **관련법령**
>
> 개인정보의 안전성 확보조치 기준 제8조(접속기록의 보관 및 점검) 〈시행 2023.09.22.〉
> ① 개인정보처리자는 개인정보 취급자의 개인정보처리시스템에 대한 접속기록을 **1년 이상** 보관·관리하여야 한다. 다만, 다음 각 호의 어느 하나에 해당하는 경우에는 **2년 이상** 보관·관리하여야 한다.
>   1. **5만 명 이상**의 정보 주체에 관한 개인정보를 처리하는 개인정보처리시스템에 해당하는 경우
>   2. **고유식별정보 또는 민감정보**를 처리하는 개인정보처리시스템에 해당하는 경우
>   3. 개인정보처리자로서 「전기통신사업법」 제6조 제1항에 따라 등록을 하거나 같은 항 단서에 따라 신고한 **기간통신사업자**에 해당하는 경우
> ② 개인정보처리자는 개인정보의 오·남용, 분실·도난·유출·위조·변조 또는 훼손 등에 대응하기 위하여 개인정보처리시스템의 접속기록 등을 **월 1회** 이상 점검하여야 한다. 특히 **개인정보의 다운로드가 확인된 경우**에는 내부 관리계획 등으로 정하는 바에 따라 그 사유를 반드시 **확인**하여야 한다.
> ③ 개인정보처리자는 접속기록이 위·변조 및 도난, 분실되지 않도록 해당 접속기록을 안전하게 보관하기 위한 조치를 하여야 한다.

1) 개인정보처리자는 접속기록은 1년 이상 보관·관리하여야 한다. 다만, 아래 어느 하나에 해당하는 경우 2년 이상 보관·관리하여야 한다.
- 5만 명 이상의 정보주체에 관한 개인정보를 처리하는 경우
- 고유식별정보 또는 민감정보를 처리하는 경우
- 「전기통신사업법」 제6조 제1항에 따라 등록을 하거나 같은 항 단서에 따라 신고한 기간통신사업자

> **기적의 TIP**
> 접속기록 2년 이상 보관·관리 해야 하는 기준은 빈출 문제로 반드시 암기해야 한다.

2) 개인정보처리자는 접속기록 등을 월 1회 이상 점검하여야 하며, 개인정보가 다운로드된 사실이 확인된 경우에는 내부 관리계획 등으로 정하는 바에 따라 그 사유를 반드시 확인하여야 한다.

> 기적의 TIP
> 개인정보가 다운로드 된 경우에는 그 사실을 반드시 확인하여야 한다.

▼ 접속기록의 보관 및 점검 요약

구분	내용	보존 기간
보관기간	• 5만명 이상의 정보주체에 관한 개인정보를 처리하는 개인정보처리시스템에 해당하는 경우	최소 2년 이상
	• 고유식별정보 또는 민감정보를 처리하는 개인정보처리시스템에 해당하는 경우	
	• 개인정보처리자로서 「전기통신사업법」제6조제1항에 따라 등록을 하거나 같은 항 단서에 따라 신고한 기간통신사업자에 해당하는 경우	
	• 위의 3가지 조건에 해당하지 않을 경우	최소 1년 이상
점검 주기	• 내부 관리계획에 따라 점검 주기 자율 설정 가능❶ • 개인정보 다운로드 시 반드시 내부 관리계획에 따라 사유 확인	
안전한 보관방법	• 상시적으로 접속기록 백업을 수행하여 개인정보처리시스템 이외의 별도의 보조저장매체나 별도의 저장장치, 오브젝트 스토리지 등에 보관 • 접속기록에 대한 위, 변조를 방지하기 위해 CD-ROM, DVD-R, WORM(Write Once Read Many)등 덮어쓰기 방지 매체 사용 • 접속기록을 수정 가능한 매체(하드디스크, 자기 테이프 등)에 백업시 무결성 보장을 위해 위, 변조 여부를 확인 할 수 있는 정보(MAC값, 전자서명값 등)를 별도 장비에 보관, 관리 등	

❶ 개인정보의 안전성 확보조치 기준이 개정되어, 기존 월1회 점검에서 내부 관리계획에 따라 점검 주기를 자율적으로 설정 가능하도록 변경되었다.

03 접속기록 필수항목 및 주기적 검토

개인정보처리시스템의 접속기록에는 개인정보 취급자 등의 계정, 접속일시, 접속지 정보, 처리한 정보주체 정보, 수행업무 등이 필수적으로 포함될 수 있도록 관리하여야 하며 전자적으로 기록되어야 한다.

▼ 접속기록 필수항목

구분	설명
계정	개인정보처리시스템에서 접속자를 식별할 수 있도록 부여된 ID 등 계정 정보
접속일시	접속한 시점 또는 업무를 수행한 시점(년-월-일, 시:분:초)
접속지 정보	접속한 자의 PC, 모바일 기기 등 단말기 정보 또는 서버의 IP 주소 등 접속 주소
처리한 정보 주체 정보	개인정보 취급자가 누구의 개인정보를 처리했는지를 알 수 있는 정보(이름, ID 등)
수행업무	개인정보 취급자가 개인정보처리시스템을 이용하여 개인정보 처리한 내용을 알 수 있는 정보(검색, 열람, 조회, 입력, 다운로드 등)

> 기적의 TIP
> 접속기록 필수항목 5가지는 빈출 문제이므로 꼭 암기하자.

▼ 접속기록 작성 예시

번호	접속일	접속시간	계정(ID)	접속지 정보(IP)	수행업무	정보 주체 정보
1	2024-07-04	10:14:10	root	192.168.4.1	고객정보 수정	B고객주소 변경
2	내용	21:02:00	hong01	192.168.4.2	직원 조회	A고객문의
3	내용	06:02:44	kim01	1.210.84.75	고객정보 조회	고객번호 1~100

- 단순히 서버에 대한 접속 로그(예 관리자 계정의 ssh 접속), 엑셀·파일 형태로 저장된 접속기록은 접속기록 점검에 대한 증빙자료로 인정되지 않는다.
- 개인정보처리자는 접속기록을 주기적으로 검토하여 개인정보 처리 과정에서의 비정상적인 행위가 있었는지를 점검하여야 한다.

> **기적의 TIP**
> 접속기록 점검에 대한 증빙자료로 인정되지 않는 사례를 기억하자.

▼ 비정상 행위 예시

구분	설명
계정	접근 권한이 부여되지 않은 계정으로 접속
접속일시	출근 시간 전, 퇴근 시간 후, 새벽 시간, 휴무일 등 업무시간 외 접속
접속지 정보	인가되지 않은 단말 또는 지역(IP 대역 등)에서 접속
처리한 정보 주체 정보	특정 정보 주체를 과도하게 조회, 다운로드 등의 행위
수행업무	대량의 개인정보 대한 조회, 정정, 다운로드, 삭제 등의 행위
기타	짧은 시간에 하나의 계정으로 여러 지역(IP 주소)에서 접속

- 개인정보를 다운로드한 경우에는, 내부관리계획에서 정한 바에 따라 그 사유를 확인하여야 한다.
- 만약 개인정보취급자가 해당 정보를 오·남용 또는 유출을 목적으로 다운로드한 것으로 확인된 경우, 다운로드한 개인정보를 회수하여 파기하는 등의 조치를 반드시 이행하여야 한다.

▼ 주요 로그유형(예시)

구분	유형
시스템 이벤트 로그	운영체제 구성요소에 의하여 발생하는 로그❷
네트워크 이벤트 로그	IP주소 할당, 주요 구간 트래픽 로그
보안시스템 로그	관리자 접속, 보안정책(룰셋) 등록·변경·삭제 등
보안관련 감사 로그	사용자 접속기록, 인증 성공·실패 로그, 파일 접근, 계정 및 권한 등록·변경·삭제 등
개인정보처리시스템 접속기록	개인정보취급자가 개인정보처리시스템에 접속한 사실을 알 수 있는 접속자 계정, 접속일시, 접속지 정보, 처리한 정보주체 정보, 수행업무 등

❷ 시스템 시작, 종료, 상태, 에러 코드 등

> **기적의 TIP**
> - 키워드 암기(1년 이상, 2년 이상, 5만 명 이상, 고유식별정보/민감정보, 기간통신사업자, 월 1회, 계정, 접속일시, 접속지 정보, 정보주체 정보, 수행업무)
>
> 접속기록 1년 이상 보관과 2년 이상 보관에 대한 대상을 구분한다.

❸
- 5만 명 이상의 정보주체에 관한 개인정보를 처리하는 경우
- 고유식별정보 또는 민감정보를 처리하는 경우
- 「전기통신사업법」 제6조 제1항에 따라 등록을 하거나 같은 항 단서에 따라 신고한 기간통신사업자

▼ 접속기록의 보관 및 점검 결함 사례

구분	주요내용	사례
1	접속기록 보관기간 위반	회사 A사는 고유식별정보를 포함한 회원 정보를 다수 보유하고 있었으나, 접속기록을 1년만 보관하고 삭제한 것이 감사에서 적발되었다. A사는 법령상 2년 이상 보관 의무❸가 있었음에도 이를 지키지 않아 행정지도를 받았다.
2	접속기록 필수항목 관리 미흡	개인정보처리시스템에 접속한 기록을 확인한 결과 접속자의 계정, 접속 일시, 접속자 IP주소 정보는 남기고 있으나, 처리한 정보주체 정보 및 수행업무(조회, 변경, 삭제, 다운로드 등)와 관련된 정보를 남기고 있지 않았다.
3	다운로드 사유 미확인	기관 B에서는 개인정보 다운로드 기록이 있었음에도 사유 확인을 누락하여, 퇴사 예정 직원이 민감한 고객 데이터를 외부로 반출한 사실을 뒤늦게 파악하였다. 접속기록 월 1회 점검과 다운로드 사유 확인의 중요성이 부각된 사례다.
4	위변조 방지 미흡	회사 C는 접속기록을 일반 로그파일 형태로만 저장하고 별도의 위·변조 방지 조치(예: 암호화, 무결성 확인 등) 없이 운영하였다. 보안 감사에서 취약점으로 지적되어, 로그 보관 시스템을 개선하고 접속기록 무결성 보장 기능을 도입하였다.

SECTION 05 개인정보의 암호화

빈출 태그 일방향 암호화, 암호화 적용기준, AES, DES, MD5, SHA256

01 개인정보 암호화의 개요

개인정보가 정보통신망을 통해 전송되거나 저장될 때, 해커가 이를 탈취하거나 서버 취약점을 이용해 침투하는 위협이 존재한다. 이러한 위험으로부터 개인정보를 보호하기 위한 가장 기본적인 방법이 바로 암호화다.

02 개인정보 암호화의 근거

관련법령

개인정보의 안전성 확보조치 기준 제7조(개인정보의 암호화) 〈시행 2023.09.22.〉

① 개인정보 처리자는 비밀번호, 생체인식정보 등 인증정보를 저장 또는 정보통신망을 통하여 송·수신하는 경우에 이를 **안전한 암호 알고리즘**❶으로 암호화하여야 한다. 다만, **비밀번호**를 저장하는 경우에는 복호화되지 아니하도록 **일방향 암호화**하여 저장하여야 한다.

② 개인정보 처리자는 다음 각 호의 해당하는 이용자의 개인정보에 대해서는 안전한 암호 알고리즘으로 암호화하여 저장하여야 한다.
  1. 주민등록번호
  2. 여권번호
  3. 운전면허번호
  4. 외국인등록번호
  5. 신용카드번호
  6. 계좌번호
  7. 생체인식정보

③ 개인정보 처리자는 이용자가 아닌 정보 주체의 개인정보를 다음 각 호와 같이 저장하는 경우에는 암호화하여야 한다.
  1. 인터넷망 구간 및 인터넷망 구간과 내부망의 중간 지점(DMZ : Demilitarized Zone)에 **고유식별정보**를 저장하는 경우
  2. 내부망에 고유식별정보를 저장하는 경우(다만, 주민등록번호 외의 고유식별정보를 저장하는 경우에는 다음 각 목의 기준에 따라 암호화의 적용 여부 및 적용 범위를 정하여 시행할 수 있다)
     가. 법 제33조에 따른 개인정보 영향평가의 대상이 되는 공공기관의 경우에는 해당 개인정보 영향평가의 결과
     나. 암호화 미적용 시 위험도 분석에 따른 결과

④ 개인정보 처리자는 개인정보를 정보통신망을 통하여 인터넷망 구간으로 송·수신하는 경우에는 이를 **안전한 암호 알고리즘으로 암호화**하여야 한다.

❶ 생체인식정보는 양방향 암호화가 가능하지만, 비밀번호는 반드시 일방향 암호화해야 한다.

⑤ 개인정보 처리자는 이용자의 개인정보 또는 이용자가 아닌 정보 주체의 고유식별정보, 생체인식정보를 개인정보 취급자의 컴퓨터, 모바일 기기 및 보조저장 매체 등에 저장할 때에는 안전한 암호 알고리즘을 사용하여 암호화한 후 저장하여야 한다.

⑥ **10만 명 이상**의 정보 주체에 관하여 개인정보를 처리하는 **대기업 · 중견기업 · 공공기관** 또는 **100만 명 이상**의 정보 주체에 관하여 개인정보를 처리하는 **중소기업 · 단체**에 해당하는 개인정보 처리자는 암호화된 개인정보를 안전하게 보관하기 위하여 안전한 암호키 생성, 이용, 보관, 배포 및 파기 등에 관한 절차를 수립 · 시행하여야 한다.

- 개인정보 보호법에 개인정보의 안정성을 확보하기 위한 조치 의무를 규정하고 있으며, 전송 또는 저장 정보의 암호화 조치는 선택이 아닌 반드시 이행해야 하는 항목이다.
- 비밀번호, 생체인식정보 등 인증정보를 저장 또는 정보통신망을 통해 송 · 수신하는 경우에는 안전한 암호 알고리즘❷으로 암호화하여야 한다.
- 특히, 비밀번호는 복호화되지 않도록 일방향 암호화 방식❸으로 저장하여야 한다.
- 개인정보 처리자는 이용자의 개인정보 중 주민등록번호, 여권번호, 운전면허번호, 외국인등록번호, 신용카드번호, 계좌번호, 생체인식정보에 대해서는 안전한 암호 알고리즘으로 암호화하여 저장하여야 한다.

❷
- 안전한 알고리즘
  – AES, ARIA
- 취약한 알고리즘
  – DES, SEED

❸
- 안전한 알고리즘
  – SHA-256, SHA-512
- 취약한 알고리즘
  – MD5, SHA1

❹
10만 명 이상의 개인정보를 처리하는 대기업 · 중견기업 · 공공기관 또는 100만 명 이상의 개인정보를 처리하는 중소기업 · 단체

▼ 개인정보의 암호화 요약

구분	내용	비고
인증정보 암호화	비밀번호, 생체인식정보 등 인증정보는 저장 · 송수신 시 안전한 암호 알고리즘으로 암호화. 비밀번호는 반드시 복호화 불가한 일방향 암호화 적용	양방향 : AES 일방향 : SHA-256
주요 개인정보 암호화	주민등록번호, 여권번호, 계좌번호, 생체정보 등은 암호화 저장 의무	안전한 알고리즘 사용
고유식별정보 암호화 요건	인터넷망 구간, DMZ, 내부망 저장 시 암호화 필요. 일부 항목은 위험도 분석 결과에 따라 예외 가능	주민등록번호는 반드시 암호화 수행
통신 시 암호화	개인정보를 인터넷망 구간에서 송수신하는 경우, 암호화 전송 필수	HTTPS, TLS 등 사용
암호키 관리 절차	대규모 개인정보 처리 기관❹은 암호키의 생성, 보관, 배포, 파기 절차를 수립 · 시행해야 함	암호키 유출 방지 조치

▼ 주요 암호화 대상

구분	설명
고유식별정보	개인을 고유하게 구별하기 위하여 부여된 식별정보를 말하며 주민등록번호, 여권번호, 운전면허번호, 외국인등록번호 등이 해당한다.
인증정보	개인정보처리시스템 또는 정보통신망을 관리하는 시스템 등에 접속을 요청하는 자의 신원을 검증하는데 사용되는 정보
비밀번호	정보 주체 및 개인정보 취급자 등이 개인정보처리시스템 또는 정보통신망을 관리하는 시스템 등에 접속할 때 식별자와 함께 입력하여 정당한 접속 권한을 가진 자라는 것을 식별할 수 있도록 시스템에 전달해야 하는 고유의 문자열로서 타인에게 공개되지 않는 정보
생체인식정보	지문, 얼굴, 홍채, 정맥, 음성, 필적 등 개인을 식별할 수 있는 신체적 또는 행동적 특징에 관한 정보로서 그로부터 가공되거나 생성된 정보를 포함 ※ 식별 또는 인증 목적인 경우

- 인터넷 구간 및 인터넷 구간과 내부망의 중간지점(DMZ, Demilitarized Zone)에 이용자가 아닌 정보주체의 고유식별정보를 저장하는 경우 해당 정보를 암호화하여야 한다.
- 내부망에 이용자가 아닌 정보주체의 고유식별정보를 저장하는 경우에는 암호화가 원칙이며, 단, 주민등록번호 외의 고유식별정보를 저장하는 경우에는 암호화의 적용 여부 및 적용 범위를 정하여 시행❺할 수 있다.
- 개인정보를 정보통신망을 통해 인터넷망 구간으로 송·수신하는 경우 안전한 암호 알고리즘으로 암호화해야 한다.
- 10만 명 이상의 개인정보를 처리하는 대기업·중견기업·공공기관 또는 100만 명 이상의 개인정보를 처리하는 중소기업·단체에 해당하는 개인정보처리자는 암호화된 개인정보를 안전하게 보관하기 위하여 안전한 암호 키 생성, 이용, 보관, 배포 및 파기 등에 관한 절차를 수립·시행하여야 한다.

> ❺
> - 개인정보 영향평가의 결과
> - 암호화 미적용 시 위험도 분석에 따른 결과
> 단, 주민등록번호는 위와 상관없이 반드시 암호화해야 한다.

▼ 개인정보의 암호화 적용기준

구분		암호화 대상	
		이용자 외 정보주체	이용자
정보통신망을 통한 송수신 시	정보통신망 (내부망 포함)	인증정보(비밀번호, 생체인식정보 등)	
	인터넷망	개인정보	
저장 시	모든 저장 위치	인증정보(비밀번호, 생체인식정보 등) ※ 단, 비밀번호는 일방향 암호화	
	인터넷 구간, DMZ	고유식별정보	내용
	내부망	고유식별정보 (주민등록번호는 암호화하고 그 外 정보는 위험도 분석 결과 등에 따라 선택 적용)	고유식별정보, 신용카드번호, 계좌번호
	개인정보 취급자 컴퓨터, 모바일 기기, 보조 저장 매체 등에 저장 시	고유식별정보, 생체인식정보	개인정보

> **기적의 TIP**
> 암호화 적용기준은 빈출 문제로 반드시 기억해야 한다.

03 암호화 방식

암호 정책에 따라 개인정보 및 중요정보의 전장, 전송, 전달 시 암호화를 수행하여야 한다.

▼ 암호화 방식 설명

구분	설명
정보통신망을 통한 송·수신 시	• 웹서버에 SSL/TLS 인증서를 설치하여 전송하는 정보를 암호화 송수신 • 웹서버에 암호화 응용프로그램을 설치하여 전송하는 정보를 암호화하여 송수신 • 그 밖에 암호화 기술 활용❻

> ❻
> VPN, PGP 등

구분	내용
개인정보처리시스템 등 저장 시	• 응용프로그램 자체 암호화(API 방식) • 데이터베이스 서버 암호화(Plug-in 방식) • DBMS 자체 암호화(TDE 방식) • DBMS 암호화 기능 호출 • 운영체제 암호화(파일암호화 등) • 그 밖의 암호화 기술 활용
업무용 컴퓨터 및 모바일 기기 저장 시	• 문서도구 자체 암호화(오피스 등에서 제공하는 암호 설정 기능 활용) • 암호 유틸리티를 이용한 암호화 • DRM(Digital Right Management) 적용 등
보조저장매체로 전달 시	• 암호화 기능을 제공하는 보안 저장매체 이용 • 해당 정보를 암호화한 후 보조저장매체에 저장 등

▼ 안전한 암호화 알고리즘

구분	안전한 알고리즘	취약한 알고리즘
대칭키(비밀키) 알고리즘	AES, SEED, HIGHT, ARIA, LEA등	DES, 3DES, 키 길이 128bit 미만
공개키(비대칭키) 알고리즘	RSA, RSAES	키 길이 2048bit 미만 알고리즘
일방향 암호화 알고리즘	SHA-224/256/384/512 LSH-224/256/384/512 등	SHA-1, MD5

• 암호키는 암호화된 데이터를 복호화할 수 있는 핵심 정보이므로, 안전하게 사용·관리하여야 하며, 생명주기 각 단계별로 암호키 관리 절차를 수립하고 이를 시행하여야 한다.

❼ 암호키 생명주기
생성→이용→보관→배포→파기

기적의 TIP

• 키워드 암기(안전한 알고리즘, 일방향 암호화, 암호화 대상)
개인정보의 암호화 적용기준은 시험 빈출 문제로 반드시 정보 주체와 이용자로 구분할 수 있어야 한다.
안전한 알고리즘(AES, RSA), 취약한 알고리즘(DES, SHA-1, MD5)은 반드시 암기한다.

▼ 개인정보 암호화 결함 사례

구분	주요내용	사례
1	암호화 기준의 내부 반영 미흡	내부 보안 지침에는 암호화 대상, 암호 강도, 전송·저장 방식, 담당자의 역할과 책임 등이 구체적으로 명시되지 않았으며, 관련 법적 요구사항도 제대로 반영되지 않았다. 이로 인해 암호화 정책의 실효성이 떨어지고, 법적 기준을 충족하지 못하는 영역이 존재하였다.
2	안전하지 않은 암호 알고리즘 사용	정보주체 및 개인정보취급자의 비밀번호는 일방향 암호화되었으나, 안전하지 않은 MD5 알고리즘을 사용하였다. 이는 충분한 보안성을 갖추지 못한 방식으로, 사전 대입 공격 등의 취약점에 노출될 수 있다.
3	고유식별정보 내부망 저장 시 미암호화	기관 C는 내부망 서버에 개인정보 영향평가 결과를 근거로 주민등록번호를 암호화 없이 저장하고 있었다. 그러나 주민등록번호는 개인정보 보호법상 영향평가나 위험도 분석 결과와 관계없이 반드시 암호화해야 하는 항목에 해당한다. 이로 인해 기관 C는 암호화 미이행에 따른 보안 점검 지적을 받았으며, 법령 위반으로 과태료 처분까지 받게 되었다.
4	암호키 관리 미흡	10만 명 이상의 고객 정보를 처리하는 중견기업 D는 암호화는 적용했지만, 암호키를 담당자 이메일에 보관하는 등 관리 절차가 없었음. 암호키 유출로 복호화 가능성이 발생해 법령 위반으로 지적됨.

SECTION 06 악성 프로그램 방지

출제빈도 상 중 하
반복학습 1 2 3

빈출 태그 백신, 자동 업데이트, 일 1회 이상, 즉시 업데이트

합격 강의

01 악성 프로그램 등 방지 개요

악성 프로그램❶은 개인정보처리시스템에 침투해 개인정보를 유출하는 주요 원인이다. 이에 따라 보안 프로그램 설치 및 최신 상태 유지, 신속한 대응체계 마련 등을 통해 악성코드로 인한 사고를 사전에 차단해야 하며, 항상 최신 보안 환경을 유지하는 것이 핵심이다.

❶ 바이러스, 랜섬웨어, 트로이 목마 등

02 악성 프로그램 등 방지 근거

관련법령

개인정보의 안전성 확보조치 기준 제9조(악성 프로그램 등 방지) 〈시행 2023.09.22.〉
① 개인정보 처리자는 악성 프로그램 등을 방지·치료할 수 있는 보안 프로그램을 설치·운영하여야 하며, 다음 각 호의 사항을 준수하여야 한다.
  1. 프로그램의 **자동 업데이트** 기능을 사용하거나, 정당한 사유가 없는 한 **일 1회 이상** 업데이트를 실시하는 등 최신의 상태로 유지
  2. 발견된 악성 프로그램 등에 대해 삭제 등 대응조치
② 개인정보 처리자는 악성 프로그램 관련 경보가 발령된 경우 또는 사용 중인 응용프로그램이나 운영체제 소프트웨어의 제작업체에서 보안 업데이트 공지가 있는 경우 정당한 사유가 없는 한 **즉시 이에 따른 업데이트** 등을 실시하여야 한다.

- 개인정보처리자는 백신 소프트웨어 등 보안 프로그램을 설치·운영하여야 한다.
- 보안 프로그램은 자동 업데이트 기능을 사용하거나, 정당한 사유가 없는 한 일 1회 이상 업데이트를 실시하여 최신 상태를 유지해야 한다.
- 보안 프로그램을 통해 악성코드 등 악성 프로그램이 발견된 경우, 즉시 삭제 등 적절한 대응 조치를 수행하여야 한다.

03 악성 프로그램 등 방지 방안

1) 백신 소프트웨어 설치, 운영 악성코드 통제를 위하여 다음의 방지 방안을 이행하여야 한다.
- 백신 소프트웨어 등 보안 프로그램을 설치하고 지속적으로 운영하여야 한다.
- 보안 프로그램은 실시간 감시 기능이 작동되도록 항상 실행 상태를 유지하여야 한다.

- 백신 프로그램은 최신 업데이트 상태를 적용하여 유지해야 하며, 가능한 자동 업데이트가 설정되도록 적용하는 것이 바람직하다.

2) 악성코드 감염 발견 시 악성코드 확산 및 피해 최소화 등의 대응절차를 수립·이행하여야 한다.
- 악성코드 감염 발견 시 대응 절차 마련❷
- 비상연락망 구성❸
- 대응보고서 양식 확보❹

❷ 감염 PC의 네트워크 케이블 분리, 시스템 격리 등

❸ 백신업체 담당자, 관련 기관의 연락처 등을 포함

❹ 발견일시, 대응 방법 및 절차, 조치 담당자, 재발 방지 대책 등을 기재

기적의 TIP
백신프로그램은 자동 업데이트 기능을 사용해야 하며, 일 1회 이상 업데이트를 실시 해야 함을 기억해야 한다.

▼ 악성 프로그램 방지 결함 사례

구분	주요내용	사례
1	업데이트 미이행 사례	백신 프로그램의 환경설정(실시간 검사, 예약검사, 업데이트 설정 등)을 이용자가 임의로 변경할 수 있음에도 그에 따른 추가 보호대책이 수립되어 있지 않았다.
2	악성코드 감염 이력에 대한 미조치	다수의 내부망 PC에서 악성코드 감염 이력이 확인되었지만, 감염 원인 분석이나 대응 조치 내역이 존재하지 않았다. 이는 동일 유형의 감염 재발 가능성을 높이고, 사후 대응 체계가 제대로 작동하지 않았음을 의미한다.

SECTION 07 물리적 안전조치

빈출 태그 통제구역, 제한구역, 출입관리 대장

01 물리적 안전조치 개요

개인정보를 보관하고 있는 전산실, 자료보관실 등을 별도로 두고 비인가자의 접근으로 인한 개인정보의 절도, 파괴 등의 물리적 위협으로부터 정보자산을 보호하기 위한 일련의 활동을 말한다.

02 물리적 안전조치 근거

> **관련법령**
>
> **개인정보의 안전성 확보조치 기준 제10조(물리적 안전조치) 〈시행 2023.09.22.〉**
> ① 개인정보 처리자는 전산실, 자료보관실 등 개인정보를 보관하고 있는 물리적 **보관장소를 별도**로 두고 있는 경우에는 이에 대한 출입통제 절차를 수립·운영하여야 한다.
> ② 개인정보 처리자는 개인정보가 포함된 서류, 보조저장 매체 등을 **잠금장치**가 있는 안전한 장소에 보관하여야 한다.
> ③ 개인정보 처리자는 개인정보가 포함된 보조저장 매체의 반출·입 통제를 위한 보안대책을 마련하여야 한다. 다만, 별도의 개인정보처리시스템을 운영하지 아니하고 업무용 컴퓨터 또는 모바일 기기를 이용하여 개인정보를 처리하는 경우에는 이를 적용하지 아니할 수 있다.

- 보호구역별로 출입통제를 위한 기준을 수립하고, 해당 기준에 따라 내·외부 인력에 대한 출입을 통제해야 한다.
- 비인가자가 물리적 보관장소에 출입한 경우 반드시 출입 관리대장을 통해 출입 내역을 기록해야 한다.
- 개인정보가 포함된 서류, 보조저장 매체❶는 금고나 잠금장치가 있는 캐비닛 등 안전한 장소에 보관하여야 한다.
- 저장매체를 통한 개인정보 유출을 방지하기 위해, 매체의 반입·반출에 대한 통제를 포함한 보안대책을 수립해야 한다.

❶ 이동형 하드디스크, USB 메모리, SSD 등

03 보호구역 지정

물리적·환경적 위협으로부터 개인정보 및 중요정보, 문서, 저장매체, 주요 설비 및 시스템 등을 보호하기 위하여 통제구역, 제한구역, 접견구역 등 물리적 보호구역 지정기준을 마련하여야 한다.

1) 접견구역, 제한구역, 통제구역 등으로 물리적 보호구역 지정
2) 보호구역의 용어와 구분은 조직의 환경에 맞게 선택

▼ 물리적 보호구역 예시

구분	설명	예시
접견구역	외부인이 별다른 출입증 없이 출입이 가능한 구역	접견장소 등
제한구역	비인가 접근을 방지하기 위하여 별도의 출입통제 장치 및 감시시스템이 설치된 장소로 출입 시 직원카드와 같은 출입증이 필요한 장소	부서별 사무실 등
통제구역	한구역의 통제항목을 모두 포함하고 출입자격이 최소인원으로 유지되며 출입을 위하여 추가 절차가 필요한 곳	전산실, 통신장비실, 관제실, 발전실 등

04 보호구역별 보호대책 수립 및 이행

1) 보호구역별로 허가된 자만 출입할 수 있도록 출입통제 절차를 마련하고, 출입 가능한 인원 현황 관리를 하여야 한다.
- 보호구역별로 출입 허용된 부서·직무·업무를 명확히 정의하고, 출입권한이 부여된 임직원을 식별하여 그 현황을 관리하여야 한다.
- 특히, 통제구역의 경우 업무 목적에 따라 최소한의 인원만 출입할 수 있도록 통제하여야 한다.
- 출입 내역은 전자적 기록 시스템 또는 수기 문서 대장을 통해 작성·보관한다.

▼ 물리적 보호구역 보호 대책 예시

구분	설명
출입통제	비밀번호, 출입카드, 생체 인식 등
영상감시	CCTV 및 영상저장장치 등(DVR, NVR)
반출입 통제	보안검색대(x-Ray, 검색대 금속감지기 등)
장비 배치 서버 등	전산실 내에 다른 용도의 여러 장비가 함께 위치하는 경우 별도의 서버 잠금장치 포함하여 전산실 출입자라 하더라도 권한이 없는 인원은 접근하지 못하도록 통제
환경적 보호 대책	화재경보기, 소화설비, 항온항습기, 누수감지기, UPS 등

2) 출입기록은 일정 기간 동안 보존하고, 출입기록 및 출입권한에 대해 주기적으로 검토하여야 한다. ❷
- 출입기록은 사후 점검이 가능하도록 문서 또는 전자적으로 일정 기간 보관해야 한다.
- 장기 미출입자, 비정상적인 출입 시도, 권한 과다 부여 여부 등을 포함하여 출입기록 및 출입권한을 주기적으로 점검한다.
- 비인가자의 출입 시도나 장기 미출입자는 사유를 확인하고 필요한 조치를 취해야 한다.
- 퇴직자 출입증 회수, 직무 변경에 따른 출입권한 변경을 정기적으로 확인해야 한다.

❷ 시스템적으로 출입로그를 남길 수 없는 경우에는 수기 출입대장을 활용해 기록을 남겨야 한다.

▼ 통제구역 출입관리 대장 예시

출입일자	방문자					확인자	비고
	소속	성명	방문목적	입실시각	퇴실시각	이름	
24.01.05	ABC	홍길동	정기점검	15:20	17:30	이순신	

▼ 물리적 안전조치 결함 사례

구분	주요내용	사례
1	통제구역 지정 누락	멤버십 가입신청서 등이 보관된 문서고가 내부 지침에 따라 통제구역으로 지정되지 않음.
2	출입기록 미점검	출입 가능한 인원을 관리하고 있으나, 장기 미출입자에 대한 정기 검토 미흡
3	출입통제 미흡	전산실 · 문서고 출입문을 승인 없이 장시간 개방 상태로 유지

🅑 **기적**의 TIP

제한구역과 통제구역을 구분할 수 있어야 한다.
출입관리 대장은 수기로도 작성 가능함을 기억하자.

SECTION 08 재해·재난 대비 안전조치

빈출 태그: 10만명, 100만명, 위기대응 매뉴얼, RPO, RTO, 증분 백업, 차분 백업

01 재해 · 재난 대비 안전조치 개요

화재, 홍수, 단전 등 재해 · 재난 발생 시 개인정보처리시스템 보호를 위한 대응절차를 마련하고 백업 및 복구를 위한 정기적인 점검 활동을 말한다.

02 재해 · 재난 대비 안전조치 근거

> **관련법령**
>
> 개인정보의 안전성 확보조치 기준 제11조(재해 · 재난 대비 안전조치) 〈시행 2023.09.22.〉
> **10만 명 이상**의 정보 주체에 관하여 개인정보를 처리하는 **대기업 · 중견기업 · 공공기관** 또는 **100만 명 이상**의 정보 주체에 관하여 개인정보를 처리하는 **중소기업 · 단체**에 해당하는 개인정보 처리자는 화재, 홍수, 단전 등의 재해 · 재난 발생 시 개인정보처리시스템 보호를 위한 다음 각 호의 조치를 하여야 한다.
> 1. **위기대응 매뉴얼** 등 대응 절차를 마련하고 정기적으로 점검
> 2. 개인정보처리시스템 **백업 및 복구를 위한 계획**을 마련

- 기존 정보통신서비스 제공자의 경우, 해당 조치는 2024년 9월 25일부터 적용된다.
- 10만 명 이상의 개인정보를 처리하는 대기업 · 중견기업 · 공공기관 또는 100만 명 이상의 개인정보를 처리하는 중소기업 · 단체는 위기대응 절차를 마련하고 백업 및 복구를 위한 계획을 마련하여야 한다.

> **기적의 TIP**
> 위기대응 절차와 백업 및 복구 계획 수립해야 하는 대상에 대해 기억하자.

03 재해 · 재난 대비 안전조치 구현 방안

1) 화재, 홍수, 단전 등 재해 · 재난 발생 시 개인정보의 손실 및 훼손 등을 방지하고 개인정보 유출 사고 등을 예방하기 위해 개인정보처리시스템 보호를 위한 위기대응 매뉴얼 등 대응 절차를 문서화하여 마련하고 이에 따라 조치하여야 한다.
2) 백업 및 복구를 위한 계획에는 다음 사항을 포함하여야 한다.
- 개인정보처리시스템 구성요소(개인정보 보유량, 종류, 중요도, 연계 장비 등)
- 재해 · 재난 등에 따른 파급효과(개인정보 유출, 손실, 훼손 등) 및 조기 대응 방안
- 백업 및 복구 우선순위, 목표 복구 시점(RPO: Recovery Point Objective), 목표 복구 시간(RTO: Recovery Time Objective)

> **기적의 TIP**
> **목표 복구 시점**
> 장애 발생 시점으로부터 복구 가능한 데이터의 시점
> **목표 복구 시간**
> 장애 발생 후, 시스템이나 서비스가 다시 정상화되기까지 걸리는 최대 시간

▼ 데이터 백업 방식 상세 설명

구분	개념도	설명
전체 백업 (Full Backup)	Full 월 / Full 화 / Full 수 / Full 목 / Full 금 / Full 토 / Full 일 / Full 월 / Full 화 / Full 수	데이터 전체를 백업
증분 백업 (Incremental Backup)	Full 월 / Incre 화 / Incre 수 / Incre 목 / Incre 금 / Incre 토 / Incre 일 / Full 월 / Incre 화 / Incre 수	• 풀 백업 이후 변경되거나 추가된 데이터만 백업 • 변경분만 백업하면 되므로 시간 단축
차등 백업 (Differential Backup)	Full 월 / Diff 화 / Diff 수 / Diff 목 / Diff 금 / Diff 토 / Diff 일 / Full 월 / Diff 화 / Diff 수	• 풀 백업 이후 추가된 데이터를 합산하여 모두 백업 • 매일 데이터 변경 분을 받으므로 후반부로 갈수록 백업 시간이 늘어나는 단점이 있음
합성 백업 (Systhetic Backup)	Full 월 / Incre 화 / Incre 수 / Incre 목 / Incre 금 / Incre 토 / Incre 일 / Full 월 / Incre 화 / Incre 수	풀 백업 이후 변경되거나 추가된 데이터를 증분형식으로 백업

> **기적의 TIP**
>
> 위기대응 절차 마련, 백 및 복구를 위한 계획을 수립해야 하는 대상에 대해 숙지해야 한다.
> - 10만 명 이상의 개인정보를 처리하는 대기업 · 중견기업 · 공공기관
> - 100만 명 이상의 개인정보를 처리하는 중소기업 · 단체
>
> 증분 백업과 차등 백업을 구분할 수 있어야 한다.

▼ 재해·재난 대비 안전조치 결함 사례

구분	주요내용	사례
1	재해 복구 절차 부재	백업센터는 운영 중이나, 이를 활용한 재해 복구 절차가 수립되어 있지 않음.
2	복구 기준 미흡	복구 우선순위, 목표 시간(RTO), 목표 시점(RPO) 등이 내부 지침에 정의되어 있지 않음.
3	복구 연계성 부족	백업 주기 및 대상이 복구 목표와 연계되지 않아 복구 효과 보장 어려움.
4	복구 훈련 형식적 수행	훈련이 내부 절차 및 서식에 따라 이행되지 않아 실효성 부족.

SECTION 09 출력·복사 시 보호조치

출제빈도 상 중 **하**
반복학습 1 2 3

빈출 태그 최소화, 엑셀 숨겨진 필드, 웹 소스 보기

▶ 합격 강의

01 출력·복사 시 보호조치 개요

개인정보가 과도하게 출력(인쇄, 화면표시, 파일 생성)되거나, 개인정보가 인쇄물 및 외부 저장 매체 등을 통해 유출되지 않도록 사전에 방지하고 관리하는 조치 활동을 말한다.

02 출력·복사 시 보호조치 근거

관련법령

개인정보의 안전성 확보조치 기준 제12조(출력·복사 시 안전조치) 〈시행 2023.09.22.〉
① 개인정보 처리자는 개인정보처리시스템에서 개인정보의 출력 시(인쇄, 화면표시, 파일생성 등) 용도를 특정하여야 하며, 용도에 따라 출력 항목을 **최소화**하여야 한다.
② 개인정보 처리자는 개인정보가 포함된 종이 인쇄물, 개인정보가 복사된 외부 저장 매체 등 개인정보의 출력·복사물을 안전하게 관리하기 위해 필요한 안전조치를 하여야 한다.

> **기적의 TIP**
> 출력·복사 시 안전조치는 정보통신서비스 제공자에게만 적용되던 조치였으나, 개인정보의 안전성 확보조치 기준 개정에 따라 모든 개인정보 처리자에게 적용되는 것으로 확대되었다.

03 출력·복사 시 안전조치 방안

1) 업무 수행 형태, 목적, 유형, 장소 및 환경 등을 고려하여 접근 권한 범위 내에서 최소한의 개인정보만 출력해야 한다.
2) 개인정보가 포함된 종이 인쇄물, 외부 저장 매체 등 출력·복사물을 통해 개인정보가 분실·도난·유출 되지 않도록 하기 위해 필요한 안전조치를 갖추어야 한다.
- 보안 USB 사용, 출력 보안 시스템 도입, 출력 시 사용자 인증 및 워터마크 삽입
- 오피스(예: 엑셀)에서 개인정보가 숨겨진 필드 형태로 저장되지 않도록 조치
- 웹페이지 소스 보기 등을 통해 불필요한 개인정보가 출력되지 않도록 사전 점검

▼ 출력·복사 시 보호조치 결함 사례

구분	주요내용	사례
1	엑셀 숨겨진 필드 유출	엑셀 파일에 개인정보가 숨겨진 필드로 남아 있어 외부 제공 시 개인정보가 유출됨.
2	웹 소스 노출	화면에는 개인정보가 마스킹되어 있으나, 웹브라우저 소스 보기 시 전체 개인정보가 노출됨.
3	과도한 조회 허용	개인정보 검색 화면에서 like 검색 허용으로 성씨만 입력해도 다수 개인정보가 조회 가능함.

> **기적의 TIP**
> 엑셀, 워드 등 오피스 파일에는 숨겨진 셀/시트, 메타데이터, 히든 필드 등에 개인정보가 의도치 않게 포함되어 있는 경우가 많다.
> - 엑셀의 숨겨진 필드 형태 저장, 웹페이지 소스 보기는 빈출로 반드시 암기한다.

SECTION 10 개인정보의 파기

출제빈도 상 중 하
반복학습 1 2 3

빈출 태그 소각, 파쇄, 소자 장비, 디가우저, 덮어쓰기, 익명처리

▶ 합격 강의

01 개인정보의 파기 개요

개인정보 미파기로 인한 사생활 침해 및 외부 유출을 방지해야 한다. 이를 위해 PC 또는 이동형 저장 매체를 매각하거나 폐기할 때에는 저장된 개인정보가 복구되지 않도록 안전하게 삭제하거나 복구 불가능한 방식으로 암호화하는 등의 조치를 취해야 한다.

02 개인정보의 파기 근거

> **관련법령**
>
> **개인정보의 안전성 확보조치 기준 제13조(개인정보의 파기) 〈시행 2023.09.22.〉**
> ① 개인정보 처리자는 개인정보를 파기할 경우 다음 각 호 중 어느 하나의 조치를 하여야 한다.
>   1. 완전파괴(**소각 · 파쇄** 등)
>   2. 전용 **소자 장비**(자기장을 이용해 저장장치의 데이터를 삭제하는 장비)를 이용하여 삭제
>   3. 데이터가 복원되지 않도록 **초기화 또는 덮어쓰기 수행**
> ② 개인정보 처리자가 개인정보의 일부만을 파기하는 경우, 제1항의 방법으로 파기하는 것이 어려울 때에는 다음 각 호의 조치를 하여야 한다.
>   1. 전자적 파일 형태인 경우 : 개인정보를 삭제한 후 복구 및 재생되지 않도록 관리 및 감독
>   2. 제1호 외의 기록물, 인쇄물, 서면, 그 밖의 기록 매체인 경우 : 해당 부분을 **마스킹, 구멍 뚫기** 등으로 삭제
> ③ 기술적 특성으로 제1항 및 제2항의 방법으로 파기하는 것이 현저히 곤란한 경우에는 법 제58조의2에 해당하는 정보로 처리하여 **복원이 불가능**하도록 조치를 하여야 한다.

- 법 개정으로 1년간 서비스를 이용하지 않은 이용자의 개인정보를 파기하거나 분리 보관해야 하는 제39조의6 개인정보의 파기에 대한 특례규정이 삭제되었다. ❶

▼ 개인정보의 파기 요약

구분	내용	비고
파기 방법	• 전용 소자 장비(자기장 방식 등)로 삭제 • 데이터 복원이 불가능하도록 초기화 또는 덮어쓰기 수행	전체 파기에 해당
일부 파기 시 조치	• 전자적 파일: 삭제 후 복구 · 재생 불가능하게 관리 및 감독 • 비전자적 기록물: 마스킹, 구멍 뚫기 등 물리적 제거	부분 정보 파기 시 유의사항
기술적 곤란 시 조치	비식별 정보로 처리하여 복원이 가능하도록 조치	가명처리 또는 비식별 조치 가능

❶
- 정보통신서비스 제공자 등에게만 별도로 부여되던 정보주체의 미이용 기간에 따른 개인정보 파기 의무사항은 없어졌다.
- 모든 개인정보처리자는 동일하게 법 제21조 개인정보의 파기 규정에 따라 보유기간의 경과, 개인정보의 처리 목적 달성 등 개인정보의 파기 사유가 발생하였을 때 지체 없이 파기하여야 하며, 다른 법령에 따라 보존하는 경우 분리하여 저장 · 관리하도록 하는 일반규정의 적용을 받게 된다.

03 개인정보의 파기 방안

1) 개인정보 처리자는 개인정보를 파기할 때에는 복구 또는 재생되지 않도록 다음 중 하나의 조치를 취하여야 한다.

▼ 개인정보의 파기 유형

구분	설명
완전파괴 (소각 · 파쇄 등)	개인정보가 저장된 회원가입신청서 등의 종이 문서, 하드디스크나 자기테이프를 파쇄기로 파기하거나 용해, 또는 소각장, 소각로에서 태워서 파기 등
전용 소자 장비	디가우저(Degausser)를 이용해 하드디스크나 자기테이프에 저장된 개인정보 삭제 등
초기화 또는 덮어쓰기	개인정보가 저장된 하드디스크에 대해 완전 포맷(3회 이상 권고), 데이터 영역에 무작위 값(0,1 등)으로 덮어쓰기(3회 이상 권고)
암호화	안전한 암호화 알고리즘 및 키 길이로 암호화 저장 후 삭제하고 암호화에 사용된 키 완전 폐기 및 무작위 값 덮어쓰기

2) 개인정보의 일부만 파기하는 경우는 저장 중인 개인정보 중 보유 기간이 경과한 일부 개인정보를 선택적으로 파기하는 경우를 말하며 다음과 같은 사례가 해당된다.
- 운영 중인 개인정보가 포함된 여러 파일 중 특정 파일을 파기하는 경우
- 보유 기간이 만료된 특정 파일이나 특정 정보주체의 개인정보만 파기하는 경우
- 데이터베이스(DB)에서 탈퇴한 특정 회원의 개인정보를 파기하는 경우
- 회원가입신청서 등의 종이 문서에 기록된 정보 중, 특정 항목(필드)의 정보를 파기하는 경우

3) 개인정보의 일부만을 파기하는 경우에는 다음과 같은 조치를 이행해야 한다.
- 전자적 파일 형태인 경우 : 해당 개인정보를 삭제한 후 복구 및 재생이 불가능하도록 관리 및 감독
- 기록물, 인쇄물, 서면, 그 밖의 기록 매체인 경우 : 해당 개인정보 부분을 마스킹하거나 천공 등의 방식으로 삭제

4) 기술적 특성으로 위의 방법으로 파기하는 것이 현저히 곤란한 경우에는 법 제58조의2에 따라 해당 정보를 익명처리 등으로 전환하여 복원이 불가능하도록 조치해야 한다. ❷

04 개인정보의 파기 기록 보관 및 관리

1) 개인정보 파기의 시행 및 파기 결과의 확인은 개인정보 보호책임자의 책임하에 수행되어야 하며, 파기에 관한 사항을 기록하고 관리하여야 한다.
2) 개인정보 파기에 대한 기록은 파기 관리대장에 기록하거나 파기 내용을 담은 사진 등을 기록물로 보관하여야 한다.
3) 공공기관은 개인정보파일을 파기하는 경우 파기 결과를 확인하고, 표준 개인정보 보호지침 제 55조에 따라 개인정보파일 파기 관리대장을 작성하여야 한다.

> **기적의 TIP**
> 개인정보 파기 방법에 대해서 기억하자.

> ❷
> 가명처리는 기술적으로 '파기'가 아닌 '변형'에 불과하며, 법적으로는 여전히 개인정보로 분류되기 때문이다.
> 개인정보보호법 제82조의2에서 얘기하는 시간 · 비용 · · 기술 등을 합리적으로 고려할 때 다른 정보를 사용하여도 더 이상 개인을 알아볼 수 없는 정보는 익명정보이다.

> **기적의 TIP**
> 개인정보 파기 유형별 조치 방안 구분할 수 있어야 한다. 기술적 특성으로 파기가 곤란한 경우는 블록체인을 뜻하며 가명처리가 아닌 익명처리를 해야 한다는 것을 명심해야 한다.

▼ 개인정보의 파기 결함 사례

구분	주요내용	사례
1	불충분한 덮어쓰기	저장매체에서 개인정보를 삭제할 때 단순 삭제만 수행하고 덮어쓰기를 하지 않아 복원이 가능한 상태로 방치함.
2	익명처리 불충분	블록체인 등으로 인해 완전 파기가 어려워 익명처리했으나, 익명처리가 미흡하여 재식별 가능성이 존재함.
3	파기결과 미확인	파기 조치 후 그 결과를 확인하지 않고 기록도 남기지 않아 실제 파기 여부 입증이 불가능.

SECTION 11 영상정보처리기기(CCTV) 설치·운영

빈출 태그 공개된 장소, 정당한 권한, 현저히 침해할 우려, 교도소, 정신보건 시설, 공청회, 안내판, 임의 조작, 녹음 금지, 업무 목적, 구조 · 구급

01 영상정보처리기기(CCTV) 설치 · 운영 개요

영상정보처리기기란 일정한 공간에 지속적으로 설치되어 사람 또는 사물의 영상 등을 촬영하거나 이를 유 · 무선망을 통하여 전송하는 장치를 의미한다.
개인정보 보호법 개정으로 고정형과 이동형 영상정보처리기기에 대해서 각각 구분하여 학습해야 한다.

02 고정형 영상정보처리기기의 설치 · 운영 제한 근거

관련법령

개인정보 보호법 제25조(고정형 영상정보처리기기의 설치 · 운영 제한) 〈시행 2023. 03.14.〉

① 누구든지 다음 각 호의 경우를 제외하고는 공개된 장소❶에 고정형 영상정보처리기기를 설치 · 운영하여서는 아니 된다. 〈개정 2023. 3. 14.〉
  1. **법령에서 구체적으로 허용하고 있는 경우**
  2. **범죄의 예방 및 수사**를 위하여 필요한 경우
  3. 시설의 **안전 및 관리, 화재 예방**을 위하여 정당한 권한을 가진 자가 설치 · 운영하는 경우
  4. **교통단속**을 위하여 정당한 권한을 가진 자가 설치 · 운영하는 경우
  5. **교통정보의 수집 · 분석** 및 제공을 위하여 정당한 권한을 가진 자가 설치 · 운영하는 경우
  6. 촬영된 영상정보를 저장하지 아니하는 경우로서 대통령령으로 정하는 경우

② 누구든지 불특정 다수가 이용하는 **목욕실, 화장실, 발한실(發汗室), 탈의실** 등 개인의 사생활을 현저히 침해할 우려가 있는 장소의 내부를 볼 수 있도록 고정형 영상정보처리기기를 설치 · 운영하여서는 아니 된다. 다만, **교도소, 정신보건 시설** 등 법령에 근거하여 사람을 구금하거나 보호하는 시설로서 대통령령으로 정하는 시설에 대하여는 그러하지 아니하다.

③ 제1항 각 호에 따라 고정형 영상정보처리기기를 설치 · 운영하려는 **공공기관**의 장과 제2항 단서에 따라 고정형 영상정보처리기기를 설치 · 운영하려는 자는 **공청회 · 설명회**의 개최 등 대통령령으로 정하는 절차를 거쳐 관계 전문가 및 이해관계인의 의견을 수렴하여야 한다.

④ 제1항 각 호에 따라 고정형 영상정보처리기기를 설치 · 운영하는 자(이하 "고정형영상정보처리기기운영자"라 한다)는 정보 주체가 쉽게 인식할 수 있도록 다음 각 호의 사항이 포함된 **안내판을 설치**하는 등 필요한 조치를 하여야 한다. 다만, 「군사기지 및 군사시설 보호법」 제2조 제2호에 따른 군사시설, 「통합방위법」 제2조 제13호에 따른 국가중요시설, 그 밖에 대통령령으로 정하는 시설의 경우에는 그러하지 아니하다.

---

❶
공개된 장소
- 도로, 공원, 공항, 항만, 주차장, 놀이터, 지하철역 등의 공공장소
- 백화점, 대형마트, 상가, 놀이공원, 극장 등 시설
- 버스, 택시 등 누구나 탑승할 수 있는 대중교통
- 병원 대기실, 접수대, 휴게실
- 구청 · 시청 · 주민센터의 민원실 등 국가 또는 지방자치단체가 운영하는 시설로 민원인 또는 주민의 출입에 제한이 없는 공공기관 내부

비공개된 장소
- 입주자만 이용 가능한 시설, 직원만 출입이 가능한 사무실, 권한이 있는 자만 접근 가능한 통제구역
- 학생, 교사 등 학교 관계자만 출입이 가능한 학교시설(교실, 실험실 등)
- 진료실, 입원실, 수술실, 지하철 내 수유실 등 사생활 침해 위험이 큰 공간

법률에 특별한 규정이 있는 경우
- 「사격 및 사격장 안전관리에 관한 법률」 제5조제2항– 안전사고 방지를 위해 사격장의 주요 지점에 폐쇄회로 텔레비전 설치
- 「영유아보육법」 제15조의4 – 어린이집을 설치 · 운영하는 자는 아동학대 방지 등 영유아의 안전과 어린이집의 보안을 위하여 「개인정보 보호법」 및 관련 법령에 따른 폐쇄회로 텔레비전을 설치 · 관리

1. **설치 목적 및 장소**
2. **촬영 범위 및 시간**
3. 관리책임자의 **연락처**
4. 그 밖에 대통령령으로 정하는 사항

⑤ 고정형 영상정보처리기기 운영자는 고정형 영상정보처리기기의 설치 목적과 다른 목적으로 고정형 영상정보처리기기를 **임의로 조작하거나 다른 곳을 비춰서는 아니 되며, 녹음기능은 사용할 수 없다.**

⑥ 고정형 영상정보처리기기 운영자는 개인정보가 분실·도난·유출·위조·변조 또는 훼손되지 아니하도록 제29조에 따라 안전성 확보에 필요한 조치를 하여야 한다.

⑦ 고정형 영상정보처리기기 운영자는 대통령령으로 정하는 바에 따라 고정형 영상정보처리기기 운영·관리 방침을 마련하여야 한다. 다만, 제30조에 따른 개인정보 처리방침을 정할 때 고정형 영상정보처리기기 운영·관리에 관한 사항을 포함시킨 경우에는 고정형 영상정보처리기기 운영·관리 방침을 마련하지 아니할 수 있다.

⑧ 고정형 영상정보처리기기 운영자는 고정형 영상정보처리기기의 설치·운영에 관한 사무를 위탁할 수 있다. 다만, 공공기관이 고정형 영상정보처리기기 설치·운영에 관한 사무를 위탁하는 경우에는 대통령령으로 정하는 절차 및 요건에 따라야 한다.

1) 고정형 영상정보처리기기는 일정한 공간에 설치되어 지속적 또는 주기적으로 사람 또는 사물의 영상 등을 촬영하거나 이를 유·무선망을 통하여 전송하는 장치를 말한다.

▼ 고정형 영상정보처리기기의 범위

구분	설명
폐쇄회로 텔레비전	• 일정한 공간에 설치된 카메라를 통하여 지속적 또는 주기적으로 영상 등을 촬영하거나 촬영한 영상정보를 유무선 폐쇄로 등의 전송로를 통하여 특정 장소에 전송하는 장치 • 촬영되거나 전송된 영상정보를 녹화·기록할 수 있도록 하는 장치
네트워크 카메라	• 일정한 공간에 설치된 기기를 통하여 지속적 또는 주기적으로 촬영한 영상정보를 그 기기를 설치·관리하는 자가 유무선 인터넷을 통하여 어느 곳에서나 수집·저장 등의 처리를 할 수 있도록 하는 장치

2) 누구든지(개인정보 처리자, 단체, 개인) 공개된 장소에 고정형 영상정보처리기기는 원칙적으로 설치·운영을 금지한다.

3) 예외적으로 법 제25조에서 정하는 사유에 해당하는 경우에만 고정형 영상정보처리기기를 설치·운영할 수 있다.

- 법령에서 구체적으로 허용하고 있는 경우
- 범죄의 예방 및 수사를 위하여 필요한 경우
- 시설의 안전 및 관리, 화재 예방을 위하여 정당한 권한❷을 가진 자가 설치·운영하는 경우
- 교통단속을 위하여 정당한 권한을 가진 자가 설치·운영하는 경우
- 교통정보의 수집·분석 및 제공을 위하여 정당한 권한을 가진 자가 설치·운영하는 경우
- 촬영된 영상정보를 저장하지 아니하는 경우로서 아래 각 목에 해당하는 경우
  가. 출입자 수 등 통계값 산출을 위해 필요한 경우

---

❷ **정당한 권한없이 CCTV를 설치·운영한 사례**
- 교통단속 권한이 없는 공공기관이 전용차로 위반, 주정차 위반 등 교통법규 단속을 목적으로 도로상에 CCTV를 설치·운영하는 경우
※법령상 교통단속 권한이 있는 공공기관이 단속 목적 CCTV를 설치·운영하는 경우는 정당한 권한이 있는 경우에 해당
- 시설 안전이나 화재 예방을 이유로 다른 사람의 소유지나 사업소 내부를 비추는 CCTV를 설치하여 영상을 촬영하는 행위
※CCTV 설치·운영 시 다른 사람의 소유지나 사업소가 촬영되지 않도록 CCTV 촬영 범위 및 각도 등을 조절해야 함

나. 성별, 연령대 등 통계적 특성값을 도출하기 위해 필요한 경우
다. 그 밖에 이에 준하는 경우로서 보호위원회의 심의 · 의결을 거친 경우
4) 영상정보처리기기를 설치 · 운영하려는 기관은 개인의 사생활이 침해되지 않도록 영상정보처리기기를 최소한으로 설치 · 운영하여야 하며, 개별 구체적 사안에서는 다음의 원칙을 반드시 준수해야 한다.

- 설치 운영 제한 및 필요한 범위 내 최소 촬영
- 카메라 방향 임의 조작 및 녹음 기능 사용 금지
- 설치 전 의견 수렴 절차 및 안내판 설치
- 영상정보처리기기 운영 · 관리 방침 수립 및 공개
- 영상정보처리기기의 설치 · 운영 업무를 위탁하는 경우, 수탁자에 대한 철저한 관리 · 감독

➕ 더 알기 TIP

사무실은 공개된 장소인가요?

출입이 통제되어 해당 사무실에 직원 등 특정한 사람만 들어갈 수 있다면 공개된 장소로 볼 수 없습니다. 다만, 사무실이라고 하더라도 출입이 통제되지 않아 민원인이나 불특정 다수인이 아무런 제약 없이 출입이 가능하다면 공개된 장소에 해당합니다.

방문객 수 집계를 목적으로 CCTV 설치 · 운영이 가능한가요?

불특정 다수가 출입이 가능한 공개된 장소에서, 촬영된 영상을 저장하지 아니하면서 방문객 수 집계 등 통계값 산출을 목적으로 일시적으로 사용하는 경우라면, 보호법 제25조제1항제6호에 해당될 수 있으므로 CCTV 설치 · 운영이 가능합니다.

CCTV의 줌(Zoom) 기능이나 촬영방향 전환 기능은 이용 가능한지?

CCTV를 당초 설치 목적이 아닌 다른 목적으로 임의로 조작하거나 다른 곳을 촬영하는 것을 금지하는 것이므로, 당초 설치 목적 범위 내에서 이용하는 것은 가능합니다.

교통단속 위반행위 처분 관련 부서에서, 민원인의 폭언 · 폭행 방지를 위해 CCTV 설치 및 녹음이 가능한가요?

공공기관의 사무실이라도 민원인이 자유롭게 출입하는 공간은 공개된 장소에 해당하며, 이 경우 법 제25조에 따라 CCTV를 설치할 수 있으나, 해당 CCTV를 통한 녹음은 금지됩니다.

▼ 고정형 영상정보처리기기 요약

구분	내용	비고
설치 원칙	• 공개된 장소에 고정형 영상정보처리기기 설치 원칙적으로 금지	—
설치 허용 요건	• 법령 • 범죄의 예방 및 수사 • (정당한 권한) 시설의 안전 및 관리, 화재 예방 • (정당한 권한) 교통단속 • (정당한 권한) 교통정보 제공 • 저장하지 않는 경우로 대통령령❸에 해당할 때	• 예외조건 반드시 암기
이해 관계자 의견 수렴	• 공공기관의 장 • 교정시설, 정신의료기관, 정신요양시설, 정신재활시설	• 공청회 · 설명회 등

❸
- 출입자 수 등 통계값 산출을 위해 필요한 경우
- 성별, 연령대 등 통계적 특성값을 도출하기 위해 필요한 경우
- 그 밖에 위의 이에 준하는 경우로서 개인정보 보호위원회의 심의 · 의결을 거친 경우

구분		
안내판 설치 의무	• CCTV가 설치된 장소에는 목적, 장소, 범위, 시간, 책임자 정보 등이 포함된 안내판을 눈에 띄게 설치해야 함 ❹	• 안내판 포함 필수 항목 암기
사용 시 제한	• 설치 목적 외로 방향 조작 금지 • 녹음기능 사용 금지	• 녹음 불가 기억

❹
• 안내판은 정보주체가 쉽게 알아볼 수 있는 출입구, 정문 등 눈에 잘 띄는 장소에 설치해야 함
• 건물 내, 공원 등 설치 장소에 따라 정보주체가 쉽게 판독할 수 있도록 안내판의 글자 크기와 높이를 조절하여 설치해야 함

03 고정형 영상정보처리기기 설치 및 운영

고정형 영상정보처리기기 설치·운영 시 정보주체가 쉽게 인식할 수 있도록 안내판을 설치해야 한다.

▼ 안내판 관련 내용

구분	내용
포함 사항	• 설치 목적 및 장소 • 촬영 범위 및 시간 • 관리책임자의 연락처 • (해당 시) 수탁자의 명칭 및 연락처
설치 예외 사항	• 군사시설 • 국가 중요시설 • 국가보안 시설
설치 시 고려사항	• 정보주체가 쉽게 알아볼 수 있는 위치에 설치 • 건물 안에 여러개의 고정형 영상정보처리기기를 설치하는 경우에는 출입구 등 잘 보이는 곳에 해당 시설 또는 장소 전체가 고정형 영상정보처리기기 설치지역임을 표시하는 안내판 설치 가능 • 안내판 설치를 갈음하여 인터넷 홈페이지에 게재가 가능한 경우 ❺

❺
• 공공기관이 원거리 촬영, 과속·신호위반 단속 또는 교통흐름 조사 등의 목적으로 고정형 영상정보처리기기를 설치하는 경우로서 개인정보 침해의 우려가 적은 경우
• 산불감시용 고정형 영상정보처리기기를 설치하는 경우 등 장소적 특성으로 인하여 안내판 설치가 불가능하거나 설치하더라도 정보주체가 쉽게 알아볼 수 없는 경우

➕ 더 알기 TIP

국가보안시설인 공공기관의 민원실에 CCTV 안내판을 설치해야 하는지?

국가보안시설인 경우에는 안내판을 부착하지 않을 수도 있습니다. 하지만, 민원인들이 출입하는 민원실의 경우 공개된 장소로 민원인의 개인정보자기결정권 보장 등을 위해 안내판을 부착하는 것이 바람직합니다.

1) 외국인이 자주 이용하는 장소인 경우, 안내판은 한국어와 외국어로 병기하는 것이 바람직하다.
2) 고정형 영상정보처리기기의 설치·운영을 위탁한 경우에는 고정형 영상정보처리기기 위탁자의 관리책임자의 연락처와 더불어 수탁자의 명칭 및 연락처를 함께 기재해야 한다.
3) 건물 안에 여러 개의 고정형 영상정보처리기기를 설치하는 경우에는 출입구 등 잘 보이는 곳에 해당 시설 또는 장소 전체가 고정형 영상정보처리기기 설치지역임을 표시하는 안내판을 설치할 수 있다. ❻
4) 고정형 영상정보처리기기 운영자가 서로 다른 경우에는 동일한 장소 또는 건물이라고 하더라도 고정형 영상정보 처리기기 운영자별로 안내판을 각각 설치해야 한다.

❻
건물 내 여러 대의 고정형 CCTV에 대해 이용자가 CCTV 촬영 사실을 명확히 인지할 수 있다면 대표 안내판 하나만 설치해도 적법하다.

5) 다만, 공공기관의 인터넷 홈페이지에 게재할 수 없는 경우에는 다음 중 어느 하나 이상의 방법으로 안내판에 기재하여야 할 사항을 공개할 수 있다.
- 고정형 영상정보처리기기 운영자의 사업장·영업소·사무소·점포 등(이하 "사업장등"이라 한다)의 보기 쉬운 장소에 게시하는 방법
- 관보(고정형 영상정보처리기기 운영자가 공공기관인 경우만 해당한다)나 고정형 영상정보 처리기기 운영자의 사업장등이 있는 특별시·광역시·도 또는 특별자치도(이하 "시·도"라 한다) 이상의 지역을 주된 보급지역으로 하는 「신문 등의 진흥에 관한 법률」 제2조제1호 가목·다목 및 같은 조 제2호에 따른 일반일간신문, 일반주간신문 또는 인터넷신문에 싣는 방법
- 같은 제목으로 연 2회 이상 발행하여 정보주체에게 배포하는 간행물·소식지·홍보지 또는 청구서 등에 지속적으로 게재
- 고정형 영상정보처리기기 운영자와 정보주체가 작성한 계약서 등에 실어 정보주체에게 발급

▲ 고정형 영상정보처리기기 안내판 예시(출처: 개인정보보호위원회)

04 고정형 영상정보처리기기 운영·관리 방침에 포함하여야 할 사항

- 고정형 영상정보처리기기의 설치 근거 및 설치 목적
- 고정형 영상정보처리기기의 설치 대수, 설치 위치 및 촬영 범위
- 관리책임자, 담당 부서 및 영상정보에 대한 접근 권한이 있는 사람
- 영상정보의 촬영시간, 보관기간, 보관장소 및 처리방법
- 영상정보 확인 방법 및 장소
- 정보주체의 영상정보 열람 등 요구에 대한 조치
- 영상정보 보호를 위한 기술적·관리적 및 물리적 조치
- 그 밖에 고정형 영상정보처리기기의 설치·운영 및 관리에 필요한 사항

> **기적의 TIP**
>
> 개인정보 처리방침을 정할 때 고정형 영상정보처리기기 운영·관리에 관한 사항을 포함시킨 경우에는 고정형 영상정보처리기기 운영·관리 방침을 마련하지 아니할 수 있다.

05 이동형 영상정보처리기기의 설치·운영 제한 근거

> **관련법령**
>
> 개인정보 보호법 제25조의2(이동형 영상정보처리기기의 운영 제한) 〈시행 2023.03.14.〉
> ① **업무를 목적**❶으로 이동형 영상정보처리기기를 운영하려는 자는 다음 각 호의 경우를 제외하고는 공개된 장소에서 이동형 영상정보처리기기로 사람 또는 그 사람과 관련된 사물의 영상(개인정보에 해당하는 경우로 한정한다. 이하 같다)을 촬영하여서는 아니 된다.
> 1. 제15조 제1항 각 호의 어느 하나에 해당하는 경우
> 2. 촬영 사실을 **명확히 표시**하여 정보 주체가 촬영 사실을 알 수 있도록 하였음에도 불구하고 **촬영 거부 의사를 밝히지 아니한 경우**. 이 경우 정보 주체의 권리를 부당하게 침해할 우려가 없고 **합리적인 범위**를 초과하지 아니하는 경우로 한정한다.
> 3. 그 밖에 제1호 및 제2호에 준하는 경우로서 대통령령으로 정하는 경우
> ② 누구든지 불특정 다수가 이용하는 **목욕실, 화장실, 발한실, 탈의실 등** 개인의 사생활을 현저히 침해할 우려가 있는 장소의 내부를 볼 수 있는 곳에서 이동형 영상정보처리기기로 사람 또는 그 사람과 관련된 사물의 영상을 촬영하여서는 아니 된다. 다만, **인명의 구조·구급 등**을 위하여 필요한 경우로서 대통령령으로 정하는 경우에는 그러하지 아니하다.
> ③ 제1항 각 호에 해당하여 이동형 영상정보처리기기로 사람 또는 그 사람과 관련된 사물의 영상을 촬영하는 경우에는 **불빛, 소리, 안내판** 등 대통령령으로 정하는 바에 따라 촬영 사실을 표시하고 알려야 한다.
> ④ 제1항부터 제3항까지에서 규정한 사항 외에 이동형 영상정보처리기기의 운영에 관하여는 제25조 제6항부터 제8항까지의 규정을 준용한다.

1) 이동형 영상정보처리기기란 사람이 신체에 착용 또는 휴대하거나 이동 가능한 물체에 부착 또는 거치하여 사람 또는 사물의 영상 등을 촬영하거나 이를 유·무선망을 통하여 전송하는 장치를 말한다.

▼ 이동형 영상정보처리기기 범위

구분	설명
착용형	안경 또는 시계 등 사람의 신체 또는 의복에 착용하여 영상 등을 촬영하거나 촬영한 영상정보를 수집·저장 또는 전송하는 장치 스마트 안경 / 스마트 워치(카메라 有) / 액션캠 / 바디캠
휴대형	이동통신 단말장치 또는 디지털카메라 등 사람이 휴대하면서 영상 등을 촬영, 촬영한 영상정보를 수집·저장 또는 전송하는 장치 스마트폰 / 캠코더 / 디지털 카메라

---

❶
- 업무방해죄에 있어서의 '업무'란 직업 또는 사회생활상의 지위에 기하여 계속적으로 종사하는 사무나 사업의 일체를 의미하고, 그 업무가 주된 것이든 부수적인 것이든 가리지 아니하며, 일회적인 사무라 하더라도 그 자체가 어느 정도 계속적으로 행해지는 것이거나 혹은 그것이 직업 또는 사회생활상의 지위에서 계속적으로 행하여 온 본래의 업무수행과 밀접불가분의 관계에서 이루어진 경우에도 이에 해당한다.(대법원 2005. 4. 15. 선고 2004도8701 판결 등 참조)
- 업무상 횡령죄에서 '업무'란 법령, 계약에 의한 것뿐만 아니라 관례를 쫓거나 사실상의 것이거나를 묻지 않고 같은 행위를 반복할 지위에 따른 사무를 가리키는 것이다.(대법원 2006. 4. 27. 선고 2003도135 판결 등 참조)

부착·거치형	차량이나 드론 등 이동 가능 물체에 부착 또는 거치해 영상 등을 촬영하거나 촬영한 영상정보를 수집·저장 또는 전송하는 장치
	   이동형 주차 단속 카메라 　 자율 주행 자동차 카메라 　 드론

2) 업무를 목적으로 공개된 장소에서 이동형 영상정보처리기기를 이용한 촬영은 일반적으로 금지한다.
(업무 목적이므로 사적 목적 이용자❶는 해당 없음)

3) 다음의 경우에만 업무 목적으로 이동형 영상정보처리기기 운영이 가능하다.
- 법 제15조 제1항에 해당하는 경우
  - 예 정보 주체의 동의, 계약 이행, 정보 주체의 요청 이행 등
- 정보 주체가 촬영 사실을 명확히 알 수 있었음에도 거부 의사를 밝히지 않은 경우
(단, 정보 주체의 권리를 침해하지 않고, 합리적 범위 내에서 촬영한 경우에 한함)

4) 목욕탕, 화장실, 발한실, 탈의실 등 개인의 사생활을 현저히 침해할 우려가 있는 장소는 촬영을 금지한다.
(단, 인명 구조·구급 등 긴급 상황에 한하여 예외적으로 촬영 가능)❷

5) 업무를 목적으로 공개된 장소에서 이동형 영상정보처리기기로 사람 또는 그 사람과 관련된 사물의 영상을 촬영하는 경우 촬영 사실을 정보주체가 쉽게 알 수 있도록 표시하고 알려야 한다.
- 촬영 사실 표시 방법 : 불빛, 소리, 안내판, 안내지(입장권, 포스터), 영상기기 부착 스티커, LED, 섬광, 피촬영자 직접 고지, 무선신호, QR코드, SNS 공지 등
- 촬영 사실 표시 예외 : 드론에 의한 항공촬영 등 촬영 방법의 특성으로 인해 정보주체에게 촬영 사실을 쉽게 알 수 있도록 표시하고 알리기 어려운 경우에는 개인정보 보호위원회가 이동형 영상정보처리기기의 촬영사실 표시를 지원하기 위하여 구축·운영하는 홈페이지를 통해 촬영 사실 및 목적, 촬영 일시 및 장소 등의 사항을 공지

➕ 더 알기 TIP

촬영 사실 표시 해외 사례

(영국) Responsible innovation in self driving vehicles ('22.8월)
- 자율주행차가 보행자나 다른 도로 사용자의 카메라 데이터를 수집하는 경우 차량 외부에 이를 명확하게 표시하도록 권고
- 자율주행차는 외부에 표시용 라벨*을 부착

6) 이동형 영상정보처리기기 촬영 시 녹음된 내용이 특정 개인을 알아볼 수 있는 개인정보에 해당하는 경우에는 정보주체 동의 등의 법적 근거를 갖추어야 한다. 아울러 공개되지 아니한 타인간의 대화 녹음시에는 「통신비밀보호법」위반에도 해당될 수 있음을 유의할 필요가 있다.

🏆 기적의 TIP

- 고정형 영상정보처리기기 원칙과 비교하여 암기해야 한다.
- 고정형 영상정보처리기기에서는 누구든지(개인정보 처리자, 단체, 개인) 공개된 장소에 고정형 영상정보처리기기를 설치·운영하는 것을 원칙적으로 금지한다.

❶
- 가정 내에서 카메라가 달린 스마트 가전(청소로봇 등)을 이용
- 여행 중 관광지에서 기념영상 촬영 또는 취미용 드론을 통해 주변경관 촬영 등
- 교통사고 발생시 증거확보를 목적으로 자동차에 블랙박스를 설치
※ 영리를 목적으로 공개된 장소에서 불특정 다수를 촬영한 후 이를 체계적으로 저장·관리하면서 유튜브 등에 지속 게재하는 자는 '영상기기운영자'에 해당할 수 있음

❷
고정형 영상정보처리기기는 교도소, 정신보건 시설 등 법령에 근거하여 사람을 구금하거나 보호하는 시설에서 예외적으로 촬영 가능하다.

▼ 이동형 영상정보처리기기 요약

구분	내용	비고
설치 원칙	• 업무 목적으로 공개된 장소에서 사람 또는 그와 관련된 사물의 영상(개인정보)을 촬영하는 것은 원칙적으로 금지	• 불특정 다수 대상 촬영 제한
설치 허용 요건	• 제15조 제1항 요건(동의 등) • 촬영 사실을 명확히 고지했으나 거부하지 않은 경우(합리적 범위 내에서)	• 사전 고지 또는 정당한 목적 필요
금지 장소	• 목욕실, 화장실, 발한실, 탈의실 등 사생활 침해 우려 공간 내부 촬영 금지	• 예외: 인명 구조·구급 목적 시 가능
촬영 표시 의무	• 예외 요건에 따라 촬영 시에는 불빛·소리·안내판 등으로 촬영 사실을 명확히 표시해야 함	• 알리기 어려운 경우 개인정보 보호 포털 공지 가능

> **기적의 TIP**
> 개인 영상정보의 안정성 확보조치는 고정형 및 이동형 영상정보처리기기 모두 해당한다.

06 개인 영상정보의 안정성 확보조치

영상정보처리기기 운영자는 개인 영상정보가 분실·도난·유출·변조 또는 훼손되지 않도록 보호해야 한다. 이를 위해 법 제29조 및 시행령 제30조 제1항에 따라 필요한 안정성 확보 조치를 이행하여야 한다.

▼ 개인 영상정보 보호를 위한 안전성 확보조치

구분	내용
내부 관리계획⑩	• 개인영상 정보 관리책임자 지정 • 개인영상 정보 관리책임자 및 취급자의 역할 및 책임에 관한 사항 • 안정성 확보조치에 관한 사항 • 개인영상정보 취급자 교육
접근 통제 및 권한 제한	• 접근 권한을 최소한으로 부여 • 권한 부여·변경·말소 이력 관리 등 통제 체계 마련
안전한 저장·전송 기술	• 암호화, 접근제어 시스템 등 기술을 활용한 안전한 저장 및 전송 조치 적용
처리기록 관리	• 개인 영상정보 처리기록 보관 및 변조 방지 조치⑪를 통해 증적 확보 및 책임 추적 가능
물리적 보관 조치	• 개인 영상정보 저장 장비나 매체는 잠금장치가 있는 장소에 안전하게 보관

⑩ 1만명 미만의 정보주체의 개인정보를 처리하는 소상공인·개인·단체의 경우에는 생략 가능

⑪ 개인영상정보의 생성 일시 및 열람할 경우에 열람 목적·열람자·열람 일시 등 기록·관리 조치 등

▼ 이동형 영상정보처리기기의 개인영상정보 보호 8대 원칙(출처: 개인정보보호위원회)

① 비례성	개인영상정보 처리 목적이 정당하고 수단이 적정한지, 예상되는 편익에 비해 정보주체의 권리침해가 과도한지 등을 종합 고려해야 한다.
② 적법성	개인영상정보의 처리(수집·이용 등) 근거는 적법·명확해야 한다.
③ 투명성	개인영상정보의 처리에 관한 사항을 투명하게 공개해야 한다.
④ 안전성	개인영상정보가 유출·훼손되지 않도록 안전하게 관리해야 한다.
⑤ 책임성	영상기기운영자는 개인영상정보 처리 전반에 대한 책임을 준수하고 정보주체의 신뢰를 확보하기 위해 노력해야 한다.
⑥ 목적 제한	개인영상정보 처리는 목적에 필요한 범위에서 최소화해야 한다.
⑦ 통제권 보장	정보주체가 자신의 개인영상정보에 대한 통제권을 행사할 수 있는 수단을 제공하고 이를 보장해야 한다.
⑧ 사생활 보호	사생활 침해를 최소화하는 방법으로 개인영상정보를 처리하여야 한다.

07 개인 영상정보의 제3자 제공

1) 공공기관은 법 제25조에서 정하는 사유에 해당하여 공개된 장소에 고정형 영상정보 처리기기를 설치·운영하는 경우 해당 수집 목적 내로 개인 영상정보를 이용할 수 있으며 일정한 경우에 한하여 목적 내 제공 가능하다.⑫
2) 공공기관은 법률에서 정하는 등 특별한 경우를 제외하고 개인 영상정보를 수집 목적 이외로 이용하거나 제3자에게 제공할 수 없다.
3) 단, 다음의 예외 사유에 해당하는 경우에는 정보주체 또는 제3자의 이익을 부당하게 침해할 우려가 있을 때를 제외하고는 목적 외 이용·제공이 가능하다.
- 정보주체에게 동의를 얻은 경우
- 다른 법률에 특별한 규정이 있는 경우
- 명백히 정보주체 또는 제3자의 급박한 생명, 신체, 재산의 이익을 위하여 필요하다고 인정되는 경우
- 통계작성, 과학적 연구, 공익적 기록보존 등을 위하여 필요한 경우로서 법 제28조의2 또는 제28조의3에 따라 가명처리한 경우
- 개인영상정보를 목적 외의 용도로 이용하거나 이를 제3자에게 제공하지 아니하면 다른 법률에서 정하는 소관 업무를 수행할 수 없는 경우로서 보호위원회의 심의·의결을 거친 경우
- 조약, 그 밖의 국제협정의 이행을 위하여 외국정부 또는 국제기구에 제공하기 위하여 필요한 경우
- 범죄의 수사와 공소의 제기 및 유지를 위하여 필요한 경우
- 법원의 재판업무 수행을 위하여 필요한 경우
- 형(刑) 및 감호, 보호처분의 집행을 위하여 필요한 경우
- 공중위생 등 공공의 안전과 안녕을 위하여 긴급히 필요한 경우
4) 개인 영상정보를 수집 목적 외로 이용하거나 제3자에게 제공하는 경우에는 다음의 사항을 기록하고 관리하여야 하며, 파기 등 개인 영상정보의 안전성 확보를 위하여 필요한 조치를 하도록 요청해야 한다.
- 이용하거나 제공하는 개인정보 또는 개인영상정보 파일의 명칭 및 개인정보의 항목
- 이용하거나 제공받은 자(공공기관 또는 개인)의 명칭
- 이용 또는 제공의 목적
- 법령상 이용 또는 제공 근거가 있는 경우 그 근거
- 이용 또는 제공의 기간이 정해져 있는 경우에는 그 기간
- 이용 또는 제공의 형태
- 이용 또는 제공한 개인영상정보의 업무처리 담당자
- 제공한 이후 파기 여부 등 그 결과와 처리 일자
- 안전성 확보를 위하여 필요한 조치를 요청한 경우 그 내용 및 결과

---

⑫
- 정보주체의 동의를 받은 경우
- 제15조제1항제2호, 제3호 및 제5호부터 제7호까지에 따라 개인정보를 수집한 목적 범위에서 개인정보를 제공하는 경우

⑬ 목적 외 이용등을 한 날부터 30일 이내에 "목적 외 이용등을 한 날짜·법적 근거·목적·개인정보의 항목"을 관보 게재 또는 홈페이지에 10일 이상 계속 게재하여야 한다.

5) 개인영상정보를 목적 외의 용도로 제공하는 기관은 제공 사실을 관보 또는 홈페이지에 공개해야 한다.⑬

번호	구분	일시	파일명/형태	담당자	목적/사유	이용·제공받는 제3자/열람등 요구자	이용·제공 근거	이용·제공 형태	이용·제공 기간 및 파기 예정일자	파기 여부 등 결과 및 처리일자	안전관리 요청내용 및 결과
1	☐ 이용 ☐ 제공 ☐ 열람 ☐ 파기										
2	☐ 이용 ☐ 제공 ☐ 열람 ☐ 파기										

▲ 개인영상정보 관리대장 예시(출처: 개인정보보호위원회)

➕ 더 알기 TIP

쓰레기 무단투기자의 신원 등을 확인하기 위한 목적으로 CCTV 영상을 공개하는 것이 가능한지?

지방자치단체는 「폐기물관리법」 제8조 및 제68조에 따라 쓰레기 무단투기를 단속할 의무가 있습니다. 다만, 불특정 다수에게 무단투기자의 CCTV 영상을 공개하는 것은 법 제15조제1항제2호 및 제17조제1항제2호에 따른 법령상 의무를 준수하기 위한 '불가피한' 경우에 해당된다고 볼 수 없습니다. 다만, 법 제17조 제1항제2호에 따라 공공기관이 법령 등에서 정하는 소관업무 수행을 위하여 불가피하게 수집한 개인정보는 당초 수집 목적 내에서 제3자에게 제공할 수 있으므로, 무단투기자의 CCTV 영상을 공개하여서는 아니 되나, 신원 확인을 위해 인근 주민 등 제한된 범위 내의 자에게 영상의 일부를 확인시키고 인적 사항을 묻는 것은 가능합니다.

범죄 예방 목적으로 설치한 CCTV 영상자료를 민원인 방문 여부 확인을 위해 열람·제공할 수 있나요?

원칙적으로 수집 목적을 넘어서 영상정보를 이용하거나 제3자에게 제공할 수 없으며, 정보주체의 동의, 다른 법률의 특별한 규정 등 예외 사유에 해당하는 경우에 한하여 이용 또는 제공할 수 있습니다.

08 개인 영상정보의 파기

영상정보의 보관 기간을 정하여 보관 기간 만료 시 지체 없이 파기하여야 한다.
- 영상정보의 보유 목적 달성을 위한 최소한의 기간으로 보관 기간 결정
- 다만, 영상정보의 보관 기간과 관련하여 다른 법령에 특별한 규정이 있는 경우에는 해당 규정에 따라 보관
- 영상정보처리기기운영자가 그 사정에 따라 보유 목적 달성을 위한 최소한의 기간을 산정하기 곤란한 때에는 보관 기간을 개인영상정보 수집 후 30일 이내로 함

➕ 더 알기 TIP

영상정보의 보관기간은 반드시 30일 이내로 정해야 하나요?

반드시 30일 이내로 하여야 하는 것은 아닙니다. CCTV 설치 목적 등 해당 사업 등의 특성에 따라 보관 목적 달성을 위해 필요한 최소한의 기간이 30일을 초과하는 경우에는 이를 CCTV 운영·관리 방침에 반영하고 그 기간동안 보관할 수 있습니다.
다만, 다른 법령에 보관기간이 정해져 있는 경우에는 그에 따라야 합니다.

▼ 영상정보처리기기 운영 결함 사례

구분	주요내용	사례
1	안내판 고지	청사 입구에 고정형 영상정보처리기기를 설치하고, 안내 표지판도 부착했으나, 관리책임자의 연락처를 표기하지 않음
2	위탁계약 미흡	외부 업체에 영상정보처리기기 업무를 위탁했으나, 법적 필수 사항이 계약서에 미기재
3	안내판 수탁자 정보 누락	위탁 운영 중 안내판에 수탁자 명칭 및 연락처 누락
4	목적 외 임의 조작 및 녹음 기능 사용	시설 출입 통제를 목적으로 고정형 CCTV를 설치하였으나, 운영자가 이를 회의실 내부로 임의로 방향을 조작해 직원들의 회의 내용을 녹화했고, 동시에 해당 음성까지 녹음
5	정보주체에 대한 고지 없이 이동형 영상정보처리기기 운영	홍보 목적의 영상 촬영을 위해 이동형 카메라를 들고 공공장소에서 시민들을 대상으로 촬영을 진행한 A기관은, 촬영 중임을 알리는 스티커, LED등, 안내판 등을 전혀 사용하지 않았고, 현장에서도 시민들에게 별도로 알리지 않음

🏁 기적의 TIP

고정형과 이동형 영상정보처리기기의 설치 허용 요건이 서로 다르므로 반드시 구분하여 암기한다.

고정형 영상정보처리기기 설치 목적 외로 조작해서는 안 되며, 녹음 기능은 절대 사용할 수 없다는 점에 유의한다.

이동형 영성장보처리기기는 정보주체가 촬영 사실을 명확히 인지할 수 있었음에도 불구하고 거부 의사를 밝히지 않은 경우에 촬영이 가능하다.

SECTION 12 공공시스템 운영기관 등에 대한 특례

출제빈도 상 중 하
반복학습 1 2 3

빈출 태그 100만 명, 200명 이상, 민감한 개인정보, 반기별 1회, 자동화된 방식

01 공공시스템 운영기관 등에 대한 특례 개요

공공시스템 운영기관의 개인정보 보호 강화를 위해, 공공시스템 지정 기준과 공공시스템 운영기관의 안전조치 기준을 규정하는 내용이 개인정보의 안전성 확보조치 기준 고시에 신설되었다.

> **기적의 TIP**
>
> 지정 기준과 안전조치 기준은 빈출 문제이므로 반드시 암기해야 한다.

02 공공시스템 운영기관 등의 개인정보 안전성 확보조치 기준 근거

관련법령

개인정보의 안전성 확보조치 기준 제14조(공공시스템운영기관의 안전조치 기준 적용) 〈시행 2023.09.22.〉

① 다음 각 호의 어느 하나에 해당하는 개인정보처리시스템 중에서 개인정보보호위원회(이하 "보호위원회"라 한다)가 **지정하는 개인정보처리시스템(이하 "공공시스템"이라 한다)을 운영하는 공공기관(이하 "공공시스템운영기관"이라 한다)**은 제2장의 개인정보의 안전성 확보조치 외에 이 장의 조치를 하여야 한다.

1. 2개 이상 기관의 공통 또는 유사한 업무를 지원하기 위하여 **단일 시스템**을 구축하여 다른 기관이 접속하여 이용할 수 있도록 한 **단일접속 시스템**으로서 다음 각 목의 어느 하나에 해당하는 경우
   가. **100만 명 이상**의 정보 주체에 관한 개인정보를 처리하는 시스템
   나. 개인정보처리시스템에 대한 **개인정보 취급자의 수가 200명 이상**인 시스템
   다. 정보 주체의 사생활을 현저히 침해할 우려가 있는 **민감한 개인정보**를 처리하는 시스템

2. 2개 이상 기관의 공통 또는 유사한 업무를 지원하기 위하여 표준이 되는 시스템을 개발하여 다른 기관이 운영할 수 있도록 배포한 **표준배포 시스템**으로서 **대국민 서비스**를 위한 행정업무 또는 민원업무 처리용으로 사용하는 경우

3. **기관의 고유한 업무 수행**을 지원하기 위하여 기관별로 운영하는 개별 시스템으로서 다음 각 목의 어느 하나에 해당하는 경우
   가. **100만 명 이상**의 정보 주체에 관한 개인정보를 처리하는 시스템
   나. 개인정보처리시스템에 대한 **개인정보 취급자의 수가 200명 이상**인 시스템
   다. 「주민등록법」에 따른 **주민등록정보시스템과 연계**하여 운영되는 시스템
   라. **총 사업비가 100억 원 이상**인 시스템

② 제1항에도 불구하고 보호위원회는 다음 각 호의 어느 하나에 해당하는 개인정보처리시스템에 대하여는 공공시스템으로 지정하지 않을 수 있다.

1. 체계적인 개인정보 검색이 어려운 경우

2. **내부적 업무처리만**을 위하여 사용되는 경우
3. 그 밖에 개인정보가 유출될 가능성이 상대적으로 낮은 경우로서 보호위원회가 인정하는 경우

1) 아래 표에 해당하는 경우, 일반적인 개인정보의 안전성 확보조치 외에도 공공시스템 운영기관 등에 적용되는 별도의 안전조치를 이행해야 한다.

▼ 공공시스템 대상

구분	대상	설명
단일 시스템	100만 명 이상 정보 주체	100만 명 이상의 정보 주체에 관한 개인정보를 처리하는 시스템
	200명 이상 개인정보 취급자	개인정보처리시스템에 대한 개인정보 취급자의 수가 200명 이상인 시스템
	민감한 개인정보	정보 주체의 사생활을 현저히 침해할 우려가 있는 민감한 개인정보를 처리하는 시스템
표준배포 시스템	대국민 서비스	다른 기관이 운영할 수 있도록 배포한 표준배포 시스템으로서 대국민 서비스를 위한 행정업무 또는 민원업무 처리용으로 사용하는 경우
고유한 업무 수행을 위한 개별 시스템	100만 명 이상 정보 주체	100만 명 이상의 정보 주체에 관한 개인정보를 처리하는 시스템
	200명 이상 개인정보 취급자	개인정보처리시스템에 대한 개인정보 취급자의 수가 200명 이상인 시스템
	주민등록정보시스템 연계	주민등록법에 따른 주민등록정보시스템과 연계하여 운영되는 시스템
	사업비 100억 원 이상	총사업비가 100억 원 이상인 시스템

> 🅱️ **기적의 TIP**
> 구분별 대상을 반드시 암기해야 한다.

2) 다만, 위의 경우에 불구하고 개인정보보호위원회는 다음 중 어느 하나에 해당하는 개인정보처리시스템에 대하여는 공공시스템으로 지정하지 않을 수 있다.
- 체계적인 개인정보 검색이 어려운 경우
- 내부적 업무처리만을 위하여 사용되는 경우
- 그 밖에 개인정보가 유출될 가능성이 상대적으로 낮은 경우로서 보호위원회가 인정하는 경우

03 공공시스템 운영기관의 내부 관리계획의 수립 및 시행 근거

🔨 **관련법령**

개인정보의 안전성 확보조치 기준 제15조(공공시스템운영기관의 내부 관리계획의 수립·시행) 〈시행 2023.09.22.〉
공공시스템운영기관은 **공공시스템별로 다음 각 호의 사항을 포함하여 내부 관리계획을 수립**하여야 한다.
1. 영 제30조의2 제4항에 따른 관리책임자(이하 "관리책임자"라 한다)의 지정에 관한 사항
2. 관리책임자의 역할 및 책임에 관한 사항

3. 제4조 제1항 제3호에 관한 사항 중 개인정보 취급자의 역할 및 책임에 관한 사항
4. 제4조 제1항 제4호부터 제6호까지 및 제8호에 관한 사항
5. 제16조 및 제17조에 관한 사항

1) 기존 기관별 내부 관리계획이 아닌 공공시스템 운영기관은 공공시스템별로 내부 관리계획을 수립하여야 한다.❶
- ○○○ 공공기관에서 A 공공시스템, B 공공시스템, C 공공시스템을 운영할 경우 3개 공공시스템에 대한 세부 보호조치를 내부 관리계획에 별도로 수립해야 한다.
2) 공공시스템 운영기관은 공공시스템별로 다음의 사항을 포함하여 내부 관리계획을 수립하여야 한다.
- 관리책임자 지정에 관한 사항
- 관리책임자의 역할 및 책임에 관한 사항
- 개인정보 취급자의 역할 및 책임에 관 사항
- 개인정보 취급자에 대한 관리감독 및 교육에 관한 사항
- 접근 권한의 관리에 관한 사항
- 접근 통제에 관한 사항
- 접속기록 보관 및 점검에 관한 사항
- 공공시스템 운영기관의 접근 권한의 관리(고시 제16조 관련)
- 공공시스템 운영기관의 접속기록의 보관 및 점검(고시 제17조 관련)

❶ 기관 내부 관리계획 내에 공공시스템별 세부 보호조치를 반영해야 한다.

04 공공시스템 운영기관의 접근 권한의 관리

관련법령

개인정보의 안전성 확보조치 기준 제16조(공공시스템운영기관의 접근 권한의 관리) 〈시행 2023.09.22.〉
① 공공시스템운영기관은 공공시스템에 대한 **접근 권한**을 부여, 변경 또는 말소하려는 때에는 **인사 정보와 연계**하여야 한다.
② 공공시스템운영기관은 인사 정보에 등록되지 않은 자에게 제5조 제4항에 따른 계정을 발급해서는 안 된다. 다만, 긴급상황 등 불가피한 사유가 있는 경우에는 그러하지 아니하며, 그 사유를 제5조 제3항에 따른 내역에 포함하여야 한다.
③ 공공시스템운영기관은 제5조 제4항에 따른 계정을 발급할 때에는 개인정보 보호 **교육을 실시하고, 보안 서약**을 받아야 한다.
④ 공공시스템운영기관은 정당한 권한을 가진 개인정보 취급자에게만 접근 권한이 부여·관리되고 있는지 확인하기 위하여 제5조 제3항에 따른 접근 권한 부여, 변경 또는 말소 내역 등을 **반기별 1회** 이상 점검하여야 한다.
⑤ 공공시스템에 접속하여 개인정보를 처리하는 기관(이하 "공공시스템이용기관"이라 한다)은 소관 개인정보 취급자의 계정 발급 등 접근 권한의 부여·관리를 직접하는 경우 제2항부터 제4항까지의 조치를 하여야 한다.

- 공공시스템 운영기관은 인사 정보와 연계하여 접근 권한의 부여, 변경 및 말소를 수행하여야 하며 인사 정보에 등록되지 않은 자에게 계정을 발급해서는 안 된다. ❷
- 계정 발급 시 개인정보 보호 교육을 실시하고, 보안 서약을 받아야 한다.
- 공공시스템 운영기관은 접근 권한 부여, 변경 또는 말소 내역을 반기별 1회 이상 점검하여야 한다.

❷ 공공시스템 운영기관은 접근 권한 부여시 인사 정보와 연계해야 한다.

기적의 TIP

공공시스템 운영기관은 접근 권한을 반기별 1회 이상 점검하는 것을 반드시 기억해야 한다.
- 공공시스템 운영기관 외에는 내부 관리계획에 따라 연 1회 이상 점검해야 한다.

05 공공시스템 운영기관의 접속기록의 보관 및 점검

관련법령

개인정보의 안전성 확보조치 기준 제17조(공공시스템운영기관의 접속기록의 보관 및 점검) 〈시행 2023.09.22.〉
① 공공시스템 접속기록 등을 **자동화된 방식**으로 분석하여 불법적인 개인정보 유출 및 오용·남용 시도를 탐지하고 그 사유를 소명하도록 하는 등 필요한 조치를 하여야 한다.
② 공공시스템운영기관은 공공시스템이용기관이 소관 개인정보 취급자의 **접속기록을 직접 점검할 수 있는 기능을 제공**하여야 한다.

- 공공시스템 접속기록은 자동화된 방식❸을 통해 개인정보 유출 및 오용·남용 시도를 탐지하고 그 사유를 소명하는 등의 조치를 하여야 한다.
- 공공시스템 운영기관은 공공시스템을 이용하는 각 기관이 소관 개인정보 취급자의 접속기록을 직접 점검할 수 있는 기능을 제공해야 한다.

▼ 공공시스템 운영기관 등에 관한 특례 결함 사례

구분	주요내용	사례
1	공공시스템 별 내부관리계획 미수립	기관 차원의 내부관리계획은 존재하지만, 공공시스템별로 특성에 맞춘 별도 내부관리계획을 수립하지 않음
2	접속기록 분석 자동화 미구현	인사정보와 연계한 접근권한 관리 체계는 갖추고 있으나, 개인정보 유출이나 오·남용 시도를 탐지하기 위한 접속기록 분석이 수동으로 이루어져 위협 탐지에 한계가 있음

❸ 공공시스템 운영기관은 접속기록을 자동화된 방식으로 분석해야 한다.
공공시스템 운영기관이 아닐 경우에는 자동화된 방식은 의무사항이 아니다.

기적의 TIP

공공시스템 운영기관 등의 개인정보 안전성 확보조치를 수행해야 하는 공공시스템 대상 기준은 반드시 암기한다.
- 공공시스템 운영기관은 접근 권한 부여 시 인사 정보와 연계해야 하며 반기별 1회 이상 점검
- 공공시스템 운영기관은 접속기록을 자동화된 방식으로 분석하고 필요한 조치 이행

이론을 확인하는 기출문제

01 개인정보의 안정성 확보조치 기준으로 알맞지 않은 것은 것을 고르시오.
① 일반규정인 「개인정보의 안전성 확보조치 기준」과 특례 규정인 「개인정보의 기술적·관리적 보호조치 기준」을 통합하여 체계화하였다.
② 내부 관리계획의 수립·시행 및 점검에서 일반규정과 특례 규정의 내부 관리계획에 포함할 사항 등을 통합하여 체계화하고 개인정보 취급자 등에 대한 교육 조항을 신설하였다.
③ 개인정보 처리자는 개인정보처리시스템에 접속한 자에 대한 접속기록을 생성하고 1년 이상 보관·관리 하여야 한다.
④ 개인정보 처리자는 보안 프로그램의 자동 업데이트 기능을 사용하거나, 정당한 사유가 없는 한 일 1회 이상 업데이트를 실시하는 등 최신의 상태로 유지해야 한다.
⑤ 기술적 특성으로 영구삭제가 현저히 곤란한 경우에는 가명처리에 해당하는 정보로 처리하여 복원이 불가능하도록 조치하였다.

기술적 특성으로 영구삭제가 현저히 곤란한 경우에는 가명처리가 아닌 익명처리로 해당 정보를 처리하여 개인을 알아볼 수 없도록 하여야 한다.

02 개인정보의 안전성 확보조치 기준 중 내부 관리계획의 수립 및 시행에 대한 내용으로 틀린 것을 고르시오.
① 개인정보 처리자는 개인정보의 분실·도난·유출·위조·변조 또는 훼손되지 아니하도록 내부 의사결정 절차를 통하여 내부 관리계획을 수립·시행하여야 한다.
② 1만 명 미만의 정보 주체에 관하여 개인정보를 처리하는 소상공인·개인·단체의 경우에는 생략할 수 있다.
③ 개인정보 처리자는 사업 규모, 개인정보 보유 수, 업무 성격 등에 따라 일괄적으로 필요한 교육을 연 1회 실시하여야 한다.
④ 법 개정으로 인하여 내부 관리계획에 개인정보 보호 책임자의 자격요건, 개인정보 취급자에 대한 관리·감독, 개인정보의 유출, 도난 방지 등을 위한 취약점 점검 등이 추가되었다.
⑤ 개인정보 보호책임자는 접근 권한 관리, 접속기록 보관 및 점검, 암호화 조치 등 내부 관리계획의 이행 실태를 연 1회 이상 점검·관리 하여야 한다.

개인정보 처리자는 사업 규모, 개인정보 보유 수, 업무성격 등에 따라 개인정보 보호 책임자 및 개인정보 취급자 차등화하여 필요한 교육을 정기적으로 실시하여야 한다.

03 내부 관리계획의 수립 및 관리방안으로 적절하지 않은 것을 고르시오.
① 내부 관리계획은 조직(회사) 전체를 대상으로 수립한다.
② 개인정보 안전성 확보조치에 관한 사항 모두 포함해야 한다.
③ 스스로의 환경에 맞는 내부 관리계획을 수립하기보다 법률 또는 가이드에서 규정하는 내용을 최대한 그대로 반영하여 법적 의무사항을 준수하는 것이 바람직하다.
④ 내부 관리계획의 문서 제목은 가급적 '내부 관리계획'이라는 용어를 사용하는 것이 바람직하나, 내부 방침에 따른 다른 용어 사용도 가능하다.
⑤ 내부 관리계획의 수정·변경 사항을 개인정보 취급자 등에게 전파하여 이를 준수할 수 있도록 관리해야 한다.

법률 또는 가이드에서 규정하는 내용만을 반영하는 것이 아니라, 스스로의 환경에 맞는 내부 관리계획을 구체적으로 수립하는 것이 바람직하다.

04 법 개정으로 인하여 내부 관리계획에 추가된 사항에 대해 모두 고르시오.

> ㄱ. 개인정보 보호 책임자의 자격요건
> ㄴ. 개인정보 취급자에 대한 관리·감독
> ㄷ. 개인정보 암호화에 대한 방식
> ㄹ. 개인정보 유출, 도난 방지 등을 위한 취약점 점검
> ㅁ. 개인정보 내부 관리계획의 수립, 변경 및 승인
> ㅂ. 개인정보 처리업무를 위탁하는 경우 수탁자에 대한 관리 및 감독에 관한 사항

① ㄱ, ㄴ
② ㄱ, ㄴ, ㄹ, ㅁ
③ ㄱ, ㄷ, ㄹ, ㅁ
④ ㄴ, ㄷ, ㄹ, ㅂ
⑤ ㄱ, ㄴ, ㄷ, ㄹ, ㅁ, ㅂ

> 법 개정으로 인하여 내부 관리계획에 추가된 사항은 다음과 같다.
> • 개인정보 보호 책임자의 자격요건
> • 개인정보 취급자에 대한 관리·감독
> • 개인정보의 유출, 도난 방지 등을 위한 취약점 점검
> • 개인정보 내부 관리계획의 수립, 변경 및 승인

05 개인정보의 안전성 확보조치에 대한 기준 중 접근 권한 관리에 대한 설명 중 올바른 것을 고르시오.

① 개인정보 처리자는 업무의 편의와 효율성 향상을 위해 개인정보 취급자에게 부여할 수 있는 최대 권한을 부여하여야 한다.
② 개인정보 처리자는 개인정보 취급자 또는 개인정보 취급자의 업무가 변경되었을 경우 30일 이내에 개인정보 처리시스템의 접근 권한을 변경 또는 말소하여야 한다.
③ 가명정보를 처리하는 경우 가명정보에 접근할 수 있는 담당자와 추가 정보에 접근할 수 있는 담당자를 반드시 구분하여야 한다.
④ 개인정보 처리자는 접근 권한 부여, 변경, 말소에 대한 내역을 기록하고 최소 1년간 보관하여야 함.
⑤ 개인정보 처리자는 정당한 권한을 가진 개인정보 취급자 또는 정보 주체만이 개인정보처리시스템에 접근할 수 있도록 5회 이상 인증에 실패한 경우 개인정보처리시스템에 대한 접근을 제한하는 등 필요한 조치를 하여야 한다.

> **오답 피하기**
> ① 개인정보 처리자는 업무 수행에 필요한 최소한의 범위로 권한을 차등 부여하여야 한다.
> ② 개인정보 처리자는 개인정보 취급자 또는 개인정보 취급자의 업무가 변경되었을 경우 30일이 아닌 지체 없이 접근 권한을 변경 또는 말소하여야 한다.
> ④ 접근 권한 부여, 변경, 말소에 대한 내역을 최소 3년간 보관해야 한다.
> ⑤ 5회 이상 인증에 실패한 경우가 아닌 일정 횟수 이상 인증에 실패한 경우 접근을 제한하는 등 필요한 조치를 하여야 한다.

06 개인정보의 안전성 확보조치에 대한 기준 중 접근 통제에 대한 설명 중 틀린 것을 고르시오.

① 개인정보처리시스템에 대한 접속 권한을 인터넷 프로토콜(IP) 주소 등으로 제한하여 인가받지 않은 접근을 제한하여야 한다.
② 개인정보처리시스템에 접속한 인터넷 프로토콜(IP) 주소 등을 분석하여 개인정보 유출 시도 탐지 및 대응하여야 한다.
③ 개인정보 처리자는 개인정보 취급자가 정보통신망을 통해 외부에서 개인정보처리시스템에 접속하려는 경우 VPN, 전용선 등 안전한 접속수단을 적용하여야 한다.
④ 이용자가 아닌 정보 주체의 개인정보를 처리하는 개인정보처리시스템의 경우 가상사설망 등 안전한 접속수단 또는 안전한 인증수단을 적용할 수 있다.
⑤ 개인정보 처리자는 개인정보처리시스템에 대한 불법적인 접근 및 침해사고 방지를 위하여 개인정보 취급자가 일정 시간 이상 업무처리를 하지 않는 경우에는 자동으로 접속이 차단되도록 하는 등 필요한 조치를 하여야 한다.

> 개인정보 처리자는 개인정보 취급자가 정보통신망을 통해 외부에서 개인정보처리시스템에 접속하려는 경우 안전한 접속수단이 아닌 안전한 인증수단을 적용하여야 한다.
> • 안전한 인증 수단 : 인증서, 보안토큰, 일회용 비밀번호(OTP) 등

07 다음은 개인정보의 안전성 확보 조치 중 인터넷 망 차단 조치에 대한 내용이다. 다음의 조건에 해당하지 않는 것을 모두 고르시오.

> 전년도 말 기준 직전 3개월간 그 개인정보가 저장·관리되고 있는 이용자 수가 일일 평균 100만 명 이상인 개인정보 처리자 중 다음의 해당하는 개인정보 처리자에 대해서는 인터넷망 차단조치를 하여야 한다.

① 정보통신서비스 부문 100억 원 이상 매출액
② 개인정보 파기가 가능한 개인정보 취급자
③ 개인정보처리시스템에 대한 접근 권한을 설정할 수 있는 개인정보 취급자
④ 개인정보 다운로드가 가능한 개인정보 취급자
⑤ 민감정보 또는 고유식별 정보가 5만 건 이상인 개인정보 취급자

> ① 정보통신서비스 부문 매출액 100억 원 이상 조건은 삭제되었다.
> ⑤ 민감정보 또는 고유식별 정보와 인터넷망 차단 대상과는 관련 없다.

08 개인정보 안전성 확보조치 기준에 대하여 클라우드 서비스 이용 시 인터넷망 차단조치에 대한 설명으로 옳은 것을 고르시오.

① 국가 및 공공기관은 대량의 개인정보, 민감정보를 보유하고 있으므로 클라우드를 이용하기 위해서는 반드시 내부망에 구축해서 인터넷망과 차단하여야 한다.
② 클라우드 서비스를 이용하기 위해서는 반드시 물리적 망 분리가 구현된 환경에서만 서비스 이용이 가능하다.
③ 클라우드컴퓨팅 서비스를 이용하여 개인정보처리시스템을 구성·운영하는 경우에는 해당 서비스에 대한 접속 외에는 인터넷을 차단하는 조치를 하여야 한다.
④ CSAP(Cloud Security Assurance Program) 인증을 받은 클라우드 서비스 제공자는 안정성 확보조치에 대한 인증을 받은 것이므로 개인정보 처리자는 별도의 인터넷망 차단조치를 하지 않아도 된다.
⑤ 개인정보 처리자는 클라우드 서비스를 이용하는 경우 개인정보 영향평가 등 별도의 위험성 분석을 통해 개인정보 유출 등의 위험도가 낮다고 판단되는 경우 인터넷망 차단조치를 생략할 수 있다.

오답 피하기
① 클라우드 서비스 이용 시 내부망에 구축해야 한다는 사항은 없다.
② 클라우드 서비스를 이용하기 위해서는 물리적 또는 논리적 망 분리가 가능하다.
④ 클라우드 서비스 제공자의 CSAP 인증 취득 여부와 상관없이 인터넷망 차단조치를 하여야 한다.
⑤ 클라우드컴퓨팅 서비스를 이용하는 경우에는 위험도와 상관없이 해당 서비스에 대한 접속 외에는 인터넷을 차단하는 조치를 하여야 한다.

09 개인정보 안전성 확보조치 기준에 대한 내용 중 안전한 인증과 안전한 접속수단의 세부 기술에 대한 설명으로 틀린 것을 고르시오.

① 인증서란 전자상거래 등에서 상대방과의 신원확인, 위변조 여부 검증 등을 위해 사용하는 전자서명으로서 해당 전자서명을 생성한 자의 신원을 확인하는 수단이다.
② 일회용 비밀번호(OTP)란 인증서 등을 안전하게 보호할 수 있는 수단으로 스마트카드, 토큰 등이 해당한다.
③ VPN(Virtaul Private Network)이란 네트워크상의 다른 컴퓨터에 로그인하여 명령을 실행하고 정보를 보고받을 수 있도록 해주는 통신 프로토콜을 의미한다.
④ 전용선이란 두 지점 간에 독점적으로 사용하는 회선으로 개인정보 처리자와 개인정보 취급자 또는 본점과 지점 간 직통으로 연결하는 회선 등을 의미한다.
⑤ 보안토큰이란 인증서 등을 안전하게 보호할 수 있는 수단으로 스마트카드, 토큰 등이 해당한다.

원격으로 접속할 때 암호 프로토콜을 사용한 터널링 기술을 통해 안전한 암호통신을 이행(IPsecVPN, SSLVPN 등)

10 개인정보 안전성 확보조치를 위한 기준 중 안전한 인증과 안전한 접속수단이 있다. 다음에 해당하는 안전성 확보조치에 대한 설명으로 적합한 것을 고르시오.

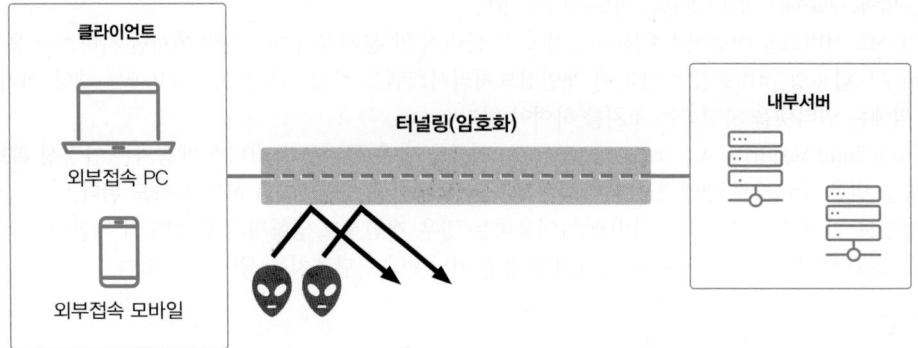

클라이언트와 내부서버 간의 데이터 송수신 과정에서 발생하는 불법적인 접근을 방지하기 위하여 터널링, 암호화, 인증 기능 등을 제공하는 기술

① FW(Firewall)
② WAF(Web Application Firewall)
③ IPS(Instrusion Prevention System)
④ IDS(Instrusion Detection System)
⑤ VPN(Virtaul Private Network)

VPN은 기업이나 개인이 공중망(인터넷)을 이용하여 경제적이면서도 사설망과 같이 안전하게 통신할 수 있는 보안 시스템으로 암호화된 채널을 통해 데이터 도청 및 변조를 방지하는 기술이다.

11 개인정보 안전성 확보조치 기준에 대한 내용 중 접속기록의 보관 및 점검에 대한 내용으로 틀린 것을 고르시오.
① 개인정보 처리자는 개인정보 취급자의 개인정보처리시스템에 대한 접속기록을 1년 이상 보관 · 관리하여야 한다.
② 5만명 이상의 정보 주체에 관한 개인정보를 처리하는 개인정보처리시스템에 해당하는 경우에는 2년 이상 보관 · 관리하여야 한다.
③ 고유식별정보 또는 민감정보를 처리하는 개인정보처리시스템에 해당하는 경우 2년 이상 보관 · 관리하여야 한다.
④ 정보통신서비스 부문 전년도(법인인 경우에는 전 사업연도를 말한다) 매출액이 100억 원 이상인 자에 해당하는 경우 2년 이상 보관 · 관리하여야 한다.
⑤ 개인정보 처리자는 개인정보의 오 · 남용, 분실 · 도난 · 유출 · 위조 · 변조 또는 훼손 등에 대응하기 위하여 개인정보처리시스템의 접속기록 등을 월 1회 이상 점검하여야 한다.

2년 이상 보관 및 관리에 해당하는 기준으로 매출액은 관련이 없다.

12 접속기록의 보관 및 점검에 대한 내용으로 틀린 것을 고르시오.

① 개인정보처리시스템의 접속기록에는 개인정보 취급자 등의 접속기록을 관리하여야 하며 이는 전자적으로 기록되어야 한다.
② 개인정보처리시스템의 접속기록에는 개인정보 취급자 등의 식별자, 접속일시, 접속지 정보, 처리한 정보 주체 정보, 수행업무 등이 필수적으로 포함되어야 한다.
③ 관리자 계정의 ssh 접속, 엑셀 또는 파일 형태의 접속기록 또한 접속기록에 대한 점검 증빙자료로 활용 가능하다.
④ 접속기록의 주기적 검토를 통하여 개인정보 처리에 있어서의 비정상 행위를 점검하여야 한다.
⑤ 개인정보가 다운로드가 확인된 경우에는 내부 관리계획 등으로 정하는 바에 따라 그 사유를 반드시 확인하여야 한다.

> 단순 서버에 대한 접속 로그(관리자 계정의 ssh 접속), 엑셀 또는 파일 형태의 접속기록은 접속기록 점검에 대한 증빙자료로 인정되지 않는다.

13 개인정보 안전성 확보조치 기준에 대한 내용 중 개인정보의 암호화에 대한 내용으로 틀린 것을 고르시오.

① 개인정보 처리자는 비밀번호, 생체인식정보 등 인증정보를 저장 또는 정보통신망을 통하여 송·수신하는 경우에 이를 안전한 암호 알고리즘으로 암호화하여야 한다.
② 비밀번호를 저장하는 경우에는 양방향 암호화 조치를 하여야 하며 이때는 안전한 암호 알고리즘으로 암호화하여야 한다.
③ 생체인식정보를 식별 및 인증에 활용하기 위해서는 암호화 조치를 하여야 하며 이때는 복호화가 가능한 양방향 암호화 저장 가능하다.
④ 고유식별정보 등 개인정보를 암호화할 때에는 국내 및 국외 암호 연구 관련 기관에서 권고하는 안전한 암호 알고리즘으로 저장하여야 한다.
⑤ 개인정보 처리자는 개인정보를 정보통신망을 통하여 인터넷망 구간으로 송·수신하는 경우에는 이를 안전한 암호 알고리즘으로 암호화하여야 한다.

> 비밀번호를 저장하는 경우 복호화되지 아니하도록 해시 알고리즘을 이용한 일방향 암호화를 하여야 한다.

14 개인정보의 송·수신, 전송 시 수행해야 하는 암호화 적용기준에 대하여 다음 중 <u>틀린</u> 것을 고르시오.

구분		암호화 대상	
		이용자 외 정보주체	이용자
정보통신망을 통한 송수신 시	정보통신망 (내부망 포함)	① 인증정보(비밀번호, 생체인식정보 등)	
	인터넷망	개인정보	
저장 시	모든 저장 위치	② 인증정보(비밀번호, 생체인식정보 등) ※ 단, 비밀번호는 일방향 암호화	
	인터넷 구간, DMZ	고유식별정보	고유식별정보, 신용카드번호, 계좌번호
	내부망	③ 고유식별정보(주민등록번호는 위험도 분석 결과에 따라 선택 적용)	
	개인정보 취급자 컴퓨터, 모바일 기기, 보조저장 매체 등에 저장 시	④ 고유식별정보, 생체인식정보	⑤ 개인정보

이용자 외 정보 주체가 내부망에 고유식별정보를 저장할 때는 주민등록번호는 암호화하고 그 外 정보는 위험도 분석 결과 등에 따라 선택 적용을 하여야 한다.

15 개인정보의 암호화 조치를 위해 암호화 알고리즘을 선택하려고 한다. 다음 중 선택하면 안 되는 취약한 알고리즘에 대해 모두 고르시오.

① AES
② ARIA
③ DES
④ SHA-256
⑤ MD5

양방향 암호화의 취약한 알고리즘은 대표적으로 DES가 있으며, 취약한 일방향 암호화 알고리즘은 MD5와 SHA-1이 있다.

16 개인정보의 안전성 확보조치 기준 중 악성프로그램 등 방지를 위한 내용 중 <u>틀린</u> 것을 고르시오.

① 개인정보 처리자는 백신 소프트웨어 등의 보안 프로그램을 설치 및 운영하여야 한다.
② 보안 프로그램은 자동 업데이트 기능을 사용하거나, 주기적으로 업데이트를 하여야 한다.
③ 악성코드 발견 시 삭제 등 대응조치를 행하여야 한다.
④ 보안 프로그램은 실시간 감시 등을 위해 항상 실행된 상태를 유지하여야 한다.
⑤ 악성 프로그램 관련 업데이트 공지가 있는 경우 정당한 사유가 없는 한 즉시 이에 따른 업데이트 등을 실시하여야 한다.

보안 프로그램은 주기적으로 업데이트가 아닌 일 1회 이상 업데이트를 하여야 한다.

17 다음 중 물리적 보호구역 보호대책의 예시로 <u>잘못된</u> 것을 고르시오.

① 출입통제 : 비밀번호, 출입 카드, 생체 인식 등
② 영상감시 : CCTV, 영상저장장치 등(DVR, NVR)
③ 반출입 통제 : DRM(Digital Rights Management,), DLP(Data Loss Prevention)
④ 장비 배치 서버 등 : 여러 장비가 함께 위치하는 경우 전산실 출입자라 하더라도 권한이 없는 인원은 접근하지 못하도록 통제
⑤ 환경적 보호 대책 : 화재경보기, 항온항습기, UPS, 누수감지기 등

DRM, DLP는 물리적 보호 대책이 아닌 기술적 보호 대책이다.
반출입 통제를 위한 물리적 보호 대책은 보안검색대(x-Ray, 검색대 금속감지기 등)가 있다.

18 다음 중 재해 재난 대비 안전조치에 대한 설명으로 <u>틀린</u> 것을 고르시오.

① 100만 명 이상 개인정보를 처리하는 대기업·중견기업·공공기관 또는 100만 명 이상 개인정보를 처리하는 중소기업·단체는 위기대응 절차를 마련하고 백업 및 복구를 위한 계획을 마련하여야 한다.
② 화재, 홍수, 단전 등 재해·재난 발생 시 개인정보처리시스템 보호를 위한 위기대응 매뉴얼 등 대응 절차를 문서화하여 마련하고 이에 따라 대처하여야 한다.
③ 개인정보 처리자는 백업 및 복구를 위한 계획에 정기적 점검, 사후 처리 및 지속관리 방안 등을 포함하여야 한다.
④ RTO는 서비스 중단 시점과 서비스 복원 시점 간에 허용되는 최대 지연 시간으로, 서비스를 사용할 수 없는 상태로 허용되는 기간을 의미한다.
⑤ RPO는 서비스 중단 시점으로부터 데이터를 복구할 수 있는 기준점으로, 허용되는 데이터 손실량을 결정한다.

100만 명 이상 개인정보를 처리하는 대기업·중견기업·공공기관이 아닌 10만 명 이상인 개인정보를 처리하는 대기업·중견기업·공공기관이 대상이다.

19 데이터 복구를 위한 백업 유형으로 다음에 대한 설명으로 적절한 것을 고르시오.

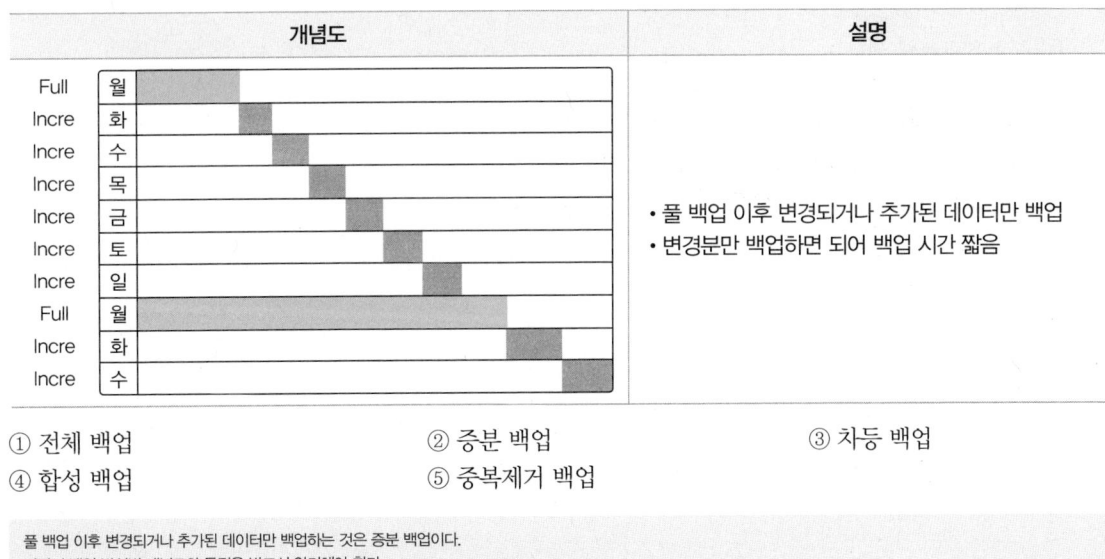

① 전체 백업
② 증분 백업
③ 차등 백업
④ 합성 백업
⑤ 중복제거 백업

풀 백업 이후 변경되거나 추가된 데이터만 백업하는 것은 증분 백업이다.
각각의 백업 방식별 개념도와 특징은 반드시 암기해야 한다.

20 다음 중 출력·복사 시 안전조치에 대한 내용으로 **잘못된** 것을 고르시오.

① 출력·복사 시 안전조치는 정보통신서비스 제공자에게 적용되는 안정성 확보조치이다.
② 업무 수행 형태 및 목적, 유형, 장소 등 여건 및 환경에 따라 접근 권한 범위 내에서 최소한의 개인정보를 출력하도록 해야 한다.
③ 개인정보가 포함된 종이 인쇄물, 외부 저장 매체 등 출력·복사물을 통해 개인정보의 분실·도난·유출 등을 방지하고 출력·복사물을 안전하게 관리하기 위해 출력·복사·기록 등에 필요한 안전조치를 갖추어야 한다.
④ 오피스(엑셀 등)에서 개인정보가 숨겨진 필드 형태로 저장되지 않도록 조치하여야 한다.
⑤ 웹페이지 소스 보기 등을 통하여 불필요한 개인정보가 출력되지 않도록 조치하여야 한다.

출력·복사 시 안전조치는 정보통신서비스 제공자에게만 적용되었던 조치이지만, 개인정보의 안전성 확보조치 기준 개정에 따라 모든 개인정보 처리자에게 확대 적용되게 되었다.

21 다음 그림에 해당하는 공격기법에 대하여 적절한 것을 고르시오.

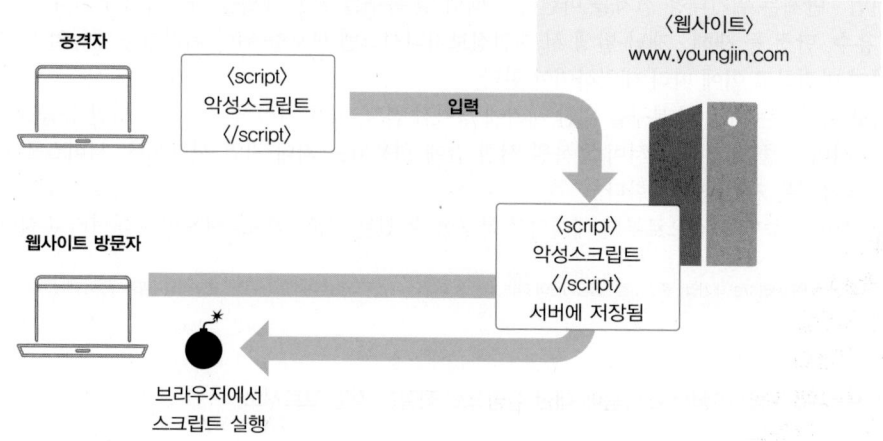

① Web Shlee(웹 쉘)
② XSS(크로스 사이트 스크립트)
③ Waterring Hole(워터링 홀)
④ Social Engineering Hacking(사회공학적 기법)
⑤ Phishing(피싱)

XSS(크로스 사이트 스크립트)로 취약점이 있는 웹 서버에 악성 스크립트를 삽입해 놓으면 사용자가 사이트를 방문하여 페이지에 정보를 요청할 때, 서버는 악성 스크립트를 사용자에게 전달하여 사용자 브라우저에서 스크립트가 실행되는 공격이다.

22 다음 그림에 해당하는 안전성 확보조치에 대한 기술적 방안으로 올바른 것을 고르시오.

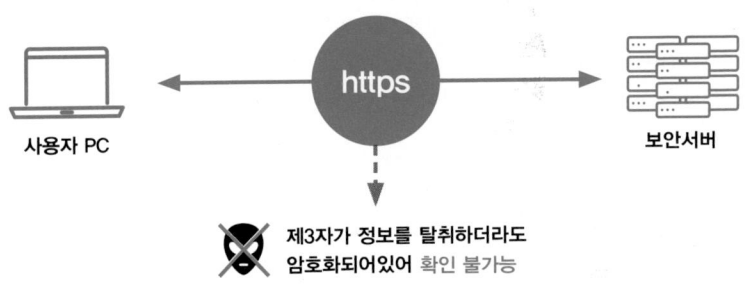

① SSL(Secure Socket Layer)
② DLP(Data Loss Prevention)
③ EDM(Endpoint Device Management)
④ EAM(Extranet Access Management)
⑤ SSO(Single Sign on)

SSL/TLS 기술은 공개키를 이용한 개인정보 암호화 기술이다. SSL이 적용되면 HTTPS로 통신하게 되며 443port를 이용한다는 특징이 있다.

23 개인정보의 파기에 대한 안전성 확보조치에 대한 설명으로 틀린 것을 고르시오.

① 개인정보 완전파괴의 방법으로 소각 파쇄 등을 이용한다.
② 전용 소자 장비로 디가우저가 있으며 하드디스크나 자기테이프에 저장된 개인정보에 대한 삭제가 가능하다.
③ 초기화 또는 덮어쓰기는 3회 이상의 완전 포맷 또는 3회 이상의 데이터 영역 무작위 값 덮어쓰기를 권고한다.
④ 기록물, 인쇄물, 서면, 그 밖의 기록 매체인 경우 해당 부분을 마스킹, 구멍 뚫기 등으로 삭제 가능하다.
⑤ 기술적 특성으로 개인정보를 파기하는 것이 현저히 곤란한 경우에는 개인정보를 분리보관 조치를 하여야 한다.

개인정보를 분리보관이 아닌 복원이 불가능하도록 조치를 하여야 한다.

24 공공시스템 운영기관의 안전조치 기준 적용 중 공공시스템의 지정 기준에 대하여 다음 중 틀린 것을 모두 고르시오.

① 단일접속 시스템으로 100만 명 이상의 정보 주체에 관한 개인정보를 처리하는 경우
② 단일접속 시스템으로 개인정보 취급자의 수가 100명 이상인 경우
③ 2개 이상 기관의 공통 또는 유사한 업무를 지원하기 위하여 표준이 되는 시스템을 개발하여 다른 기관이 운영할 수 있도록 배포한 표준배포 시스템으로서 대국민 서비스를 위한 행정업무 또는 민원업무 처리용으로 사용하는 경우
④ 표준배포 시스템으로 주민등록정보시스템과 연계하여 사용하는 경우
⑤ 개별시스템으로 총사업비가 100억 원 이상인 경우

단일접속 시스템으로 개인정보 취급자의 수가 200명 이상인 경우가 해당한다.
주민등록정보시스템과 연계하는 경우는 개별시스템에 해당한다.

25 망 분리 기술에 대한 설명 중 틀린 것을 고르시오.

① 물리적 망 분리는 2PC, 망 전환장치를 이용하여 이원화하여 인터넷망과 내부망을 분리하는 방식이다.
② 논리적 망 분리는 가상화 기술을 이용하여 인터넷망 접속영역과 내부망 접속영역을 분리하는 방식이다.
③ SBC는 서버 기반의 논리적 망 분리 기술로 대표적으로 VDI가 있다.
④ CBC는 클라이언트 기반의 논리적 망 분리 기술로 OS 커널 가상화가 있다.
⑤ 물리적 망분리 방식은 도입비용이 낮은 장점이 있는 반면, 보안성이 낮은 단점이 있다.

물리적 망 분리 방식은 보안성이 높은 장점이 있으나 도입비용이 높다는 단점이 있다.

26 다음은 정보보안 위협에 대한 설명이다. 적절한 것을 고르시오

공격자가 악성 스크립트를 파일 업로드 기능을 통해 웹 서버에 업로드한 후, 해당 스크립트를 사용하여 원격에서 서버의 명령을 실행하거나 파일을 조작할 수 있는 보안 위협을 무엇이라고 하는가?

① 웹 쉘(Web Shell)
② SQL Injection
③ DDoS
④ XSS
⑤ CSRF

- SQL Injention : 임의의 SQL 문을 주입하고 실행하게 하여 데이터베이스가 비정상적인 동작을 하도록 조작하는 공격
- DDoS(Distributed Denial of Service Attack) : 응용 프로그램의 리소스를 소진하려는 시도로 네트워크 서비스를 중단시킴으로써 웹사이트 및 서버를 공격하는 기법
- XSS(Cross Site Scripting) : 게시판이나 웹 메일 등에 자바 스크립트와 같은 스크립트 코드를 삽입해 개발자가 고려하지 않은 기능이 작동하는 공격
- CSRF(Cross Site Request Forgery) : 사용자가 자신의 의지와는 무관하게 공격자가 의도한 행위(데이터 수정, 삭제, 등록 등)을 특정 웹사이트에 요청하게 하는 공격

27 다음에서 설명하는 내용에 대해 적절한 것을 고르시오.

재해나 시스템 장애가 발생한 후, 서비스나 시스템이 정상 상태로 복구되기까지 허용 가능한 최대 시간을 의미한다. 시스템이 중단된 뒤 언제까지 복구되어야 하는지를 정하는 시간 기준으로, 서비스 중단에 따른 피해를 최소화하기 위해 매우 중요한 지표이다.

① RPO(Recovery Point Objective)
② RTO(Recovery Time Objective)
③ MBBT(Maximum Business Break Time)
④ BCP(Business Continuity Plan)
⑤ DRP(Disaster Recovery Plan)

오답 피하기

① RPO(Recovery Point Objective): 재해가 발생했을 때 데이터를 어느 시점까지 복구할 수 있어야 하는가를 정한 목표이다.
③ MBBT(Maximum Business Break Time): 비즈니스가 중단된 시점부터 재개되기까지 최대한 허용 가능한 시간으로, RTO보다 짧게 설정되어야 한다.
④ BCP(Business Continuity Plan): 재해나 사고 발생 시에도 핵심 업무를 지속하거나 빠르게 복구할 수 있도록 수립된 계획이다.
⑤ DRP(Disaster Recovery Plan): IT 시스템 등 기술적 자원의 복구에 중점을 두는 계획으로, BCP의 일부로 간주된다.

28 고정형 영상정보처리기기의 설치 및 운영에 대한 법적 제한에 대한 설명으로 잘못된 것을 모두 고르시오.

① 공개된 장소에서는 법령에 명시된 예외 사유에 해당하는 경우에만 고정형 영상정보처리기기를 설치할 수 있다.
② 고정형 영상정보처리기기는 임의로 방향을 전환하여 다른 곳을 촬영할 수 있으며, 녹음 기능도 허용된다.
③ 고정형 영상정보처리기기를 설치하는 경우, 정보주체가 인식할 수 있도록 안내판을 설치해야 한다.
④ 불특정 다수가 이용하는 탈의실이나 화장실 등에는 영상정보처리기기를 설치할 수 없다.
⑤ 인명의 구조·구급 등을 위하여 필요한 경우로서 대통령령으로 정하는 경우에는 고정형 영상정보처리기기 설치가 가능하다.

> 고정형 영상정보처리기기는 설치 목적 외 임의로 조작하거나 다른 곳을 비춰서는 안 되며, 녹음 기능은 사용할 수 없다. 이는 정보주체의 사생활 보호를 위한 중요한 제한 규정이다.
> 인명의 구조·구급 등을 위하여 사용 가능한 경우는 이동형 영상정보처리기기에 해당한다. 고정형 영상정보처리기기는 교도소, 정신보건 시설 등 법령에 근거하여 사람을 구금하거나 보호하는 시설에 설치 가능하다.

29 다음 중 고정형 영상정보처리기기의 설치가 허용되는 사례로 적절한 것을 고르시오.

① 개인이 범죄 예방을 목적으로 아파트 단지 내 놀이터에 임의로 설치한 고정형 영상정보처리기기
② 식당 업주가 매장 내 모든 테이블을 촬영하기 위해 설치한 고정형 영상정보처리기기에 녹음 기능까지 추가한 경우
③ 지방자치단체가 어린이 보호구역의 교통 단속을 목적으로 설치한 고정형 영상정보처리기기
④ 미용실에서 귀중품 분실 시 확인을 위해 탈의실 내부에 설치한 고정형 영상정보처리기기
⑤ 사설 보안업체가 범죄 예방을 위해 공원에 설치한 고정형 영상정보처리기기

> 법령상 정당한 권한이 있는 자가 교통단속 목적으로 설치하는 것은 허용된다.
>
> **오답 피하기**
> ① 개인은 정당한 권한이 부여된 자가 아니므로 공공장소(공개된 장소)에 고정형 영상정보처리기기를 설치할 수 없다.
> ② 설치 목적 외 임의 조작 및 녹음 기능 사용은 법으로 금지되어 있으며, 과도한 촬영도 문제가 된다.
> ④ 탈의실 등 사생활을 심각하게 침해할 수 있는 장소 내부에는 설치가 금지된다. 단, 구금·보호시설에 한정된 예외만 존재한다.
> ⑤ 사설 보안업체는 공원이라는 공개된 장소에 권한 없이 설치할 수 없으며, 정당한 권한을 보유하고 있지 않다.

30 고정형 영상정보처리기기는 「개인정보 보호법」에 따라 원칙적으로 공개된 장소에 설치·운영이 제한된다. 다음 중 공개된 장소에 해당하지 **않는** 경우를 고르시오.

① 대형 마트 매장 내부
② 도로변 횡단보도
③ 공원 내 산책로
④ 지하철 역사 내부 대합실
⑤ 버스정류장 인근 인도

> 공개된 장소는 일반적으로 불특정 다수인이 자유롭게 출입하거나 통행하는 장소를 의미한다.
> 대형 마트 매장 내부는 시설 관리자(사업자 등)의 허가·관리 하에 출입이 이루어지는 사적 공간으로, 공개된 장소로 보지 않는다. 반면, 도로, 공원, 대중교통시설 등은 공개된 장소에 해당하므로 고정형 영상정보처리기기 설치 시 제한을 받는다.

정답 28 ②, ⑤ 29 ③ 30 ①

31 다음 중 이동형 영상정보처리기기의 설치 및 운영 기준을 위반한 사례로 가장 적절한 것을 고르시오.

① 공공기관이 도로 위 불법 주정차 단속을 위해 차량에 카메라를 장착하고, 외부에 촬영 사실을 고지한 후 영상정보를 수집한 경우
② 구조·구급 활동을 위해 응급 상황 발생 현장에서 촬영을 진행한 경우
③ 정보주체에게 불빛과 소리 등으로 촬영 사실을 고지하지 않은 채, 다수가 이용하는 공원에서 촬영을 실시한 경우
④ 드론 촬영을 통해 군중 밀집지역의 안전 상황을 점검하고, 개인정보보호 포털에 사전 촬영 사실을 공지한 경우
⑤ 상점 내 절도 방지를 위해 점주가 휴대용 카메라로 내부 상황을 촬영하고, 촬영 사실을 안내문으로 고지한 경우

> 공개된 장소에서 촬영 시 반드시 고지의무를 이행해야 하며, 이를 이행하지 않으면 위법에 해당한다.

32 다음 중 개인정보 보호법 및 관련 지침에 따른 개인정보 파기 의무 및 방법에 대한 설명으로 옳지 <u>않은</u> 것은 무엇인가?

① 개인정보는 이용 목적이 달성된 경우에는 지체 없이 파기하여야 하며, 정당한 사유 없이 이를 보관해서는 안 된다.
② 개인정보는 관련 법령에 따라 보관 의무가 있더라도, 해당 기간이 지나기 전에 파기할 수 있다.
③ 종이에 출력된 개인정보는 파쇄하거나 소각 등의 방법으로 복원이 불가능하도록 파기해야 한다.
④ 전자적 파일 형태의 개인정보는 복구 및 재생이 불가능한 방법으로 영구 삭제해야 한다.
⑤ 개인정보 파기는 법령상 특별한 기준이 없는 경우, 이용 목적 달성일부터 5일 이내에 파기 조치하는 것이 권장된다.

> 개인정보는 관련 법령에서 보관 의무가 명시되어 있는 경우, 해당 기간이 종료된 후 지체 없이 파기해야 하며, 그 이전에는 파기할 수 없다. 즉, 법령상 보존 의무가 있는 개인정보는 보관 기간을 준수한 후 파기하여야 함이 원칙이다.

33 다음 중 「개인 영상정보 보호 원칙」에 따른 설명으로 옳지 <u>않은</u> 것은 무엇인가?

① 영상정보는 수집 목적에 부합하는 최소한의 범위 내에서만 수집해야 하며, 필요 이상의 광범위한 촬영은 지양해야 한다.
② 영상정보의 안전한 보호를 위해 암호화, 접근권한 관리, 저장 매체 보안 등을 포함한 기술적·관리적 보호조치를 해야 한다.
③ 영상정보가 보관기간을 초과했더라도, 향후 법적 분쟁 가능성이 있는 경우에는 정당한 사유로 계속 보관할 수 있다.
④ 영상정보처리기기를 설치할 때에는 정보주체가 인식할 수 있도록 설치 목적, 장소, 관리자 등을 명시한 안내판을 설치해야 한다.
⑤ 영상정보를 제3자에게 제공하거나 다른 목적으로 이용하고자 할 경우, 법령에 특별한 규정이 없는 한 정보주체의 동의를 받아야 한다.

> 부분적으로 사실이지만, 오해의 소지가 있는 잘못된 설명이다.
> 영상정보는 원칙적으로 보관기간 경과 후 지체 없이 파기해야 하며, 법적 분쟁 등으로 보관이 필요한 경우에는 내부 정책이나 관련 근거에 따라 제한적으로 예외를 둘 수 있지만, 이를 위해선 사전 명시, 정당한 사유 입증, 별도 보관 조치 등이 필요하다.
> 따라서 "정당한 사유"라는 표현만으로 무기한 보관이 허용된다고 해석해서는 안된다.

34 다음 중 「개인정보 보호법」 및 영상정보처리기기 관련 지침에 따라 개인 영상정보를 제3자에게 제공하면 안되는 경우를 고르시오.

① 교육청에서 학교폭력 사건 조사 목적의 공문을 통해 영상정보를 요청한 경우, 학교는 해당 공문을 근거로 영상정보를 제공하였다.
② 고등학생 A가 본인의 신체에 피해가 발생한 사실을 진술서와 함께 제출하였고, 학교는 해당 진술서를 근거로 영상정보를 A에게 제공하였다.
③ 학교폭력 사건의 피해 학생이 본인의 영상정보를 요청하였고, 학교는 정보주체 본인의 요청임을 확인한 후 제공하였다.
④ 언론사가 학교폭력 사건의 경위 확인을 위해 영상정보 제공을 요청하였고, 학교는 정보주체의 동의 없이 언론 보도 목적이라 판단하여 제공하였다.
⑤ 가해 학생이 본인의 징계 조치 관련 사실확인을 위해 직접 영상정보를 요청하였고, 학교는 본인 요청임을 확인 후 제공하였다.

> 언론사는 수사기관이 아니며, 학교폭력 조사 권한을 갖고 있지 않다.
> 영상정보를 보도 목적이나 제3자 확인 목적으로 제공하려면, 반드시 정보주체의 명시적 동의가 필요하다.

35 교통사고 조사 요청에 따라 렌터카 업체가 보유한 과거 3개월 치 차량 위치 기록을 경찰에 제공하려 한다. 이에 대한 설명으로 가장 적절한 것은?

① 위치기록은 개인을 직접 식별하지 못하므로 비식별 정보에 해당한다.
② 정보주체 동의 없이 수사기관에 제공할 수 있는 법적 근거가 존재한다.
③ 렌터카 이용계약만으로는 위치기록 제공 동의가 포함되지 않는다.
④ 과거 위치기록은 이미 경과된 정보이므로 개인정보가 아니다.
⑤ 위치기록은 개인정보이지만, 보존기간 제한을 받지 않는다.

> 위치기록은 차량과 이용자를 연결하면 특정 개인을 식별할 수 있으므로 개인정보다. 개인정보보호법·위치정보법 등에 따라 영장 등 적법한 절차가 있으면 동의 없이 제공 가능하다.

36 가명정보를 과학적 연구 목적으로 제3자에게 제공하면서 대가를 받으려 한다. 「개인정보 보호법」 기준으로 옳은 설명은?

① 가명정보는 금전 거래가 전면 금지돼 있어 대가를 받을 수 없다.
② 소요 비용에 따라 산정한 적정 대가는 받을 수 있다.
③ 대가를 받으려면 반드시 정보주체의 사전 동의를 받아야 한다.
④ 과학적 연구 목적이더라도 무상이 원칙이며, 유상은 처벌 대상이다.
⑤ 가명정보 유상 제공은 통계작성 목적에서만 허용된다.

> "연구 목적 가명정보 제공 시 비용 산정에 따른 대가 수령은 가능"하다고 명확히 나와있다.

37 영진 출판사는 개인정보처리시스템에 다수의 직원이 접근하고 있어 다음과 같은 권한관리 체계를 운영하고 있다. 이와 같은 접근권한 관리 방식은 어느 기준에 가장 부합하는가?

- 모든 직원에게 초기에는 '읽기 전용' 권한만 부여
- 직무별로 요청 시 관리자 승인 후 권한 변경 가능
- 변경 이력은 권한관리시스템에 자동 기록
- 퇴사 또는 부서 변경 시 권한 자동 회수 및 로그아웃
- 월 1회 이상 정기적 권한 검토 시행

① 백업 및 복구 체계 구축
② 비밀번호 정책 강화
③ 최소권한 원칙
④ 외부 위탁계약 통제 기준
⑤ 내부 관리계획 미작성 시 대응조치

필요할 때만 권한을 주고 자동으로 회수하는 건 '최소권한' 원칙이다.

CHAPTER 03

기타 기술적 보호조치

학습 방향

개인정보처리자가 개인정보의 안전성을 확보하기 위해 수행하는 보안 장비 운영, 보안 솔루션 적용 등 기술적 보호 활동을 보다 심도 있게 학습할 수 있습니다.
이를 통해 다양한 기술적 보호조치의 목적, 적용 방법, 주요 사례 등을 구체적으로 이해할 수 있습니다.

SECTION 01 PEC(Privacy-Enhancing Computation) 기술

빈출 태그 개인정보 보안 강화기술, 재현데이터, 동형 암호, 차분 프라이버시, 다자간 컴퓨팅, 영지식 증명, 연합 학습, 기밀컴퓨팅

1) PEC(Privacy-Enhancing Computation) 기술의 개념

PEC는 하나의 단일 기술이 아니라, 데이터 보안 및 프라이버시 보호를 지원하는 다양한 기술들을 포괄하는 개념이다. 이 기술들은 각 상황에 맞게 개별적으로 적용하거나, 여러 기술을 조합하여 사용할 수 있다.

2) PEC 기술의 유형

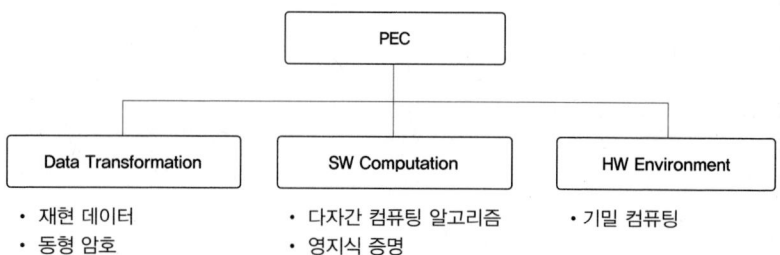

▲ PEC 기술의 유형도

▼ PEC 기술 설명

구분	기술	설명
데이터 변환	재현 데이터	원본과 최대한 유사한 통계적 성질을 보이는 가상의 데이터를 생성하기 위해 개인정보의 특성을 분석하여 새로운 데이터를 생성하는 기법
	차분 프라이버시	특정 개인에 대한 사전지식이 있는 상태에서 데이터베이스 질의(Query)에 대한 응답 값으로 개인을 알 수 없도록 응답 값에 임의의 숫자 잡음(Noise)을 추가하여 특정 개인의 존재 여부를 알 수 없도록 하는 기법
암호화 기술	순서 보존 암호화	원본정보의 순서와 암호값의 순서가 동일하게 유지되는 암호화 방식
	형태 보존 암호화	원본 정보의 형태와 암호화된 값의 형태가 동일하게 유지되는 암호화 방식
무작위화 기술	토큰화	개인을 식별할 수 있는 정보를 토큰으로 변환 후 대체함으로써 개인정보를 직접 사용하여 발생하는 식별 위험을 제거하여 개인정보를 보호하는 기술

소프트웨어	동형 암호	암호화 상태에서 데이터를 결합하고 연산·분석 등이 가능한 차세대 수학 기법
	다자간 컴퓨팅 알고리즘	데이터 및 암호화키를 보호된 상태로 유지하면서, 개인·조직·단말에서 데이터 작업이 가능하도록 하는 분산 컴퓨팅 및 암호화 방법
	영지식 증명	기본 정보를 전송하거나 공유할 필요 없이 정보가 정확함을 증명할 수 있도록 하는 프라이버시 보호 메시지 프로토콜
	연합 학습	데이터 샘플을 교환하지 않고 로컬 노드에 있는 다중 데이터셋으로 기계학습 알고리즘을 훈련할 수 있게 하는 기술
하드웨어	기밀 컴퓨팅 (Enclave)	하드웨어 기반 TEE❶를 실행하기 위한 보안 메커니즘으로 호스트 시스템으로부터 코드와 데이터를 격리 및 보호하여 코드 무결성 및 증명을 제공

❶
Trusted-Execution Environment
보안이 보장된 별도의 영역을 만들어, 민감한 연산이나 데이터 처리를 외부의 공격이나 악성 소프트웨어로부터 보호하는 기술

SECTION 02 접근 통제 기술

빈출 태그 방화벽, 웹방화벽, VPN, IPS, IDS, DB 접근 통제

대표 접근 통제 시스템
방화벽, IDS, IPS, 웹 방화벽, 시스템 접근 통제 및 DB 접근 통제 시스템 등

01 접근 통제 기술의 개념

접근 통제란 정보통신망을 통한 불법적인 접근 및 침해사고 방지를 위한 IP 주소 차단, 개인정보의 유출 탐지 및 대응 등의 활동을 말한다.

02 접근 통제를 위한 시스템

1) 침입차단 시스템(방화벽, Firewall)

① 침입차단 시스템 개요
- 방화벽은 네트워크상에서 IP 주소와 Port를 기반으로 접근제어를 하는 시스템으로 인터넷과 내부망을 분리하고 필요 시 DMZ를 구성할 수 있게 해주는 장비를 말한다.

② 방화벽 구성도 및 주요 기능
- 방화벽은 기본적으로 보안등급이 다른 네트워크 구간 또는 서버 장비를 분리하는 데 주로 활용된다.
- 방화벽은 구분된 네트워크 경계 지역에 주로 구성을 하며, 경계지역에서 영역 간 접근 통제에 대한 통제 역할을 수행하도록 구성한다.
- 방화벽의 주요 기능으로는 접근제어, 사용자 인증, 트래픽 암호화, 트래픽 로그, 감사, 프록시, 주소변환(NAT) 등이 있다.

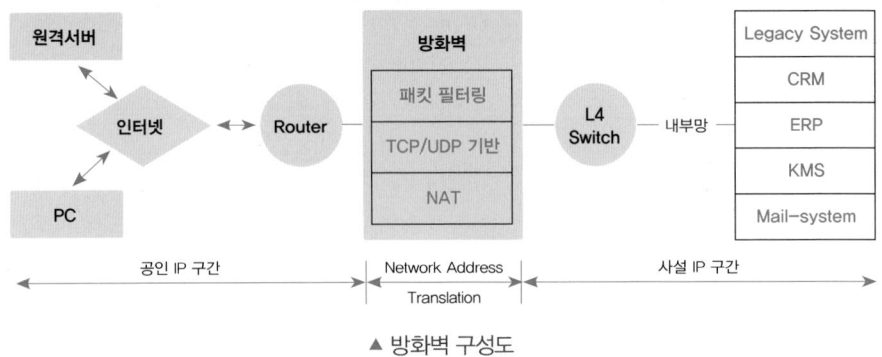

▲ 방화벽 구성도

▼ 방화벽 주요 기능

기능	설명
접근제어	특정 송신원의 주소 혹은 발신원 주소 등을 가진 패킷 통과를 제한하는 기능
사용자 인증	트래픽에 대한 사용자의 신분을 증명하는 기능
트래픽 암호화	네트워크 통신 트래픽 정보의 암호화 및 복호화 기술
감사 기능	보안 정책에 따라 사용자 및 중요 데이터의 감사 및 추적과 다양한 유출 경로 통제를 통한 유출 방지
프록시 기능	프록시 서버: 프록시 서버는 네트워크 IP 주소를 대체하며, 실제 IP 주소를 인터넷 상에서 효과적으로 은닉하는 기능
주소변환(NAT)	내부(사설 주소)와 외부(공인 주소)의 주소 변환(Mapping) 기능

③ 클라우드 환경에서 방화벽 기능 구현 사례

- Subnet 외부에 있는 Network ACL은 Subnet을 오가는 트래픽을 제어하는 기능을 수행하며, Subnet 단위의 접근 통제 정책 적용

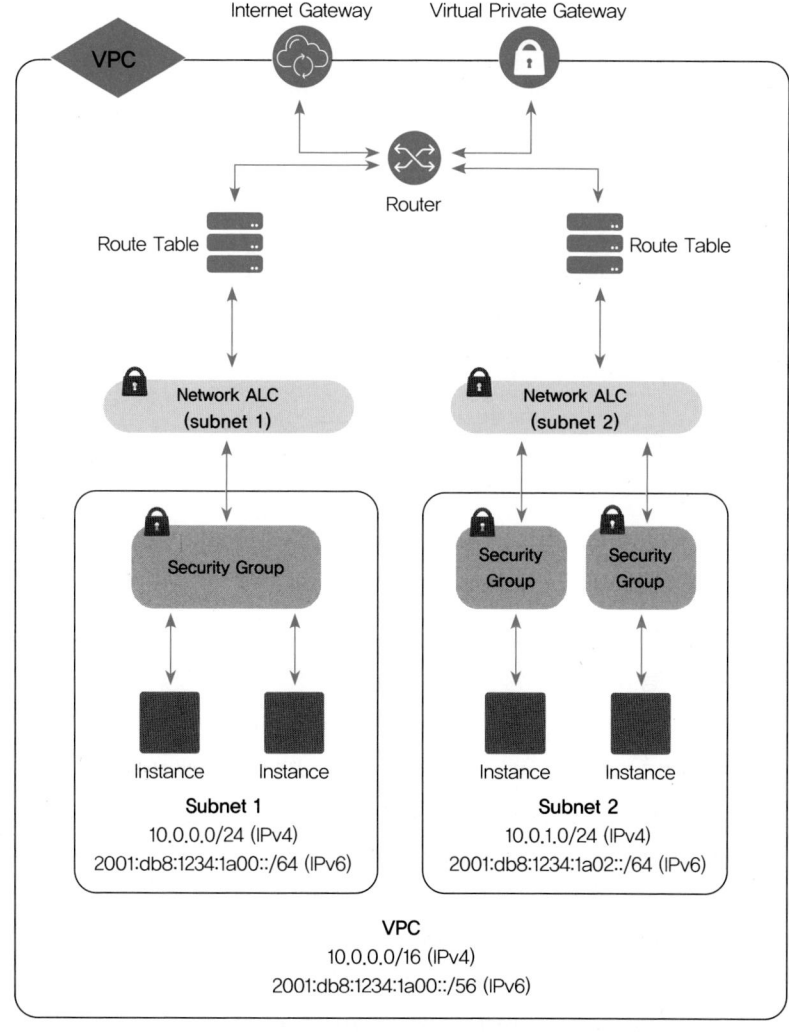

▲ 클라우드 환경에서의 방화벽 구성 예시(출처: AWS 기술설명서)

2) 웹 방화벽(WAF: Web Application Firewall)

① 웹 방화벽 개요
- 웹 방화벽은 HTTP 및 HTTPS와 같은 웹(web)에 특화된 공격을 탐지하고 차단하는 기능을 수행하는 장비이다.

② 웹 방화벽 구성도 및 주요 기능
- 웹 방화벽은 인라인 모드와 프록시 모드로 구성 가능하다.

▼ 웹 방화벽 구성도

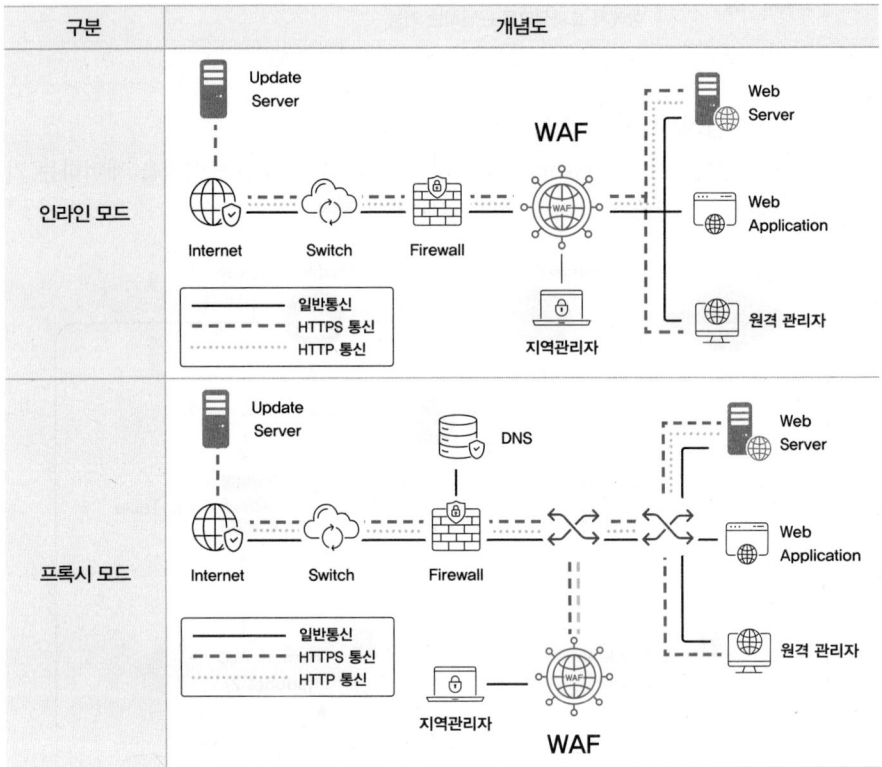

- 웹 방화벽의 주요 기능으로는 어플리케이션 접근 제어, Web DoS 제어, 업로드 파일/요청 형식 검사, 버퍼 오버플로우, 스크립트 차단, 웹 변조 방지, URL 위장 등이 있다.

▼ 웹 방화벽 주요 기능

구분	설명
애플리케이션 접근 제어	서비스 사용 및 자원 접근 시, 사용자 권한 식별 기반 접근제어
Web Dos 제어	과도한 리소스 사용 차단
업로드 파일/요청 형식 검사	바이러스 및 악성 파일 업로드 검사
버퍼 오버플로우/스크립트 차단	XSS, SQL Injection 등의 웹 공격 차단
SSL/TLS 지원	HTTPS 웹 트래픽 암호화 기능 제공
웹 변조 방지	응답 형식 검사 및 코드 노출 차단 기반 변조 식별
URL 및 서버 위장	사용자 제공 정보(URL/서버 정보 등) 일부 변조

3) 방화벽과 웹 방화벽의 차이 비교

▼ 방화벽과 웹 방화벽의 차이 비교표

구분	방화벽(Firewall)	웹 방화벽(WAF)
개념	외부로부터의 불법 침입과 내부의 불법 정보 유출을 방지하고, 내/외부 NW의 상호 간 영향 차단을 위한 보안 시스템	SQL Injection, XSS와 같은 웹 공격 및 보안을 위협하거나 과도한 리소스 사용 공격을 탐지, 차단하는 방화벽
필요성	보호 대상 시스템과 그 이외 다른 시스템들 간의 경계 역할	침해사고의 90% 이상을 차지하고 있는 웹 침해사고의 대응
대상	내부구간의 모든 장비	웹 애플리케이션 서버
적용 계층	Layer 3(Network Level)	Layer 7(Application Level)
프로토콜	모든 port	tcp80(HTTP), 특정 웹 프로토콜 port
탐지/차단	외/내부구간의 시스템 및 사용자간 IP, Port 제어	HTTP 프로토콜에 대한 취약점 관련 패턴 DB를 통한 탐지/차단
정책 적용	IP(서버)별 port 허용/비허용 정책 적용	IP(서버/도메인)별 HTTP port 취약점 관련 패턴 탐지/차단
정책 관리	취약점 패턴 관리를 하지 않으며 순수하게 IP와 Port만 제어	HTTP Port에 한하여 취약점 패턴 관리, 다른 port에 대한 관련성은 없음

SQL Injection
웹 애플리케이션의 입력값에 악의적인 SQL 구문을 삽입하여 데이터베이스를 비정상적으로 조작하거나 조회하는 공격

XSS(Cross Site Scripting)
웹 페이지에 악의적인 스크립트를 삽입하여 사용자의 브라우저에서 실행되게 하는 공격으로 주로 쿠키 탈취, 세션 하이재킹, 피싱 등에 이용

03 가상사설네트워크(VPN: Vitual Private Network)

1) VPN의 개요

기업이나 개인이 공중망(인터넷)을 이용하여 경제적이면서도 사설망과 같이 안전하게 통신할 수 있는 보안 시스템으로 암호화된 채널을 통해 데이터 도청 및 변조를 방지하는 기술이다.

2) VPN 구성도 및 주요 기능

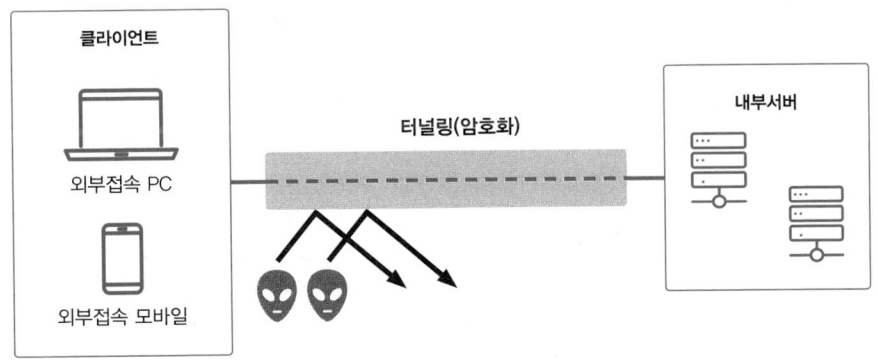

▲ VPN 구성도

- VPN은 본사와 지사와 같이 Site to Site를 위한 IPSecVPN 형태로 구성이 되거나, 재택근무 및 출장자들을 위한 Site to Clinet 형태의 SSLVPN으로 구성 가능하다.

- VPN의 주요 기능으로는 터널링, 암호화, 인증, 접근제어 등이 있다.

▼ VPN의 주요기능

기능	설명
터널링	• 데이터를 전송할 때 원래의 데이터를 다른 프로토콜의 데이터로 캡슐화하여 안전하게 전송하는 기술 ❶ • 사용자의 실제 IP 주소를 숨기고, 데이터를 외부 공격으로부터 보호하며, 공용망에서도 사설 네트워크처럼 통신할 수 있게 하는 기술
암호화	• 터널을 통과하는 패킷을 암호화함으로써 기밀성 제공 • 공개키 암호화 방식 ❷
인증	• MAC, 해시 함수를 이용한 메시지 인증 제공으로 무결성 제공
접근제어	• VPN에 접속할 수 있는 사용자, 장치, 애플리케이션 등을 제한하는 보안 조치 • 승인된 사용자만 네트워크 자원에 접근하도록 하여 내부 정보의 유출 방지

❶
PPTP, L2TP, IPsec, SSL/TLS

❷
AES-256, RSA

SECTION 03 개인정보 암호화 기술

빈출 태그 응용 프로그램 암호화, DB 서버 암호화, DBMS 자체 암호화, SSL/TLS, VPN, DRM

01 개인정보 암호화 개요

공격자는 정보통신망을 통해 개인정보를 송·수신하는 과정에서 이를 가로채거나, 개인정보가 저장된 서버의 취약점을 이용해 개인정보를 탈취할 수 있다. 이러한 위협으로부터 개인정보를 보호하기 위해 개인정보를 전송하거나 저장할 때 암호화를 적용하여 유출이나 위변조를 방지하는 것이 중요하다. 이는 개인정보 보호를 위한 핵심적인 기술적 보호조치 중 하나로, 개인정보의 기밀성과 무결성을 확보하는 수단이다.

02 개인정보 저장·전송 시 암호화 기술

1) 개인정보 저장 시 암호화 기술

① 저장 시 암호화 개요
- 개인정보처리자는 개인정보처리시스템에 저장된 개인정보의 유출, 위·변조 또는 훼손되는 것을 방지하기 위해, 저장 시 암호화를 적용해야 한다.
- 이는 개인정보 보호법 제29조 및 「개인정보의 안전성 확보조치 기준」에 따른 필수 기술적 보호조치에 해당한다.

② 개인정보 저장 시 암호화 방식
- 개인정보처리시스템의 데이터베이스(DB)에 저장된 개인정보를 암호화하는 방식에는 API 방식, Plug-in 방식, TDE(Transparent Data Encryption) 방식, 운영체제(OS) 수준의 암호화 방식 등이 있다.

> **기적의 TIP**
> 암호화 방식은 시스템 구조, 성능, 보안 요구사항 등을 고려하여 선택되어야 하며, 암호화 키 관리 방안도 함께 수립해야 한다.

▼ 저장 시 암호화 방식 설명

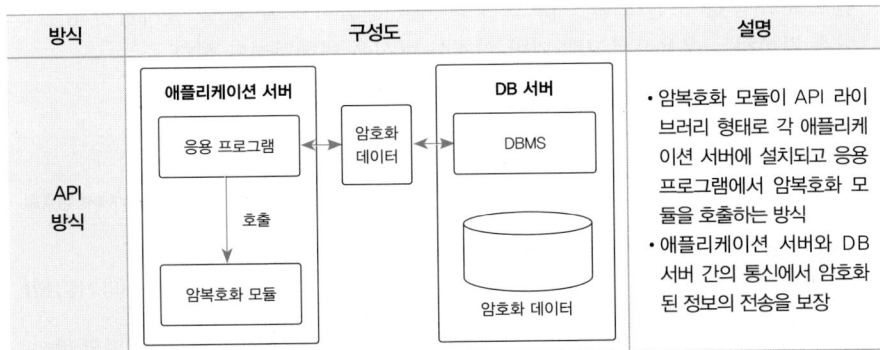

방식	구성도	설명
API 방식	애플리케이션 서버(응용 프로그램 → 호출 → 암복호화 모듈) ↔ 암호화 데이터 ↔ DB 서버(DBMS, 암호화 데이터)	• 암복호화 모듈이 API 라이브러리 형태로 각 애플리케이션 서버에 설치되고 응용 프로그램에서 암복호화 모듈을 호출하는 방식 • 애플리케이션 서버와 DB 서버 간의 통신에서 암호화된 정보의 전송을 보장

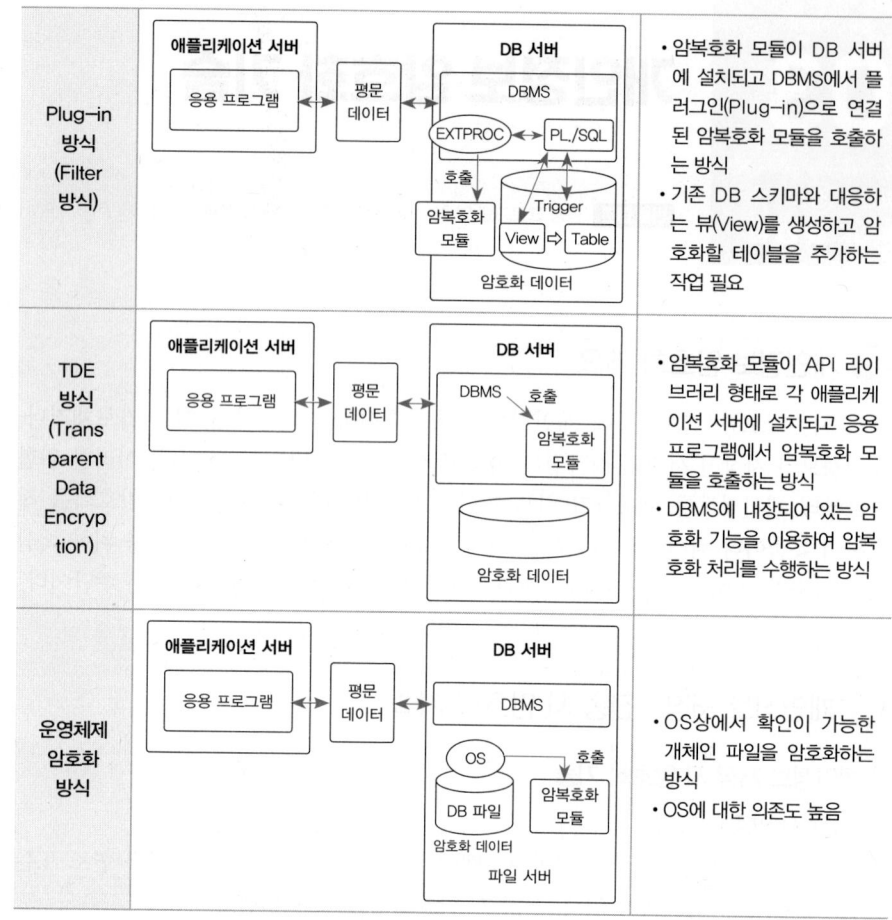

2) 개인정보 전송 시 암호화 기술

① 웹 서버와 클라이언트 간 암호화

- 웹 서버와 클라이언트 간의 데이터 송수신을 암호화하기 위해 주로 SSL/TLS(전송 계층 보안) 프로토콜이 사용된다. 이 방식은 웹 브라우저에 기본 내장되어 있으며, HTTPS 접속을 통해 데이터를 암호화한다.
- 또한, 일부 금융기관이나 전자정부 시스템 등에서는 브라우저 외부에 별도의 보안 프로그램(예 보안 모듈, 키보드 보안, 공인인증서 모듈 등)을 설치하여 통신 보안을 강화하는 응용프로그램 기반 암호화 방식을 병행하기도 한다.

▼ 웹 서버와 클라이언트 간 암호화 기술

구분	설명
SSL/TLS 방식	• 전송 계층(Transport Layer)을 기반으로 한 응용 계층(Application Layer)에서 암호화 수행 • 특별한 설치 없이 웹 브라우저에서 HTTPS 접속만으로 암호화 통신 가능 • 서버의 디지털 인증서(SSL 인증서)를 통해 통신 상대방을 인증하고 데이터의 기밀성(암호화), 무결성(위·변조 방지), 인증(상대방 확인)을 보장 • 대부분의 웹 서버 및 클라이언트 환경에서 지원되며, 다양한 기기·OS에서 호환 가능

구분	설명
응용프로그램 방식	• 보안 기능 강화를 위해 별도의 보안 모듈(예: 키보드 보안, 공인인증서, 보안 브라우저 등)을 설치필요. 특히 금융기관, 전자정부 시스템에서 많이 활용 • 사용자 인증, 키보드 입력 보호, 악성코드 차단 등 다양한 보안 기능을 통합 제공 가능 • 프로그램에 대한 수정작업이 필요하며 응용프로그램 방식에 따라 수정작업의 범위가 달라질 수 있음 • 프로그램 설치와 업데이트 필요, 브라우저나 OS에 따라 오류 발생 가능

② 개인정보처리시스템 간 암호화

• 개인정보처리시스템 간에 개인정보를 전송하는 경우, 전송 중 발생할 수 있는 유출이나 위·변조 등의 위협을 방지하기 위해 암호화된 통신이 필요하다. 이를 위해 IPsec VPN, SSL VPN, SSH 터널링 등의 방식을 사용하여 시스템 간 안전한 개인정보 전송을 구현할 수 있다.

▼ 개인정보처리시스템 간 암호화 방식

구분	설명
IPsec VPN	• 응용프로그램 수정할 필요 없음 • VPN 장비 간 서로 인증이 된 경우, 사용자는 다른 인증절차를 거치지 않아도 됨 • 본사와 지사와 같이 Site to Site 형태의 구성에서 활용
SSL VPN	• 응용프로그램 수준에서 SSL/TLS를 구현하는 것이 일반적이며 NAT 사용 가능 • 동시 접속이 많은 대용량 처리에서 성능 저하 발생 가능 • 개별 사용자 인증이 필요한 경우 활용 가능 • 재택근무 및 출장자들을 위한 Site to Clinet 형태의 구성에서 활용
SSH VPN	• 응용계층의 VPN 기술로 원격 단말기에 접속하는 경우 주로 이용 • SSH를 이용한 파일 전송 및 파일 복사 프로토콜 이용 가능 • OpenSSH의 경우 프락시 방식의 VPN 서버 구성 가능

③ 개인정보 취급자 간 암호화

• 개인정보 취급자 간에 이메일이나 메신저 등을 통해 개인정보를 주고받을 경우, 전송 중의 유출이나 변조를 방지하기 위해 암호화 조치를 적용해야 한다. 이를 위해 이메일 본문 및 첨부파일에 대해 PGP(Pretty Good Privacy), S/MIME(Secure/Multipurpose Internet Mail Extensions) 등의 표준 암호화 기술이나, 문서 자체 암호화 기능을 활용할 수 있다.

▼ 개인정보 취급자 간 암호화 방식

구분	설명
PGP	• 이메일 및 파일을 공개키 기반 암호화와 전자서명을 통해 안전하게 주고받기 위한 암호화 프로그램
S/MIME	• 이메일에 보안 기능(암호화 및 전자서명)을 추가하기 위한 국제 표준 • X.509 디지털 인증서 기반으로 공개키 암호화와 메시지 서명을 통해 이메일의 기밀성, 무결성을 보장
문서 자체 암호화	• PDF, Word, Excel 등의 파일에 비밀번호를 설정하여 암호화하는 방식 • 문서를 열기 위해 비밀번호 입력이 필요하며, 별도의 시스템 설치 없이 문서 편집 프로그램에서 바로 적용 가능

④ 업무용 컴퓨터, 보조저장 매체 암호화
- 업무용 컴퓨터의 하드디스크, 이동식 저장장치(예 USB, 외장하드) 등 보조 저장 매체에 저장된 개인정보를 보호하기 위해, 해당 저장매체에 대한 암호화 조치를 적용해야 한다.

▼ 업무용 컴퓨터, 보조저장 매체 방식

구분	설명
문서 도구 자체 암호화	업무용 컴퓨터에서 사용하는 문서도구의 자체 암호화 기능을 통하여 개인정보 파일 암호화
암호 유틸리티를 이용한 암호화	업무용 컴퓨터의 OS에서 제공하는 파일 암호 유틸리티 또는 파일 암호 전용 유틸리티를 이용한 개인정보 파일, 디렉토리의 암호화
DRM	DRM을 이용하여 다양한 종류의 파일 및 개인정보 파일의 암호화
디스크 암호화	디스크에 데이터를 기록할 때 자동으로 암호화하고, 읽을 때 자동으로 복호화하는 기능 제공

3) 문서 암호화 보호조치

① 문서 암호화 보호조치 개요
- 조직 내에서 관리되는 중요 문서의 유출 및 무단 사용을 방지하기 위해 관리자가 사전에 정의한 보안 정책에 따라 문서에 암호화를 적용하고, 사용자의 권한 및 요청에 따라 복호화를 허용하는 것을 문서 암호화 보호조치라 한다.

② DRM 개요 상세 설명
- DRM은 기업이나 기관에서 중요 문서, 개인정보, 기밀정보의 무단 복제, 유출, 오·남용을 방지하기 위해 사용되는 보안 시스템으로, 문서 사용 권한을 사전에 정의하고 제어하는 기술이다.

▼ DRM 운영 방식 및 기능

구분	주요 내용	설명
운영 방식	사용자 단말 암호화	문서를 사용자의 PC 또는 디바이스에서 실시간 암호화 및 복호화하며, 주로 개인 사용자의 문서 보호에 적합
	정보시스템 암호화	서버 또는 중앙 문서관리 시스템에서 문서를 일괄적으로 암호화/복호화하며, 조직 전체의 일관된 보안 정책 적용에 유리
기능	암·복호화	개별 문서, 문서 유형, 문서 경로 등을 지정하여 암복호화 수행 가능
	권한 관리	문서의 열람, 편집, 화면 캡처, 암호화 해제, 권한 변경, 열람 가능 일수 등을 사용자별/그룹자별로 설정 가능
	승인 및 로깅	문서 암호화의 해제, 반출 시 사전 승인제도 및 모든 활동에 대한 로그 이력 관리

SECTION 04 인터넷망 차단조치 기술

빈출 태그 개인정보의 안전성 확보조치, 망분리, 망연계, 100만 명, 다운로드, 파기, 접근 권한 설정, 클라우드 외 차단

01 인터넷망 차단조치 기술의 개념

개인정보취급자의 업무용 컴퓨터 등이 정보통신망을 통해 악성코드 감염, 해킹, 정보유출 등 침해사고에 노출되는 것을 방지하기 위해, 업무망과 인터넷망을 논리적 또는 물리적으로 분리하여 불법적인 외부 접근을 차단하는 기술적 보호조치이다.

▼ 인터넷망 차단조치 법적 근거

구분	설명
개인정보 보호법 시행령 제30조 (개인정보의 안전성 확보조치)	보호위원회가 정하여 고시하는 기준에 해당하는 개인정보 취급자의 컴퓨터 등에 대한 인터넷망의 차단
개인정보의 안전성 확보치 기준 제5조 (접근 통제)	전년도 말 기준 직전 3개월간 그 개인정보가 저장 관리되고 있는 이용자 수가 일일 평균 100만 명 이상인 개인정보 처리자는 개인정보처리시스템에서 개인정보를 ① 다운로드 또는 ② 파기할 수 있거나 개인정보처리시스템에 대한 ③ 접근 권한을 설정할 수 있는 개인정보 취급자의 컴퓨터 등에 대한 인터넷망 차단조치를 하여야 한다.
	「클라우드컴퓨팅 발전 및 이용자 보호에 관한 법률」 제2조 제3호에 따른 클라우드컴퓨팅 서비스를 이용하여 개인정보처리시스템을 구성·운영하는 경우에는 해당 서비스에 대한 접속 외에는 인터넷을 차단하는 조치를 하여야 한다.

> **기적의 TIP**
> 망분리 의무 대상은 시험 빈출문제로 반드시 암기해야 한다.

02 인터넷망 차단조치 적용 대상 및 범위

1) 인터넷망 차단조치 적용 대상

전년도 말 기준, 직전 3개월간(10월~12월) 개인정보가 저장·관리되고 있는 이용자 수가 일일 평균 100만 명 이상인 개인정보처리자는 인터넷망 차단조치를 적용해야 한다.

※ 일일 평균 이용자 수 계산식: 일일 평균 이용자 수 = (10월~12월의 일일 보유량 총합) ÷ 92일

2) 인터넷망 차단조치 적용 범위

인터넷망 차단조치는 개인정보처리시스템에서 개인정보를 다운로드, 파기, 접근 권한 설정 등의 작업을 수행할 수 있는 개인정보취급자의 컴퓨터 등에 적용된다.

▼ 인터넷망 차단조치 적용 범위

구분	설명
적용 사업자	전년도 말 기준 직전 3개월간 개인정보가 저장·관리되고 있는 이용자 수가 일일 평균 100만 명 이상인 개인정보 처리자
인터넷망 차단조치 대상	• 개인정보처리시스템에서 개인정보를 다운로드❶할 수 있는 개인정보 취급자의 컴퓨터 등 • 개인정보처리시스템에서 개인정보를 파기❷할 수 있는 개인정보 취급자의 컴퓨터 등 • 개인정보처리시스템에 접근 권한을 설정❸하는 개인정보 취급자의 컴퓨터 등 「클라우드컴퓨팅 발전 및 이용자 보호에 관한 법률」 제2조 제3호에 따른 클라우드컴퓨팅 서비스를 이용하여 개인정보처리시스템을 구성·운영하는 경우
인터넷망 차단조치 방법	물리적 또는 논리적 방식 적용 가능❹
차단 예외	개인정보처리시스템에서 단순히 개인정보를 열람, 조회 등만을 할 때는 인터넷망 차단조치를 적용하지 아니할 수 있음

❶ 개인정보처리시스템에 직접 접속하여 취급자의 컴퓨터 등에 개인정보를 엑셀, 워드, 테스트, 이미지 등의 파일 형태로 저장하는 것을 의미한다.

❷ 개인정보처리시스템에 저장된 개인정보 파일, 레코드, 테이블 또는 데이터베이스(DB)를 삭제하는 것을 의미한다.

❸ 개인정보처리시스템에 접근하는 개인정보 취급자에게 다운로드, 파기 등의 접근 권한을 설정하는 것을 의미한다.

❹ 일정 수준의 보안성을 갖추었다면 논리적 방식도 허용한다.

03 인터넷망 차단조치 방식

1) 인터넷망 차단조치 방식 유형

업무망과 인터넷망을 분리하는 방식은 크게 물리적 방식과 논리적 방식으로 구분되며, 각각의 방식은 구현 비용, 보안 수준, 사용자 편의성 등에서 고유의 장단점을 가진다.

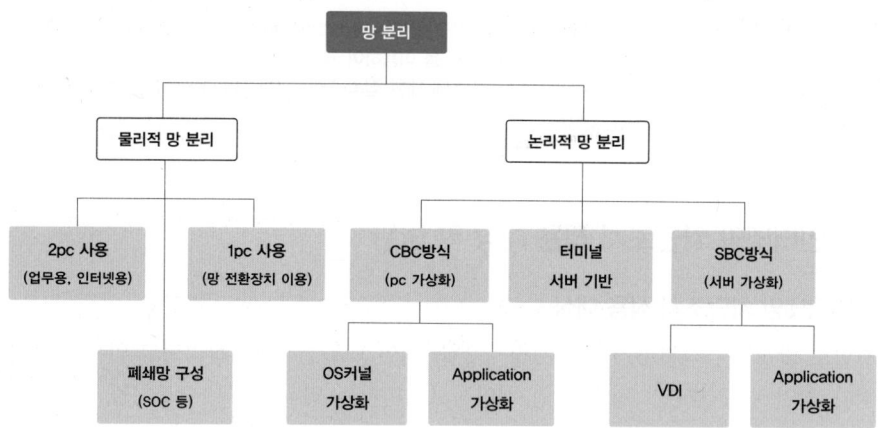

▲ 망분리 방식 구분

▼ 물리적 망 분리와 논리적 망 분리 방식 비교

구분	물리적 망분리	논리적 망분리
정의	인터넷망과 업무망을 물리적으로 완전히 분리하여 각각 독립된 단말 또는 네트워크로 운영	하나의 단말에서 가상화, 망연계 장비 등을 통해 논리적으로 분리된 망 구성

도입 비용	높음 (단말기 2대, 전용선 추가 등 하드웨어 투자 필요)	상대적으로 저렴함 (망 전환 소프트웨어, 가상화 구성 등)
보안성	매우 높음 (물리적으로 격리되므로 원천적으로 해킹 경로 차단 가능)	중간 (정책 설정 미흡 시 우회 가능성 존재)
편의성	불편함 (두 대의 PC를 번갈아 사용해야 하거나 별도 키보드/모니터 필요)	편리함 (단일 PC에서 소프트웨어로 전환 가능)
유지보수성	물리적 장비가 많아 관리 복잡	소프트웨어 중심이므로 상대적으로 간단
사례	군·국정원 등 보안이 최우선인 국가기관, 핵심 정보 보유 기관	행정기관, 공공기관, 민간 기업 등에서 많이 사용

2) 물리적 인터넷망 차단 방식

① 물리적 인터넷망 차단 방식의 개요
- 업무망과 인터넷망을 각각 물리적으로 완전히 분리하고, 각 망에 접속하는 컴퓨터 또한 별도로 구성함으로써, 망 간 접근 경로를 원천적으로 차단하는 방식이다.
- 동일 시점에 하나의 컴퓨터에서 업무망과 인터넷망을 동시에 접속할 수 없다.
- 업무망 컴퓨터는 인터넷 연결 불가능하여 악성코드 감염, 해킹, 개인정보 유출 등의 위험을 근본적으로 차단할 수 있다.

② 물리적 인터넷망 차단 주요 방식
- 물리적 인터넷망 차단 주요 방식으로는 2PC와 망 전환장치를 이용한 방식이 존재한다.

▼ 2PC와 망 전환장치를 이용한 방식 비교

구분	2PC	망 전환장치(Switch)
개념	한 사용자가 업무용 PC와 인터넷용 PC를 별도로 사용하는 방식으로, 가장 전통적인 망 분리 방식	하나의 단말에서 물리적 스위치를 이용해 업무망과 인터넷망을 전환하며 사용. 동일 시점에는 한 망만 접속 가능하도록 하여 분리 효과 확보하는 방식
구성	업무망 ↔ 업무용 PC / 인터넷 ↔ 인터넷 PC (물리적 분리)	업무망 ↔ 업무용 HW ↔ 망 전환장치 ↔ 인터넷 HW ↔ 인터넷 (물리적 분리, 1PC)
특징	인터넷망에 접근하는 컴퓨터와 업무망에 접근하는 컴퓨터를 별도로 사용	망 전환장치를 사용하여 인터넷망과 업무망에 선택적으로 접속
장점	인터넷망과 업무망 간 접근경로가 물리적으로 차단되어 보안성 높음	협소한 사무 공간에 적합
단점	별도 네트워크 구축, PC 등 추가 장비에 대한 비용 소요	망 전환 시 재부팅이 필요할 수 있으며, 이에 따라 업무 수행시간 지연 가능

3) 논리적 인터넷망 차단 방식

① 논리적 인터넷망 차단 방식의 개요
- 가상화 기술을 활용하여 하나의 단말기 또는 서버 상에서 업무망과 인터넷망을 논리적으로 분리하여 운영하는 방식이다.
- 일반적으로 하나의 컴퓨터에서 업무 영역과 인터넷 영역을 각각 논리적으로 구분된 환경(가상머신 등)을 통해 접속하여 업무를 수행한다.
- VDI(Virtual Desktop Infrastructure), Zero Client 등의 가상환경 전용 장치를 활용하여 보안성과 효율성을 동시에 확보할 수 있다.

② 논리적 인터넷망 차단 주요 방식
- 가상화 적용 위치에 따라 서버 기반(SBC: Server Based Computing), 클라이언트 기반(CBC: Client Based Computing) 등으로 구분할 수 있다.

▼ SBC와 SBC 이용한 방식 비교

구분	SBC	CBC
개념	SBC는 모든 업무 처리를 서버 측 가상환경에서 수행하고, 사용자는 단말기(PC, Thin Client 등)를 통해 입출력만 처리하는 방식	가상화 환경을 사용자의 PC(클라이언트) 내에 직접 구축하여, 단일 장치에서 업무망과 인터넷망을 논리적으로 구분해 운영하는 방식
구성	(업무망 ― 논리적 분리 ― 인터넷, 로컬 영역 ↔ 서버 접속(SW) → 가상화 서버(VDI), PC)	(업무망 ― 논리적 분리 ― 인터넷, 로컬 영역 ↔ 가상화 영역, 터널링, PC)
특징	인터넷 접속, 업무 수행 등을 가상화 서버에 접속하여 수행	사용자 PC에 가상화 SW를 설치하여 인터넷망과 업무망을 논리적으로 분리
주요 방식	VDI(Virtual Desktop nfrastructure)	OS 커널 가상화
장점	• 가상화 서버 환경에 사용자 통제 및 관리정책 일괄적용 가능 • 문서 중앙화 등 중앙관리 용이 • BYOD/스마트 오피스에 최적 • 사용자 통제, 관리정책 일괄적용	• 기존 업무용 단말기를 활용하여 상대적으로 도입비용 낮음 • 기존 PC 사용→도입 장비 비용 최소화 • 쉽고 간편한 설치→짧은 기간 내 구축 • 사용자 통제, 관리정책 일괄적용
단점	• 가상화 서버 장애 발생 시 업무 지연 및 중단 발생 • 최초 도입 비용이 높음 • WAN 구간 작업이나 다수 접속 시 성능 저하 (서버 부하 집중, Data 트래픽 발생)	• 다양한 컴퓨터 환경, 응용프로그램에 호환성 확인 필요 • 기존 영역과 가상화 영역의 호환성 문제(보안프로그램 등) • 운영체제, 웹 브라우저 보안패치와 충돌 우려 • 논리적 네트워크 분리를 위한 장비 추가 필요

4) 인터넷망 차단조치 시 고려사항

① 인터넷망 차단조치 시 고려사항 필요성

- 인터넷망 차단조치가 적용되었더라도, 구성이나 설정상의 취약점을 악용하여 업무망에 침투하여 개인정보 유출 사고가 발생할 수 있다. 따라서 인터넷망 차단조치를 도입할 때에는 기술적 보호조치의 실효성 확보를 위한 사전 보안성 검토와 지속적인 점검이 반드시 필요하다.

② 인터넷망 차단조치 시 주요 고려사항

- 인터넷망 차단조치 시에는 단말 및 네트워크에 대한 분리뿐만 아니라 분리 후 안전한 정보 통제, 단말 및 네트워크 등에 대한 관리를 위한 다양한 통제 방안을 고려하여야 한다.

▼ 인터넷망 차단조치 시 주요 고려사항

구분	2PC	보안기술(예시)
PC 보안관리	• 네트워크 설정 임의 변경 등 인터넷망 차단조치 우회경로 차단❺ • 비인가자의 임의사용 금지를 위한 PC 보안 상태 유지관리❻ • USB 메모리 등 보조저장 매체를 통한 정보유출 및 악성코드 감염 대책 마련 등	• PC 보안 • NAC • IP 관리 등
망간 자료전송 통제	• 업무망 컴퓨터와 인터넷망 컴퓨터 간 안전한 데이터 전달 방법 제공 • 인터넷망과 업무망, 전송통제서버 간 통신은 일반적인 형태의 TCP/IP 방식이 아닌 암호화된 전용 프로토콜을 사용❼하고 일방향성을 유지 • 망간 자료전송 시 책임자 승인절차, 사용자 인증 및 권한 관리, 전송내역 보존, 악성코드 검사 수행 등	• 망 연계 솔루션 • 보안 USB 등
인터넷 메일 사용	• 업무망 컴퓨터에서 외부 이메일 수신 차단 • 외부 이메일 송수신을 위한 메일서버는 업무망과 분리하고 인터넷 컴퓨터에서만 접근 가능하도록 구성	• 인터넷 전용 메일서버 등
패치관리	• 인터넷 컴퓨터 및 업무용 컴퓨터에 신속하고 지속적인 보안패치 • 패치관리시스템 도입 시 외부 인터넷과 분리하여 운영 • 인터넷이 차단된 업무용 PC에 패치관리 절차 수립 및 이행 • 패치관리시스템에 보안관리 강화	• 패치관리시스템 (PMS)
네트워크 접근제어	• 비인가된 기기는 인터넷망과 업무망에 접속할 수 없도록 차단	• NAC • IP 관리 등
보조저장 매체관리	• 인가된 보조저장 매체만 사용하도록 제한 등	• 보안 USB • DLP
프린터 등 주변기기 운영	• 프린터 등 주변기기는 인터넷용 또는 업무용으로 분리 운영 • 프린터를 공유할 때, 공유프린터에서 서로 다른 연결 포트를 사용하고 프린터 서버 등을 이용하여 접근통제 등	• 복합기 보안 등
기타 보안관리	• 인터넷망 차단조치 대상자에 인식제고 교육 수행 • 동일한 네트워크 구간에 망분리 대상자와 미대상자가 혼재되어 있을 때, 이에 따른 위험평가 및 대책수립 • 가상환경 및 시스템 접속 시 강화된 인증 적용 • 서버 및 DB 레벨에서의 접근제어 • 서버에서의 불필요한 인터넷 접속차단 • 인터넷망 차단조치 상태, PC 보안관리 현황, 규정 준수 여부, 보안 취약점 등 정기점검 수행	• NAC • OTP • 서버접근제어 • DB접근제어

❺ 업무용 컴퓨터의 인터넷 연결, 추가 랜카드 설치 및 각 망에 동시 연결, 비인가된 무선인터넷 연결 및 스마트폰 테더링, IP 주소 임의 변경 등

❻ 로그온 암호설정, 화면보호기, 공유 폴더 제한 등

❼ 공유스토리지 연계방식, UTP기반 전용프로토콜 연계방식, IEEE1394 연계방식 등

SECTION 05 PbD(Privacy by Design)

빈출 태그 7가지 원칙, 설계 전략

01 PbD(Privacy by Design)의 개요

서비스를 기획하거나 시스템 등을 구축하려는 경우, 기획 및 설계 단계에서부터 프라이버시를 고려하여 이용자 프라이버시 통제권이 적절히 보호되면서도 서비스 및 시스템의 편리성을 해치지 않도록 구현해야 한다는 개념이다.

02 PbD의 7가지 원칙 및 설계 전략

이용자의 프라이버시 보호 및 개인정보에 대한 통제권을 보장함과 동시에 개인정보를 수집하는 기관들도 지속 가능한 경쟁력을 유지할 수 있기 위해 PbD 원칙을 준수할 것을 제안하고 있다.

▼ PbD 원칙의 분류

	Design	설계 시에 보안요소가 고려되어 PbD 적용 필요
	Coverage	전체 생명주기를 포함하는 보안 전략 필요
	Usability	사용자 중심의 보안 전략 필요

▼ PbD 7가지 원칙 상세 설명

구분	원칙	예시
Design	1. 사후조치가 아닌 사전예방	프라이버시 침해사고가 발생한 뒤 조치하는 것이 아닌 침해사건을 예상하고 사전에 예방하는 것
	2. 초기설정부터 프라이버시 보호 조치	IT시스템 또는 사업 진행 과정에서 개인정보가 보호될 수 있도록 기본으로 설정하여 자동으로 프라이버시가 최대한 보장되도록 하는 것
	3. 프라이버시 보호를 내재한 설계	프라이버시 보호를 설계에 내재화함으로써 프라이버시를 IT시스템 또는 개인정보 처리와 통합·적용

	원칙	설명
Coverage	4. 프라이버시 보호와 사업 기능의 균형(제로섬이 아닌 포지티브 섬)	서비스 제공을 위한 기능성, 편리성 등과 프라이버시 보호 중 어느 하나도 포기하지 않고 프라이버시의 안전한 보호와 사업의 기능성 두 가지 모두 확보하기 위해 노력하는 것
	5. 개인정보 생애주기 전체에 대한 보호	개인정보의 수집·이용·저장·제공·파기 전 단계에 걸쳐 보호될 수 있도록 안전조치를 적용하는 것
Usability	6. 개인정보 처리 과정에 대한 가시성 및 투명성 유지	개인정보 처리 과정에 대해 정보 주체가 완전하고 명확하게 이해하도록 하여 신뢰성을 제고시키는 것
	7. 이용자 프라이버시 존중	프로그램, 프로세스 등에서 명시적인 보호 체계가 없더라도 사용자의 프라이버시를 보장하기 위한 활동을 수행하는 것

▼ PbD 8대 설계 전략[1]

원칙	설명
1. 최소화(Minimize)	가능한 최소한의 개인정보를 수집하고 불필요한 처리를 방지하여 영향을 최소화
2. 은닉(Hide)	개인정보와 그 상호 관계를 잘 보이지 않도록 하여 관찰 가능성 및 연결성 제한
3. 분리(Separate)	다양한 정보가 결합되어 완전한 개인의 프로필을 형성하지 않도록 가능한 분리 또는 분산 처리
4. 추상화(Abstract)	처리되는 개인정보의 세부 사항은 최대한 제한하고 가능한 높은 집계 수준에서 처리
5. 통지(Inform)	정보주체가 자신의 개인정보 처리에 관한 사항을 인식할 수 있도록 적절한 방식으로 통지하여 투명성 확보
6. 통제(Control)	'통지' 전략과 관련하여 정보주체가 필요시 자신의 개인정보 처리에 관한 권한을 행사할 수 있는 매커니즘을 구현하고 제어
7. 집행(Enforce)	개인정보처리가 법적 요구사항에 적합하게 운영되도록 집행
8. 입증(Demonstrate)	개인정보처리자는 법적 요구사항을 준수하고 있음을 입증

[1] 해외 PbD 관련 가이드라인 참조 (APED, 2016., ENISA, 2015. 등)

PART 05

개인정보 관리체계

파트 소개

개인정보 관리체계에서는 개인정보 처리자가 정보주체의 개인정보를 보호하기 위해 수립·운영해야 하는 관리체계에 대한 활동은 어떤 것들이 있는지 알아보도록 하겠습니다.

CHAPTER 01

개인정보 관리체계

학습 방향

개인정보 관리체계에서는 ePRIVACY(한국), BBBOnline(미국), Privacy Mark(일본), ISMS-P, ISO27001 등을 중심으로 학습하시기 바랍니다.

SECTION 01 개인정보 관리체계

출제빈도 상 중 **하**
반복학습 1 2 3

빈출 태그 리스크, 권리구제, 인식 강화

01 개인정보 관리체계의 개요

개인정보처리자가 정보 주체의 개인정보를 보호할 수 있도록 보호 대책들을 구현하고 지속적으로 관리 · 운영하는 일련의 활동을 의미한다.

▼ 개인정보 관리체계 포함 사항

구분	설명
고려사항	• 조직이 보호해야 하는 고객의 개인정보가 무엇이며 왜 중요한가? • 고객의 개인정보는 어떻게 수집되어 이용 · 전달 · 파기되는가? • 고객의 개인정보는 어떤 수준으로 관리하고 보호해야 하는가? • 고객의 개인정보를 보호하기 위해 어떤 방법을 도입하여 수행하는가?
관리해야 하는 위험	• 개인정보 자산이 허가되지 않은 사람에게 노출되는가? • 허가되지 않은 사람에 의하여 변경되거나 훼손되는가? • 개인정보 보호조치가 법에 규정된 사항을 지키지 못하는가?
단계	• 명확한 목표를 정하고 전략을 세우는 계획수립 단계 • 수립된 결과를 계획에 대비하여 검토하는 단계 • 검토 결과는 차기 계획에 반영하는 단계

02 개인정보 관리체계의 필요성

- 고객정보는 기업의 경쟁력을 좌우하는 핵심 자산이자, 관리 소홀 시 법적 · 사회적 책임을 초래할 수 있는 주요 리스크 요인으로 부각되고 있다.
- 개인정보 침해 발생 시 집단소송, 징벌적 손해배상❶ 등 적극적인 권리구제가 일반화되고 있다.
- 개인정보 침해사고의 동기가 단순한 해킹 과시에서 금전적 이익 추구로 변화하며 공격의 조직화 · 고도화가 진행되고 있다.
- 전통적인 기밀정보 중심의 보안 체계만으로는 조직 전반의 개인정보 보호를 효과적으로 구현하기 어렵다.
- 정보주체는 신뢰할 수 있는 개인정보 보호 수준을 객관적으로 판단할 기준을 요구하고 있다.
- 기업은 자체적인 보호 노력을 외부에 입증하고 법적 대응력을 강화하기 위한 관리체계 수립이 필요하다.

❶ 가해자의 행위가 악의적이고 반사회적일 경우 실제 손해액보다 훨씬 더 많은 손해배상을 부과하는 제도

03 개인정보보호 관리체계 수립의 이점

- 개인정보의 수집부터 파기까지 생명주기 전반을 체계적으로 관리함으로써 법적 대응과 책임 이행이 용이해진다.
- 기업의 개인정보 보호 수준을 명확한 목표에 따라 제고하고 지속적으로 유지·개선할 수 있다.
- 침해사고에 따른 피해 및 과도한 사전 예방 투자 간의 균형을 통해 효율적인 자원 배분이 가능하다.
- 개인정보 취급자의 보안 인식을 강화하고 전사적 협조 체계를 구축할 수 있다.

SECTION 02 국내외 개인정보보호 관리체계의 유형 및 현황

빈출 태그 ePRIVACY, BBBOnline, Privacy Mark, ISO27001, ISO27701, BS 10012

01 개인정보보호 마크 제도 개요

개인정보보호 마크 제도는 개인정보보호를 위해 일정 수준 이상 갖추었다는 것을 공신력 있는 제3의 기관이 평가하고 정보 주체들이 볼 수 있도록 마크를 부여하는 제도를 의미한다.

> **기적의 TIP**
> 한국, 미국, 일본의 개인정보보호 마크 제도의 특징을 기억해야 한다.

02 개인정보보호 마크 제도 유형

1) 한국 ePRIVACY 마크 제도 ❶

- 개인정보보호협회에서 발급하며 개인정보보호에 대한 법규 준수 및 안전한 개인정보 관리를 위한 보호조치 이행 여부를 확인하여 발급한다.
- ePRIVACY는 기업 운영 웹사이트와 관리자 페이지의 개인정보보호 법규 준수 여부를 심사한다.
- ePRIVACY PLUS는 인증대상 웹사이트와 연계된 시스템 전반의 개인정보보호 조치를 심사한다.
- PRIVACY는 웹사이트에 국한하지 않고 정보시스템 운영 시 수행하는 개인정보보호 활동의 법령 준수 여부를 심사한다.

2) 미국 BBBOnline 마크 제도

- Reliability(신뢰성) 마크와 Privacy(프라이버시) 마크 등 두 가지 마크로 구성된다.
- 엄격한 수준의 개인정보 보호 원칙을 준수한다.
- 공신력 있는 기관으로부터 정기점검을 받으며 소비자 불만 처리 절차를 보유하고 있다.

3) 일본 Privacy Mark 제도

- 일본 정부의 개인정보보호 지침을 민간에 확산하기 위한 목적으로 도입하였다.
- 기업에서 구축한 개인정보보호 체계를 평가하여 인증을 부여한다.

---

❶ ePRIVACY는 의무 인증이 아니고 선택인증이다.

▼ 개인정보보호 마크 제도

구분	대상	설명
한국	ePRIVACY	• 인증기관 : 개인정보보호협회(OPA) • 유형 : ePRIVACY, ePRIVACY PLUS, PRIVACY • 서류심사 및 현장심사 진행
미국	BBBOnline	• 인증기관 : 미국 경영개선협회 • 유형 : Reliability, Privacy • 유효기간 1년
일본	Privacy Mark	• 인증기관 : 일본정보처리개발협회(JIPDEC) • 서류심사 중심이며 현장심사 최소화 • 유효기간 2년으로 별도 사후관리 심사 없음

▲ 개인정보보호 마크 제도 인증서

03 국제 정보보호 경영시스템 인증제도(ISO/IEC 27001:2022)

정보보안경영시스템(ISMS: Infomation Security Management System)에 대한 국제표준❷으로서, 해당 조직이 정보보호경영을 실행하기 위한 프레임워크를 확립하고 이를 자사에 적용할 수 있도록 안내하는 인증 제도이다.

- 각 나라별로 인정기관 및 인증기관을 지정하여 운영하며, 인증기관 내 인증위원회에서 인증결과를 심의하고 의결한다.
- ISO/IEC 27001는 보안 정책, 자산 분류, 위험 관리 등 14개 영역, 93개 통제항목에 대한 요구사항을 충족할 경우 인증을 획득할 수 있다.
- 인증심사는 문서심사와 현장심사로 이루어지며, 인증 유효기간은 3년이다. 인증 취득 후에는 연 1회 이상 사후 심사를 받아야 한다.
- ISO/IEC 27001 인증을 취득한 경우, 국내 정보보호 관리체계(ISMS) 인증심사 일부를 생략할 수 있다.

❷
ISO/IEC 27000 시리즈는 정보보호 관리체계(ISMS) 구축 및 운영에 필요한 국제 표준들을 포괄
- ISO/IEC 27001 : 정보보안경영시스템 요구사항
- ISO/IEC 27002 : 정보보안 통제에 대한 실행 지침
- ISO/IEC 27701 : 개인정보 경영시스템 인증
- ISO/IEC 27017 : 클라우드 서비스 보안 지침
- ISO/IEC 27018 : 클라우드상의 개인정보 보호

🏁 **기적**의 TIP

ISO 27001 인증을 보유한 경우 ISMS 인증 심사의 일부가 면제될 수 있으나, ISMS-P 인증 심사는 전면 심사 대상이므로 생략이 불가능하다는 점에 유의한다.

04 개인정보 경영시스템 인증제도(ISO/IEC 27701)

조직이 개인정보 보호를 위해 갖춰야 할 요구사항과 가이드라인을 제시하는 국제표준으로 개인정보보호 경영시스템(PIMS) 인증 제도에 해당한다.

- 개인정보 보호 정책 준수, 물리적 보안, 정보 접근 통제 등 49개 항목, 114개 기준 요건을 충족할 경우 인증을 받을 수 있다.
- ISO/IEC 27701은 ISO/IEC 27001의 확장 표준으로, 조직의 개인정보 보호 관리체계 수립을 위한 구체적인 요구사항과 지침을 제공한다.
- BS 10012는 개인정보 관련 사고의 발생 가능성을 감소시키고, 개인정보를 다루는 조직 내외의 모든 활동을 체계적으로 관리·검증할 수 있는 프레임워크를 제공하는 글로벌 개인정보경영시스템 표준이다.
- OECD 가이드라인과 및 유럽연합(EU), 영국의 개인정보보호 법령을 기반으로 하며, 조직의 개인정보 경영 시스템을 Plan-Do-Check-Act 주기에 따라 개인정보 보호체계를 운영할 수 있도록 지원한다.

> **기적의 TIP**
>
> ISO 27001은 정보보안경영시스템(ISMS, Information Security Management System)에 대한 국제표준으로서 국내 ISMS-P 인증의 근간이 되는 참조모델이라는 점을 기억하자.

▼ ISO/IEC 27001, ISO/IEC 27701, BS 10012 비교

구분	ISO/IEC 27001	SO/IEC 27701	BS 10012
표준 성격	정보보안 경영시스템(ISMS) 국제표준	ISO 27001의 개인정보보호 확장 표준(GDPR 연계 가능)	GDPR 기반 개인정보보호 경영시스템
주요 목적	정보 자산의 기밀성, 무결성, 가용성 확보	정보보호 + 개인정보보호 통합 관리	GDPR 준수 및 리스크 최소화
제정 기관	ISO / IEC	ISO / IEC	BSI (영국표준협회)
적용 대상	모든 산업 분야	개인정보를 처리하는 ISO 27001 인증 조직	유럽 및 영국에서 GDPR을 준수해야 하는 조직
기반 구조	독립 표준	PDCA 기반, ISO 27001 확장 구조	PDCA 기반, ISO 호환 가능
특징	ISMS-P의 기반, 글로벌 정보보호 인증 표준	개인정보보호 관리의 국제표준, 유연한 적용 가능	GDPR 대응에 특화된 인증 제도
사례	공공기관, 금융, 클라우드 기업	AI, 클라우드, 글로벌 서비스 제공 기업	EU 대상 서비스 제공 기업, 다국적 개인정보 수집 기업

SECTION 03

정보보호 및 개인정보보호 관리체계(ISMS-P) 인증

▶ 합격 강의

출제빈도 상 중 하
반복학습 1 2 3

빈출 태그 의무 대상자, ISP, IDC, 100만, 100억, 1500억 이상, 상급종합병원, 1만명 이상 학교, 간편인증, 101개

01 정보보호 및 개인정보보호 관리체계(ISMS-P) 인증 개요

조직이 정보자산과 개인정보를 안전하게 관리하고 보호하기 위해 수립·운영하는 관리체계를 종합적으로 평가·인증하는 제도로, 정보보호 관리체계(ISMS)와 개인정보보호 관리체계(PIMS)를 통합한 국내 유일의 법정 인증제도이다.

1) 정보보호 및 개인정보보호 관리체계(ISMS-P) 법적 근거

「정보통신망 이용촉진 및 정보보호 등에 관한 법률」 제47조, 제47조의2 및 제47조의7, 같은 법 시행령 제47조부터 제54조의 규정 및 같은 법 시행규칙 제3조에 따른 정보보호 관리체계 인증과 「개인정보 보호법」 제32조의2, 같은 법 시행령 제34조의2부터 제34조의8의 규정에 따른 개인정보보호 관리체계 인증을 법적근거로 하고 있다.

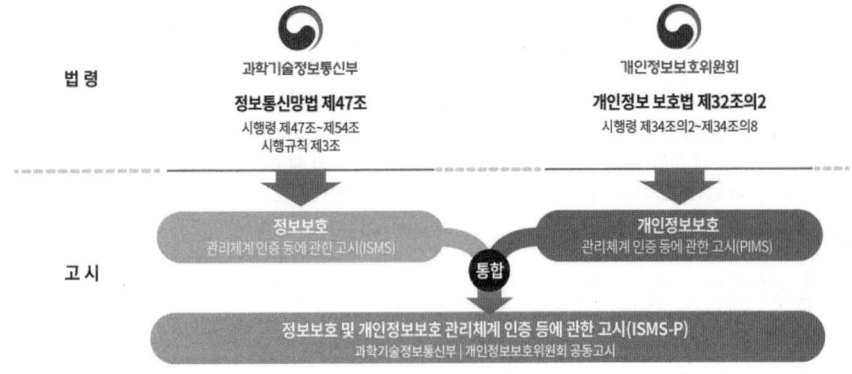

▲ 법령·고시와의 관계(출처: 정보보호 및 개인정보보호 관리체계 인증제도 안내서)

2) 정보보호 및 개인정보보호 관리체계(ISMS-P) 인증의 유형

정보보호 및 개인정보보호 관리체계(ISMS-P) 인증은 정보보호 관리체계 인증(ISMS), 정보보호 및 개인정보보호 관리체계 인증(ISMS-P), 정보보호 관리체계 예비인증 등 세 가지 유형으로 구분된다.

유형	인증 마크	설명
정보보호 관리체계 인증 (ISMS)	정보보호 관리체계 인증 ISMS Information Security Management System	• 정보보호 중심으로 인증하는 경우 • 기존의 ISMS 의무대상 기업·기관, 개인정보를 보유하지 않거나 개인정보 흐름의 보호가 불필요한 조직 등
정보보호 및 개인정보보호 관리체계 인증 (ISMS-P)	정보보호 및 개인정보보호 관리체계 인증 ISMS·P Personal Information & Information Security Management System	• 개인정보의 흐름과 정보보호 영역을 모두 인증하는 경우 • 보호하고자 하는 정보서비스가 개인정보의 흐름을 가지고 있어 개인정보 처리 단계별 보안강화가 필요한 조직
정보보호 관리체계 예비인증	예비인증 정보보호 관리체계 인증 ISMS Information Security Management System	• 가상자산사업자가 실제 서비스 운영 전 임시적으로 시스템을 구축·운영한 경우 • 「특정금융정보법」에 따라 사업 영위를 위하여 신고를 해야 하지만, 2개월 이상의 운영 이력이 없어 ISMS 인증 심사를 진행할 수 없는 신규 가상자산사업자

> 기적의 TIP
>
> ISMS 예비인증은 가상자산사업자가 특금법상 사업자 신고를 위해 ISMS 인증이 필요하지만, 운영 이력 부족으로 신청할 수 없는 현실적 제약을 해소하기 위해 도입된 제도이다.

▼ 정보보호 관리체계 인증(ISMS)과 정보보호 및 개인정보보호 관리체계 인증(ISMS-P)의 차이점

구분	정보보호 관리체계 인증	정보보호 및 개인정보보호 관리체계 인증
명칭	• ISMS(Information Security Management System)	• ISMS-P(Personal Information & Information Security Management System)
개념	정보보호를 위한 일련의 조치와 활동이 인증 기준에 적합함을 인터넷진흥원 또는 인증기관이 증명하는 제도	• 정보보호 및 개인정보보호를 위한 일련의 조치와 활동이 인증 기준에 적합함을 인터넷진흥원 또는 인증기관이 증명하는 제도
의무 여부	• 의무 인증	• 선택 인증
인증 기준	• 80개	• 101개(80개+21개)
대상	• 정보보호 영역만 인증하는 경우 • 개인정보 미보유 조직 • 기존 ISMS 의무대상 기업, 기관	• 개인정보의 흐름과 정보보호 영역을 모두 인증하는 경우 • 개인정보 보유 조직
선택 기준	• 정보서비스의 안정성, 신뢰성 확보를 위한 종합적인 체계를 갖추기 원하는 경우	• 보호하고자 하는 정보서비스가 개인정보의 흐름을 가지고 있어 처리단계별 보안을 강화할 필요가 있는 경우
범위	• 정보보호 영역만 인증하는 경우 • 개인정보 미보유 조직 • 기존 ISMS 의무대상 기업, 기관	• 정보서비스의 운영 및 보호를 위한 조직, 물리적 위치, 정보자산 • 개인정보 처리를 위한 수집, 보유, 이용, 제공, 파기에 관여하는 개인정보처리시스템 및 취급자

3) 정보보호 및 개인정보보호 관리체계(ISMS-P) 인증 체계

정보보호 및 개인정보보호 관리체계(ISMS-P) 인증은 정책기관, 인증기관, 인증위원회, 심사기관, 신청기관으로 구분할 수 있다.

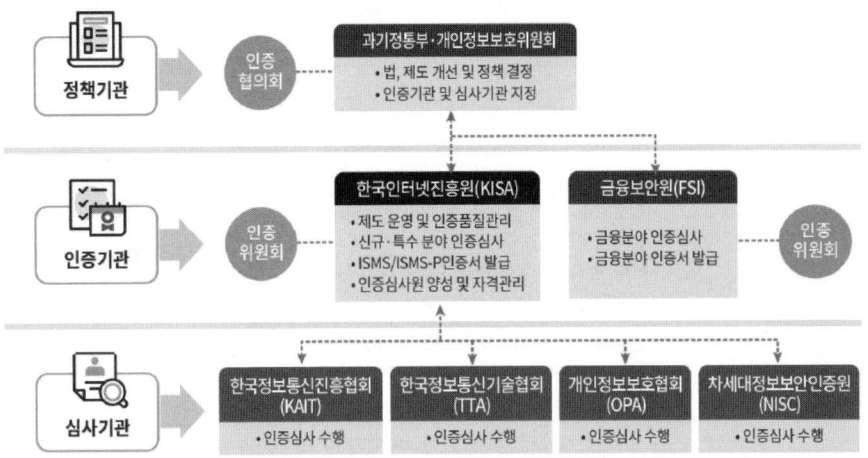

▲ 담당기관 및 체계(출처: 정보보호 및 개인정보보호 관리체계 인증제도 안내서)

▼ 담당기관별 주요 역할

구분	역할
정책기관	• 과학기술정보통신부장관과 개인정보보호위원회는 ISMS-P 인증 운영에 관한 정책 사항을 협의하기 위하여 ISMS-P 인증 협의회(이하 "협의회"라 한다)를 구성하여 운영한다. • 협의회는 인증제도와 관련한 법제도 개선, 정책 결정, 인증기관 및 심사기관 지정 등의 업무를 수행한다.
인증기관	• 법정 인증기관인 한국인터넷진흥원 또는 과학기술정보통신부장관과 개인정보보호위원회가 지정한 인증기관은 인증에 관한 업무를 수행한다. • 한국인터넷진흥원은 인증위원회 운영, 인증심사원 양성 및 자격관리, 인증제도 및 기준 개선 등 ISMS-P 인증제도 전반에 걸친 업무를 수행한다. • 인증기관은 신청기관이 수립·운영하는 관리체계를 인증기준에 따라 심사하고, 인증위원회를 운영하여 인증기준에 적합한 기관에게 인증서를 발급한다. • 금융보안원(FSI)은 금융 분야 인증위원회를 구성·운영하고, 인증심사 및 인증서 발급 업무를 수행한다.
인증위원회	인증위원회는 인증심사 결과가 인증기준에 적합한지 여부, 인증 취소에 관한 사항, 이의신청에 관한 사항 등을 심의·의결한다.
심사기관	• 심사기관은 인증심사 일정이 확정될 시 한국인터넷진흥원에 심사원 모집을 요청하여 심사팀을 구성한다. • 신청기관이 수립·운영하는 정보보호 및 개인정보보호 관리체계를 인증기준에 따라 심사하며, 심사기간에 발견된 결함사항의 보완조치 이행 여부 확인 등 인증심사 업무를 수행한다.
신청기관	신청기관은 정보보호 및 개인정보보호 활동이 체계적이고 지속적으로 관리되고 있는지를 객관적으로 검증 받기 위하여 ISMS-P 인증을 취득하고자 신청하는 자를 의미한다.

4) 정보보호 및 개인정보보호 관리체계(ISMS-P) 인증심사의 종류

ISMS-P 인증심사 종류는 최초심사, 사후심사, 갱신심사 세 가지로 구분된다.

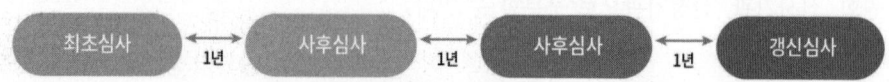

▲ 인증심사의 종류(출처: 정보보호 및 개인정보보호 관리체계 인증제도 안내서)

▼ 정보보호 및 개인정보보호 관리체계(ISMS-P) 인증심사 설명

구분	설명
최초심사	• 정보보호 및 개인정보보호 관리체계(ISMS-P) 인증을 처음으로 취득할 때 수행하는 심사 • 인증 범위에 중요한 변경이 있어 다시 신청 하는 경우에도 받아야 함 • 유효기간 3년
사후심사	• 인증을 취득한 이후 정보보호 및 개인정보보호 관리체계(ISMS-P)가 지속적으로 유지되고 있는지를 확인하는 목적 • 유효기간 중 매년 1회 이상 실시
갱신심사	• 정보보호 및 개인정보보호 관리체계(ISMS-P) 인증의 유효기간 갱신을 위해 실시하는 인증심사 • 유효기간 만료 이전에 갱신심사를 통해 유효기간을 갱신하여야 함 • 유효기간 경과 시 인증효력 상실

5) 정보보호 및 개인정보보호 관리체계(ISMS-P) 인증 의무 대상자

🔖 **관련법령**

정보통신망 이용촉진 및 정보보호 등에 관한 법률 제47조 〈시행 2025.07.22.〉
제47조(정보보호 관리체계의 인증)
② 「전기통신사업법」 제2조 제8호에 따른 전기통신사업자와 전기통신사업자의 전기통신역무를 이용하여 정보를 제공하거나 정보의 제공을 매개하는 자로서 다음 각 호의 어느 하나에 해당하는 자는 제1항에 따른 인증을 받아야 한다.
1. 「전기통신사업법」 제6조 제1항에 따른 등록을 한 자로서 대통령령❶으로 정하는 바에 따라 **정보통신망서비스를 제공하는 자**(이하 "주요정보통신서비스 제공자"라 한다)
2. **집적정보통신시설 사업자**
3. 전년도 매출액 또는 세입 등이 <u>1,500억 원 이상</u>이거나 정보통신서비스 부문 전년도 매출액이 <u>100억 원 이상</u> 또는 전년도 일일 평균 이용자 수 <u>100만 명 이상</u>으로서, 대통령령으로 정하는 기준❷에 해당하는 자

---

❶
서울특별시 및 모든 광역시에서 정보통신망서비스를 제공하는 자

❷
1. 전년도 매출액 또는 세입이 1,500억원 이상인 자로서 다음 각 목의 어느 하나에 해당하는 자
   가. 「의료법」 제3조의4에 따른 상급종합병원
   나. 직전연도 12월 31일 기준으로 재학생 수가 1만명 이상인 「고등교육법」 제2조에 따른 학교
2. 정보통신서비스 부문 전년도 매출액이 100억원 이상인 자. 다만, 「전자금융거래법」 제2조제3호에 따른 금융회사는 제외한다.
3. 전년도 일일평균 이용자 수가 100만명 이상인 자. 다만, 「전자금융거래법」 제2조제3호에 따른 금융회사는 제외한다.

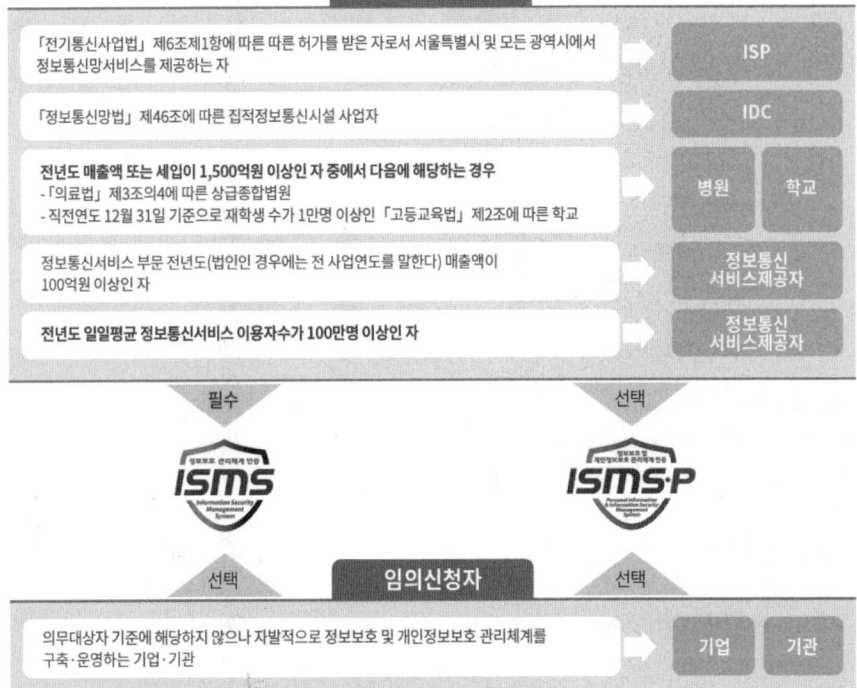

▲ ISMS-P 인증 의무 대상 개념도(출처: 정보보호 및 개인정보보호 관리체계 인증제도 안내서)

▼ 정보보호 및 개인정보보호 관리체계(ISMS-P) 인증 의무 대상자

인증 의무 대상자		설명
임의 신청자		의무 대상자 기준에 해당하지 않으나 자발적으로 정보보호 및 개인정보보호 관리체계를 구축·운영하는 기업기관은 임의신청자로 분류되며, 임의신청자가 인증 취득을 희망할 경우 자율적으로 신청하여 인증심사를 받을 수 있음
정보통신망법 제27조 2항	ISP❸	「전기통신사업법」 제6조 1항에 따른 등록을 한 자로서 서울특별시 및 모든 광역시에서 정보통신망 서비스를 제공하는 자
	IDC❹	「정보통신망법」 제46조에 따른 집적정보통신시설 사업자
	다음의 조건 중 하나라도 해당하는 자	연간 매출액 또는 세입이 1,500억 원 이상인 자 중에서 다음에 해당하는 경우 • 「의료법」 제3조의4에 따른 상급종합병원 • 직전 연도 12월 31일 기준으로 재학생 수가 1만 명 이상인 「고등교육법」 제2조에 따른 학교
		정보통신서비스 부문 전년도 매출액이 100억 원 이상인 자❺
		전년도 일일평균 정보통신서비스 이용자 수가 100만 명 이상인 자

❸
정보통신망서비스 제공자 예시
• 인터넷 접속 서비스(초고속망 서비스)
• 인터넷전화 서비스(VoIP)
• 이동통신 서비스(4G/LTE, 5G)

❹
집적정보통신시설 사업자 예시
• 서버 호스팅
• 스토리지 호스팅
• 코로케이션(Co-location)
• 네트워크 제공 서비스, 보안관리 서비스, 도메인관리 서비스

❺
오프라인 매출액은 포함되지 않는다.

> **기적의 TIP**
>
> ISMS와 ISMS-P 인증 기준의 차이점을 반드시 암기해야 한다.
> 특히 ISMS-P 의무 대상은 자주 출제된다.
> 인증범위에 중요한 변경이 있어 다시 인증을 신청할 경우 갱신심사가 아닌 최초심사를 취득해야 한다는 것을 기억하자.

6) 정보보호 및 개인정보보호 관리체계(ISMS-P) 인증 기준

신청기관은 관리체계 수립 및 운영(16개), 보호 대책 요구사항(64개), 개인정보 처리 단계별 요구사항(21개)를 포함하여 101개 인증 기준을 적용받는다.

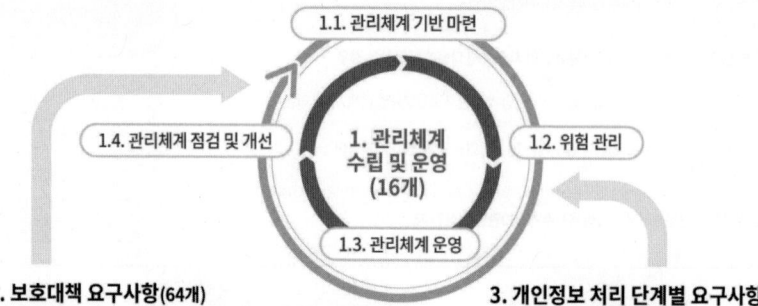

▲ ISMS-P 인증 기준 101개 개념도(출처: 정보보호 및 개인정보보호 관리체계 인증제도 안내서)

▼ ISMS-P 인증 기준

구분	인증 기준	항목 수	적용여부	
			ISMS	ISMS-P
1. 관리체계 수립 및 운영 (16개)	1.1 관리체계 기반 마련	6	O	O
	1.2 위험 관리	4	O	O
	1.3 관리체계 운영	3	O	O
	1.4 관리체계 점검 및 개선	3	O	O
2. 보호 대책 요구사항 (64개)	2.1 정책/조직/자산관리	3	O	O
	2.2 인적 보안	6	O	O
	2.3 외부자 보안	4	O	O
	2.4 물리 보안	7	O	O
	2.5 인증 및 권한관리	6	O	O
	2.6 접근통제	7	O	O
	2.7 암호화 적용	2	O	O
	2.8 정보시스템 도입 및 개발 보안	6	O	O
	2.9 시스템 및 서비스 운영관리	7	O	O
	2.10 시스템 및 서비스 보안관리	9	O	O
	2.11 사고 예방 및 대응	5	O	O
	2.12 재해 복구	2	O	O

3. 개인정보 처리단계별 요구사항 (21개)	3.1 개인정보 수집 시 보호조치	7	-	O
	3.2 개인정보 보유 및 이용 시 보호조치	5	-	O
	3.3 개인정보 제공 시 보호조치	4	-	O
	3.4 개인정보 파기 시 보호조치	2	-	O
	3.5 정보주체 권리보호	3	-	O
합계		101	80	101

- 기업들은 인증 범위 내 개인정보를 보유하더라도 기업의 특성을 고려하여 자율적 판단으로 ISMS와 ISMS-P 인증을 선택할 수 있다.

7) 정보보호 및 개인정보보호 관리체계(ISMS-P) 간편인증

- 「정보통신망 이용촉진 및 정보보호 등에 관한 법률」 제47조의7에 해당하는 자❻는 완화된 인증기준 및 절차에 따라 정보보호 관리체계 인증을 신청할 수 있다.
- 의무대상자인 동시에 인증의 특례 대상에 해당하는 자는 인증의 특례에 따라 인증을 받은 경우에도 인증 의무를 이행한 것으로 본다.

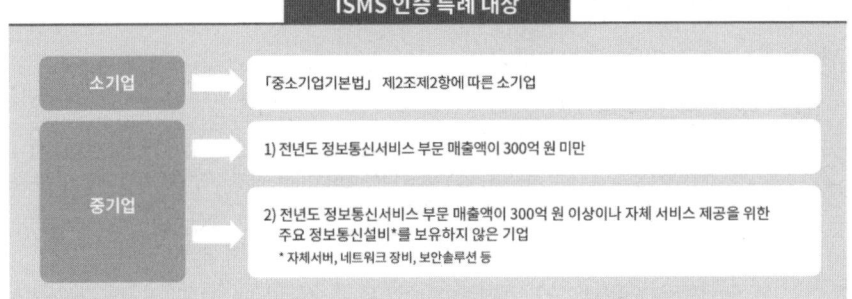

▲ ISMS-P 간편인증 대상❼ (출처: 정보보호 및 개인정보보호 관리체계 인증제도 안내서)

❻
- 「중소기업기본법」 제2조제2항에 따른 소기업
- 정보통신서비스 부문 매출액이 300억 원 미만인 경우
- 정보통신서비스 부문 매출액이 300억 원 이상이더라도 자체 서비스 제공을 위한 주요 정보통신설비를 보유하지 않은 중기업의 경우

❼
단, ISP, IDC, 상급종합병원, 대학교, 금융회사, 가상자산사업자는 대상에 해당하지 않는다.

SECTION 04 위치정보의 보호 및 이용 등에 관한 법률

빈출 태그 개인위치정보, 보호조치, 수집, 이용 및 제공, 개인위치정보 처리방침, 파기

---

❶
- GPS 위치정보만: 비식별 정보 (단독으로 개인 식별 불가)
- GPS 정보 + 스마트폰 IMEI 번호 + 이용자 계정정보: 개인위치정보 → 개인정보로 간주

❷
단 다음의 경우에는 가능하다.
1. 제29조제1항에 따른 긴급구조기관의 긴급구조요청 또는 같은 조 제7항에 따른 경보발송요청이 있는 경우
2. 제29조제2항에 따른 경찰관서의 요청이 있는 경우
3. 다른 법률에 특별한 규정이 있는 경우

❸
관리적 조치
1. 위치정보관리책임자의 지정
2. 위치정보의 수집·이용·제공·파기 등 각 단계별 접근 권한자 지정 및 권한의 제한
3. 위치정보 취급자의 의무와 책임을 규정한 취급·관리 절차 및 지침 마련
4. 위치정보 제공사실 등을 기록한 취급대장의 운영·관리
5. 위치정보 보호조치에 대한 정기적인 자체 검사의 실시

기술적 조치
1. 위치정보 및 위치정보시스템의 접근권한을 확인할 수 있는 식별 및 인증 실시
2. 위치정보시스템에의 권한 없는 접근을 차단하기 위한 방화벽 설치 등의 조치
3. 위치정보시스템에 대한 접근사실의 전자적 자동 기록·보존장치의 운영
4. 위치정보시스템의 침해사고 방지를 위한 보안프로그램 설치 및 운영
5. 위치정보를 안전하게 저장·전송할 수 있는 암호화 기술의 적용이나 이에 상응하는 조치
6. 그 밖에 방송통신위원회가 위치정보의 보호를 위하여 필요하다고 인정하는 기술적 조치

---

01 위치정보의 보호 및 이용 등에 관한 법률(약칭: 위치정보법) 개요

위치정보란, 개인 또는 사물이 특정 시간에 존재한 장소에 대한 정보를 의미하며, 단독으로는 특정 개인을 식별할 수 없는 경우도 있다. 단, 다른 정보와 결합하여 특정 개인을 식별할 수 있다면 개인위치정보❶로 간주되며, 이는 개인정보에 해당하기에 관련 내용을 학습해야 한다.

02 위치정보의 보호 및 이용에 관한 법령 요약

▼ 위치정보의 보호 및 이용에 관한 법령 요약

구분	주요내용	설명
정의	개인위치정보	특정 개인의 위치정보(위치정보만으로는 특정 개인의 위치를 알 수 없는 경우에도 다른 정보와 용이하게 결합하여 특정 개인의 위치를 알 수 있는 것을 포함한다)를 말한다.
	개인위치정보주체	개인위치정보에 의하여 식별되는 자를 말한다.
	위치정보 수집사실 확인자료	위치정보의 수집요청인, 수집일시 및 수집방법에 관한 자료(위치정보는 제외한다)를 말한다.
위치정보의 보호	위치정보의 수집 등의 금지	누구든지 개인위치정보주체의 동의를 받지 아니하고 해당 개인위치정보를 수집·이용 또는 제공하여서는 아니 된다.❷
	위치정보의 보호조치 등	위치정보사업자등은 위치정보의 유출, 변조, 훼손 등을 방지하기 위하여 위치정보의 취급·관리 지침을 제정하거나 접근권한자를 지정하는 등의 관리적 조치와 방화벽의 설치나 암호화 소프트웨어의 활용 등의 기술적 조치를 하여야 한다. 이 경우 관리적 조치와 기술적 조치의 구체적 내용은 대통령령❸으로 정한다
		위치정보사업자등은 위치정보 수집·이용·제공사실 확인자료를 위치정보시스템에 자동으로 기록되고 보존되도록 하여야 한다.
개인위치정보의 보호	개인위치정보주체에 대한 위치정보 처리 고지 등)	위치정보사업자등이 개인위치정보주체에게 위치정보 처리와 관련한 사항의 고지 등을 하는 때에는 이해하기 쉬운 양식과 명확하고 알기 쉬운 언어를 사용하여야 한다.
		위치정보사업자가 개인위치정보를 수집하고자 하는 경우에는 미리 다음 각호의 내용❹을 이용약관에 명시한 후 개인위치정보주체의 동의를 얻어야 한다.
		위치정보사업자가 개인위치정보를 수집하는 경우에는 수집목적을 달성하기 위하여 필요한 최소한의 정보를 수집하여야 한다.

	개인위치정보의 이용 또는 제공	위치기반서비스사업자가 개인위치정보를 이용하여 서비스를 제공하고자 하는 경우에는 미리 다음 각호의 내용❺을 이용약관에 명시한 후 개인위치정보주체의 동의를 얻어야 한다.
		위치기반서비스사업자가 개인위치정보를 개인위치정보주체가 지정하는 제3자에게 제공하는 서비스를 하고자 하는 경우에는 이용약관에 명시한 후 제공받는 자 및 제공목적을 개인위치정보주체에게 고지하고 동의를 얻어야 한다
		위치기반서비스사업자가 개인위치정보를 개인위치정보주체가 지정하는 제3자에게 제공하는 경우에는 매회 개인위치정보주체에게 제공받는 자, 제공일시 및 제공목적을 즉시 통보하여야 한다
		위치기반서비스사업자는 즉시 통보해야 함에도 불구하고 대통령령으로 정하는 바에 따라 개인위치정보주체의 동의를 받은 경우에는 최대 30일의 범위에서 대통령령으로 정하는 횟수 또는 기간 등의 기준에 따라 모아서 통보할 수 있다.
	개인위치정보 등의 이용 · 제공의 제한 등	위치정보사업자등은 개인위치정보주체의 동의가 있거나 다음 각 호의 어느 하나❻에 해당하는 경우를 제외하고는 개인위치정보 또는 위치정보 수집 · 이용 · 제공사실 확인자료를 제18조제1항 및 제19조제1항 · 제2항에 의하여 이용약관에 명시 또는 고지한 범위를 넘어 이용하거나 제3자에게 제공하여서는 아니된다.
	개인위치정보 처리방침의 공개	개인위치정보사업자등은 「개인정보 보호법」 제30조에 따라 개인정보 처리방침을 수립하여 공개하는 경우 해당 개인정보 처리방침에 다음 각 호❼의 사항을 포함하여야 한다.
	개인위치정보의 파기 등	위치정보사업자등은 개인위치정보의 수집, 이용 또는 제공목적을 달성한 때에는 제16조제2항에 따라 기록 · 보존하여야 하는 위치정보 수집 · 이용 · 제공사실 확인자료 외의 개인위치정보는 즉시 파기하여야 한다.
		개인위치정보를 파기하는 때에는 복구 또는 재생을 방지하기 위한 조치 등 필요한 조치를 하여야 한다.
개인위치정보 주체 등의 권리		개인위치정보주체는 위치정보사업자등에 대하여 언제든지 제18조제1항 및 제19조제1항 · 제2항 · 제4항에 따른 동의의 전부 또는 일부를 철회할 수 있다.
		개인위치정보주체는 위치정보사업자등에 대하여 다음 각 호의 어느 하나❽에 해당하는 자료 등의 열람 또는 고지를 요구할 수 있고, 해당 자료 등에 오류가 있는 경우에는 그 정정을 요구할 수 있다. 이 경우 위치정보사업자등은 정당한 사유없이 요구를 거절하여서는 아니된다.

❹
1. 위치정보사업자의 상호, 주소, 전화번호 그 밖의 연락처
2. 개인위치정보주체 및 법정대리인(제25조제1항에 따라 법정대리인의 동의를 얻어야 하는 경우로 한정한다)의 권리와 그 행사방법
3. 위치정보사업자가 위치기반서비스사업자에게 제공하고자 하는 서비스의 내용
4. 위치정보 수집사실 확인자료의 보유근거 및 보유기간
4의2. 개인위치정보의 보유목적 및 보유기간
5. 그 밖에 개인위치정보의 보호를 위하여 필요한 사항으로서 대통령령으로 정하는 사항

❺
1. 위치기반서비스사업자의 상호, 주소, 전화번호 그 밖의 연락처
2. 개인위치정보주체 및 법정대리인(제25조제1항에 따라 법정대리인의 동의를 얻어야 하는 경우로 한정한다)의 권리와 그 행사방법
3. 위치기반서비스사업자가 제공하고자 하는 위치기반서비스의 내용
4. 위치정보 이용 · 제공사실 확인자료의 보유근거 및 보유기간
4의2. 개인위치정보의 보유목적 및 보유기간
5. 그 밖에 개인위치정보의 보호를 위하여 필요한 사항으로서 대통령령으로 정하는 사항

❻
1. 위치정보 및 위치기반서비스 등의 제공에 따른 요금정산을 위하여 위치정보 수집 · 이용 · 제공사실 확인자료가 필요한 경우
2. 통계작성, 학술연구 또는 시장조사를 위하여 특정 개인을 알아볼 수 없는 형태로 가공하여 제공하는 경우

❼
1. 개인위치정보의 처리목적 및 보유기간
2. 개인위치정보 수집 · 이용 · 제공사실 확인자료의 보유근거 및 보유기간
3. 개인위치정보의 파기 절차 및 방법
4. 개인위치정보의 제3자 제공에 관한 사항
5. 그 밖에 개인위치정보의 처리에 관하여 대통령령으로 정하는 사항

- 위치정보법 제15조의 수범대상은 "누구든지"이다. 따라서 동 조문은 사업자뿐 아니라 일반 개인에게도 위치정보의 수집 등에 대해서 일정한 제한을 규정하고 있으며, 타인의 위치정보를 침해하지 못하도록 동의 등의 의무를 부과하고 있다.
- 개인위치정보 수집 시에는 사전에 개인위치정보주체의 동의를 얻어야 하고, 수집한 개인위치정보를 이용하거나 제3자에게 제공하는 경우에도 미리 동의를 얻어야 한다.
- 물건의 위치정보가 개인위치정보가 되는 경우 위치정보의 추적 목적, 물건의 재산적 가치, 특정인의 물건 사용빈도 등을 고려하여 개인위치정보주체의 동의를 얻을 것인지 종합적으로 판단❾하여야 한다.

⑧
1. 본인에 대한 위치정보 수집·이용·제공사실 확인자료
2. 본인의 개인위치정보가 이 법 또는 다른 법률의 규정에 의하여 제3자에게 제공된 이유 및 내용

⑨
판단 기준
1. 이동성 있는 물건이 해당 물건 소지자의 이동과 어느 정도로 긴밀하게 결합되어 있는지 여부
2. 이동성 있는 물건에 부착된 위치수집장치의 목적이 물건의 위치 확인인지 물건 소지자인 개인의 위치를 확인하고자 한 것인지 여부 등

⑩
위치 좌표값과 같이 그 자체로는 누구의 위치인지 알 수 없지만 통신단말기 번호 또는 단말기 소지자의 이름 등과 결합하여 특정 개인의 위치를 알 수 있을 때에는 개인위치정보로 볼 수 있다.

- 위치정보법은 수작업에 의한 유출이나 오류의 위험을 낮추기 위해 위치정보의 수집, 이용·제공사실 확인자료를 위치정보시스템에 자동으로 기록·보존하도록 규정하고 있다.
- 위치정보의 유출, 변조, 훼손 등을 방지하기 위해 위치정보법은 위치정보사업자등에 기술적·관리적 조치 의무를 부여하고 있다.

03 개인위치정보의 개요

1) 개인위치정보란 "특정 개인"의 위치정보를 말하므로 위치정보를 통해 식별하여 구분할 수 있는 자연인의 위치정보만을 의미하고, 법인이나 단체, 개인 집합체 등의 장소 정보는 제외한다.
2) 개인위치정보에는 "다른 정보와 용이하게 결합하여 특정 개인의 위치를 알 수 있는 것"을 포함한다.⑩

- 이동성이 있는 물건의 위치정보는 이동성이 있는 물건이 해당 물건 소지자의 이동과 어느 정도로 긴밀하게 결합되어 있는지, 이동성이 있는 물건에 부착된 위치수집장치의 목적이 물건의 위치를 확인하고자 한 것인지 아니면 물건 소지자인 개인의 위치를 확인하고자 한 것인지 여부 등에 따라 "위치정보"가 되기도 하고 "개인위치정보"에 해당되기도 한다.
- 위치정보가 특정 개인을 식별할 수 있는 "개인위치정보"라면, 현행 개인정보보호법상 넓은 의미의 개인정보의 범위에 포함될 것이다.

04 위치정보의 수집 등의 금지

> **관련법령**
>
> 위치정보의 보호 및 이용 등에 관한 법률 〈시행 2022. 4. 20.〉
> 제15조(위치정보의 수집 등의 금지)
> ① 누구든지 개인위치정보주체의 동의를 받지 아니하고 해당 개인위치정보를 수집·이용 또는 제공하여서는 아니 된다. 다만, 다음 각 호의 어느 하나에 해당하는 경우에는 그러하지 아니하다.
>   1. 제29조제1항에 따른 긴급구조기관의 긴급구조요청 또는 같은 조 제7항에 따른 경보발송요청이 있는 경우
>   2. 제29조제2항에 따른 경찰관서의 요청이 있는 경우
>   3. 다른 법률에 특별한 규정이 있는 경우
> ② 누구든지 타인의 정보통신기기를 복제하거나 정보를 도용하는 등의 방법으로 개인위치정보사업자 및 위치기반서비스사업자(이하 "개인위치정보사업자등"이라 한다)를 속여 타인의 개인위치정보를 제공받아서는 아니된다.
> ③ 위치정보를 수집할 수 있는 장치가 붙여진 물건을 판매하거나 대여·양도하는 자는 위치정보 수집장치가 붙여진 사실을 구매하거나 대여·양도받는 자에게 알려야 한다.

1) 개인위치정보는 오·남용 시 개인의 사생활권 또는 재산권에 중대한 위험을 초래할 수 있으므로, 위치정보의 수집·이용 또는 제공 시에는 개인위치정보주체의 동의를 받도록 규정한다.
2) 단, 아래의 하나에 해당하는 경우에는 개인위치정보주체의 동의 없이도 위치정보를 수집·이용 또는 제공 가능하다.
- 긴급구조기관의 긴급구조요청 또는 경보발송요청이 있는 경우
- 경찰관서의 요청이 있는 경우
- 다른 법률에 특별한 규정이 있는 경우
3) 이동성이 있는 물건의 위치정보로서 다른 정보와 용이하게 결합하여 특정 개인의 위치를 알 수 있지 아니한 경우에는 위치정보의 수집·이용·제공 시에 소유자의 사전 동의가 요구되지 않는다.

05 위치정보의 보호조치 등

관련법령

위치정보의 보호 및 이용 등에 관한 법률 〈시행 2022. 4. 20.〉
제16조(위치정보의 보호조치 등)
① 위치정보사업자등은 위치정보의 유출, 변조, 훼손 등을 방지하기 위하여 위치정보의 취급·관리 지침을 제정하거나 접근권한자를 지정하는 등의 관리적 조치와 방화벽의 설치나 암호화 소프트웨어의 활용 등의 기술적 조치를 하여야 한다. 이 경우 관리적 조치와 기술적 조치의 구체적 내용은 대통령령으로 정한다.
② 위치정보사업자등은 위치정보 수집·이용·제공사실 확인자료를 위치정보시스템에 자동으로 기록되고 보존되도록 하여야 한다.
③ 방송통신위원회는 위치정보를 보호하고 오용·남용을 방지하기 위하여 소속 공무원으로 하여금 제1항에 따른 기술적·관리적 조치의 내용과 제2항에 따른 기록의 보존실태를 대통령령으로 정하는 바에 의하여 점검⑪하게 할 수 있다.
④ 제3항에 따라 기술적·관리적 조치의 내용과 기록의 보존실태를 점검하는 공무원은 그 권한을 표시하는 증표를 지니고 이를 관계인에게 내보여야 한다.

⑪ 「위치정보의 기술적·관리적 보호조치 기준」을 제정하여 위치정보사업자등이 준수해야 할 기술적·관리적 보호조치에 관한 세부 기준을 마련함으로써 위치정보사업자등의 예측가능성을 강화

1) 위치정보의 유출, 변조, 훼손 등을 방지하기 위해 위치정보법은 위치정보사업자등에 기술적·관리적 조치 의무를 부여한다.

▼ 위치정보사업자등의 기술적·관리적 조치 의무

구분	조치 의무
관리적 조치	1. 위치정보관리책임자의 지정 2. 위치정보의 수집·이용·제공·파기 등 각 단계별 접근 권한자 지정 및 권한의 제한 3. 위치정보 취급자의 의무와 책임을 규정한 취급·관리 절차 및 지침 마련 4. 위치정보 제공사실 등을 기록한 취급대장의 운영·관리 5. 위치정보 보호조치에 대한 정기적인 자체 검사의 실시
기술적 조치	1. 위치정보 및 위치정보시스템의 접근권한을 확인할 수 있는 식별 및 인증 실시 2. 위치정보시스템에의 권한 없는 접근을 차단하기 위한 방화벽 설치 등의 조치 3. 위치정보시스템에 대한 접근사실의 전자적 자동 기록·보존장치의 운영 4. 위치정보시스템의 침해사고 방지를 위한 보안프로그램 설치 및 운영 5. 위치정보를 안전하게 저장·전송할 수 있는 암호화 기술의 적용이나 이에 상응하는 조치 6. 그 밖에 방송통신위원회가 위치정보의 보호를 위하여 필요하다고 인정하는 기술적 조치

2) 위치정보법은 수작업에 의한 유출이나 오류의 위험을 낮추기 위해 위치정보의 수집, 이용·제공사실 확인자료를 위치정보시스템에 자동으로 기록·보존하도록 규정한다.
- 위치정보사업자등은 위치정보의 수집일시, 수집방법, 수집목적(요청내용), 제공일시 및 내역, 이용목적 등을 위치정보시스템에 자동 기록·보관되도록 조치하여야 하며, 자동 기록·보관된 자료가 유출·변조·훼손되지 않도록 기술적 조치를 취해야 한다.
- 이때, 자동 기록·보존해야 하는 위치정보의 수집·이용·제공사실 확인자료는 위치정보를 포함하지 않는다.

3) 방송통신위원회는 위치정보사업자등이 위치정보보호를 위한 관리적·기술적 조치를 적절히 취하고 있는지 여부에 대하여 점검을 행할 수 있다.
- 관리적·기술적 조치의 내용과 기록관리 실태를 점검하는 공무원은 ① 점검의 근거 및 목적, ② 점검 일시, ③ 점검자의 인적사항, ④ 점검 내용을 점검 7일 전까지 위치정보사업자등에게 통보하여야 한다.

▼ 벌칙규정

위반행위	벌칙
• 기술적·관리적 보호조치를 취하지 아니한 자 • 위치정보 수집·이용·제공사실 확인자료가 위치정보시스템에 자동으로 기록·보존되도록 하지 아니한 자	1년 이하의 징역 또는 2천만원 이하의 벌금

06 개인위치정보의 수집

🔨 관련법령

위치정보의 보호 및 이용 등에 관한 법률 〈시행 2022. 4. 20.〉
제18조(개인위치정보의 수집)
① 위치정보사업자가 개인위치정보를 수집하고자 하는 경우에는 미리 다음 각호의 내용을 이용약관에 명시한 후 개인위치정보주체의 동의를 얻어야 한다.
  1. 위치정보사업자의 상호, 주소, 전화번호 그 밖의 연락처
  2. 개인위치정보주체 및 법정대리인(제25조제1항에 따라 법정대리인의 동의를 얻어야 하는 경우로 한정한다)의 권리와 그 행사방법
  3. 위치정보사업자가 위치기반서비스사업자에게 제공하고자 하는 서비스의 내용
  4. 위치정보 수집사실 확인자료의 보유근거 및 보유기간
  4의2. 개인위치정보의 보유목적 및 보유기간
  5. 그 밖에 개인위치정보의 보호를 위하여 필요한 사항으로서 대통령령으로 정하는 사항
② 개인위치정보주체는 제1항에 따른 동의를 하는 경우 개인위치정보의 수집의 범위 및 이용약관의 내용 중 일부에 대하여 동의를 유보할 수 있다.
③ 위치정보사업자가 개인위치정보를 수집하는 경우에는 수집목적을 달성하기 위하여 필요한 최소한의 정보를 수집하여야 한다.

1) 개인위치정보사업자와 개인위치정보주체의 관계에서 개인위치정보를 수집할 때에는 개인위치정보주체가 알아야 할 사항을 명시하고 동의를 받아야 한다는 원칙을 규정한다.
2) 개인위치정보주체가 개인위치정보 수집에 대한 각종 정보를 사전에 인지한 상태에서 개인위치정보 수집을 허용할지 여부를 결정할 수 있도록, 개인위치정보 수집 시 중요사항을 이용약관⑫에 명시하고 동의를 받아야 한다.
3) 개인위치정보 수집에 대한 동의를 받는 방법에는 특별한 제한이 없으므로, 서면 동의에 한정되지 않으며 구두 기타의 방법으로도 가능하다.
4) 개인위치정보 수집에 대한 일부 동의유보권을 부여하고 있으므로, 위치정보사업자는 개인위치정보의 수집범위 및 이용약관의 내용에 대하여 일괄적으로 동의하도록 강요해서는 안된다.⑬

▼ 벌칙규정

위반행위	벌칙
• 개인위치정보주체의 동의를 얻지 아니하고 개인위치정보를 수집한 자 • 개인위치정보주체의 동의 범위를 초과하여 개인위치정보를 수집한 자 • 개인위치정보주체의 동의를 얻지 아니하거나 동의 범위를 초과하여 개인위치정보를 수집한 정을 알고도 영리 또는 부정한 목적으로 개인위치정보를 제공받은 자	5년 이하의 징역 또는 5천만원 이하의 벌금
• 이용약관 명시의무를 위반한 자 • 필요최소한의 개인위치정보 수집의무를 위반한 자	1천만원 이하의 과태료

⑫
1. 위치정보사업자의 상호, 주소, 전화번호 그 밖의 연락처
2. 개인위치정보주체 및 법정대리인(14세 미만 아동의 경우)의 권리와 그 행사방법
3. 위치정보사업자가 위치기반서비스사업자에게 제공하고자 하는 서비스의 내용
4. 위치정보 수집사실 확인자료의 보유근거 및 보유기간
5. 개인위치정보의 보유목적 및 보유기간
6. 개인위치정보의 수집방법

⑬
수집범위가 다양할 경우 항목별 체크리스트를 만들어 정보주체가 선택하여 동의할 수 있도록 하는 것이 바람직하다.

07 개인위치정보의 이용 또는 제공

관련법령

위치정보의 보호 및 이용 등에 관한 법률 〈시행 2022. 4. 20.〉

제19조(개인위치정보의 이용 또는 제공)
① 위치기반서비스사업자가 개인위치정보를 이용하여 서비스를 제공하고자 하는 경우에는 미리 다음 각호의 내용을 이용약관에 명시한 후 개인위치정보주체의 동의를 얻어야 한다.
  1. 위치기반서비스사업자의 상호, 주소, 전화번호 그 밖의 연락처
  2. 개인위치정보주체 및 법정대리인(제25조제1항에 따라 법정대리인의 동의를 얻어야 하는 경우로 한정한다)의 권리와 그 행사방법
  3. 위치기반서비스사업자가 제공하고자 하는 위치기반서비스의 내용
  4. 위치정보 이용·제공사실 확인자료의 보유근거 및 보유기간
  4의2. 개인위치정보의 보유목적 및 보유기간
  5. 그 밖에 개인위치정보의 보호를 위하여 필요한 사항으로서 대통령령으로 정하는 사항
② 위치기반서비스사업자가 개인위치정보를 개인위치정보주체가 지정하는 제3자에게 제공하는 서비스를 하고자 하는 경우에는 제1항 각호의 내용을 이용약관에 명시한 후 제공받는 자 및 제공목적을 개인위치정보주체에게 고지하고 동의를 얻어야 한다.

③ 제2항에 따라 위치기반서비스사업자가 개인위치정보를 개인위치정보주체가 지정하는 제3자에게 제공하는 경우에는 매회 개인위치정보주체에게 제공받는 자, 제공일시 및 제공목적을 즉시 통보하여야 한다.
④ 위치기반서비스사업자는 제3항에도 불구하고 대통령령으로 정하는 바에 따라 개인위치정보주체의 동의를 받은 경우에는 최대 30일의 범위에서 대통령령으로 정하는 횟수 또는 기간 등의 기준에 따라 모아서 통보할 수 있다.
⑤ 개인위치정보주체는 제1항·제2항 및 제4항에 따른 동의를 하는 경우 개인위치정보의 이용·제공목적, 제공받는 자의 범위 및 위치기반서비스의 일부와 개인위치정보주체에 대한 통보방법에 대하여 동의를 유보할 수 있다.

> **기적의 TIP**
> 위치기반서비스사업자가 개인위치정보를 이용·제공할 경우 별도 동의가 필요함을 기억해야 한다.

1) 개인위치정보는 위치정보사업자로부터 위치기반서비스사업자로 전송되어 이용·제공되므로, 위치기반서비스사업자가 개인위치정보를 이용·제공하는 경우에는 위치정보사업자가 수집 시 동의 받은 것과는 별도로 동의를 받는 절차가 필요하다.
2) 개인위치정보를 제3자에게 제공하는 서비스는 단순 이용하는 것보다 개인 프라이버시 침해의 위험이 높으므로 더욱 두텁게 보호할 필요성이 있는바, 위치정보법은 이를 위해 사전 고지 및 동의와 사후 통보 의무를 함께 규정한다.
- 위치기반서비스사업자는 개인위치정보주체의 동의를 얻어 그가 지정하는 제3자에게 개인위치정보를 제공하는 경우에도 매회 또는 모아서 개인위치정보를 제공받은 제3자, 제공일시, 제공목적을 개인위치정보주체에게 통보하여야 한다.
- 통보시 원칙은 매회 즉시통보이나 개인위치정보주체의 동의를 받은 경우 최대 30일 범위에서 횟수와 기간 기준⑭에 따라 제3자에 대한 정보제공내역을 모아서 통보할 수 있다.
3) 통보의 수단은 원칙적으로 위치정보사업자가 개인위치정보를 수집한 해당 통신단말장치로 통보⑮해야 한다.
4) 단, 다음의 경우에는 개인위치정보주체가 미리 특정하여 지정한 통신단말장치 또는 전자우편주소 등으로 통보가 가능하다.
- 개인위치정보를 수집한 통신단말장치가 문자, 음성 또는 영상의 수신기능을 갖추지 아니한 경우
- 개인위치정보주체가 개인위치정보를 수집한 해당 통신단말장치 외의 통신단말장치 또는 전자우편주소 등을 통보할 것을 미리 요청한 경우

⑭ 횟수: 10회, 20회 또는 30회 등 10배수의 횟수
기간: 10일, 20일 또는 30일
※모아서 통보 시 최초로 제3자에게 개인위치정보를 제공한 날로부터 30일이 될 때마다 모아서 통보한 후 남은 정보제공내역 및 동의한 횟수에 이르지 않아 통보하지 않은 정보제공내역을 모아서 통보하여야 한다.

⑮ SMS 문자, 앱 알림 등

▼ 벌칙규정

위반행위	벌칙
• 개인위치정보의 이용·제공에 대한 이용약관 명시의무를 다하지 아니한자 • 개인위치정보 제3자 제공시 고지 또는 통지의무를 위반한자	1천만원 이하의 과태료

08 개인위치정보의 이용·제공의 제한 등

개인위치정보는 원칙적으로는 개인위치정보주체의 동의 없이는 수집하거나 사용할 수 없으나, 위치정보법으로 정하는 일정한 경우에는 동의 없이도 이용·제공할 수 있도록 규정함으로써, 개인위치정보 수집·이용·제공시 동의원칙과 최소한의 예외를 명확히 하고 있다.

관련법령

위치정보의 보호 및 이용 등에 관한 법률〈시행 2022. 4. 20.〉
제21조(개인위치정보 등의 이용·제공의 제한 등)
위치정보사업자등은 개인위치정보주체의 동의가 있거나 다음 각 호의 어느 하나에 해당하는 경우를 제외하고는 개인위치정보 또는 위치정보 수집·이용·제공사실 확인자료를 제18조제1항 및 제19조제1항·제2항에 의하여 이용약관에 명시 또는 고지한 범위를 넘어 이용하거나 제3자에게 제공하여서는 아니된다.
1. 위치정보 및 위치기반서비스 등의 제공에 따른 요금정산을 위하여 위치정보 수집·이용·제공사실 확인자료가 필요한 경우
2. 통계작성, 학술연구 또는 시장조사를 위하여 특정 개인을 알아볼 수 없는 형태로 가공하여 제공하는 경우

1) 위치정보사업자와 위치기반서비스사업자는 ① 개인위치정보와 ② 위치정보 수집·이용·제공사실 확인자료를 개인위치정보주체의 동의없이 이용약관에 명시 또는 고지한 범위를 넘어 이용하거나 제3자 제공하는 것을 금지한다.
2) 목적 외 이용과 제3자 제공은 금지되는 것이 원칙이나, 부득이하게 개인위치정보 또는 위치정보 수집·이용·제공사실 확인자료를 이용 또는 제공할 것이 요구되거나 개인 사생활 침해의 소지가 극히 적으면서도 사회적 효용가치가 있는 경우에는 예외가 허용된다.

- 위치정보 및 위치기반서비스 등의 제공에 따른 요금정산을 위하여 위치정보 수집·이용·제공사실 확인자료가 필요한 경우
- 통계작성, 학술연구 또는 시장조사를 위하여 특정 개인을 알아볼 수 없는 형태로 가공하여 제공하는 경우

▼ 벌칙규정

위반행위	벌칙
이용약관에 명시하거나 고지한 범위를 넘어 개인위치정보를 이용하거나 제3자에게 제공한 자	5년 이하의 징역 또는 5천만원 이하의 벌금

> **기적의 TIP**
>
> 통계작성, 학술연구 또는 시장조사를 위하여 특정 개인을 알아볼 수 없는 형태로 가공하여 제공하는 경우에는 개인에 대한 식별가능성이 없어지기 때문에 개인위치정보주체의 동의를 받을 필요성이 없다고 할 수 있다.

09 개인위치정보 처리방침의 공개

개인위치정보주체가 개인위치정보 처리방침에 관한 사항을 언제든지 쉽게 알아볼 수 있도록 개인위치정보 처리방침을 의무적으로 공개하도록 하는 규정을 신설하여 개인위치정보에 대한 개인위치정보주체의 실질적인 인식 및 예측가능성을 확보하였다.

> **관련법령**
>
> 위치정보의 보호 및 이용 등에 관한 법률 〈시행 2022. 4. 20.〉
> **제21조의2(개인위치정보 처리방침의 공개)**
> 개인위치정보사업자등은 「개인정보 보호법」 제30조에 따라 개인정보 처리방침을 수립하여 공개하는 경우 해당 개인정보 처리방침에 다음 각 호의 사항을 포함하여야 한다.
> 1. 개인위치정보의 처리목적 및 보유기간
> 2. 개인위치정보 수집·이용·제공사실 확인자료의 보유근거 및 보유기간
> 3. 개인위치정보의 파기 절차 및 방법
> 4. 개인위치정보의 제3자 제공에 관한 사항
> 5. 그 밖에 개인위치정보의 처리에 관하여 대통령령으로 정하는 사항

1) 개인위치정보 처리방침 공개사항
- 개인위치정보의 처리 목적 및 보유기간
- 개인위치정보 수집·이용·제공사실 확인자료의 보유근거 및 보유기간
- 개인위치정보의 파기 절차 및 방법
- 개인위치정보의 제3자 제공에 관한 사항
- 법 제16조에 따른 위치정보의 보호조치에 관한 사항
- 법 제19조제3항에 따른 통보에 관한 사항
- 법 제26조제1항에 따른 보호의무자의 권리·의무와 그 행사방법에 관한 사항
- 위치정보관리책임자의 성명, 전화번호 등 연락처나 개인위치정보의 보호업무 및 관련 고충사항을 처리하는 부서의 명칭과 전화번호 등 연락처

▼ 벌칙규정

위반행위	벌칙
개인위치정보 처리방침을 정하지 아니하거나 이를 공개하지 아니한 자	1천만원 이하의 과태료

10 개인위치정보 파기 등

개인위치정보를 수집하여 이용한 후 그 목적이 달성되면 즉시 파기하도록 함으로써 개인위치정보를 안전하게 보호하기 위한 규정이다.

> **관련법령**
>
> 위치정보의 보호 및 이용 등에 관한 법률 〈시행 2022. 4. 20.〉
> 제23조(개인위치정보의 파기 등)
> ① 위치정보사업자등은 개인위치정보의 수집, 이용 또는 제공목적을 달성한 때에는 제16조제2항에 따라 기록·보존하여야 하는 위치정보 수집·이용·제공사실 확인자료 외의 개인위치정보는 즉시 파기하여야 한다. 다만, 다른 법률에 따라 보유하여야 하거나 대통령령으로 정하는 정당한 사유가 있는 경우 개인위치정보를 보유할 수 있다.
> ② 위치정보사업자등은 제1항에 따라 개인위치정보를 파기하는 때에는 복구 또는 재생을 방지하기 위한 조치 등 필요한 조치를 하여야 한다.
> ③ 방송통신위원회는 소속 공무원으로 하여금 제1항에 따른 개인위치정보의 파기실태를 대통령령으로 정하는 바에 따라 점검하게 할 수 있다.
> ④ 제3항에 따라 개인위치정보등의 파기실태를 점검하는 공무원은 그 권한을 표시하는 증표를 지니고 이를 관계인에게 내보여야 한다.
> ⑤ 개인위치정보의 파기 방법 및 절차 등에 관하여 필요한 사항은 대통령령으로 정한다.

> **기적의 TIP**
>
> 개정 위치정보법은 법정사유가 있는 경우에는 개인위치정보의 예외적 보유를 허용함으로써 종전 입법을 개선·보완하였다

1) 위치정보사업자는 개인위치정보주체로부터 동의를 받아 수집한 개인위치정보를 수집목적 달성 후에는 즉시 파기해야 한다.[16]
2) 위치기반서비스사업자도 개인위치정보주체로부터 동의받은 이용·제공목적을 달성한 이후에는 즉시 개인위치정보를 파기해야 한다.
3) 파기해야 할 정보로는 위치정보법 제16조제2항에 따라 위치정보시스템에 자동으로 기록되고 보존되는 "위치정보 수집·이용·제공사실 확인자료"[17]를 제외한, 목적이 달성된 모든 개인위치정보가 파기대상이다.
4) 다른 법률에 따라 보존하여야 하거나 개인위치정보주체가 자신의 개인위치정보의 보유에 관하여 별도로 동의한 경우에는 개인위치정보의 수집·이용 또는 제공목적을 달성한 경우에도 예외적으로 개인위치정보를 보유할 수 있다.[18]

[16] 위치정보사업자나 위치기반서비스사업자가 개인위치정보 수집·이용·제공의 목적달성을 인식하고 개인위치정보를 파기하는 데 걸리는 최소한의 시간 내에 파기하는 것을 의미한다.

[17] 위치정보법 제18조제1항과 제19조제1항에 의하여 보유기간을 이용약관에 명시하도록 되어 있으므로, 이에 따라 명시한 보유기간이 지난 후에는 즉시 파기하여야 한다.

[18] 개인위치정보를 보유할 수 있는 기간은 개인위치정보주체가 동의한 때부터 최대 1년까지로 한다.

▼ 벌칙규정

위반행위	벌칙
개인위치정보를 파기하지 아니한 자	2년 이하의 징역 또는 2천만원 이하의 벌금
개인위치정보의 파기에 필요한 조치를 하지 아니한자	1천만원 이하의 과태료

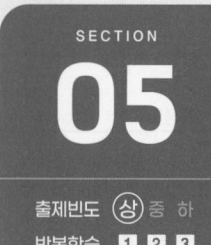

인공지능(AI) 개발·서비스를 위한 공개된 개인정보 처리 안내서

빈출 태그 정당한 이익, 목적 명확성, 침해 가능성, 안정성 확보조치, 정보주체 권리 보장

01 인공지능(AI) 개발·서비스를 위한 공개된 개인정보 처리 안내서 개요

개인정보 보호법에 따른 공개된 개인정보 수집·이용의 적법성을 확보하고, AI 학습의 특수성을 반영하여 법 해석 기준을 제시함으로써 개인정보자기결정권 보호와 AI 기술 발전 간 균형을 도모하며, AI 기업의 법적 리스크를 줄이고 정보주체 권익을 보호하는 것을 목적으로 한다.

02 공개된 개인정보 처리의 법적 근거

1) 개인정보 보호법은 개인정보처리자의 정당한 이익❶이 인정될 수 있는 경우로 다음 세 가지 요건이 충족될 것을 요구한다.
- 개인정보처리자의 정당한 이익이 있을 것
- 개인정보 처리가 정당한 이익의 달성을 위하여 필요하고, 상당한 관련성 및 합리성이 인정될 것
- 개인정보처리자의 정당한 이익이 명백하게 정보주체의 권리보다 우선할 것

2) '정당한 이익'은 개인정보 처리를 통해 달성하고자 하는 '목적'을 통해 구체화되며, 개인정보 보호법상 목적 명확화 원칙의 구속을 받는다.

3) 개인정보처리자의 정당한 이익이 정보주체 권리에 우선하기 위해서는 개인정보 처리의 필요성과 상당성·합리성❷이 인정되어야 한다.

4) 개인정보처리자의 정당한 이익이 정보주체의 권리에 우선하는지 여부를 판단❸함에 있어 정보주체의 권리 침해 가능성을 심도있게 검토해야 한다.

03 AI 단계별 주요 프라이버시 이슈

▼ AI 단계별 주요 프라이버시 이슈

구분	주요 프라이버시 이슈
데이터 수집 단계	• 개인정보 보호 원칙과의 충돌 가능성 • 저장된 개인정보의 유·노출, 훼손, 변조 • 불완전한 가명·익명처리에 따른 개인정보 재식별 위험
AI 학습 단계	• AI 학습과정에서 민감한 정보의 추론 가능성 발생 • 개인정보 재식별 또는 유출

---

❶ 예시
- AI 학습에 특정 개인정보가 배제되지 않도록 하여 인종, 종교, 지역, 성별, 소득, 재산 등에 따라 차별적인 예측값이 생성되지 않도록 하여 AI 생성물의 공정성을 높이는 것
- 특정 언어로 표시된 데이터가 과소 학습됨에 따라 특정 언어에 대한 AI 성능이 저하되고 특정 언어를 사용하는 개인의 AI 접근성이 저하되는 것을 방지하는 것

❷ AI 개발자 및 서비스 제공자는 공개된 개인정보를 수집·이용하는 경우 정당한 이익과 상당한 관련이 있고, 합리적인 범위를 초과하는지 여부를 스스로 평가해보아야 한다.

❸ 명백한 경우 사례
- 금융사기 탐지·방지 등 정보주체 또는 제3자의 급박한 생명, 재산 등 이익을 위해 필수적인 경우
- 전자통신망에의 무단접근 예방, 정보보안 목적을 위해 반드시 필요한 경우
- 범죄행위 또는 공공안보에 대한 위협으로부터의 보호·예방을 위해 필요한 경우

AI 서비스 단계	• 암기된 개인정보의 노출·출력(학습데이터 추출) • 사생활 침해 우려가 높은 프로파일링 • 열람, 삭제, 처리정지권 등 정보주체 권리보장 미흡

04 안정성 확보 조치 기준

AI 개발자와 서비스 제공자는 정당한 이익과 정보주체 권리 간 우선순위가 불명확할 경우, 정보주체의 권리 침해를 방지하기 위한 안전성 확보 조치를 충분히 이행해야 하며, 권리 침해 위험이 클수록 조치 수준을 강화해야 한다.

또한, 오픈소스 AI 모델은 보호장치 우회나 개인정보 파인튜닝을 통한 오·남용 우려가 있으므로, 추가적인 안전성 확보 기준을 마련하여 적용할 필요가 있다.

▼ 안정성 확보 조치 주요 내용

구분	주요내용	설명
기술적 조치	학습데이터 수집 출처 검증·관리	공개 데이터에는 위법하거나 정보주체의 의사와 무관하게 공개된 개인정보가 다수 포함되어 있을 수 있어 데이터 수집 출처 검증 노력이 필요❹
	개인정보 유·노출 방지	일정한 단어 또는 형태소(morpheme) 단위로 토큰화된 학습데이터는 그 자체로 식별성이 낮을 수 있으나, 출력 단계에서 암기된 토큰이 재조립되어 역류될 가능성이 있어 이를 최소화하기 위한 기술적 조치 필요❺
	개인정보의 안전한 저장 및 관리	학습데이터가 유·노출되거나 이용자 DB 등과 결합하여 개인을 식별하거나 민감정보를 추론할 수 있는 리스크를 방지·예방하기 위한 접근제한 등 안전조치 고려 필요
	미세조정을 통한 안전장치 추가	미세조정(fine-tuning)❻을 통한 추가 안전장치를 마련할 것을 권장
	프롬프트 및 출력 필터링 적용	실제 서비스 단계에서 프롬프트 공격 등에 의해 개인정보가 유·노출되는 등의 위험이 발생할 수 있어, 필터조치를 적용하는 것이 바람직함
	학습 결과에서 특정 데이터 삭제 (머신 언러닝 등)	최근 AI모델에 대한 '재훈련' 없이도 개인정보나 유해한 표현 등을 '삭제' 해주는 기술 적용을 권장함
관리적 조치	학습데이터 처리기준 정립 및 개인정보 처리방침에 공개	최소 수집, 목적 명확화 등 개인정보 보호법 원칙을 고려하여 학습데이터 수집·이용 기준을 미리 정하고, 이를 개인정보 처리방침, 기술문서, FAQ 등에 공개하는 것을 권장함
	개인정보 영향평가 수행 고려	AI 학습데이터에 민감한 정보가 포함되어 있을 개연성이 높거나 정보주체 권리·의무에 중대한 영향을 미칠 수 있는 AI 서비스를 개발·운영하는 경우 영향평가 실시를 고려하는 것이 바람직함
	AI 프라이버시 레드팀 구성·운영	AI 개발자 및 서비스 제공자는 AI 프라이버시 레드팀을 구성·운영하여 기획·개발 시 예상하지 못한 개인정보 침해 유형을 시험·확인하고, AI 모델이 배포된 이후 정보주체에 미칠 수 있는 유해한 영향을 최소화하는 것이 권장됨
	오픈소스, API 등 AI 개발·배포 특성에 따른 안전조치	프라이버시 보호를 고려한 이용방법과 조건의 범위를 명시한 라이선스 정책을 수립·배포하고, 오픈소스 이용사업자 준수를 확보할 수 있는 방안을 모색하는 것이 바람직함

❹
- 불법 복제물, 아동 성착취물 등 위법한 데이터가 거래되거나 거래될 가능성이 높은 도메인(예: 딥웹, 다크웹)으로부터 학습데이터 수집 금지
- 개인정보가 집적되어 있을 개연성이 높은 웹사이트 배제
- 로봇배제표준(robots.txt) 준수
- 저작권, 디자인권 등 지식재산권 존중

❺
AI 개발자 및 서비스 제공자는 개인 식별가능성을 줄이거나 제거하기 위한 기술적 방안으로 차분 프라이버시(Differential Privacy) 등 개인정보 보호 강화 기술(Privacy Enhancing Technologies)의 효과를 지속적으로 연구·검증하고 적용할 것이 권장됨

❻
- 파라미터 효율 미세조정(Parameter Efficient Fine-Tuning (PEFT)) : 사전학습된 모델 파라미터(매개변수)를 동결하고 소수의 파라미터를 의도된 용도에 맞게 미세조정하는 것으로 학습 비용과 시간을 최소화하는 방법
- 지도학습 기반 미세조정(Supervised Fine-Tuning(SFT)) : 비지도학습으로 만들어진 생성 AI를 지도학습적으로 미세조정하는 과정으로, 바람직한 답변을 생성하도록 미리 정제되거나 레이블링된 데이터를 추가 학습
- 사람 피드백 기반 강화학습(Reinforcement Learning with Human Feedback (RLHF)) : AI 모델이 생성한 출력물에 사람(라벨러)이 점수 또는 순위를 부여하고, 이를 토대로 보상모델을 훈련

05 정보주체 권리 보장 방안

AI의 기술적 특성으로 인해 정보주체 권리보장이 일부 제약될 수 있는 현실적 한계가 존재한다. 따라서, AI 개발자와 서비스 제공자는 이러한 기술적 제약을 고려해 정보주체 권리 행사를 실질적으로 지원할 수 있는 정책적·기술적 보완책을 마련해야 한다.

1) AI 개발자 및 서비스 제공자는 정보주체의 개인정보 열람, 정정·삭제 등 권리행사에 대하여 시간, 비용, 기술을 합리적으로 고려한 범위 내에서 보장하기 위해 노력해야 한다.
2) AI 개발자 및 서비스 제공자가 학습데이터의 파기 또는 토큰화 등 전처리 과정을 통해 개인식별이 기술적으로 불가능함을 입증할 때에는 정보주체의 학습데이터 열람, 정정·삭제 요구 등이 제한될 수 있다.

더 알기 TIP

해외에서 한국인의 공개된 개인정보를 수집하는 경우 국외이전에 해당하나요?
해외에서 한국인의 공개된 개인정보를 수집하는 경우에는 개인정보처리자에 의한 '이전' 행위가 있다고 볼 수 없으므로 국외 이전에 해당하지 않으며, 개인정보 보호법 제15조(개인정보의 수집·이용) 등이 적용됩니다.

AI의 성능을 향상시키기 위해서는 대량의 학습데이터가 필요한데, AI 개발에 필수적인 데이터와 필수적이지 않은 데이터를 판단하는 기준이 있나요?
웹 스크래핑을 통해 데이터를 수집하는 경우에도 구체적인 출처(예: 도메인 주소)를 공개하는 것이 바람직합니다. 그러나 현실적으로 구체적인 출처를 일일이 공개하는 것이 어려운 경우에는 스크래핑의 방식으로 수집한 공개된 개인정보를 학습에 활용하고 있다는 점과 주요 출처 유형, 수집 기준(예: 로봇배제표준 준수 등)을 공개하는 것을 권장합니다.

역사적 인물 등 사망한 자의 정보도 본 안내서의 적용 대상인가요?
역사적 인물 등 사망한 자의 정보는 그 유족·후손 등 살아 있는 개인에 관한 정보를 포함하고 있지 않은 이상 개인정보에 해당하지 않으므로 본 안내서의 적용 대상이 아닙니다.

AI 기업 등이 서비스 제공을 위해 이미 수집한 이용자 데이터(회원가입 정보)나 이용자가 AI 모델에 입력한 질문(프롬프트)과 답변을 AI 학습 목적으로 이용하는 경우, 어떤 법적 근거에 따를 수 있나요?
이용자 데이터의 경우 이용자와 AI 기업 간의 1:1 관계를 전제로 투명한 고지와 동의에 기한 데이터 처리가 가능하고, 개인정보 보호법제가 옵트인(사전 동의) 기반으로 되어 있는 점 등을 고려시 정당한 이익 요건의 인정 범위가 사실상 제한될 수 있고, 자발적 동의나 계약 체결·이행 등 다른 적법 근거가 더 유효할 수 있습니다.

민감성이 높은 공개된 개인정보도 AI 학습·서비스 목적으로 처리할 수 있나요?
대규모 웹 스크래핑 과정에서 민감성이 높은 정보 항목이 수집될 수 있는데, 이 경우 정보주체 권리 제한·침해 가능성이 일반 개인정보에 비해 더 높아질 수 있으므로 이에 비례하여 안전성 확보 조치와 정보주체 권리 보장 수준이 강화될 필요가 있습니다. 특히, 대량의 데이터를 수집하는 경우 민감성이 높은 정보가 포함되지 않도록 각별한 주의를 기울여야 합니다.

아동의 공개된 개인정보는 AI 학습·서비스 목적으로 처리할 수 있나요?
민감성이 높은 공개된 개인정보와 마찬가지로 아동의 개인정보 또한 법에서 강화된 보호를 받는 항목에 해당하므로 일반 개인정보에 비해 강화된 수준의 안전성 확보 조치와 정보주체 권리보장이 필요합니다.

정보보호 최고책임자 지정·신고 제도 안내서

빈출 태그 의무대상 · 겸직금지 · 자격요건

> **기적의 TIP**
>
> 정보보호최고 책임자는 정보통신망법 제45조의3제4항 각 호에 따른 정보보호 관련 업무에 대한 최종 결정권 및 책임, 정보보호 업무관련 예산·인사에 대한 직접적 권한을 가진다.

01 정보보호 최고책임자 개요

정보보호 최고책임자(CISO: Chief Information Security Officer)는 기업의 정보통신시스템 등에 대한 보안 및 정보의 안전한 관리 등 정보보호 업무를 총괄하는 최고책임자를 말한다.

▼ 정보보호 최고책임자의 업무

구분	설명
정보보호 계획의 수립 · 시행 및 개선	정보통신망의 안정성과 신뢰성 확보를 위하여, 관리적 · 기술적 · 물리적 보호조치를 포함하는 종합적인 정보보호 관리계획을 수립 · 시행하고 이를 지속적으로 개선한다.
정보보호 실태와 관행의 정기적인 감사 및 개선	정보보호 실태 등에 대해 직접 조사하거나 관계 대상자로부터 보고를 받을 수 있으며, 정기적인 감사를 통해 사업주 또는 대표자에게 조사 결과 및 개선 조치를 보고한다.
정보보호 위험의 식별 · 평가 및 정보보호 대책 마련	하드웨어 또는 소프트웨어의 결함이나 체계 설계상의 허점 등으로 인해 사용자에게 허용된 권한 이상의 동작이 가능하거나 정보의 열람 · 변조 · 유출 등이 발생할 수 있는 약점(취약점)을 식별 · 평가하고, 이를 처리하기 위한 보안 조치를 설계하여 정보보호 대책을 마련한다.
정보보호 교육과 모의훈련 계획의 수립 및 시행	정보통신서비스 제공자를 대상으로 최소 연 1회 이상 필요한 정보보호 교육 및 침해사고 대응을 위한 모의훈련을 실시한다.

02 (지정·신고 제도에 따른) 대상자 구분

정보보호 최고책임자(CISO) 지정·신고 기준은 기업유형 및 규모 등에 따라 차이가 존재한다.

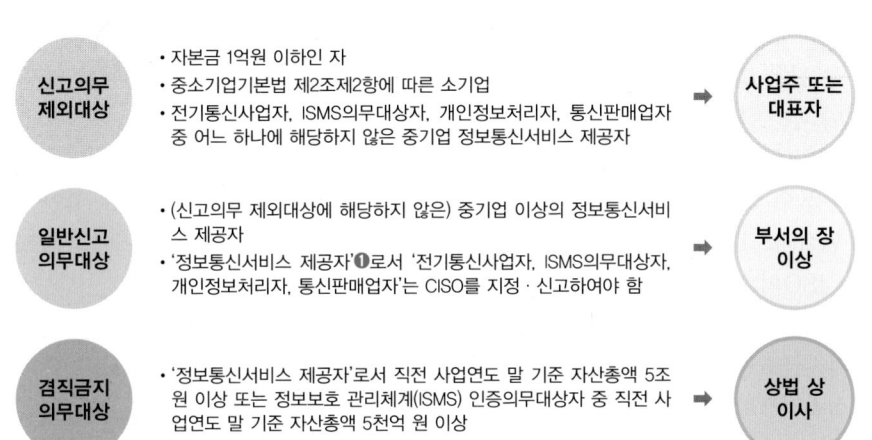

▲ CISO 지정·신고 제동에 따른 대상자 구분(출처: 정보보호 최고책임자 지정·신고제도 안내서)

❶ **정보통신서비스 제공자**
전기통신사업자(기간·부가 통신 포함) 또는 영리 목적으로 전기통신역무를 이용해 정보 제공 또는 매개하는 자

❷ 신고 기한: 지정 또는 변경 사유 발생일로부터 180일 이내

1) 정보보호 최고책임자(CISO) 지정·신고 원칙
- 정보보호 필요성이 큰 '중기업' 이상의 정보통신서비스 제공자는 정보보호 최고책임자(CISO)를 지정하고 과학기술정보통신부장관(위임: 중앙전파관리소장)에게 신고❷해야 한다.

2) 정보보호 최고책임자(CISO) 지정·신고 의무 제외 대상자
다음 중 하나에 해당하는 경우 제외 신고는 하지 않아도 되나, 사업주 또는 대표자가 CISO로 간주된다.
- 자본금 1억 원 이하 정보통신서비스 제공자
- 소기업 (중소기업기본법 제2조 제2항에 따른 기준)
- 중기업 중 다음 ①~④ 중 어느 하나에도 해당하지 않는 자
① 전기통신사업자
② 정보보호 관리체계(ISMS) 인증의무 대상자
③ 개인정보처리자
④ 통신판매업자

03 정보보호 최고책임자(CISO)의 겸직 제한

정보보호 최고책임자(CISO)는 업무의 독립성과 전문성을 유지할 수 있어야 하며, 이러한 이유로 「정보통신망 이용촉진 및 정보보호 등에 관한 법률」 및 관련 지침에서는 CISO의 겸직을 원칙적으로 제한하고 있다.

1) 겸직 금지 의무 대상인 경우
- 직전 사업연도 말 기준 자산총액이 5조원 이상이거나, 정보보호 관리체계(ISMS) 인증의무 대상자 중 직전 사업연도 말 기준 자산총액이 5천억원 이상인 정보통신 서비스 제공자

2) 겸직제한에 해당하는 대상기업은 이사(상법 제401조의2제1항제3호에 따른 자 또는 같은 법 제408조의2에 따른 집행임원 포함)로 정보보호 최고책임자를 지정해야 함
- 관련 근거에 따라 정보보호 최고책임자(CISO) 지위 기준은 '대·내외적으로 인정받을 수 있는 직위 또는 호칭을 사용'하고 '실질적 의사결정'을 종합적으로 확인

3) 현실적으로 인력과 자원이 부족한 중·소규모 사업자에 대해서는 예외적으로 CISO의 겸직 허용
- 「중소기업기본법」에 따른 소기업
- 자본금 5억 원 이하 또는 상시 근로자 수 100명 미만
- 실질적으로 정보보호를 담당할 수 있는 인력이 1명뿐인 소규모 조직

4) 정보보호 최고책임자(CISO)의 겸직 가능 업무
- 정보보호 공시에 관한 업무
- 정보통신기반 보호법에 따른 정보보호책임자 업무
- 전자금융거래법에 따른 정보보호최고책임자 업무
- 개인정보 보호법에 따른 개인정보 보호책임자 업무
- 그 밖에 이 법 또는 관계 법령상 업무로써 정보보호 최고책임자의 업무와 유사한 업무

04 정보보호 최고책임자(CISO)의 자격요건

정보보호 최고책임자(CISO) 지정·신고 의무대상의 정보보호 최고책임자는 일반 자격요건을 갖추어야 하고, 겸직금지 대상 정보보호 최고책임자는 일반 자격요건과 특별 자격요건을 함께 갖추어야 한다.

▼ 정보보호 최고책임자(CISO)의 자격요건 설명

구분	주요내용	비고
일반 자격요건	석사 학위 이상 (정보보호·정보기술 분야)	관련 학과 졸업 요건 포함
	학사 학위 + 정보보호·정보기술 경력 3년 이상	-
	전문학사 + 정보보호·정보기술 경력 5년 이상	-
	정보보호 또는 정보기술 분야 경력 10년 이상	-
	정보보호 관리체계(ISMS) 인증심사원 자격	인증기관 자격 보유자
	정보보호 또는 정보기술 관련 부서의 장으로서 1년 이상 근무 경력	부서 명칭 무관, 조직 책임자 역할 수행 시 인정
특별 자격요건 (겸직금지 대상자의 경우 추가 요건)	일반 자격요건 충족 + 상근 근무	'상근'은 매일 정해진 시간에 출근해 실근무하는 형태
	일반 자격요건 충족 + 근무장소와 자산 등에 실질적 지배력 보유	실질적 CISO 직무수행 가능 환경 요건

> 기적의 TIP
>
> 일반 자격요건과 특별 자격요건을 구분해서 암기해야 한다.

> 기적의 TIP
>
> 정보보호 최고책임자(CISO) 지정·신고 의무 대상자 기준이 자주 출제되고 있다. CISO 겸직 금지 의무 대상, 자격요건에 대해 반드시 기억하자.

이론을 확인하는 기출문제

01 국내외 개인정보보호 마크 제도에 대한 설명으로 **틀린** 것을 고르시오.

① 한국 ePRIVACY 마크 제도는 개인정보보호 협회에서 발급하며 개인정보보호에 대한 법규 준수 및 안전한 개인정보 관리를 위한 보호조치 이행 여부를 확인하여 발급하는 제도이다.
② 한국 ePRIVACY 마크 제도에는 ePRIVACY, ePRIVACY PLUS, PRIVACY 제도 3가지가 있다.
③ 미국 BBBonline 마크는 Reliability(신뢰성) 마크와 Privacy(프라이버시) 마크 등 두 가지 마크로 구성되어 있다.
④ 미국 BBBonline 마크는 자율적인 개인정보보호 원칙을 따르며 소비자 불만 처리 절차를 보유하고 있다.
⑤ 일본 Privacy 마크 제도는 일본 정부의 개인정보보호 지침을 민간에게 확산하기 위한 목적으로 도입하였다.

> 미국은 BBBonline 마크는 자율이 아닌 엄격한 수준의 개인정보보호 원칙을 준수함을 인증하는 제도이다.

02 정보보호 관리체계 인증(ISMS) 의무 대상자 중 **틀린** 것을 고르시오.

① 정보통신서비스 부문 전년도(법인인 경우에는 전 사업연도를 말한다) 매출액이 100억 원 이상인 자
② 「전기통신사업법」 제6조 제1항에 따른 허가를 받은 자로서 서울특별시 및 모든 광역시에서 정보통신망 서비스를 제공하는 자
③ 전년도 직전 3개월간 정보통신서비스 일일 평균 이용자 수가 100만 명 이상인 자
④ 연간 매출액 또는 세입이 1,500억 원 이상인 자로서 「의료법」 제3조의4에 따른 상급종합병원
⑤ 연간 매출액 또는 세입이 1,500억 원 이상인 자로서 직전 연도 12월 31일 기준으로 재학생 수가 5만 명 이상인 「고등교육법」 제2조에 따른 학교

> 정보보호 관리체계 인증 의무 대상자는 빈출 문제로 반드시 암기하여야 한다. 재학생 수가 5만 명 이상이 아닌 1만 명 이상인 학교가 대상이다.

03 정보보호 및 개인정보보호 관리체계 인증(ISMS-P)에 대한 설명으로 **틀린** 것을 고르시오.

① 정보보호 및 개인정보보호 관리체계 인증(ISMS-P)는 선택 인증이다.
② 정보보호 및 개인정보보호 관리체계 인증(ISMS-P)는 관리체계 기반 마련, 보호 대책 요구사항, 개인정보 처리단계별 요구사항으로 구성되어 있다.
③ 정보보호 및 개인정보보호 관리체계 인증(ISMS-P)은 인증 기준 101개에 대한 준수 여부를 판단하는 인증제도이다.
④ 정보보호 및 개인정보보호 관리체계 인증(ISMS-P)은 개인정보 처리시스템이 포함된 경우에 수행하는 인증제도이다.
⑤ 국제정보 보호 경영시스템 인증제도(ISO 27001) 인증을 취득한 경우 정보보호 및 개인정보보호 관리체계 (ISMS-P) 인증심사 일부를 생략할 수 있다.

> 정보보호 관리체계(ISMS) 인증은 국제정보 보호 경영시스템 인증제도(ISO 27001) 인증을 취득한 경우 인증심사 일부를 생략할 수 있지만, 정보보호 및 개인정보 관리체계 (ISMS-P) 인증은 일부 생략이 불가능하다.

정답 01 ④ 02 ⑤ 03 ⑤

04 정보보호 및 개인정보보호 관리체계(ISMS-P) 인증심사 종류에 대한 설명으로 옳지 <u>않은</u> 것을 고르시오.
① 최초심사는 정보보호 및 개인정보보호 관리체계(ISMS-P) 인증을 처음으로 취득할 때 수행하는 심사이다.
② 최초심사의 유효기간은 3년이다.
③ 사후심사는 인증을 취득한 이후 정보보호 및 개인정보보호 관리체계(ISMS-P)가 지속적으로 유지되고 있는지를 확인하는 목적으로 유효기간 중 매년 1회 이상 실시한다.
④ 갱신심사는 유효기간 만료 이전에 갱신심사를 통해 유효기간을 갱신하여야 하며, 유효기간 경과 시 인증효력은 상실한다.
⑤ 인증 범위에 중요한 변경이 있는 경우에는 유효기간 만료 이전이라도 갱신심사를 통해 유효기간을 갱신하여야 한다.

인증 범위에 중요한 변경이 있는 경우에는 갱신심사가 아닌 최초심사를 통해 인증을 취득해야 한다.

05 정보보호 관리체계(ISMS) 인증과 정보보호 및 개인정보보호 관리체계 인증(ISMS-P)에 대한 비교 설명 중 <u>틀린</u> 것을 고르시오.
① 정보보호 관리체계 인증은 의무 인증이며 정보보호 및 개인정보보호 관리체계 인증은 선택 인증이다.
② 정보보호 관리체계 인증은 관리체계 수립 및 운영(16개), 보호 대책 요구사항(64개)으로 구성되어 있으며 정보보호 및 개인정보 관리체계 인증은 여기에 개인정보 처리단계별 요구사항(22개)이 추가되어 102개의 인증 기준으로 구성되어 있다.
③ 정보보호 관리체계 인증은 국제정보 보호 경영시스템 인증제도(ISO 27001) 인증을 취득한 경우 인증심사 일부를 생략할 수 있지만, 정보보호 및 개인정보 관리체계(ISMS-P) 인증은 일부 생략이 불가능하다.
④ 정보보호 및 개인정보보호 관리체계 인증은 개인정보처리시스템 또는 개인정보 파일을 운용할 경우 취득하는 인증이다.
⑤ 정보보호 관리체계 인증과 정보보호 및 개인정보보호 관리체계 인증 모두 인증을 취득한 자는 고시에 지정된 색상 등 사용방법을 준수하여 홍보에 사용할 수 있다.

정보보호 및 개인정보 관리체계 인증은 개인정보 처리단계별 요구사항(21개)이 추가되어 101개의 인증 기준으로 구성되어 있다.
22개는 정보보호 및 개인정보 관리체계 인증이 개정되기 전 기준으로 21개로 변경되었다.

06 정보보호 관리체계 인증을 받을 경우 다음 인증심사 일부 생략이 가능하다. 다음 중 일부 생략이 가능한 경우를 모두 고르시오.

> ㄱ. 국제인정 협력기구에 가입된 인정기관이 인정한 인증기관으로부터 받은 ISO/IEC 27001 인증을 취득한 경우
> ㄴ. 개인정보보호 협회에서 인증하는 ePRIVACY, ePRIVACY PLUS, PRICAVY를 취득한 경우
> ㄷ. 「정보통신기반 보호법」 제9조에 따른 주요정보통신기반시설의 취약점 분석 평가
> ㄹ. 「교육부 정보보안 기본지침」 제94조 제1항에 따른 정보보안 수준에 대한 해당 연도의 평가결과가 만점의 100분의 70 이상인 경우

① ㄱ, ㄴ
② ㄴ, ㄷ
③ ㄱ, ㄴ, ㄷ
④ ㄱ, ㄷ
⑤ ㄴ, ㄷ, ㄹ

> 개인정보보호 협회에서 인증하는 ePRIVACY, ePRIVACY PLUS, PRICAVY 마크 제도는 정보보호 관리체계 인증과 관련이 없다.
> ISO 27001, 주요정보통신기반시설 취약점 분석 평가에 따라 인증심사 일부 생략을 위해서는 아래의 조건에 해당하여야 한다.
> • 인증의 범위에 국제표준 정보보호 인증 또는 정보보호 조치의 범위가 포함될 것
> • 인증신청 및 심사 시에 해당 국제표준 정보보호 인증이나 정보보호 조치가 유효하게 유지되고 있을 것
> 「교육부 정보보안 기본지침」 제94조 제1항에 따른 정보보안 수준에 대한 해당 연도의 평가결과가 만점의 100분의 70이 아닌 80 이상인 경우에 생략 가능하다.

07 다음은 ISMS-P '간편 인증'의 특징에 대한 설명이다. 옳지 <u>않은</u> 것을 고르시오.
① 소기업은 간편인증 특례 대상에 해당한다.
② 전년도 정보통신서비스 부문 매출액이 300억 원 미만인 중기업은 특례 대상에 해당한다.
③ 정보통신설비를 보유하지 않은 정보통신서비스 부문 매출액 300억 이상의 중기업은 특례 대상에 해당한다.
④ 간편 인증은 별도의 사후관리(사후심사)를 실시하지 않는다.
⑤ 간편 인증의 유효기간은 3년이며, 매년 1회 이상 사후관리 심사를 받아야 한다.

> ISMS-P가 3년 + 연 1회 사후심사인 것과 달리, 간편 인증은 유효기간은 2년이며 별도의 사후관리 절차가 없다.

08 국제정보 보호 경영시스템 인증제도(ISO 27001)에 대한 설명으로 <u>틀린</u> 것을 고르시오.
① 정보보안경영시스템(ISMS: Information Security Management System)에 대한 국제표준으로서 해당 조직이 정보보호경영을 실행하기 위한 프레임 워크를 확인하고 이를 자사에 적용할 수 있는 국제 인증 표준이다.
② 각 나라별로 인정기관 및 인증기관을 지정하여 운영하며, 인증기관 내 인증위원회에서 인증결과를 심의하고 의결한다.
③ 국제정보 보호 경영시스템 인증제도(ISO 27001)는 보안정책, 자산분류, 위험관리 등 14개 영역 93개 통제항목에 대한 기준을 만족할 경우 인증 획득이 가능하다.
④ 인증심사는 현장심사로 이루어지며, 인증 유효기간은 1년으로 인증취득 후 매년 사후관리를 받아야 한다.
⑤ 국제정보 보호 경영시스템 인증제도(ISO 27001) 인증을 취득한 경우 정보보호 관리체계 인증심사 일부를 생략할 수 있다.

> 인증심사는 문서심사와 현장심사로 이루어지며, 인증 유효기간은 3년으로 인증취득 후 연 1회 이상 사후관리를 받아야 한다.

정답 06 ④ 07 ⑤ 08 ④

09 개인정보 경영시스템 인증제도(ISO 27701)에 대한 설명으로 틀린 것을 고르시오.
① 조직이 개인정보보호를 위해 갖춰야 할 요구사항과 가이드 라인으로 국제표준 개인정보보호 경영시스템 인증제도이다.
② 개인정보 경영시스템 인증제도(ISO 27701)는 개인정보보호에 대한 사회적 책임이 커지는 가운데, 다양한 법률 및 규정을 준수하고 고객과 조직 등 모든 이해관계자의 신뢰를 구축하기 위해 도입되었다.
③ 개인정보 경영시스템 인증제도(ISO 27701)를 취득한 경우 정보보호 및 개인정보보호 관리체계(ISMS-P) 인증심사 일부를 생략할 수 있다.
④ ISO 27701은 ISO27001의 확장 영역으로서 조직의 프라이버시 관리를 위한 요구사항 및 지침을 제공한다.
⑤ 운영 및 보유 중인 개인정보 대해 보호 정책 준수, 물리적 보안, 정보 접근 통제 등 49개 항목 117개 기준 요건을 충족할 경우 인증 획득 가능하다.

> 개인정보 경영시스템 인증제도(ISO 27701) 인증은 정보보호 관리체계 인증 일부 생략 항목에 해당하지 않으며, 정보보호 및 개인정보보호 관리체계는 인증심사 생략 자체가 불가능하다.

10 다음은 「위치정보법」상 위치정보의 수집·이용 등에 관한 설명이다. 옳지 않은 것을 고르시오.
① 위치정보법 제15조는 '누구든지'를 수범대상으로 하여, 일반 개인도 타인의 위치정보를 침해하지 않도록 동의 등 의무를 진다.
② 개인위치정보를 수집하기 전에는 반드시 개인위치정보주체의 동의를 받아야 하며, 수집한 정보를 이용하거나 제3자에게 제공할 때도 미리 동의를 받아야 한다.
③ 위치정보의 유출·변조·훼손 등을 방지하기 위해 위치정보사업자등은 기술적·관리적 보호조치를 취해야 한다.
④ 위치정보법은 수작업 오류나 유출 위험을 최소화하기 위해 위치정보의 수집·이용·제공 사실을 위치정보시스템에 자동으로 기록·보존하도록 규정하고 있다.
⑤ 물건의 위치정보는 물건이 개인의 재산이라는 이유만으로 항상 개인위치정보에 해당하므로, 개인위치정보주체의 사전 동의를 반드시 받아야 한다.

> '항상 개인위치정보에 해당한다'고 단정한 부분이 틀렸다. 물건 위치정보라도 '추적 목적, 재산적 가치, 특정인의 물건 사용성' 등을 종합해 개인위치정보 여부와 동의 필요성을 판단하므로, 무조건 동의를 요구하지 않는다.

11 다음은 「위치정보법」상 개인위치정보의 제3자 제공 및 통보 의무에 관한 설명이다. 옳지 않은 것을 고르시오.

① 위치정보사업자로부터 전달받은 개인위치정보를 이용·제공하려는 위치기반서비스사업자는, 위치정보사업자가 수집 시 받았던 동의와 별도로 개인위치정보주체의 동의를 다시 받아야 한다.
② 개인위치정보를 제3자에게 제공하려면 사전 고지·동의를 받아야 하며, 제공 후에는 제3자·제공일시·제공목적을 개인위치정보주체에게 통보해야 한다.
③ 위치기반서비스사업자가 개인위치정보를 제3자에게 제공하는 경우에는 매회 즉시 통보만 허용되고, 개인위치정보주체의 동의를 받아도 통보 내역을 모아서 일괄 통보할 수 없다.
④ 통보는 원칙적으로 개인위치정보를 수집한 통신단말장치로 해야 한다.
⑤ 개인위치정보를 수집한 단말장치에 문자·음성·영상 수신 기능이 없거나, 개인위치정보주체가 미리 지정한 경우에는 그가 지정한 다른 단말장치나 전자우편 주소로 통보할 수 있다.

③은 '모아서 통보할 수 없다'고 단정하였으나, 법령은 주체의 동의가 있는 경우 최대 30일 범위에서 횟수·기간 기준으로 일괄(모아서) 통보를 허용한다.

12 「위치정보의 보호 및 이용 등에 관한 법률」상 개인위치정보의 파기에 대한 설명이다. 옳지 않은 것을 고르시오.

① 위치정보사업자는 개인위치정보주체로부터 동의를 받아 수집한 개인위치정보를 수집 목적이 달성된 때에는 지체 없이 파기하여야 한다.
② 위치기반서비스사업자도 이용·제공 목적이 달성된 경우 지체 없이 개인위치정보를 파기해야 한다.
③ 위치정보 수집·이용·제공사실 확인자료는 위치정보시스템에 자동 기록·보존되는 자료이므로 목적 달성 후에도 파기 대상에 포함되지 않는다.
④ 다른 법령에 따른 보존 의무가 있거나 개인위치정보를 주체가 별도로 보유에 동의한 경우에는 목적 달성 후에도 예외적으로 개인위치정보를 보유할 수 있다.
⑤ 위치정보 수집·이용·제공사실 확인자료는 법령에 따라 최소 1년(12개월) 이상 보존해야 한다.

보존 기간을 잘못 제시했다. 법은 6개월 이상 보존을 요구하므로 '1년 이상'이라는 설명이 틀리다.

13 정보보호 최고책임자(CISO)의 지정·신고 의무 및 겸직 제한에 대한 설명이다. 틀린 것을 모두 고르시오. (2개 선택)

① 자본금이 1억 원 이하이거나 소기업에 해당하는 정보통신서비스 제공자는 CISO 지정·신고 의무에서 제외되며, 이 경우 사업주 또는 대표자가 CISO로 간주된다.
② 중기업이라면 전기통신사업자 여부와 관계없이 CISO 지정·신고 의무에서 면제된다.
③ 직전 사업연도 말 자산총액이 5조 원 이상이거나 ISMS 인증의무 대상이면서 자산총액 5천억 원 이상인 사업자는 CISO를 이사급으로 지정해야 하며, 원칙적으로 겸직이 금지된다.
④ 「중소기업기본법」상 소기업, 자본금 5억 원 이하 또는 상시 근로자 100명 미만 등 인력·자원이 부족한 중·소규모 사업자는 예외적으로 CISO의 겸직이 허용된다.
⑤ 겸직이 금지된 CISO는 개인정보 보호책임자(CPO) 업무도 겸직할 수 없다.

② 중기업이라도 ▲전기통신사업자 ▲ISMS 의무대상 ▲개인정보처리자 ▲통신판매업자에 해당하면 CISO 지정·신고를 해야 하므로 '무조건 면제'라는 설명이 틀렸다.
⑤ 겸직이 금지된 CISO라도 법령이 열거한 유사 법정 직무(정보보호 공시·기반보호 책임자·전자금융 CISO·개인정보 보호책임자(CPO))는 겸직이 허용된다.

정답 11 ③ 12 ⑤ 13 ②, ⑤

14 다음은 정보보호 최고책임자(CISO) 지정 자격요건에 대한 설명이다. **틀린 것을 고르시오.**

① 정보보호·정보기술 분야 석사 이상 학위를 보유한 사람은 일반 자격요건을 충족한다.
② 정보보호·정보기술 분야 학사 학위를 보유하고 관련 경력이 2년이면 일반 자격요건을 충족한다.
③ 전문학사 학위 보유자라도 정보보호·정보기술 분야 경력이 5년 이상이면 일반 자격요건을 충족한다.
④ 정보보호 또는 정보기술 분야 경력이 10년 이상이면 학위가 없어도 일반 자격요건을 충족한다.
⑤ 겸직금지 대상 기업의 CISO는 일반 자격요건을 만족함과 동시에 상근(전일 근무)하며, 근무 장소·자산 등에 실질적 지배력을 가져야 한다.

'학사 + 2년 경력'이라서 부족하다. 법령은 '학사 + 3년 이상' 경력을 요구한다.

15 다음 중 생성형 인공지능 개발을 위한 공개된 개인정보 활용 시, 개인정보 보호법상 적절한 처리 방식으로 가장 적절한 것은 무엇인가?

① 온라인 블로그에 게시된 정보는 모두 공개된 정보이므로, 개인정보 여부와 관계없이 자유롭게 수집·이용할 수 있다.
② SNS 게시글에 포함된 사진 속 인물의 얼굴 정보는 공개된 것이므로, 자동 학습에 활용해도 문제되지 않는다.
③ 공개된 개인정보라도 정보주체가 명확히 인식하고 있는 공개 목적 범위를 벗어난 이용은 제한된다.
④ 정보주체가 정보 삭제 요청을 하지 않았더라도, 삭제 가능성이 있는 정보는 수집·이용해도 된다.
⑤ 공개된 정보 중 사업자 등록정보와 같이 공개가 법으로 명시된 정보는 AI 학습에 반드시 활용해야 한다.

「생성형 AI 서비스 가이드라인」에 따르면, 공개된 정보의 수집·이용은 정보주체가 인식하고 있는 공개 목적의 범위 안에서 이뤄져야 하며, 그 목적을 벗어난 경우는 동의 등의 별도 법적 근거가 필요하다.

16 생성형 AI 개발자가 공개된 정보를 수집하여 학습용 데이터로 활용할 때 법적·윤리적 고려사항으로 가장 부적절한 것은 무엇인가?

① 정보가 공개되어 있더라도, 수집 전 정보의 성격과 맥락을 검토해야 한다.
② 정보가 공개된 시점이나 방법은 무관하게 활용 가능하므로, 수집 당시의 맥락은 중요하지 않다.
③ 학습 데이터 수집 시에는 정보주체의 명시적 동의 여부를 고려해야 한다.
④ AI가 결과를 생성할 때, 제3자의 권리를 침해하지 않도록 학습단계에서부터 점검해야 한다.
⑤ 게시물의 공개 설정이 '비공개'로 변경된 경우, 기존 수집분도 이용에 신중을 기해야 한다.

공개 여부뿐만 아니라 정보의 공개 맥락, 기대가능성, 처리자의 수집 목적 적정성 등을 종합적으로 고려할 것을 명시하고 있다.
또한, 공개된 정보라고 하더라도 AI가 이를 분석·조합하여 민감한 특성을 유추하거나 사생활 침해 결과를 초래할 경우, 비식별화 조치 또는 별도 동의가 요구될 수 있다.

CHAPTER 02

공공기관 개인정보보호 평가제도

학습 방향

공공기관의 개인정보보호 평가제도를 이해하기 위해서는, 개인정보 영향평가의 개념과 절차, 평가 대상의 판단 기준, 개인정보 침해요인 분석 방법, 개인정보의 흐름도 작성 절차, 그리고 보호수준 평가 항목 등에 대해 체계적으로 학습하시길 바랍니다.

개인정보 영향평가
(PIA: Privacy Impact Assessment)

빈출 태그 5만, 50만, 100만, 중대한 변경, 개인정보 영향평가 수행 절차

1) 개인정보 영향평가 개요

개인정보 영향평가는 사전예방의 원칙에 따라, 정보시스템을 새로 도입하거나 기존 시스템에 중대한 변경이 발생하는 경우, 개인정보의 수집부터 파기까지의 전 과정을 분석하여 개인정보 침해로 인한 부정적인 영향을 사전에 식별하고 예방하기 위한 제도이다.

2) 개인정보 영향평가 법적 근거

> **관련법령**
>
> 개인정보보호법 〈시행 2024.3.15.〉
>
> 제33조(개인정보 영향평가)
> ① 공공기관의 장은 **대통령령으로 정하는 기준**에 해당하는 개인정보 파일의 운용으로 인하여 정보 주체의 개인정보 침해가 우려되는 경우에는 **그 위험요인의 분석과 개선사항 도출을 위한 평가**(이하 "영향평가"라 한다)를 하고 그 결과를 보호위원회에 제출하여야 한다.
> ② 보호위원회는 대통령령으로 정하는 인력·설비 및 그 밖에 필요한 요건을 갖춘 자를 영향평가를 수행하는 기관(이하 "평가기관"이라 한다)으로 지정할 수 있으며, 공공기관의 장은 영향평가를 평가기관에 의뢰하여야 한다. 〈신설 2023. 3. 14.〉
> ③ 영향평가를 하는 경우에는 다음 각 호의 사항을 고려하여야 한다. 〈개정 2023. 3. 14.〉
>   1. 처리하는 개인정보의 수
>   2. 개인정보의 제3자 제공 여부
>   3. 정보 주체의 권리를 해할 가능성 및 그 위험 정도
>   4. 그 밖에 대통령령으로 정한 사항

❶ 개인정보 처리시 적법한 법적 근거를 확보하고 있는지, 민감정보·14세 미만 아동정보 등이 불필요하게 포함되지 않는지, AI 학습용 데이터의 보유 및 파기를 명확히 규정하고 있는지 등을 검토

❷ AI 개발 및 운영주체 간 책임성 명확화, 생성형 AI 서비스 제공시 허용되는 이용 방침(AUP: Acceptable Use Policy AUP) 제공, 생성형 AI 시스템의 부적절한 답변 개인정보 유·노출에 대한 신고 기능 마련 등 정보주체 권리보장 방안 수립·시행 평가

- 개인정보 영향평가는 개인정보파일의 운용으로 인해 정보주체의 개인정보 침해가 우려되는 경우, 그 위험 요인을 분석하고 개선사항을 도출하기 위한 제도이다.
- 개인정보처리 시스템을 신규로 구축하거나 기존 시스템을 변경하는 경우에는, 시스템 설계 완료 이전에 영향평가를 수행해야 하며, 그 결과는 시스템 설계 및 개발 단계에 반영되어야 한다.
- 개인정보보호위원회는 개인정보 영향평가 고시 및 안내서를 개정하여 인공지능 시스템 학습 및 개발❶, 인공지능 시스템 운영 및 관리❷ 등 2개 세부 평가분야를 신설하였다.
- 영향평가서 및 요약본은 최종본을 제출받은 날로부터 2개월 이내에 개인정보보호위원회에 제출해야 한다.

- 또한, 영향평가서를 제출한 날로부터 1년 이내에 '개선사항 이행확인서'(개인정보 영향평가에 관한 고시 별지 제13호 서식)를 개인정보보호위원회에 제출해야 한다.
- 개인정보 영향평가는 처리되는 개인정보의 민감도, 정보주체 수, 시스템의 영향 범위 등을 고려하여 평가 대상이 선정된다.

▼ 개인정보 영향평가 대상

대상 조건	설명
5만 명 이상	5만 명 이상의 정보 주체의 민감정보 또는 고유 식별정보의 처리가 수반되는 개인정보 파일
50만 명 이상	공공기관의 내부 또는 외부 연계 결과 정보 주체의 수가 50만 명 이상인 개인정보 파일
100만 명 이상	100만 명 이상의 정보 주체 수를 포함하고 있는 개인정보 파일
중대한 변경 시	영향평가를 실시한 기관이 개인정보 검색체계 등 개인정보 파일의 운용체계를 변경하려는 경우, 변경된 부분에 대해 영향평가 실시

> **기적의 TIP**
> 개인정보 영향평가 대상 조건에 대해 자주 출제되고 있다.

3) 개인정보 영향평가 수행 절차

개인정보 영향평가는 크게 사전준비 단계 → 평가수행 단계 → 이행 단계의 세 가지 단계로 나누어 진행된다.

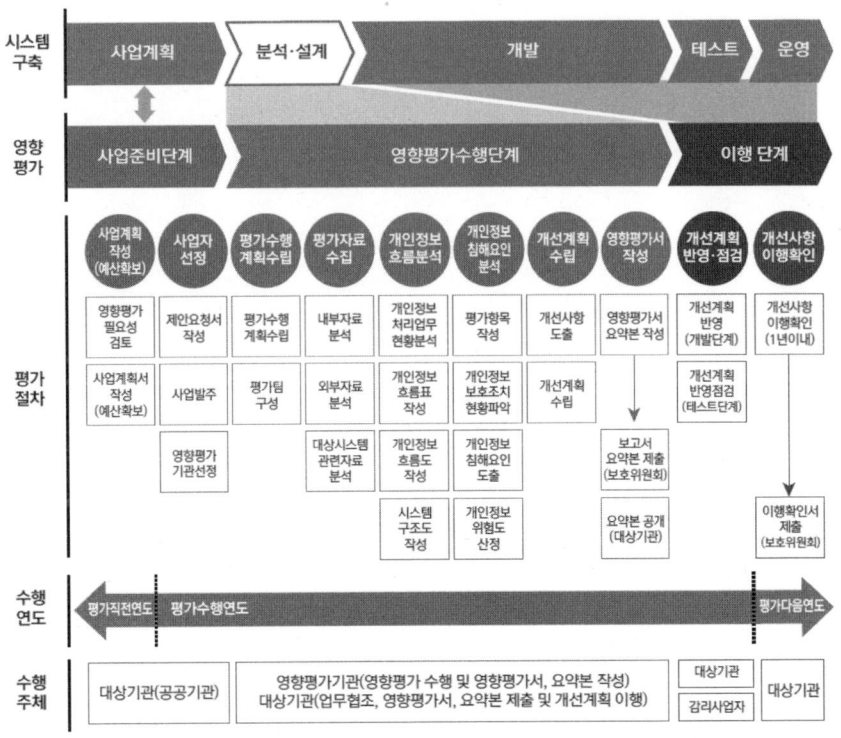

▲ 개인정보 영향평가 수행 절차 개념도(출처: 개인정보 영향평가 수행안내서)

> **기적의 TIP**
>
> 개인정보 영향평가 대상에 대한 기준을 반드시 외워둔다(5만, 50만, 100만, 중대한 변경) 개인정보 영향평가는 시스템 설계 이전에 완료해야 하며 그 결과와 요약본은 보호위원회에 2개월 이내에 등록해야 함을 암기한다.

▼ 개인정보 영향평가 수행 절차 상세

구분	개념	예시
사전준비단계	사업계획 작성	제안요청서 작성, 사업발주, 영향평가 기관선정
	사업자 선정	평가 수행 계획수립 및 평가팀 구성
영향평가 수행단계	평가계획수립	내·외부 자료 분석, 대상 시스템 관련 자료 분석
	평가자료 수집	개인정보처리업무분석, 개인정보 흐름표 및 흐름도 작성
	개인정보 흐름 분석	개인정보처리업무분석, 개인정보 보호조치 현황파악, 개인정보 침해요인 도출, 개인정보 위험도 산정
	개인정보 침해요인 분석	개선사항 도출 및 개선계획 수립
	개선계획 수립	영향평가서 작성, 개인정보보호위원회 영향평가서 제출
이행단계	영향 평가서 작성	개선계획 반영, 개선계획 반영점검
	개선사항 이행 확인	개선사항 이행확인, 이행확인서 제출

SECTION 02 개인정보보호 수준 평가

출제빈도 상 중 하
반복학습 1 2 3

빈출 태그 개인정보보호 수준 평가대상, 평가 기준, 방법, 절차

01 개인정보보호 수준 평가 개요

개인정보보호 수준 평가는 공공기관이 개인정보 보호 관련 법적 의무를 얼마나 충실히 이행하고 있는지, 그리고 기관 차원의 자율적 보호 노력 수준을 함께 평가하여, 기관의 개인정보보호 역량을 종합적으로 진단하고 향상시키기 위한 제도이다.

02 개인정보보호 수준 평가 근거

관련법령

개인정보 보호법 〈시행 2024.03.15.〉

제11조의2(개인정보보호 수준 평가)
① 보호위원회는 공공기관 중 중앙행정기관 및 그 소속기관, 지방자치단체, 그 밖에 대통령령으로 정하는 기관을 대상으로 **매년 개인정보보호 정책·업무의 수행 및 이 법에 따른 의무의 준수 여부 등을 평가**(이하 "개인정보보호 수준 평가"라 한다)하여야 한다.
② 보호위원회는 개인정보보호 수준 평가에 필요한 경우 해당 공공기관의 장에게 관련 자료를 제출하게 할 수 있다.
③ 보호위원회는 개인정보보호 수준 평가의 결과를 인터넷 홈페이지 등을 통하여 공개할 수 있다.
④ 보호위원회는 개인정보보호 수준 평가의 결과에 따라 우수기관 및 그 소속 직원에 대하여 포상할 수 있고, 개인정보보호를 위하여 필요하다고 인정하면 해당 공공기관의 장에게 개선을 권고할 수 있다. 이 경우 권고를 받은 공공기관의 장은 이를 이행하기 위하여 성실하게 노력하여야 하며, 그 조치 결과를 보호위원회에 알려야 한다.
⑤ 그 밖에 개인정보보호 수준 평가의 기준·방법·절차 및 제2항에 따른 자료 제출의 범위 등에 필요한 사항은 대통령령으로 정한다.

제13조의2(개인정보보호 수준 평가의 대상·기준·방법·절차 등)
① 법 제11조의2 제1항에서 "대통령령으로 정하는 기관"이란 다음 각 호의 기관을 말한다.
  1. 「공공기관의 운영에 관한 법률」 제4조에 따른 공공기관
  2. 「지방공기업법」에 따른 지방공사와 지방공단
  3. 그 밖에 제2조 제4호 및 제5호에 따른 공공기관 중 공공기관의 개인정보 처리업무의 특성 등을 고려하여 보호위원회가 고시하는 기준에 해당하는 기관
② 법 제11조의2 제1항에 따른 개인정보보호 수준 평가(이하 "개인정보보호 수준 평가"라 한다)의 기준은 다음 각 호와 같다.

1. **개인정보보호 정책·업무 수행실적 및 개선 정도**
   2. 개인정보 관리체계의 **적정성**
   3. 정보 주체의 권리 보장을 위한 **조치사항 및 이행 정도**
   4. 개인정보 침해방지 조치사항 및 **안전성 확보조치 이행 정도**
   5. 그 밖에 개인정보의 처리 및 안전한 관리를 위해 필요한 조치사항의 준수 여부

③ 보호위원회는 개인정보보호 수준 평가를 시행하기 전에 평가대상, 평가 기준·방법 및 평가지표 등을 포함한 평가계획을 마련하여 개인정보보호 수준 평가 대상기관(이하 "평가 대상기관"이라 한다)의 장에게 통보해야 한다.

④ 보호위원회는 개인정보보호 수준 평가를 효율적으로 실시하기 위해 개인정보보호에 관한 전문적인 지식과 경험이 풍부한 전문가를 포함하여 평가단을 구성·운영할 수 있다.

⑤ 보호위원회는 법 제11조의2 제2항에 따라 다음 각 호의 자료를 제출하게 할 수 있다.
   1. 평가 대상기관이 개인정보보호 수준을 자체적으로 점검한 경우 그 결과 및 증명자료
   2. 제1호의 증명자료의 검증에 필요한 자료
   3. 그 밖에 개인정보의 안전한 관리 여부 등 개인정보보호 수준을 평가하기 위해 필요한 자료

⑥ 보호위원회는 제5항에 따라 평가 대상기관의 장이 제출한 자료를 기준으로 평가를 진행하거나 평가 대상기관을 방문하여 평가할 수 있다.

⑦ 보호위원회는 중앙행정기관의 장 또는 지방자치단체의 장에게 소속 기관 등 소관 분야 평가 대상기관의 평가준비 또는 평가결과에 따른 개인정보 보호조치를 위해 필요한 사항을 지원하도록 요청할 수 있다. 이 경우 요청을 받은 중앙행정기관의 장 또는 지방자치단체의 장은 요청에 따른 지원을 하기 위해 노력해야 한다.

⑧ 제1항부터 제7항까지의 규정에 따른 개인정보보호 수준 평가에 관한 세부 사항은 보호위원회가 정하여 고시한다.

1) 개인정보보호 수준 평가 대상

- 중앙행정기관 및 그 소속기관, 지방자치단체(시·도 교육청, 교육지원청 포함)
- 「공공기관의 운영에 관한 법률」 제4조에 따른 공공기관, 「지방공기업법」에 따른 지방공사 및 지방공단
- 개인정보 처리업무의 특성 등을 고려하여 개인정보보호위원회가 고시하는 기준❶에 해당하는 기관

2) 개인정보보호 수준 평가 기준

- 개인정보 보호 관련 정책 수립 및 업무 수행 실적
- 개선 노력의 정도 및 이행 수준
- 개인정보 관리체계의 적정성
- 정보주체 권리 보장을 위한 조치 및 이행 수준
- 개인정보 침해 방지 및 안전성 확보 조치의 실효성 등

---

❶ 대학, 산업대학, 교육대학, 전문대학, 방송대학, 통신대학, 방송통신대학 및 사이버대학, 기술대학, 각종 학교

3) 개인정보보호 수준 평가 방법

- 개인정보보호위원회는 평가에 필요한 자료의 제출을 평가대상 기관에 요청할 수 있다.
- 대상 기관이 제출한 자료를 기반으로 서면평가 또는 현장방문 평가를 실시한다.
- 자료를 정당한 사유 없이 제출하지 않거나 거짓으로 제출한 경우, 최대 1천만 원 이하의 과태료가 부과될 수 있다.
- 평가 결과는 차년도 상반기 중에 공개되며, 해당 기관에 개별 통보되고 개인정보보호위원회 홈페이지 등을 통해 대외적으로도 게시된다.

4) 평가 결과에 따른 포상 및 조치

- 평가 결과 우수한 기관 또는 유공자에게는 표창 수여, 포상금 지급 등의 우대 조치가 가능하다.
- 평가 결과가 미흡한 기관에 대해서는 현장 컨설팅, 실태점검 등의 후속 조치가 이루어진다.
- 평가 결과는 해당 기관의 업무평가 또는 공공기관 종합평가 항목에 반영될 수 있도록 기관장에게 통보된다

▼ 법 개정 이전 '공공기관 보호수준 평가제'와 '공공기관 관리수준 진단제' 비교

구분	공공기관 보호수준 평가제	공공기관 관리수준 진단제
법적 근거	개인정보 보호법 제11조의2 (개인정보보호 수준 평가)	개인정보 보호법 제11조 (자료제출 요구 등) 준용
도입	2024년	2008년
대상	중앙행정기관 및 소속 기관, 광역 및 기초자치단체, 시·도 교육청 및 교육지원청, 공공기관(공기업, 지방공사 및 공단 등)	중앙행정기관, 광역 및 기초자치단체, 공공기관(공기업, 지방공사 및 공단 등)
환류	• 평가결과 우수기관 및 우수직원 포상 • 개선 권고 및 조치 결과 요구 • 미흡 기관 현장컨설팅 및 실태점검 시행	미흡 기관 현장컨설팅 및 기획점검 시행(법적 근거 없음)
제재	자료 미제출·부실 제출에 대한 과태료 부과	없음

이론을 확인하는 기출문제

01 개인정보 영향평가 제도에 대한 설명 중 잘못된 것을 고르시오.

① 개인정보 영향평가는 개인정보 파일의 운용으로 인하여 정보 주체의 개인정보 침해가 우려되는 경우 그 위험 요인의 분석과 개선사항 도출을 위한 평가이다.
② 개인정보 처리시템은 신규로 구축, 기존 시스템 변경의 경우 시스템 설계 완료 전에 영향평가를 수행하여야 하며 영향평가 결과는 시스템 운영 시에 반영하여야 한다.
③ 개인정보 영향평가서를 제출받은 대상기관의 장은 2개월 이내에 평가결과에 대한 내부 승인 절차를 거쳐서 영향평가서 및 요약본을 보호위원회에 제출하여야 한다.
④ 개인정보 영향평가서를 제출받은 대상기관의 장은 개선사항으로 지적된 부분에 대한 이행계획을 영향평가서를 받은 날로부터 1년 이내 보호위원회에 제출하여야 한다.
⑤ 개인정보 영향평가는 처리 대상인 개인정보의 성격이나 정보 주체의 수 등에 따라 기준을 마련한다.

개인정보 영향평가는 시스템 설계 완료 전에 수행하여야 하며 그 결과를 시스템 설계 개발 시에 반영하여야 한다.

02 개인정보 영향평가 대상에 해당하는 항목에 대해 모두 고르시오.

ㄱ. 1만 건 이상의 정보 주체의 주민등록번호 처리가 수반되는 개인정보 파일
ㄴ. 5만 명 이상의 정보 주체의 민감정보 또는 고유 식별정보의 처리가 수반되는 개인정보 파일
ㄷ. 공공기관의 내부 또는 외부 연계 결과 정보 주체의 수가 50만 명 이상인 개인정보 파일
ㄹ. 100만 명 이상의 정보 주체 수를 포함하고 있는 개인정보 파일
ㅁ. 영향 평가를 실시한 기관이 개인정보 검색체계 등 개인정보 파일의 운용체계를 변경하려는 경우, 변경된 부분에 대해 영향 평가 실시
ㅂ. 공공시스템 운영기관으로 단일 시스템 100만 명 이상 정보 주체에 대한 처리를 하는 개인정보 파일

① ㄱ, ㄴ
② ㄴ, ㄷ
③ ㄴ, ㄷ, ㄹ, ㅁ
④ ㄱ, ㄴ, ㄷ, ㄹ, ㅁ
⑤ ㄴ, ㄷ, ㄹ, ㅁ, ㅂ

주민등록번호의 처리와 상관없으며, 주민등록번호는 고유 식별정보에 포함되고 5만 명 이상인 경우에 해당한다.

03 개인정보 영향평가 수행 시 절차에 대한 설명으로 틀린 것을 모두 고르시오.
① 사전준비 단계에서는 영향평가 필요성 검토 및 예산확보를 위한 사업계획서를 작성한다.
② 사전준비 단계에서는 개인정보 흐름과 개인정보 침해요인 분석을 통해 해당 시스템의 개인정보 라이프 사이클을 작성한다.
③ 영향평가 수행단계에서는 개선사항을 도출하고 개선계획을 수립하는 활동을 한다.
④ 영향평가 수행단계에서는 영향평가서를 작성하고 이를 행정안전부에 제출한다.
⑤ 영향평가 이행단계에서는 개선계획 반영 및 점검, 개선사항 이행확인 활동을 한다.

> 개인정보 흐름, 개인정보 침해요인 분석은 영향평가 수행단계의 핵심 활동 사항이다.
> 영향평가서는 행정안전부가 아닌 보호위원회에 2개월 이내에 등록해야 한다.

04 개인정보보호 수준 평가에 대한 설명으로 틀린 것을 고르시오.
① 보호위원회는 개인정보처리자에 대하여 매년 개인정보보호 정책·업무의 수행 및 이 법에 따른 의무의 준수 여부 등을 평가하여야 한다.
② 보호위원회는 개인정보보호 수준 평가에 필요한 경우 해당 공공기관의 장에게 관련 자료를 제출하게 할 수 있다.
③ 보호위원회는 개인정보보호 수준 평가의 결과를 인터넷 홈페이지 등을 통하여 공개할 수 있다.
④ 보호위원회는 개인정보보호 수준 평가의 결과에 따라 우수기관 및 그 소속 직원에 대하여 포상할 수 있고, 개인정보보호를 위하여 필요하다고 인정하면 해당 공공기관의 장에게 개선을 권고할 수 있다.
⑤ 그 밖에 개인정보 보호수준 평가의 기준·방법·절차 및 제2항에 따른 자료 제출의 범위 등에 필요한 사항은 대통령령으로 정한다.

> 개인정보 보호수준 평가 대상은 개인정보처리자가 아닌 공공기관 중 중앙행정기관 및 그 소속기관, 지방자치단체, 그 밖에 대통령령으로 정하는 기관이 대상이다.

05 개인정보보호 수준 평가의 대상·기준·방법·절차 등에 대한 설명으로 틀린 것을 고르시오.
① 개인정보 처리 업무의 특성 등을 고려하여 개인정보보호위원회가 고시하는 기준에 해당하는 기관은 대학, 산업대학, 교육대학, 전문대학, 방송대학, 통신대학, 방송통신대학 및 사이버대학, 기술대학, 각종 학교를 말한다.
② 평가대상 기관의 장이 제출한 자료를 기준으로 평가를 진행(서면평가)하거나 평가대상 기관을 방문(현장평가)하여 평가할 수 있다.
③ 평가대상이 정당한 사유 없이 자료를 제출하지 아니하거나 거짓으로 제출한 경우 3천만 원 이하의 과태료가 부과될 수 있다.
④ 평가결과는 차년도 상반기에 발표하여 각 평가대상에게 통지하며, 인터넷 홈페이지 등을 통하여 공개한다.
⑤ 개인정보 보호 수준 평가 절차는 평가계획 수립 및 통보, 평가단 구성, 평가자료 제출, 평가 수행, 평가결과 통지 순으로 진행된다.

> 평가대상이 정당한 사유 없이 자료를 제출하지 아니하거나 거짓으로 제출한 경우 3천만 원이 아닌 1천만 원 이하의 과태료가 부과될 수 있다.

정답 03 ②, ④ 04 ① 05 ③

06 국내 정보보안 관련 인증 및 평가와 법적 근거가 적절하지 않게 매칭된 것을 고르시오.

① 정보보호 및 개인정보보호 관리 체계 인증 – 정보통신망법
② 개인정보보호수준 평가 – 개인정보보호법
③ 사이버보안 실태 평가 – 국가정보원법
④ 정보보호제품 평가 – 지능정보화 기본법
⑤ 정보보호 상시평가 – 정보통신망법

> 신용정보법 제45조의5(개인신용정보 활용·관리 실태에 대한 상시평가)에 따라 금융위원회는 대통령령으로 정하는 신용정보회사등이 제20조제6항에 따라 신용정보관리·보호인을 통하여 점검한 결과를 제출받아 확인하고, 그 결과를 점수 또는 등급으로 표시할 수 있다.

최신 기출문제

최신 기출문제 01회 406
최신 기출문제 02회 439
최신 기출문제 정답 & 해설 468

개인정보관리사(CPPG) 최신 기출문제 01회

시험 시간	문항수
120분	총 100개

수험번호 _____ 성명 _____

01 개인정보 보호법에 나와 있는 개인정보의 정의에 대한 설명으로 틀린 것은?

① 법인 또는 단체에 관한 정보이면서 동시에 개인에 관한 정보인 대표자를 포함한 임원진과 업무담당자의 이름·주민등록번호·자택 주소 및 개인 연락처, 사진 등 그 자체로 개인을 식별할 수 있는 정보는 개별 상황에 따라 법인 등의 정보에 그치지 않고 개인정보로 취급될 수 있다.
② 개인사업자의 상호명, 사업장 주소, 전화번호, 사업자등록번호, 매출액, 납세액 등은 사업체의 운영과 관련한 정보로서 원칙적으로 개인정보에 해당하지 않는다.
③ 법인 또는 단체의 이름, 소재지 주소, 대표 연락처(이메일 주소 또는 전화번호), 업무별 연락처, 영업실적 등은 개인정보에 해당하지 않는다.
④ 개인을 알아볼 수 있는 정보 또는 다른 정보와 쉽게 결합하여 알아볼 수 있는 정보를 가명처리함으로써 원래 상태로 복원하기 위한 추가정보의 사용, 결합 없이 특정 개인을 알아볼 수 없는 정보인 가명정보는 개인정보에 해당하지 않는다.
⑤ 살아있는 자에 관한 정보이어야 하므로 사망한 자, 자연인이 아닌 법인, 단체 또는 사물 등에 관한 정보는 개인정보에 해당하지 않는다.

02 개인정보 보호법과 타 법률 충돌 시 적용되는 사항에 대해 잘못된 것을 모두 고르시오.

① 법률의 적용 대상을 한국 사업자로 한정하는 등의 예외 규정이 없는 한, 법률에서 정한 목적, 위반행위가 국내에 미치는 영향 등을 고려하여 해외사업자에 대한 한국 법 적용을 인정하고 있다.
② 특별법을 적용받는 자는 일반법의 적용이 면제된다.
③ 일반법과 개별법 사이에 모순이 발생하거나 불합리한 상황 또는 왜곡된 결과가 발생하는 경우만 개별법 규정이 우선 적용한다.
④ 법률이 아닌 시행령이나 시행규칙 고시, 조례 등에 이 법과 다른 특별한 규정이 있는 경우 그 시행령 등은 우선 적용된다.
⑤ 일반법보다 개별법이 보호 수준을 강화하고 있는 경우뿐 아니라 완화하고 있는 경우도 개별법을 우선 적용한다.

03 다음 중 EU-GDPR 적용 대상에 해당하는 경우를 모두 고르시오.

① EU에 지사를 운영하며, 해당 사업장에서 개인정보를 처리하는 한국 국적 직원
② 국내 본사에 근무하며 EU 지사에 일시 출장 중인 한국 국적 직원
③ 국내 본사에서 근무하며 EU 거주자의 행동을 모니터링하는 EU 국적 직원
④ 국내 본사에서 근무 중인 EU 회원국 국적 지사 직원
⑤ EU 거주자에게 재화 또는 서비스를 무상으로 제공하는 기업

04 개인정보 보호법상의 단체소송에 대한 설명으로 틀린 것은?
① 단체소송이 진행되고 있는 중에 개인정보처리자의 권리침해행위가 금지 또는 중지되었다면 각하될 수 있다.
② 단체소송은 개인정보 유출 또는 오·남용으로 인한 손해배상을 청구하는 소송과 같이 금전을 청구하는 소송이다.
③ 개인정보 단체소송을 제기할 수 있는 자는 등록 소비자단체와 비영리민간단체로 한정되어 있다.
④ 소비자단체가 개인정보 단체소송을 제기하기 위해서는 「소비자기본법」 제29조에 따라 공정거래위원회에 등록한 소비자단체로서 정관에 따라 상시적으로 정보주체의 권익증진을 주된 목적으로 하는 단체이며, 단체의 정회원 수가 1천 명 이상이고, 「소비자기본법」 제29조에 따른 등록 후 3년이 경과하여야 한다.
⑤ 원고가 개인정보 단체소송을 제기하기 위해서는 변호사를 소송대리인으로 선임하여야 한다.

05 개인정보의 목적 외 이용·제공 제한에 대한 설명으로 틀린 것은?
① 개인정보처리자는 정보주체에게 이용·제공의 목적을 고지하고 동의를 받은 범위나 이 법 또는 다른 법령에 의하여 이용·제공이 허용된 범위를 벗어나서 개인정보를 이용하거나 제공해서는 안 된다.
② 홈쇼핑 회사가 주문 상품을 배달하기 위해 수집한 고객 정보를 정보주체의 동의 없이 계열 콘도미니엄 사에 제공하여 콘도미니엄 판매용 홍보자료 발송에 활용은 목적 외 제공 사례에 해당한다.
③ 정보주체 또는 제3자의 이익을 부당하게 침해할 우려가 있을 때는 개인정보를 목적 외의 용도로 이용하거나 제3자에게 제공할 수 없다.
④ 법률, 시행령, 시행규칙에 관련 규정이 있는 경우에는 목적 외 이용·제공이 허용된다.
⑤ 공공기관 외의 개인정보처리자에 대해서는 비록 범죄 수사 목적이라 하더라도 원칙적으로 형사소송법 등의 규정에 따라서만 개인정보 제공을 요구할 수 있다.

06 손해배상책임의 이행을 위한 보험 가입 기준에 대한 설명으로 올바르게 묶인 것을 고르시오.

가입대상 개인정보처리자의 가입금액 산정요소		최저가입금액 (최소적립금액)
정보 주체 수	매출액 등	
(ㄱ) 이상 (ㄴ) 미만	800억 원 초과	2억 원
	50억 원 초과 800억 원 이하	1억 원
	(ㄹ) 이상 50억 원 이하	(ㅁ) 원
(ㄴ) 이상 (ㄷ) 미만	800억 원 초과	5억 원
	50억 원 초과 800억 원 이하	2억 원
	(ㄹ) 이상 50억 원 이하	1억 원
(ㄷ) 이상	800억 원 초과	10억 원
	50억 원 초과 800억 원 이하	5억 원
	(ㄹ) 이상 50억 원 이하	2억 원

① (ㄱ) - 1만 명, (ㄴ) - 10만 명, (ㄷ) - 50만 명, (ㄹ) - 1억 원, (ㅁ) - 3천만
② (ㄱ) - 1만 명, (ㄴ) - 10만 명, (ㄷ) - 100만 명, (ㄹ) - 5억 원, (ㅁ) - 3천만
③ (ㄱ) - 1만 명, (ㄴ) - 10만 명, (ㄷ) - 100만 명, (ㄹ) - 10억 원, (ㅁ) - 5천만
④ (ㄱ) - 10만 명, (ㄴ) - 50만 명, (ㄷ) - 100만 명, (ㄹ) - 1억 원, (ㅁ) - 3천만
⑤ (ㄱ) - 10만 명, (ㄴ) - 50만 명, (ㄷ) - 100만 명, (ㄹ) - 10억 원, (ㅁ) - 5천만

07 자동화된 결정의 대상이 아닌 것을 모두 고르시오.
① 권한이 있는 인사위원회를 통해 실질적으로 승진 여부를 결정하는 절차를 운영하고, 인공지능(AI) 등 자동화된 시스템에 의해 산출된 자료를 참고하는 경우
② 인공지능(AI) 면접만을 통해서 면접내용에 대해 분석하고 합격 여부를 결정하는 경우
③ 콜택시 플랫폼을 운영하면서 AI를 통해 사용자의 이용기록 및 패턴(행태정보)을 분석하여 서비스 중지 여부를 결정하는 경우
④ 쇼핑 플랫폼에서 이용사업자의 상품 노출 순서를 자동으로 결정하는 경우에 이용사업자의 개인정보가 아닌 사업자 정보 및 상품정보만을 활용하는 경우
⑤ 개인정보처리자가 금융거래 분야에서 부정거래탐지시스템을 통한 개인정보 분석 등 처리 과정을 거쳐 계약해지 등 불이익을 주는 최종적 결정을 한 경우

08 고유식별정보처리자의 안전성 확보조치 관리실태 조사에 대한 내용으로 잘못된 것을 고르시오.
① 고유식별정보 안전성 확보조치 조사주기는 3년마다 수행한다.
② 공공기관은 1만 명 이상 정보주체의 고유식별정보를 처리하는 자가 대상이다.
③ 1만 명 미만의 정보주체에 관하여 고유식별정보를 처리하는 공공기관의 경우에도 법 위반 이력 및 내용·정도, 고유식별정보 처리의 위험성 등을 고려하여 조사가 필요하다고 인정하는 경우 조사 대상에 포함할 수 있다.
④ 공공기관 외 개인정보처리자는 50만 명 이상의 정보주체의 고유식별정보를 처리하는 자가 대상이다.
⑤ 조사 항목은 고유식별정보 보유현황, 고유식별정보에 대한 안정성 확보조치 이행여부이다.

09 개인정보의 국외 이전과 관련하여 다음 내용 중 틀린 것을 고르시오.
① 국외에서 국내 정보주체의 개인정보를 직접 수집하여 처리하는 경우, 개인정보를 수집 처리하는 국가에 대한 정보를 개인정보 처리방침에 공개하여야 한다.
② 국외에서 국내 정보주체의 개인정보를 직접 수집하는 경우에 개인정보처리자는 개인정보 국외 이전에 관한 동의를 별도로 받아야 한다.
③ 국내 정보주체의 개인정보를 국외로 이전 하는 유형에는 제공, 처리위탁, 보관이 있다.
④ 해외에서 한국인의 공개된 개인정보를 수집하는 경우에는 국외 이전에 해당하지 않는다.
⑤ 모든 종류의 국외 이전은 개인정보 처리방침에 국외 이전 법적 근거 및 국외 이전 관련 주요 내용을 공개해야 한다.

10 개인정보의 목적 외 이용 또는 제3자 제공의 공고와 관련한 다음 설명 중 옳지 않은 것은?
① 개인정보처리자는 개인정보를 목적 외 이용 또는 제3자 제공하는 경우에는 30일 이내에 관보 또는 인터넷 홈페이지에 게재하여야 한다.
② 게재 사항은 목적 외 이용 등을 한 날짜, 목적 외 이용 등의 법적 근거, 목적 외 이용 등의 목적, 목적 외 이용 등을 한 개인정보의 항목(구성)이 포함된다.
③ 인터넷 홈페이지에 게재할 때는 10일 이상 계속 게재하여야 한다.
④ 개인정보의 목적 외 이용 또는 제3자 제공을 위해서는 정보주체에게 동의를 받을 때 구분해서 동의를 받아야 한다.
⑤ 개인영상정보는 통계 작성, 과학적 연구 등을 위하여 필요한 경우 법 제28조의2 또는 제28조의3에 따라 가명처리한 경우 정보주체의 동의를 얻지 않고 목적 외 이용 및 제공이 가능하다.

11 고정형 영상정보처리기기 설치 및 운영 시 정당한 권한을 가진 경우에만 설치 및 운영이 가능한 경우로 올바르게 묶인 것을 고르시오.

> ㄱ. 개인의 동의를 받은 경우
> ㄴ. 법령에서 구체적으로 허용하는 경우
> ㄷ. 범죄의 예방 및 수사를 위하여 필요한 경우
> ㄹ. 시설의 안전 및 관리, 화재 예방을 위해 필요한 경우
> ㅁ. 교통단속을 위하여 필요한 경우
> ㅂ. 교통정보의 수집 및 분석, 제공을 위하여 필요한 경우

① ㄱ, ㄴ, ㄷ
② ㄴ, ㄷ, ㄹ
③ ㄷ, ㄹ, ㅂ
④ ㄷ, ㅁ, ㅂ
⑤ ㄹ, ㅁ, ㅂ

12 이동형 영상정보처리기기 설치 및 운영에 대한 설명 중 틀린 것을 고르시오.
① 공개된 장소 등에서 업무 목적으로 이동형 영상정보처리기기를 이용하여 개인영상정보를 촬영하는 행위를 원칙적으로 제한한다.
② 정보주체에게 촬영 사실을 알렸으나, 동의 의사를 밝히지 않은 경우에는 촬영이 불가능하다.
③ 개인의 자동차 블랙박스, 취미활동 등도 이동형 영상정보처리기기를 통해 영상을 촬영하는 경우에는 이동형 영상정보처리기기의 운영 제한 규정이 적용되지 않는다.
④ 촬영을 하는 경우에는 불빛, 소리, 안내판 등으로 촬영 사실을 표시하여야 한다.
⑤ 이동형 영상정보처리기기를 통해 업무상 목적으로 촬영한 개인 영상의 안전성 확보조치, 운영 및 관리 방침 마련 등에 관하여는 고정형 영상정보처리기기와 동일하게 준용된다.

13 이용 · 제공 내역 통지 제도와 관련한 다음 설명 중 옳지 않은 것은?
① 개인정보 이용 · 제공 내역의 통지 제도를 모든 개인정보처리자를 대상으로 하는 일반규정으로 확대되었다.
② 개인정보처리자가 기존에 운영하고 있는 사용자 웹사이트에 이용 · 제공 내역을 확인할 수 있도록 구축하여 운영하고 있는 경우, 알림창 등을 통해 통지 의무를 이행할 수 있다.
③ 이용 · 제공 내역 통지 의무대상으로 전년도 말 기준 직전 3개월간 일일 평균 50만 명 이상의 민감정보 또는 고유식별정보를 처리하거나, 100만 명 이상의 정보주체에 대한 개인정보를 처리하는 자가 해당한다.
④ 개인정보 보호법 제15조의2 제1항에 해당하는 개인정보처리자는 개인정보를 제공받은 날부터 3개월 이내에 정보주체에게 알려야 한다.
⑤ 정보주체의 동의를 받은 범위에서 연 2회 이상 주기적으로 개인정보를 제공받아 처리하는 경우에는 개인정보를 제공받은 날부터 3개월 이내에 정보주체에게 알리거나 그 동의를 받은 날부터 기산하여 연 1회 이상 정보주체에게 알려야 한다.

14 개인정보의 안전성 확보조치에 대한 내용 중 이용자의 개인정보를 처리하는 개인정보 취급자가 외부에서 개인정보처리시스템에 접속하려는 경우 접근통제 방법 중 잘못된 것을 고르시오.

① 정보통신망을 통해 공인인증서 인증으로 개인정보처리시스템에 접속하는 경우
② 정보통신망을 통해 비밀번호와 OTP 이중인증으로 개인정보처리시스템에 접속하는 경우
③ VPN을 통해 접속하고 비밀번호 인증으로 개인정보처리시스템에 접속하는 경우
④ 전용선을 통해 접속하고 공인인증서 인증으로 개인정보처리시스템에 접속하는 경우
⑤ VPN을 통해 접속하고 공인인증서 인증으로 개인정보처리시스템에 접속하는 경우

15 개인정보의 안전성 확보조치 기준에 따른 인터넷망 차단 조치로 옳지 않은 것은?

① 정보통신서비스 부문 전년도 매출액 100억 원 이상인 개인정보처리자의 경우 개인정보처리시스템에 접속하는 개인정보 취급자의 컴퓨터 등에 대한 인터넷망 차단(망 분리) 조치를 하여야 한다.
② 전년도 말 기준 직전 3개월간 그 개인정보가 저장·관리되고 있는 이용자 수가 일일 평균 100만 명 이상인 개인정보처리자 중 개인정보를 다운로드, 파기, 접근 권한을 설정할 수 있는 개인정보취급자에 대해 인터넷망 차단 조치를 하여야 한다.
③ 접근통제를 위한 조치로 인터넷 프로토콜(IP) 주소를 분석하여 개인정보 유출 시도를 탐지 및 대응 등 다양한 조치를 하여야 한다.
④ 클라우드 컴퓨팅 서비스를 이용하여 개인정보처리시스템을 구성·운영하는 경우에는 해당 서비스에 대한 접속 외에 인터넷을 차단하는 조치를 하여야 한다.
⑤ 개인정보처리자는 개인정보처리시스템에 대한 불법적인 접근 및 침해사고 방지를 위하여 개인정보 취급자가 일정 시간 이상 업무처리를 하지 않는 경우에는 자동으로 접속이 차단되도록 하는 등 필요한 조치를 하여야 한다.

16 고정형 영상정보처리기기 설치 및 운영에 관한 설명 중 틀린 것을 고르시오.

① 원칙적으로는 누구든지 공개된 장소에 고정형 영상정보처리기기를 설치·운영하여서는 아니 된다.
② 누구든지 불특정 다수가 이용하는 목욕실, 화장실, 발한실(發汗室), 탈의실 등 개인의 사생활을 현저히 침해할 우려가 있는 장소의 내부를 볼 수 있도록 고정형 영상정보처리 기기를 설치·운영하여서는 안 된다.
③ 공공기관의 장은 공청회·설명회의 개최 등 대통령으로 정하는 절차를 거쳐 관계 전문가 및 이해관계인의 의견을 수렴하여야 한다.
④ 고정형 영상정보처리기기를 설치·운영하는 자는 정보주체가 쉽게 인식할 수 있도록 불빛, 소리, 안내판 등 필요한 조치를 하여야 한다.
⑤ 고정형 영상정보처리기기 운영자는 고정형 영상정보처리기기의 설치 목적과 다른 목적으로 고정형 영상정보처리기기를 임의로 조작하거나 다른 곳을 비춰서는 아니 되며, 녹음기능은 사용할 수 없다.

17 고정형 영상정보처리기기 설치 및 운영에 관한 설명 중 틀린 것을 고르시오.
① 상점이나 매장은 일반인이 자유롭게 출입할 수 있어 공개된 장소에 해당하기에 범죄의 예방 및 수사를 위해 필요한 경우 고정형 영상정보처리기기 설치가 가능하다.
② 은행의 현금인출기 부스 천장에 범죄 예방 및 시설안전을 위해 CCTV를 설치할 수 있지만, 고객의 계좌번호, 비밀번호까지 촬영되지 않도록 각도를 조절해야 한다.
③ 비공개 장소인 주차장에 설치된 CCTV가 길거리까지 촬영하고 있다면 타인의 사생활을 침해할 우려가 높으므로 길거리를 비추지 않도록 촬영 각도를 조절해야 한다.
④ 당초 CCTV 설치 목적 범위 내라고 하더라도 CCTV의 줌 기능이나 촬영 방향 전환 기능은 임의 조작에 해당하므로 해당 기능은 사용하여서는 안 된다.
⑤ 개인이 자신의 비용으로 인도, 골목 등과 같은 공개된 장소에 방범 목적으로 고정형 영상정보처리기기를 설치하는 것은 불가능하다.

18 공공기관의 개인정보 파일의 등록 및 공개 제외에 해당하는 개인정보 파일의 유형에 대해 틀린 것을 고르시오.
① 국가 안전, 외교상 비밀, 그 밖에 국가의 중대한 이익에 관한 사항을 기록한 개인정보 파일
② 범죄의 수사, 공소의 제기 및 보안관찰처분과 출입국관리에 관한 사항을 기록한 개인정보 파일
③ 조세 관련 범칙행위 조사, 관세 관련 범칙행위 조사에 관한 사항을 기록한 개인정보 파일
④ 일회적으로 운영되는 파일 등 지속적으로 관리할 필요성이 낮다고 인정되는 개인정보 파일
⑤ 공공기관이 처리하는 인사기록 파일, 비상연락망 등 공공기관의 내부적 업무처리만을 위하여 사용되는 개인정보 파일

19 개인정보 전송요구권에 대한 내용으로 다음 중 틀린 것을 고르시오.
① 전송요구 대상 개인정보에 정보주체 본인에 관한 개인정보로서 동의를 받아 처리되는 개인정보를 명시하고 있다.
② 정보주체 본인에게 전송하는 경우와 제3자에게 전송하는 경우를 구분하여 기준을 마련하였다.
③ 본인 전송의 경우 정보전송자 기준은 정보주체 수가 10만 명 이상인 대기업·중견기업 또는 정보주체 수가 100만 명 이상인 기관·법인·단체 등으로 설정하였다.
④ 개인정보처리자가 수집한 개인정보를 기초로 분석·가공하여 별도로 생성한 정보 또한 개인정보 전송요구권에 해당한다.
⑤ 제3자 전송의 경우 일반수신자 또는 개인정보관리 전문기관에 전송이 가능하다.

20 개인정보 보호법에 따른 개인정보 분쟁조정제도에 대한 설명으로 옳지 않은 것은?
① 소송제도의 대안으로서 비용 없이 신속하게 분쟁을 해결할 수 있는 조정을 통해 개인정보 침해를 당한 국민을 구제하기 위해 마련된 제도이다.
② 분쟁조정제도 재판상 화해는 법적 구속력은 없으나 향후 재판 시 참고자료로 활용 가능하다.
③ 피해 또는 권리침해를 입은 정보주체의 수가 50명 이상이고 사건의 쟁점이 공통될 때 개별적으로 소송을 제기하는 대신에 집단적으로 분쟁을 해결할 수 있도록 하는 제도이다.
④ 조정안을 제시받은 당사자가 제시받은 날부터 15일 이내에 수락 여부를 알리지 아니하면 조정을 수락한 것으로 본다.
⑤ 보상계획서 제출을 권고받은 개인정보처리자는 그 권고를 받은 날부터 15일 이내에 권고의 수락 여부를 통지하여야 한다.

21 단체소송의 대상 등에 대한 내용으로 적절하지 않은 것을 고르시오.
① 집단분쟁조정을 거부하거나 집단분쟁조정의 결과를 수락하지 아니한 경우에 단체소송을 제기할 수 있다.
② 단체소송을 제기하기 위해서는 공정거래위원회에 등록한 소비자단체거나, 비영리민간단체가 요건을 갖추었을 때 가능하다.
③ 단체소송의 소는 피고의 주된 사무소 또는 영업소가 있는 곳, 주된 사무소나 영업소가 없는 경우에는 주된 업무담당자의 주소가 있는 곳의 지방법원 본원 합의부의 관할에 전속한다.
④ 단체소송의 원고는 단체를 대표하는 1인을 소송대리인으로 선임하여야 한다.
⑤ 원고의 청구를 기각하는 판결이 확정된 경우 이와 동일한 사안에 관하여는 제51조에 따른 다른 단체는 단체소송을 제기할 수 없다.

22 CPO 지정 시 자격요건 의무대상에 대한 설명으로 틀린 것을 모두 고르시오.
① 연간 매출액 등이 1,500억 원 이상 인자 중 5만 명 이상의 민감정보 또는 고유식별정보 처리자
② 연간 매출액 등이 1,500억 원 이상 인자 중 100만 명 이상의 개인정보를 처리하는 자
③ 직전 연도 12월 31일 기준으로 재학생 수(대학원 재학생 수를 포함한다)가 1만 명 이상인 「고등교육법」 제2조에 따른 학교
④ 「의료법」 제3조의4에 따른 상급종합병원
⑤ 공공기관

23 다음 중 정보주체의 권리행사의 방법 및 절차에 대한 내용 중 틀린 것을 고르시오.
① 정보주체는 열람 등 요구를 법정대리인 또는 위임받은 자에게 위임장을 제출하여 대신 처리하게 할 수 있다.
② 열람 등 요구에는 개인정보 열람, 개인정보의 전송요구, 개인정보의 정정·삭제, 개인정보의 처리 및 동의 철회, 자동화된 결정에 대한 거부·설명 등이 있다.
③ 만 14세 미만 아동의 법정대리인은 개인정보처리자에게 그 아동의 개인정보 열람 등 요구를 할 수 있다.
④ 열람 등 요구를 하게 된 사유가 개인정보처리자에게 있는 경우에는 수수료와 우송료를 청구해서는 안 된다.
⑤ 열람 등 요구를 하는 경우에는 본인확인을 위해서 개인정보의 수집 시에 요구되었던 자료 외에 추가적인 증빙서류 등을 요구할 수 있다.

24 다음 중 정보주체의 동의가 적법하기 위한 조건에 해당하지 않는 것을 고르시오.
① 정보주체가 자유로운 의사에 따라 동의 여부를 결정할 수 있어야 한다.
② 동의 내용이 구체적이고 명확해야 한다.
③ 평이하고 이해하기 쉬운 문구를 사용해야 한다.
④ 정보주체에게 동의 여부에 대한 의사를 명확하게 표시할 수 있는 방법을 제공해야 한다.
⑤ 정보주체가 쉽게 해당 내용을 알 수 있도록 홈페이지에 게시하여야 한다.

25 개인정보 유출 등의 신고와 관련하여 잘못된 것을 고르시오.
① 1천 명 이상의 정보주체에 관한 개인정보가 유출 등이 된 경우 개인정보처리자는 보호위원회 또는 한국인터넷진흥원에 72시간 이내에 신고해야 한다.
② 민감정보 또는 고유식별정보가 유출 등이 된 경우 개인정보처리자는 보호위원회 또는 한국인터넷진흥원에 72시간 이내에 신고해야 한다.
③ 외부로부터의 불법적인 접근에 의해 유출 등이 된 경우 개인정보처리자는 보호위원회 또는 한국인터넷진흥원에 72시간 이내에 신고해야 한다.
④ 상거래 기업 및 법인은 신용정보의 이용 및 보호에 관한 법률에 따라 1만 명 이상 신용정보주체의 개인정보가 유출(누설)된 경우 보호위원회 또는 한국인터넷진흥원에 신고해야 한다.
⑤ 개인정보처리자는 개인정보 유출 등의 신고를 하려는 경우 구체적인 내용을 확인하지 못했을 때는 개인정보가 유출 등이 된 사실, 그때까지 확인된 내용을 서면 등의 방법으로 우선 신고해야 하며, 추가로 확인되는 내용에 대해서는 유출 침해 대응으로 인한 피해 최소화 방안을 마련한 후 신고해야 한다.

26 개인정보 유출 등의 통지와 관련하여 잘못된 것을 고르시오.
① 개인정보처리자는 1만 건 이상 개인정보 유출 등이 되었음을 알게 되었을 때는 서면 등의 방법으로 72시간 이내에 해당 정보주체에게 그 사실을 알려야 한다.
② 개인정보 유출 등에 대해 정보주체에게 통지하는 방법으로는 서면, 전자메일 등이 있다.
③ 정보주체의 연락처를 알 수 없는 경우 등 정당한 사유가 있는 경우 유출 통지 포함 내용에 대해 홈페이지에 30일 이상 게시하여야 한다.
④ 개인정보 유출 등을 알게 된 이상, 그 사이에 공휴일 등 근무일 외의 날이 포함되어 있다 하더라도 이를 별도로 고려하지 않고 그 시점으로부터 72시간 이내에 통지하여야 한다.
⑤ 개인정보처리자는 개인정보가 유출 등이 된 경우 그 피해를 최소화하기 위한 대책을 마련하고 필요한 조치를 하여야 한다.

27 개인정보처리자가 개인정보 유출 등이 되었음을 알게 되었을 때 정보주체에게 통지해야 하는 내용으로 올바르게 묶인 것을 고르시오.

> ㄱ. 유출 등이 된 개인정보의 항목
> ㄴ. 유출 등이 된 원인
> ㄷ. 유출 등이 된 개인정보 규모
> ㄹ. 유출 등이 된 시점과 그 경위
> ㅁ. 피해를 최소화하기 위하여 정보주체가 할 수 있는 방법 등에 관한 정보
> ㅂ. 개인정보처리자의 대응조치 및 피해 구제절차
> ㅅ. 정보주체에게 피해가 발생한 경우 신고 등을 접수할 수 있는 담당 부서 및 연락처

① ㄱ, ㄴ, ㄷ, ㄹ
② ㄱ, ㄹ, ㅁ, ㅂ, ㅅ
③ ㄱ, ㄴ, ㄷ, ㄹ, ㅂ, ㅅ
④ ㄴ, ㄷ, ㄹ, ㅁ, ㅂ
⑤ ㄱ, ㄴ, ㄷ, ㄹ, ㅁ, ㅂ, ㅅ

28 개인정보 파일의 등록 및 공개와 관련하여 다음 중 틀린 것을 고르시오.
① 개인정보 파일이란 개인정보를 쉽게 검색할 수 있도록 일정한 규칙에 따라 체계적으로 배열하거나 구성한 개인정보의 집합물(集合物)을 말한다.
② 개인정보처리자가 개인정보 파일을 운용하는 경우 개인정보 파일에 관한 내용을 개인정보보호위원회가 지정한 사이트에 등록하여야 한다.
③ 국가 안전, 외교상 비밀, 그 밖에 국가의 중대한 이익에 관한 사항을 기록한 개인정보 파일은 등록 제외 대상이다.
④ 공공기관이 처리하는 인사기록 파일, 비상연락망 등 공공기관의 내부적 업무처리만을 위하여 사용되는 개인정보 파일도 등록 대상이다.
⑤ 일회적 업무처리만을 위해 수집된 개인정보 파일로서 저장되거나 기록되지 않는 개인정보 파일은 등록 제외 대상이다.

29 개인정보 보호책임자의 지정요건에 대한 내용으로 다음 중 잘못된 것을 고르시오.

> 가. 국회, 법원, 헌법재판소, 중앙선거관리위원회의 행정사무를 처리하는 기관 및 중앙행정기관 : ① 고위공무원단에 속하는 공무원 또는 그에 상당하는 공무원
> 나. 가목 외에 정무직공무원을 장(長)으로 하는 국가기관 : ② 3급 이상 공무원 또는 그에 상당하는 공무원
> 다. 가목 및 나목 외에 고위공무원, 3급 공무원 또는 그에 상당하는 공무원 이상의 공무원을 장으로 하는 국가기관 : ③ 4급 이상 공무원 또는 그에 상당하는 공무원
> 마. 시·도 및 시·도 교육청 : ④ 3급 이상 공무원 또는 그에 상당하는 공무원
> 바. 시·군 및 자치구 : ⑤ 행정사무를 총괄하는 사람

30 개인정보 처리방침 평가대상 선정 세부 기준에 대하여 잘못된 것을 모두 고르시오.
① 전년도 매출액이 1,500억 원 이상이거나 전년도 말 기준 직전 3개월간 그 개인정보가 저장·관리되고 있는 정보주체의 수가 일일 평균 100만 명 이상일 것
② 전년도 말 기준 직전 3개월간 민감정보·고유식별정보가 저장·관리되고 있는 정보주체의 수가 일일 평균 5만 명 이상일 것
③ 처리방침에 정보주체의 동의 없이 처리할 수 있는 개인정보의 항목·법적 근거를 동의를 받아 처리하는 개인정보와 구분하고 있지 않을 것
④ 완전히 자동화된 시스템(인공지능 기술을 적용한 시스템 포함)으로 개인정보를 처리하거나, 그 밖에 새로운 기술을 이용한 개인정보처리 방식으로 인하여 개인정보 침해 우려가 있을 것
⑤ 최근 3년간 개인정보 유출 등이 3회 이상 되었거나, 보호위로부터 과징금 또는 과태료 처분을 받았을 것

31 가명정보의 처리와 관련한 내용으로 다음 중 틀린 것을 고르시오.
① 개인정보처리자는 통계 작성, 과학적 연구, 공익적 기록보존 등을 위하여 정보주체의 동의 없이 가명 정보를 처리할 수 있다.
② 가명 정보는 정보주체의 동의 없이 사용할 수 있기에 서로 다른 개인정보처리자가 보유한 가명정보의 결합 시 개인정보처리자가 직접 결합 가능하다.
③ 결합을 수행한 기관 외부로 결합된 정보를 반출하려는 개인정보처리자는 가명정보 또는 익명정보로 처리한 뒤 전문기관의 장의 승인을 받아야 한다.
④ 가명정보 결합은 결합신청자의 결합신청, 결합키 관리기관의 결합키 연계정보 생성, 결합 전문기관의 가명정보 결합 및 반출, 결합신청자의 반출정보 활용 및 관리 순으로 진행한다.
⑤ 개인정보처리자는 가명정보를 제3자에게 제공하는 경우에는 특정 개인을 알아보기 위하여 사용될 수 있는 정보를 포함해서는 아니 된다.

32. 다음은 개인정보 보호 강화기술에 대한 설명이다. 다음 설명 중 옳지 않은 것을 고르시오.
① 재현데이터는 원본과 최대한 유사한 통계적 성질을 보이는 가상의 새로운 데이터를 생성하는 기술이다.
② 순서보존 암호화는 원본 정보의 순서와 암호값의 순서가 동일하게 유지되는 기술이다.
③ 형태보존 암호화는 원본 정보의 형태와 암호화된 값의 형태가 동일하게 유지되는 암호화 방식이다.
④ 동형 암호화는 연산의 빠른 처리와 개인정보 보호를 위해 동일한 형태의 암호키를 이용하여 복호화 후 연산을 수행하고 이를 다시 동일한 형태의 암호키로 암호화를 수행하는 기술이다.
⑤ 차분 프라이버시는 응답 값에 임의의 숫자 잡음(Noise)을 추가하여 특정 개인의 존재 여부를 알 수 없도록 하는 기술이다.

33. 다음은 가명처리 절차에 대한 설명이다. 가명처리 절차가 올바른 순서대로 묶인 것을 고르시오.
① 목적설정 등 사전준비 〉 가명처리 〉 위험성 검토 〉 적정성 검토 〉 안전한 관리
② 위험성 검토 〉 목적설정 등 사전준비 〉 가명처리 〉 적정성 검토 〉 안전한 관리
③ 목적설정 등 사전준비 〉 적정성 검토 〉 가명처리 〉 위험성 검토 〉 안전한 관리
④ 목적설정 등 사전준비 〉 위험성 검토 〉 가명처리 〉 적정성 검토 〉 안전한 관리
⑤ 목적설정 등 사전준비 〉 위험성 검토 〉 적정성 검토 〉 가명처리 〉 안전한 관리

34. 가명정보의 처리 관련한 주요 용어에 대한 설명으로 잘못된 것을 고르시오.
① 가명처리란 개인정보의 일부를 삭제하거나 일부 또는 전부를 대체하는 등의 방법으로 추가정보가 없이는 특정 개인을 알아볼 수 없도록 처리하는 것이다.
② 결합정보란 개인정보의 전부 또는 일부를 대체하는 가명처리 과정에서 생성 또는 사용된 정보로서 특정 개인을 알아보기 위하여 사용·결합될 수 있는 정보이다.
③ 재식별이란 특정 개인을 알아볼 수 없도록 처리한 가명정보에서 특정 개인을 알아보는 것이다.
④ 결합키란 결합대상 가명정보의 일부로서 해당 정보만으로는 특정 개인을 알아볼 수 없으나 다른 결합대상 정보와 구별할 수 있도록 조치한 정보로서, 서로 다른 가명정보를 결합할 때 매개체로 이용되는 값이다.
⑤ 적정성 검토란 개인정보처리자가 개인정보를 가명처리한 뒤, 처리 목적의 적합성, 위험성 검토 결과의 적정성, 가명처리 결과의 적정성, 목적 달성 가능성 등을 검토하여 적절히 가명처리가 되었는지 확인하는 절차이다.

35 고정형 영상정보처리기기 설치 및 운영과 관련한 내용 중 잘못된 것을 고르시오.
① 사무실 출입이 통제되어 해당 사무실에 직원 등 특정한 사람만 들어갈 수 있다면 공개된 장소로 볼 수 없기에 고정형 영상정보처리기기의 설치 및 운영 제한에 적용되지 않는다.
② 공개된 장소에서는 촬영된 영상을 저장하지 아니하면서 방문객 수 집계 등 통곗값 산출을 목적으로 일시적으로 사용하는 경우라도 CCTV설치 및 운영이 불가능하다.
③ 공공기관의 사무실이라도 민원인이 자유롭게 출입하는 공간은 공개된 장소에 해당하며, 이 경우 법 제25조에 따라 CCTV를 설치할 수 있으나, 해당 CCTV를 통한 녹음은 금지된다.
④ 국가보안시설인 공공기관의 민원실에는 CCTV 안내판을 부착하지 않을 수 있지만, 민원실의 경우 공개된 장소로 민원인의 개인정보 자기결정권 보장 등을 위해 안내판을 부착하는 것이 바람직하다.
⑤ 자연재난 또는 사회재난으로 인하여 생명·신체·재산에 대한 피해를 입은 사람 또는 피해 발생이 우려되는 사람의 이동 경로를 파악하거나 수색·구조를 위한 경우에는 해당 재난 대응 업무를 담당하는 관계 행정기관의 요청에 따라 CCTV 영상을 제공할 수 있다.

36 주민등록번호 처리의 제한과 관련된 내용으로 틀린 것을 모두 고르시오.
① 주민등록번호는 정보주체의 별도 동의를 얻을 경우 수집이 가능하다.
② 정보통신망법에 따라 본인확인기관, 이동통신서비스 등을 제공받아 재판매하는 전기통신사업자가 본인확인기관으로 지정받은 이동통신사업자의 본인확인 업무수행과 관련하여 주민등록번호를 수집·이용하는 경우 처리 가능하다.
③ 주민등록번호를 수집·이용할 수 있는 경우에도 이용자의 주민등록번호를 사용하지 아니하고 본인을 확인하는 방법을 제공하여야 한다.
④ 주민등록번호의 뒤 7자리만 수집·이용하는 것은 주민등록번호 전체를 수집·이용하는 경우로 볼 수 없다.
⑤ 주민등록번호는 "개인정보 영향평가"나 "암호화 미적용 시 위험도 분석"의 결과에 관계없이 암호화하여야 한다.

37 다음 사례 중 개인정보 국외 이전에 해당하지 않는 것을 고르시오.
① 국외에서 개인이나 기업이 운영하고 있는 사이트에 경제적 이유나 엔터테인먼트를 목적으로 개인정보를 제공
② 국외에서 운영되고 있는 쇼핑몰 등의 사이트에서 직접 물품이나 서비스를 구입하기 위해 개인정보를 해당 사이트에 제공하는 경우
③ 외국기업이 한국기업과 제휴를 맺고 사업상 필요한 고객 정보를 협력사 또는 제휴사를 통해 수집하는 경우
④ 외국 기업이 우리나라에 사무소를 두고 직접 소비자 마케팅을 수행하면서 수집한 고객정보를 본사의 데이터베이스에서 관리하는 형태
⑤ 외국 기업이 한국인의 공개된 개인정보를 직접 수집하여 데이터베이스에서 관리하는 경우

38 개인정보 수집·이용 시 정보주체에게 고지해야 하는 항목 중 틀린 것을 고르시오.
① 개인정보의 수집·이용 목적
② 수집하려는 개인정보의 항목
③ 개인정보의 안전성 확보에 필요한 조치
④ 개인정보 보유 및 이용 기간
⑤ 동의 거부 권리 및 거부에 따른 불이익이 있는 경우 그 불이익 내용

39. 개인정보의 수집 출처 및 이용·제공내역 통지에 대한 내용 중 잘못된 것을 모두 고르시오.
① 추가 대상요건에 해당하는 개인정보처리자는 수집한 개인정보의 이용·제공 내역이나 해당 내역을 확인할 수 있는 방법을 정보주체에게 연 1회 이상 통지하여야 한다.
② 개인정보처리자는 정보주체 이외로부터 수집한 개인정보를 처리할 때는 정보주체의 요구가 있으면 수집 출처 및 이용·제공 내역에 대해 알려야 한다
③ 정보주체 이외로부터 수집한 개인정보는 제3자로부터 제공받은 정보, 공개 자료(인터넷, SNS, 신문, 잡지 등)에서 수집한 정보, 자체적으로 생성된 정보가 해당한다.
④ 정보주체 이외로부터 수집한 개인정보 통지는 정당한 사유가 없는 한 정보주체의 요구가 있은 날로부터 10일 이내에 수집 출처, 처리 목적, 동의철회 권리를 알려야 한다.
⑤ 연락처 등 정보주체에게 알릴 수 있는 개인정보가 없을 경우에는 정보주체 이외로부터 수집한 개인정보 통지 제외 및 예외 대상에 해당한다.

40. 정보주체 이외로부터 수집한 개인정보 통지 의무대상에 해당하는 개인정보처리자 요건을 모두 고르시오.
① 5만 명 이상 정보주체에 관한 민감정보 또는 고유식별정보를 처리하는 자
② 100만 명 이상의 정보주체에 관한 개인정보를 처리하는 자
③ 공공기관시스템운영기관
④ 「의료법」 제3조의4에 따른 상급종합병원
⑤ 직전 연도 12월 31일 기준으로 재학생 수(대학원 재학생 수를 포함한다)가 2만 명 이상인 「고등교육법」 제2조에 따른 학교

41. 정보주체 이외로부터 수집한 개인정보 통지 시 반드시 알려야 하는 항목에 대해 올바르게 묶인 것을 고르시오.

ㄱ. 개인정보의 수집 출처
ㄴ. 개인정보의 처리 목적
ㄷ. 개인정보처리의 정지를 요구하거나 동의를 철회할 권리가 있다는 사실
ㄹ. 개인정보의 보관 및 이용 기간
ㅁ. 개인정보의 안전성 확보 조치
ㅂ. 제3자 제공 및 위탁에 관한 사실

① ㄱ, ㄷ, ㄹ
② ㄱ, ㄴ, ㄷ
③ ㄱ, ㄷ, ㄹ, ㅂ
④ ㄴ, ㄷ, ㄹ, ㅁ
⑤ ㄴ, ㄷ, ㄹ, ㅁ, ㅂ

42 정보주체 이외로부터 수집한 개인정보 통지에 관한 사항으로 잘못된 것을 고르시오.
① 개인정보처리자는 정보주체 이외로부터 수집한 개인정보를 처리하는 때에는 정보주체의 요구가 있으면 즉시 개인정보의 수집 출처, 처리 목적, 정지 요구 또는 동의 철회할 권리가 있다는 사실을 정보주체에게 알려야 한다.
② 개인정보의 종류·규모, 종업원 수 및 매출액 규모 등을 고려하여 대통령령으로 정하는 기준에 해당하는 개인정보처리자는 정보주체의 요구가 없어도 개인정보의 수집 출처, 처리 목적, 정지 요구 또는 동의 철회할 권리가 있다는 사실을 정보주체에게 알려야 한다.
③ 개인정보의 종류·규모, 종업원 수 및 매출액 규모 등을 고려하여 대통령령으로 정하는 기준에 해당하는 개인정보처리자는 개인정보를 제공받은 날부터 6개월 이내에 정보주체에게 알려야 한다.
④ 개인정보의 수집 출처 등에 대한 사항을 알렸을 경우에는 개인정보를 파기할 때까지 정보주체에게 알린 사실, 알린 시기, 알린 방법을 개인정보를 파기할 때까지 보관·관리하여야 한다.
⑤ 연 2회 이상 주기적으로 개인정보를 제공받아 처리하는 경우에는 개인정보를 제공받은 날부터 3개월 이내에 정보주체에게 알리거나 그 동의를 받은 날부터 기산하여 연 1회 이상 정보주체에게 알려야 한다.

43 개인정보 이용 및 제공 내역의 통지에 대한 내용 중 틀린 것을 모두 고르시오.
① 통지에 대한 거부 의사를 표시한 정보주체라도 대통령령으로 정하는 기준에 해당하는 개인정보처리자는 정보주체에게 개인정보 이용 및 제공 내역에 대해 통지하여야 한다.
② 대통령령에서 정하는 기준은 직전 3개월간 일일 평균을 기준 5만 명 이상의 정보주체에 관하여 민감정보 또는 고유식별정보를 처리하는 자와 100만 명 이상의 정보주체에 관하여 개인정보를 처리하는 자를 말한다.
③ 개인정보처리자가 업무수행을 위해 그에 소속된 임직원의 개인정보를 처리한 경우에도 개인정보 이용 및 제공 내역을 통지하여야 한다.
④ 대통령령으로 정하는 기준에 해당하는 개인정보처리자는 정보주체에게 개인정보의 수집·이용 목적 및 수집한 개인정보의 항목, 개인정보를 제공받은 제3자와 그 제공 목적 및 제공한 개인정보의 항목을 통지하여야 한다.
⑤ 개인정보처리자가 통지할 때에는 서면·전자우편·전화·문자전송 등을 통해 연 1회 이상 통지하여야 한다.

44 공공기관이 법령 등에서 정하는 소관 업무의 수행을 위한 개인정보 수집·이용 가능 사례로 잘못된 것을 고르시오.
① 지자체의 화재·홍수 등 재해대책 수립·이행은 지방자치법 등에 따른 소관 업무에 해당하며, 이를 위해 불가피한 범위 내에서 개인정보를 수집할 수 있다.
② 자체감사에 필요한 최소한의 민감정보를 공공감사법 제20조를 근거로 수집할 수 있다.
③ 담당자의 근무 태만 첩보 확인을 위해 CCTV 영상을 열람한 것은 개인정보 수집 목적 외 사용에 해당하지만, 개인정보 보호법 제18조 제2항 제2호와 공공감사에 관한 법률 제20조 제1항 제2호에 따라 허용된다.
④ 감사원의 감사를 위하여 주민등록번호를 포함한 개인정보를 감사원에 제공할 수 있다.
⑤ 지방자치단체의 경우 조례에서 정하고 있는 업무를 수행하기 위해 주민등록번호를 수집할 수 있다.

45 개인정보처리자와 정보주체가 계약과 관련하여 서로 예상할 수 있는 합리적인 범위 내에서는 상호 신뢰에 기반하여 별도의 동의 없이도 개인정보를 수집하여 이용할 수 있다. 이와 관련한 사례로 잘못된 것을 고르시오.
① 인터넷 쇼핑몰이 고객으로부터 구매상품 주문을 받아 결제-배송-AS 등 계약이행을 위해 주소, 연락처, 결제 정보 등을 수집하여 이용하는 경우
② 판매한 상품에 대한 AS 상담을 위해 전화한 고객의 성명, 연락처, 상품정보 등을 수집하여 이용하는 경우
③ 디지털 서비스 이용자 보호를 목적으로 보안위험, 악용사례 등 감지 및 예방을 위해 서비스 이용계약에 따라 이용자의 개인정보를 수집하여 이용하는 경우
④ 계약의 이행과 관련하여 추가적인 서비스 제공을 위해 맞춤형 추천서비스를 제공하기 위해 이용자의 검색기록 등을 수집하여 이용하는 경우
⑤ 회사가 취업지원자와 근로계약 체결 전에 지원자의 이력서, 졸업증명서, 성적증명서 등 정보를 수집·이용하는 경우

46 정보주체의 동의를 받을 때 해당하는 것으로 잘못된 것을 고르시오.
① 정보주체의 동의가 적법하기 위해서는 자유로운 의사에 따라 동의 여부를 결정할 수 있어야 하며, 내용이 구체적이고 명확해야 하며, 내용이 쉽게 읽고 이해할 수 있는 문구여야 하며, 동의 여부를 명확하게 표시할 수 있는 방법을 정보주체에게 제공해야 한다.
② 개인정보처리자는 서면, 전화, 인터넷 홈페이지, 전자우편 등을 통해 정보주체에게 동의를 받아야 한다.
③ 서면을 통해 동의를 받을 때는 종이 인쇄물, 컴퓨터 표시화면 등 서면 동의를 요구하는 매체의 특성과 정보주체의 이용 환경을 고려하여 글씨의 크기, 색깔, 굵기 또는 밑줄 등을 통해 그 내용을 명확히 표시하여야 한다.
④ 중요내용이란 수집 목적, 항목(민감정보, 여권번호, 운전면허번호, 외국인등록번호), 기간, 제3자 제공 시 제공받는 자와 제공받는 자의 목적 등이 있다.
⑤ 개인정보처리자는 정보주체가 선택적으로 동의할 수 있는 사항을 동의하지 아니할 경우 정보주체에게 재화 또는 서비스의 제공을 거부할 수 있다는 내용을 알려야 한다.

47 개인정보 보호법 제22조2에 따른 아동의 개인정보 보호 내용에 대해 틀린 것을 고르시오.
① 개인정보처리자는 만 14세 미만 아동의 개인정보를 처리하기 위하여 이 법에 따른 동의를 받아야 할 때는 그 법정대리인의 동의를 받아야 한다.
② 개인정보처리자는 만 14세 미만 아동의 개인정보를 처리하기 위하여 이 법에 따른 동의를 받아야 할 때는 법정대리인이 동의하였는지를 확인하여야 한다.
③ 법정대리인의 동의를 받기 위하여 필요한 최소한의 정보로서 대통령령으로 정하는 정보는 법정대리인의 동의 없이 해당 아동으로부터 직접 수집할 수 있다.
④ 만 14세 미만 아동의 개인정보처리를 위해 법정대리인의 동의를 받는 경우에는 동의사항을 구분하여 정보주체가 명확하게 인지할 수 있도록 알리고 동의를 받아야 한다.
⑤ 아동의 개인정보는 법정대리인의 동의 거부 또는 동의 미확인 시 수집일로부터 10일 이내 파기해야 한다.

48 개인정보처리자는 정보주체에게 개인정보처리에 대하여 동의를 받을 때는 각각의 동의 사항을 구분하여 정보주체가 명확하게 인지할 수 있도록 알리고 동의를 받아야 한다. 다음 중 이 경우에 해당하지 않는 것을 고르시오.
① 개인정보를 제3자에게 제공(공유 포함) 시 동의를 받는 경우
② 개인정보를 목적 외 이용·제공 시 동의를 받는 경우
③ 정보주체의 민감정보 처리 또는 고유식별정보 처리를 위한 정보주체의 동의를 받는 경우
④ 정보주체의 주민등록번호 처리를 위한 정보주체의 동의를 받는 경우
⑤ 재화나 서비스를 홍보하거나 판매를 권유하기 위해 동의를 받는 경우

49 다음 중 주민등록번호 수집이 가능한 경우로 잘못된 것을 모두 고르시오.
① 신용거래, 보증, 융자 시 등 거래 상대방의 신용도 조회를 위한 경우
② 회사 직원(정규직, 계약직, 임시직 등)들의 인사관리 및 급여지급을 위한 경우
③ 임시방문자에 대한 보안유지, 출입증 발급 등을 위한 경우
④ 다수 제휴사와 회원별 구매실적 공유 및 포인트 관리, 회원카드 미소지자 본인확인 등을 위한 경우
⑤ 기부금품을 모집하거나 출연받은 경우 기부금 영수증 또는 명세서 발급을 위하여 해당 후원자의 주민번호 수집하는 경우

50 영리 목적의 광고성 정보 전송 제한에 대한 내용으로 잘못된 것을 고르시오.
① '영리'라 함은 법인의 성격으로서의 '영리' 여부가 아닌 그 행위 자체가 재산상의 이익을 얻기 위한 행위 전체로 보아야 한다.
② 전송자와 수신자 간 체결된 계약이행 등과 관련한 정보와 공익목적을 위한 광고성 정보는 예외로 본다.
③ 누구든지 전자적 전송 매체를 이용하여 영리 목적의 광고성 정보를 전송하려면 그 수신자의 명시적인 사전 동의를 받아야 한다.
④ 대가를 지불한 거래관계를 통해 직접 연락처를 수집한 사업자가 거래 종료 후 6개월 이내에 자신이 처리하고 수신자와 거래한 것과 같은 종류의 재화 등에 대한 영리 목적의 광고성 정보를 전송하는 경우 사전 동의 의무 예외에 해당한다.
⑤ 전자우편을 통해 오후 9시부터 그다음 날 오전 8시까지의 시간에 영리 목적의 광고성 정보를 전송하려는 자는 수신자로부터 별도의 사전 동의를 받아야 한다.

51 영리 목적의 광고성 정보 전송을 위해서는 사전 동의가 필요하다. 사전 동의 없이 광고성 정보를 전송 가능한 사례를 고르시오.
① 대가를 지불한 거래관계를 통해 직접 연락처를 수집한 사업자가 거래 종료 후 1년 이내에 자신이 처리하고 수신자와 거래한 것과 같은 종류의 재화 등에 대한 영리 목적의 광고성 정보를 전송하는 경우
② 「방문판매 등에 관한 법률」에 따른 전화권유 판매자가 육성으로 수신자의 개인정보 수집 출처를 고지하고 전화권유 판매를 하는 경우
③ 영업사원이 고객관리 차원에서 보내는 안부인사, 사업자가 고객에게 보내는 무료 뉴스레터 등을 전송하는 경우
④ 신용카드 거래내역(결제)정보를 이메일로 전송하면서 하단에 광고성 정보를 포함하는 경우
⑤ 수신자가 요청하거나 수신자와의 계약 관계나 거래조건에 포함되어 있지 않고 사업자가 일방적으로 제공한 쿠폰 및 마일리지의 소멸 안내를 전송하는 경우

52 개인정보 파기 의무에 해당하는 경우에 대해 올바르게 묶인 것을 고르시오.

ㄱ. 보유기간의 경과
ㄴ. 개인정보처리 목적 달성
ㄷ. 개인정보 제3자 제공
ㄹ. 개인정보 국외 이전
ㅁ. 가명정보 처리 기간 경과
ㅂ. 익명정보 처리 기간 경과

① ㄱ, ㄴ, ㄷ
② ㄴ, ㄷ, ㄹ
③ ㄴ, ㄷ, ㅁ
④ ㄱ, ㄴ, ㅁ
⑤ ㄱ, ㄴ, ㅁ, ㅂ

53 개인정보처리자는 다른 법령에 근거하여 개인정보를 보관해야 하는 경우에는 파기하지 않고 보존할 수 있다. 다음 중 보존 가능한 기간에 대해 올바르게 짝지어진 것을 고르시오.

- 컴퓨터 통신 또는 인터넷의 로그 기록 자료 : (ㄱ)
- 대금결제 및 재화 등의 공급에 관한 기록 : (ㄴ)
- 표시/광고에 관한 기록 : (ㄷ)
- 계약 또는 청약철회 기록 : (ㄹ)
- 소비자의 불만 또는 분쟁처리 기록 : (ㅁ)

① (ㄱ) : 3개월, (ㄴ) : 3년, (ㄷ) : 3개월, (ㄹ) : 5년, (ㅁ) : 3년
② (ㄱ) : 3개월, (ㄴ) : 5년, (ㄷ) : 6개월, (ㄹ) : 5년, (ㅁ) : 3년
③ (ㄱ) : 6개월, (ㄴ) : 3년, (ㄷ) : 6개월, (ㄹ) : 3년, (ㅁ) : 5년
④ (ㄱ) : 6개월, (ㄴ) : 5년, (ㄷ) : 6개월, (ㄹ) : 3년, (ㅁ) : 3년
⑤ (ㄱ) : 6개월, (ㄴ) : 3년, (ㄷ) : 3개월, (ㄹ) : 5년, (ㅁ) : 5년

54 개인정보 분야에서 제3자란 정보주체와 정보주체에 관한 개인정보를 처음 수집한 주체가 아닌 해당 정보를 제공받는 다른 주체를 의미한다. 다음 중 제3자에 해당하는 것을 모두 고르시오.
① 수탁자
② 영업양수자
③ 대리인
④ 외국의 개인정보처리자
⑤ 수집 목적 외 개인정보 제공받은 자

55 개인정보처리자가 제3자 제공을 위해 정보주체의 동의를 받을 때 고지사항으로 올바르지 않은 것을 모두 고르시오.
① 개인정보를 제공하는 자
② 개인정보를 제공하는 자의 개인정보 이용 목적
③ 제공하는 개인정보의 항목
④ 개인정보를 제공받는 자의 개인정보 보유 및 이용 기간
⑤ 동의를 거부할 권리가 있다는 사실 및 동의 거부에 따른 불이익이 있는 경우 그 불이익의 내용

56 개인정보처리 업무 위탁에 관한 내용으로 잘못된 것을 고르시오.
① 개인정보의 처리업무 위탁이란 개인정보처리자(이하 '위탁자')가 개인정보 수집 · 이용 등의 처리를 제3자(수탁자)에게 위 · 수탁하거나, 개인정보의 이용 · 제공 등 처리가 수반되는 업무를 수탁자에게 맡기는 것을 의미한다.
② 개인정보의 처리업무에서 '업무'란 직업상 또는 사회생활상 지위에 근거하여 계속해서 종사하는 사무나 사업의 일체를 의미하는 것으로 단 1회의 행위라면 업무로 볼 수 없다.
③ 수탁자는 위탁받은 개인정보의 처리 업무를 제3자에게 다시 위탁하려는 경우에는 위탁자의 동의를 받아야 한다.
④ 위탁자는 재화 또는 서비스를 홍보하거나 판매를 권유하는 업무를 위탁하는 경우에는 서면, 전자우편, 전화, 문자전송 또는 이에 상당하는 방법으로 정보주체에게 알려야 한다.
⑤ 수탁자가 위탁받은 업무와 관련하여 위반해서 발생한 손해배상책임에 대해서는 수탁자를 개인정보처리자의 소속 직원으로 간주하여 법적 의무사항을 준수하게 한다.

57 개인정보의 국외 이전에 대한 설명으로 다음 중 틀린 것을 고르시오.
① 개인정보를 국외로 제공(조회되는 경우 포함) · 처리위탁 · 보관은 원칙적으로 금지되어 있다.
② 개인정보의 국외 이전을 위해서는 정보주체에게 별도 동의를 받아야 한다.
③ 법률, 대한민국을 당사자로 하는 조약 또는 그 밖의 국제협정에 개인정보의 국외 이전에 관한 특별한 규정이 있는 경우 이전이 가능하다.
④ 국외 이전 중지 명령을 받은 개인정보처리자가 이에 불복하는 경우, 명령을 받은 날로부터 7일 이내에 보호위원회가 정하는 이의신청서에 이의신청 사유를 증명할 수 있는 서류를 첨부하여 보호위원회에 제출한다.
⑤ 해외에서 한국인의 공개된 개인정보를 수집하는 경우는 개인정보처리자에 의한 '이전' 행위가 있다고 볼 수 있으므로 개인정보의 국외 이전에 해당한다.

58 개인정보 안전성 확보조치 기준 개정 주요 내용에 대한 설명으로 잘못된 것을 모두 고르시오.
① '개인정보의 기술적 관리적 보호조치 기준'으로 통합하고 특례 규정(영 제48조의 2)에 따른 '개인정보의 안전성 확보조치 기준'은 폐지하였다.
② '개인정보의 안전성 확보조치 기준'의 개인정보처리자 유형 및 개인정보 보유량에 따른 안전조치 기준을 삭제하였다.
③ 개인정보 보호법 제64조의2(과징금의 부과)에 따라 개인정보가 분실·도난·유출·위조·변조·훼손된 경우 관련 매출액의 100분의 3을 초과하지 아니하는 범위에서 과징금을 부과할 수 있다.
④ 개인정보 보호법 제72조(과태료)에 따라 제29조를 위반하여 안정성 확보에 필요한 조치를 하지 아니한 자에게는 3천만 원 이하의 과태료를 부과한다.
⑤ 구체적인 비밀번호 작성규칙을 삭제하여 인증수단을 자율적으로 정할 수 있도록 개선하였다.

59 개인정보의 안정성 확보조치 기준상 개인정보처리 수, 유형에 따른 안전조치 기준 적용에 대한 적절한 것을 고르시오.
① 개인정보처리자 유형 및 개인정보 보유량에 따른 안전조치 기준을 적용하였다.
② 10만 명 미만 처리 소상공인·개인·단체는 내부관리계획 수립 생략이 가능하다.
③ 10만 명 이상 대·중소기업·공공기관 또는 100만 명 이상 중소기업·단체는 암호키 생성, 이용, 보관, 배포 및 파기 관련 절차를 수립 시행하여야 한다.
④ 100만 명 이상 대·중소기업·공공기관 또는 100만 명 이상 중소기업·단체는 위기대응 매뉴얼 마련 및 정기점검을 시행하여야 한다.
⑤ 개인정보처리자는 법률에서 정하는 바에 따라 통일성 있는 개인정보 안전성 확보조치를 적용하여야 한다.

60 개인정보의 안전성 확보조치에 대한 내용 중 접근 권한의 관리에 대한 내용으로 적절한 것을 모두 고르시오.
① 개인정보처리시스템에 대한 접근 권한을 개인정보 취급자에게만 업무수행에 필요한 최대한의 범위로 동등 부여하여야 한다.
② 일정 횟수 이상 인증에 실패한 경우 개인정보처리시스템에 대한 접근을 제한하는 등 필요한 조치를 하여야 한다.
③ 가명정보를 처리하는 경우 가명정보에 접근할 수 있는 담당자와 결합정보에 접근할 수 있는 담당자를 반드시 구분해야 한다.
④ 개인정보처리자는 접근 권한 부여, 변경, 말소에 대한 내역을 반드시 전자적으로 기록하고 최소 3년간 보관하여야 한다.
⑤ 개인정보처리시스템에 권한 없는 자의 비정상적인 접근을 방지하기 위해, 개인정보 취급자 또는 정보주체가 일정 횟수 이상 인증에 실패한 경우 개인정보 취급자 또는 정보주체의 계정을 비활성화하는 등의 제한 조치를 마련하여야 한다.

61 개인정보의 안전성 확보조치에 대한 내용 중 접근통제에 관한 내용으로 틀린 것을 모두 고르시오.
① 개인정보처리시스템에 대한 접속 권한을 인터넷 프로토콜(IP) 주소 등으로 제한하여 인가받지 않은 접근을 제한하여야 한다.
② 개인정보처리자는 개인정보 취급자가 정보통신망을 통해 외부에서 개인정보처리시스템에 접속하려는 경우 가상사설망 등 안전한 접속수단 또는 안전한 인증수단을 적용하여야 한다.
③ 이용자가 아닌 정보주체의 개인정보를 처리하는 개인정보처리시스템의 경우 인증서, 보안토큰, 일회용 비밀번호 등 안전한 인증수단을 적용할 수 있다.
④ 일정 시간 이상 업무처리를 하지 않는 경우에는 자동으로 접속이 차단되도록 하는 등 필요한 조치를 하여야 한다.
⑤ 개인정보처리자는 업무용 모바일 기기의 분실·도난 등으로 개인정보가 유출되지 않도록 해당 모바일 기기에 비밀번호 설정 등의 보호조치를 하여야 한다.

62 개인정보의 안전성 확보조치에 대한 내용 중 접속기록의 보관 및 점검에 관한 내용으로 틀린 것을 고르시오.
① 개인정보처리자는 개인정보 취급자의 개인정보처리시스템에 대한 접속기록을 1년 이상 보관·관리하여야 한다
② 개인정보처리자는 개인정보의 오·남용, 분실·도난·유출·위조·변조 또는 훼손 등에 대응하기 위하여 개인정보처리시스템의 접속기록 등을 내부 관리계획에 따라 정해진 기간에 정기적으로 검사해야 한다.
③ 개인정보의 다운로드가 확인된 경우에는 내부 관리계획 등으로 정하는 바에 따라 그 사유를 반드시 확인하여야 한다.
④ 접속기록에는 개인정보 취급자 등의 식별자, 접속일시, 접속지 정보, 수행업무 등이 필수적으로 포함되어야 한다.
⑤ 개인정보처리시스템의 접속기록은 수기 또는 전자적으로 기록되어야 한다.

63 개인정보의 안전성 확보조치에 대한 내용 중 개인정보의 암호화에 대한 내용으로 틀린 것을 고르시오.
① 주민등록번호를 내부망에 저장하는 경우 영향평가 또는 위험도 분석을 통해 암호화 적용여부 및 범위를 정할 수 있다.
② 비밀번호를 저장하는 경우 복호화되지 아니하도록 일방향 암호화하여 저장하여야 한다.
③ 개인정보처리자는 개인정보를 정보통신망을 통하여 인터넷망 구간으로 송·수신하는 경우에는 이를 안전한 암호 알고리즘으로 암호화하여야 한다.
④ 개인정보처리자는 이용자의 개인정보 또는 이용자가 아닌 정보주체의 고유식별정보, 생체인식정보를 개인정보 취급자의 컴퓨터, 모바일 기기 및 보조저장매체 등에 저장할 때는 안전한 암호 알고리즘을 사용하여 암호화한 후 저장하여야 한다.
⑤ 10만 명 이상의 정보주체에 관하여 개인정보를 처리하는 대기업·중견기업·공공기관 또는 100만 명 이상의 정보주체에 관하여 개인정보를 처리하는 중소기업·단체에 해당하는 개인정보처리자는 암호화된 개인정보를 안전하게 보관하기 위하여 안전한 암호키 생성, 이용, 보관, 배포 및 파기 등에 관한 절차를 수립·시행하여야 한다.

64 개인정보의 암호화 시 사용하는 방법에 대한 설명으로 틀린 것을 고르시오.
① 송수신 구간 암호화를 위해 SSL/TLS 등의 통신 암호 프로토콜을 이용한다.
② 비밀번호는 복호화되지 않도록 일방향(해쉬 함수) 암호화를 이용한다.
③ 생체인식정보 또한 개인을 식별 및 인증에 활용되기 때문에 복호화되지 않도록 일방향(해쉬 함수) 암호화를 이용한다.
④ 고유식별정보 등 개인정보를 암호화 할 때는 국내 및 국외 암호 연구 관련 기관에서 권고하는 안전한 암호 알고리즘으로 저장하여야 함.
⑤ DES, MD5는 취약한 알고리즘으로 AES, SHA-256 등의 안전한 알고리즘을 이용해야 한다.

65 고정형 영상정보처리(CCTV)기기의 설치·운영에 대한 내용으로 적절한 것을 모두 고르시오.
① 근무 중인 사업장에 CCTV 설치 안내문을 부착할 경우 담당자가 자주 바뀌는 상황이라면 담당 부서명만 기입하는 것이 허용된다.
② 건물 내 여러 대의 CCTV를 설치한 경우 정보주체가 쉽게 알아볼 수 있도록 출입구나 정문, 안내데스크 주변 등에 해당 시설 또는 장소 전체가 영상정보처리기기 설치지역임을 표시하는 안내판을 대표로 1개만 부착할 수 있다.
③ 공연장 내부에 무대 및 객석 안전관리용으로 CCTV를 설치할 경우는 공개된 장소에 해당하므로 CCTV 설치 및 운영이 불가능하다.
④ 아파트 내 무단 폐기물 투기, 시설물 파손 등의 책임소재 확인과 관리규약에 따른 위반금 부과를 위해 관리사무실에서 CCTV를 확인하는 것은 공개된 장소에 해당하므로 CCTV 설치 및 운영이 불가능하다.
⑤ 소속 공무원의 출장여비 및 초과근무수당의 부당수령 등에 대한 제보나 의심 정황 발생 시, 제보 내용의 진위여부를 확인하기 위해 청사에 방호 목적으로 설치된 CCTV 영상정보를 이용할 수 있다.

66 공공시스템운영기관의 안정성 확보조치 기준에 대한 설명으로 잘못된 것을 고르시오.
① 공공시스템운영기관은 공공시스템별로 내부관리계획을 수립하여야 한다.
② 공공시스템운영기관은 공공시스템에 대한 접근 권한을 부여, 변경 또는 말소하려는 때에는 인사정보와 연계하여야 한다.
③ 공공시스템운영기관은 정당한 권한을 가진 개인정보 취급자에게만 접근 권한이 부여·관리되고 있는지 확인하기 위하여 제5조 제3항에 따른 접근 권한 부여, 변경 또는 말소 내역 등을 반기별 1회 이상 점검하여야 한다
④ 공공시스템 접속기록 등을 정기적으로 분석하여 불법적인 개인정보 유출 및 오용·남용 시도를 탐지하고 그 사유를 소명하도록 하는 등 필요한 조치를 하여야 한다.
⑤ 공공시스템운영기관은 공공시스템을 이용하는 기관이 소관 개인정보 취급자의 접속기록을 직접 점검 가능한 기능을 제공하여야 한다.

67 다음 중 개인정보 보호법에서 정의하는 개인정보에 대한 설명으로 잘못된 것을 고르시오.
① 사망했거나 관계 법령에 따라 사망한 것으로 보는 자에 관한 정보는 개인정보에 해당하지 않는다.
② 사망자에 관한 정보만으로는 유족과의 관계를 알 수 없더라도 다른 정보와 쉽게 결합하여 알 수 있다면 유족의 개인정보에 해당할 수 있다.
③ 원래의 상태로 복원하기 위한 추가정보의 사용·결합 없이는 특정 개인을 알아볼 수 없는 정보도 개인정보에 포함된다.
④ 대표 연락처(이메일 주소 또는 전화번호), 업무별 연락처, 영업실적 등은 개인정보에 해당한다.
⑤ 이용자가 직접 제공하는 정보뿐만 아니라, 이용자가 서비스를 이용하는 과정에서 생성되는 통화내역, 로그기록, 구매내역 등도 개인정보가 될 수 있다.

68 다음 중 개인정보에 대한 설명으로 적절한 것을 고르시오.
① 고객 ID와 결제상품정보는 특정 개인의 구매내역 등을 알아볼 수 있는 정보이므로 개인정보에 해당한다.
② CI는 본인확인기관이 주민등록번호를 단방향 암호화한 정보로서 복원이 불가능하고 그 자체로는 특정 개인을 알아볼 수 없으므로 개인정보에 해당하지 않는다.
③ 탑승객의 승하차역, 이용일 및 이용시각 지하철 이용 정보는 개인정보에 해당한다.
④ 직급별 전체 직원의 급여 총액은 개인정보에 해당한다.
⑤ 블랙박스로 촬영된 영상정보는 개인정보 파일에 해당하지 않는다.

69 개인정보 파기와 관련하여 다음의 설명 중 적절하지 않은 것을 고르시오.
① 회원 개인정보 파기 시 연계된 회원번호도 5일 이내에 파기하여야 한다.
② 다른 법령에서 별도로 정한 보존 기간이 있을 경우 개인정보의 연장 보존이 가능하다.
③ 블록체인 등 기술적 특성으로 영구삭제가 힘든 경우에는 솔트(Salt)를 추가하는 등의 기술적인 처리로 진행한다.
④ 초기화 및 데이터 덮어쓰기 방식의 파기를 수행할 때는 데이터 영역에 무작위 값을 3회 이상 덮어쓰는 것을 권고한다.
⑤ 시간·비용·기술 등을 합리적으로 고려할 때 다른 정보를 사용하여도 더이상 개인을 알아볼 수 없는 정보 또한 5일 이내에 파기하여야 한다.

70 다음은 온라인 서비스를 운영하는 기업의 사례이다. 설명을 읽고, "YG.ai"에 GDPR의 적용에 대한 판단으로 가장 적절한 보기를 고르시오.

> 핀란드 시민인 A씨는 최근 한국의 영진 출판사가 운영하는 언어학습 플랫폼 "YG.ai"에 가입했다. "YG.ai"는 별도의 EU 지사 없이, 전 세계인을 대상으로 인공지능 기반 맞춤형 언어 튜터링 서비스를 제공하고 있다. 해당 서비스는 사용자의 언어학습 이력(학습 시간, 오류 유형, 퀴즈 결과 등)을 분석하여 개인 맞춤 콘텐츠를 추천한다. 모든 데이터는 한국에 위치한 서버에서 저장·처리되며, 회원 가입 시 동의서에 개인정보 수집 및 분석 목적이 명시되어 있다. 서비스는 무료로 제공되며, 광고 기반 수익모델을 채택하고 있다.

① EU 이외 지역에서 운영되고 있고, 무료 서비스이므로 GDPR은 적용되지 않는다.
② 데이터가 EU 외 지역에서 저장·처리되므로 GDPR이 아닌 국내법만 적용된다.
③ "YG.ai"는 EU 시민의 데이터를 처리하고 있어 GDPR 적용 대상이 된다.
④ 맞춤형 추천은 민감정보에 해당하지 않으므로 GDPR 적용 여부와 무관하다.
⑤ 유료 서비스가 아니므로 GDPR 적용을 강제할 수 없다.

71 다음 중 가상가치산정(CVM: Contingent Valuation Method) 기법에 대한 설명으로 가장 부적절한 것을 고르시오.
① CVM은 설문조사를 통해 특정 비시장재(非市場財)의 가치를 추정하는 방법이다.
② 환경보전, 생태계 보호 등 시장에서 거래되지 않는 자원은 CVM으로는 가치 산정이 불가능하다.
③ 개인이 지불할 의사가 있는 금액의 평균값 등을 통해 자원의 경제적 가치를 추정할 수 있다.
④ 수취 의사 금액을 조사하여 자원 상실에 대한 보상 기대 수준을 분석할 수 있다.
⑤ CVM은 비시장재의 경제적 가치를 계량화할 수 있다는 점에서 정책 결정에 활용되는 장점이 있다.

72 개인정보 유출 시 통지와 신고에 대한 설명으로 알맞지 않은 것을 고르시오.
① 개인정보처리시스템 또는 개인정보 취급자가 개인정보처리에 이용하는 정보기기에 대한 외부로부터의 불법적인 접근에 의해 개인정보가 유출 등이 된 경우 72시간 이내에 신고해야 한다.
② 1천 명 이상의 정보 주체에 관한 개인정보가 유출 등이 된 경우 개인정보처리자는 72시간 이내 정보 주체에게 해당 유출 사실 등을 알려야 하며 보호위원회 또는 한국인터넷진흥원에 신고해야 한다.
③ 개인정보가 유출되었지만 정보 주체의 권익 침해 가능성이 현저히 낮아진 경우에는 신고하지 않을 수 있다.
④ 민감정보 또는 고유식별정보가 유출 등이 된 경우는 72시간 이내에 보호위원회 또는 한국인터넷진흥원에 신고해야 한다.
⑤ 상거래 기업 및 법인은 단 한 건이라도 개인정보 유출이 된 경우 72시간 이내에 보호위원회 또는 한국인터넷진흥원에 신고해야 한다.

73 다음 보기의 개인정보의 원칙과 이에 해당하는 OECD 프라이버시 8원칙이 올바르게 묶인 것을 고르시오.

> ㄱ. 개인정보는 그 이용 목적에 부합하는 것이어야 하고, 이용 목적에 필요한 범위 내에서 정확하고 완전하며 최신의 상태로 유지해야 한다.
> ㄴ. 명확화된 목적 이외의 용도로 공개되거나 이용되어서는 안 된다.
> ㄷ. 개인정보의 분실, 불법적인 접근, 훼손, 사용, 변조, 공개 등의 위험에 대비하여 합리적인 안전보호장치를 마련해야 한다.
> ㄹ. 개인정보의 수집은 합법적이고 공정한 절차에 의하여 가능한 한 정보주체에게 알리거나 동의를 얻은 후에 수집되어야 한다.

① ㄱ-정확성의 원칙, ㄴ-이용제한의 원칙, ㄷ-안정성 확보의 원칙, ㄹ-수집제한의 원칙
② ㄱ-정확성의 원칙, ㄴ-목적 명확화의 원칙, ㄷ-안정성 확보의 원칙, ㄹ-수집제한의 원칙
③ ㄱ-책임의 원칙, ㄴ-목적 명확화의 원칙, ㄷ-안정성 확보의 원칙, ㄹ-이용제한의 원칙
④ ㄱ-책임의 원칙, ㄴ-이용제한의 원칙, ㄷ-정확성의 원칙, ㄹ-이용제한의 원칙
⑤ ㄱ-정확성의 원칙, ㄴ-목적 명확화의 원칙, ㄷ-정확성의 원칙, ㄹ-수집제한의 원칙

74 다음 화면은 스타트업의 개인정보 수집동의 화면이다. 다음 보기 중 적절한 것을 고르시오.

개인정보 수집동의

OOO 서비스 회원가입, 매거진 발송, 이벤트 참여 등을 위해
아래와 같이 개인정보를 수집·이용합니다.

수집 목적	수집 항목	보유 · 이용 기간
회원식별 및 서비스 제공	아이디, 비밀번호	이용목적 달성 시
웹 매거진 방송(월 1회)	이메일	
이벤트 참여 기회 제공	전화번호	

※ 동의를 거부할 권리가 있습니다. 다만, 필수 동의 거부 시 서비스가 제한될 수 있습니다.
위 개인정보 수집 · 이용에 동의합니다. ☐ YES   ☐ NO

① 개인정보 항목별 수집 항목에 대한 목적이 명확하지 않다.
② 개인정보의 보유 및 이용 기간이 적절하지 않다.
③ 상품 및 서비스 판매 권유 및 홍보에 필요한 정보 수집 시에는 각각의 동의 사항을 구분하여 받아야 한다.
④ 개인정보의 수집 목적, 수집 항목, 보유 및 이용 기간, 동의를 거부할 권리가 있다는 사실 및 동의 거부에 따른 불이익에 대해 적절하게 안내하고 있지 않다.
⑤ 개인정보 보호법을 준수하여 적절하게 작성되어 있다.

75 개인정보 보호 책임자의 지정에 대한 설명 중 틀린 것을 고르시오.
① 국회, 법원, 헌법재판소, 중앙선거관리위원회의 행정사무를 처리하는 기관은 고위공무원단에 속하는 공무원(이하 '고위공무원'이라 한다) 또는 그에 상당하는 공무원을 지정하여야 한다.
② 정무직공무원을 장(長)으로 하는 국가기관은 4급 이상 공무원 또는 그에 상당하는 공무원을 지정하여야 한다.
③ 고위공무원, 3급 공무원 또는 그에 상당하는 공무원 이상의 공무원을 장으로 하는 국가기관은 4급 이상 공무원 또는 그에 상당하는 공무원을 지정하여야 한다.
④ 시·도 및 시·도 교육청은 3급 이상 공무원 또는 그에 상당하는 공무원을 지정하여야 한다.
⑤ 시·군 및 자치구는 4급 이상 공무원 또는 그에 상당하는 공무원을 지정하여야 한다.

76 다음은 정보주체의 권리에 대한 내용이다. 다음 중 적절하지 않은 것을 고르시오.
① 개인정보의 처리 여부를 확인하고 개인정보 열람(사본 발급 포함) 및 전송을 요구할 권리
② 동의 여부, 동의 범위 등을 선택하고 결정할 권리
③ 개인정보처리로 인한 피해를 신속하고 공정한 절차에 따라 구제받을 권리
④ 완전히 자동화된 개인정보처리에 따른 결정을 거부하거나 그에 대한 설명 등을 요구할 권리
⑤ 통계 작성, 과학적 연구, 공익적 기록물 등을 위해 처리된 가명정보에 대한 열람 정정, 삭제, 처리 정지 등을 요구할 권리

77 개인정보처리자의 서비스 제공 시 개인정보처리에 대한 내용 중 틀린 것을 고르시오.
① 개인정보처리자가 서비스 제공을 위하여 고객의 개인정보를 수집할 때는 해당 서비스 제공을 위하여 필요한 최소한의 개인정보를 수집하여야 한다.
② 개인정보처리자는 정보주체가 필요한 최소한의 정보 외의 개인정보 수집에 동의하지 아니한다는 이유로 정보주체에게 재화 또는 서비스의 제공을 거부하여서는 안 된다.
③ 선택 동의사항 없이 필수동의로만 구성되어 있는 경우에도 일괄 동의를 받는 것은 불가능하다.
④ 개인정보처리자는 선택적으로 동의할 수 있는 사항을 동의하지 않거나 정보주체가 목적 외 이용·내지 제3자 제공에 대해 별도의 동의를 하지 아니한다는 이유로 정보주체에게 재화 또는 서비스의 제공을 거부하여서는 안 된다.
⑤ 개인정보를 적법하게 수집하기 위해서는 개인정보의 속성과 이용 목적에 따라 동의받아야 하는 사항을 별도로 구분해야 한다.

78 정보통신망법 제50조 영리 목적의 광고성 정보 전송 제한 내용 중 잘못된 것을 고르시오.
① 누구든지 전자적 전송 매체를 이용하여 영리 목적의 광고성 정보를 전송하려면 그 수신자의 명시적인 사전 동의를 받아야 한다.
② 재화 등의 거래관계를 통하여 연락처를 수집한 자가 6개월 이내에 자신이 처리한 것과 비슷한 종류의 재화 등에 대한 영리 목적의 광고성 정보를 전송하려는 경우 사전 동의 없이 가능하다.
③ 전자적 전송매체를 이용하여 영리 목적의 광고성 정보를 전송하려는 자는 제1항에도 불구하고 수신자가 수신거부 의사를 표시하거나 사전 동의를 철회한 경우에는 영리 목적의 광고성 정보를 전송하여서는 아니 된다.
④ 오후 9시부터 그다음 날 오전 8시까지의 시간에 전자적 전송매체를 이용하여 영리 목적의 광고성 정보를 전송하려는 자는 제1항에도 불구하고 그 수신자로부터 별도의 사전 동의를 받아야 한다.
⑤ 전자우편을 통한 광고성 정보 전송은 수신자의 별도 동의 없이 오후 9시부터 그다음 날 오전 8시까지 전송이 가능하다.

79 개인정보 국외 이전이 가능한 경우로 적절하지 않은 것을 고르시오.
① 정보 주체에게 별도의 동의를 받은 경우
② 법률, 대한민국을 당사자로 하는 조약 또는 그 밖의 국제협정에 개인정보의 국외 이전에 관한 특별한 규정이 있는 경우
③ 정보 주체와의 계약의 체결 및 이행을 위하여 개인정보의 처리위탁·보관이 필요한 경우로 개인정보처리방침 또는 정보 주체에게 알린 경우
④ 이전받는 자가 개인정보 보호에 필요한 안전조치 및 정보 주체 권리 보장에 필요한 조치, 개인정보가 이전되는 국가에서 이행하기 위해 필요한 조치를 수행하여 개인정보 보호 인증을 받은 경우
⑤ 외국계 본사의 지시나 기업 내부 방침에 따라 개인정보를 국외 이전하는 경우

80 다음 중 웹 서비스 운영 중 발생할 수 있는 보안 위협과 이에 대응하기 위한 보호 조치를 가장 적절히 연결한 것은?

〈보안 위협〉
ㄱ. 사용자가 입력한 자바스크립트가 그대로 출력되는 취약점
ㄴ. 로그인 화면에 존재하는 ID/PW 필드에 SQL 구문 삽입 시 비정상 동작
ㄷ. 공격자가 허위 링크를 보내 인증정보를 탈취
ㄹ. 시스템 취약점을 악용한 암호화폐 요구형 악성 프로그램 감염

〈보호 조치〉
㉮ 콘텐츠 출력 시 특수문자 이스케이프 처리
㉯ DB 입력값에 대한 파라미터 바인딩 처리
㉰ 도메인 기반 이메일·메시지 위조 방지 교육 및 링크 검증 시스템
㉱ 최신 보안패치 적용 및 백업체계 마련

① ㄱ-㉮ / ㄴ-㉯ / ㄷ-㉰ / ㄹ-㉱
② ㄱ-㉯ / ㄴ-㉰ / ㄷ-㉱ / ㄹ-㉮
③ ㄱ-㉱ / ㄴ-㉯ / ㄷ-㉮ / ㄹ-㉰
④ ㄱ-㉰ / ㄴ-㉮ / ㄷ-㉯ / ㄹ-㉱
⑤ ㄱ-㉮ / ㄴ-㉱ / ㄷ-㉰ / ㄹ-㉯

81 공공시스템운영기관의 안전조치 기준 적용 중 공공시스템의 지정 기준에 대하여 다음 중 틀린 것을 모두 고르시오.
① 단일접속 시스템으로 100만 명 이상의 정보주체에 관한 개인정보를 처리하는 경우
② 단일접속 시스템으로 개인정보 취급자의 수가 100명 이상인 경우
③ 2개 이상 기관의 공통 또는 유사한 업무를 지원하기 위하여 표준이 되는 시스템을 개발하여 다른 기관이 운영할 수 있도록 배포한 표준배포 시스템으로서 대국민 서비스를 위한 행정업무 또는 민원업무 처리용으로 사용하는 경우
④ 개별시스템으로 주민등록정보시스템과 연계하여 사용하는 경우
⑤ 개별시스템으로 정보주체의 사생활을 현저히 침해할 우려가 있는 민감한 개인정보를 처리하는 경우

82 A기관은 내부망에 위치한 업무시스템이 정상 작동하지 않자 조사에 착수하였고 보안 담당자가 보기와 같은 정황을 확인하였다. 이러한 상황에 대한 가장 타당한 판단은 무엇인가?

- 시스템 내 특정 관리자 계정이 야간 시간대에 3일 연속 자동 로그인
- 접속 이력 중 외부 IP 주소에서 내부 네트워크로의 터널링 정황 발견
- 시스템 핵심 로그파일의 변경 및 삭제 흔적
- 백신 프로그램이 비활성화됨

① DDoS 공격으로 인한 시스템 리소스 소진
② ARP 스푸핑에 따른 내부 경로 우회
③ 백도어 설치에 의한 권한 탈취 및 은닉 행동
④ 물리적 침입에 따른 로그 삭제 시도
⑤ 방화벽 설정 오류로 인한 접근 허용

83 C기관은 외부 보안관제센터로부터 보기와 같은 다단계 경고 통지를 받았다. 이러한 일련의 흐름은 어떤 보안 침해 공격의 전형적 패턴에 가장 부합하는가?

경고 1 : 기관 메일 서버에서 야간 시간대에 대량의 첨부파일 전송 탐지
경고 2 : 수신자가 클릭한 이메일 내 링크에서 악성코드 C2 통신 시도 포착
경고 3 : 내부 특정 PC에서 다량의 암호화 파일 생성 감지
경고 4 : 일부 시스템에서 접근 불가 및 금전 요구 화면 출력

① 디도스 공격
② 스크립트 무단 실행
③ 랜섬웨어 공격
④ SQL 인젝션
⑤ 피싱을 통한 백도어 설치

84. 다음 보기에서 설명하는 공격기법에 대하여 적절한 것을 고르시오.

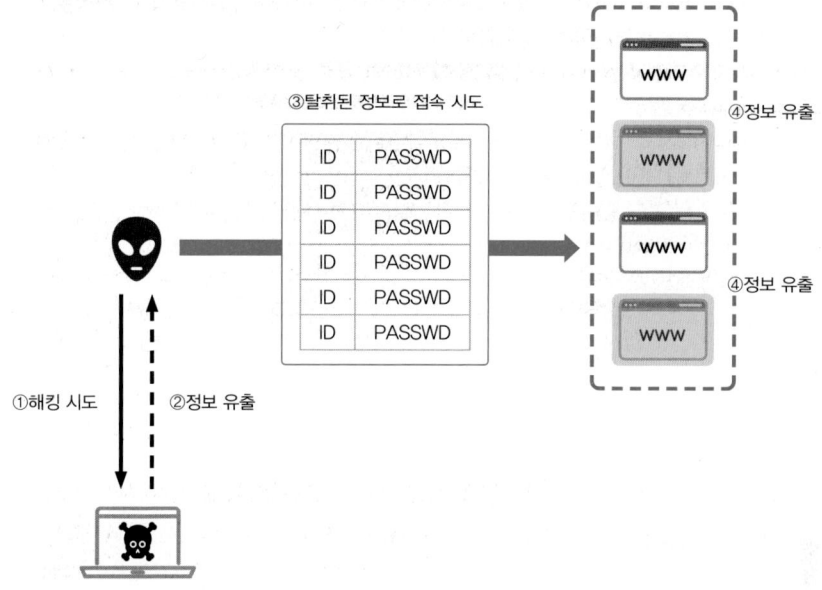

▲ 공격자가 대량의 유출된 사용자 이름과 비밀번호를 이용해 다수의 웹사이트에 자동화된 로그인 시도를 하는 공격 방식

① Credential Stuffing
② Drive by Download
③ Brute Force Attack
④ RansomeWare
⑤ XSS(Cross Site Script)

85. 다음 보기에서 설명하는 보안 장비에 대한 설명으로 적절한 것을 고르시오.

> 웹서버 앞에 위치하여 외부로부터 들어오는 HTTP/HTTPS 트래픽을 감시하고, XSS, SQL Injection 등 웹 애플리케이션에 대한 악의적인 공격이 탐지되면 해당 공격이 웹 서버에 도달하기 전에 차단하는 장비

① FW(Fire Wall)
② WAF(Web Application Fire Wall)
③ NAC(Network Access Control)
④ Proxy Server
⑤ VPN(Virtual Private Network)

86. 다음은 개인정보처리자가 보안 장비를 도입하려는 과정에서 받은 기술 설명문의 일부이다. 다음 중 설명에 가장 부합하는 보안장비는 무엇인가?

> 이 기술은 트래픽을 분석하여 정상과 비정상 행위를 구분하며, 공격 발생 시 자동으로 차단하거나 관리자에게 알림을 전송합니다.
> 시그니처 기반 외에도 이상행위 탐지 방식을 병행하여 알려지지 않은 공격도 식별할 수 있습니다. 네트워크 계층 및 애플리케이션 계층 모두에서 작동 가능합니다.

① 방화벽(Firewall)
② 침입차단시스템(IPS)
③ 침입탐지시스템(IDS)
④ VPN
⑤ DB 접근제어 솔루션

87. 다음 보기에 적용된 보안기술에 대하여 알맞은 것을 고르시오.

① SSL(Secure Socket Layer)
② 시큐어 코딩
③ VPN(Virtual Private Network)
④ 방화벽
⑤ EDM(Endpoint Device Management)

88 다음 중 접근통제 및 인증 관련 기술을 적용한 시스템 구성 예시로 가장 부적절한 것을 고르시오.
① CCTV 운영 공간 출입 시 카드키+지문 2단계 인증 적용
② 개인정보 DB 접속 시 SSL VPN 기반 접근 제한
③ 관리계정 접근 시 OTP+정책기반 접근 IP 제한 병행
④ 공개 게시판 댓글 기능에 캡차(CAPTCHA) 적용
⑤ 관리자PC에 원격 접속 프로그램 사전 설치 및 자동 접속 허용

89 다음 중 정보보호 및 개인정보 보호 관리체계(ISMS-P) 인증과 관련된 설명으로 옳지 않은 것을 고르시오.
① 정보보호 및 개인정보 보호 관리체계 인증은 정보보호 및 개인정보 보호를 위한 일련의 조치와 활동이 인증 기준에 적합함을 증명하는 것이다.
② 정보보호 관리체계 인증은 필수 인증이고, 정보보호 및 개인정보 보호 관리체계 인증은 선택 인증이다.
③ 정보보호 및 개인정보 보호 관리체계 인증은 정보보호 관리체계 인증 기준에 개인정보 처리단계별 보안조치가 포함된다.
④ 정보보호 및 개인정보 보호 관리체계 인증은 최초심사, 사후심사, 갱신심사로 이루어진다.
⑤ 국제 정보보호 경영시스템 인증제도(ISO 27001) 인증을 취득한 경우 정보보호 및 개인정보 보호 관리체계 인증심사를 생략할 수 있다.

90 정보보호 및 개인정보 보호 관리체계(ISMS-P) 인증 의무 대상자에 대한 설명으로 적절하지 않은 것을 고르시오.
①「전기통신사업법」제6조 1항에 따른 허가를 받은 자로서 서울특별시 및 모든 광역시에서 정보통신망 서비스를 제공하는 자
② 정보통신망법 제46조에 따른 집적정보통신시설 사업자
③ 연간 매출액 또는 세입이 1,500억 원 이상인 자 중 「의료법」 제3조의4에 따른 상급종합병원
④ 전년도 온라인 및 오프라인 전체 매출액이 100억 원 이상인 자
⑤ 전년도 직전 3개월간 정보통신서비스 일일 평균 이용자 수가 100만 명 이상인 자

91 국내외 개인정보 보호 마크 제도에 대한 설명으로 잘못된 것을 고르시오.
① 국내에는 개인정보 보호협회에서 발급하며 개인정보 보호에 대한 법규 준수 및 안전한 개인정보 관리를 위한 보호조치 이행 여부를 확인하여 발급한다.
② 한국 ePRIVACY 마크 제도 ePRIVACY, ePRIVACY PLUS, PRIVACY 3가지로 구성되어 있다.
③ 미국 BBBOnline 마크 제도는 Reliability(신뢰성) 마크와 Privacy(프라이버시) 마크 등 두 가지 마크로 구성되어 있다.
④ 미국 BBBOnline 마크 제도는 최소한의 안정성 확보를 위한 개인정보 보호원칙을 제시한다.
⑤ 일본 Privacy 마크 제도는 일본 정부의 개인정보 보호지침을 민간에게 확산하기 위한 목적으로 도입되었다.

92 ISO/IEC 27001에 대한 설명으로 옳지 않은 것을 고르시오.
① ISO27001은 조직의 경영시스템 중 정보보호 관리체계 시스템을 심사하고 인증하는 제도로 ISO와 IEC가 제정한 국제표준이다.
② ISO27001은 보안정책, 자산분류, 위험관리 등 14개 영역, 93개 통제항목에 대한 규격을 만족하는 기업이 심사를 통과함으로써 획득 가능하다.
③ 인증심사는 현장심사로만 이루어지며, 인증 유효기간은 2년으로 인증취득 후 연1회 이상 사후관리를 받아야 한다.
④ ISO27001 인증을 받은 경우 ISMS 인증심사 시 일부를 생략할 수 있다.
⑤ 각 나라별로 인정기관 및 인증기관을 지정하여 운영하며, 인증기관 내 인증위원회에서 인증결과를 심의하고 의결한다.

93 개인정보 영향평가 제도에 대한 설명 중 틀린 것을 고르시오.
① 개인정보 영향평가를 통해 개인정보 침해사고 및 영향도가 낮다고 판단될 경우 내부망에 주민등록번호를 저장할 경우 암호화 조치 생략이 가능하다.
② 5만 명 이상의 정보주체의 민감정보 또는 고유식별정보의 처리가 수반되는 개인정보 파일을 처리하는 경우 영향평가 의무대상이다.
③ 해당 공공기관의 내부 또는 외부의 다른 개인정보파일과 연계하려는 경우로서, 연계 결과 정보주체의 수가 100만 명 이상인 개인정보 파일을 처리하는 경우 영향평가 의무대상이다.
④ 개인정보 영향평가서는 최종 제출한 날로부터 2개월 이내에 보호위원회에 제출해야 한다.
⑤ 개인정보처리시스템을 신규로 구축하거나 기존 시스템을 변경하려는 기관은 대상 시스템의 설계 완료 전에 영향평가를 수행하고 그 결과를 시스템 설계 개발 시 반영하여야 한다.

94 개인정보 보호 관리체계를 수립한 A기업은 내부 점검 과정에서 자산에 대한 위협과 취약점을 정량·정성적으로 평가해 위험을 산출하려고 한다. 이때 A기업이 수행하려는 위험평가 방법론으로 가장 적절한 것은?
① 비정형 접근법
② 베이스라인 접근법
③ 상세 위험분석
④ 복합 접근방법
⑤ 임의기반 위험평가법

95 고정형 영상정보처리기기를 설치·운영하는 자는 정보주체가 쉽게 인식할 수 있도록 안내판을 설치하여야 한다. 안내판에 반드시 들어가야 하는 내용으로 적절하지 않은 것을 모두 고르시오.
① 설치 목적 및 장소
② 촬영 범위 및 시간
③ 관리책임자의 성명 및 연락처
④ 영상정보 보유기간
⑤ 그 밖에 대통령령으로 정하는 사항

96 이동형 영상정보처리기기를 설치·운영 제한에 대한 내용으로 잘못된 것을 모두 고르시오.
① 원칙적으로 목욕실, 화장실, 발한실, 탈의실은 이동형 영상정보처리기기 설치가 금지된다.
② 불빛, 소리, 안내판, 안내서면, 안내방송 또는 그 밖에 이에 준하는 수단이나 방법으로 정보주체가 촬영 사실을 쉽게 알 수 있도록 표시하고 알려야 한다.
③ 개인의 사생활을 현저히 침해할 우려가 있는 장소는 촬영이 안 되지만, 교도소, 정신보건 시설 등 법령에 근거하여 사람을 구금하거나 보호하는 시설로서 대통령령으로 정하는 경우에는 그러하지 아니하다.
④ 정보주체의 개인영상정보 열람 등 요구가 있을 경우 거절할 수 있으며, 그 사유를 10일 이내에 서면 등으로 정보주체에게 통지하여야 한다.
⑤ 정보주체에게 촬영 사실 알렸으나 동의 의사를 밝히지 않은 경우는 촬영이 불가능하다.

97 이동형 영상정보처리기기를 설치·운영 제한에 대한 내용으로 잘못된 것을 고르시오.
① 사적인 용도로 이동형 영상정보처리기기를 통해 영상을 촬영하는 경우에는 적용되지 않는다.
② 자율주행차, 배달 로봇, 드론 등의 유무인 이동체가 촬영 사실을 명확히 표시하여 정보주체가 알 수 있도록 한 경우에는 주행 경로상의 영상을 촬영하여 장애물 파악 및 회피 등을 위해 활용할 수 있다.
③ 과도한 불빛이나 큰 소리를 통해 촬영 사실을 표시하는 것은 일상의 평온함을 해칠 우려가 크고, 교통사고 등의 위험도 증가할 수 있기 때문에 가급적 문자나 그림(QR 코드 포함), LED 불빛 등을 통해 촬영 사실을 표시하는 것이 바람직하다.
④ 공개된 장소에서 촬영된 불특정 다수의 영상을 별도로 저장하여 AI 학습 등 업무상 목적으로 활용하는 것은 가능하다.
⑤ 업무를 목적으로 드론을 이용하여 불특정 다수가 촬영될 수 있는 지역을 촬영하는 경우에는 개인정보위가 구축·운영하는 인터넷 사이트를 통해 촬영목적과 범위, 관리책임자 연락처 등을 공지하여야 한다.

98 다음 중 개인정보 보호 수준 평가에 대한 설명으로 적절하지 않은 것을 모두 고르시오.
① 개인정보보호위원회는 개인정보 보호 수준 평가에 필요한 경우 해당 개인정보처리자에게 관련 자료를 제출하게 할 수 있다.
② 개인정보보호위원회는 개인정보 보호 수준 평가의 결과에 따라 우수기관 및 그 소속 직원에 대하여 포상할 수 있다.
③ 개인정보보호위원회는 개인정보 보호 수준 평가의 결과를 인터넷 홈페이지 등을 통하여 공개할 수 있다.
④ 평가대상이 정당한 사유 없이 자료를 제출하지 아니하거나 거짓으로 제출한 경우 3천만 원 이하의 과태료가 부과될 수 있다.
⑤ 개인정보보호위원회는 개인정보 보호를 위하여 필요하다고 인정하면 해당 공공기관의 장에게 개선을 권고할 수 있다.

99 다음 중 생성형 인공지능(AI) 서비스의 단계별 주요 프라이버시 이슈에 대한 설명으로 잘못된 것은 무엇인가?
① 서비스 기획 및 설계 단계에서는 아동, 청소년, 장애인 등 디지털 취약계층을 고려한 개인정보 보호 설계가 요구된다.
② 데이터 수집 단계에서는 개인정보뿐만 아니라 익명정보도 수집 시 정보주체의 동의를 반드시 받아야 한다.
③ 학습 및 개발 단계에서는 개인정보가 포함된 데이터를 사용할 경우 개인정보 보호법상 적정한 수집근거가 필요하다.
④ 생성 및 제공 단계에서는 생성 결과가 제3자의 권리를 침해하지 않도록 관리할 필요가 있다.
⑤ 서비스 운영 및 관리 단계에서는 이용자의 삭제 요구를 반영할 수 있는 절차를 마련하는 것이 바람직하다.

100 다음 중 「위치정보의 보호 및 이용 등에 관한 법률」에 따른 개인위치정보의 수집·이용·제공에 대한 설명으로 옳지 않은 것은 무엇인가?
① 개인위치정보를 수집하려는 경우에는 이용자의 동의를 받아야 하며, 그 동의에는 수집 목적, 보유기간, 제공받는 자 등이 포함되어야 한다.
② 개인위치정보를 제3자에게 제공한 경우에는 제공받는 자, 제공일시, 제공목적 등을 이용자에게 즉시 통지해야 한다.
③ 개인위치정보사업자는 개인위치정보를 수집한 경우 관련 사실을 기록·관리하면 별도의 고지 없이도 법적 요건을 충족한 것으로 본다.
④ 14세 미만 아동의 개인위치정보를 수집하려는 경우에는 법정대리인의 동의가 필요하며, 법정대리인은 수집·이용·제공의 중단을 요구할 수 있다.
⑤ 개인위치정보를 자동으로 수집하는 장치를 설치·운영하는 경우에는 그 위치, 장치 설치 사실 및 취지 등을 명확히 표시해야 한다.

개인정보관리사(CPPG) 최신 기출문제 02회

수험번호 _____ 성명 _____

시험 시간: 120분
문항수: 총 100개

01 다음 중 개인정보에 대한 설명으로 적절한 것을 고르시오.
① 외국인의 개인정보는 개인정보 보호법에 따른 보호대상이 아니다.
② 결제상품정보와 고객ID는 특정 개인의 구매내역 등을 알아볼 수 있는 정보이므로 개인정보에 해당한다.
③ 직급별 전체 직원의 급여 총액은 개인정보에 해당한다.
④ 가상자산 지갑주소는 그 지갑의 누구인지 알아볼수 있더라도 거래자를 표시하는 수단일 뿐으로 개인정보가 아니다.
⑤ CI는 본인확인기관이 주민등록번호를 단방향 암호화한 정보로서 복원이 불가능하고 그 자체로는 특정 개인을 알아볼 수 없으므로 개인정보에 해당하지 않는다.

02 다음 중 「개인정보 보호법」상 개인정보에 해당하는 정보의 판단 기준으로 가장 적절한 설명은 무엇인가?
① 성명은 언제나 고유한 정보이므로, 동명이인이 존재하더라도 항상 개인정보로 간주된다.
② 자동차등록번호는 항상 사물에 부여된 정보이므로, 개인정보에는 해당하지 않는다.
③ 어떤 정보가 개인정보인지 여부는 해당 정보를 처리하는 자의 상황이나 맥락과는 관계없이 판단한다.
④ 해당 정보만으로는 개인을 식별할 수 없어도, 다른 정보를 합법적으로 입수하여 쉽게 결합할 수 있으면 개인정보에 해당할 수 있다.
⑤ 개인정보를 포함한 데이터베이스(DB)를 보유하고 있더라도, 다른 정보와 결합하지 않는 한 개인정보로 볼 수 없다.

03 개인정보 보호법에 따라 개인정보처리자가 준수해야 할 교육 의무에 대한 설명으로 가장 옳은 것은 무엇인가?
① 개인정보 보호 교육은 영리기업에만 해당되며, 비영리단체는 교육 대상이 아니다.
② 개인정보 보호 교육은 개인정보취급자 중 정규직 직원에게만 적용된다.
③ 개인정보 보호 교육은 개인정보취급자에 대한 관리·감독을 위한 것이다.
④ 직원 수가 5인 미만인 사업장은 개인정보 보호 교육 의무에서 제외된다.
⑤ 개인정보 보호 교육은 자율적인 권고사항이며, 법정 의무는 아니다.

04 다음 보기 중 개인정보처리자의 정당한 이익을 근거로 개인정보를 수집·이용할 수 있는 사례와 가장 거리가 먼 것은 무엇인가?
① 병원 응급실에서 난동을 부린 환자의 행위를 증거로 남기기 위해 병원 관계자가 스마트폰으로 현장 영상을 촬영한 경우
② 계약 종료 후 남아있는 요금 정산을 위해 고객의 서비스 이용내역과 과금 정보를 계속 보관하는 경우
③ 고객의 지속적인 민원 제기에 대비해 이전 민원 내용과 대응 내역을 기록·관리하는 경우
④ 분리과금 혜택을 해지하기 위해 퇴사자의 변경된 휴대전화번호를 이동통신사를 통해 조회한 경우
⑤ 수소 전기차·카셰어링 서비스 사업자가 사무실 내 직원 책상과 컴퓨터 화면을 24시간 촬영·저장하는 CCTV를 동의 없이 설치·운영한 경우

05 다음 중 개인정보를 수집·이용은 가능하지만 목적 내 제공이 불가능한 경우로 가장 적절한 것은 무엇인가?
① 정보주체의 동의를 받은 경우
② 법령에 따른 의무를 이행하기 위하여 불가피한 경우
③ 공공기관이 법령에서 정한 소관업무를 수행하기 위하여 불가피한 경우
④ 정보주체와 체결한 계약을 이행하거나 계약 체결 이전 단계에서 정보주체 요청에 따른 조치를 이행하기 위하여 필요한 경우
⑤ 개인정보처리자의 정당한 이익을 달성하기 위하여 필요한 경우로서 명백하게 정보주체의 권리보다 우선하는 경우

06 다음 중 개인정보의 정당한 목적 내 이용에 해당하는 보기를 고르시오.
① 공무원들에게 업무용으로 발급한 이메일 계정 주소로 사전 동의 절차 없이 교육 등 마케팅 홍보자료를 발송한 경우
② 조세 담당 공무원이 자신과 채권·채무 관계로 소송 중인 사람에 관한 납세정보를 조회하여 소송에 이용한 경우
③ 상품배송을 목적으로 수집한 개인정보를 사전에 동의 받지 않은 자사의 별도 상품·서비스의 홍보에 이용
④ 고객 만족도 조사, 판촉행사, 경품행사에 응모하기 위하여 입력한 개인정보를 사전에 동의 받지 않고 자사의 할인 판매행사 안내용 광고물 발송에 이용
⑤ A/S센터에서 고객 불만 및 불편 사항을 처리하기 위해 수집한 개인정보를 사후 처리 결과 안내를 위해 이용한 경우

07 다음 보기 중 정보주체 이외의 자로부터 개인정보를 수집한 경우, 수집 출처 통지에 대한 설명으로 옳지 않은 것을 고르시오.
① 수사 목적으로 수집된 정보라 하더라도, 피의자에게 제보자나 참고인의 신원이 알려질 경우 생명이나 신체에 위해가 발생할 우려가 있다면 출처 통지를 생략할 수 있다.
② 정보주체가 요청한 경우, 개인정보의 수집 경위, 이용 목적, 처리 정지나 동의 철회 권리 등을 요청을 받은 날로부터 20일 이내에 안내해야 한다.
③ 신용정보법에 따르면, 본인이 아닌 타인으로부터 수집한 개인정보의 경우에도 정보주체에게 수집 출처를 고지해야 하며, 이와 관련하여 개인정보 보호법도 함께 적용된다.
④ 국가 안보나 외교상의 기밀, 혹은 그에 준하는 중대한 공익과 관련된 내용을 포함한 개인정보파일의 경우에는 예외적으로 출처 통지를 하지 않아도 된다.
⑤ 수집 출처에 대한 고지는 정보주체의 요구가 있는 경우에만 실시하면 된다.

08 다음 중 개인정보 처리의 위탁과 제3자 제공에 대한 설명으로 옳지 않은 것은 어느 것인가?
① 위탁은 '개인정보 처리업무의 일부를 제3자에게 맡기는 것'을 의미하고, 제3자 제공은 '개인정보를 제3자에게 이전하는 것'을 의미한다.
② 위탁의 경우 수탁자에 대한 관리·감독 의무가 있으며, 제3자 제공은 정보주체가 사전에 제공 사실을 예측할 수 있어야 한다.
③ 위탁은 정보주체의 신뢰 범위 내에서 제공이 이루어져야 하며, 제3자 제공은 수탁자에 대한 관리·감독이 필요하다.
④ 위탁은 공개가 가능하며, 제3자 제공은 고지가 원칙이다.
⑤ 위탁의 예시로는 콜센터, A/S, 배송 등이 있으며, 제3자 제공의 예시로는 마케팅, 제휴, 고객정보 판매 등이 있다.

09 다음 중 개인정보 전송요구권에 대한 설명으로 옳지 않은 것은 무엇인가?
① 본인전송요구권은 정보주체가 컴퓨터 등 정보처리장치로 처리 가능한 형태로 개인정보를 전송받아 활용하는 권리이다.
② 제3자전송요구권은 정보주체가 중심이 되어 원하는 제3자에게 개인정보를 전송하도록 요구할 수 있는 권리이다.
③ 본인전송요구권은 정보주체의 개인정보 자기결정권을 강화한 권리로, 열람권보다 더 적극적인 활용을 가능하게 한다.
④ 전송요구권 관련 규정은 해외사업자에게는 적용되지 않는다.
⑤ 제3자 제공은 개인정보처리자가 중심이 되어 제공 범위 등을 정하고, 정보주체는 동의 여부만을 결정할 수 있다는 한계점이 있다.

10 다음 중 개인정보로 가장 거리가 먼 보기를 고르시오.
① 본인확인기관이 주민등록번호를 변환한 연계정보(CI)
② ID와 결제상품정보
③ 얼굴사진
④ 직급별 전체 직원의 급여 총액
⑤ 유족과의 관계를 알 수 있는 사망자 정보

11 개인정보보호법 상 고정형 영상정보처리기기에 대한 설명으로 가장 적절하지 않은 것은?
① 차량 외부를 촬영하는 블랙박스는 차량 외부를 지속적으로 촬영하므로 고정형 영상정보처리기기에 포함된다.
② 출입이 통제되는 사무실의 CCTV는 비공개된 장소라 개인정보보호법 제25조(고정형 영상정보처리기기의 설치ㆍ운영 제한)에 적용되지 않는다.
③ 고정형 영상정보처리기기 설치ㆍ운영의 적용 대상은 공개된 장소에 영상정보처리기기를 설치ㆍ운영하는 모든 자에게 적용된다.
④ 고정형 영상정보처리기기를 설치ㆍ운영하는 자는 정보주체가 쉽게 인식할 수 있도록 안내판을 설치하여야 한다.
⑤ 법률에 특별한 규정이 있는 경우로 안전사고 방지를 위해 사격장의 주요 지점에 CCTV를 설치하는 것은 가능하다.

12 다음 중 손해배상책임 보장제도의 적용 대상에 대한 설명으로 옳지 않은 것은 무엇인가?
① 직전 사업연도의 매출액이 10억 원 이상이고 전년도 말 기준 직전 3개월 간 개인정보가 저장ㆍ관리되고 있는 정보주체 수가 일일평균 1만명 이상이여야 한다.
② 정보주체 수는 현재 이용중인 회원수와 일치하는 개념으로 현재 이용중인 회원수로 일일평균 1만명을 측정하면 된다.
③ 임직원이 개인정보처리자가 제공하는 서비스를 이용하는 고객일 경우, 고객정보에 포함된 임직원정보는 산정 대상에 포함된다.
④ 온ㆍ오프라인 경로와 관계없이 저장된 전체 정보주체 수를 기준으로 한다.
⑤ 공공시스템운영기관은 손해배상책임 보장제도이 의무적용된다.

13 다음 중 개인정보에 해당하는지 여부를 판단할 때 고려해야 할 사항으로 옳지 않은 것은 무엇인가?
① 정보를 처리하는 자가 다른 정보를 합법적으로 입수할 수 있는 가능성이 있는지를 고려해야 한다.
② 다른 정보를 입수하더라도 당초 정보와 쉽게 결합하기 어려운 경우에는 개인정보에 해당하지 않을 수 있다.
③ 처리하는 자가 불법적인 방법으로 다른 정보를 입수할 수 있다면, 입수 가능성이 있다고 본다.
④ 정보의 개인정보 여부는 정보를 처리하는 자의 상황과 맥락에 따라 달라질 수 있다.
⑤ 자동차등록번호와 같이 장치에 부여된 정보도 다른 정보와 쉽게 결합해 특정 개인을 알아볼 수 있다면 개인정보에 해당할 수 있다.

14 다음 중 개인정보처리자가 개인정보를 수집·이용할 수 있는 정당한 계약의 이행 또는 체결 과정에 해당하지 않는 경우는 무엇인가?
① 온라인 교육을 신청하고 수료 후 수료증 발급에 합의한 경우
② 근로자가 사용자에게 근로를 제공하고 사용자로부터 임금을 받기로 합의한 경우
③ 온라인 쇼핑몰에서 약관에 동의하고 상품 구매 및 환불 절차를 진행한 경우
④ 정보주체에게 실제 제공하지 않을 서비스를 약관에 포함시키고 이에 대한 설명 없이 동의를 받은 경우
⑤ 아파트 관리사무소가 입주자와 관리서비스 제공에 대해 계약을 체결한 경우

15 다음 중 정보주체의 권리와 이익형량 시 고려사항에 대한 설명으로 가장 거리가 먼 보기를 고르시오.
① 개인정보의 민감도가 높아질수록 정보주체의 권리가 더 우선할 수 있다.
② 정보주체가 합리적으로 기대 및 예측할 수 있는 방식으로 개인정보를 처리할수록 개인정보 처리자의 정당한 이익이 우선할 가능성이 높아진다.
③ 개인정보의 처리 방식이 정보주체의 권리를 명확하게 침해하는 것이라면 개인정보처리자의 정당한 이익이 우선할 가능성이 높다.
④ 정보주체의 권리(열람청구 등) 행사 보호를 위한 다른 수단을 잘 이행할수록 개인정보처리자의 정당한 이익이 우선할 가능성이 높아진다.
⑤ 개인정보처리자가 사기업이 아닌 공공기관이거나, 고용관계에서 정보주체에 대한 감시나 통제의 우려가 있는 개인정보처리자의 경우에는 우월적 지위로 인해 보다 엄격한 이익형량 기준이 적용된다.

16 다음 중 개인정보처리자의 정당한 이익을 근거로 수집·이용 가능한 경우에 해당하지 않는 것은 무엇인가?

① 계약이 종료된 이후에도 사업자가 요금정산·채권추심 등을 위하여 고객의 서비스 이용내역, 과금내역 등의 개인정보를 관리하는 경우
② 사업자가 고객과의 소송이나 분쟁에 대비하여 요금 정산자료, 고객의 민원제기 내용 및 대응자료 등을 수집·관리하는 경우
③ 개인정보처리자가 제공하는 서비스의 안전한 제공을 위해 서비스에 접속하는 이용자의 접속기록 등의 정보를 부정이용 등을 방지하기 위한 부정행위탐지시스템(FDS) 운영을 위해 수집하여 이용하는 경우
④ 병원 응급실 등에서 폭행·난동 발생 시 병원 관계자가 업무목적으로 현장영상을 스마트폰으로 촬영(폭행·난동의 주체가 정보주체)하여 개인정보를 수집하여 증거자료로서 이용하는 경우
⑤ 수소 전기차·카셰어링 서비스 사업자가 사무실 내에 시설 안전, 사내 보안사고 예방목적으로 직원들의 개인정보 수집·이용 동의 없이 지속적으로 직원들의 근무공간을 촬영하는 CCTV를 설치·운영한 경우

17 다음 중 개인정보 처리에 대한 동의를 받을 때 충족해야 하는 조건으로 가장 거리가 먼 것을 고르시오.

① 정보주체의 자유로운 의사에 따라 동의 여부를 결정할 수 있을 것
② 계약 이행을 위한 사항 외의 개인정보도 반드시 포함하여 동의를 받아야 할 것
③ 그 내용을 쉽게 읽고 이해할 수 있는 문구를 사용할 것
④ 동의 여부를 명확하게 표시할 수 있는 방법을 정보주체에게 제공할 것
⑤ 동의를 받으려는 내용이 구체적이고 명확할 것

18 다음 중 필요 최소한의 개인정보 수집·이용에 가장 거리가 먼 보기를 고르시오.

① 온라인 쇼핑몰이 상품 배송을 위해 고객의 이름, 주소, 전화번호를 수집하는 경우
② 경품추첨 사실을 알리기 위해 고객의 연락처를 수집하는 경우
③ 병원에서 온라인 진료예약을 받으면서 임상실험 목적으로 관련 개인정보를 함께 수집하는 경우
④ 아파트 차량관리 업무를 위해 차량번호와 동·호수, 긴급 연락처를 수집하는 경우
⑤ 임직원 채용 전 단계에서 업무능력 파악을 위해 지원자의 전공, 경력, 자격증 정보를 수집하는 경우

19 다음 중 영업양도 등에 따른 개인정보 처리자의 의무에 대한 설명으로 옳지 않은 것은 무엇인가?
① 영업양도등으로 개인정보를 다른 사람에게 이전하는 개인정보처리자가 일차적으로 통지의무를 부담하고, 이 경우 거래상대방인 영업양수자가 통지를 대리하는 것도 가능하다.
② 정보주체에게 통지를 하는 경우, 서면, 전자우편, 팩스, 전화, 문자전송 또는 이에 상당하는 방법으로 개별 통지를 하여야 한다.
③ 영업양도자등이 과실 없이 서면등의 방법으로 개별 통지가 불가한 경우에는 인터넷 홈페이지에 5일 이상 게재하여야 한다.
④ 법 제27조는 "이전하는 경우", "미리" 알리도록 규정하고 있는데, 이는 정보주체가 이전을 거부할 수 있도록 충분한 시간적 여유를 부여할 필요가 있기 때문이다.
⑤ 영업양도자가 서비스를 더 이상 제공하지 않고 전체 서비스를 영업양수자에게 이전하는 경우에는 개인정보를 모두 파기해야 한다.

20 다음 중 GDPR의 개인정보보호책임자(DPO) 지정 관련 내용으로 가장 거리가 먼 보기를 고르시오.
① 컨트롤러 또는 프로세서는 DPO의 연락처를 공개하고 감독당국에 통지하여야 한다.
② DPO는 전문적 자질, 특히 개인정보보호법과 실무에 대한 전문적 지식 및 직무를 수행할 능력에 근거하여 지정되어야 한다.
③ DPO의 지정 의무는 컨트롤러 혹은 프로세서 해당 여부와 무관하게 적용된다.
④ 사업체 집단은 각 사업장에서 쉽게 접근이 가능할 경우, 복수 사업자가 단일 DPO를 지정할 수 있다.
⑤ DPO가 되기 위한 별도의 자격증이 필요하고 반드시 내부직원이어야 한다.

21 개인정보 분쟁조정 제도의 조정서의 효력은 무엇과 동일한가?
① 임시 조치
② 행정명령
③ 재판상 화해
④ 임시 조정
⑤ 과태료 처분

22 다음 보기 중 옳은 것을 모두 고르시오.

> ㄱ. 개인정보 처리방침에 대한 동의를 받는 방식으로 개인정보 수집·이용·제공 동의를 갈음할 수 있다.
> ㄴ. 회원가입에 필요한 개인정보는 별도의 동의 없이 최소한으로 수집이 가능하다.
> ㄷ. 졸업앨범에 교사의 사진을 넣을 때는 교사의 동의를 받지 않아도 된다.
> ㄹ. 개인정보 수집·이용에 한번 동의하면 취소할 수 없다.

① ㄱ
② ㄴ
③ ㄷ
④ ㄱ, ㄴ
⑤ ㄴ, ㄹ

23 다음 중 개인정보보호법에 근거하여 수집 목적 외로 개인정보를 이용하거나 제3자에게 제공할 수 있는 경우로 가장 거리가 먼 보기를 고르시오.
① 정보주체로부터 별도의 동의를 받은 경우
② 다른 법률에 특별한 규정이 있는 경우
③ 명백히 정보주체 또는 제3자의 급박한 생명, 신체, 재산의 이익을 위하여 필요한 경우
④ 공공기관이 내부 지침에 따라 개인정보를 제공하는 경우
⑤ 공중위생 등 공공의 안전과 안녕을 위하여 긴급히 필요한 경우

24 다음 중 재난이나 재해가 발생한 상황이 아님에도 불구하고 소방당국이 신속한 대응을 할 수 있도록 연락 체계를 구축하려는 경우, 개인정보처리자인 지자체 등이 정보주체의 동의 없이 개인정보를 제공할 수 있는지 여부에 대한 설명으로 옳은 것은 무엇인가?
① 급박한 상황이 아니므로 정보주체의 동의 없이 제공할 수 있다.
② 소방당국 요청이므로 동의 없이 제공해도 법적으로 문제없다.
③ 예방적 차원이므로 급박성이 인정되지 않더라도 제공이 가능하다.
④ 긴급하지 않더라도 공공기관 요청이면 제공할 수 있다.
⑤ 재난 예방 목적이라 하더라도 정보주체의 동의를 받아 처리해야 한다.

25 다음 중 고정형 영상정보처리기기의 설치 · 운영이 허용되는 경우에 해당하지 않는 것은 무엇인가?
① 법령에서 구체적으로 허용하고 있는 경우
② 범죄의 예방 및 수사를 위하여 필요한 경우
③ 시설의 안전 및 관리, 화재 예방을 위하여 정당한 권한을 가진 자가 설치 · 운영하는 경우
④ 다수가 이용하는 공동시설에서 주민 대표회의의 동의를 받아 설치 · 운영하는 경우
⑤ 교통정보의 수집 · 분석 및 제공을 위하여 정당한 권한을 가진 자가 설치 · 운영하는 경우

26 다음 중 개인정보의 국외이전을 위해 정보주체에게 별도의 동의를 받을 때 고지해야 하는 사항으로 올바른 항목을 고른 보기를 고르시오.

ㄱ. 이전되는 개인정보 항목
ㄴ. 개인정보가 이전되는 국가, 시기 및 방법
ㄷ. 개인정보를 이전받는 자의 성명(법인인 경우 명칭과 연락처)
ㄹ. 개인정보를 이전받는 자의 개인정보 이용 목적 및 보유 · 이용 기간
ㅁ. 개인정보의 이전을 거부하는 방법, 절차 및 거부의 효과

① ㄱ, ㄴ, ㄷ
② ㄱ, ㄷ, ㄹ
③ ㄱ, ㄴ, ㄷ, ㄹ
④ ㄱ, ㄷ, ㄹ, ㅁ
⑤ ㄱ, ㄴ, ㄷ, ㄹ, ㅁ

27 다음 중 개인정보보호법에 근거하여 국외이전 중지명령 시 고려해야 할 사항으로 중 가장 거리가 먼 것을 고르시오.
① 국외로 이전되었거나 추가적인 국외이전이 예상되는 개인정보의 유형 및 규모
② 이전받는 자나 이전 국가/국제기구가 피해구제를 위한 금전적 피해보상금 보유 여부
③ 정보주체에게 발생하였거나 발생할 우려가 있는 피해가 중대하거나 회복하기 어려운 피해인지 여부
④ 국외 이전의 중지를 명하는 것이 중지를 명하지 않았을 경우보다 명백히 정보주체에게 이익이 되는지 여부
⑤ 이전받는 자나 이전 국가/국제기구에서 중대한 침해 사고가 발생하는 등 보호하기 어렵다 인정할 사유가 존재하는지 여부

28 다음 중 개인정보 처리 업무의 위탁에 포함되지 않는 경우로 올바른 것은 무엇인가?
① 병원이 전자처방전을 환자가 지정한 약국으로 전송하는 과정에서 중계를 위해 처방 정보를 일시적으로 보관하는 전자처방전 서비스 플랫폼
② 홈페이지를 운영하며 개인정보를 수집하는 공공기관의 홈페이지 운영 및 유지보수를 수행하는 회사
③ 인사 관련 문서를 파기하려는 회사의 인사 문서 파기를 위해 계약한 파쇄회사
④ 기업으로부터 채권추심업무를 위탁받아 채무자 정보를 받아 추심업무를 하는 채권회수전문기관
⑤ 전국에 백여개 가맹점을 가진 본사의 콜센터·홈페이지를 통해 접수된 배달주문을 처리하는 가맹점

29 다음 중 개인정보 수집·이용에 대한 동의를 받는 방법으로 가장 거리가 먼 보기를 고르시오.
① 동의 내용을 적은 서면을 정보주체에게 직접 발급하거나 우편·팩스 등으로 전달하고, 서명 또는 날인을 받은 동의서를 회수하는 방법
② 전화를 통해 동의 내용을 설명하고, 정보주체의 동의 의사 표시를 전화로 직접 확인하는 방법
③ 전화를 통해 동의 내용을 알린 뒤 인터넷 주소 등을 안내하여 내용을 확인하도록 하고, 이후 다시 통화하여 동의 의사를 확인하는 방법
④ 인터넷 홈페이지 등에 동의 내용을 게시하고, 정보주체가 동의 여부를 클릭 등으로 표시하는 방법
⑤ 동의 내용을 SNS 메신저로 송부하고, 읽음(읽은 표시)을 확인하는 방법

30 다음 중 법정대리인의 동의 여부를 확인하는 방법으로 가장 거리가 먼 보기를 고르시오.
① 동의 내용이 기재된 사이트에서 대리인이 동의 여부를 표시하도록 하고, 처리자가 그 동의 표시를 확인할 수 있도록 문자메시지로 알림을 발송하는 방법
② 동의 내용이 기재된 사이트에서 대리인이 동의 여부를 표시하도록 하고, 신용카드 또는 직불카드 등의 정보를 제공받아 확인하는 방법
③ 동의 내용이 기재된 사이트에서 대리인이 동의 여부를 표시하도록 하고, 휴대전화 본인확인 등 방법으로 본인 여부를 검증하는 방법
④ 동의 내용을 전자우편과 우편 발송을 동시에 수행하는 방법
⑤ 동의 내용을 전화로 알리고, 인터넷 주소 등을 통해 동의 내용을 확인한 후 다시 통화하여 동의 의사를 확인하는 방법

31 다음 중 개인정보 보존의무 기한에 관한 내용으로 옳은 것을 모두 고르시오.

> ㄱ. 통신사실 확인자료 : 12개월
> ㄴ. 환자 명부 : 5년
> ㄷ. 수술기록 : 10년
> ㄹ. 표시/광고에 관한 기록 : 6개월
> ㅁ. 계약 또는 청약철회에 관한 기록 : 5년

① ㄱ, ㄴ
② ㄱ, ㄴ, ㄷ
③ ㄱ, ㄴ, ㄷ, ㄹ
④ ㄱ, ㄷ, ㄹ, ㅁ
⑤ ㄱ, ㄴ, ㄷ, ㄹ, ㅁ

32 다음 개인정보 관련 사고 통지·신고 기준에 대한 설명으로 옳지 않은 것을 고르시오.
① 개인정보처리자는 개인정보 유출사고 발생 시 48시간 이내에 신고를 해야한다.
② 유출 신고는 개인정보보호위원회 또는 한국인터넷진흥원으로 해야한다.
③ 정보통신서비스 제공자는 해킹 등 침해사고로 개인정보 유출이 발생한 경우, 개인정보 유출 신고와 침해사고 신고를 각각 접수하여야 한다.
④ 개인정보 침해사고 신고는 과기정통부 또는 한국인터넷진흥원으로 해야한다.
⑤ 개인정보 침해사고는 24시간 이내 신고하여야 한다.

33 다음 중 「개인정보 보호법」에서 이동형 영상정보처리기기 활용에 대한 설명으로 가장 거리가 먼 것을 고르시오.
① 「개인정보 보호법」 제25조의2는 자율주행차, 배달로봇 등이 자율주행 과정에서 영상을 촬영하여 활용할 수 있는 법적 근거를 마련하기 위한 취지로 신설된 조항이다.
② 자율주행차가 AI 학습을 위해 영상 원본을 보관하고 활용하는 경우에는 원칙적으로 특정 개인을 알아볼 수 없도록 가명처리를 한 후 활용해야 한다.
③ 드론에 의한 항공촬영 등 촬영 방법의 특성으로 인해 정보주체에게 촬영 사실을 알리기 어려운 경우에는 보호위원회가 구축한 인터넷 사이트를 통해 공지하는 방법으로 알릴 수 있다.
④ 취미 목적의 드론 영상 촬영도 「개인정보 보호법」의 적용을 받으며, 반드시 정보주체에게 촬영 사실을 고지해야 한다.
⑤ 블랙박스가 촬영한 영상이 주행기술 개발 등 별도 업무 목적으로 사용되는 경우, 차량 외부에 LED 또는 스티커 등을 통해 촬영 사실을 표시해야 한다.

34 다음 중 「개인정보 보호법」상 가명정보 제공과 관련한 설명으로 가장 거리가 먼 보기를 고르시오.
① 개인정보처리자는 제3자의 개인정보 보호수준 및 신뢰도를 고려하여 제공하는 가명정보로 발생할 수 있는 재식별 위험을 최소화하기 위해 노력해야 한다.
② 개인정보처리자는 가명정보를 제3자에게 제공할 때, 추가정보 등 특정 개인을 알아보기 위하여 사용될 수 있는 정보를 함께 제공할 수 있다.
③ 개인정보처리자는 제3자가 사전에 보유하고 있는 정보나 접근 가능한 정보를 고려하여, 가명정보와의 연계 가능성을 파악하기 위해 관련 정보를 요청할 수 있다.
④ 가명정보를 제공받은 자가 안전조치를 이행하지 않아 유출이 발생한 경우, 처벌대상은 제공한 자가 아닌 제공받은 자 중에서 불법 행위자이다.
⑤ 개인정보처리자가 법률에서 정한 안전조치를 모두 준수한 상태로 가명정보를 제공한 경우, 제공받은 자가 의도치 않게 특정 개인을 알아볼 수 있는 정보가 생성되었다는 사실만으로는 제공자에게 개인정보 보호법상 행정처분을 하지 않는다.

35 다음 중 개인정보 분쟁조정위원회와 관련된 설명으로 가장 거리가 먼 보기를 고르시오.
① 개인정보 분쟁조정위원회는 분쟁 당사자 간 입장을 조율하고 조정안을 제시하는 독립적인 분쟁 해결 기관이다.
② 개인정보 분쟁조정위원회에 분쟁조정을 신청하면, 개인정보를 침해한 사업자에게 과태료를 부과할 수 있다.
③ 개인정보 분쟁조정위원회는 「개인정보 보호법」 제40조에 따라 설치된 국가에서 운영하는 합의제 기구이다.
④ 개인정보 분쟁조정위원회는 조정 접수와 사실관계 확인 등 사무처리는 개인정보보호위원회가 담당한다.
⑤ 개인정보 분쟁조정위원회와 개인정보보호위원회는 각각 개인정보 분쟁 조정, 보호 정책 심의 등 서로 다른 업무를 수행하는 별개의 기구이다.

36 다음 중 「개인정보 보호법」상 집단분쟁조정 제도에 대한 설명으로 가장 거리가 먼 보기를 고르시오.
① 집단분쟁조정을 신청하기 위해서는 피해 또는 권리침해를 입은 정보주체가 50명 이상이어야 하며, 일정 요건에 해당하는 자는 제외된다.
② 집단분쟁조정의 중요한 쟁점은 사실상 또는 법률상 공통되어야 한다.
③ 집단분쟁조정 개시를 위해 분쟁조정위원회는 의결로 절차를 시작할 수 있으며, 최소 14일 이상 개시 사실을 공고해야 한다.
④ 분쟁조정위원회는 집단분쟁조정 당사자가 아닌 자에 대해서는 당사자 추가 신청을 받을 수 없다.
⑤ 분쟁조정위원회는 의결을 통해 공동의 이익을 대표할 수 있는 1인 또는 수인을 대표 당사자로 선임할 수 있다.

37 다음은 XX기관과 ☆☆대학 간의 가명정보 처리 위탁 사례이다. 이 사례를 바탕으로 판단할 때, 가장 바람직한 조치는 무엇인가?

> XX기관은 복지 서비스 정책 개선을 위한 모델 개발 연구를 위해 ☆☆대학에 해당 연구를 위탁하였다.
> XX기관은 보유 중인 기초수급대상자 정보와 정부 예산 수급·지원 내역을 가명처리하여 ☆☆대학에 제공하였다.
> 그러나 가명정보의 처리를 위탁하면서, ☆☆대학이 가명정보 처리에 대해 안전성 확보조치를 이행하고 있는지 확인하지 않았다.
> XX기관은 가명정보 처리에 대한 내부 관리계획을 마련하고, 이를 준수하기 위해 전담조직을 구성하고 내부지침, 접근통제 등 보호조치를 갖추고 있다.
> ☆☆대학은 연구비를 지원받아 복지 서비스 개선을 위한 연구 용역을 수행하고 있으나, 가명정보 처리에 필요한 교육 및 안전조치 이행에 대한 확인은 이루어지지 않았다.

① 가명정보는 개인정보가 아니므로 위탁 시 수탁자의 보호조치 여부는 확인하지 않아도 된다.
② ☆☆대학은 연구기관이기 때문에 XX기관은 별도의 보호조치를 요구할 필요는 없다.
③ XX기관의 내부 보호조치가 충분하므로, 수탁자(☆☆대학)의 보호조치 이행 여부는 관리 책임이 없다.
④ 가명정보 처리 위탁 시, 수탁자(☆☆대학)의 안전조치 이행 여부를 사전에 확인하고, 필요 시 교육과 지원을 통해 관리해야 한다.
⑤ 수탁자(☆☆대학)는 연구 용도로만 활용할 것이므로, 가명정보 보호조치는 사후 점검해도 무방하다.

38 다음 중 개인정보 전송요구권 관련 설명으로 가장 거리가 먼 보기를 고르시오.
① 일반수신자는 맞춤형 서비스 제공, 연구·교육 등을 위하여 정보전송자로부터 개인정보를 수신받는 기관을 말한다.
② 정보전송자는 정보주체의 요구에 따라 개인정보를 제3자에게 제공하는 개인정보처리자를 의미한다.
③ 동일한 기관이 일반수신자 등재와 일반전문기관·특수전문기관 지정을 동시에 받는 것은 가능하다.
④ 중계전문기관은 개인정보 전송과 관련한 시스템을 운영하고 전송 업무를 기술적으로 지원하는 역할을 한다.
⑤ 개인정보 전송지원 플랫폼은 전송 이력 확인, 전송 요청 관리 등 정보주체의 전송요구권 이행 전 과정을 지원하는 온라인 채널이다.

39 개인정보처리자가 정보주체의 동의 없이도 개인정보를 수집·이용할 수 있는 경우로 가장 적절하지 않은 보기를 고르시오.
① 감염병 확산 상황에서 공공의 안전을 위해 긴급히 필요한 경우
② 계약 체결 과정에서 정보주체의 요청에 따른 조치를 이행하기 위한 경우
③ 개인정보처리자의 정당한 이익이 있더라도 정보주체의 권리가 더 우선인 경우
④ 법령상 의무를 준수하기 위하여 불가피하게 필요한 경우
⑤ 공공기관이 소관 업무 수행을 위하여 법령에 따라 불가피하게 필요한 경우

40. 다음 중 개인정보 보호법상 정보주체 또는 제3자의 급박한 생명·신체·재산의 이익을 위해 정보주체의 동의 없이 개인정보를 수집·이용할 수 있는 사례로 가장 적절하지 않은 보기를 고르시오.
   ① 화재 발생 시 자녀의 안전을 위해 해당 자녀 또는 부모의 휴대전화 번호를 수집하는 경우
   ② 보이스피싱 의심 거래가 발생하여 은행이 고객의 정보를 확인하는 경우
   ③ 아동 대상 범죄가 예상되어 경찰이 렌터카 사업자로부터 서비스 이용자인 범죄자의 개인정보를 수집하는 경우
   ④ 민간 기업이 마케팅 목적으로 고객의 위치정보를 분석하여 상품을 추천한 경우
   ⑤ 산불 확산으로 피해 예상 지역 주민의 구조를 위해 개인정보를 수집하는 경우

41. 다음 중 가명정보 처리 절차에 대한 설명으로 가장 적절한 순서를 나열한 것은 무엇인가?
   ① 가명처리 → 위험성 검토 → 적정성 검토 → 목적설정 등 사전 준비 → 안전한 관리
   ② 적정성 검토 → 목적설정 등 사전 준비 → 가명처리 → 위험성 검토 → 안전한 관리
   ③ 목적설정 등 사전 준비 → 위험성 검토 → 가명처리 → 적정성 검토 → 안전한 관리
   ④ 목적설정 등 사전 준비 → 가명처리 → 적정성 검토 → 위험성 검토 → 안전한 관리
   ⑤ 위험성 검토 → 가명처리 → 적정성 검토 → 목적설정 등 사전 준비 → 안전한 관리

42. 다음 중 「개인정보 전송 요구」 제도에 대한 설명으로 옳지 않은 것은 무엇인가?
   ① 정보주체는 오프라인으로 전송요구가 가능하다.
   ② 개인정보 전송 요구에 따른 전송 이행도 개인정보 처리에 해당하므로 전송 업무를 보호법 제26조에 따라 수탁자에게 위탁하여 수행 가능하다.
   ③ 전송받은 정보는 안전성을 높이고 국외 유출 등의 우려를 해소하기 위해 분리보관을 해야한다.
   ④ 마이데이터 관련 개인정보 보호법령에 따라 고시로 정한 전송 요구 대상 정보에 대하여 스크래핑 방식의 수집이 가능하며, 표준API는 선택사항이다.
   ⑤ 일반전문기관이 복수의 분야 정보를 전송받더라도 분야별로 정보를 분리 보관하여야 하는 것은 아니다.

43 손해배상책임 이행을 위한 보험가입 관련 설명으로 적절한 보기를 고르시오.

가입대상개인정보처리자의 가입금액 산정요소		최저가입금액 (최소적립금액)
정보 주체 수	매출액 등	
(ㄱ) 명 이상 (ㄴ) 명 미만	800억 원 초과	(ㄹ) 원
	50억 원 초과 800억 원 이하	(ㅁ) 원
	10억 원 이상 50억 원 이하	5천만 원
(ㄴ) 명 이상 (ㄷ) 명 미만	800억 원 초과	5억 원
	50억 원 초과 800억 원 이하	2억 원
	10억 원 이상 50억 원 이하	1억 원
(ㄷ) 명 이상	800억 원 초과	10억 원
	50억 원 초과 800억 원 이하	5억 원
	10억 원 이상 50억 원 이하	2억 원

① (ㄱ) 1만 명, (ㄴ) 5만 명, (ㄷ) 10만 명, (ㄹ) 5억 원, (ㅁ) 2억 원
② (ㄱ) 1만 명, (ㄴ) 10만 명, (ㄷ) 100만 명, (ㄹ) 2억 원, (ㅁ) 1억 원
③ (ㄱ) 10만 명, (ㄴ) 10만 명, (ㄷ) 100만 명, (ㄹ) 2억 원, (ㅁ) 1억 원
④ (ㄱ) 10만 명, (ㄴ) 50만 명, (ㄷ) 100만 명, (ㄹ) 10억 원, (ㅁ) 5억 원
⑤ (ㄱ) 150만 명, (ㄴ) 100만 명, (ㄷ) 150만 명, (ㄹ) 10억 원, (ㅁ) 5억 원

44 다음 중 '자동화된 결정'으로 판단하기 위한 요건으로 적절하지 않은 것은 무엇인가?
① '완전히 자동화된 시스템'에 의할 것
② '개인정보를 처리'하여 이루어질 것
③ 개인정보처리자에 의한 '결정'일 것
④ 정보주체에 대한 '최종적인 결정'일 것
⑤ 다른 법률에 자동화된 결정 관련 특별한 규정이 있을 것

45 개인정보처리자가 정보주체로부터 개인정보 처리에 대한 동의를 받을 때는 각 항목을 구분하여 명확히 안내하고 동의를 받아야 한다. 다음 중 이러한 구분 동의의 대상에 해당하지 않는 것은 무엇인가?
① 재화나 서비스의 홍보 및 권유를 위해 개인정보를 이용하려는 경우
② 제3자에게 개인정보를 제공(또는 공유)하려는 경우
③ 주민등록번호를 처리하려는 경우
④ 민감정보나 고유식별정보를 처리하려는 경우
⑤ 수집 목적과 다른 용도로 개인정보를 이용 또는 제공하려는 경우

46 개인정보 가치를 산정하는 방법인 조건부가치측정법(CVM, Contingent Valuation Method)에 대한 설명으로 가장 적절하지 않은 보기를 고르시오.
① CVM은 환경, 경관 등 시장에서 거래되지 않는 재화의 가치를 측정할 수 있는 방법이다.
② 실제 비용이나 시장가격을 기준으로 가치 추정을 수행하는 것이 특징이다.
③ 지불의사금액(WTP)을 바탕으로 대상 자원의 경제적 가치를 추정한다.
④ 주로 설문조사를 통해 가상의 상황을 제시하고 응답자의 반응을 수집하여 가치를 산정한다.
⑤ CVM의 장점 중 하나는 비교적 간단한 절차로 다양한 자원에 적용이 가능하다는 점이다.

47 다음 중 전문 개인정보보호책임자(전문 CPO) 지정과 관련한 설명으로 옳지 않은 것은 무엇인가?
① 전문 CPO는 일정 기준 이상의 개인정보처리자에게 지정이 의무화된 제도이다.
② 전문 CPO는 개인정보보호, 정보보호, 정보기술 분야의 경력을 합쳐 3년 이상 경력이 있어야 자격이 인정된다.
③ 전문 CPO 지정 대상에는 연 매출액 또는 수입이 1,500억 원 이상이면서 100만 명 이상 개인정보를 처리하는 자가 포함된다.
④ 대규모 민감정보(건강정보)를 처리하는 상급종합병원은 전문 CPO 지정 대상에 해당한다.
⑤ 전문 CPO 지정 제도는 기존 CPO의 전문성과 독립성 부족 문제를 개선하기 위해 도입되었다.

48 다음 중 개인정보의 파기에 대한 설명으로 적절하지 않은 것은 무엇인가?
① 디지털 방식의 파기를 수행할 때는 무작위 값 덮어쓰기를 3회 이상 수행하는 것이 권장된다.
② 회원 탈퇴 시 개인정보뿐 아니라 연계된 회원번호도 같이 파기해야 한다.
③ 법령상 보존 의무가 명시된 경우에는 해당 기간 동안 개인정보를 보존할 수 있다.
④ 다른 정보를 결합해도 누구인지 식별할 수 없는 익명 정보는 반드시 5일 이내에 파기해야 한다.
⑤ 블록체인과 같이 파기가 어려운 기술적 환경에서는 솔트(salt) 추가 등으로 식별 불가능하게 처리할 수 있다.

49 아래 OO호텔과 XX회사의 개인정보 처리 사례를 참고하여, 개인정보 처리 업무 및 안정성 확보조치에 대한 설명으로 가장 적절한 보기를 고르시오.

> ○○호텔에서는 최고급 객실을 이용한 VIP등의 특이정보를 삭제하지 않고 호텔 투숙 및 서비스 금액 등을 XX분석 회사에 제공하고, XX분석회사는 해당 정보를 분석하여 시간에 따른 객실이용현황 및 서비스이용에 대한 조사 연구를 수행하고 있다.
> XX 분석회사는 온라인 SNS정보 및 다양한 기업의 정보를 수집하여 다양한 연구조사를 실시하는 회사로서 내부 관리계획을 수립하고, 관리적 · 기술적 보호조치를 준수하고 있다.
> 호텔은 회원번호와 이름을 가명처리하고, 나이, 성별, 등급, 예약방법, 객실정보, 체크인, 체크아웃, 서비스 이용금액을 제공하였다. XX 분석회사의 분석담당자는 특정일에 최고급 객실을 이용한 내용을 분석과정에서 인지할 수 있으며, 기존 업무(온라인 SNS정보 수집)를 수행하며 공개된 정보(개인이 SNS에 올리는 정보, 여행후기 등)를 통해 특정 개인을 식별할 가능성이 있다.

① SNS 데이터와 결합할 수 있으므로 호텔은 모든 데이터를 삭제하고 제공을 중단해야 한다.
② 가명정보이므로 어떠한 추가 조치 없이 분석 목적으로 자유롭게 제공이 가능하다.
③ 분석회사가 보호조치를 준수하고 있으므로 호텔은 식별 가능성이 있더라도 그대로 제공해도 된다.
④ ○○호텔은 최고급 객실 이용 여부와 같은 특이정보는 개인 식별 가능성을 높일 수 있어 제공 전 삭제 또는 추가 가명처리 등을 수행한다.
⑤ 회원번호와 이름만 가명처리했기 때문에 개인정보 제공에 해당되지 않는다.

50 다음 중 공공기관에서 개인영상정보 제공 시 준수사항 및 절차에 대한 설명으로 옳지 않은 것은 무엇인가?
① 신청서, 공문 등으로 명확한 목적 명시와 필요한 최소한의 자료를 요청받고 제공하여야 한다.
② 제공한 기관은 제공 사실에 대해 인터넷 등 공개 및 기록·관리하여야 한다.
③ 목적 달성 등 불필요하게 된 경우, 즉시 파기 및 파기사실 통보하여야 한다.
④ 재난이나 범죄 대응 등 긴급한 경우에는 공공기관 간 협의 없이도 별도의 절차 없이 처리할 수 있다.
⑤ 사전에 제3자 영상 포함 및 타인의 사생활 침해 등 검토하여야 한다.

51 다음 중 개인정보 보호법 및 관련 고시에 따른 '내부관리계획'의 구성 요소로 가장 적절하지 않은 것은?
① 개인정보 처리단계별 안전조치 이행 기준
② 개인정보 보호 책임자의 임명 및 역할
③ 개인정보 열람 청구에 대한 처리절차
④ 개인정보 유출 시 대응 및 복구 절차
⑤ 정보통신망 관리·운영과 관련한 기술 기준

52 A병원은 최근 내부망에서 직원 B가 허가 없이 의료기록을 다량 조회한 사실을 확인하였다. 조사 결과, 다음 보기와 같은 사항이 드러났을 때, A병원의 보호조치 미흡 사항으로 가장 적절한 것은?

- 로그는 기록되었으나 실시간 이상징후 감지는 미작동
- 접근권한은 진료 부서 전체에 동일하게 부여
- 접근 제한 구역 설정 없음
- 관리자 패스워드는 2년째 변경되지 않음

① 접근권한 차등 부여 기준의 부재
② 개인정보 수집 동의서 누락
③ 진료기록 자체의 암호화 미비
④ 파기 보존기한 설정 오류
⑤ 수탁자 계약서 미체결

53 다음 중 「개인정보의 안전성 확보조치 기준」에 따른 암호화 대상 정보로서 가장 타당하지 않은 것은?
① 주민등록번호
② 비밀번호
③ 금융기관명
④ 운전면허번호
⑤ 외국인등록번호

54 다음 중 접근통제 조치의 실무 적용 사례로 가장 적절한 것은?
① 외부에서 특정 포트를 통해 직접 DB 접속이 가능하도록 설정
② 접근권한은 직급에 따라 일괄 부여하고, 1년에 한 번 점검
③ 전산실에는 카드키 외 출입 제한이 없어도 무방함
④ 업무별로 접근권한을 최소화하고, 이상징후 발생 시 알림 설정
⑤ 업무에 따라 공유 계정을 만들어 팀 전체가 함께 사용

55 기업 A는 최근 정보 유출 사건 이후 다음 보기와 같은 보호조치를 추가 시행하였다. 이 조치들을 통해 A사가 의도한 목표로 가장 부적절한 것은?

- 주요 DB 암호화
- 서버 접근 로그 6개월 보관
- 정기적인 계정 사용 이력 점검
- 수탁사에 대한 연 1회 실사
- 전산장비 반입 시 보안 태그 부착

① 개인정보의 무단 열람 방지
② 유출 사고 발생 시 법적 책임 회피
③ 장비 반입을 통한 무단 복제 방지
④ 수탁자에 대한 위탁관리 강화
⑤ 내부 사용자 행위에 대한 추적 가능성 확보

56 다음 중 「개인정보의 안전성 확보조치 기준」에 따라 개인정보처리자가 네트워크 보호조치를 수행함에 있어 필수적으로 이행해야 하는 조치로 가장 적절하지 않은 것은?
① 방화벽 등 접근차단 시스템 설치 및 운영
② 보안업체에 위탁하여 DDoS 탐지 시스템만 운영
③ 악성코드 탐지를 위한 보안프로그램 설치 및 업데이트
④ 외부 접속 시 안전한 암호화통신 방식(Secure Protocol) 적용
⑤ 불필요한 포트 및 서비스는 차단 또는 제거

57. A사는 수탁업체 B와의 업무위탁 계약에 다음 보기와 같은 조항을 포함시켰다. 이 중 위탁관리 조치 기준에 부합하지 않는 내용은 무엇인가?

- "업무 중 취급한 개인정보는 A사의 별도 지시가 없는 한 자체 파기 불가"
- "정기점검은 분기 1회로 하며, 점검 결과는 회수하지 않음"
- "권한 변경은 A사의 요청 시 즉시 처리함"
- "B사는 수탁업체 보안사고 발생 시 A사에 즉시 통보해야 함"

① 개인정보 파기 기준의 수탁자 자율성 미보장
② 점검 후 결과 보고 또는 회수의 부재
③ 권한 변경 방식의 명확한 요청 처리절차 부재
④ 사고 발생 시 통지 의무 명시
⑤ 위탁계약 내용 전체가 법적 효력 상실

58. 다음 중 「개인정보의 안전성 확보조치 기준」에 따른 물리적 안전조치의 예로 적절하지 않은 것은?
① 전산실에 출입 가능한 직원 명단을 관리하며, 비인가자의 출입을 제한한다.
② 개인정보가 저장된 서버실에 생체인식 출입 시스템을 도입하였다.
③ 사무실의 책상 위에 출력한 개인정보 서류를 상시 비치하여 신속한 업무처리를 유도하였다.
④ 출입이 제한된 장소에는 CCTV를 설치하고, 영상기록을 6개월간 보관하였다.
⑤ 정전 발생 시 개인정보 유실을 방지하기 위해 UPS(무정전 전원공급장치)를 구축하였다.

59. A기관은 외부 저장장치를 통해 개인정보 유출 가능성이 높다고 판단하고, USB 관리 정책을 수립하였다. 다음 중 「개인정보 보호법」 및 「안전성 확보조치 기준」상 가장 부적절한 항목은?
① 업무용 보안 USB만 허용하고, 개인 USB는 차단
② USB 내 개인정보는 암호화 저장을 원칙으로 설정
③ USB 포트는 기본 차단하되 승인 시 일시 개방
④ 보안 USB라도 민감정보는 저장 금지
⑤ USB 사용내역은 로그로 별도 기록하여 6개월 이상 보관

60 A기관은 개인정보 유출 사고 이후 다음 보기와 같은 사항을 언론에 공개했다. 이 기관이 준수한 보호조치 기준 중, 기술적 조치가 아닌 항목은?

> - 고유식별정보는 AES-256으로 저장 암호화
> - 출력물 관리대장 작성 및 파쇄실 이력 보관
> - 내부관리계획에 따라 책임자·담당자 지정
> - 이상징후 모니터링 시스템 도입 후 탐지율 향상
> - 웹사이트 보안진단 완료 및 최신 보안패치 적용

① AES-256 저장암호화
② 이상징후 모니터링 시스템
③ 웹사이트 보안진단 및 패치
④ 출력물 관리대장 및 파쇄 이력 관리
⑤ 탐지율 향상 기반의 기술적 모니터링 체계

61 다음 중 「개인정보의 안전성 확보조치 기준」에 따른 'CCTV 설치·운영'에 관한 설명으로 가장 적절하지 않은 것은?
① 영상정보처리기기의 목적의 달성을 위한 최소한의 기간을 산정하기 곤란한 때에는 보관 기간을 개인영상정보 수집 후 90일 이내로 한다.
② CCTV의 설치 여부 및 촬영 구역에 대하여 정보주체가 인식할 수 있도록 안내판을 설치하여야 한다.
③ 영상정보 보관 장치는 외부망과 분리하거나 방화벽 등 네트워크 보호조치를 적용해야 한다.
④ 설치 목적이 종료된 경우 즉시 철거하거나 촬영 기능을 중단하여야 하며, 이행을 입증할 수 있어야 한다.
⑤ 영상정보 열람기록은 보안기록으로 분류되어 1년 이상 보존하여야 하며, 열람 사유도 함께 기록해야 한다.

62 다음 중 보안출력물의 처리 기준에 대한 설명으로 모두 옳은 것을 고르면?

> A. 출력 시 출력물에 개인정보가 포함되어 있음을 인지할 수 있도록 표시할 수 있다.
> B. 보안출력물은 지정된 보안함이나 잠금장치가 있는 캐비닛에 보관하여야 한다.
> C. 보안출력물의 파기는 반드시 파쇄기 등을 사용하여 복구 불가능한 상태로 진행해야 한다.
> D. 출력물의 이동 또는 반출은 내부관리계획에 따라 전자적 기록을 남겨야 한다.

① A, B
② A, C
③ B, C, D
④ A, C, D
⑤ A, B, C, D

63 다음 사례에서 개인정보 안정성 확보조치와 관련해서 가장 관련이 없는 것은?

> A기업은 고객센터 내부망에서 접속하는 웹시스템에 대해 ID와 패스워드만으로 로그인하도록 설정해두었다.
> 또한 개인정보가 포함된 엑셀 파일은 특정 경로에 공유 설정을 통해 사내 전 직원이 열람 가능하게 되어 있으며, 고객 CS응대 시 민감정보를 포함한 일부 기록이 자동 백업되는 NAS는 외부망에 연결되어 있었다.

① ID · 비밀번호 단일 인증 방식
② 엑셀 파일의 사내 공유
③ 민감정보의 자동 백업 설정
④ 외부망에 연결된 NAS 보관
⑤ CS 응대 기록의 자동 저장

64 다음 중 수탁자에 대한 관리 · 감독 조치로서 고시 기준에 해당하지 않는 것은?

① 수탁자의 개인정보 처리실태에 대한 정기점검
② 수탁자 직원 대상의 개인정보 보호 교육
③ 수탁자가 해킹 피해를 입은 경우 과징금 감경을 위한 문서 보관
④ 위탁계약서에 개인정보의 목적 외 이용 제한 명시
⑤ 수탁자의 위반 사실 발생 시 즉시 통보 및 조치 요구

65 다음은 모 정보기관의 해킹 및 랜섬웨어 대응 방안이다. 바람직하지 않은 것을 고르면?

① 랜섬웨어 감염 시를 대비해 복호화키는 별도의 보안 USB에 저장한다.
② 해킹 탐지를 위해 이상징후 로그 분석 기능을 갖춘 보안장비를 운영한다.
③ 파일 백업은 NAS를 통해 실시간으로 수행하되, 보안은 사내망과 연동한다.
④ 악성코드 유입 차단을 위해 정기적인 소프트웨어 업데이트를 수행한다.
⑤ 침해사고 발생 시에는 즉시 대응반을 구성하여 정보주체에게 통보한다.

66 다음 중 개인정보처리자가 내부관리계획을 수립할 때 반드시 포함해야 할 사항으로 가장 적절하지 않은 것은?

① 개인정보처리자의 개인정보 보호책임자 지정 및 역할
② 개인정보파일별 처리 근거 및 보유기간에 대한 검토
③ 재해복구계획(DR) 및 업무연속성계획(BCP)에 따른 훈련 결과
④ 권한 부여 및 인증, 접속기록의 보관 및 점검 방법
⑤ 개인정보 보호를 위한 물리적 접근 통제 및 보안구역 설정

67 개인정보처리자가 고유식별정보를 암호화하지 않고 처리할 수 있는 예외 사유로 가장 적절한 것은?

① 정보주체의 동의를 받은 경우
② 내부 시스템에서만 처리되는 경우
③ 고유식별정보가 아닌 정보를 함께 처리하는 경우
④ 분리 보관이 어렵고 안전성 확보조치가 기술적으로 곤란한 경우
⑤ 해당 정보가 외부에 유출될 가능성이 낮은 경우

68 다음 중 비밀번호 설정 및 관리 기준에 해당하지 않는 것은?

① 비밀번호는 10자리 이상의 영문·숫자·특수문자 조합으로 설정한다.
② 비밀번호는 동일한 값을 3개월 이상 사용하지 않도록 주기적으로 변경한다.
③ 비밀번호는 관리자에 의해 설정되고, 사용자는 수정할 수 없도록 한다.
④ 비밀번호 입력 시 화면상 출력되지 않도록 마스킹 처리한다.
⑤ 비밀번호 유출에 대비해 2단계 인증을 병행할 수 있다.

69 A기관은 정보시스템 접속기록에 대해 다음과 같은 조치를 취하고 있다. 이에 대한 설명으로 가장 적절한 것은?

- 접속기록은 암호화되어 저장되고, 외부 전송 시 추가로 별도 암호화가 이중 적용된다.
- 관리자 계정의 접속은 별도로 로깅되며, 위변조 방지를 위해 로그 저장 장비에 대한 무결성 검증이 수행된다.
- 이상징후가 감지되면 즉시 담당자에게 통보되고, 반복 접근 시 계정이 자동 차단된다.

① 접속기록은 최소 30일 이상 보관되면 법령을 준수한 것이다.
② 위 사례는 기술적 보호조치 기준에 미달하는 방식이다.
③ 이상징후 탐지는 개인정보 침해 사고로 간주되므로 즉시 신고되어야 한다.
④ 무결성 검증 기능은 고급 보안 기능으로 권고사항일 뿐 필수는 아니다.
⑤ 위 기관의 조치는 고시 기준을 모두 충족하는 적정한 방식이다.

70 개인정보처리자 B기업은 최근 외부 수탁사로부터 개인정보 유출 사고가 발생한 이후, 내부관리계획을 전면 재정비하고자 한다. 이 계획의 수립 및 이행과 관련하여, 다음 중 현행 법령 및 고시에 따라 가장 핵심적으로 고려해야 할 사항은 무엇인가?

① 개인정보 처리목적을 명확히 하여 수탁사 계약서에 이를 상세히 기재한다.
② 수탁자와 정기적 보안점검 및 교육 훈련 계획을 수립한다.
③ 수탁사에 로그관리 및 백업체계를 위임하고 책임을 이관한다.
④ 내부관리계획을 정보주체와 공유하여 신뢰 확보에 중점을 둔다.
⑤ 유출 사고를 대비해 책임보험을 의무화하고 외부 감사를 요청한다.

71 다음 중 내부관리계획 수립·이행과 관련하여 「표준 개인정보 보호지침」에 부합하지 않는 것은?

① 내부관리계획은 기관별로 다르게 구성하기보다는, 법령에서 정한 통일된 기준을 따라 일률적으로 수립해야 한다.
② 내부관리계획 수립 주기는 일반적으로 매년 1회 이상 정기적으로 점검하고 필요한 경우 수정해야 한다.
③ 내부관리계획에는 보호조치 수행 책임자의 지정이 포함되어야 한다.
④ 위탁업무 관리, 교육훈련, 점검 및 조치 내용도 내부관리계획에 포함될 수 있다.
⑤ 내부관리계획은 수립 후 변경사항이 발생하면 즉시 개정해야 한다.

72 다음 중 「개인정보의 안전성 확보조치 기준」에 따라 개인정보처리자가 고유식별정보를 처리할 때 준수해야 할 조치로 가장 적절하지 않은 것은?

① 암호화하거나 안전한 암호화 알고리즘을 사용하는 방식으로 저장한다.
② 통신 시에는 SSL 등 암호화 전송 프로토콜을 적용한다.
③ 내부망에 고유식별정보를 저장할 경우 암호화 조치는 생략 가능하다.
④ 출력물은 업무 목적을 달성한 후 즉시 파기한다.
⑤ 접근권한을 가진 자만 고유식별정보에 접근할 수 있도록 설정한다.

73 개인정보처리자가 개인정보 접근통제를 위해 시행해야 할 조치로서, 「개인정보 보호법 시행령」 및 관련 고시에 따라 가장 적절하지 않은 것은?

① 업무 목적별로 접근 권한을 최소화하여 부여한다.
② 정보시스템의 사용자 계정은 공유계정을 활용하여 효율성을 높인다.
③ 접근 권한 부여, 변경, 말소 내역을 기록하고 보관한다.
④ 사용하지 않는 계정은 지체 없이 삭제하거나 접근을 제한한다.
⑤ 계정 관리 절차와 접근권한 검토 주기를 내부관리계획에 포함시킨다.

74 다음 중 개인정보처리자가 악성프로그램에 대한 대응조치로 시행해야 할 보안 대책으로 가장 타당한 것은?

① 바이러스 백신을 3개월마다 수동으로 실행하고 결과를 기록한다.
② PC에 저장된 개인정보는 백신 프로그램 대상에서 제외하여 검사속도를 높인다.
③ 악성코드 자동 탐지 기능을 비활성화하고 수동 검사로 전환한다.
④ 정기적으로 백신 소프트웨어를 업데이트하고 자동실행 설정을 유지한다.
⑤ 사용자의 요청이 있을 때만 백신을 실행하여 자율에 맡긴다.

75 개인정보처리자가 CCTV 영상정보처리기기를 설치·운영할 때 준수해야 하는 사항으로 가장 적절하지 않은 것은?
① 촬영 범위와 시간은 최소화하고, 목적 외 이용은 금지된다.
② 설치 목적, 책임자 연락처, 촬영범위 등을 안내판에 명확히 표시한다.
③ 영상정보에 접근한 자와 그 사유를 기록하고 관리한다.
④ 영상정보는 1년 이상 보관하며, 내부관리계획에 명시한다.
⑤ 기술적 보호조치로 암호화 또는 접근통제 기능을 활용한다.

76 개인정보처리자가 개인정보를 안전하게 저장·보관하기 위해 도입해야 할 기술적 조치로 적절하지 않은 것은?
① 개인정보가 저장되는 파일을 AES 방식으로 암호화한다.
② 저장매체 분실에 대비하여 개인정보는 별도의 서버에 백업한다.
③ 비밀번호는 동일한 값을 여러 사용자에게 동일하게 설정한다.
④ 접근 권한이 부여된 자 외에는 파일에 접근하지 못하도록 설정한다.
⑤ 저장장치 자체에 암호화 기능이 탑재된 보안 USB를 사용한다.

77 다음 중 개인정보처리자가 개인정보를 안전하게 파기하기 위한 방법으로 고시에 명시된 '물리적 파기'에 해당하지 않는 것은?
① 소각을 통해 정보가 복구되지 않도록 한다.
② 디가우저를 사용하여 데이터를 제거한다.
③ 전용 파쇄기를 이용하여 저장매체를 분쇄한다.
④ 포맷 후 복구프로그램을 이용해 덮어쓰기 한다.
⑤ 저장장치를 완전 파손하여 기계적 파기를 수행한다.

78 다음 중 개인정보처리자가 접근통제 시스템을 도입할 때 고려해야 할 요소로 보기 중 가장 적절하지 않은 것은?
① 불법적인 접근을 방지할 수 있도록 접근제어 정책을 설정한다.
② 접근기록은 1개월 단위로 자동 삭제되도록 설정하여 저장공간을 확보한다.
③ 사용자별로 접근 가능한 데이터의 범위를 제한한다.
④ 접근 통제 시스템은 주기적으로 점검하고 로그를 관리한다.
⑤ 접근권한 변경 이력은 기록하고 3년 이상 보관한다.

79 다음 중 개인정보 보호조치의 원칙 중 '최소 권한 부여 원칙'을 가장 명확히 위반한 경우는?
① 외부 개발자에게 전체 DB 접근 권한을 부여함
② 개인정보 보유 부서에 열람 권한만 부여함
③ 특정 계정에 로그 분석 권한만 설정함
④ 사용자 권한을 업무 종료 시 즉시 회수함
⑤ 직무별로 접근 권한을 분리하여 관리함

80 A기관은 최근 외부 침입 시도에 대응하기 위해 IDS와 IPS를 병행 도입하였다. 다음 중 IDS와 IPS의 역할 및 적용 방식에 대한 설명으로 가장 적절한 것은?
① IDS는 트래픽을 차단하고, IPS는 로그만 수집한다.
② IDS는 비인가 접근을 탐지하며, IPS는 실시간 차단 기능을 포함한다.
③ IPS는 침입 탐지에만 특화되어 있으며, IDS보다 최신 기술이다.
④ IDS와 IPS는 기능상 동일하며, 시스템 자원만 다르게 사용한다.
⑤ IDS는 내부 망에만 설치되고, IPS는 외부망에만 설치된다.

81 다음 중 「개인정보의 안전성 확보조치 기준」에 따라 암호화 조치를 반드시 적용해야 하는 정보 유형으로 가장 적절한 것은?
① 이메일 주소
② 생년월일
③ 고유식별정보
④ 소득 수준
⑤ IP 주소

82 다음 보기는 A기관이 개인정보를 저장하기 위한 DB 암호화 알고리즘을 선정하는 과정에서 고려한 기술 사양이다. 이 요구 조건에 가장 적절한 암호화 알고리즘은 무엇인가?

- 데이터 복호화가 가능해야 함
- 검색 속도 저하를 최소화해야 함
- 대용량 필드에서도 적용 가능해야 함
- 암호화 키는 별도 저장소에서 관리될 예정

① SHA-256　　② RSA　　③ AES-256
④ bcrypt　　⑤ MD5

83 A기관의 직원 B는 다음과 같은 사고 보고서를 제출하였다. 이 사고는 어떤 유형의 공격 기법에 해당하는가?

> "어느 날 민원인을 사칭한 인물이 전화로 시스템 점검 담당이라며, 긴급 보안 점검을 위해 인증 코드 입력이 필요하다고 요청하였습니다. 업무 중이던 저는 별 의심 없이 문자로 받은 인증번호를 그대로 전달하였고, 이후 수 분 내 저의 계정을 통해 개인정보가 무단 조회된 사실을 확인했습니다."

① SQL injection ② ARP 스푸핑 ③ 스피어 피싱
④ 스미싱 ⑤ 사회공학 기법

84 다음 중 접근통제 시스템 구성 시 고려해야 할 기본 원칙으로 가장 적절하지 않은 것은?
① 최소 권한 원칙의 적용
② 역할 기반 접근제어(RBAC)의 활용
③ IP 필터링이나 MAC 주소 기반 제어 도입
④ 관리자 계정의 시스템 효율성을 위해 복수 사용자가 공동 활용
⑤ 시스템 접근 로그의 자동 기록 및 감사

85 개인정보 처리 시스템의 접속기록 관리에 관한 설명 중 가장 적절한 것은?
① 접속기록은 개인정보처리자가 원하는 기간만 보관하면 된다.
② 접속기록에는 사용자 계정, 접속 일시, 접속지 정보, 처리한 정보주체 정보, 수행업무가 반드시 포함되어야 한다.
③ 접속기록은 관리자에 한해 수동으로 기록하도록 규정한다.
④ 접속기록은 매년 삭제하거나 익명화하는 것이 권장된다.
⑤ 접속기록은 안전성 확보조치 기준에 해당하지 않는다.

86 다음 중 CCTV의 설치·운영 시 준수해야 할 기준으로 가장 부적절한 것은?
① 설치 목적과 위치에 대해 정보주체에게 명확히 고지해야 한다.
② 촬영 범위는 최소화하되, 필요시 사각지대를 없애기 위한 광각 촬영이 허용된다.
③ 열람·재생 요구에 대비하여 관리책임자 또는 담당자를 지정해야 한다.
④ 사무실 내부 직원 전면 촬영은 근태 관리 목적으로 자유롭게 허용된다.
⑤ 영상정보 보관 기한은 원칙적으로 30일 이내로 설정한다.

87 다음 중 개인정보 유출 통지 및 신고와 관련한 설명으로 옳지 않은 것은?
① 유출된 정보 항목과 시점, 조치 내용 등을 정보주체에게 알려야 한다.
② 유출 인지 시점으로부터 72시간 이내에 신고해야 한다.
③ 유출 통지는 서면, 이메일, 전화, 문자 등 다양한 방식으로 가능하다.
④ 단 한 건이라도 개인정보가 유출된 경우 신고해야 한다.
⑤ 유출된 개인정보의 경로가 확인되어 해당 정보를 회수하거나 삭제하는 등 정보주체의 권익 침해 가능성이 현저히 낮아진 경우, 신고 의무가 면제될 수 있다.

88 개인정보 보호 관리체계를 구축할 때 가장 먼저 수행해야 할 단계로 가장 적절한 것은?
① 관리체계 인증 신청
② 내부감사 절차 수립
③ 개인정보 현황 파악 및 범위 설정
④ 보호대책 이행 결과 보고
⑤ 법령 고시 변경 이력 수집

89 다음 중 정보보호 및 개인정보보호 관리체계 인증(ISMS-P)의 핵심 철학에 가장 부합하는 운영 방향은?
① 최소한의 보호조치를 준수하여 법적 처벌을 회피하는 목적 중심
② 정보보호와 개인정보보호를 별개의 영역으로 분리하여 관리
③ 기술적 보호조치보다는 경영진 책임성을 강조하는 캠페인 운영
④ 조직의 개인정보 처리 전 과정에 내재화된 보호책임을 구축하는 관리체계 중심
⑤ 외부 위탁 시 책임소재를 분산하여 인증심사의 부담을 줄이는 전략

90 다음 사례 중 개인정보 관리체계 구축이 부실하게 이뤄진 것으로 판단되는 항목만을 모두 고르면?

A. 개인정보 처리위탁 시 수탁자 관리점검을 1년에 1회 실시
B. 개인정보취급자 권한을 직무에 따라 세분화하지 않고 일괄 부여
C. 재해·재난 대비 백업 서버는 구축했지만 정기 복구 테스트는 미실시
D. 정보주체의 열람 청구 요청에 대한 내부 처리 절차를 명문화하지 않음

① A, B
② B, C
③ B, D
④ A, C, D
⑤ B, C, D

91 2025년 말, 한 지방자치단체는 개인정보 영향평가 수행 과정에서 '내부 CCTV 영상이 민감정보를 수반할 가능성'을 간과하여 심각한 유출사고로 이어졌다. 이와 같은 사고를 사전에 방지하기 위한 영향평가의 실무상 핵심조치로 가장 적절한 것은?

① 단순 물리적 설치위치만 평가하고 영상기기 자체는 평가 제외
② 해당 카메라가 수집하는 정보의 '정량적 범위' 분석만 실시
③ 영상정보의 수집 목적, 보관기간, 접근권한을 종합 검토
④ 영향평가 의무대상이 아니므로 별도 검토 없이 영향평가 면제
⑤ 영상정보처리기기 운영방침이 존재하므로 중복 평가 제외

92 조직이 개인정보 관리체계를 운영할 때, 개인정보 처리 전 단계에 걸쳐 리스크를 통합관리하기 위해 가장 먼저 수립해야 할 문서는?

① 재해복구계획
② 개인정보처리방침
③ 내부관리계획
④ 정보주체 고지문
⑤ 개인정보 열람청구 절차서

93 다음 중 「인공지능(AI) 개발·서비스를 위한 공개된 개인정보 처리 안내서」에 따른 개인정보 수집 시 준수사항으로서 가장 부적절한 것은?

① 개인정보 수집 시에는 정보주체에게 처리 목적, 항목, 보유기간 등을 명확히 고지해야 한다.
② 자동화된 수집 방식의 경우에도 사전 고지 없이 처리할 수 있다면 동의 없이 수집이 가능하다.
③ 수집 목적은 구체적이고 명확하게 설정하고, 수집 항목은 최소한으로 제한해야 한다.
④ 수집된 개인정보는 사전에 고지한 목적 외에 사용해서는 안 되며, 목적 변경 시 추가 동의를 받아야 한다.
⑤ 개인정보 수집이 법령에 따른 경우, 정보주체의 동의 없이도 처리할 수 있다.

94 다음의 사례에서 A사의 판단에 대한 설명으로 가장 부적절한 것은?

> A사는 이미지 생성형 AI 서비스를 개발하면서 수집된 이미지 데이터를 바탕으로 얼굴 인식 정확도를 높이고자 하였다. 이에 따라 A사는 대규모 사진 데이터를 수집하였는데, 일부에는 개인의 얼굴, 표정, 주변 배경 등 식별 가능한 정보가 포함되어 있었다. A사는 "AI의 비식별 처리 과정에서 개인정보는 사라지므로 수집 시 별도의 고지는 생략할 수 있다"고 판단하였다.

① 식별 가능성이 있는 정보가 포함된 이미지를 수집할 경우, 사전 고지 및 동의가 필요하다.
② AI 처리 결과 비식별화된다 하더라도, 수집 단계에서 개인정보에 해당하면 보호조치가 적용되어야 한다.
③ AI 서비스의 목적이 기술 개발 또는 정확도 향상이라면 정보주체 고지는 생략할 수 있다.
④ 얼굴, 표정, 배경 등은 결합될 경우 식별자로 작용할 수 있으므로 주의가 필요하다.
⑤ AI 개발을 위한 수집이라 하더라도 개인정보보호법상 수집 목적 명확화가 필요하다.

95. 다음 중 「정보보호 및 개인정보보호 관리체계 인증(ISMS-P)」과 관련하여, 간편인증 제도의 적용 대상과 인증 기준에 대한 내용으로 가장 적절한 것은?
   ① 간편인증은 모든 기업에 적용 가능하며 ISMS-P 인증 기준은 101개 항목이다.
   ② ISMS-P 의무대상자에는 간편인증 적용이 불가능하며, 전기통신사업자 및 IDC만 인증 대상이다.
   ③ ISMS-P 간편인증은 매출액 300억원 미만 중소기업 또는 매출액 300억원 이상 중기업 중 주요 정보통신설비 미보유 기업에 적용되며, 인증 기준은 62개 또는 65개 항목 수준으로 간소화된다.
   ④ ISMS-P 간편인증은 항목 수가 101개에서 그대로 유지되며 인증 수수료만 절감된다.
   ⑤ ISMS-P 의무대상자 중 일부인 금융회사, 가상자산사업자는 간편인증 대상에 포함되어 있다.

96. 정보보호 및 개인정보보호 관리체계 인증(ISMS-P)의 갱신 심사에서 조직이 가장 중점적으로 검토받게 되는 항목으로 적절한 것은?
   ① 정보보호 전담인력의 자격증 보유 여부
   ② 인증마크의 외부 홍보 여부
   ③ 지난 3년간 인증 유지 비용의 합산 금액
   ④ 인증 당시 기준에 비해 추가된 개인정보 처리 업무의 반영 여부
   ⑤ 인증기관의 인증위원 참여 이력

97. 2025년을 기준으로 정보보호 및 개인정보보호 관리체계 인증(ISMS-P)의 역할은 단순한 인증제도에 그치지 않고, 디지털 전환 시대에 조직 신뢰를 확보하는 핵심 수단으로 떠오르고 있다. 이와 같은 변화 속에서, ISMS-P의 향후 방향성으로 가장 적절한 것은?
   ① 법령 중심 심사를 지양하고, 민간 자율의 준수 선언 중심으로 전환
   ② 개인정보 보호 중심에서 벗어나 보안제품 개발 인증으로 전환
   ③ 인증 대상을 중소기업까지 확대하고, 리스크 기반 맞춤형 인증방식 확대
   ④ 인증 심사기준을 간소화하여 초기 진입 장벽을 낮춤
   ⑤ 공공기관은 인증 면제 대상으로 분류하여 효율성 중심으로 운영

98 다음 보기는 A기관에서 최근 실시한 정보보호 및 개인정보보호 관리체계 인증(ISMS-P) 준비 과정 중 발생한 사례이다. 이러한 상황에서 A기관이 ISMS-P 인증심사에서 주요하게 지적받을 가능성이 가장 높은 항목은 무엇인가?

> A기관은 본점과 3개 지점을 운영하며, 고객의 민원 데이터를 내부 인트라넷 기반 CRM 시스템에서 처리한다.
> 최근 내부 감사를 통해 아래와 같은 지적사항이 도출되었다.
> - 고객 민원접수 시 개인정보 수집 동의 문구가 지점마다 상이함
> - 인증 심사 자료로 제출된 내부관리계획이 구형 버전으로 확인됨
> - 개인정보 보유 기간 산정 기준이 지점마다 상이하여 관리 혼란 발생
> - 외부 위탁사와의 계약서상 개인정보 보호조항의 일부 미기재

① 개인정보 처리시스템의 접근권한 일원화 미비
② 내부관리계획의 최신성 부족 및 문서 관리 체계 미비
③ 위탁사 보안점검 미이행
④ 개인정보 수집 동의의 법정요건 충족 여부
⑤ 정보주체 요청 대응 체계의 표준화 부재

99 다음 보기와 같은 상황에서 A기관이 선택해야 할 가장 실효성 높은 접근 전략은?

> A기관은 최근 정보보호 및 개인정보 보호 고도화 프로젝트를 추진하였다. 외부 보안컨설팅 결과, 조직 내 보안정책과 개인정보 보호 정책 간 '이중 정책 운영'에 따른 충돌 위험이 지적되었으며, 일부 부서에서는 인증 대응을 위한 문서만 존재하고, 실질적인 내부 통제는 부재한 것으로 확인되었다.

① 보안정책과 개인정보 정책을 분리하되, 외부 인증 문서 기준을 강화
② 기술적 조치 강화를 위해 AI 기반 이상징후 탐지 솔루션 도입
③ 정책 일원화 및 개인정보 중심의 조직 문화 내재화
④ 인증 대응과 분리하여 개인정보 보호 업무를 아웃소싱
⑤ 부서별 업무기록을 수작업으로 관리하여 대응 체계 마련

100 다음 중 「개인정보 보호법 시행령」 제35조 및 개인정보 영향평가 관련 지침에 따른 설명으로 옳지 않은 것은 무엇인가?

① 5만명 이상의 정보주체에 대한 개인정보를 수집하거나 처리하는 경우, 개인정보 관리체계 인증 대상에 해당할 수 있다.
② 50만명 이상의 정보주체에 대한 개인정보를 처리하는 경우에는, 자동화된 분석이나 예측을 하지 않더라도 영향평가 대상에 해당된다.
③ 100만명 이상의 정보주체 정보를 처리하는 개인정보처리시스템을 구축·운영하는 경우, 영향평가를 수행해야 한다.
④ 정보주체 수가 100만명을 넘더라도 단순 조회나 저장만 하는 시스템은 영향평가 대상이 아니다.
⑤ 영향평가는 정보시스템 단위로 판단되며, 복수 시스템이 하나의 업무로 유기적으로 연계되는 경우 전체를 하나로 간주할 수 있다.

최신 기출문제
정답 & 해설

최신 기출문제 정답 & 해설

최신 기출문제 01회

01 ④	02 ②,④	03 ①,③,⑤	04 ②	05 ④
06 ③	07 ①,④	08 ④	09 ②	10 ①
11 ⑤	12 ②	13 ③	14 ③	15 ①
16 ④	17 ④	18 ⑤	19 ④	20 ②
21 ④	22 ③,⑤	23 ⑤	24 ⑤	25 ⑤
26 ①	27 ②	28 ②	29 ⑤	30 ①,⑤
31 ②	32 ④	33 ④	34 ②	35 ④
36 ①,④	37 ⑤	38 ③	39 ③,④	40 ①,②
41 ②	42 ③	43 ①,③	44 ⑤	45 ④
46 ⑤	47 ⑤	48 ④	49 ③,④	50 ⑤
51 ②	52 ④	53 ③	54 ②,④,⑤	55 ①,②
56 ②	57 ③	58 ①,⑤	59 ③	60 ②,⑤
61 ②,③	62 ④	63 ④	64 ③	65 ②,⑤
66 ④	67 ④	68 ③	69 ⑤	70 ④
71 ④	72 ⑤	73 ③	74 ③	75 ②
76 ⑤	77 ③	78 ②	79 ⑤	80 ①
81 ②,⑤	82 ③	83 ③	84 ①	85 ②
86 ④	87 ①	88 ③	89 ⑤	90 ④
91 ④	92 ③	93 ①	94 ③	95 ③,④
96 ③,⑤	97 ④	98 ①,④	99 ②	100 ③

01 ④
가명정보는 개인정보에 해당한다. 익명정보가 개인정보에 해당하지 않는다.

02 ②, ④
- 특별법을 적용받더라도 일반법의 적용이 면제되는 것은 아니다. 다른 '법률'에 특별한 규정이 있는 경우에만 그 법률의 규정이 개인정보 보호법보다 우선하여 적용된다.
- 법률이 아닌 시행령, 시행규칙 고시, 조례 등에 이 법과 다른 특별한 규정이 있다고 하여도 그 시행령 등은 우선 적용되지 않는다. 이 경우에는 개인정보 보호법이 우선하여 적용된다.

03 ①, ③, ⑤
직원의 국적과 서비스의 유/무상은 관련이 GDPR 적용 대상과 관련이 없다. EU 역내에서 개인정보를 처리하는 경우, EU 역외에서 EU 내에 있는 정보주체에게 재화나 서비스를 제공하는 경우 또는 정보주체의 행동을 모니터링하는 경우에 적용 대상이 된다.

04 ②
개인정보 유출 또는 오·남용으로 인한 손해배상을 청구하는 소송과 같이 금전을 청구하는 소송은 집단소송을 통해서 제기할 수 있다.

05 ④
개인정보의 목적 외 이용·제공은 개인정보 처리상 오남용 우려가 크므로 시행령, 시행규칙이 아닌 법률에 의하여만 처리가 가능하다. 법률에 특별한 규정이 있어야 하므로 법률에 위임근거가 없는 한 시행령이나 시행규칙에 규정하는 것은 안된다. 단, 법률에 위임근거가 있다면 시행령이나 시행규칙도 가능하다.

06 ③
- 전년도(법인의 경우에는 직전 사업연도를 말한다)의 매출액 등이 10억 원 이상일 것
- 전년도 말 기준 직전 3개월간 그 개인정보가 저장·관리되고 있는 정보주체의 수가 일일 평균 1만 명 이상일 것

07 ①, ④
분석, 가공 등 실질적인 자동화 처리 과정을 거쳐 의미 있는 정보를 추출하여 이루어지는 결정을 의미하며, 기계적으로 대입하여 분류하거나 단순 산출 과정을 거치는 경우를 의미하는 것이 아니기 때문에 ④는 해당하지 않는다.

08 ④
고유식별정보처리자 안정성 확보조치 관리실태 조사 대상은 공공기관 1만 명 이상, 공공기관 외 개인정보처리자는 5만 명 이상이다.

09 ②
국외에서 국내 정보주체의 개인정보를 직접 수집하는 경우에는 개인정보의 국외 이전에 해당하지 않기 때문에 별도 동의를 받지 않아도 된다.

10 ①
개인정보처리자가 아닌 공공기관에 한해서 개인정보를 목적 외 이용 또는 제3자 제공 시 공개하여야 한다.

11 ⑤
정당한 권한을 가져야 가능한 경우로는 시설의 안전 및 관리, 화재 예방, 교통단속, 교통정보 수집 4가지의 경우이다.

12 ②
정보주체가 촬영 사실을 알 수 있었으나 거부 의사를 밝히지 않은 경우 촬영할 수 있도록 하였다.

13 ③
5만 명 이상의 민감정보 또는 고유식별정보를 처리하거나, 100만 명 이상의 정보주체에 대한 개인정보를 처리하는 자가 해당된다.

14 ③
- 이용자의 개인정보를 처리하는 개인정보 시스템에는 안전한 인증수단이 적용되어야 한다. 따라서 안전한 인증수단인 인증서, OTP, 생체인증이 적용되어야 한다.
- VPN, 전용선은 안전한 접속수단으로 안전한 인증수단이 아니며, 이용자가 아닌 정보주체의 개인정보를 처리하는 개인정보처리시스템의 경우에는 안전한 접속수단 또는 안전한 인증수단을 적용할 수 있다.

15 ①
정보통신서비스 부문 전년도 매출액 100억 원 이상인 조건은 삭제되었다.

16 ④
- 불빛, 소리, 안내판은 이동형 영상정보처리기기로 영상을 촬영하는 경우이다.
- 고정형 영상정보처리기기는 정보주체에게 안내판을 통해 다음 사항을 알려야 한다.
  - 설치 목적 및 장소
  - 촬영 범위 및 시간
  - 관리책임자의 연락처
  - 그 밖에 대통령령으로 정하는 사항

17 ④
CCTV를 당초 설치 목적이 아닌 다른 목적으로 임의로 조작하거나 다른 곳을 촬영하는 것을 금지하는 것이므로, 당초 설치 목적 범위 내에서 이용하는 것은 가능하다.

18 ⑤
공공기관의 내부적 업무처리만을 위하여 사용되는 개인정보 파일도 등록 대상이다.

19 ④
전송요구 정보의 범위로는 본인 대상 정보전송자가 보유한 개인정보로서, 다음 요건을 충족해야 한다.
- 정보주체의 동의 또는 정보주체 요청에 따른 조치를 이행하기 위하여 처리되는 개인정보이거나, 정보주체의 이익이나 공익적 목적을 위하여 관계기관의 장의 요청에 따라 개인정보보호위원회가 심의·의결하여 전송요구 대상으로 지정한 개인정보
- 개인정보처리자가 수집한 개인정보를 기초로 분석·가공하여 별도로 생성한 정보가 아닐 것
- 컴퓨터 등 정보처리장치로 처리되는 개인정보일 것

20 ②
분쟁조정제도는 재판상 화해의 효력이 부여되며 이는 민사소송법상 확정판결과 동일한 효력이다.

21 ④
- 단체소송의 원고는 변호사를 소송대리인으로 선임하여야 한다.
- 집단분쟁조정의 경우에는 당사자 중에서 공동의 이익을 대표하기에 가장 적합한 1인 또는 수인을 대표당사자로 선임 가능하다.

22 ③, ⑤
- 1만 명 이상인 학교는 ISMS 인증 의무 대상자이다. CPO 의무대상은 2만 명 이상인 학교이다.
- 공공기관은 제외 대상이며, 공공시스템운영기관만 CPO 의무대상에 해당한다.

23 ⑤
열람 등 요구를 하는 경우에는 개인정보를 수집하는 방법과 동일하거나 보다 쉽게 정보주체가 열람요구 등 권리를 행사할 수 있도록 간편한 방법을 제공하여야 하며, 개인정보의 수집 시에 요구되지 않았던 증빙서류 등을 요구하거나 추가적인 절차를 요구할 수 없다.

24 ⑤
해당 내용은 개인정보 처리방침 공개에 관한 내용으로 정보주체의 동의가 적법하기 위한 조건과 관련 없다.

25 ⑤
그때까지 확인된 내용을 서면 등의 방법으로 우선 신고해야 하며, 추가로 확인되는 내용에 대해서는 확인되는 즉시 신고해야 한다.

26 ①
개인정보 유출 등의 통지 기준은 단 1건이라도 유출 등이 된 경우에 그 사실을 정보주체에게 알려야 한다. 1만 건 이상은 개인정보 유출 등의 통지가 아닌 신고 기준이다.

27 ②
정보주체 통지 내용으로 유출 등이 된 원인, 개인정보 규모는 해당 사항이 아니다.

28 ②
개인정보 파일의 등록 및 공개는 공공기관만 해당하는 것으로 모든 개인정보처리자가 해야 하는 것은 아니다.

29 ⑤
시·군 및 자치구는 4급 이상 공무원 또는 그에 상당하는 공무원을 지정해야 한다. 해당 학교의 행정사무를 총괄하는 사람은 제2조 제5호에 따른 각급 학교에 해당한다.

30 ①, ⑤
- 전년도 매출액이 1,500억 원 이상이면서 정보주체의 수가 100만 명 이상일 것 조건이다(AND 조건이지 OR 조건이 아니다).
- 최근 3년간 개인정보 유출 등이 2회 이상 되었을 경우 대상이 된다.

31 ②
서로 다른 개인정보처리자가 보유한 가명정보의 결합은 개인정보보호위원회 또는 관계 중앙행정기관의 장이 지정한 결합전문기관이 수행해야 한다.

32 ④
동형 암호화는 암호화된 상태에서 연산이 가능한 암호화 방식으로 이를 통해 개인정보 보호를 강화할 수 있는 장점이 있다.

33 ④
가명처리 절차는 두음 "목위가적안"으로 암기해야 한다.

34 ②
- 결합정보는 결합전문기관을 통해 결합대상정보를 결합하여 생성된 정보이다.
- 개인정보의 전부 또는 일부를 대체하는 가명처리 과정에서 생성 또는 사용된 정보로서 특정 개인을 알아보기 위하여 사용·결합될 수 있는 정보는 추가정보이다.

35 ②
공개된 장소라 하더라도 촬영된 영상을 저장하지 않고, 통곗값 산출을 목적으로 일시적으로 사용하는 경우에는 CCTV 설치 및 운영이 가능하다.

36 ①, ④
- 주민등록번호는 정보주체의 동의 여부와 상관없이 법률에서 정하는 경우를 제외하고는 처리할 수 없다.
- 주민등록번호의 뒤 7자리만 수집·이용 하는 것은 주민등록번호의 고유한 특성, 즉 유일성과 식별성을 이용하는 행위이므로, 이는 주민등록번호 전체를 수집·이용하는 경우로 볼 수 있다.

37 ⑤
해외에서 한국인의 공개된 개인정보를 수집하는 경우에는 개인정보처리자에 의한 '이전' 행위가 있다고 볼 수 없으므로 국외 이전에 해당하지 않으며, 개인정보 보호법 제15조 등이 적용된다.

38 ③
개인정보 수집 및 이용 시 정보주체에게는 아래 네 가지 사항을 고지하여야 한다.
- 개인정보의 수집·이용 목적
- 수집하려는 개인정보의 항목
- 개인정보 보유 및 이용 기간
- 동의 거부 권리 및 거부에 따른 불이익이 있는 경우 그 불이익 내용

39 ③, ④
- 자체적으로 생성된 정보는 정보주체 이외로부터 수집한 정보에 해당하지 않는다.
- 정보주체 이외로부터 수집한 개인정보 통지 기한은 요구일로부터 3일 이내이다.

40 ①, ②
③, ④, ⑤는 CPO 지정 시 자격요건 의무대상 공공기관에 해당한다.

41 ②
정보주체 이외로부터 수집한 개인정보 통지 시 반드시 알려야 하는 항목은 아래 3가지이다.
- 개인정보의 수집 출처
- 개인정보의 처리 목적
- 개인정보 처리의 정지를 요구하거나 동의를 철회할 권리가 있다는 사실

42 ③
대통령령으로 정하는 기준에 해당하는 개인정보처리자는 개인정보를 제공받은 날부터 3개월 이내에 정보주체에게 알려야 한다.

43 ①, ③
법 제20조의2 제1항에 따른 통지 예외 대상은 아래와 같다.
1. 통지에 대한 거부의사를 표시한 정보주체
2. 개인정보처리자가 업무수행을 위해 그에 소속된 임직원의 개인정보를 처리한 경우 해당 정보주체
3. 개인정보처리자가 업무수행을 위해 다른 공공기관, 법인, 단체의 임직원 또는 개인의 연락처 등의 개인정보를 처리한 경우 해당 정보주체
4. 법률에 특별한 규정이 있거나 법령상 의무를 준수하기 위하여 이용·제공한 개인정보의 정보주체
5. 공공기관이 법령 등에서 정하는 소관 업무의 수행을 위하여 이용·제공한 개인정보의 정보주체

44 ⑤
지방자치단체의 경우 조례에서 정하고 있는 업무를 위해 개인정보 수집 및 이용이 가능하지만, 주민등록번호는 법률, 시행령, 시행규칙에서 구체적으로 허용하는 경우에만 가능(고시, 조례 등은 불가)하다.

45 ④
맞춤형 추천이 계약의 본질적인 내용일 경우에만 정보주체 동의 없이 가능하다.

46 ⑤
선택적으로 동의할 수 있는 사항을 동의하지 아니할 경우 정보주체에게 재화 또는 서비스의 제공을 거부해서는 안 된다.

47 ⑤
법정대리인의 동의 거부 또는 동의 미확인 시 수집일로부터 5일 이내 파기해야 한다.

48 ④
주민등록번호 처리는 정보주체의 동의 여부에 상관없이 법률에서 구체적으로 정하는 경우에만 수집이 가능하다.

49 ③, ④
- 임시방문자에 대한 보안유지, 출입증 발급 등을 위한 경우에 주민등록번호 수집은 불필요한 경우에 해당한다.
- ④는 법령에서 구체적으로 요구 허용하는 경우로 보기 어렵, 주민번호 외 다른 대체수단 도입이 가능한 경우이다.

50 ⑤
오후 9시부터 그다음 날 오전 8시까지의 시간에 전자적 전송매체를 이용하여 영리 목적의 광고성 정보를 전송하려는 자는 수신자로부터 별도의 사전 동의를 받아야 한다. 단, 전자우편을 통한 광고성 정보는 수신자의 별도 동의 없이 가능하다.

51 ②
① 가능한 사례이나, 1년 이내가 아닌 6개월 이내이다.

52 ④
개인정보처리자는 1)보유기간의 경과, 2)개인정보의 처리 목적 달성, 3)가명정보 처리 기간 경과 등 저장 및 관리하는 정보주체의 개인정보가 불필요하게 되었을 때는 지체없이(5일 이내) 파기하여야 한다.

53 ②
(ㄱ) 컴퓨터 통신 또는 인터넷의 로그 기록자료, 정보통신기기 위치를 확인할 수 있는 접속지 추적자료 : 3개월
(ㄴ) 대금결제 및 재화 등의 공급에 관한 기록 : 5년
(ㄷ) 표시/광고에 관한 기록 : 6개월
(ㄹ) 계약 또는 청약철회에 관한 기록 : 5년
(ㅁ) 소비자의 불만 또는 분쟁처리에 관한 기록 : 3년

54 ②, ④, ⑤
수탁자와 대리인은 제3자가 아니다.

55 ①, ②
- 개인정보를 제공하는 자가 아닌 개인정보를 제공받는 자이다.
- 개인정보를 제공하는 자의 개인정보 이용 목적이 아닌 개인정보를 제공받는 자의 개인정보 이용 목적이다.
- 개인정보를 제공하는 자와 제공하는 자의 이용 목적은 수집 단계에서 이미 고지한 내용이기에 추가로 고지할 필요가 없다.

56 ②

단 1회의 행위라도 계속 · 반복의 의사가 있다면 업무로 볼 수 있다.

57 ⑤

해외에서 한국인의 공개된 개인정보를 수집하는 경우에는 개인정보처리자에 의한 '이전' 행위가 있다고 볼 수 없으므로 국외 이전에 해당하지 않으며, 개인정보 보호법 제15조(개인정보의 수집 · 이용) 등이 적용된다.

58 ①, ③

- 개인정보의 안전성 확보조치 기준으로 통합되었으며, 개인정보의 기술적 관리적 보호조치 기준은 폐지되었다.
- 관련 매출액이 아닌 전체 매출액의 100분의 3이다.

59 ③

오답 피하기

① 개인정보처리자 유형 및 개인정보 보유량에 따른 안전조치 기준을 삭제하여 모든 개인정보처리자에게 동일한 규정이 적용된다.
② 1만 명 미만 처리 소상공인 · 개인 · 단체는 내부관리계획 수립 생략이 가능하다.
④ 10만 명 이상 대 · 중소기업 · 공공기관 또는 100만명 이상 중소기업 · 단체는 위기대응 매뉴얼 마련 및 정기점검을 시행하여야 한다.
⑤ 개인정보처리자는 처리하는 개인정보의 보유 수, 유형 및 정보주체에게 미치는 영향 등을 고려하여 스스로의 환경에 맞는 개인정보의 안전성 확보에 필요한 조치를 적용하여야 한다.

60 ②, ⑤

오답 피하기

① 최대한이 아닌 최소한의 범위로 차등 부여하여야 한다.
③ 결합정보가 아닌 추가정보에 대해 구분하여야 한다.
④ 접근 권한에 대한 내역은 전자적으로 기록할 필요 없이 내역을 기록하면 된다.

61 ②, ③

개인정보처리시스템에 접속하려는 경우 안전한 인증수단을 적용해야 한다. 단, 이용자가 아닌 정보주체의 개인정보를 처리하는 개인정보처리시스템은 안전한 접속수단 또는 안전한 인증수단을 적용할 수 있다.

62 ⑤

- 접근권한은 수기로 기록하는 것을 허용하지만, 접속기록은 전자적으로 기록되어야 한다.
- 2년 이상 접근기록을 보관관리 해야 하는 조건에 다음 조건에 대해서도 반드시 학습해야 한다.
  - 5만 명 이상의 정보주체에 관한 개인정보처리
  - 고유식별정보 또는 민감정보 처리
  - 기간통신사업자

63 ①

주민등록번호는 영향도 · 위험도 평가와 상관없이 반드시 암호화하여 저장해야 한다.

64 ③

생체인식정보를 식별 및 인증에 활용하기 위해서는 암호화 조치를 하여야 하며 이때는 복호화가 가능한 양방향 암호화로 저장이 가능하다.

65 ②, ⑤

② 보호법 시행령 제24조 제1항 단서에 따라 건물 내 여러 대의 CCTV를 설치한 경우 정보주체가 쉽게 알아볼 수 있도록 출입구나 정문, 안내데스크 주변 등에 해당 시설 또는 장소 전체가 영상정보처리기기 설치지역임을 표시하는 안내판을 대표로 1개만 부착할 수도 있다.
⑤ 공공감사법 제20조 제1항, 제3항은 자체감사를 위하여 공무원 및 소속 직원에게 자료 제출을 요구할 수 있다고 규정하고 있어, 다른 법률에 특별한 규정에 해당한다.

오답 피하기

① 안내판 설치 시 관리책임자의 연락처를 기재해야 한다.
③ 공연장처럼 공개된 장소의 경우 개인정보 보호법 제25조 제1항에 따라 누구든지 법령에서 구체적으로 허용하고 있는 경우, 범죄 예방 및 수사, 시설안전 및 화재 예방 등의 목적으로 영상 정보처리기기(CCTV)를 설치 · 운영할 수 있다.
④ 공동주택처럼 공개된 장소의 경우 개인정보 보호법제25조 제1항에 따라 누구든지 법령에서 구체적으로 허용하고 있는 경우, 범죄예방 및 수사, 시설안전 및 화재 예방 등의 목적으로 영상정보처리기기(CCTV)를 설치 · 운영할 수 있으며, 영 제25조 등에 따라 관리책임자 및 접근 권한 보유자를 지정하여 설치 목적 범위 내에서 영상을 모니터링할 수 있다.

66 ④

공공시스템 접속기록 등을 자동화된 방식으로 탐지하여야 한다.

67 ④

개인정보의 주체는 자연인이어야 하며, 법인 또는 단체에 관한 정보는 개인정보에 해당하지 않는다.

68 ①

오답 피하기

② 특정 개인에 고유하게 생성 및 귀속되어 유일성을 가지며 정보통신서비스 제공자의 온 · 오프라인 서비스 연계를 위해 활용되어 다른 정보와 쉽게 결합하여 특정 개인을 알아볼 수 있으므로 개인정보에 해당한다.
③ 탑승객을 알아볼 수 있는 상태에서 그 이용 정보는 개인정보로 볼 수 있으나, 개인을 알아볼 수 없는 상태의 승하차역, 이용일, 이용시각 등의 정보 자체로는 개인정보에 해당하지 않는다.
④ 특정직급 전체 인원의 급여총액은 자연인이 아닌 법인이나 단체에 관한 정보 내지는 자연인으로서의 개인이 특정되지 않은 통계정보로서 개인정보에 해당하지 않는다.
⑤ 블랙박스로 촬영된 영상정보는 촬영일시 등에 따라 체계적으로 배열하여 저장되므로 개인정보 파일에 해당한다.

69 ⑤

관련 정보가 모두 파기되어 연계 생성된 회원 번호를 더이상 누구의 개인정보인지 알아볼 수 없다면 이는 익명 정보로서 파기하지 않아도 된다.

70 ③

GDPR은 유럽 연합(EU) 내 거주자의 개인정보를 EU 밖에서 수집 · 분석 · 모니터링 하더라도 적용된다. 특히 행동 분석, 맞춤 추천 등의 기능은 모니터링 행위에 해당하므로, 기업의 위치와 관계없이 적용된다.

71 ②

CVM은 설문조사에 기초한 산정방식으로 비시장 자원(환경 보전, 공해와 같은 시장 가치를 가지지 않는 자원)에 대한 가치를 산정하는 경제학적 방식이다.

72 ⑤
상거래 기업 및 법인은 1만 건 이상 개인정보 유출이 된 경우 72시간 이내에 보호위원회 또는 한국인터넷진흥원에 신고해야 한다.

73 ①
목적의 명확화 원칙 : 개인정보는 수집 시 목적이 명확해야 하며, 이를 이용할 경우에도 수집 목적의 실현 또는 수집 목적과 양립되어야 하고 목적이 변경될 때마다 명확히 해야 한다.
공개의 원칙 : 개인정보의 처리와 정보처리장치의 설치, 활용 및 관련 정책은 일반에게 공개해야 한다.
개인 참가의 원칙 : 정보주체인 개인은 자신과 관련된 정보의 존재 확인, 열람 요구, 이의 제기 및 정정, 삭제, 보완 청구권을 가진다.
책임의 원칙 : 개인정보 관리자는 위에서 제시한 원칙들이 지켜지도록 필요한 제반조치를 취해야 한다.

74 ③
상품 및 서비스 판매 권유 및 홍보에 필요한 정보, 고객 성향을 분석하기 위해 필요한 정보 등을 수집·이용하기 위해서는 이용자의 별도 동의가 필요하다.

오답 피하기
① 수집 항목별 수집 목적을 명확하게 작성하였다.
② 이용 목적 달성 시 파기하므로 적절하다.
④ 수집 목적, 수집 항목, 보유 및 이 용기간, 동의 거부에 대해 안내하고 있다.

75 ②
정무직공무원을 장(長)으로 하는 국가기관은 3급 이상 공무원(고위공무원 포함한다) 또는 그에 상당하는 공무원을 지정하여야 한다.

76 ⑤
개인정보 보호법 제28조의2 또는 제28조의3에 따라 처리된 가명정보는 제20조, 제20조의2, 제27조, 제34조제1항, 제35조, 제35조의2, 제36조 및 제37조를 적용하지 아니한다.

77 ③
선택 동의사항 없이 필수동의로만 구성되어 있는 경우에는 일괄 동의를 받는 것이 가능하다.

78 ②
영리 목적의 광고성 정보를 제공하려면 직접 연락처를 수집하고 자신이 처리하고 수신자와 거래한 것과 같은 종류의 재화 등에 대한 광고성 정보만 가능하다.

79 ⑤
국외 이전은 반드시 법에서 정한 5가지 예외 요건 중 하나를 충족해야 하며, 단순한 본사의 지시나 기업 내부 방침은 근거가 될 수 없다.

80 ①
ㄱ은 XSS, ㄴ은 SQL 인젝션, ㄷ은 피싱, ㄹ은 랜섬웨어 공격이다.
XSS는 콘텐츠 출력 시 특수문자 필터링, SQL 인젝션은 바인딩 처리, 피싱은 교육 및 링크 검증, 랜섬웨어는 백업 체계 마련이 가장 효과적이다.

81 ②, ⑤
• 단일접속 시스템으로 개인정보 취급자의 수가 200명 이상인 경우에 해당한다.
• 정보주체의 사생활을 현저히 침해할 우려가 있는 민감한 개인정보를 처리하는 경우는 단일접속 시스템에 해당한다.

82 ③
정황상 권한이 탈취된 계정을 통해 외부에서 내부망으로의 접근이 이루어졌고, 로그 삭제 및 백신 비활성화는 은폐 목적의 행동이다. 이는 백도어 공격의 전형적 특징이다.

83 ③
야간 메일 발송과 악성 링크, C2 서버 통신, 암호화 및 금전 요구는 랜섬웨어 감염의 전형적 단계이다.

84 ①
탈취된 계정정보를 다수의 웹사이트에 공격하는 방법을 의미한다.

85 ②

오답 피하기
① FW(Fire Wall) : IP와 Port를 기반으로 접근을 통제하는 보안 장비이다.
③ NAC(Network Access Control) : 네트워크에 대한 액세스 제어를 통해 사용자 및 디바이스를 식별하는 보안 장비이다.
④ Proxy Server : 인터넷상의 여러 네트워크들에 접속할 때 중계 역할을 해주는 프로그램 또는 컴퓨터를 의미한다.
⑤ VPN(Virtual Private Network) : 공중망을 사설망과 같이 안전하게 통신할 수 있게 해주는 보안 장비이다.

86 ②
IDS는 탐지만 수행하므로 '자동 차단' 요건을 충족하지 못한다.
IPS는 탐지+차단 기능을 모두 포함하며, 시그니처 및 이상탐지 방식 병행이 가능하다.
방화벽은 정책 기반 트래픽 필터링이므로 비정상 탐지 기능은 제한된다.

87 ①
인터넷 주소창에 https로 시작되면 SSL/TLS 기술이 적용되어 암호화 통신 보안기술이 적용된 것이다. SSL/TLS가 적용되면 80port가 아닌 443port로 통신하게 된다.

88 ⑤
인증 우회 및 원격 악용 가능성이 매우 높은 구성으로, 『개인정보 보호법 시행령』 제31조 및 「안전성 확보조치 기준」 제8조에 따른 접근통제 및 인증수단의 보안성 확보 의무에 위배된다.

89 ⑤
정보보호 및 개인정보 보호 관리체계 인증심사는 생략이 불가능하다. 정보보호 관리체계 인증만 일부 생략이 가능하다.

90 ④
전체 매출액이 아닌 정보통신서비스 부문 매출액이다.

91 ④
미국 BBBOnline 마크 제도는 엄격한 수준의 개인정보 보호원칙을 준수한다.

92 ③
인증심사는 문서심사와 현장심사로 이루어지며, 인증 유효기간은 3년으로 인증취득 후 연1회 이상 사후관리를 받아야 한다.

93 ①

주민등록번호를 저장할 때는 개인정보 영향평가 결과와 상관없이 반드시 암호화 조치를 수행하여야 한다.

94 ③

상세 위험분석은 자산 식별, 위협 분석, 취약점 도출을 바탕으로 발생 가능성과 영향을 평가하여 리스크 수준을 정밀하게 산출하는 방식이다. ISMS-P, PIA 등에서도 사용되며, 정량적·정성적 기법을 병행할 수 있다. 반면 비정형 접근법은 경험 기반이고, 베이스라인 접근법은 표준 대책 기반의 간이 평가 방식이다. 복합 접근방법은 이 둘을 결합한 혼합형으로, 상세 분석과는 구분된다.

95 ③, ④

- 관리책임자의 성명은 개인정보 보호법이 개정되며 삭제되었다(2023.3.14.). 관리책임자의 연락처만 기입하면 된다.
- 영상정보 보유기간은 해당되지 않는다.

96 ③, ⑤

- 교도소, 정신보건 시설은 고정형 CCTV에 대한 내용이다. 이동형 CCTV는 구인, 구급 시에 가능하다.
- 정보주체가 촬영 사실을 알 수 있었으나 거부 의사를 밝히지 않은 경우는 촬영이 가능하다.

97 ④

피촬영자가 그 내용을 예측할 수 없다는 측면에서 부당한 권리침해 우려가 있으므로 특정 개인을 알아볼 수 없도록 익명·가명처리 하여야 한다.

98 ①, ④

- 개인정보 보호 수준 평가는 개인정보처리자가 아닌 공공기관을 대상으로 한다.
- 3천만 원이 아닌 1천만 원 이하의 과태료가 부과된다.

99 ②

익명정보는 「개인정보 보호법」상 개인정보에 해당하지 않으므로 수집 시 동의가 필요하지 않다. 반면 개인정보는 원칙적으로 정보주체의 동의를 받아야 한다.

100 ③

개인위치정보사업자는 수집 시 반드시 정보주체에게 고지해야 하며, 단순 기록관리로는 대체되지 않는다. 이는 서비스 이용자에게 정보 수집 사실을 인지시켜 자기결정권을 보장하기 위한 필수 조치이다.

최신 기출문제 02회　　　　439p

01 ②	02 ④	03 ③	04 ⑤	05 ④
06 ⑤	07 ②	08 ②	09 ④	10 ④
11 ①	12 ②	13 ③	14 ④	15 ③
16 ⑤	17 ②	18 ③	19 ③	20 ⑤
21 ③	22 ②	23 ④	24 ⑤	25 ④
26 ⑤	27 ②	28 ①	29 ⑤	30 ④
31 ⑤	32 ①	33 ④	34 ②	35 ②
36 ④	37 ④	38 ①	39 ③	40 ④
41 ③	42 ④	43 ②	44 ⑤	45 ③
46 ②	47 ②	48 ④	49 ④	50 ④
51 ⑤	52 ①	53 ②	54 ④	55 ⑤
56 ⑤	57 ②	58 ③	59 ④	60 ④
61 ①	62 ⑤	63 ⑤	64 ④	65 ③
66 ③	67 ④	68 ③	69 ⑤	70 ④
71 ①	72 ③	73 ②	74 ④	75 ④
76 ③	77 ④	78 ②	79 ①	80 ②
81 ③	82 ③	83 ⑤	84 ④	85 ②
86 ④	87 ④	88 ②	89 ④	90 ⑤
91 ③	92 ③	93 ②	94 ③	95 ③
96 ④	97 ③	98 ②	99 ③	100 ③

01 ②

결제상품정보와 고객ID는 특정 개인의 구매내역이 추정가능하므로 개인정보이다.

02 ④

해당 정보만으로는 개인을 식별할 수 없어도, 다른 정보를 합법적으로 입수하여 쉽게 결합할 수 있으면 개인정보에 해당할 수 있다.

오답 피하기

① '성명'은 사람에게 부여한 정보이지만 동명이인이 많이 있으므로 상황에 따라 성명 자체만으로는 개인정보가 아닌 상황도 있게 된다.
② 자동차등록번호는 그 자체로는 사물 식별 정보이나, 처리자의 상황에 따라 개인정보가 될 수 있으며, 정보의 처리자 상황이나 맥락(context)은 개인정보 여부 판단에 중요한 요소이다.
③ 개인정보가 포함된 DB를 운영하고 있는 경우에는 보유하고 있는 DB를 통해 정보주체가 누구인지 알아볼 수 있으므로 다른 정보와 결합 없이도 해당 DB 자체로서 개인정보에 해당한다.

03 ③

개인정보 보호 교육은 개인정보취급자에 대한 적절한 관리·감독을 위한 것이다.

오답 피하기

개인정보 보호법은 일반법으로서 영리·비영리를 불문하고 모든 개인정보 처리자에게 적용되며, 개인정보 보호 교육은 법정 의무교육이다. 이에 따라 협회, 동호회 등 비영리 단체도 교육 의무 대상에 포함된다.
또한 정규직, 비정규직, 시간제, 하도급 등 고용 형태와 관계없이 개인정보를 취급하는 모든 개인정보취급자가 교육 대상이며, 사업장의 직원 수와 무관하게 개인정보를 취급하는 경우 반드시 교육을 실시해야 한다.

04 ⑤

사무실 내 직원 책상과 컴퓨터 화면 촬용은 직원의 사생활 침해 우려가 크고 촬영 범위와 방식이 정당한 이익의 범위를 초과 (개인정보보호위원회 결정 제2022-011-067호)

오답 피하기

④ 회사(피신청인)가 직원 복리후생 제도의 일환으로 이동전화요금 일부를 대납하여 주는 '분리과금'을 제공하고 있었는데, 퇴사한 직원(신청인)이 '분리과금'을 해지하지 않은 채 휴대전화번호를 변경하여 회사가 이를 해지하기 위해 이동통신사를 통하여 직원의 변경된 휴대전화번호를 조회한 사안에서 복리후생 제도의 일환으로 이동전화요금 일부를 대납하여 주는 '분리과금'은 재직 중인 직원에게만 제공되는 혜택으로, 신청인 또한 이를 인지하고 퇴사 이후에는 '분리과금' 혜택이 해지될 것을 충분히 예상할 수 있었으며 피신청인 입장에서 퇴사한 신청인에 대한 '분리과금'을 피신청인이 해지하지 아니할 경우 신청인에게 부과되는 이동전화 요금 중 일부를 계속하여 부담하여야 하고, '분리과금'의 해지를 위해서는 해당 회선의 이동전화번호가 확인되어야 하는 점을 고려할 때 불가피하게 변경된 신청인의 이동전화번호를 조회할 수밖에 없었다는 점이 인정 (2016년 개인정보 분쟁조정 사례집, 55-57면)

05 ④

계약 이행을 위한 경우는 수집·이용은 가능하지만, 목적 내 제공은 불가능하며 별도의 다른 적법한 근거가 필요하다.

오답 피하기

법률에 특별한 규정이 있거나 법령상 의무를 준수하기 위하여 불가피한 경우, 공공기관이 법령 등에서 정하는 소관 업무의 수행을 위하여 불가피한 경우, 개인정보처리자의 정당한 이익을 달성하기 위하여 필요한 경우로서 명백하게 정보주체의 권리보다 우선하는 경우에는 수집목적 범위 안에서 제공이 가능하다.

06 ⑤

개인정보 수집 목적(불만 및 불편 사항 처리)과 직접 관련된 사후 처리 안내로 목적 외 이용에 해당하지 않는다.

오답 피하기

①~④는 모두 원래 목적과 다른 용도로 개인정보를 이용한 사례로 목적 외 이용에 해당한다.

07 ②

정보 주체 이외로부터 수집한 개인정보를 정보주체가 수집 출처 등에 대해 요구한 경우, 통지는 즉시 이루어져야 한다.

08 ②

위수탁에서는 '신뢰 범위 내 제공'이 아닌 '수탁자에 대한 관리·감독'이 필요하다.

09 ④

개인정보보호법은 내국인을 대상으로 서비스를 제공하는 해외사업자에게도 보호법에 따른 의무를 이행하도록 적용하고 있다. 따라서 개인정보 전송 요구권 관련 규정도 해외사업자에게 원칙적으로 적용된다.

10 ④

일반적으로 특정 직급 전체 인원의 급여총액은 자연인이 아닌 법인이나 단체에 관한 정보 내지는 개인이 특정되지 않은 통계 정보로서 개인정보에 해당하지 않는다.

11 ①

차량 외부를 촬영하는 블랙박스는 「개인정보 보호법」 상 '이동형 영상정보처리기기'에 해당한다.

12 ②

'정보주체 수'와 '회원 수'는 일치하는 개념은 아니며, 회원·비회원·탈퇴회원·휴면회원 여부와는 관계없이 개인정보처리자가 업무처리를 목적으로 저장·관리하고 있는 개인정보에 해당한다면 '정보주체 수'에 포함된다.

13 ③

"입수 가능성"은 정보를 처리하는 자가 합법적인 방법으로 다른 정보를 입수할 수 있는 상황을 의미하므로, 불법적인 방법(해킹, 절취 등)으로 정보를 입수할 수 있다고 하더라도 이는 입수 가능성 판단의 기준이 되지 않는다.

14 ④

정보주체가 사전에 예상할 수 있는 범위를 벗어난 내용을 설명 없이 약관에 포함시켜 동의를 받는 경우는 계약의 체결로 인정되지 않으며, 이 경우에는 개인정보를 수집·이용할 수 있는 정당한 근거가 되지 않는다.

15 ③

개인정보의 처리 방식이 정보주체의 권리를 명확하게 침해하는 것이라면 정보주체의 권리가 우선할 가능성이 높다.

16 ⑤

영업 비밀 유출 및 도난 방지를 위해 사무실 내부에 CCTV를 설치·운영하는 것이 피심인의 정당한 이익을 위한 것이라고 하더라도, 직원들의 근무공간(책상) 및 컴퓨터 화면까지 지속적으로(24시간) 촬영하여 저장하는 것은 근무자들의 사생활 침해 가능성이 높아 정보주체의 권리보다 명백하게 우선한다고 보기 어렵고 그 합리적 범위를 초과한다.

17 ②

계약 이행과 무관한 개인정보까지 포함하여 동의를 받는 것은 정보주체의 자유로운 의사 형성을 제한하여 위법한 동의가 될 수 있다.

18 ③

병원에서 온라인 진료예약을 받는 과정에서 임상실험 등 다른 목적을 위해 개인정보를 수집하는 것은 진료예약 업무와 직접적인 관련이 없으므로, 필요 최소한의 개인정보 수집 범위를 벗어난 경우에 해당한다.

19 ③

영업양도자등이 과실 없이 서면등의 방법으로 개별 통지가 불가한 경우에는 인터넷 홈페이지에 30일 이상 게재하여야 한다.

20 ⑤

DPO가 되기 위해 별도 자격증은 필요하지 않으며 반드시 내부 임직원이어야 할 필요도 없다.

21 ③

개인정보 분쟁조정은 민사소송법상 확정판결과 동일한 효력으로 재판상 화해의 효력을 가진다.

22 ②

오답 피하기

ㄱ. 개인정보 처리방침에 대한 동의를 받는 방식으로 개인정보 수집·이용 등에 대한 동의를 갈음할 수는 없다.
ㄷ. 졸업앨범을 제작할 때 앨범에 교사의 사진을 넣으려면 "개인정보 수집·이용 목적, 수집하려는 개인정보 항목" 등을 교사에게 알리고 동의받을 필요가 있다.
ㄹ. 정보주체는 개인정보처리자에 대하여 자신의 개인정보 처리에 대한 동의를 철회할 수 있다.

23 ④

공공기관은 다른 법률에서 정하는 소관 업무를 수행할 수 없는 경우로서 개인정보보호위원회의 심의·의결을 거친 경우 수집 목적 외 개인정보를 이용하거나 제3자에게 제공이 허용된다.

24 ⑤

재난이나 재해에 예방·대비할 목적이라 하더라도 급박성, 긴급성이 인정되기 어려운 경우에는 정보주체로부터 개인정보 수집·이용에 대한 동의를 받아 처리하는 것이 적절하다.

25 ④

입주민 동의만으로는 고정형 영상정보처리기기의 설치·운영의 법적 근거로 미흡하다.

26 ⑤

국외이전을 위해 정보주체에게 별도로 동의받을 때는 보기의 사항을 모두 고지해야 한다.

27 ②

금전적 피해보상금보다 이전 받는 자나 이전 국가/국제기구가 피해 구제를 위한 실효적인 절차 등 보호하기 위한 수단과 집행 방안 보유 여부를 고려해야 한다.

28 ①

전자처방전 서비스 플랫폼을 통하여 그 서비스 이용자인 병원이 전자처방전을 환자가 지정한 약국으로 직접 전송함에 있어서 해당 플랫폼이 중계를 위하여 처방 정보를 일시 보관하는 경우에는 개인정보의 처리로 보지 않는다. (대법원 2024. 7. 11. 선고 2020도13960 판결, 서울고등법원 2020. 9. 24. 선고 2020노544 판결)

29 ⑤

정보주체의 명확한 동의 의사표시가 없는 상태에서 동의를 추정하는 방식으로, 적법한 동의 방식이 아니다.

30 ④

동의내용을 전자우편을 발송하여 동의여부를 확인하려면 대리인으로부터 동의의사 표시가 적힌 전자우편을 전송받아야 한다.

31 ⑤

ㄱ. 통신사실 확인자료 : 12개월
ㄴ. 환자 명부 : 5년
ㄷ. 수술기록 : 10년
ㄹ. 표시/광고에 관한 기록 : 6개월
ㅁ. 계약 또는 청약철회에 관한 기록 : 5년

32 ①

개인정보처리자는 개인정보 유출 72시간 이내에 신고를 해야 한다.

33 ④

「개인정보 보호법」은 업무 목적으로 개인정보를 처리하는 '개인정보처리자'에게 적용되므로, 개인의 순수한 취미 목적으로 드론을 이용해 영상을 촬영하는 경우에는 해당 법이 적용되지 않는다.

34 ②

가명정보를 제3자에게 제공하는 경우, 개인정보처리자는 추가정보 등 특정 개인을 알아보기 위하여 사용될 수 있는 정보를 제공하여서는 안된다.

35 ②

개인정보 분쟁조정위원회는 행정처분(과태료 등)을 내릴 권한이 없으며, 분쟁 당사자 간 조정과 합의를 지원하는 역할만 수행한다.

36 ④

분쟁조정위원회는 집단분쟁조정의 당사자가 아닌 정보주체 또는 개인정보처리자로부터 당사자 추가 신청을 받을 수 있다.

37 ④

XX기관은 ☆☆대학에 가명정보 처리에 대한 위탁 시 사전에 가명정보 처리에 관한 준수사항을 준수할 수 있도록 확인해야 하며 필요시 교육 또는 컨설팅 제공을 지원해야 한다. △△대학도 가명정보 처리에 대한 주기적인 교육 및 준수사항을 가명정보 처리 이전에 이행할 수 있도록 하여야 한다.

오답 피하기

가명정보도 개인정보이므로 개인정보보호법 적용 대상이며, 기관 유형과 관계없이 보호조치 이행은 필요하다. 위탁 시 수탁자 보호조치 확인이 필요하고 사전 확인이 선행되어야 한다.

38 ①

①의 설명은 일반·특수 전문기관에 해당하며 일반수신자는 고유의 업무를 수행하는 과정에서 수집한 정보의 진위 여부 등을 확인하기 위하여 개인정보를 전송받는 자를 말한다.

오답 피하기

③ 동일한 기관이 일반수신자 등재와 일반전문기관·특수전문기관 지정을 동시에 받는 것은 가능하다. 다만, 이 경우 해당 기관은 일반수신자의 시설 및 기술, 일반전문기관 및 특수전문기관 지정요건을 모두 갖추어야 하며, 각각 등재 및 지정신청을 하여야 한다.

39 ③

개인정보 보호법 제15조 제1항에 따르면, 정보주체의 동의 없이도 개인정보를 수집·이용할 수 있는 경우는 개인정보처리자의 정당한 이익을 달성하기 위하여 필요한 경우로서 명백하게 정보주체의 권리보다 우선하는 경우이다.

40 ④

민간 기업이 마케팅 목적으로 고객의 위치정보를 분석하여 상품을 추천한 경우는 상업적 목적(마케팅)을 위한 수집으로 급박한 이익과는 무관하다.

41 ③

가명처리 절차는 목적설정 등 사전 준비 〉 위험성 검토 〉 가명처리 〉 적정성 검토 〉 안전한 관리이다.

42 ④

마이데이터 관련 개인정보 보호법령에 따라 고시로 정한 전송 요구 대상 정보에 대하여 스크래핑 방식의 수집을 금지하고 표준API를 활용하도록 해야 한다.

> 오답 피하기

⑤ 시행령 제42조의6제8항에서는 개인정보관리 전문기관 및 일반수신자는 정보수신자로서 처리하는 정보와 다른 개인정보처리자로서 처리하는 정보를 분리 보관하도록 하고 있다. 따라서 일반전문기관이 복수의 분야 정보를 전송받더라도 분야별로 정보를 분리 보관하여야 하는 것은 아니다.

43 ②

정보주체 수와 최저가입금액을 확인하도록 한다.

44 ⑤

다른 법률에 특별한 규정이 있는 경우는 자동화된 결정으로 판단하지 않을 수 있다.

45 ③

주민등록번호는 동의로는 수집이 허용되지 않고, 법률에서 구체적으로 정한 경우에만 수집할 수 있다.

46 ②

CVM은 실제 비용이나 시장가격이 존재하지 않는 자원에 대한 가치를 산정하기 위해 설문조사를 통해 응답자의 지불의사금액(WTP) 등을 수집하여 추정하는 방식이다. 따라서 시장가격 기준이 아닌 시나리오를 통한 응답 기반 방식이다.

47 ②

개인정보보호 경력, 정보보호 경력, 정보기술 경력을 합하여 총 4년 이상 보유하고, 그중 개인정보보호 경력을 최소 2년 이상 보유해야 전문 CPO 자격을 충족한다.

48 ④

익명 정보는 더 이상 특정 개인을 식별할 수 없는 상태로 처리된 정보이므로, 개인정보에 해당하지 않으며 파기 대상이 아니다.

49 ④

○○호텔은 제공하는 가명정보에 포함된 특이정보(최고급 객실)를 삭제 또는 가명처리 등을 수행하여야 한다.

> 오답 피하기

① 관리적·기술적 보호조치를 준수하고 있으므로 모든 데이터를 삭제하는 것은 과한 조치이다.

50 ④

재난이나 범죄 대응 등을 위하여 긴급히 필요한 경우에는 관련 공공기관 간 사전 협의하에 별도의 절차를 마련하여 처리가 가능하다.

51 ⑤

⑤는 「정보통신망법」 또는 정보보호 관리체계(ISMS)에서 다루는 기술 기준에 해당한다.
내부관리계획은 「개인정보의 안전성 확보조치 기준(2023-6호)」 제3조에 따라 수립되며, 처리단계별 조치, 책임자 지정, 사고 대응 등이 포함된다.

52 ①

개인정보의 안전성 확보조치 기준」 제5조(접근통제), 제8조(접근권한 관리)의 핵심 조항이다.
민감정보인 의료기록은 최소권한 원칙에 따라 업무 목적에 부합하는 범위 내에서 접근권한을 분리·관리해야 하며, 로그 감사 및 비밀번호 관리도 중요한 요소이다.

53 ③

금융기관명은 개인을 식별할 수 있는 정보가 아니므로, 암호화 의무대상에서 제외된다.
고시에 따라 암호화 대상은 고유식별정보(주민등록번호, 여권번호 등), 비밀번호, 바이오정보 등이 해당한다.

54 ④

업무 수행 목적에 따라 권한을 최소화하고, 이상징후에 대한 모니터링 및 알림 체계를 마련할 것을 요구한다.

55 ②

보호조치는 사고 예방 및 사후 대응의 기준이 되지만, 유출이 발생했을 경우 '책임을 회피'할 수 있는 수단은 아니다.
법적 책임은 고의·과실 여부 및 조치의 적정성 등에 따라 판단되며, 조치 이행 자체가 면책을 의미하진 않는다.

56 ②

방화벽 운영, 보안프로그램 설치, 포트관리, 암호화통신 등이 병행되어야 한다.

57 ②

수탁자 관리·감독은 정기점검 외에도 결과를 확인하거나 관리자가 회수하도록 명시하고 있다.

58 ③

③은 부적절한 물리적 안전조치이다.
개인정보가 포함된 서류를 책상 위에 상시 비치하는 행위는 무단 열람 및 유출 위험이 있으므로, 잠금장치가 있는 캐비닛 등에 보관해야 한다.

59 ④

보안 USB는 암호화 및 접근통제 기능이 포함되어 있어 이동식저장장치 관리기준을 충족할 경우 민감정보 저장이 가능하다.

60 ④

④는 관리적 또는 물리적 보호조치이다. 고시 제13조(출력물 관리) 기준이며, 나머지 보기들은 고시 제9조(암호화), 제10조(네트워크 보호), 제11조(접속기록 관리), 제15조(보안프로그램 관리) 등에 따른 기술적 조치에 해당한다.

61 ①

영상정보 최소 기간 산정이 곤란할 때에는 90일이 아닌 30일 이내로 한다.

62 ⑤

개인정보 포함 여부 표시, 지정된 보안장소 보관, 파쇄 처리, 출력이력 기록 등 모두 의무조치이다.

63 ⑤

단순히 고객 CS 응대 기록이 자동 저장되는 현상을 말한 것이며, 그 자체로 '보호조치 위반'이라고 볼 수는 없다. 자동 저장 자체는 문제가 아니며, 저장된 기록의 보관, 접근통제, 암호화 등이 문제되면 그때 보호조치 위반이 된다.

오답 피하기
① 단일 인증(ID · 비밀번호)은 인증수단이 부족하여 안전하지 않다.
② 엑셀 파일을 전 직원에게 공유하면 접근권의 통제가 안 되어 문제가 된다.
③ 민감정보가 자동 백업되는데 보안설정이 없거나 무분별하면 유출 위험이 크다.

64 ③

수탁자에 대한 점검, 교육, 위탁계약 내 제한사항 명시, 위반 시 통보 등은 모두 필수 조치이나, 감경 목적 문서 보관은 포함되지 않는다.

65 ③

보안 백업은 반드시 외부망 · 사내망과 분리된 공간에 저장되어야 하며, '백업자료는 네트워크 분리 또는 격리된 매체에 보관'하라고 명시하고 있다.

66 ③

내부관리계획 필수 항목은 「개인정보의 안전성 확보조치 기준」 제4조 제1항에 따라 개인정보의 안전성 확보를 위한 정책, 책임자, 권한, 접근통제, 교육 등이 중심이며, 재해복구계획 등은 별도 체계이다.
위와는 별개로 10만 명 이상 대 · 중소기업 · 공공기관, 100만 명 이상 중소기업 · 단체는 위기대응 매뉴얼 마련 및 정기점검 활동을 해야 한다.

67 ④

고유식별정보는 암호화가 원칙이지만, 기술적으로 곤란하거나 별도 분리보관이 현저히 어려운 경우에는 예외적으로 허용된다.

68 ③

비밀번호는 이용자가 직접 설정하며, 관리자에 의한 강제 설정 방식은 허용되지 않는다. 또한 인증수단의 복수 적용이 권장된다.

69 ⑤

접속기록의 위변조 방지, 이상징후 탐지, 무결성 검증은 필수 사항이며, 제시된 A기관의 방식은 이를 모두 충족한다.

70 ②

수탁자에 대한 정기적 점검, 교육계획 수립은 내부관리계획 내 필수 사항이다. 반면 ③은 책임회피 시도로 해석될 수 있으며, ④,⑤는 법적 필수 조치는 아니다.

71 ①

내부관리계획은 기관의 규모 · 특성 · 업무환경을 고려하여 수립해야 하며, 단순히 일관된 형식이나 표준안만을 따르기보다는 기관 맞춤형 계획이 권장된다.

72 ③

내부망 저장 여부와 무관하게 고유식별정보는 암호화를 요구한다.

73 ②

접근통제는 사용자 계정의 개별 관리가 원칙이며, 공유계정은 보안상 허용되지 않는다. 접근권의 최소화와 이력 기록 보관 등은 의무사항이다.

74 ④

악성프로그램 방지를 위해 백신 소프트웨어를 설치하고, 자동 업데이트 및 실시간 감시 기능을 활성화해야 한다.

75 ④

「표준 개인정보 보호지침」 및 고시에 따르면, 영상정보 보관기간은 통상 30일 이내이며, 특별한 사유가 없는 한 1년 이상 보관은 부적절하다.

76 ③

비밀번호는 사용자마다 고유하게 설정해야 하며, 동일한 비밀번호를 공유하는 것은 보안 위협이 된다.

77 ④

④는 소프트웨어적 방법이며 물리적 파기 방식은 아니다.
「개인정보의 안전성 확보조치 기준」에 따른 물리적 파기에는 소각, 파쇄, 디가우징, 물리적 파손 등이 포함된다.

78 ②

접근기록은 1개월 후 자동 삭제하는 것이 아니라, 최소 1년 이상 보관해야 한다. 이는 개인정보보호 고시에서 명시한 의무사항이다.

79 ①

개인정보 처리 시 최소한의 권한만을 부여하는 것이 원칙이며, 외부 위탁자나 개발자에게 전체 DB 권한을 주는 것은 보안 위험도를 극단적으로 높이는 행위로, 원칙에 정면으로 위배된다.

80 ②

IDS는 침입 시도 탐지와 로그 기록에 초점을 두며, IPS는 사전 설정된 정책에 따라 실시간으로 네트워크 트래픽을 차단할 수 있다.

오답 피하기
⑤는 설치 위치를 단정하는 오류이다.

81 ③

고유식별정보는 주민등록번호 등 식별성이 높은 정보로서 법적으로 암호화가 반드시 요구된다.

82 ③

AES는 대칭키 기반 알고리즘으로, 성능이 우수하고 복호화 가능하며 DB 암호화 요건에 가장 적합하다.

오답 피하기
①,⑤는 단방향 해시이다.
②는 비대칭 알고리즘으로 속도 저하 우려가 크다.
④는 주로 비밀번호 해시에 사용된다.

83 ⑤

본 사례는 전화와 신뢰 조작을 통해 인증 정보를 유도한 전형적인 사회공학적 접근으로, 이상행위 탐지 및 대응와 더불어 교육 · 인식 제고를 포함하는 관리적 보호조치 영역 위반에 해당한다.

오답 피하기
③은 특정 타깃 대상 이메일, ④는 악성 링크 문자 중심으로 다르다.

84 ④

접근통제 조치에는 식별 · 인증, 계정관리, 접근 권한 최소화가 포함되며 공유계정은 보안사고 추적이 어렵고 위법 가능성도 존재한다.

85 ②
접속기록에는 계정, 접속 일시, 접속지 정보, 처리한 정보주체 정보, 수행업무가 포함되어야 하며 1년 이상 보관해야 한다.

86 ④
사무실 내부에서 직원을 전면 촬영하는 것은 프라이버시 침해의 소지가 크며, 근태 관리 등의 사유가 있어도 자유롭게 촬영할 수는 없다.
CCTV 설치는 최소 범위 내에서 목적을 분명히 하고, 사생활 침해가 없도록 설치되어야 한다.

87 ④
통지는 단 한 건이라도 유출된 경우에 해야 하지만 신고는 일정 기준에 해당할 경우에 한다.

88 ③
가장 기초 단계는 개인정보 보유 현황 조사 및 관리 범위 정의이다. 이후 위험평가 및 보호대책 수립 등이 순차적으로 이뤄진다.

89 ④
'정보보호 및 개인정보보호 관리체계 인증 등에 관한 고시' 제4조는 보호조치가 조직의 운영과정에 통합되어야 함을 전제로 한다.
ISMS-P는 단순 준수가 아니라 '책임의 내재화'를 강조한다.

90 ⑤
B는 '접근권한 최소화' 원칙 위배, C는 복구계획의 실행 부족, D는 정보주체 권리보장을 위한 내부 프로세스 미비로, 모두 'ISMS-P 인증기준(통제항목)'의 요건을 충족하지 못한 사례로 분류된다.

91 ③
영상정보처리기기와 같이 민감정보를 수반할 수 있는 장비의 처리목적, 보유기간, 열람제한 등을 평가 핵심요소로 명시하고 있다. 이는 현장실무에서 자주 간과되며, 평가서 누락 시 위험이 극대화된다.

92 ③
'표준 개인정보 보호지침' 및 'ISMS-P 통제항목' 모두 내부관리계획 수립을 가장 기초이자 핵심 문서로 명시한다. 이 문서는 조직의 개인정보 처리 전 과정을 포괄하며, 역할·책임·점검계획 등을 포함하여 리스크 기반의 통합 운영을 가능케 한다.

93 ②
「인공지능(AI) 개발·서비스를 위한 공개된 개인정보 처리 안내서」은 개인정보 자동 수집 기술(AI, 센서, CCTV 등)을 사용할 때에도 수집 목적, 방식, 항목, 보유기간, 권리 보장 등에 대한 고지를 요구하며, 동의 없는 수집은 법적 근거가 없으면 원칙적으로 금지된다.

94 ③
「AI 개발·서비스를 위한 공개된 개인정보 처리 안내서」에 따르면, 수집 단계에서 개인정보에 해당한다면, 이후 비식별 처리 여부와 관계없이 수집 시 고지 및 동의 의무는 발생한다.
AI 처리 과정에서 비식별화가 된다고 해도 사후적 보호조치가 수집 시 보호조치 의무를 면제하지는 않는다.
특히, 이미지 데이터 내 얼굴, 표정, 배경 등은 조합을 통해 식별될 가능성이 크므로, 개인정보에 해당될 여지가 높다.

95 ③
ISMS-P 인증은 기존에 관리체계 수립·운영(16개) + 보호대책 요구사항(64개) + 개인정보 처리 단계별(21개) 등으로 총 101개 항목으로 구성된다.
간편인증 대상 중 매출액 300억 미만 기업은 관리체계 8개 + 보호대책 33개 + 개인정보계층 21개 = 62개이다.
매출액 300억 이상·설비 미보유 기업은 관리체계 11개 + 보호대책 33개 + 개인정보 21개 = 65개로 항목이 크게 축소된다
ISP, IDC, 상급종합병원·대학교, 금융회사, 가상자산사업자 등은 의무대상 또는 공공적 성격이 큰 기관으로 간편인증 적용대상에서 제외된다.

96 ④
갱신심사 시 "처리 범위의 변경" 및 "조직 내 구조 변경"에 따른 반영 여부를 중점 확인한다. 인증 유지보다 동적인 환경변화 반영이 핵심이다.

97 ③
2024년 이후 개정된 ISMS-P 고시는 중소규모 사업자의 부담 완화를 위해 리스크 기반 심사 항목 세분화 및 인증 대상을 다양화하는 방향으로 정비 중이다.
디지털 전환 사회에서 "인증의 유연성과 범용성"이 제도 확대의 핵심이다.

98 ②
ISMS-P 심사 기준에서는 '내부관리계획의 최신화'는 핵심 통제 항목이며, 보유기간 산정, 수집 동의, 위탁 계약 조항 등의 모든 기준이 이 계획을 기준으로 파생되므로, 최신성 부족은 전체 체계의 신뢰성을 저해하는 중대한 사유로 간주된다.

99 ③
개인정보 보호는 단순 문서화가 아닌, 실질적인 실행 기반 통제가 중요하다. 인증 목적의 형식적 대응을 탈피하고, 보안·개인정보 정책 간 일관성과 문화적 내재화를 이루는 것이 고도화의 핵심이다.

100 ③
영향평가는 단순히 '조회나 저장만 한다'는 기술적 행위의 여부가 아니라, 개인정보처리 '범위와 규모'에 따라 판단된다. 특히, 정보주체 수가 100만 명을 넘으면 해당 시스템이 단순한 저장이라 하더라도 영향평가 대상이 된다.

MEMO

MEMO